Ben Redelings

# Das neue Buch der Fußballsprüche

# Das neue Buch der Fußballsprüche

VERLAG DIE WERKSTATT

Bibliografische Information der Deutschen Nationalbibliothek
Die Deutsche Nationalbibliothek verzeichnet diese Publikation
in der Deutschen Nationalbibliografie; detaillierte bibliografische
Daten sind im Internet über http://dnb.d-nb.de abrufbar.


Siekerwall 21, 33602 Bielefeld
www.werkstatt-verlag.de


Satz und Gestaltung: Die Werkstatt Medien-Produktion GmbH, Göttingen
Druck und Bindung: CPI, Leck
Zeichnungen (Umschlag und Innenteil): Oli Hilbring

FSC
www.fsc.org
MIX
Papier aus verantwortungsvollen Quellen
FSC® C083411

ISBN 978-3-7307-0500-1

# a

## A Bola
*(portugiesische Sportzeitung)*

Wenn Deutschland und die Niederlande aufeinandertreffen, ist das ein Knüller wie Brasilien gegen Argentinien – nur etwas zivilisierter. *(zum Spiel Deutschland-Niederlande bei der EM 2004)*

## Rüdiger **Abramczik**

Was heißt brutto oder netto?
Bar auf die Hand will ich’s!

Er wird nie Kopfweh bekommen, weil er seinen Kopf nie zum Denken benutzen wird. Ehe er Nationalspieler wird, werde ich Sänger an der Metropolitan Opera. *(Max Merkel)*

Eine Möglichkeit für Abramczik. Und!? Daneeeeben! Also der Abraaaamczik – obbusseln möcht’ i den Abramczik dafür. Jetzt hat er uns gehooolfn. Allein vor dem Tor stehend. Der brave Abramczik hot daneben gschossn. Der Arme wird sich ärgern! *(Österreichs Reporter Edi Finger im legendären Spiel in Cordoba 1978)*

## Volker **Abramczik**

Ich will keine Karotten, ich will Möhren.

## Roman **Abramowitsch**

Wenn er mir beim Training helfen würde, wären wir Tabellenletzter. Wenn ich in seinem Unternehmen arbeiten würde, wären wir bankrott! *(Chelsea-Trainer José Mourinho beschreibt sein Arbeitsverhältnis zum Vereinsbesitzer)*

Die Ölquellen sind nicht richtig verteilt. Er hat alle, ich keine. *(Franz Beckenbauer, zum Unterschied zwischen sich und dem Chef des FC Chelsea)*

## Helge **Achenbach**
*(Vorstandssprecher von Fortuna Düsseldorf)*

Die Arschlöcher spielen, als wären sie gerade von einer Silvesterfeier zurückgekommen. *(nach einer Niederlage beim Zweitligisten Uerdingen)*

## Tony **Adams**

Dennis Bergkamp ist so ein netter Mann, so ein wahnsinniger Gentleman, mit einer total sympathischen Familie. Wird echt schwierig für mich, ihn umzuhauen. *(bevor er beim Spiel England gegen die Niederlande auf seinen Vereinskollegen traf)*

Das ist wahrscheinlich das allergrößte Spiel, das unser Verein je erleben wird. Aber lasst uns das Ganze nicht zu sehr aufblasen. *(bevor sein Team von Portsmouth auf den AC Mailand traf)*

## Tony **Adamson**
*(BBC-Kommentator)*

Die Bristol Rovers haben bei einem Halbzeitstand von 4:0 vier Tore in der 1. Halbzeit erzielt.

## Mohammad **ad-Da’ayya’**
*(saudi-arabischer Fußballtorwart)*

Am dritten Tor war der Ball schuld.

## Otto **Addo**

Ich sehe mich als Toten, der jetzt wieder aufersteht. *(zu seinen Comeback nach dem 3. Kreuzbandriss)*

Wenn Sie eine Hautfarbe wählen könnten, für welche würden Sie sich entscheiden? *(Rudi Cerne fragt im Sportstudio den Ghanaer)*

Der Addo gehört in den Zirkus. *(Uli Hoeneß)*

## Emmanuel **Adebayor**

Für mich war das etwas ganz Besonderes, als ich hörte, dass der AC Milan Interesse an mir hat. Das war wie bei einem Jungen, dem gesagt wird, dass Beyoncé hinter ihm her ist.

## **Adhemar**

Ich weiß, wo ich hinschieße. Wo der Torwart hinläuft, ist mir egal.

Die Spieler sind sehr groß. Und immer grätschen, grätschen, grätschen. Alle grätschen hier immer. *(über seine ersten Erfahrungen in Deutschland)*

Es herrschten extreme Witterungsbedingungen, bei denen ich Angst hatte, dass er erfriert. *(Ralf Rangnick)*

Die Sonne, die in Sao Paulo scheint, hat er in sich drin. *(Ralf Rangnick über die Fröhlichkeit des brasilianischen Neuzugangs)*

Dem scheint die Sonne Brasiliens noch aus dem Hinterteil. *(Karl-Heinz Förster)*

## René **Adler**

Das wird alles hochkristallisiert.

## Co **Adriaanse**

*(niederländischer Spieler und Trainer)*

Die meisten langen Spieler sind technisch schwach, weil ihre Füße so weit weg von ihrem Gehirn sind.

Fußball ist mehr als nur »'O sole mio«!

## Rainer **Adrion**

*(Trainer vom SSV Ulm)*

Wir haben wirklich die Seuche, und das Glück verfolgt uns auch nicht gerade.

Das Spiel war ausgeglichen – auf beiden Seiten.

## Dick **Advocaat**

Ich bin großer Amerika-Fan. Ich liebe die Küste und möchte mal von Seattle nach Malibu fahren. Einfach Zeit haben. Keine enge Krawatte um den Hals tragen. Einfach dasitzen, Kaffee trinken, Zeitung lesen. Den ganzen Tag. *(über Zukunftsträume; zwei Wochen später war er entlassen)*

Ich spreche Deutsche mit Fehlern. *(bei seiner Vorstellung im Borussia-Park)*

## Victor **Agali**

Wenn Ebbe Sand heute ein Tor schießen will, muss er nicht nur zwei Verteidiger, sondern auch noch den Agali umspielen. *(Klaus Fischer)*

Er läuft, arbeitet und rackert, auch wenn es staksig aussieht. Ich kann ihn doch nicht kleiner machen und die Beine absägen. *(Rudi Assauer über seinen Stürmer)*

Seht ihr, ich habe doch keinen Blinden gekauft. *(Rudi Assauer über Victor Agali, der im Liga-Cup zwei Tore gegen Dortmund schoss)*

Fußball ist eigentlich ganz einfach. Man muss nur seine Kollegen verstehen.

Wir haben den Agali wirklich falsch behandelt. Wir hätten im Kopf anfangen sollen und nicht im Knie. *(Rudi Assauer)*

## Gabriel **Agbonlahor**

*(Stürmer von Aston Villa)*

Agbonlahor ist nicht schnell von Begriff. Aber er ist schnell, sehr schnell. *(Graham Taylor)*

## Giovanni **Agnelli**

Unser Koch hat gerade Inter Mailand gekauft. *(der »Koch« war Großküchen-Betreiber Pellegrini)*

## Luigi **Agnoli**

Ich bin zwar Nichtraucher, aber ein goldenes Feuerzeug ist doch einfach ein schönes Andenken. *(der italienische Schiedsrichter, nachdem er bei einem Fußballspiel von einem Feuerzeug getroffen worden war)*

## LR **Ahlen**

Wer den Schiedsrichter beschimpft oder beleidigt, muss mit der Verweisung vom Sportplatz rechnen. Der Vorstand. *(Schild im Gästeblock)*

## Wolf-Dieter **Ahlenfelder**

Mit meinem Bauch habe ich immer gut gelebt. Es ist doch egal, ob ich die 100 Meter in 10,1 mit 75 Kilo laufe oder mit 100 Kilo.

Die Hasen haben nicht gerade ihre Hacken verloren, wenn ich in den Wald rannte, aber ich habe meine Leistung gebracht.

Den Türken sage ich immer: »Vorne passt Allah auf und hinten Ahlenfelder.«

Einmal habe ich die Tür zu meinem Hotelzimmer einen Spalt offen gelassen. Aber bis zum nächsten Morgen war nur mein Hals steif. *(über leichte Mädchen beim Fußball)*

Ich sag: Einsammeln. Einsammeln. In der Halbzeit werden wir uns lecker einen kredenzen. *(als in Kaiserslautern volle Bierflaschen auf den Platz flogen)*

Ein Showmann kommt doch besser an als eine graue Maus.

Ich habe dem Otto Rehhagel früher gesagt, wenn du nicht sitzen bleibst, kriegste Pattex unter den Hintern.

Wenn einer motzt, dann motze ich zurück.

Jimmy, für dich immer noch Sie Arsch! *(nachdem Jimmy Hartwig zu ihm »Du Arsch« gesagt hatte)*

Schau mal in den Spiegel, Breitner, dann weißt du Bescheid. *(zu Paul Breitner, der ihn mehrfach mit »du Affe« angesprochen hatte)*

Wie es sich für einen Ruhrgebietler gehört, habe ich mir mal einen genommen. Wenn ich sage, dass ich vor Bundesligaspielen Wasser und Fanta getrunken habe, wäre das eine Lüge. Ich habe mir ein Pilsken reingetan, und der Fall war erledigt.

Wenn man immer Möhrchen isst, hat man den klaren Blick.

Ich kenne andere Schiedsrichter, die sind auch keine Waisenkinder. Die sollen mal ehrlich sein: Wer geht schon gerne in eine Kneipe und trinkt nur ein Bier?

Steh auf, ich bin auch kaputt wie ein Hund. *(zu einem verletzten Spieler in der 89. Minute)*

Hömma, Jupp. Ein bissken ruhiger jetzt. Wir wollen doch gleich noch schön ein Pott Bierchen zusammen schlürfen, oder nicht? *(zu Jupp Tenhagen, der kurz vor einem Platzverweis stand)*

Von Bier kriegst du nun mal eine Fahne. Egal, ob du eins trinkst oder zehn.

Der Ahlenfelder nimmt die Gründe für seine Pfeiferei wohl mit ins Grab. *(Udo Lattek)*

Früher der Ahlenfelder – das war eine Granate, unheimlich locker. Aber das gefiel dem DFB nicht. Die wollen solche Figuren wie den Pauly haben. Immer adrett, akkurat, Brust raus, Stock ins Kreuz und dann wie eine Primadonna über den Platz. Und schön winken wie ein Polizeimeister. Vielleicht sollten sie denen noch einen Hochsitz wie beim Tennis besorgen. *(Frank Mill)*

Kürzlich hat Ahlenfelder verbreitet, er habe sich mit einem Weihnachtsbrief des Westdeutschen Fußball-Verbandes, den wir an alle Schiedsrichter geschickt haben, den Hintern abgewischt. *(Johannes Malka, Schiedsrichter-Obmann)*

Mit einem wie Ahlenfelder kannst du zu Hause eigentlich nicht verlieren. *(Klaus Augenthaler)*

Wenn ich als Schiri in der Bundesliga zum Einsatz kam, benutzte ich immer eine italienische Polizei-Pfeife. Wenn ich da reingeblasen habe, gingen den Spielern die Schnürsenkel auf.

Für die Einmannshow des Schiedsrichters hätten wir heute das Eintrittsgeld erhöhen müssen. *(meinte der sichtlich amüsierte Werder-Präsident Franz Böhmert, als Ahli bereits nach 32 Minuten zur Halbzeit pfiff)*

Ahli, es kann noch nicht Halbzeit sein, mein Trikot ist noch nicht nass! *(Horst-Dieter Höttges, als Ahlenfelder 1975 schon nach 32 Minuten zur Halbzeit pfiff)*

Wenn man in Bremen einen Ahlenfelder bestellt, bekommt man ein Malteser-Bier-Gedeck. Da bin ich stolz drauf.

Wenn er »Noch 'n Korn und 'nen Ahlenfelder« noch immer zum Besten gibt, dann wissen Sie, auf welchem Gebiet er besonders stark war! *(Johannes Malka, DFB-Schiedsrichter-Obmann, wollte nicht länger dabei zuschauen)*

Wenn der Reimann mich so angefasst hätte, dann hätte ich ihm eine gepflastert. Der hätte eine zurückgekriegt. So ein Mann gehört doch auch nicht auf die Trainerbank.

Hören Sie auf. Es hat keinen Zweck, mit mir zu diskutieren. Ich bin heute schlecht aufgelegt! *(als sich Jürgen Klinsmann bei ihm beschweren wollte)*

Diese Funktionäre. Das ist so. Mit 50 Depp im Ruhrgebiet, mit 75 eine Karriere beim DFB.

So, mein Jung, wird jetzt langsam Zeit, dass du dich verabschiedest. Sonst tu ich das für dich, und zwar mit Pauken und Trompeten. Dann kriegst du sogar noch ein Solo geblasen.

Rechts getroffen, links massiert. *(Ahli kann mit den Schauspielern auf dem Platz nichts anfangen)*

Guck ma, da kommt Deutschlands Größter! *(Rufen einige Zuschauer bei einem Spiel im Senegal)*

Der Schiedsrichter muss Designer des Regelwerkes sein.

Das Ausland lacht sich tot. Weil es bei uns wie im Mädchenpensionat zugeht und es international was auf die Socken gibt, dass es kracht.

Das hat riesigen Spaß bereitet. Vor allem habe ich mich immer gefreut, wenn die Spieler in diesen Begegnungen wie Karajan aufgetreten sind.

Dann habe ich meine Leistung ebenfalls gesteigert und habe versucht, wie ein Präsident die Spiele zu leiten.

Wenn jeder nach Fingerspitzengefühl pfeift, dann brauchen wir keine Schiedsrichter mehr. Dann kann jeder so pfeifen wie Herr Ahlenfelder. *(Johannes Malka, DFB-Schiedsrichter-Obmann)*

Lass dich auswechseln, sonst wechsel ich dich aus! *(zum Mannheimer Dieter Finke)*

Es hat mir wehgetan, als ich gehen musste. Es war so, als ob man Charly Chaplin den Stock weggenommen hätte.

Wenn die Karriere vorbei ist, stelle ich mich auf meinen Balkon und flöte da. Und wenn meine Frau mich fragt, was los sei, sage ich: »Abseitstor«.

## Jung-Hwan **Ahn**

*(südkoreanischer Nationalspieler)*

Er war verloren wie ein Schaf, konnte sich nicht mal allein eine Pizza kaufen. Ohne große Leistung wurde er hier reich und blamierte dann den italienischen Fußball. *(Serse Cosmi, AC Perugias Trainer über Südkoreas Italien-Legionär, der sein Land gegen Italien bei der WM 2002 weiterschoss)*

## Peter **Ahrens**

*(Journalist)*

Tuchel hat offenbar was gegen Castro und Kuba. Er ist eben doch ein Reaktionär. *(nachdem der BVB-Trainer beide Spieler draußen gelassen hatte)*

Das Duell Frankfurt gegen den BVB wird jetzt noch brisanter, wenn Abraham auf Isak trifft.

## Lawrence **Aidoo**

Er lernt jetzt auch schon seit zwei Jahren die deutsche Sprache und kann schon »Guten Tag« sagen. *(Hans Meyer über seinen ghanaischen Stürmer)*

## **Ailton**

In Deutschland läuft der Karneval anders, als ich ihn kenne. Hier ziehen sich alle komisch an – in Brasilien ziehen sich immer alle aus.

Ailton ist wie Medizin für Kranke.

Was Toni sagt, geht da rein und da raus. Das kannst du sofort in die Mülltonne kloppen. *(Rudi Assauer)*

Ailton ist die deutsche Sprache nicht viel geläufiger als dem Pinguin das Fliegen. *(Christoph Biermann für die »Süddeutsche Zeitung«)*

Ich mache schöne Augen, die Stuttgarter Abwehr hat keine Chance, der Torwart auch nicht. 1:0, das ist Ailton.

Das ist verkauft – an Klose. *(auf die Frage, ob er zum Fußball-Bundesliga-Auftakt bei seinem ehemaligen Klub Werder Bremen in »sein« Stadion zurückkehre)*

Alles, was ich bisher über Gelsenkirchen gehört habe, ist ein Desaster. *(über die Stadt seines zukünftigen Vereins)*

Ich muss jetzt nach Gelsenkirchen! *(wehmütiger Abschied aus Bremen)*

Ich habe das doch alles in Brasilien schon mitgemacht, als ich bei Guaraní war. Da brauchte ich nur den Ball zu berühren, und los ging's mit den Pfiffen und Beleidigungen. Weil ich angeblich der bestbezahlte Spieler war und nicht genug für die Mannschaft tat. Und wenn ich heute zurückkehre, fragen die Leute: Ailton, wann kommst du wieder? Ich wünsche mir, dass das in Bremen auch so wird.

Wenn ich Trainer wäre und einen Ailton hätte, würde der immer 90 Minuten spielen.

Vielleicht haben sich die Deutschen gegenüber Gott schlecht verhalten. Deshalb hat er sie mit der Kälte bestraft.

Es ist einfacher, Tore zu schießen, als den deutschen Führerschein zu machen.

Jetzt lernt Ailton den Teuro kennen. *(Klaus Allofs zum Fehlen des brasilianischen Torjägers Ailton beim Training)*

Ailton rennt nur immer nach vorn und geradeaus. Als die technisch versierten Brasilianer das Kombinieren geübt haben, hat er wohl gefehlt. *(Andreas Herzog)*

So ist halt der Toni: Wenn er müde wird, kratzt er sich am Kopf. *(Ralf Rangnick über Ailton, der ihm bei einer Auswechslung den Vogel zeigte)*

Ailton ist der einzige Bundesligaspieler mit einer Figur wie ein Schneemann. *(ARD-Kommentator)*

Dann verpassen wir dem Dicken eine dicke Geldstrafe. *(Rudi Assauer zu den Befürchtungen, Ailton käme zu spät aus seinem Sonderurlaub zurück)*

Der ist ja fast so dick wie unser Brasilianer. *(Frank Baumanns Vergleich mit dem Hertha-BSC-Maskottchen)*

Möglich, dass er einfach lieber in der Halle spielt. In einer Arena, in der das Dach auf- und zugeht. *(Klaus Allofs zum Wechsel von Ailton zu Schalke 04)*

Ein bisschen was Deutsches muss man schon haben. *(Rudi Völler zum Interesse des Brasilianers, für Deutschland spielen zu wollen)*

Ailton, bisher hat er gespielt wie ein Haufen wehleidiger Quark. *(Werner Hansch)*

Das, was Toni macht, könnte man als bezahlten Urlaub bezeichnen. Er macht Urlaub und bezahlt dafür. *(Thomas Schaaf über den Brasilianer, der beim Trainingsauftakt unentschuldigt fehlte)*

Man hat Ailton schon in Bremen gesehen, aber er hat offenbar noch keinen Weg gefunden, das Meer zu überwinden. *(Tino Polster über den Brasilianer, der noch immer nicht im Trainingslager auf Norderney eingetroffen war)*

Wenn man sieht, welche Öffentlichkeitswirkung er damit erzielt, wäre es ja fast fahrlässig von ihm, pünktlich zu sein. *(Thomas Schaaf über seinen wieder einmal zu spät aus dem Urlaub zurückgekehrten Stürmer)*

Von mir aus kann er auch auf der Torlatte entlang balancieren, solange er sich dabei nicht verletzt. *(Ralf Rangnick in Bezug auf Stürmerstar Ailton, der beim Warmmachen in der Pause den Torwart markierte)*

Champagne, Wasser, Bier brasilian. Musse heute alles. Alle. *(nach der Meisterschaft 2004 mit Werder)*

## Roy **Aitken**

*(schottischer Nationalspieler)*

Letzte Nacht waren wir das beste Team des Tages.

## **Ajax** Amsterdam

Macht aus Ajax endlich wieder einen einfachen Fußballklub statt diesem börsennotierten Unternehmen. Wenn der Trainer pissen geht, wird der Handel stillgelegt. *(Youp van 't Hek, niederländischer Kabarettist)*

Ajax ist zum Putzen da. *(Fans des 1. FC Kaiserslautern über Ajax Amsterdam)*

Die Fans z. B. von Ajax, die sind ja traditionell gewalttätig. *(Karl-Heinz Rummenigge)*

## Ade **Akinbiyi**

*(Spieler von Norwich City)*

Ich sah das Blackburn-Spiel am Sonntag im Fernsehen, als es auf dem Schirm eingeblendet wurde, dass George *(Ndah)* in der ersten Minute in Birmingham getroffen hatte. Mein erster Gedanke war, ihn anzurufen. Dann erinnerte ich mich, dass er dort Fußball spielte.

## Jonathan **Akpoborie**

Ich möchte mich bei Gott bedanken, meiner Frau, meinem Kind, dem Trainer, der Mannschaft – und dem Fernsehen. *(der dreifache Wolfsburger Torschütze nach einem 4:4 des VfL gegen den Hamburger SV in einem ZDF-Interview)*

Der Akpoborie nimmt euch die Arbeitsplätze weg. *(Otto Rehhagel)*

## Flórián »Kaiser« **Albert**

Wir Ungarn lieben den Fußball so sehr, dass wir mit ihm ins Bett gehen. Die Engländer hingegen essen ihn auf! *(Ungarns Spieler nach der WM 1966)*

## Carlos **Alberto Gomes de Jesus**

Im Sommer komme ich zurück. Mit Musikern. Und dann mache ich im Garten eine große Spießbraten-Party. *(der gescheiterte Werder-Profi, der vor allem durch Nachbarschaftsstreitigkeiten auffiel)*

Carlos Alberto ist für mich noch kein kompletter Flop. Er ist flopartig. *(Werner L. Born)*

## Jörg **Albertz**

Jörg Albertz wird beim Training vom Kreidewagen überholt. *(Uwe Bahn)*

Ich geh jetzt in die Kabine, den suchen. *(auf die Frage, wo der Biss der Rangers gewesen sei)*

Natürlich ist mir ein kleiner Stein von den Schultern gefallen.

Es muss geklärt sein, ob ich dort mit meinen Hunden spazieren gehen kann, ohne dass sie in einem Kochtopf landen. Nur wenn alles mir und meiner Freundin Mirjana zusagt, werde ich unterschreiben. Sonst nicht. *(überlegt, nach China zu gehen)*

Wenn Ali mehr nach vorn geht, zieht er den Platz in die Länge. *(Jan Hoogma)*

## Heinz **Aldinger**

Wolfgang Overath: »He, Aldinger, jetzt hast du wohl gerade deine schwachen zehn Minuten.« Heinz Aldinger: »Und du, Overath, spielst schon 70 Minuten Scheißdreck.«

## Peter **Alexander**

*(österreichischer Sänger und Schauspieler)*

Es gibt ein weit verbreitetes Vorurteil, dass Profi-Fußballer nur drei graue Zellen haben und zwei davon in der Blutbahn unterwegs sind, um die dritte zu suchen.

## Sam **Allardyce**

In meinen ersten sechs Monaten als Trainer bei Notts County war mein Name mit Kreide an die Tür geschrieben.

## Lily **Allen**

*(englischer Popstar)*

Ich würde mich lieber selbst erschießen, als eine Spielerfrau zu werden. Die sind genau das, was ich hasse: dumm, oberflächlich und hässlich.

Lily Allen über ...

die Beckhams: Die Beckhams ekeln jeden nur noch an. Jeder weiß, dass Victoria ein Monster ist. Ich würde mich lieber erschießen, als eine Spielerfrau zu werden.

Cheryl Cole: Sie ist einfach eine Schlampe und verkörpert alles, was ich hasse: Sie ist dumm, unecht und sieht so scheiße aus, wie sie ist.

Ahsley Cole: Er ist der schlimmste, er widert mich an. Er bespringt alles, was sich bewegt. Ich kritisiere nicht nur, um zu kritisieren, sondern habe ihn mehrere Male getroffen. Er ist abscheulich.

das Privatleben von Fußballern: Es ist lächerlich, ich hasse es. Fußballer sind nicht zum Angeben in London, sondern zum Fußballspielen. Aber die sind wohl zu blöd, um das zu verstehen, speziell die englischen.

## Jonas **Allgöwer**

*(Sohn von Karl Allgöwer)*

Papa, du hast einen blöden Beruf. Du musst sogar sonntags trainieren, wenn andere Leute in die Kirche gehen.

## Klaus **Allofs**

Als Vorsichtsmaßnahme haben wir unseren Spielern verboten, im Hühnerstall zu übernachten. *(der Werder-Sportchef über die Angst vor der Vogelgrippe im türkischen Trainingslager)*

Nach so einem Tag bin ich froh, wenn ich ohne Verletzung in den Bus einsteige. *(nach einer deutlichen Niederlage)*

Für Eto'o ist im September schon Weihnachten. Der musste in keinen Zweikampf gehen, weil wir einfach nicht nah genug am Mann standen.

Vielleicht sollten wir es mal mit Stromstößen versuchen, aber das ist ja nicht erlaubt. *(nach einem schlechten Spiel über neue Maßnahmen fürs Team)*

Hoffentlich sagt es keiner der Gewerkschaft. *(wegen zweier Spiele in 39 Stunden)*

Frage an den Pferdeliebhaber Klaus Allofs: Stimmt es, dass Ihr Sohn Pferdinand heißt oder ist das ein Gerücht? Allofs: Wir haben lange mit dem Gedanken gespielt, uns dann aber doch für Niklas entschieden.

Ein Torriecher ist wahrscheinlich wie Fahrrad fahren – das verlernt man auch nicht.

Jäger kommen manchmal ohne Beute nach Hause. Trotzdem muss es am nächsten Tag weitergehen, sonst werden sie verhungern. *(sehr poetisch gestimmt nach einer Niederlage)*

Man muss nicht immer zaubern, es geht auch mit 1:0 aufwärts.

Gnadenbrot gibt es nur für Pferde, im Profifußball aber wird dir nichts geschenkt. Geld gibt es nur für Leistung.

Letzte Woche mal eine Minute mehr, heute mal früher Schluss gemacht. Alle wollen flexible Arbeitszeiten. In der Bundesliga haben wir sie. *(aufgrund eines Schiri, der überpünktlich abpfiff)*

Man muss aufpassen, dass man nicht in Panik gerät und alles verpflichtet, was sich bewegt. *(zur Situation vor dem Transferschluss)*

Es gibt drei Leute im Stadion, die das nicht gesehen haben. Und die, die am Bierstand waren. *(über einen nicht geahndeten Tritt von Kaiserslautern-Stürmer Dorge Kouemaha gegen den Kopf von Sebastian Prödl)*

## **Alonso**

Alonso schielt, und kein Torhüter hat auch nur die leiseste Ahnung, wohin der Ball fliegen wird. *(ein Mannschaftskamerad bei Estudiantes Borra über die Elfmeterkünste des Verteidigers)*

## Werner **Altegoer**

*(Präsident des VfL Bochum)*

Um viermal aus der 1. Liga abzusteigen, muss man erst einmal dreimal aufgestiegen sein.

## Manfred **Althaus**

Früher hätte ich vermutet, dass es am Vollmond liegt. Aber wir können ja nicht zehn Wochen Vollmond haben. *(der Vorsitzende des Fußballkreises 9 in NRW über die mehrwöchigen Krawalle auf dem Kreisliga-Spielfeld)*

## Halil **Altintop**

Nee, die Mama ist doch da. *(auf die Frage, ob er nicht bald einmal eine Freundin haben wolle)*

## Hamit **Altintop**

Eines sag ich dir: Ich als Mohammedaner mache drei Kreuzzeichen, wenn wir nachher wieder im Bus sitzen. *(während eines heißen Trainingslagers in Dubai)*

Weiß ich nicht so genau, so etwa Ende 50, Anfang 60. *(auf die Frage nach dem Alter seiner Mutter)*

Zu schnell würde ich nicht sagen. Aber wir waren zu langsam. *(spielt mit der Relativitätstheorie)*

## Manfred **Amerell**

Den haben wir es jetzt mal gezeigt, den saublöden Herren Sportlehrern. *(splitterfasernackt in der Kabine nach einem Spiel zu Bochums Sportlehrer Reinhard Saftig)*

2001 hat er mir bei einem Lehrgang seine eklige Zunge in meinen Mund gesteckt! *(Michael Kempter)*

Im Schnitt sind die Schiris vom IQ und ihrem Beruf her den meisten Profis turmhoch überlegen. Sie müssen das aber auch rüberbringen.

Fingerspitzengefühl? Das gibt es nur zu Hause bei der Frau!

Ich werde beim DFB den Vorschlag machen, dass wir künftig gelbe oder rote Hemden anziehen dürfen. Das würde einiges erleichtern: »Gelbe Sau« ruft keiner.

## Nadiem **Amiri**

Ich hatte mit 17 einen Vorfall in der Regionalliga. Damals hat ein Spieler mich rassistisch beleidigt. Jetzt weiß ich nicht, wo er spielt. Aber er weiß, wo ich spiele. *(Auf der Pressekonferenz vor einem Europa-League-Spiel über Rassismus im Fußball)*

## Marcio **Amoroso**

Das vereinfacht die Anfangsarbeit, weil wir jetzt nicht jedem erklären müssen, warum er so schlecht gespielt hat. *(Matthias Sammer über Amoroso, der im ersten Spiel zwei Tore für Dortmund schoss)*

So was habe ich zuletzt im Zirkus gesehen. *(Michael Meier über den Dortmunder Ballzauberer)*

Wir müssen aufpassen, dass diese Seifenoper nicht das Niveau der Auseinandersetzung zwischen Dieter Bohlen und Thomas Anders erreicht. *(Gerd Niebaum über die Querelen mit Amoroso)*

Wir können nicht erwarten, dass er jeden Tag Eisbein mit Sauerkraut isst, nur weil er in Deutschland ist. *(Michael Zorc über die Disziplin von Amoroso)*

Marcio Amoroso ist der Prototyp des Spielers, der nach einem 1:10 höchst zufrieden nach Hause geht, weil er das einzige Tor geschossen hat. *(Paul Breitner)*

## **Amtsgericht** Koblenz

*(AZ 15 C 3047/98)*

Schaut sich ein Fußballfan auf seinem Balkon ein Spiel im Fernsehen an und stürzt beim Torjubel ab, so kann er keine Leistungen aus seiner privaten Unfallversicherung fordern, wenn er 2,55 Promille Alkohol im Blut hatte.

## Carlo **Ancelotti**

Ich bin voll bis obenhin mit Wein. Ich muss erst mal versuchen, nach Hause zu kommen. *(nach einer Meisterfeier mit Chelsea, wo Journalisten ihn nach seiner Zukunftsplanung befragten)*

Wenn Trapattoni Deutsch gelernt hat, dann schaffe ich das auch.

## Ingo **Anderbrügge**

Ich bin doch hier nicht der Hans Doof. Wir haben so viele Verletzte. Einer spielt nur mit einem Arm und ein anderer mit 40 Grad Fieber – und dann bin ich immer noch der Letzte, der eingewechselt wird.

Das Tor gehört zu 70 Prozent mir und zu 40 Prozent dem Wilmots.

Ich habe zum ersten Mal gegen eine Mannschaft mit schwarzen Trikots gespielt. Das ist ja schlimm, man denkt, da laufen lauter Schiedsrichter herum.

## Martin **Andermatt**

Man kann zwar schlecht spielen, aber nicht schlecht kämpfen! *(zu den Anforderungen an die Spieler, die er verpflichten möchte)*

Samstag ist ein freier Tag. Wir nutzen den Tag, um in die Schweiz zu fahren. *(am Vortag der Abreise zum Trainingslager in der Schweiz)*

## Leon **Andreasen**

Wenn eine Bombe in der Umkleide hochgehen würde und sich vier Spieler das Bein brechen, dann würde ich vielleicht zum Einsatz kommen. *(nicht mehr berücksichtigter Mittelfeldspieler von Fulham)*

## Giulio **Andreotti**

Hoffentlich dauert es mit der nächsten Meisterschaft nicht wieder 18 Jahre. Sonst könnte es schwierig für mich werden mitzufeiern. *(italienischer Ex-Premierminister und Fan des Meisters AS Rom, im Alter von 82 Jahren)*

## Nicolas **Anelka**

»Va te faire enculer, sale fils de pute« *(Fick dich in den Arsch, du Hurensohn – Anelka zu Raymond Domenech, dem Trainer der französischen Nationalmannschaft, in der Halbzeitpause des Vorrunden-Spiels zwischen Frankreich und Mexiko (0:2) bei der WM 2010. Anschließend musste Anelka vorzeitig nach Hause)*

## Steve **Anglesey**

*(Kolumnist beim »Daily Mirror«)*

Schockierende Graffitis außerhalb des Goodison Parks. Schaut, sie haben das »t« weggelassen bei »Rooney must diet«.

## Michael **Antwerpes**

*(ARD-Kommentator)*

Fußball-WM der Frauen ist, wenn man trotzdem Spaß hat.

## **Anzeige** eines BVB-Sponsors

Katholisch, Evangelisch, Neuapostolisch. Wir haben kein Problem mit Kirchen. Außer, es steht »Gelsen« davor.

## Luis **Aragonés**

Das Einzige, was helfen würde, wäre ein Viagra-Omelett. *(Spaniens Nationaltrainer über die fehlende mentale Einstimmung auf ein Länderspiel)*

Im Fußball ist das Gewinnen verdammt schwer. Das gilt auch für ein Team, von dem es heißt, es sei von einer anderen Galaxie. *(der Atlético-Trainer zur Krise bei der »Supermannschaft« des Lokalrivalen Real)*

Mir gefällt der Spitzname »Zapatones« *(große Schuhe)* besser als »Sabio« *(der Weise)*. Denn das Einzige, was ich weiß, ist, dass ich nichts weiß. *(über seine zwei Spitznamen)*

Wenn meine Spieler auf dem Platz sterben müssen, um gegen Italien zu gewinnen, dann werden sie das tun.

## **ARD**-Kommentator

Am Wochenende ist Siggi Helds Vater gestorben. Deshalb kann er heute nicht spielen.

## **ARD**-Videotext

Die Fans der schwarz-gelben Borussia feierten ihre Mannschaft die ganze Nacht lang mit Autotorsos durch die Innenstadt. *(nach dem Meisterschaftsgewinn von Borussia Dortmund 2002)*

Die Werder-Führung hätte ein Kopfschuss von Baumann in Hälfte zwei sein können ...

Der DFB-Elf reichte ein 0:0-Zittersieg gegen die Türkei.

Oswald scheiterte mit dem Anschlusstreffer an Kahn.

## Bruce **Arena**

*(Nationaltrainer der USA)*

Acht Tore in einem Spiel – ich bin nicht scharf darauf, dass die Deutschen mich so unterhalten. *(vor dem Viertelfinalspiel gegen Deutschland bei der WM 2002)*

Vor vier Jahren habe ich die WM als ausgebrannter Zombie verlassen, diesmal nur als Idiot. *(der Trainer des US-amerikanischen Nationalteams nach dem Ausscheiden bei der WM 2006)*

## Hatem Ben **Arfa**

Keines der Angebote hat mich gereizt. Das ist wie mit einer Frau – wenn sie dich nicht reizt, lass es sein, Bruder.

## **Argentinien**

Mir ist egal, ob die schlechte Verlierer sind. Die fahren jetzt nach Hause. *(Lukas Podolski)*

Argentinien ist ein Rolls Royce und Messi der Fahrer. *(Diego Maradona)*

## Lance **Armstrong**

Die französischen Fußballspieler wurden doch alle positiv getestet – als Arschlöcher! *(nach dem WM-Endspiel 2006)*

## Marko **Arnautović**

Sie muss tätowiert sein, das steht bei mir an erster Stelle. Und schwarze Haare und Silikonbrüste haben. *(über seine Traumfrau)*

Ich denke jetzt zehnmal nach, bevor ich einmal rede. Früher habe ich einmal nachgedacht und zehnmal geredet. Das war eben neunmal zu viel.

Ja, was soll ich über Marko sagen? Der hat ja nur Stroh im Kopf. *(Paul Scharner, österreichischer Nationalspieler)*

Wenn er sein Potenzial original nur beim Einkaufen abruft, ist das zu wenig. *(Didi Kühbauer)*

## Frank **Arnesen**

Wir haben verdient gewonnen. Nein, das war ein Witz. Wir hatten Glück. *(nach seinem ersten und einzigen Spiel als HSV-Coach)*

## Maximilian **Arnold**

Wenn man das nicht sieht, weiß ich nicht, wo die Tomaten liegen. *(zu einer Tätlichkeit von Mönchengladbachs Rafael gegen ihn, für die dieser nicht Rot sah)*

Ein blindes Huhn trifft auch mal ein Korn.

Danach sind die Eier wieder gewachsen, die kurzzeitig weg waren. Die waren im Schienbeinschoner.

Jetzt nervt der engere Familienkreis zumindest nicht mehr, ob ich weiß, wo das Tor steht. Da sind die gnadenlos.

Wir dürfen den Baum jetzt nicht anbrennen lassen, wir müssen ihn langsam schmücken.

## Jann-Fiete **Arp**

Ich verdiene viel zu viel für mein Alter, wenn man bedenkt, dass ich an den meisten Tagen einmal ins Training fahre.

## Andrei **Arshavin**

Wir wissen, dass Arsène Wenger Arshavin sehr mag. Ich mag Angelina Jolie. Das bedeutet aber nicht, dass man immer bekommt, was man will. *(Dennis Lachter, Agent des russischen Stürmers)*

## **As**

*(spanische Sportzeitung)*

Ronaldinho versteinerte Oliver Kahn. *(beschreibt ein Freistoßtor des Brasilianers gegen Deutschland)*

Er ging zu Boden wie eine alte, schwangere Frau. *(über Oliver Kahns Fehler in einem CL-Spiel gegen Real Madrid)*

Es ist unterhaltsamer, an einer Haltestelle auf den Bus zu warten, als sich so ein Fußballspiel anzusehen. *(zu einem 0:0-Remis zwischen AC und Inter Mailand)*

## Gerald **Asamoah**

Spontanes Frust-Saufen. *(auf die Frage, wie die Mannschaft trotz der verpassten deutschen Meisterschaft feiern wird)*

Asamoah steht dumm rum, weiß wieder mal nicht, wo er hin soll. Ball kommt, Kopfball, Tor.

Er kämpft um jeden Ball, als wäre er der letzte seines Lebens. *(Helmut Schulte)*

Da krieg' ich so den Ball und das ist ja immer mein Problem.

Ich bin von allen deutschen Nationalspielern bisher am schwärzesten.

Ich denke deutsch. Ich sehe nur ein bisschen anders aus.

Meine Frau ist noch in Ghana. Deswegen gibt es nicht so viel zu essen. Ich hoffe, sie bleibt noch lange. *(über seinen Gewichtsverlust)*

Ich bin so ein Typ, der immer am Lachen ist. Okay, es gibt Tage, wo man einfach nicht lachen kann.

Erst stand der Name meiner Frau auf den Schuhen. Da habe ich aber nicht viele Tore gemacht. Da musste sie weg. *(der Name, nicht die Frau natürlich)*

Es haben alle erwartet, dass ich die Nationalhymne mitsinge. Aber das habe ich extra nicht gemacht, damit nicht alle Schalker Spieler vor dem Fernseher sitzen und mich auslachen.

Asamoah fällt in der Manier eines Kampfbombers. *(Werner Hansch)*

Ich weiß nicht, ob die Ärzte uns Schwarze richtig verstehen. Die kennen sich doch nur mit Weißen aus. *(zweifelt nach der Entdeckung eines Herzfehlers bei ihm an den Fähigkeiten der deutschen Mediziner)*

## Rudi **Assauer**

Die ist unheimlich okay. *(Assauers Liebeserklärung an seine zweite Ehefrau Britta)*

Ehrenpräsident? Das sind doch die, die in der Kuhle liegen. *(zu seiner möglichen späteren Funktion auf Schalke)*

Vor dem heißen Ofen tropfen alle Menschen gleich. *(über seine Sauna-Leidenschaft)*

Das soll die Nationalmannschaft sein? Das ist genauso, wie wir früher gekickt haben: eine Auswahl Bahnhofstraße gegen Buerer Straße.

Endlich mal eine vernünftige Alte, die was von Fußball versteht. *(über eine neue Lebenspartnerin)*

Nee, nicht zu den Bekloppten. Die haben doch die Nase so hoch. Die turnen da bloß, aber spielen kein Fußball. *(wollte partout nicht aufs Gymnasium)*

Man kann die ganzen DFB-Trainer durchgehen und wird sehen, dass sich alle in den letzten Jahren im Golfen verbessert haben.

Denen ist scheißegal, was das kostet. Die sagen sich: Und wenn meine Alte nix zu fressen kriegt – ich fahr mit! *(über die Schalker Fans)*

Sollen sie doch ein Bayern-Studio aufmachen und fetten Gänsen den Arsch schmieren. *(über eine ARD-Entscheidung, Bayern statt Schalke zu zeigen)*

Als ich noch in Bremen war, hörte ich, dass unser Masseur schwul ist. Ich bin zu ihm gegangen und habe ihm gesagt: »Junge, tu dir einen Gefallen – such dir einen neuen Job.«

Wir stellen hier auf dem Vereinsgelände noch ein paar Dixi-Klos auf, die können wir ja dann nach Politikern benennen. *(Assauer ärgert sich über die Kommunalpolitik in Gelsenkirchen)*

Damen einzuwechseln und den Gegner zu erschrecken. *(der Schalke-Manager auf die Frage einer Journalistin nach dem möglichen Erfolgsrezept in der Champions League gegen Istanbul)*

Der Eigenrauch kam am Montag zufällig vorbei, da haben wir für drei Jahre verlängert.

Gelb geht nicht. Gelb ist Dortmund. Gelb geht echt nicht.

Hasse kein Pulver, brauchste nich auf Schalke. *(zu Kindern, die Freikarten wollten)*

Die habe ich in der Küche in der Tupperdose untergebracht. *(über seine BVB-Aktien)*

Wir haben so viele Konfessionen im Klub, wir bräuchten mehrere Kapellen. *(über die Andacht in der Arena Auf Schalke)*

Die Null muss stehen. *(sein Motto, zusammen mit Trainer Stevens entwickelt)*

Die hat wirklich Klasse, ihre Eltern kenne ich auch, bester Stall. *(über seine Begleitung Lisa Loch)*

Ich habe beschlossen, dass ich immer im Ruhrgebiet bleibe, also werde ich auch immer auf Schalke gehen. Vorausgesetzt, dass ich noch laufen kann. Und wenn nicht, kann mich ja auch eine Dame in die Arena schieben.

Meine Teilzeit-Gefährtin, Frau Schneider, hat ja absolutes Sprechverbot in Sachen Fußball.

Wenn Ottmar Hitzfeld behauptet, dass ich kein Rückgrat hätte, dann können wir doch mal gemeinsam zum Orthopäden gehen.

Beim Mannschaftsabend darf Bier getrunken werden, aber 80 Prozent der Jungs bestellen Wasser. Was hätten wir uns früher einen gezogen.

Wenn du da ein Bierchen halb ausgetrunken hast, ist der Pappbecher bei Regen im Nu wieder voll. *(über das alte Parkstadion)*

Ich würde nur für Pils und Zigarren werben. Alles andere wäre unglaubwürdig.

Seit Franz Josef Strauß nicht mehr regiert, ist es hier nicht mehr so nett. *(über das Rauchverbot in Bayern)*

Ein Gastwirt aus Bremen hatte in seinem Lokal eine Tafel angebracht, auf der geschrieben stand: »Hier speiste Rudi Assauer.« So lange, bis ein Gast darunter schrieb: »Deshalb ist er auch nach Schalke gegangen.« *(aus der »Werder-Revue«, Stadionzeitschrift von Werder Bremen)*

Sir Assauer sprach oft durch die Nase, um seine perlweißen Jacket-Kronen zu schonen. *(Max Merkel)*

Wenn man da so ein bisschen auf den Zungenschlag hört, die »Bild« würde da sehr doppeldeutig titeln: »Assauer voll dabei«. Das ist vielleicht auch noch ein ganz kleines Problem, das man besprechen sollte. Inwieweit sollte ein Manager aufpassen, dass sein Grundnahrungsmittel nicht den ganzen Tag über flüssig ist? *(Jörg Wontorra im DSF-»Doppelpass«)*

Wenn du heute als Manager jungen Leuten gegenüberstehst und eine Wampe hast, dann bist du unglaubwürdig.

Wenn du in der ersten Minute das 1:0 machst und in der letzten das 2:0, dann kann dir nichts passieren.

Zu meiner aktiven Zeit haben die Doofen Fußball gespielt, heute haben auf Schalke zwei Drittel der Spieler Abitur.

Wir sind in der Arena der Buhmann der Nation. Es geht um Millionen, und die Fehlentscheidungen häufen sich. Sobald es strittig wird, wird gegen uns gepfiffen. Da müssen wir das Ding eben wieder abreißen.

Das hat alles mit der Atmosphäre in der Arena zu tun. Wir müssen sie abreißen und wieder im Parkstadion spielen. *(zur Hektik im Derby)*

Bis DFB und DFL etwas umsetzen, ist es Weihnachten nächstes Jahr. *(zum schleppenden Kartenvorverkauf vor dem Benefizspiel der deutschen Nationalelf gegen eine internationale Bundesliga-Auswahl)*

Sie hat zehn Jahre Arbeit von mir kaputtgemacht. *(über die Mannschaft von Schalke 04)*

Die einvernehmliche Trennung ist erfolgt, nachdem ich gesagt habe, wir machen nicht weiter. *(zur Entlassung von Frank Neubarth)*

Wenn du auch am Ende noch Vierter bist, dann wäre es noch grausamer. Dann guckst in die Röhre. Aber solange sich keiner im Kanal ertränkt ... *(zu Platz vier in der Bundesliga)*

Klar. Neben ihm holen wir noch Zidane und den Natz von Dülmen. *(auf die Frage, ob er an der Verpflichtung von Diego Klimowicz interessiert sei)*

Heute herrscht schweigende Stille. *(zum Fanverhalten nach einem 2:2 gegen Freiburg)*

Nachdem ich dieses Spiel gesehen habe, bin ich stolz, dass keine Schalker dabei waren. *(nach einem Länderspiel gegen die Niederlande)*

Ich dachte schon, Fußballer seien ein besonderes Völkchen. Aber gegen die Künstler ist das ja nur Pipifax. Dem einen ist das Klopapier zu hart, dem anderen die Schuhbox zu klein. *(über neue Erfahrungen bei der Termingestaltung für die neue Arena)*

Wir gewinnen am Samstag den Pokal und dann feiern wir gemeinsam mit Dortmund in Castrop-Rauxel. *(zur Meisterschaft vom Lokalrivalen Borussia Dortmund)*

In der Nacht von Samstag auf Montag. *(auf die Frage, wann die Entscheidung, Frank Neubarth zu entlassen, gefallen sei)*

Wer vorher Kreismeister in Dinslaken war, war hier plötzlich Pokalsieger. *(zur Selbstüberschätzung und Überheblichkeit einiger Profis)*

Falls es so kommt, schlafen wir zur Not auch in Zelten. *(zur Frage, ob fürs DFB-Pokalfinale in Berlin schon jetzt dasselbe Hotel gebucht worden sei, in dem die Mannschaft beim Endspiel 2001 gewohnt hatte)*

Dann hätte Schalke die Lizenzspielermannschaft aus der Bundesliga abgezogen und in Holland angemeldet. *(auf die Frage, was passiert wäre, wenn Lothar Matthäus die Nationalmannschaft übernommen hätte)*

Wir sollten einen Professor holen. Oder einen vom Sozialamt. Und wenn es ein Balletttänzer ist, der uns nach vorne bringt, dann holen wir einen Balletttänzer. *(über die Anforderungen an den neuen Trainer von Schalke 04)*

Wenn wir die Schale haben, haue ich die so was von kaputt. *(nicht ganz ernst gemeinte »Drohung« des Schalke-Managers, der bei den Feierlichkeiten nach dem DFB-Pokal-Triumph den »Pott« fallen gelassen und demoliert hatte)*

Einmal in der Woche 90 Minuten konzentriert – das kann ich ja wohl erwarten. *(zur Einstellung seiner Spieler)*

Das Arbeitsgericht auf Schalke bin ich. *(nach der kurzfristigen Suspendierung und »Begnadigung« von Nationalspieler Jörg Böhme)*

Wenn wir den Rasen einmal rein- und wieder rausschieben, ist das Geld schon weg. *(über die UI-Cup-Einnahmen von Schalke 04)*

In der 1. Halbzeit hatten sie die Schlafpille. Dann gab es die Bullenspritze. *(nach einem Sieg)*

Wenn du die Treppe runtergehst, musst du immer nach unten schauen, sonst fällst du runter! *(nach einem 0:1 zu Hause gegen Hansa Rostock)*

Auch wenn es unter den Schnee geschissen wird – bei Tauwetter kommt alles wieder zum Vorschein. *(zur »Aufdeckung« des Geheimvertrages zwischen Bayern München und der Kirch-Gruppe)*

Bochum spielt nächstes Jahr in der Champions League und wir im Döner-Cup. Wenn wir Glück haben, können wir wieder den gesamten Nahen Osten bereisen. *(befürchtet, dass für Schalke am Saisonende nur ein UI-Cup-Platz bleibt)*

Erst wenn wir Meister geworden sind, nehmen wir das Wort in den Mund.

Wir haben das Dach der Arena jetzt extra so eng gebaut, dass er nicht mehr durchkommt. *(über Jürgen Möllemanns Fallschirm-Auftritte)*

Ich habe erfahren, es wurden mehr Blautannen als sonst vor Weihnachten verkauft. *(zur Euphorie um Schalkes Bundesliga-Wintermeisterschaft)*

Wir haben den Schriftzug in unserem Vereinslogo in »Hosenscheißer 04« geändert. Wir konnten ein großes Sponsoringpaket mit einer Windelfirma schnüren.

Kaum können die Fans den Namen aussprechen, ist er wieder weg. *(zum außerordentlichen Kündigungsrecht für Profis)*

Es war schwierig, heute Fußball zu spielen, und wir haben trotzdem nicht gut gespielt, trotzdem der Gegner alles versucht hat, es zu verhindern.

Dann müssen wir in der nächsten Woche eben mit Assauer und Stevens in der Innenverteidigung spielen. *(der Schalke-Manager angesichts der vielen verletzten und gesperrten Defensivspieler)*

Das Wort »mental« gab es zu meiner Zeit als Fußballspieler noch gar nicht. Nur eine Zahnpasta, die so ähnlich hieß.

Über Trainer rede ich nicht in der Öffentlichkeit. Es sei denn, ich stelle einen ein oder werfe einen raus. *(zur Lage von Huub Stevens)*

Die Alte ist trotzdem unheimlich in Ordnung! Ich habe sie kennengelernt, als ihr Zahnarzt mir das Esszimmer neu tapeziert hat. Kerstin merkte sofort, dass ich bei der Behandlung ein bisschen Schiss hatte. Sie hielt mir ganz lieb das Händchen. *(über seine neue 24-jährige Lebensgefährtin, die als Zahnarzthelferin arbeitet)*

Die Bezüge von Frank Neubarth werden in Kürze in Kopie nachgereicht. Wie bei Dortmund und der Deutschen Bank.

Ich wollte nur schlichten, kein Foul begehen. *(zu einer Verbannung auf die Tribüne, weil er bei einer Rangelei auf das Spielfeld gestürmt war)*

Mein altes Prinzip – beim Genießen nicht nach dem Morgen fragen. *(über die Zukunft mit der Schauspielerin Simone Thomalla)*

Wenn Schalke Meister würde, dann läuten im ganzen Revier die Glocken.

Wenn er wieder im Weg steht, geht er wieder kaputt. Wir sind zwar versichert, aber ich bezahle das dann gerne aus meiner Tasche. *(über den DFB-Pokal, den er beim Sieg 2002 demoliert hatte)*

Ich heiße doch nicht Assauer, der immer nach Ausreden sucht. Mal ist es der Schiedsrichter, mal der Rasen. *(Ansgar Brinkmann)*

Nicht alles, was sich in einem feinen Zwirn verbirgt, ist ein feiner Mensch. *(René C. Jäggi)*

Ich hoffe, dass es kein Selbstmordversuch war. *(Frank Rost zum Treppensturz des Managers)*

Assauer und unser Aufsichtsrat Dr. Böhmert sind seit fast 30 Jahren befreundet. Und dann kommt der hierher ins Stadion, trinkt kostenlos Bier und pflügt nebenbei noch die besten Spieler ab. *(Jürgen L. Born, Vorsitzender der Geschäftsführung Werder Bremens)*

Bei ihm im Büro zu sitzen, ist kein Vergnügen. Was der wegqualmt … *(Huub Stevens)*

Ich gebe ihm noch fünf Jahre, wenn er so weitermacht. *(Schalke-Spieler Hannibal Matellan über den arbeitswütigen Manager und Zigarrenraucher)*

Wenn der Kleine mit der Zigarre frech wird, gibt's von mir Feuer. *(Michael Huber, vom Schalke-Sponsor Veltins)*

Erst mal abwarten, wohin ich ihn treffe. *(Jürgen L. Born auf die Frage, wie er reagiere, wenn er Assauer das nächste Mal träfe)*

Ich habe Herrn Assauer nie als »Kaschmirproleten« bezeichnet. Ich habe Herrn Assauer »Kaschmirhooligan« genannt. *(Michael Meier)*

Unser Manager meint, er hat das größte Adlerauge. *(Olaf Thon)*

Manager Rudi Assauer sitzt bei den Spielen neben mir. Er gehört mit auf die Bank, wie die Schalke-Arena zu Gelsenkirchen gehört. *(Jupp Heynckes, der die gewohnte »Sitzordnung« auf der Bank nicht verändern will)*

Alles aus dem Norden kannst du gebrauchen. Auch der Tscheche an sich macht seinen Job, den hörst und siehst du nicht. Absolut pflegeleicht. Polen und Russen verursachen nur Theater. Da passiert ständig etwas, mit dem Auto, mit den Landsleuten, mit der Freundin.

## Karl-Josef **Assenmacher**

Wer lasch pfeift, bleibt im Stall.

## Ron **Atkinson**

Gary Lineker hat gerade die Hand von Jürgen Klinsmann geschüttelt. Es ist ein Wunder, dass Klinsmann nicht umgefallen ist.

Ich habe Mick Jagger getroffen, als ich für Oxford United gespielt habe und die Rolling Stones dort aufgetreten sind. Ich habe schon ein wenig geahnt, dass er eines Tages mal so berühmt wird wie ich.

Reporter: »Was ist mit John Gidman, Ron? Ist er in Gips?« Ron Atkinson: »Nein, er ist in Marbella.«

Ich weiß, dass Cyrille Regis zu Gott gefunden hat. Jetzt will ich, dass er auch den Teufel entdeckt.

Der einzige entspannte Trainer ist der große Ron Atkinson. Er hat mich Sekt trinken lassen – vor dem Spiel. *(Harry Redknapp)*

Ich mache nie Kommentare über Schiedsrichter, und diese lebenslange Gewohnheit werde ich für diesen Arsch nicht aufgeben. *(auf die Frage nach der Leistung des Schiedsrichters)*

Ich denke, dass die Wiederholung zeigen wird, dass es deutlich schlimmer war, als es augenscheinlich war.

Du willst eine halbe Stunde? »Ben Hur« kann man in einer halben Stunde drehen! 15 Sekunden gebe ich dir. *(zu einer Journalistenanfrage)*

Es geht um die zwei Bs: Bewegung und Stellungsspiel.

Das Leben ist hart. Ich musste meinen Mercedes gegen einen BMW tauschen, habe nur noch 37 Anzüge und trinke keinen Jahrgangs-Champagner mehr. *(nach seinem Rausschmiss bei United)*

Peter Schmeichel kann den Ball weiter werfen, als ich in den Urlaub fahre.

Gordon Strachan ist 39 und es gibt niemanden, der fitter ist als er. Okay, Raquel Welch vielleicht.

Ich würde nicht sagen, dass er der beste Flügelspieler auf der linken Seite in der Premier League ist, aber es gibt keinen besseren. *(über David Ginola)*

Sie können gerne meine Telefonnummer nutzen, Gentlemen, aber denken Sie bitte daran, mich nicht während »The Sweeney« anzurufen. *(Trainer Ron Atkinson wollte in seiner Zeit bei Manchester United nicht beim Fernsehen gestört werden)*

Ich wage mal eine Prognose: Es könnte so oder so ausgehen.

## Thimothée **Atouba**

Atouba hat heute wieder ein Bewerbungsschreiben an Zirkus Krone abgeschickt. *(HSV-Boss Bernd Hoffmann)*

## Erzgebirge **Aue**

Wir kommen aus der Tiefe, wir kommen aus dem Schacht, Wismut Aue, die neue Fußballmacht.

## **Auf** Schalke

Zu die Pressetische. *(Hinweisschild im Parkstadion)*

Auf die Kohle, die der Ernst Kuzorra hochgeholt hat, konnze kein Funt Ärpsen heiß kriegen. *(Schalke-Fan)*

## Klaus **Augenthaler**

Einmal war ich mit meiner Frau im Keller und habe gesehen, wie sie die Wäsche aus der Waschmaschine holte und in den Trockner warf. Da hab ich sie gefragt: Warum wäschst du jetzt noch einmal?

Die sollen zur Lufthansa gehen, so wie die geflogen sind! *(über Lars Ricken und Andreas Görlitz)*

Frage: Was schießt Ihnen in den Kopf, wenn das Telefon klingelt und Sie erkennen die Nummer nicht? Augenthaler: Ohne Lesebrille sehe ich die Nummer sowieso nicht.

Die meisten treten auf wie Karajan persönlich, manche rennen auch auf dich zu wie ein Torero, bevor sie dir eine Karte zeigen. *(über Schiedsrichter)*

Guten Tag! Es gibt vier Fragen und vier Antworten. Die Fragen stelle ich, die Antworten gebe ich auch. Erstens: Wie ist die Stimmung in der Mannschaft? Die Mannschaft hat hervorragend gearbeitet. Zur Taktik: ein oder zwei Stürmer? Das liegt daran, wie die personelle Situation ist und welche Spieler verletzt sind. Zum Gegner: Aachen wird sicherlich Druck machen, darauf müssen wir vorbereitet sein. Ist die Mannschaft dem Druck gewachsen? Was ich beobachtet habe – wir haben hervorragend gearbeitet, die Mannschaft wird die Antwort auf dem Platz geben. Danke schön. *(die Pressekonferenz des VfL Wolfsburg war nach genau 42 Sekunden beendet)*

Der erste Teil meines Hauswirtschaftskursus mit Kartoffelschälen ist beendet. *(der neue Trainer des VfL Wolfsburg zu seiner Anstellung nach mehr als dreimonatiger Fußballpause)*

Bei allen Trainerangeboten kam immer gleich der Zusatz, dass ganz in der Nähe ein schönes Fischwasser liege. *(im Jahre 1995 als Co-Trainer bei den Bayern)*

Ich werde heute Nachmittag ein Gläschen Schampus trinken, weil ich nicht dabei war. *(der Wolfsburger Coach nach drei Trainer-Entlassungen kurz hintereinander in der Bundesliga)*

Hans Jörg Butt ist noch besser als Jens Lehmann – und Jens Lehmann ist besser als Oliver Kahn! *(Leverkusen-Trainer Klaus Augenthaler zur deutschen Torwart-Rangfolge)*

Das war nicht Fußball vom Traumschiff, sondern mehr von der Galeere.

Wir werden nicht in den Klettergarten gehen und auch nicht durch den Mittellandkanal paddeln. *(der Trainer zur Vorbereitung auf ein Abstiegsfinale)*

Die beiden Freistöße waren unhaltbar – sonst hätte er sie ja gehalten.

Als ich das schöne Wetter gesehen habe, habe ich es gelassen. *(Wolfsburgs Trainer zu seinem Verzicht auf eine Kabinenpredigt)*

Er sagt, er hat sich im Training verletzt. Der Arzt hat ihn gründlich untersucht, aber nichts gefunden. Mal sehen, ob ich beim nächsten Training etwas finde. *(Wolfsburgs Trainer über seinen ausgemusterten Star Andrés D'Alessandro)*

Mei, was kann ich dafür, wenn der so schnell ist. *(nachdem er Rudi Völler krankenhausreif getreten hatte)*

Entweder haben wir einen Auswärtskomplex oder Höhenangst. Ich weiß aber nicht, wie hoch der Betzenberg ist. *(nach Leverkusens 0:0 in Kaiserslautern)*

Eine Spitzenmannschaft agiert einfach ruhiger und cleverer. Ich kenne das aus meiner Bayern-Zeit: Man spielt 75 bis 80 Minuten hinten zu null und vorne macht dann schon einer das Ding rein. *(über die fehlende Abgeklärtheit seiner Spieler)*

Mir war der Anzug zu schade, sonst wär ich unter die Dusche rein. *(zu der Tatsache, dass einige seiner Spieler drei Minuten nach einem Grottenspiel lachend unter der Dusche standen)*

Ich fahre jetzt zum Rathaus. Ich bekomme vom Bürgermeister die Tapferkeitsmedaille für drei Jahre Nürnberg. *(zu seiner Entlassung beim 1. FC Nürnberg)*

Ich kann meine Mannschaft jetzt nicht verteufeln, ich brauche sie ja nächste Woche wieder.

Wenn sie glauben, sie haben einen Blöden vor sich, dann sind sie bei mir an der richtigen Adresse.

Ich hoffe nicht, dass meine Spieler jetzt jeden Donnerstag kegeln gehen wollen. *(nachdem er vor einem Sieg gegen Wolfsburg Kegeln auf den Trainingsplan gesetzt hatte)*

Wir arbeiten uns in der Tabelle kontinuierlich nach hinten.

Egal, wie man es macht, man macht es verkehrt, also machen wir es richtig.

Ich habe doch kein Alkoholproblem. Das ist Rufmord. Hier wird der Eindruck erweckt, ich hätte beim Club nur gesoffen, nie gearbeitet. Was in Nürnberg abgeht, ist unterste Schublade. Da wird eine Kampagne gegen mich gefahren. Das ist eine gemeine Rufschädigung, da wird mein guter Name kaputt gemacht. *(zu angeblichen Alkoholeskapaden)*

Wenn ich nach dem Spiel in die Kabine komme und es braucht keiner einen Verband, dann hab' ich was verkehrt gemacht. *(über mangelnden Einsatz seiner Mannschaft)*

Ich trinke heute Abend ein schönes Mineralwasser. *(auf die Frage, wie er den Klassenerhalt mit Bayer feiern wird. In Nürnberg wurde ihm zuvor überhöhter Weizenbier-Konsum nachgesagt)*

Die eigentliche Gefahr ist, dass ich in die falsche Kabine gehe. *(über das letzte Saisonspiel als Trainer Leverkusens in Nürnberg, wo er erst wenige Wochen vorher entlassen worden war)*

Ich habe jetzt zwei Wochen zu Hause gesessen, das war schon zu lang. Ich kann nicht jeden Tag Rasen mähen. Die Fische beißen zwar, aber das reicht mir nicht. *(nachdem er kurz nach seiner Entlassung in Nürnberg von Leverkusen verpflichtet wurde)*

Mich kennt keiner wirklich. Selbst meine Frau fragt mich manchmal: Bist du wirklich so?

Wenn ihr abends nicht einschlafen könnt, dürft ihr euch ruhig ein Bierchen als Schlafmittel reinzwitschern. *(Rezept für seine Mannschaft)*

Wir haben ganz schwach begonnen und dann ganz stark nachgelassen.

Ich bin vom Trainer überzeugt. Er hat bis Sonntag volle Rückendeckung. *(Michael A. Roth, Präsident des abstiegsgefährdeten Fußball-Bundesligisten 1. FC Nürnberg, nach einem Krisengespräch mit Klaus Augenthaler)*

Man soll nicht gleich ins Extrem verfallen und aus dem Elefanten eine Mücke machen.

Jupp Heynckes weiß genau, wer raucht, und zählt deine Bierchen. Das war bei Udo Lattek anders. Der hat selbst am meisten gesoffen.

Die Zeit ist kostbar, auch wenn sie noch so teuer ist.

Wir Niederbayern gelten vielfach als verstockt und stur. Was soll ich da noch sagen: Ich bin Niederbayer!

Fußball auf der Bank ist Leidensgeschäft. Ich bin leidender Angestellter hier in Nürnberg.

Wenn man unter der Woche drei Purzelbäume macht und das Spiel gewinnt, hat man alles richtig gemacht.

Spieler sind wie kleine Kinder. Wenn ich meiner Tochter fünfmal etwas sage und sie macht es nicht, kann ich sie auch nicht ins Heim stecken.

Wir leben alle auf dieser Erde, aber eben auf verschiedenen Spielhälften.

Jeder, der heute einen Profivertrag unterschreibt, glaubt, einen Ball stoppen zu können. Das ist ein Irrtum.

Wenn der Kopf nicht da ist, sondern nur die Hülle, dann ist es egal, ob du mit einer Viererkette spielst oder mit einer Schneekette.

Der vierte Schiedsrichter kam abwechselnd zu mir und Peter Neururer, weil ihm langweilig war.

Wenn Mädchen gegeneinander spielen, ist das vielleicht ein Foul, aber keine gelbe Karte.

Ich habe nichts gesehen, der Schiedsrichter hat nichts gesehen. Aber das kleine grüne Männchen an der Linie, das hat mit der Fahne gewedelt. Der, der am weitesten wegstand, hat es am besten gesehen.

Irgendwann muss man mal sterben, und wenn du Trainer bist, wirst du entlassen.

Fußball ist nur schön, wenn du hinterher einen Verband hast und nicht nach zehn Minuten geföhnt bist.

Ob Sie es glauben oder nicht: Ich habe es schon erlebt – nicht jetzt hier in Wolfsburg –, dass nachts um halb elf ein Spieler anrief. Sein Wecker würde nicht mehr funktionieren, jemand müsse ihm Batterien besorgen.

## FC **Augsburg**

Der FC Augsburg ist nicht irgendein Verein. Er ist für Augsburg genauso wichtig wie Feuerwehr und Straßenbahn. *(Augsburgs Vereinspräsident Dr. Lux)*

## Jean-Michel **Aulas**

*(Präsident von Olympique Lyon)*

Wenn im Tausch für Ben Arfa Cristiano Ronaldo zu uns kommt, können wir drüber reden. Aber dann müssen sie auch noch Geld draufpacken. *(über das Interesse von Manchester United an seinen Spielern Hatem Ben Arfa und Karim Benzema)*

## Raimond **Aumann**

Eins steht fest: Die Natur mag noch so bedroht sein – Pechvögel sind zu keiner Zeit vom Aussterben bedroht.

Immer wenn Aumann die Klappe aufreißt, kriegt er den Laden voll. *(Udo Lattek)*

Im Freistaat Bayern herrschen nun mal andere Regeln und Richtlinien. *(der Fanbeauftragte von Bayern München begründet das Verbot der Totenkopffahnen der St.-Pauli-Fans)*

Ich lag beim Schuss in der falschen Ecke. Da liegen Sie völlig richtig.

Nichtabstiegsprämie. Alleine bei dem Wort bekomme ich eine Gänsehaut.

## **Ausputzer** Deck

Hier in Essen mussten wir ja kommen, aber in Köln können wir kontern. Da holen wir dann den Rückstand wieder auf. *(der Spieler des Bezirksligisten FV 1912 Essen nach einem 1:9 im Pokal 1971 gegen den 1. FC Köln)*

## Siegfried **Axtmann**

*(Präsident vom VfB Leipzig)*

Die werden vor Schreck gut spielen, wenn sie ihr Gehalt für die zweite Liga hören.

## Deniz **Aytekin**

In Dortmund rief mal ein Zuschauer: Ey, bist du schon wieder da? Hat der DFB keinen anderen. Und ich habe geantwortet: Ja, ich wäre auch lieber mit Kaffee und Kuchen bei meinen Kindern, aber offenbar haben die wirklich keinen anderen. Dieser Fan begrüßt mich seitdem jedes Mal, wenn ich da bin. So etwas freut mich.

Mein Sohn spielt Fußball in der D-Jugend. Bei denen muss die Gastmannschaft den Schiri stellen. Manchmal, wenn ich Zeit habe, mache ich das. Wahnsinn, was da von Trainern und Eltern geschimpft wird. Ich sag dann immer: Sorry, ich kann es echt nicht besser.

»Wir Schiris feiern ja selten, wird sind ja froh, wenn keine Sau über uns spricht, aber heute werde ich es wohl krachen lassen.«
»Ich wollte eigentlich nach dem 2:1 mein Trikot ausziehen, aber ich habe dann doch ein bisschen Respekt gehabt.«
»Wenn ich das nächste Mal in Gladbach pfeife, dann muss der Jonas wohl vor der Kurve niederknien.« *(während der Corona-Pause 2020, nachdem er Gladbach-Profi Jonas Hofmann bei der »Bundesliga Home Challenge« in FIFA 20 geschlagen hatte)*

## Mimoun **Azaouagh**

Ich bin nicht so der sportliche Typ! *(als der Verkäufer im Fahrradladen ihm ein Rennrad anpries)*

## Rachid **Azzouzi**

*(marokkanischer Nationalspieler)*

In der Luft können wir den Norwegern nicht das Wasser reichen.

# b

## Christof **Babatz**

Babatz hat 'nen Schuss wie 'n Brauereigaul. *(Jürgen Klopp)*

## Markus **Babbel**

Man wird mit Blumen empfangen, aber leider sind noch die Töpfe dran.

Unser Ziel, kein Tor des Gegners zuzulassen, haben wir erreicht. Dafür haben wir dann schon selbst gesorgt. *(als Hertha-Trainer bei einem Spiel in Kaiserslautern)*

Wir waren wie kleine Kinder, die mit ihren Eltern in einen Spielzeugladen gehen. Ich habe den Fehler gemacht, ihnen nicht zu sagen, dass sie sich auch Spielsachen aussuchen dürfen. *(als Trainer von Hertha BSC)*

Mein Motto lautet von jeher: Wenn du schon nicht gewinnen kannst, solltest du wenigstens nicht verlieren.

Der Markus Babbel hat von der Mannschaft den Spitznamen Sommerloch bekommen. *(Mehmet Scholl zu den Abwanderungsgerüchten um seinen Mitspieler)*

In Kaiserslautern werden wir ausgeruhter sein. Das ist ein Abendspiel, da kann man sich am Nachmittag noch hinlegen.

## Heiner **Backhaus**

Kündigungsgrund war der Osterhase. *(der fristlos entlassene Profi hatte Union-Berlin-Präsident Heiner Bertram öffentlich als Osterhasen bezeichnet)*

## Stefan **Backs**

*(Spielerberater)*

Ich hatte mal einen Spieler, der sich vertraglich hat zusichern lassen, dass, wenn Felix Magath Trainer in dem Verein wird, er dann sofort ablösefrei wechseln kann.

## Martin **Bader**

Hier lernt man immer wieder Demut. *(der Sportdirektor des 1. FC Nürnberg nach einer 2:3-Pokalheimpleite gegen LR Ahlen)*

## Holger **Badstuber**

Ihr seid Muschis geworden. *(zu den Schiedsrichtern)*

## Anthony **Baffoe**

Du kannst auf meiner Plantage arbeiten. *(zu einem hellhäutigen Gegenspieler)*

Die Pöbler unter den Fans? Erstens spreche ich besser deutsch als die meisten von denen, und mehr im Kopf habe ich außerdem.

Mann, wir Schwatten müssen doch zusammenhalten! *(der Düsseldorfer nach einer gelben Karte zum Schiri)*

Wenn ich Nationalspieler bin, kommt endlich wieder Farbe ins Spiel.

## Roberto **Baggio**

Roberto Baggio, der Mozart des Fußballs – nicht nur, was sein Freistoßgenie angeht. *(Heribert Faßbender)*

## Osvaldo **Bagnoli**

*(Trainer von Inter Mailand)*

Viele Profis wissen nicht, was es heißt, Schlange zu stehen, um die Gasrechnungen zu bezahlen oder den Pass zu erneuern.

## Júnior **Baiano**

Raus, links, Mitte, rechts. Und tschüss.

Ich komme als ganz einfacher Soldat nach Bremen. *(bei seiner Verpflichtung zu den Journalisten)*

Baiano mit dem Charme einer Planierraupe. *(Werner Hansch)*

## Zlatan **Bajramovic**

Die Mannschaft hat gekratzt, gebissen und gefoult.

Ich kann ja schlecht wieder aufstehen und sagen, es war keiner. *(nach einem für ihn gepfiffenen Elfmeter)*

## Tofik **Bakhramov**

Ich habe deutlich gesehen, wie sich das Tornetz der Deutschen gebläht hat. *(Linienrichter in der »Prawda« über das Wembley-Tor bei der WM 1966)*

## Eirik **Bakke**

*(Mittelfeldspieler von Leeds)*

Reporter: Lieblingsgetränk? Bakke: Bier. Nein, ich meine Cola. R: Teuerstes Besitztum? B: Mein Auto. *(bei einem Interview vor seiner Verurteilung wegen Alkohol am Steuer)*

## Krassimir **Balakov**

Ich habe gesehen, der Ball läuft genau gegen mich. Was soll ich machen? Muss ich reinmachen.

Balakov konnte sich dabei sogar noch unterhalten. *(Felix Magath ist beeindruckt von der läuferischen Leistung seines Mittelfeldregisseurs beim Konditionstraining)*

Er kam zu mir und sagte: Trainer, ich Nummer 10, ich nix decken! *(Winfried Schäfer)*

## Alan **Ball**

Ich glaube nicht an das Glück, aber ich glaube, man braucht es. *(als Trainer bei Manchester City)*

## Tanja **Ballabio**

*(Sprecherin einer Online-Dating-Plattform)*

Fußball und Sex haben viel gemeinsam. Bei beiden geht es um Spieler, Bälle und schließlich den entscheidenden Treffer.

## Michael **Ballack**

Eine EM ist noch ausgeglichener besetzt als eine WM, weil bei einer WM auch Mannschaften vom anderen Kontingent sind.

Natürlich nicht, ich bin ja auch gegangen. *(auf die Frage, ob sich der FC Chelsea seit seinem Weggang verbessert habe)*

Keiner verliert ungern.

Die älteren Spieler sprechen oft so sehr bayerisch, dass ich sie nicht verstehe. Ich nicke dann einfach. *(nach seinem Wechsel zum FC Bayern)*

Wir können so was nicht trainieren, sondern nur üben.

Wir können nicht mehr sagen, dass die Frauen keine Ahnung vom Fußball haben. *(zum WM-Sieg der Frauen-Nationalmannschaft)*

Man soll sich ja nix gefallen lassen. Wenn der Schiedsrichter nicht eingreift, müssen wir Spieler uns verteidigen. Ist ganz normal. *(über eine Rangelei mit Andi Möller)*

Dass die Trainer manchmal ihrer Anspannung freien Lauf lassen, ist doch ganz normal. Die können ja keinen umhauen wie wir.

Ich glaube, zur Halbzeit stand es auch null null, oder? *(nach Bayerns 0:0 bei Celtic Glasgow auf die Frage, ob er die Leistung in der 1. Halbzeit schlechter einschätze als die in der 2.)*

Es ist doch egal, wo ich wie viel hätte kriegen können. Es ist doch sowieso genug. *(nach seinem Wechsel zu Bayern München)*

Ich merke, dass das Routine wird, aber gleichzeitig keine Routine ist.

Ballack heißt auf japanisch Ballack-uh. *(Pierre Littbarski)*

Auch ein halber Ballack ist vorne immer für ein ganzes Tor gut. *(Heribert Faßbender)*

Das ist der Unterschied zwischen einem Pianisten und einem Möbelpacker, der immer auf seine Füße schauen muss. *(Jean-Michel Larque als Co-Kommentator im französischen Fernsehen über den eleganten Michael Ballack)*

Vielleicht will er noch unbedingt rein. Ich bezweifle es, aber ich leite Ihre Bitte an Michael weiter. *(Bundestrainer Jürgen Klinsmann zu thailändischen Journalisten, die ihn anflehten, Michael Ballack wenigstens 30 Minuten spielen zu lassen)*

Wir lassen ihn ungern ziehen. Doch wenn ihn irgendwann keiner mehr haben will, nehmen wir ihn als alten Sack wieder und er kann bei uns Libero spielen. *(Reiner Calmund, als Ballack Leverkusen verließ)*

Seine Wade ist noch nicht da, wo sie hin muss. *(Jürgen Klinsmanns Begründung für den Verzicht auf Ballack im WM-Eröffnungsspiel 2006 gegen Costa Rica)*

Fußball hat nichts mit Zaubern zu tun. Wenn man anfängt zu zaubern, gibt es meistens auf die Socken.

Es gibt immer mal Fouls im Fußball, wo man sagt, das war nicht so schön – obwohl, schöne Fouls gibt es ja gar nicht.

Im Fußball geht es manchmal komisch und schnell.

## Mario **Balotelli**

Mir ist egal, was die Leute über mich denken. Ich fokussiere mich auf den Fußball, den Trainer, meine Freundinnen und meine Familie.

Er hört mir nicht zu. Aber wenn er trifft, ist das okay. *(sein Trainer Roberto Mancini)*

Balotelli zu Real? Ich glaube nicht. Ich sehe ihn vielmehr beim FC Barcelona. Ein mittelmäßiger Verein für einen mittelmäßigen Spieler. *(Zlatan Ibrahimović)*

Wenn ich treffe, juble ich nicht, denn ich mache nur meinen Job. Jubelt etwa ein Briefträger, wenn er einen Brief einwirft? *(über seine Tätigkeit als Stürmer)*

Ich könnte ein Buch mit 200 Seiten über die Jahre mit Mario Balotelli bei Inter schreiben. Es wäre allerdings kein Drama, sondern eine Komödie. *(José Mourinho)*

Sollte Real Madrid gegen Borussia Dortmund eine Aufholjagd und der Einzug ins Champions-League-Finale gelingen, lasse ich meine Freundin mit allen Spielern schlafen.

## Maurice **Banach**

Wer erst mal sein Gewissen abschafft, bei dem beginnt ganz schnell die steile Karriere nach unten. *(über Doping)*

## Tony **Banks**

*(Minister für Sport in England und Chelsea-Fan)*

Als ich das erste Mal von Viagra gehört habe, dachte ich, es wäre ein neuer Spieler, der bei Chelsea unterschrieben hat.

Vinnie hat zugegeben, dass er Toasts auf Gary Lineker geschmissen hat. Was er allerdings nicht erzählt hat: Die Toasts waren noch im Toaster! *(über Vinnie Jones)*

## Sergej **Barbarez**

Wir brauchen einen richtig harten Hund, der uns was auf die Fresse gibt. *(nach der Entlassung von Frank Pagelsdorf zum Anforderungsprofil des neuen HSV-Coachs)*

Der laufstärkste Zuschauer in der BayArena. *(Hamburger Abendblatt)*

## Moacyr **Barbosa**

In Brasilien ist die Höchststrafe für ein Verbrechen 30 Jahre. Doch ich zahle jetzt schon 43 Jahre für ein Vergehen, das ich nicht einmal begangen habe. *(der brasilianische Torhüter, dem für die Finalniederlage bei der WM 1952 im eigenen Land die Schuld gegeben wurde – lebenslang)*

## FC **Barcelona**

Über Dinge, die mich stören, spreche ich nur noch innerhalb meiner eigenen vier Wände und auch dort nur mit meiner Frau – sonst bist du tot hier! *(Allan Simonsen, 1981)*

Wir kopieren jetzt in Schwarz-Weiß. *(der Präsident Sandro Rosell zum Sparkurs des Klubs)*

## Otto **Barić**

*(kroatischer Bundesliga-Trainer)*

Diese Spieler, was können nicht, können nicht deshalb nicht, weil sie nicht wollen.

Mein Schwein ist das Glückssymbol. Aber das hat überhaupt nichts mit meinem Charakter zu tun.

Ich weiß nicht, ob ich Intelligenz mag, ganz ehrlich. Zu klug zu sein, ist auch nicht gut. Die zu klug sind, verwandeln auch auf dem Spielfeld ziemlich klare Sachen in eine sehr komplizierte Angelegenheit.

Seit drei Jahren habe ich in Wien Kabelfernsehen. Ich kenne den deutschen Fußball von daher gut!

## Lucas **Barrios**

Barrios: Die Hände sind nach jedem Training fast abgefroren, die Füße spüre ich manchmal gar nicht mehr. Nelson, wann kommt die Sonne wieder?
Valdez: Wenn wir vor Schalke sind.

## Dirk **Barsikow**

*(Spieler vom Chemnitzer FC)*

Damit die Hütte voller Fans ist, dürfen wir nicht die Hütte voller Tore bekommen.

Mann, es gibt ja in Chemnitz direkt noch andere Sehenswürdigkeiten als uns! *(bei einer Sightseeing-Tour des Chemnitzer FC zum sanierten Opernhaus der Stadt)*

## Klaus **Bartels**

Bernd Schuster darf in der Nationalelf nicht spielen, weil er – so Rummenigge – den Intelligenzquotienten eines ausgelutschten Teebeutels hat.

## Tom **Bartels**

*(Premiere-Kommentator)*

Fehlt nur noch, dass sie die Friedenspfeife rauchen am Mittelkreis. *(zu einem langweiligen Spiel)*

## Fabien **Barthez**

Linda Evangelista? Nur dumm und arrogant. So was endet dann halt – da gibt es Gerechtigkeit – bei Fabien Barthez. *(Harald Schmidt über die Liebe des Supermodels zum französischen Nationaltorwart)*

## Arnim **Basche**

*(Moderator)*

Kickenbacher Offers.

## Mario **Basler**

Ich bin jetzt 37. Seit genau 24 Jahren. *(auf die Frage, wie lange er schon raucht)*

Einstein, das war schon ein anderer Mensch als ich. Aber bezogen auf den Fußballplatz kann man uns doch vergleichen. Genie bleibt eben Genie. Wobei irgendwann bei mir auch wieder der Wahnsinn ausbrechen wird.

Ach, richtig Druck hast du im Moment nur, wenn du in Libyen wohnst, wo Gaddafi auf sein Volk schießt. *(als Trainer des SV Wacker Burghausen vor dem entscheidenden letzten Spieltag)*

Hättest du was Gescheites gelernt, wärst du auch Profi geworden. *(zu einem Fan)*

Herr Gauland, ich bin zwar nicht Ihr Nachbar, aber ich kann Ihnen sagen: Sie haben nicht alle Latten am Zaun. *(nach der Aussage Gaulands, niemand wolle Leute wie Jerome Boateng zum Nachbarn haben)*

Da stehen heute Nationalspieler auf dem Platz, die sind tatsächlich noch jünger als Lothars Frauen – unglaublich. *(zur Aufstellung der DFB-Elf)*

Wenn ich zu meinen Jungs hingehe und sage: Ihr müsst Optionen bilden, dann suchen die in ihrem Handy die Optionstaste.

Die Mannschaft müsste sich mal zusammensetzen und sich richtig auskotzen.

Ich muss ja bald wissen, ob es sich lohnt, in Bremen den Dachboden auszubauen. *(kurz danach bekam er ein Vierjahresangebot von Werder)*

Basler ist gerade auf der Autobahn zwischen Dortmund und Hannover, weil Horst Hrubesch gesagt hat, der Weg in die Nationalelf führt nur über die A2. *(Django Asül, Kabarettist)*

Was? Wie? Ich? Moment mal. Ich ruf mal eben meinen Anwalt an und frag, ob ich das sagen darf. *(auf die Frage eines Journalisten, ob er den Schiedsrichter einen »Sack« genannt habe)*

Lauf mal, du bewegst dich ja wie ich. *(als Jugendcoach beim SC Olching im Training)*

Der Bock will Gärtner werden. *(RTL-Videotext zu Mario Baslers Trainerplänen)*

Es wird spannend zu beobachten sein, ob das bisherige Rauchverbot im VIP-Raum von Jahn Regensburg nicht nur für den Bürgermeister, die Sponsoren oder sonstige Häppchenjäger gilt – sondern auch für ihn, den bekanntesten Fußballprofi unter den Rauchern. *(Spiegel Online)*

Ich habe immer gesagt, mich interessiert nicht, wer spielt. Hauptsache ich spiele.

Die befinden sich nicht im Abstiegskampf, die steigen ab! *(auf die Frage nach den Chancen des Gegners im Kampf um den Klassenerhalt)*

Auf Bierhoff wird jetzt alles abgewälzt. Der bekommt seit einem halben Jahr auf die Fresse. Wenn Effenberg und ich dabei wären, würde es so etwas nicht geben. Da würde es richtig scheppern.

Ich weiß nicht, ob ich bis dahin schon wieder laufen kann. *(auf die Bitte des Bayerischen Fernsehens, ob er Studiogast in Blickpunkt Sport sein wolle)*

Das Ventil des Balles muss immer oben liegen und die Markierung des Herstellers rechts – und dann haue ich drauf, fertig! *(auf die Frage, wie es ihm gelänge, sogar Eckstöße direkt zu verwandeln)*

Hoffentlich machen nicht mal zehn Mann gleichzeitig den Mund auf. Alle eine Abmahnung – dann hat Deutschland keine Spieler mehr. *(zur neuen Praxis in der Nationalmannschaft, Spieler für kritische Äußerungen abzumahnen)*

Ich freue mich auf Katar, auch wenn es dort zurzeit morgens um halb acht schon 42 Grad heiß ist. Es ist richtig, dass die Spieler nur Zweitliga-Niveau haben, aber bezahlt werden wie in der Champions League. Ein Paradies!

So etwas gibt es hier nicht. Die beten ja den ganzen Tag, viermal. Da kann man gar nicht groß weggehen. *(auf die Frage, ob er bei seinem neuen Verein Al-Rayyan in Katar schon einen Mannschaftsabend organisiert habe)*

Ich war schon in Katar und weiß, dass man dort öffentlich keinen Alkohol trinken darf. Da wird er Probleme kriegen. *(Uli Hoeneß über Weizenbierfreund Basler, der seine Laufbahn am Persischen Golf beendete)*

Ich laufe in einer Stunde so viel wie andere Arbeitnehmer in acht.

Im ersten Moment war ich nicht nur glücklich, ein Tor geschossen zu haben, sondern auch, dass der Ball reinging.

Ich hatte mit dem Polizisten ein überragendes Gespräch. *(nach einer angeblichen Rangelei in einer Pizzeria)*

Jede Seite hat zwei Medaillen.

Kritik macht mich nur noch stärker. Wenn mich in Dortmund von 55.000 Zuschauern 50.000 hassen, mir am liebsten ein Bein abhacken würden, mich mit »Arschloch« begrüßen, dann fühle ich mich wie Arnold Schwarzenegger gegen den Rest der Welt. Das ist geil für mich.

So schnell, wie ich heute gelaufen bin, konnte mich keine Kamera einfangen.

Ich lerne nicht extra Französisch für die Spieler, wo diese Sprache nicht mächtig sind.

Man sollte nicht Sachen aufwirbeln, die Jahrhunderte zurückliegen. *(über den jugoslawischen Bürgerkrieg)*

Ich bin wieder derjenige, der wo alles ausbaden muss.

Ich habe noch in der 90. Minute ein Kopfball-Duell im eigenen Strafraum gewonnen. Und so ein Mann wird nicht zur WM mitgenommen …

Wir stecken mitten im Abschiedskampf.

Wir haben eine einzige Katastrophe geleistet.

Ich möchte den Titel Absteiger nicht auf meiner Autogrammkarte haben.

Ich hätte mir gewünscht, dass Mario zum Ende seiner Karriere eingestanden hätte, dass es besser gewesen wäre, statt in zehn Minuten fünf Weizenbiere ex zu trinken oder eine Schachtel Marlboro zu rauchen, ab und zu einmal auf den Trainer zu hören. *(Rudi Völler)*

Bisher habe ich nur zwei geschafft. *(zum Völler-Satz, er hätte in seiner Karriere lieber nicht fünf Weißbier auf Ex in zehn Minuten trinken sollen)*

Bei mir nicht, ich spiele ja nur 70 Minuten. *(auf die Frage, ob es in der neuen Saison zu einer Überbelastung der Fußballprofis kommt)*

Quatsch, wir zocken nie um viel Geld. Höchstens um 3.000 DM! *(im Trainingslager der deutschen Nationalmannschaft)*

50 Prozent der Spieler hassen mich.

Einen zusammen saufen wäre vielleicht mal gar nicht so schlecht. *(Vorschlag zur Verbesserung des Betriebsklimas in der Mannschaft)*

Trainer, hat's so was wirklich gegeben? *(beim Besuch der Holocaustgedenkstätte in Yad Vashem anlässlich der Länderspielreise nach Israel zu Berti Vogts)*

Dazu müsste erst einmal ein Bundestrainer zum Betzenberg kommen. Der letzte war meines Wissens Sepp Herberger. *(über ein Comeback in der Nationalmannschaft)*

Ich habe immer gesagt, dass ich kein Dauerläufer bin, sonst könnte ich ja gleich beim Marathon starten.

Ich grüße meine Mama, meinen Papa und ganz besonders meine Eltern.

Es kann nicht jeder mit jedem ins Bett gehen. Aber wir verstehen uns ganz gut. *(zum Teamgeist beim 1. FC Kaiserslautern)*

Eigentlich bin ich ein Supertyp. Aber ich kann wohl auch ein richtiger Arsch sein!

Wenn ich den Fans den »Stinkefinger« zeige, weiß ich, dass ich im nächsten Spiel ausgepfiffen werde. Das macht mich richtig geil auf das Spiel.

Es war ganz interessant und handelte von einer Familie. Den Titel weiß ich nicht mehr. *(auf die Frage, welches Buch er derzeit lese)*

Das Unbedingt-gewinnen-Wollen ist im Hotel geblieben.

Das habe ich ihm dann auch verbal gesagt.

Ob rechts oder links, wo ich auftauchte, war ich schlecht.

Der Basler, der ist eh doof. *(Andreas Möller)*

Der ist noch nicht hier. Der Flug nach Kapstadt war ein Nichtraucherflug. Da konnte er nicht. *(Berti Vogts über die verspätete Ankunft von Mario Basler in Südafrika)*

Basler ist der größte Schauspieler in diesem Ensemble. Der bekommt demnächst den Oscar. *(Uli Hoeneß)*

Basler ist die teuerste Parkuhr der Welt. Er steht rum und die Bayern stopfen Geld rein. *(Max Merkel)*

Wir wissen alle, dass Mario nicht gesagt hat, was er gesagt hat, was er gesagt haben soll, dass er es gesagt hat. *(Berti Vogts)*

Uns ist ein streitlustiger Spieler lieber als eine Klosterschülerin, die den Rosenkranz betet. *(Jesus Gil y Gil, Präsident von Atlético Madrid, der Bayern Münchens exzentrischen Mittelfeld-Star verpflichten wollte)*

Er muss eine Fernsteuerung drin gehabt haben. *(Mathias Schober nach einem Freistoßtor von Mario Basler)*

Baslers Freistöße sind wie das wirkliche Leben: Mal weich und kurz, mal hart und lang. *(Jörg Wontorra)*

Der Mario ist ja ein Profi, der geht nicht so gerne vors Haus. *(Markus Babbel auf die Frage, ob und wie der Sieg eines Champions-League-Spieles im Spielerkreis gefeiert wird)*

Das Verhältnis ist nicht zerrüttet. Zerrüttet kann nur eine Ehe sein. *(Erich Ribbeck über sein Verhältnis zu Basler)*

Ich habe viel mit Mario Basler gemeinsam. Wir sind beide Fußballer, wir trinken beide gerne mal einen, ich allerdings erst nach der Arbeit. *(Felix Magath)*

Basler war in der ersten Halbzeit recht lebhaft. Das lag wohl auch an den Temperaturen. Da musste er laufen, um nicht zu erfrieren. *(Franz Beckenbauer)*

Gehört Basler wieder zum Aufgebot? *(der portugiesische Nationalspieler Paulo Sousa auf die Frage, vor welchem deutschen Nationalspieler er besonderen Respekt habe)*

Für mich als Leistungssportler ist Rauchen eine Frage des Stils. Ich meine, ich rauche auch nach dem Essen eine Zigarette, aber so Leute wie der Mario Basler, die rauchen ja schon eine ganze Schachtel vor dem Essen. *(Lothar Matthäus)*

Wenn der Ball am Torwart vorbeigeht, ist es meist ein Tor.

Vor allem den vielen Südamerikanern ist doch mittlerweile völlig egal, was mit ihren Vereinen passiert. Die meisten von denen küssen mehr Vereinswappen auf dem Trikot als Frauen in ihrem Leben. Ähnlich untreu ist nur die Liliana Matthäus.

## Dave **Bassett**

*(englischer Trainer)*

Und ich bin überzeugt davon, dass wir so ins Finale im Wembley kommen – außer, uns wirft jemand aus dem Cup.

Ich hatte kein Benzin mehr auf der Autobahn. Als ich die Polizei angerufen habe, fragten die mich nach meinem Namen. Ich antwortete: »Dave Bassett«. Da fragte der Polizist: »Der Trainer von Leicester?« Ich habe ja gesagt – und dann nur noch lautes Lachen gehört.

Es gibt Stadien, in denen ziehe ich extra alte Klamotten an, weil ich weiß, dass man ohnehin permanent angespuckt wird.

## Dieter **Bast**

Der Bast hätte schon fünfzig, sechzig Länderspiele, wenn er bei Bayern spielen würde. Aber der ist eben ein richtiger Ruhrgebietsjunge. Wenn der nicht dreimal am Tag von ferne eine Zeche sieht, dann ist der unglücklich. *(Max Merkel über den Profi, u. a. Rot-Weiss Essen, VfL Bochum)*

## Lars **Bastrup**

*(dänischer Fußballspieler)*

In den größeren menschlichen Perspektiven ist der Fußball nur Nebensache.

## Yildiray **Bastürk**

Wenn man links keinen aufstellt, dann kann links auch keiner spielen. *(über die Taktik von Bochums Trainer Zumdick)*

## José **Basualdo**

José Basualdo habe ich geopfert. Der Argentinier hatte geniale Dinge drauf, aber die waren oft so genial, dass die eigenen Mitspieler sie nicht ahnen konnten. *(Christoph Daum)*

## Ken **Bates**

So, wenn Sie uns jetzt Ihren Namen geben würden und die Zeitung, für die Sie arbeiten, damit wir wissen, wem wir ein Schreibverbot erteilen. *(bei seiner ersten Pressekonferenz als Präsident in Leeds)*

## Sergio **Batista**

Wenn jemand sagt, es gebe einen besseren Stürmer als Tévez, muss derjenige betrunken oder bescheuert sein. *(Diego Maradona ist kein Freund seines Nachfolgers als Argentiniens Nationaltrainer)*

## Gabriel **Batistuta**

Manchmal ergibt die Logik des Fußballs keinen Sinn.

Batistuta hat die meisten seiner Tore mit dem Ball erzielt. *(Ian St. John, schottischer TV-Kommentator)*

Gabriel Batistuta war ein Snob. Er war zwar Argentinier, aber machte auf richtig vornehm. Als wir an einem Tag nach dem Training an der Bar anstanden, hat er sich vor mir in die Schlange gedrängelt. Wir haben beide einen Latte Macchiato bestellt. Da habe ich meinen Finger in die Nase gesteckt und anschließend damit sein Getränk umgerührt, als ob es ein Löffel sei. *(Antonio Cassano, Spieler von Genua)*

## Joël **Bats**

Es wäre schlimmer, wenn es die Eishockey-Weltmeisterschaft wäre. *(Frankreichs Torwart nach der Auslosung zur Fußball-WM 1986 in Mexiko, in der Frankreich in einer Gruppe mit Kanada und der UdSSR spielen musste)*

## Manuel **Baum**

Augsburg und Europa ist wie AC/DC und Schlager. Das passt nicht zusammen.

## Frank **Baumann**

Ich mag eh kein Sushi. *(nachdem er erfuhr, dass er zur WM 2002 nur auf Abruf nominiert ist)*

Jeder Sieg tut gut. Ein Derbysieg noch guter.

Stärke: Meine ruhige Art. Schwäche: Meine ruhige Art. *(auf seiner Internetseite)*

## Steffen **Baumgart**

Reporter: Wissen Sie eigentlich noch, wann Sie Ihr letztes Tor geschossen haben? Baumgart: Klar, gegen Bayern, letzte Saison. R: Wie bitte? Aber das war doch ein Eigentor? B: Tor ist Tor!

Scheißegal, wer hier Präsident ist, scheißegal, wer Trainer ist. Wenn wir nicht bald Punkte machen, haben wir alle keine Jobs mehr.

Wenn ich ein Brasilianer wäre, hätte ich gesagt, es war Absicht. Aber das glaubt mir sowieso keiner. *(nach einem Kunstschuss von der Seitenauslinie)*

Wir haben genügend Potenz für die Bundesliga.

Keine Ahnung, ich hab' nicht nachgeschaut. *(auf die Frage, ob seine Mannschaft heute die Hosen voll hatte)*

Keiner spielt für oder gegen einen Trainer. Kein Fußballer verliert gerne. Ich will sogar im Mensch-ärgere-dich-nicht gegen meine Kinder immer gewinnen. Darum spielen wir übrigens kein Mensch-ärgere-dich-nicht mehr zu Hause.

»Glauben Sie mir: Ich freue mir den Arsch wund.« *(der Paderborner Coach zu seinen Empfindungen vor seinem ersten Spiel als Bundesliga-Trainer)*

## Julian **Baumgartlinger**

Sportliche Wünsche habe ich keine. Ich könnte mir Weltfrieden wünschen, aber das klingt ein bisserl zu sehr nach Miss Oberösterreich.

## Dr. Peco **Bauwens**

Fußball ist kein Frauensport. Wir werden uns mit dieser Angelegenheit nie ernsthaft beschäftigen. *(der DFB-Präsident im Jahr 1955)*

## **Bayern**-Echo

Jetzt fahren wir selbstbewusst an die Ostseeküste! *(vor einem Auswärtsspiel in Bremen)*

## SpVgg **Bayreuth**

Euer Stammbaum ist ein Kreis! *(Transparent von Fans der SpVgg Bayreuth als Gruß an den Gegner)*

## **BBC** Radio 4

Gewinnen heißt Fußball spielen und dabei Tore schießen!

## James **Beattie**

*(Stürmer bei Southampton)*

Frauen haben mir aufreizende Fotos geschickt und geschrieben, was sie mit mir anstellen wollen. Ich war absolut geschockt von ihren Vorschlägen. Dann habe ich aber meine Freundin Sarah dazu gekriegt, sie mit mir auszuprobieren.

Man kann mich nicht mit Ruud van Nistelrooy vergleichen. Den könnte ich höchstens beim Armdrücken schlagen.

## Kim **Beazley**

Wer seine Leute feuert, weil sie wegen der australischen Spiele nachts zu lange wach waren und nicht zur Arbeit kommen, ist ein Arsch. *(Australiens Oppositionsführer)*

## **Bebé**

*(portugiesischer Fußballspieler)*

Ich habe die vielen Nächte noch nicht vergessen, in denen ich auf der Straße schlafen musste. Wenn ich zurückblicke auf das, was passiert ist, dann hört es sich an wie die Sportversion von Aschenputtel. Letztlich waren all die Opfer nicht umsonst, sondern haben sich gelohnt. Der Fußball kann Leben verändern.

## Tommy **Bechmann**

Er kann gar nix, zieht ein Bein nach, ist langsam und hat links wie rechts keinen Torschuss. *(Peter Neururer ironisch)*

## Kurt **Beck**

Ich habe durchaus den Eindruck, dass wir aus Versehen dieses Jahr Weltmeister werden können. *(der Ministerpräsident von Rheinland-Pfalz nach den glücklichen Siegen bei der WM 2002)*

## Oskar **Beck**

*(Journalist)*

Würde man denn eine Stewardess, nur weil sie 20 Jahre lang in Jumbojets auf allen Flughäfen dieser Welt gelandet ist und in jedem Luftraum den Kaffee serviert hat, ohne Pilotenlizenz eine Boeing 747 fliegen lassen? *(über den Trainer-Kurzlehrgang von Lothar Matthäus)*

Mit Klinsmanns Toren ist es im Übrigen wie mit den Eiern: Die freilaufenden Hühner legen die schönsten.

## Volker **Beck**

*(Politiker)*

Eher wird eine Frau Bundestrainer, als dass sich ein schwuler Fußballer outet.

## Franz **Beckenbauer**

Aber wenn man Kaiser ist, redet man ja in einer Sphäre, die wir hier unten manchmal gar nicht verstehen. *(Uli Hoeneß)*

Ein grenzenloser Spieler, aber sonst mit Grenzen geschmückt. *(Péter Esterházy)*

Ich hab noch nicht einen einzigen Sklaven in Katar gesehen.

Sie Bohnenstange, unten nichts, Mitte nichts, oben nichts. Sie mehr essen. Nix Frauen, nix Rauchen, nix Saufen. Sie aus Schlagsahne. Sie kein Kämpfer. Sie wie Strohhalm. Sie lieber gehen Schuhe putzen als spielen Fußball. *(Tschik Cajkovski)*

Ihr Blinden. Ihr Topfenkicker. Ihr seid's die größten Deppen! *(zur Mannschaft in der Kabine nach dem WM-Viertelfinal-Sieg 1990)*

I weiß es net. Frag den Löw, der weiß es auch net.

Van Gaal ist ein Fachmann, ein Lehrer, ein Fußball-Lehrer, also ganz anders, genau das Gegenteil von Jürgen Klinsmann.

Das sind alles gute Fußballer. Nur, sie können nicht Fußball spielen.

Am Spielstand wird sich nicht mehr viel ändern, es sei denn, es schießt einer ein Tor.

Manchmal ist es gewagter, an einen einzelnen Menschen zu glauben als an die gesamte Mannschaft.

Erfolg ist ein scheues Reh. Der Wind muss stimmen, die Witterung, die Sterne und der Mond.

Die Spiele gegen Werder Bremen werde ich nie vergessen. Wegen Horst-Dieter Höttges und Sepp Piontek. Wir nannten sie nur die »Mörder-Brüder«. Wer gegen die antreten musste, war noch nicht richtig auf dem Platz und hatte schon blaue Flecken. Sie grätschten von hinten, von der Seite, ganz nach dem Motto: »Wenn wir den Ball treffen, auch gut. Aber es muss nicht sein.«

Also, ich bitte Sie: Wo kein Unkraut wächst, da gedeiht schließlich auch kein Weizen. *(über untadelige Spieler)*

Arroganz ist die Perücke der Unwissenheit.

Unser Fußball hat einfach keine Spielerpersönlichkeiten mehr. Ich sehe niemanden, der einen Müller, Overath,

Netzer, Grabowski und andere dieses Kalibers ersetzen könnte. Vielleicht vergehen hundert Jahre, bis wir wieder eine wirklich große Nationalmannschaft besitzen. *(im März 1975)*

Hier wird selbst der Blindeste den Ball stoppen können, auf diesem Teppich. *(über den Rasen im Wembley)*

Die besten Nationaltrainer? Journalisten!

Wenn man einen Zauberer sehen will, muss man in den Zirkus Krone gehen. *(in seiner Antrittsrede, als er 1995/96 den FC Bayern kurz vor Saisonschluss von Otto Rehhagel übernahm)*

Na ja, ich bin in einer Richard-Wagner-Klinik geboren. *(auf die Frage, wie es dazu kam, dass er in den 1970er Jahren eine Schallplatte aufgenommen hat)*

Ich habe kein Wort verstanden. Aber er hat zu 100 Prozent recht. *(nachdem er bei einer gemeinsamen Pressekonferenz eine Aussage des Brasilianers Carlos Alberto Parreira übersetzen sollte)*

Gegen die Gesundheit gibt es kein Allheilmittel. Nur Sportler sind in der Lage, sie schon in wenigen Jahren zu ruinieren.

Mein Lieblingsschriftsteller heißt Erich Maria Remarque. Als er starb, dachte ich, ein naher Verwandter lebt nicht mehr. Vom »Im Westen nichts Neues« über den »Arc de Triomphe« bis zur »Nacht in Lissabon« lese ich seine Werke immer wieder.

Ich bin ganz gut vorbereitet. Kürzlich war ich beim Friseur. Das war der erste Schritt. *(der Präsident des WM-Organisationskomitees zum Stand der WM-Vorbereitungen)*

Die haben unter den freiwilligen Helfern so viele hübsche Mädchen ausgesucht, dass ich in den Stadien ein paar Mal hintereinander rein- und rausgegangen bin. *(bei der WM 2006)*

Heute hast du den Eindruck, als würden die Spieler einen Antrag in zweifacher Kopie einreichen wollen, um etwas machen zu dürfen, und bis die Entscheidung da ist, ist das Spiel vorbei.

65 ist doch kein Alter, 66 ist ein Alter, da fängt das Leben ja erst an. *(kurz vor seinem 65. Geburtstag)*

Wir wollten es geheim halten, und das ging nur während der WM. Es war sogar so geheim, dass im Standesamt zunächst kein Licht anging und alles dunkel war. »So geheim braucht's ihr das auch nicht zu halten«, hab ich dann gesagt, und es wurde Licht. *(über seine Hochzeit während der WM)*

Ein anständiger Mensch würde ich gerne bleiben – oder werden, je nachdem, wie man's sieht.

Ich habe 90 Minuten fehlerfrei zugeschaut.

Wildfremde Menschen haben in der Fanmeile zusammen gefeiert. Was dabei herauskommt, werden wir in einigen Fällen in neun Monaten erfahren. *(über die WM-Stimmung 2006)*

Ich kann mit Sicherheit ausschließen, eines Tages nicht DFB-Präsident zu werden.

Das Einzige, was sich hier bewegt hat, war der Wind. *(über ein Spiel der deutschen Nationalmannschaft gegen Kamerun)*

Hansi, komm auf die Bühne und sag ein paar Worte. Aber bitte sing nix! *(beim Kaiser-Cup zu Volksmusikant Hansi Hinterseer)*

Als ich gehört habe, dass der Hans Pflügler Libero gespielt hat, war ich froh, dass ich nicht hier war. Sonst wäre Giovanni Trapattoni vielleicht noch auf die Idee gekommen, mich einzusetzen.

Ich habe ein sehr ehrliches Buch geschrieben, aber nehmen Sie bitte nicht alles so wörtlich. *(über sein Buch »Ich«)*

Der Ball ist mein Leben – alles andere ist Dekoration.

Ich habe einen Enkel, der ist glühender Schalke-Fan. Der ist ein bisschen missraten. Aber sonst ist die Familie in Ordnung.

Beckenbauer ist der einzige der Bayern, der auswärts noch trifft. *(Harald Schmidt)*

Wenn Franz Beckenbauer was sagt, dann wird das eben gemacht. Wenn er demnächst vorschlägt, mit eckigen Bällen auf Rugbytore zu spielen, dann ist die Wahrscheinlichkeit groß, dass das umgesetzt wird. *(Rudi Assauer)*

Wenn der Franz in einen Raum kommt, ist es hell. Wenn ich komme, muss ich erst einmal den Lichtschalter suchen. *(Berti Vogts)*

Wenn der Horst Schlämmer schon 18 Prozent schafft, traue ich Franz Beckenbauer mindestens das Doppelte zu. Ihm würde Ähnliches wie Obama einfallen. *(Karl-Heinz Rummenigge)*

Beckenbauer ist eine Lichtgestalt, dagegen bin ich nur ein kleines Taschenlämpchen. *(Erwin Staudt, Präsident des VfB Stuttgart)*

Mit Beckenbauer ist es wie mit Marlene Dietrich. Die Mitspieler haben zu großen Respekt vor vergangenem Ruhm. *(Otto Rehhagel)*

Franz Beckenbauer hat immer recht, aber es muss ja nicht stimmen. *(Marcel Reif)*

Er ist gekommen als Deus ex machina, Messias und Ei des Kolumbus zugleich. *(Hans Blickensdörfer, Sportjournalist)*

Der Franz ist ein Genie, und Genies arbeiten nicht. *(sein Manager Robert Schwan)*

Ihr habt Franz Beckenbauer, der wird nie vom Thron gestoßen. Der könnte schwul sein und bliebe doch der Kaiser. *(David Beckham)*

Es muss zwei Beckenbauer geben, einen, der in der Zeitung schreibt, und den Präsidenten des FC Bayern. Der Präsident ist zufrieden mit mir. *(Philipp Lahm)*

Er hat Fingerspitzengefühl nur in den Zehen. *(»Express«)*

Die Lichtgestalt stand auf, ging zur Arbeit – und es ward Licht. *(»Berliner Zeitung« im Frühjahr 1996, als Beckenbauer kurz vor Saisonende die Bayern von Otto Rehhagel übernahm)*

Der Herr, der neben mir sitzt, hat gesagt: »Das war kein Elfmeter.« Und wenn er das sagt, dann stimmt das. Denn dieser Herr hat immer recht. *(Olaf Thon über seinen Sitzplatznachbarn Beckenbauer)*

Da schreiben Firmen – er soll sie aufkaufen und gesund machen. Eine Maschinenfabrik, völlig am Ende, hat sich gemeldet: Franz soll sie wieder hochbringen, so wie er es mit der Nationalelf gemacht hat. *(Robert Schwan, Beckenbauers langjähriger Manager)*

Du sagst nicht »Idiot« zu mir! Ich weiß, was du im Kopf hast, und ich weiß, was ich im Kopf hab – du sagst nicht »Idiot« zu mir. *(Dieter Hoeneß)*

Franz Beckenbauer redet sehr viel, man weiß das, und meistens ziehen seine Sätze einfach weiter, wie eine der acht Millionen Schäfchenwolken über der Biskaya. *(Andreas Burkert für die »Süddeutsche Zeitung«)*

Franz ist für mich Lichtgestalt, Freund und Gottvater. *(Lothar Matthäus)*

Wenn der Franz mal aus Versehen aus dem Fenster fällt, dann kommen fünf Engel und tragen ihn nach oben. *(Max Merkel)*

Franz Beckenbauer kann alles – der könnte sogar in Bayern ein PDS-Mandat gewinnen! *(Günther Jauch)*

Franz hatte schwere Entscheidungen zu treffen: Erst die Biermarke, dann den Trainer wechseln! *(als Beckenbauer in der Saison 1995/96 kurzfristig vom Präsidenten zum Trainer des FC Bayern wurde)*

Hoffentlich treffen wir so oft ins Netz wie Boris Becker.

Ich war als Trainer am Anfang ein Heißsporn. Bei der WM 1986 bin ich noch zur Hotelrezeption gegangen, wenn ein Spieler kein Toilettenpapier hatte.

Mit mei'm Ohrwaschl hätt' i den reingetan. *(nach einer vergebenen Torchance seines Stürmers)*

Es war nicht die Hand Gottes, sondern die Watschn eines Sechzigers. *(über die Ursache für seinen Wechsel zum FCB)*

Rudolf, sei mir nicht bös. Bevor du jetzt weiter oder noch näher zu mir heranrutschst, bleib drüben sitzen, ich gehöre einer anderen Fakultät an. *(zum homosexuellen Ballettstar Rudolf Nurejew)*

Für den Libero Beckenbauer beantrage ich künftig eine Sonderbewachung. *(Sepp Maier nach zwei Eigentoren des Kapitäns)*

Beckenbauer läuft oft breitbeinig im Strafraum herum. Vielleicht kann man ihm mal durch die Beine schießen. *(Wilhelm Röcker, Trainer des Fußball-Amateurklubs TV Unterboihingen, vor einem DFB-Pokal-Spiel)*

Für das Geld würd ich nach Amerika schwimmen. *(Sepp Maier über den Wechsel Beckenbauers zu Cosmos New York)*

Franz, du musst stets wissen, wohin mit dem Ball, wenn er noch gar nicht bei dir ist. Und wenn du nach zwei Querpässen keinen Steilpass wagst, ist alles umsonst. *(Dettmar Cramers Ratschlag an den späteren Ehrenspielführer der Nationalmannschaft)*

Faul war er, hat andere für sich rennen lassen und auf dem Platz rumgeplärrt. Genial waren vor allem seine Eigentore. *(Sepp Maier)*

Ich habe auch noch keine Eintrittskarte für die WM. Aber irgendwie komme ich da schon rein. *(zur großen Nachfrage nach Tickets für die Fußball-Weltmeisterschaft 2006)*

Wenn es wirklich so wäre, müsste ich wohl noch 100 Jahre im Fernsehen für Premiere kommentieren. *(über die Gerüchte, er bekomme als Experte 18 Millionen Euro vom Pay-TV-Sender)*

Wieder Teamchef? Eher springe ich vom Balkon!

Derart viele Verletzungen! Das ist ein Schlag gegen Norbert Blüms Gesundheitsreform.

Wer zu neuen Ufern will, der muss erst mal ins Wasser steigen.

Ich war an den Erfolgen von Olympique Marseille völlig schuldlos, bitte, glauben Sie mir das.

Der Wermut des Lebens ist gar kein schlechtes Tröpflein.

»Fragt der eine Spanner den anderen: ›Du, was machen wir heute Nachmittag?‹ Antwortet der andere: ›Schau mer mal.‹« Ich muss Ihnen sicher nicht weiter erläutern, dass das mein Lieblingswitz ist.

Wenn der Kaiser die Unterlippe vor die Oberlippe schiebt, dann ist Gefahr im Verzug. *(Gerd Rubenbauer)*

Beckenbauer wäre die Idealbesetzung. Leider hat er erklärt, er würde jeden erschießen, der ihn noch einmal mit dem Traineramt in Verbindung bringt. *(Reiner Calmund über die Aussichten, dass Franz Beckenbauer DFB-Teamchef wird)*

Auch ein Franz Beckenbauer kann einmal den Spielern in den sogenannten Hintern treten. *(Lothar Matthäus)*

Im 5-Meter-Raum darf der Torwart nicht angegangen werden. Da ist er eine heilige Kuh.

Der läuft, da müssen alle laufen. So einfach ist Fußball.

Ja gut, es gibt nur eine Möglichkeit: Sieg, Unentschieden oder Niederlage!

Drei Punkte ist besser als in die Hose geschissen.

Wenn du die Meisterschale überreicht bekommst, dann bist du Meister.

Das Tor steht in der Mitte.

Abseits ist, wenn der Schiedsrichter pfeift.

Ja, wir sollten es nach der altbewährten bayerischen Regel halten, die da besagt: Never change a winning team.

Wo ich meine Eigentore geschossen habe, weiß ich nicht mehr. Aber wenn einem zum Beispiel die Niere reißt, erinnert man sich schon mal, wann das passiert ist.

Männergesellschaft hin, Männergesellschaft her – was wären wir Spieler ohne unsere Frauen?

Sag dem Kraut, er soll seinen Arsch nach vorne bewegen. Wir zahlen keine Millionen für so einen Burschen, damit er nur in der Abwehr rumhängt. *(ein Cosmos-New-York-Vorstandsmitglied)*

Beckenbauer war mit 21 auch nicht der Beckenbauer späterer Jahre. *(Günter Netzer)*

Haben wir einen Spieler in der Jugend, der wird bestes Spieler von ganz Deutschland. *(Tschik Cajkovski)*

Ich habe extra meinen Bauernhof umgebaut, denn wenn man älter wird, kommen die Auszeichnungen von ganz allein. *(nach Platz drei bei der Wahl zum Weltfußballer hinter Pelé und Johan Cruyff)*

Es wird viel geredet über den Aufbau Ost, aber wir Bayern geben wirklich was. Wer hat denn die Punkte nach Rostock und Cottbus gegeben?

Mein Gott, ob du den DFB-Pokal hast oder nicht, darauf kommt es nicht an. *(vor dem Finale zwischen Werder Bremen und dem FC Bayern)*

Ich habe mal einen Stammbaum machen lassen: Die Wurzeln der Beckenbauers liegen in Franken. Das waren lustige Familien, alles uneheliche Kinder. Wir sind dabei geblieben.

Wir müssen uns was einfallen lassen, aber ich weiß nicht, was.

Ich bin immer noch am Überlegen, welche Sportart meine Mannschaft an diesem Abend ausgeübt hat. Fußball war's mit Sicherheit nicht.

Mein größter Wunsch ist Frieden auf der Welt. Wir sind immer noch am Beginn der Evolution. Wir sind den Tieren immer noch sehr ähnlich. Der einzige Unterschied ist, dass Gott uns die Stimme gab. *(über seinen Geburtstagswunsch)*

Wenn einer keinen Anzug hat, dem kaufe ich einen. *(als ihm die Kleidung von Mannschaftskapitän Stefan Effenberg bei der letzten Weihnachtsfeier des Klubs nicht gefiel)*

Damals hat die halbe Nation hinter dem Fernseher gestanden. *(über das WM-Finale 1990)*

Als eine preußische Frau. Das wär schon was! *(zum Thema Wiedergeburt)*

Der Grund war nicht die Ursache, sondern der Auslöser.

In einem Jahr hab ich mal 15 Monate durchgespielt.

Kaiserslautern wird mit Sicherheit nicht ins blinde Messer laufen.

Es wird sich doch wohl bald ein Terrorist finden, der das Olympiastadion in die Luft sprengt. *(genervt von der Diskussion über den Münchner Stadionneubau)*

Da hat sich die deutsche Auswahl glücklicherweise qualifiziert, was nicht selbstverständlich ist, und dann wird von dieser WM keine Notiz genommen, nur weil sie in Afrika oder Südamerika stattfindet. *(über die U20-WM in den Vereinigten Arabischen Emiraten)*

Ich weiß gar nicht, ob ich die überhaupt alle kenne, die da heute spielen … *(über den eigenen FC Bayern München, als der Mannschaft neun Stammspieler gegen Dynamo Kiew fehlten)*

Nicht einen Tag! Wenn es anfängt zu riechen, ist das Sache der Mutter. *(auf die Frage, wie lange er Mutter sein könnte)*

Wir haben noch einen Platzwart, den wir abgeben könnten.

München ist eine einzige Quatschküche, das war schon früher so. Aber in der nächsten Saison muss die Quatscherei aufhören.

Ich würd' sagen: irgendwo dazwischen. *(als Antwort auf die Nennung einer Note zwischen 1 und 6)*

Ach, mir fehlen so sehr meine beiden Schäferhunde. *(auf die Frage, wie er den Siegestrubel verkrafte)*

Bloß nicht! *(auf die Frage, ob er noch gern Fußball spiele)*

Der Lothar Matthäus hat als Erster seine Schuhe ausgezogen und in die Ecke gepfeffert. Andy Brehme den zweiten hinterher – und die haben rumgeschrien. Da war Leben drin. Jetzt sitzt da jeder in der Kabine, zieht seine Schuhe aus, es macht keiner ein Muh, keiner ein Mäh, nichts.

Wir geben den Herren keine Chance zum Schlafen. Das können sie anschließend in England tun. *(über das Besuchsprogramm der FIFA-Funktionäre vor der WM-Vergabe 2006)*

Es muss nicht in Großaufnahme zu sehen sein, wie zum Zwecke der Blutstillung ein Tampon in die Nase von Riedle eingeführt wird.

Ich bin als Präsident nur noch für die Schachspieler und Geräteturner zuständig. *(nach der Ausgliederung der Profifußballer aus dem Verein)*

Das ist Obergiesing gegen Untergiesing. *(in der Halbzeit eines Grottenkicks zwischen dem FC Bayern und Köln)*

Wir sollten nicht alles ins Korn schmeißen.

Ich finde es großartig, dass sich die Frauen immer mehr vermehren in der Bundesliga.

Ich habe noch nie eine große Rede gehalten. Ich habe immer nur gesagt, was mir gerade eingefallen ist.

Da sieht man die Kunst der Ärzte. Zu meiner Zeit wäre eine Amputation nötig gewesen. *(über die schnelle Genesung von Elber und Jeremies vor einem CL-Halbfinale gegen Real Madrid)*

Es muss nur genug regnen, dann kann man Wasserball spielen. *(zur Nutzung des Olympiastadions bei einem Auszug von Bayern München)*

Ob es das Manchester-Syndrom war, das weiß ich nicht. Ich glaube, es war sehr schwerer Föhn. *(zur verpatzten Generalprobe der Bayern vor einem Champions-League-Halbfinale gegen Manchester)*

So darf in Zukunft nicht gespielt werden, sonst könnt ihr euch einen anderen Beruf suchen. Wenn einer Nachhilfe braucht, stehe ich zur Verfügung. *(nach einer 0:3-Pleite der Bayern bei Olympique Lyon)*

Das ist eine Uwe-Seeler-Traditionself, das war reiner Altherren-Fußball. Wir haben Fußball wie vor 30 Jahren gespielt. *(nach ebendieser Pleite)*

Es war eigentlich bis auf das Spiel ein schöner Ausflug. *(zum selben Spiel)*

Rhetorisch präzise wie ein Markenbohrer. *(Werner Hansch über Beckenbauers Standpauke nach dem Spiel in Lyon)*

Der liebe Gott freut sich über jedes Kind. *(auf sein uneheliches Kind angesprochen)*

Ja. Aber meine Enkel wurden mittlerweile enterbt. *(auf die Frage, ob es in seiner Familie auch Fans von Werder Bremen gibt)*

Ich spreche nur englisch und bayerisch oder umgekehrt, that's it.

Ich habe das so genossen, nach dem Argentinien-Spiel die Bundeskanzlerin im Arm zu halten. Ich hätte das gerne noch ein zweites Mal getan. Aber die Italiener haben mir einen Strich durch die Rechnung gemacht. Das werde ich ihnen nie vergessen.

Was ist das? *(beim Sportpresseball 2001 auf die Frage, ob er mit Bohlens Ex, Naddel, tanzen wolle)*

Ich möchte wissen, wer ich wirklich bin.

Ich habe gerade »Sofies Welt« gelesen, diesen dicken philosophischen Schinken. Sokrates, Aristoteles, Platon und diese Leute haben sich vor 2.000 Jahren Gedanken gemacht, da sind wir noch auf den Bäumen gesessen und haben uns vor den Wildschweinen gefürchtet. Seither haben sich nur ganz wenige weiterentwickelt.

Wenn man alle außer Kahn in einen Sack steckt und draufhaut, findet man immer die Richtigen. *(nach dem 1:0 gegen die USA bei der WM 2002)*

Konfuzius hat gesagt, alles, was man braucht, ist Wasser zum Trinken, Brot zum Essen und einen Arm zum Anlehnen. Dem würde ich mich anschließen.

Eine Schweinshaxe um 23 Uhr vor einem wichtigen Spiel war früher nahezu das Normalste der Welt. *(über veränderte Ernährungsmethoden im Profifußball)*

Wir haben immerhin gegen Norwich City gespielt und nicht gegen Domoprowski oder wie der Käs' da heißt … *(1993/94 nach dem UEFA-Cup-Aus des FC Bayern gegen Norwich City, während Eintracht Frankfurt gegen Dnjepr Dnjepopetrovsk in die nächste Runde einzog)*

Meine Interview-Devise ist immer: Fass dich kurz, wenn du lange gelesen werden willst.

Ich esse meinen Schweinsbraten und meine Würstl trotzdem. Vor was soll ich denn Angst haben? Ich habe nur Angst, dass ich 100 Jahre alt werde. *(zum Thema BSE und Fleischverzehr)*

Ich werde weniger als ein Frühstücksdirektor sein. Ein Frühstücksdirektor ist wenigstens hin und wieder da. *(der Noch-Präsident des FC Bayern München über seinen künftigen Posten als Aufsichtsratschef)*

Man kann sich in diesem Geschäft nur wenige Ausrutscher leisten – bis auf Beckenbauer, der kann sagen, was er will. Und wenn er sagt, die Wand ist blau statt grün, glauben ihm die Leute auch das. *(HSV-Spieler Marinus Bester)*

Wenn der Kaiser spricht, legen sogar die Engel ihre Harfen beiseite. *(Max Merkel)*

Er hat ja Ahnung – manchmal. *(Oliver Kahn)*

Franz ist wie Marlene Dietrich. Ein alternder Star, den man nach wie vor bewundern muss. *(Otto Rehhagel)*

Ich hoffe, dass ich mit 47 Jahren schlauer bin als Beckenbauer. *(Stefan Effenberg)*

Bei Franz Beckenbauer sagen alle: Du bist der Kaiser. Auf dich hören sie. Du machst nichts falsch, und wenn du was falsch machst, sagen alle, das war richtig. *(Reiner Calmund)*

Ja, wenn der Franz das sagt, dann stimmt das auch. *(Stefan Kuntz)*

Mit dem Licht, das er ausstrahlt, blendet er die Journalisten. *(Gerhard Mayer-Vorfelder)*

Von Beckenbauer habe ich sehr viel gelernt. Vor allem, dass es eigentlich egal ist, was ich gestern gesagt habe. *(Klaus Augenthaler)*

Beckenbauer redet gerne viel bei solchen Anlässen, und manchmal versteckt sich zwischen all den Anekdoten ein wenig Information. *(»Süddeutsche Zeitung« zum WM-Auftakt in Frankfurt mit der FIFA und dem DFB)*

Der Kaiser selbst trägt sein Reich in sich. *(Playboy)*

Beckenbauer hat mir beigebracht: Fehler darf man nie zugeben. *(Andreas Brehme)*

Wenn Franz Beckenbauer heute sagt: »Morgen ist Freitag«, dann ist in Deutschland morgen Freitag. *(Meinolf Sprink)*

Vom Franz sind schon Interviews veröffentlicht worden, wenn er Selbstgespräche führte. *(DFB-Pressechef Wolfgang Niersbach)*

Vor zehn Jahren hatte ich noch Probleme beim Hinschauen, aber der spielerische Standard hat sich längst gebessert. Nur die Kleidung gefällt mir noch immer nicht, die weiten Hosen, die weiten Trikots – die Spielerinnen müssten sich fraulicher kleiden, vielleicht in Leggings, aber jedenfalls körperbetont. *(über Frauenfußball, Anfang der 1990er Jahre)*

Früher haben wir noch Schweinshaxen vor dem Spiel gegessen und auch gewonnen. Aber heute wirst du mit Müsli Meister.

Der WM-Ball ist ja kein Lederball mehr, sondern eine Mischung aus Marsstaub, Mondstaub, Gold und Platin.

Wir sind in einem Fußballverein und nicht in einem Kirchenklub, da sagt man sich manchmal die Wahrheit.

Pink ist die Lieblingsfarbe von meiner Tochter. Sie ist fünf. Das wäre zu meinen Zeiten undenkbar gewesen. *(der Präsident von Bayern München über die pinkfarbenen Schuhe von Franck Ribéry)*

Fußball ist keine einsame Insel. Er ist Teil der Gesellschaft.

Im Erfolg ist alles richtig, im Misserfolg alles falsch. Wenn die Mannschaft gegen den Abstieg kämpft und der Trainer im Kaschmir-Sakko erscheint, wird er betrachtet wie ein Heiratsschwindler.

## Stefan **Beckenbauer**

Ich glaube, der Schiedsrichter hat es darauf angelegt, mich vom Platz zu stellen. Ich muss meinem Vater recht geben, der gesagt hat, dass dieser Mann in der Jugendliga pfeifen soll. *(haut nach seiner roten Karte auch gleich noch seinen berühmten Vater Franz in die Pfanne)*

Mein Alter könnte der beste Teamchef sein, aber mit der Flaschenmannschaft geht halt nichts. *(über seinen Vater Franz)*

Ich habe meinen Vater im Fernsehen weggeschaltet, weil ich ihn nicht mehr hören konnte.

## Boris **Becker**

Ich bin froh, dass ich mich selbst aufstellen und mich keiner vom Platz holen kann. *(über die Vorteile des Tennissports gegenüber dem Fußball)*

Ich nehme an, es geht um Fußball. *(das Verwaltungsratsmitglied beim FC Bayern München auf die Frage, ob er wisse, was im Verwaltungsbeirat besprochen werde)*

## Edmund »Ede« **Becker**

*(Fußballtrainer)*

Körperliche Schmerzen habe ich nicht gespürt. *(Reaktion auf die Rufe der Zuschauer, die seinen Rauswurf forderten)*

Wir sollten gleich heimgehen und uns ins Bett legen, damit nicht noch was passiert. *(nach einem schlimmen Spiel seiner Mannschaft)*

## Herbert **Becker**

*(Aufsichtsrat von Eintracht Frankfurt)*

Es ist doch schöner, gegen Bayern München 1:3 zu verlieren, als gegen Burg Wackerhausen zu spielen.

## Jürgen **Becker**

*(Kabarettist)*

Es gibt nur zwei Szenarien, wie die SPD die Bundestagwahl 2006 gewinnen kann: Entweder kommt ein riesiger Komet und Schröder hält ihn auf, oder die deutsche Nationalmannschaft übersteht bei der WM die Vorrunde. Im Moment ist der Komet das Wahrscheinlichere.

## Michael **Becker**

*(Spielerberater)*

Wenn ich zu Beginn des Schuljahres weiß, wer Klassenbester wird, brauche ich keine Prüfungen mehr zu schreiben. *(als Nationaltrainer Löw lange vor der WM 2010 verkündet, dass nicht Beckers Klient Roman Weidenfeller, sodern René Adler die neue Nummer eins im DFB-Tor sein wird)*

## David **Beckham**

Hey, Becks, vor dir hier, nach dir hier, trotz dir hier! *(Plakat von den Los-Angeles-Galaxy-Fans beim ersten Spiel von David Beckham)*

Eine Frau ist zwei Wochen lang jeden Tag zu meinem Haus gekommen und hat einen Schlüpfer in meinen Briefkasten gesteckt. Gott sei Dank waren die alle immer ganz neu. *(über sein Leben in Madrid)*

Wenn man die Trikots tauscht, dann sind die schweißgetränkt, aber das Shirt von Beckham hat nur nach Parfum gerochen. Entweder schützt er sich gegen Körpergeruch oder er schwitzt Kölnisch Wasser. *(Brasiliens Stürmer Ronaldo nach dem gewonnenen WM-Viertelfinale 2002 gegen England)*

Dass David einen Sarong trägt, ist nicht ordinär. Er trägt auch meine Schlüpfer. *(Victoria Beckham)*

Es tut einem weh, dass er Engländer ist. Er ist so schön, dass er einer Frau ähnelt. *(Diego Maradona)*

Es gibt nichts Wichtigeres als den Gesundheitszustand von David Beckhams Fuß. *(Premierminister Tony Blair, nachdem sich Beckham kurz vor der WM 2002 den rechten Mittelfußknochen gebrochen hatte)*

Auch wenn Beckham nur noch in irgendeinem Park kicken würde, würde ich ihn in der Nationalelf spielen lassen. *(Frank Lampard)*

Beckham einen Ritterschlag geben? Dass ich nicht lache. Er ist nur ein guter Fußballspieler mit einer berühmten Tusse. *(Trainer Ian Holloway)*

Posh Spice ist schwanger. Wenigstens da ist David Beckham lang genug auf dem Platz geblieben. *(TV-Comedian Bradley Walsh)*

Wo ist das Problem? Ich komme aus Manchester. *(auf die Frage, ob der starke Regen sein Spiel beeinflusst habe)*

Meine Eltern sind für mich da gewesen, seitdem ich ungefähr sieben war.

Es zieht mich zu meiner femininen Seite hin. *(Beckham, der sich die Fingernägel lackiert)*

Das wird ohne Zweifel mein weitester Hausbesuch sein. *(der Friseur Aidan Phelan reist nach Japan, wo er David Beckhams Haarpracht herrichten sollte)*

Es könnte der am prachtvollsten choreografierte Deal in der Fußball-Geschichte werden: Der weltweit glamouröseste Spieler schließt sich dem erfolgreichsten Klub der Welt an, während er zu Besuch im begehrtesten Marketing-Markt der Welt ist. *(»The Guardian« zum Transfer David Beckhams von Manchester nach Madrid)*

Ich habe mich gefreut, die Frauen in München nicht. *(Uli Hoeneß dazu, dass Manchester Uniteds Mittelfeldstar David Beckham nach einer gelben Karte im Rückspiel in München gesperrt ist)*

Wenn ich aber nur daran denke, dass seine Frau, dieses Spice Girl, auch mitkäme! Das wäre schön für die Medien, aber nicht für uns. Das Theater brauche ich nicht. *(Uli Hoeneß zu einer möglichen Verpflichtung David Beckhams)*

David Beckham sollte sich ein neues Tattoo verpassen: »Ich habe ihn nicht reingemacht!« *(Roberto Capitoni zu Beckhams verschossenem Elfmeter gegen Frankreich bei der EM 2004)*

Er wechselt seine Frisuren so oft wie Arminia Bielefeld die Liga, Lothar Matthäus die Freundin und Franz Beckenbauer die Meinung. *(Der Spiegel)*

Er kann nicht so gut flanken wie ich zu meiner Glanzzeit. *(Mario Basler)*

Er kann nicht mit dem linken Fuß schießen, nicht köpfen, ist schwach im Zweikampf, macht wenig Tore. Abgesehen davon ist er ganz gut. *(George Best, Europas Fußballer des Jahres von 1968, über Englands Star)*

Das Problem bei Beckham ist, dass er das berühmte Spice Girl geheiratet hat und nun eher ein Popstar als ein Fußballspieler ist. *(Pelé)*

Dem Umsatz würde es gut tun. Aber wenn David Beckham seine sieben Ferraris mitbringt, wird es eng. Parkplätze sind äußerst knapp bei Real Madrid. *(Real-Spieler Fernando Hierro über die Folgen eines möglichen Wechsels von David Beckham nach Madrid)*

Für mich gibt es nichts Schlimmeres, als morgens die Zeitung aufzuschlagen und zu sehen: Oh, Gott, wo ist er jetzt wieder? *(Trainer Alex Ferguson)*

Ein Mann, der aus 30 Metern eine Fliege von der Torlatte schießen kann, trifft aus elf Metern das Tor nicht. *(Franz Beckenbauer über Beckhams Probleme beim Elfmeterschießen)*

Die Engländer haben in der Mannschaft einen David, der ein richtiger Goliath gewesen ist. *(Gerhard Delling über die Leistung von David Beckham)*

David Beckham hat zwei Füße – das haben heutzutage nicht mehr viele Spieler. *(Jimmy Hill, englische Sportreporter-Legende)*

Ich habe versucht, positive Energie auszusenden. *(Uri Geller über den verschossenen Elfmeter von David Beckham im Viertelfinale gegen Portugal bei der EM 2004)*

Die Frauen finden ihn besser als ich. Ich glaube nicht, dass Beckham ein herausragender Spieler ist, und ich kann mir auch nicht vorstellen, dass er nach Italien kommt. Er ist kein Profi, der eine Mannschaft weiterbringt. *(Luciano Moggi, der Generalmanager von Juventus Turin, zu Spekulationen über einen möglichen Wechsel von David Beckham)*

Wenn man David Beckham berührt, dann schreit er wie ein Baby. *(Miroslav Karhan)*

Ich muss ja sagen, dass ich echt gespannt auf Beckham in der Umkleidekabine bin. Ich will sehen, ob er genauso bestückt ist wie in der Unterwäschewerbung. *(Marco Borriello, Stürmer beim AC Mailand)*

Er wandert durch die Küche und sagt dabei: »Ich bin eine Schwulenikone, ich bin eine Schwulenikone.« Wenn ich dann zu sagen versuche: Ich auch, dann sagt er bloß: »Aber mich lieben sie mehr.« *(Victoria Beckham über ihren Mann)*

Ich bin so froh, dass es ab sofort zwei gutaussehende Typen bei Real Madrid gibt. Ich habe mich in diesem hässlichen Team echt einsam gefühlt. *(Roberto Carlos nach der Ankunft von David Beckham in Spanien)*

## Victoria **Beckham**

Ich habe zu Snoop gesagt: »Schau mal, Mr. Snoopy, du gehst nicht mit meinem Mann aus. Ich weiß alles über deinen Ruf.«

Ich habe sie gelesen, von der ersten bis zur letzten Seite. Es sind ein paar schöne Bilder drin. *(über die erste Autobiografie ihres Mannes)*

Die Leute sagen, dass du den Rest deines Lebens in der Küche verbringst, wenn du heiratest, aber mein Leben ist nicht so. Ich bin nicht sehr häuslich; ich weiß noch nicht einmal, wie man die Waschmaschine anmacht, und ich habe auch verdammt noch mal nicht vor, das je zu lernen. David erledigt all diese Dinge.

Irgendeine Frau hat mich in einem Interview gefragt: »Sind Sie so dünn, weil sie es den ganzen Tag miteinander treiben?« Ich habe geantwortet: »Ehrlich gesagt, ja.«

## Reinhold **Beckmann**

Aleksandar Ristić' taufrische Alteisenabteilung. *(über Fortuna Düsseldorf im Jahre 1995)*

Wer soll Präsident in Schalke werden? David Copperfield! Der hat Kohle und kann zaubern.

Ja, was ist denn nur mit Ronaldo los? Was macht er denn? Nach Mücken schlagen? Ach nein, da muss er sich ja bewegen.

Sorin! Das ist ein richtig giftiger Mann da außen! Oder wie Jupp Heynckes sagen würde: Der hat mucho cochones.

Liebe und Fußball – beides geht aufs Herz.

Geschickt gemacht von Salihamidzic, das ist seine körperliche Cleverness.

Stelea – jetzt wissen wir, wofür die Glatze gebraucht wird: tolles Kopfballspiel! *(über den rumänischen Torwart)*

Djorkaeff – es sieht so galant aus, was er da macht!

Die Franzosen sind ja gute Engländer geworden.

Wenn man steil von hier oben auf das Spielfeld herunterblickt, sieht man sehr schön die beiden unterschiedlichen Systeme: 3-5-1 bei der Türkei und 4-5-1 die Portugiesen.

Ich war zehn Jahre Torwart und Linksaußen beim SC Twistringen. Wohl kein Zufall: ausgerechnet die beiden Positionen, wo bekanntermaßen die Bekloppten spielen.

Das Grauen geht weiter … Sollen wir denn jetzt gegen die Malediven antreten, um mal wieder ein Spiel zu gewinnen? *(beim EM-2000-Test gegen die Schweiz; Endstand 1:1)*

Der Ball war lange in der Luft, nicht nur in unserer Zeitlupe.

Erlebnispark Bundesliga – der reine Wahnsinn!

## János **Bédl**

*(ungarischer Trainer, u. a. RW Essen)*

Alle werden kräftig durchmassiert. Wer übrig bleibt, spielt.

## Christian **Beeck**

*(Spieler von Energie Cottbus)*

Wir haben versucht, möglichst nah am Rande der Legalität Fußball zu spielen.

Wir arbeiten jede Woche wie die Schweine, da können wir im Karneval auch mal die Sau rauslassen.

Ich habe in meinem Leben so wenig Tore geschossen, dass ich die Regel gar nicht richtig kenne. *(nachdem er für seinen Torjubel auf dem Zaun die gelb-rote Karte sah)*

Vielleicht versuchen wir es beim nächsten Mal mit Eisbeinessen und Kornsaufen. *(über Motivationsversuche bei Energie Cottbus)*

Wir haben mit der notwendigen fairen Brutalität gespielt.

Es hat sich doch nichts verändert, der Platz ist noch genauso groß wie vor sieben Monaten. *(zu seinem Comeback nach Kreuzbandoperation)*

## Leo **Beenhakker**

Ich bin jetzt seit 34 Jahren Trainer, da habe ich gelernt, dass 2 und 2 niemals 4 ist.

Wir machen alles wie immer. Wir laufen nicht nackt durch den Park, nur weil wir jetzt bei der EURO sind.

## David **Begg**

*(englischer Kommentator)*

Der Junge spielt gut für seine 19 Jahre. Das könnte daran liegen, dass er 21 ist.

## Dietmar **Beiersdorfer**

Ich habe keine Lust, immer der einzige Idiot zu sein, der einen Fehler zugibt. Deswegen mache ich es heute auch nicht.

In der 90. Minute im letzten Bundesligaspiel gibt es kein Abseits. *(zum 3:2-Sieg des HSV in Frankfurt am 34. Spieltag der Saison 2008/09)*

Wir haben weder mit Lothar Matthäus noch mit Heidi Kabel gesprochen. *(der HSV-Sportdirektor zu Trainergerüchten)*

Bei selbst verschuldeten roten Karten gibt es Strafen. Da muss man den Garten fegen, das Laub zusammenharken.

Kommen Sie mir nicht mit der HSV-Abstiegsgrätsche und mit den Fürther Ronhof-Flanken. Bei uns wird anders gespielt. *(Otto Rehhagel, Trainer des Spielers Beiersdorfer in Bremen)*

## Uwe **Bein**

Wir wollen einfach schöne Sachen machen. Doppelpass und so. *(über sein Verhältnis zu Andy Möller in der Nationalmannschaft)*

Mit Effenbergs »Schnauze«, wie manche sein Mundwerk nennen, hätte ich schon 90 Länderspiele!

Den Begriff »gesunde Härte« – den muss mir mal einer mit Logik erläutern ...

Der macht nicht mal beim Essen den Mund auf. *(Franz Beckenbauer)*

Die Zuschauerrolle ist die schwierigste Rolle für einen Spieler.

## Stefan **Beinlich**

Ich habe nicht mehr so viele Haare auf dem Kopf, vielleicht ist der Ball drübergerutscht. *(zu einer vergebenen Torchance)*

Meine langen Haare bleiben dran! Die Engländer brauchen doch auch mal einen, der ein bisschen anders aussieht.

Normalerweise schießt er eine Colaflasche vom Lattenkreuz. *(Reiner Calmund zu einem verschossenen Elfmeter)*

## Igor **Belanow**

Deutsches Essen ist gut – in einem argentinischen Restaurant.

## **Belgien**

Die Belgier werden wie ihre skandinavischen Artgenossen Dänemark und Schweden spielen. *(Andy Townsend, ehemaliger irischer Fußballspieler)*

## Milovan **Beljin**

*(ehemaliger Trainer von Arminia Bielefeld)*

Alle Gegner sind gleich, nur die Trikots verschieden.

## Michael **Bella**

Der Schiri geht offensichtlich nur nach seinem Gehör. Er pfeift nur, wenn es kracht. *(der ehemalige MSV-Spieler über ein Spiel 1980 in der Wedau)*

## Craig **Bellamy**

Wenn ich jemals dazu kommen werde, ein Buch zu schreiben, kriegt es den Titel »Googelt mich ja nicht!«. *(über seine lebhafte Vergangenheit)*

## Karim **Bellarabi**

»Tor.« *(nach dem DFB-Pokal-Viertelfinale gegen Union Berlin auf die Frage, was er gedacht habe, als der Ball im Tor war)*

## Francis **Benali**

*(Verteidiger bei Southampton)*

Frage: Was war die verrückteste Bitte von einem Fan? Antwort: Wie lautet die Telefonnummer von deiner Frau, und wann ist dein nächstes Auswärtsspiel?

## Manfred **Bender**

Uns geht's im Moment wie Kaiserslautern. Nur, dass wir die Tore kassieren, die die schießen!

Kaiserslautern ist eine Spitzenmannschaft. Warum? Weil die Fans auf dem Betzenberg jeden Schiedsrichter zum Wackeln bringen.

Zieht mir die Schuhe an, das spiele ich selbst auch noch. *(über die Leistung seines Teams)*

## Sven **Bender**

Gegen Sven Bender ist Chuck Norris ein Weichei! *(Michael Zorc)*

## Rafael **Benítez**

Manche Menschen erkennen einen Priester nicht auf einem Zuckerberg.

Ich habe mal eine Fernsehsendung über spezielle Akzente geschaut. Da haben sie gemeint, dass der Dialekt in Birmingham am schwierigsten zu verstehen sei. Was soll ich sagen: Ich habe kein Wort verstanden! *(über die Beschimpfungen im Villa Park, dem zweitgrößten Stadion von Birmingham)*

## Helmut **Benthaus**

Spielen kann nur, wer den Ball hat.

Im Training ließ Herr Benthaus Bemerkungen fallen, die sensible Spieler total aus dem Gleichgewicht brachten. *(Karl-Heinz Förster)*

## Chris **Berdrow**

*(Sportmoderator von Hit-Radio FFH)*

Das ist geiler als Sex. Meine Freundin möge mir verzeihen ... *(zum Aufstieg der Frankfurter Eintracht durch zwei Tore in der Schlussphase am letzten Spieltag 2002/03)*

## Klaus **Berge**

*(Trainer von RW Essen)*

Die Reservebank ist leer gefegt. Dann müssen wir noch enger zusammenrücken. *(zur Verletztenmisere)*

## Jörg **Berger**

Jörg Berger hätte sogar die Titanic gerettet. *(Jan Åge Fjørtoft)*

Ich brauche keinen Sekt, ich brauche überhaupt keinen Alkohol. Was ich brauche, sind Punkte.

Abseits ohne Not – das war unser Tod!

Ich glaube weder meinen Spielern noch den Gegenspielern, aber auch nicht dem Schiedsrichter.

Die Erfolgsleiter ist angesägt. Und zwar jede Sprosse zweimal. *(als Trainer des 1. FC Köln)*

Ja, von Traktor Peking und Motor Jerusalem. *(auf die Frage, ob es Angebote für den ausgemusterten Stürmer Sean Dundee gebe)*

Hoffentlich muss ich bis zum nächsten Heimsieg nicht warten, bis ich wieder Zwillinge bekomme.

Das zählt in meiner Statistik nicht. Da zählen nur die Punktspiele. *(nach einem 0:1 im Pokal und damit der ersten Heimniederlage seiner Eintracht gegen die Bayern seit 1970)*

Ich habe die Zeit zum Abschalten und Nachdenken genutzt und mich meiner Familie gewidmet. Meine Zwillinge verwechsele ich jetzt nicht mehr so oft.

Jörg Berger zieht wieder eine Schnute. Der Schmollmund ist sein Verfassungsorgan. *(»Kölner Stadt-Anzeiger«)*

Dass wir heute verloren haben, ärgert mich noch viel mehr, als dass ich morgen Geburtstag habe!

Man kann wirklich nicht immer seiner eigenen Meinung sein!

Natürlich kann ich Ihnen nur Plattheiten sagen! Was verlangen Sie denn von jemandem ganz unten?! *(im Abstiegskampf)*

Resignation ist der Egoismus der Schwachen.

Ich wollte nicht, dass meine Tochter Sächsisch lernt. *(zu seiner Absage, zu Dynamo Dresden zu wechseln)*

Viererkette, Dreierkette, es gibt auch noch Perlenketten … Ich sage, man soll immer das spielen, was man kann.

Genauso wie Sie! *(auf die Frage, wie er das Gegentor seiner Mannschaft gesehen habe)*

Wenn die UEFA zwei Bälle einführen will, spielen wir auch damit. *(kommentiert die Einführung der Drei-Punkte-Regel)*

Sieht so aus, dass die Titanic doch leichter zu retten gewesen wäre als die Hansa-Kogge. *(in Anspielung auf Fjørtofts Aussage)*

Er kann nicht aus seiner Haut, er ist gelernter DDR-Bürger: immer ein gehöriges Maß an Verbissenheit. *(Jörg Wontorra)*

## Dennis **Bergkamp**

Ich weiß nicht, ob er auch vor Zügen Angst hat – ich habe das Gefühl, Dennis glaubt, dass auch Züge fliegen. *(Arsène Wenger über den Niederländer, der Flugangst hat)*

## Andreas **Bergmann**

Ich bin nicht am Autobahnkreuz Bochum vorbeigefahren und habe eine Gänsehaut gekriegt. *(bei seiner Vorstellung als neuer Trainer des VfL Bochum auf die Frage, ob Bochum was ganz Besonderes für ihn sei)*

Ein Bergmann in Bochum, also mitten im Ruhrgebiet, das sollte passen. *(Jörg Schmadtke, Sportdirektor bei Hannover 96, kommentiert den Wechsel seines Amateurtrainers Andreas Bergmann zum VfL Bochum)*

Steigt Bergmann beim VfL ab? *(der »kicker« als der VfL Bochum den neuen Trainer Andreas Bergmann verpflichtete)*

## Giuseppe **Bergomi**

Wenn ich nicht Spieler, sondern Trainer von Inter Mailand wäre, gäbe es in unserer Mannschaft weniger Trainingslager und mehr Vergnügen.

## Hertha BSC **Berlin**

Die Hertha ist die größte Berliner Lachnummer. Kleiner Trost: Einst gab es die Tasmanen, schlechtester Bundesliga-Absteiger aller Zeiten. Da kann sich Hertha noch so anstrengen: Das schafft sie nicht! *(»Kicker«)*

Hat die kleene Hertha det wirklich jeschafft im Pokal? *(der in Berlin geborene Thomas Häßler im Dezember 1992 zum 2:1-Pokalsieg der Hertha-Amateure gegen den 1. FC Nürnberg)*

Unsere Profis sollten den Amateuren jetzt die Schuhe putzen, denn sie werden in der kommenden spiellosen Zeit von ihnen finanziert. *(Hertha-Schatzmeister Heinz Strieck nach dem Pokal-Erfolg der Amateure gegen den 1. FC Nürnberg)*

Hertha gehört in keine Villa, sondern in einen Hühnerstall. *(Rudi Gutendorf in den 1970er Jahren)*

Die sollten ihren Fußballplatz frei und daraus einen Gebrauchtwagen-Markt machen. *(Kabarettist Wolfgang Gruner über Hertha BSC)*

## Tennis Borussia **Berlin**

Wenn nicht Meister wird die Tennis, hack ich ab mir meinen Penis. *(Gesang der Fans von Tennis Borussia Berlin)*

Heute sind erstmals mehr Tore für Tennis Borussia Berlin gefallen, als Zuschauer im Stadion waren. *(ein Berliner Zuschauer nach dem 9:0 im Zweitligaspiel Tennis Borussia Berlin gegen Holstein Kiel)*

## Union **Berlin**

Pfeife nie die eigene Mannschaft aus! Mache nie einen unserer Spieler zum Sündenbock! Gehe nie vor dem Abpfiff aus dem Stadion! Heiserkeit ist der Muskelkater des Unioners! *(Die »Eisernen Gesetze« von Union Berlin)*

Die Mauer muss weg. *(Fans des 1. FC Union Berlin zu DDR-Zeiten bei Freistößen)*

Die Gegner müssen wissen, dass es in der Alten Försterei außer blauen Flecken nichts zu holen gibt. *(Mirko Votava)*

## **Berliner** Tagesspiegel

Stuttgart im Rausch, auf der Galerie und im Gras! Elber schlägt die Pässe schon per Fallrückzieher und auch Fredi Bobic trifft, wie er will. Sogar seine Freundin ist schwanger.

## Silvio **Berlusconi**

*(u. a. Präsident vom AC Milan)*

Das Problem ist oft, dass Milan an Schiedsrichter der Linken gerät.

Meine Mutter war Sekretärin bei Massimo Morattis Vater Angelo. Nach all meinen Trophäen sagte ich deshalb aus sentimentalen Gründen: Wir lehnen uns zurück und lassen Inter mal ein bisschen machen. Aber jetzt reicht es, nun sind wir wieder dran.

## Santiago **Bernabéu**

*(Präsident von Real Madrid)*

Wir haben ihn gekauft und haben bezahlt. Den Preis haben wir gleich wieder vergessen. Das ist bei uns so üblich. *(auf die Frage, wie teuer Günter Netzer gewesen sei)*

Er war der einzige weise Mensch, den ich kennenlernen durfte. Ein sanftmütiger Mensch. *(Paul Breitner)*

## Ramon **Berndroth**

*(Trainer von u. a. Kickers Offenbach und Darmstadt 98)*

Es gibt ja die berühmten Trainingsweltmeister, die dann sonntags einen braunen Streifen in der Hose haben.

Sie glauben doch nicht, wenn ich neun Punkte hole, dass ich in Darmstadt bleibe. Dann unterschreibe ich in Las Vegas als Magier.

Der Schritt erscheint mir nicht so unvernünftig. Ich fühle mich vom Verein fair behandelt. *(nach seiner Entlassung in Offenbach nach nur fünf Spieltagen)*

## Thomas **Berthold**

Mit dem Mundwerk größer als Pelé, Beckenbauer und Cruyff zusammen. Mit den Füßen eher Generalvertreter für Birkenstock-Sandalen. *(Max Merkel über den Stuttgarter Verteidiger)*

Ich bin es leid, gegen solche Mannschaften zu verlieren. Was will denn Schalke im UEFA-Cup? *(Schalke gewann in der darauf folgenden Saison den besagten Pokal)*

Was nützt es mir, wenn ich beim FC Bayern arbeite, aber dem Uli Hoeneß nur die Kaffeetasse reichen darf? Hier gibt es keine Instanz über mir. *(als »General Manager« des Viertligisten Fortuna Düsseldorf)*

## George **Best**

Schmerz geht vorüber, Ruhm … hält ewig!

Wenn ich mich entscheiden müsste, ob ich vier Verteidiger ausschalten und ein Tor aus 30 Metern schießen möchte oder lieber mit einer Miss World ins Bett steige, dann wäre das schon eine schwere Entscheidung. Gott sei Dank habe ich beides gemacht. Das eine allerdings vor 50.000 Menschen.

Die Leute sagen mir immer, dass ich die Kerze nicht an beiden Enden gleichzeitig anzünden soll. Vielleicht haben sie selbst einfach keine Kerze, die groß genug ist.

Ich hab immer gedacht, dass ich meine Frau gerne vor 30 Jahren kennengelernt hätte, bis ich gemerkt habe, dass sie dann minus 4 gewesen wäre.

Jahre später habe ich George einmal gebeten, ob er sich vor mich hinstellen könne, damit ich ihm ins Gesicht schauen kann. Er hat mich gefragt, warum er das machen solle, und ich habe geantwortet: »Auf dem Platz habe ich damals deinen Arsch immer nur von hinten verschwinden sehen.« *(Graham Williams, früherer Abwehrspieler von West Brom, der Best bei dessen Debüt mit 17 Jahren als Gegenspieler hatte)*

Eine Blondine klingelte bei mir und sagte: »Mein Auto ist draußen vor Ihrem Haus liegen geblieben. Kann ich eventuell Ihr Telefon benutzen, um den AA *[Anm. d. Hrsg.: britischer Automobilclub, vergleichbar mit dem ADAC]* anzurufen?« Ich habe sie dann auf dem Teppich in der Eingangshalle genommen und eine kleine Reparatur gemacht, bevor der AA-Mann eintraf.

Michael Parkinson: Wann war der früheste Zeitpunkt, an dem Sie nach dem Anpfiff Sex hatten? George Best: Mhm, ich glaube, es war in der Halbzeitpause.

1969 habe ich mit den Frauen und dem Alkohol aufgehört. Das waren die schlimmsten zwanzig Minuten meines Lebens.

Als ich in den Vereinigten Staaten spielte, wohnte ich in einem Haus direkt am Meer. Ich war nie im Wasser. Auf dem Weg war eine Bar.

Ja, ich habe nie was mit der Miss Venezuela und der Miss Kanada gehabt. *(auf die Frage, ob er durch den übermäßigen Alkoholkonsum in seinem Leben etwas verpasst habe)*

Ich habe aufgehört mit dem Trinken. Allerdings nur während des Schlafs.

Als ich Fußball spielte, fand ich es immer am schönsten, meine Gegenspieler lächerlich zu machen.

Es wäre überraschend, wenn alle 22 Spieler am Ende noch auf dem Feld stehen würden, da einer schon herausgestellt wurde.

Er war tatsächlich beidfüßig, und manchmal konnte man denken, dass er sechs Füße hatte. *(Sir Matt Busby)*

Ob es irgendetwas gibt, das ich in meinem Leben gerne ändern möchte? Ich habe 1971 einen Elfmeter gegen

Chelsea geschossen und Peter Bonetti, der Wi***er, hat ihn gehalten! Ich wünschte, ich hätte in die andere Ecke gezielt.

Ich könnte den Anonymen Alkoholikern beitreten. Das Problem dabei ist nur, ich kann nicht anonym bleiben.

Ich habe viel von meinem Geld für Alkohol, Weiber und schnelle Autos ausgegeben. Den Rest habe ich einfach verprasst.

## Marinus **Bester**

*(Spieler vom Hamburger SV)*

Den Jungen habe ich umgepolt. Der war Bayern-Fan. Ich habe ihm in vielen Gesprächen erklärt, warum der HSV besser ist. Jetzt hat er's kapiert. *(über seinen Sohn)*

Wenn mich Berti Vogts jetzt anrufen würde, dann doch nur, um mir »Frohe Weihnachten« zu wünschen. Was denn sonst?

## Schild in einem **Betriebsbüro**

Alle Krankheits- und Todesfälle müssen spätestens eine Woche vor Beginn der Fußball-WM gemeldet werden!

## **BFC** Dynamo

Neuer Dauerkarten-Rekord beim BFC Dynamo: Der BFC konnte den Verkauf von Dauerkarten in der neuen Saison verdoppeln!!! *(BFC Dynamo-Presseinformation [Anmerkung: von 17 auf 36 Stück])*

## Arminia **Bielefeld**

Wir Arminen sind auch deutscher Meister, allerdings nur in Ostwestfalen. *(Arminia Bielefelds Trainer Ernst Middendorp)*

Was ist denn das hier für eine Raucher-Höhle? *(Ewald Lienen über den Presseraum)*

Wegen des Teutoburger Walds kommt niemand. *(Trainer Hermann Gerland zu Neuverpflichtungen in Bielefeld)*

Die denken doch alle, auf der Alm gibt es keine Tore. *(Hermann Gerland nach einer Niederlagenserie von acht Spielen über den Frust der Fans)*

## Dieter **Bierbaum**

*(Stadionsprecher Fortuna Düsseldorf)*

Nun bitte ich Rudi um seinen letzten Kommentar. *(auf einer Pressekonferenz zu Trainer Rudi Wojtowicz)*

## Oliver **Bierhoff**

Ich stelle immer wieder fest, dass die Spieler früher ins Bett gehen, wenn ihre Frauen im Hotel sind.

Ich möchte Bierhoff zu etwas mehr Demut raten, zu größerer Zurückhaltung. Er sollte sich in den nächsten Tagen bei Dr. Müller-Wohlfahrt untersuchen lassen. Das permanente Sich-selbst-auf-die-Schulter-Klopfen muss doch schmerzhafte Schädigungen nach sich ziehen. *(Uli Hoeneß)*

Bierhoff hat Abitur, ist vielseitig bewandert und für DFB-Verhältnisse seriös. *(Comedian Django Asül)*

Als ich das erste Mal am Profitisch saß und die große Schüssel Pommes kam, sagte ich: »Bitte, nehmt doch zuerst.« Die Schüssel kam leer zurück. Da verstand ich, du musst lernen, dich zu behaupten.

Wenn Uli Hoeneß sein Privatvermögen in seine Wurstfabrik steckt, ist das auch Wettbewerbsverzerrung gegenüber dem Metzger, der dieses Privatvermögen nicht hat. *(zu den Diskussionen über den Einstieg von privaten Investoren bei deutschen Bundesligaklubs)*

Viele Sachen entstehen unter Druck: Öl, Diamanten – so gesehen braucht man Druck.

Ohne meine eiserne Disziplin hätte ich das Studium nicht geschafft. *(über seinen erfolgreichen Abschluss als Diplom-Kaufmann nach 13 Jahren Studium an der Fernuniversität Hagen)*

Für das, was ich hier zurzeit leiste, verdiene ich viel zu viel Geld.

Ich kriege keine Strafmandate mehr fürs Falschparken und immer einen freien Tisch in meinem Restaurant. *(auf die Frage, was sich durch seine zwei Tore im EM-Finale 1996 für ihn verändert habe)*

Wir sind als Fünfter an fünfter Stelle dahinter.

Wenn ich in Mailand mal ein Spiel nicht mache, dann schreit man direkt Krise. Wenn ein Nationalspieler in der Bundesliga draußen sitzt, dann heißt das komischerweise Rotation.

Märchenprinz in der Provinz *(»Berliner Zeitung« über Bierhoff)*

Das Einzige, was er gewonnen hat, war die Seitenwahl. *(»Bild«)*

Es tut mir leid für Oliver Bierhoff, aber wir wollen wieder Fußball spielen und nicht Kopfball spielen. *(Paul Breitner, der sich in der Stürmerfrage der Nationalelf für einen Einsatz von Carsten Jancker aussprach)*

Von Bierhoff halte ich nichts. Ob der jetzt mal ein Spiel gut spielt oder schlecht, das ist mir egal. Das ist ein Stürmer, der immer nur hofft, dass ihm der Ball auf den Kopf kommt. *(Gerd Müller)*

Völler sollte zum Beispiel einem Mann wie Oliver Bierhoff sagen: »Das war's.« Denn solche Spieler brauchen wir nicht mehr, sie helfen uns nicht weiter. *(Uli Hoeneß über den Kapitän der Nationalmannschaft)*

## Daniel **Bierofka**

Daniel Bierofka hält sich an das Dieter-Bohlen-Motto »Immer schön auf dem Teppich bleiben«. *(TV-Mann Bernd Schmelzer)*

## **Bietigheimer** Zeitung

Ein Erfolg und eine gute Leistung wären die besten Garanten für weiterhin volle Zuschauergäste.

## Carlos **Bilardo**

*(Sportdirektor von Argentinien)*

Wer das Tor im Finale macht, kann mich von hinten nehmen. Ich weiß schon, dass das wehtut, und die Leute sagen, der ist verrückt. Mir doch egal, Hauptsache wir werden Weltmeister.

Gegen Masturbation habe ich auch nichts. 80 Prozent der Spieler tun das eh, während sie duschen.

Wenn die Presse kommt, sage ich mir: Nichtssagendes Gerede ist immerhin noch ehrlicher als vielsagendes Schweigen.

Es gibt Zwerge, die verlangen doch glatt vom Riesen, dass er zu ihnen aufschauen möge. *(nach dem 0:1 von Argentinien gegen Kamerun bei der WM 1990)*

## Athletic **Bilbao**

Für Athletic ist es ein Luxus, einen Trainer wie mich zu haben. *(Jupp Heynckes)*

## **Bild**

Flüssig läuft's bei Schalke nur neben dem Platz. Torwart Neuer fehlt wegen Magen-Darm-Problemen.

Austria-Torwart hält alles. Auch Leuchtraketen und Eisenstangen.

Beim Spielchen A gegen B schoss Rudi zwei Tore, trickste, zauberte wie in alten Tagen. Privat auch: Im Januar erwartet Ehefrau Angela ihr zweites Kind.

Jogi, we Löw you!

Je öller, je döller. Das ist unser Völler-Böller.

Hollands Käsespiel stinkt ganz Europa.

In der Kabine meldet sich der Magen, dünner Stuhl, vermehrter Urin. Die Angst will heraus ... Die Seele, die gerade dünnen Stuhlgang hatte, legt sich Schutzschilder an. *(über die deutschen Spieler vor dem ersten Spiel bei der WM 1986)*

Erst Kacke – dann Hacke. *(über Giovane Elber, der nach überstandener Darminfektion ein Tor mit der Ferse erzielte)*

Felix Erhardt und Sebastian Bruns aus Münster waren baff, als sie in BILD lasen, sie seien von Preußen zum BVB gewechselt und hätten dort Profi-Verträge unterschrieben. Die »Ente« jubelte uns ein angeblicher Preußen-Mitarbeiter unter. Die Wahrheit: Erhardt spielt in einer Hobby-Mannschaft. Bruns ist und bleibt bei Marathon Münster.

## Slaven **Bilić**

Ich suche nicht nach Alibis, aber die Luftfeuchtigkeit war hoch.

Wisst ihr, wann wir das letzte Mal bei einer Europameisterschaft gewonnen haben? Da hat die Hälfte von euch noch einen Schnuller im Mund gehabt. *(nach dem ersten EM-Sieg seit langer, langer Zeit)*

Vor ein paar Tagen wollte ich eine Pizza kaufen, und während ich wartete, traf ich einen Freund, den ich schon viele Jahre nicht mehr gesehen hatte und der dort als Pizza-Bote arbeitete. Er fragte mich, ob ich nicht Arbeit für ihn hätte. Er sagte: »Ich halte diesen Druck nicht mehr aus. In 30 Minuten muss ich ausliefern, über rote Ampeln fahren, wütende Kunden bedienen. Das ist einfach zu viel für mich!« Da habe ich gemerkt, wie gut ich es doch mit meinem wundervollen Job habe.

## Uwe **Bindewald**

*(Bundesligaspieler von Eintracht Frankfurt)*

Bindewald war heute unser bester Mann. Der Gegner kriegte sozusagen eine Bindewaldentzündung, von der er sich nicht mehr erholen konnte. *(Dragoslav Stepanovic)*

## Manfred **Binz**

*(deutscher Nationalspieler)*

Ich habe in Schweden gemerkt: Die wärmsten Empfehlungen bringen einem manchmal nur kühles Entgegenkommen ein.

## Marc **Bircham**

*(kanadischer Mittelfeldspieler)*

Ich habe weder bei unserer Hochzeit noch bei der Geburt meiner Kinder geweint. Darum hat mir meine Frau gedroht, dass ich Ärger bekommen würde, wenn sie eine Träne in meinen Augen sieht, falls wir aufsteigen.

## Dieter **Birlenbach**

*(DFB-Schiedsrichter)*

Auch im Fußball sind die Paragrafen die älteste Auslegware.

## Garry **Birtles**

*(englischer Fußballer und Trainer)*

Als ich meine lange torlose Phase bei Manchester United hatte, haben die Leute zu mir gesagt, dass John Lennon noch leben würde, hätte ich damals auf ihn geschossen.

## Werner **Biskup**

Unsere Religion: Hannover 96. Unser Gott: Werner Biskup. *(die Fans von Hannover 96 ehren ihren alten Trainer mit einem Plakat im Niedersachsenstadion)*

Ich muss immer gleich bezahlen. Ich habe ein automatisches Abbuchungsverfahren beim DFB. *(als Übeltäter an der Seitenlinie)*

## Leonardo **Bittencourt**

Die Leiche hat an den Sarg geklopft. *(nach einem Sprung auf Rang 17)*

## **Björk**

*(Musikerin)*

Fußball ist ein Fruchtbarkeitsfestival. Elf Spermien, die versuchen, das Ei zu versenken. Ich bedaure echt die Torhüter.

## **Blackpool** FC

Ich liebe Blackpool. Wir sind uns sehr ähnlich. Wir sehen beide im Dunkeln besser aus. *(Trainer Ian Holloway)*

## Danny **Blanchflower**

*(nordirischer Spieler, Trainer, Journalist)*

Das ist unsere neue Taktik – wir gleichen aus, bevor die anderen treffen. *(Kapitän von Nordirland, während der WM 1958)*

Man hat mir erklärt, dass man beim Training in Barnsley nicht mit dem Ball arbeitet. Die Theorie dahinter war, dass wir hungriger auf ihn werden, wenn wir ihn die ganze Woche nicht sehen. Also habe ich zum Trainer gesagt, dass ich den Ball am Samstag wahrscheinlich gar nicht mehr erkennen werde.

## Michael **Blättel**

*(Spieler vom 1. FC Saarbrücken)*

Ich weiß nicht, wie es passiert ist, aber der Michael Blättel hat sich heute Nacht irgendwie im Bett verletzt. *(Uwe Klimaschefski)*

## Joseph S. **Blatter**

Bislang ist das ein Macho-Gebilde mit 24 Mitgliedern. Wir könnten auf 25 erhöhen und eine Frau zwingend dazunehmen. Wir sollten eine Frauenquote fördern. *(auf die Frage, ob man mehr Frauen im FIFA-Exekutivkomitee brauche)*

Ich tröste ihn immer mit den Worten: »Das passiert mir laufend.« *(Gerhard Mayer-Vorfelder auf die Frage, was er Blatter zu den Pfiffen bei öffentlichen Auftritten sage)*

Ich glaube, Sepp ist wie ein Aal. Den kriegt man auch nie so richtig zu fassen. *(Karl-Heinz Rummenigge)*

Sepp Blatter ist die einzige Person, die nicht jubelt, wenn sie auf der Videoleinwand abgebildet wird. *(Christoph Metzelder)*

Es stellt den Fußball nicht auf den Kopf, sondern ist ein Dienst am Kunden. *(bei der Umstellung von zwei auf drei Punkte pro Sieg)*

Die Naturrasen sind nicht das Grüne vom Ei. *(FIFA-Präsident zur Qualität des Rasens bei der Fußball-WM)*

Jeder Mensch wird als Fußballer geboren. Jeder, der die Bewegungen eines ungeborenen Kindes im Mutterbauch gesehen hat, kennt diesen instinktiven Kick des Fötus.

Du kannst doch nicht immer nur nach Äußerlichkeiten gehen! *(Thomas Helmer zu Journaslist Walter Straeten, der Blatter als »Zombiepräsidenten« bezeichnet hatte)*

Beim Fußball geht es nicht nur um das Spiel, er ist eine Schule des Lebens.

Rückblickend muss ich sagen, ich bin fürs Eheleben nicht geschaffen, weil ich schon eine Verlobte habe: Sie ist 96 Jahre alt und heißt FIFA.

Die Deutschen wollten mich schon bei meiner Wahl vor drei Jahren mit Bestechungsvorwürfen fertigmachen. *(zu den Meldungen, er habe Schmiergelder angenommen)*

Herr Blatter hat viele Ideen. Aber wenn er größere Tore will, wäre es billiger, eine Regel einzuführen, die festlegt, dass Torhüter nicht größer als 1,50 Meter sein dürfen. *(UEFA-Präsident Lennart Johansson zum Vorschlag Blatters, die Fußballtore zu vergrößern)*

## Jakub **Błaszczykowski**

Ich habe auf dem Platz versucht, nicht zu lachen. Es ist mir nicht gelungen. *(Neven Subotić, als »Kuba« das komplett leere Tor aus sechs Metern nicht traf)*

Ich glaube immer noch daran, dass es im Fußball und im Leben um mehr geht als nur Geld. *(Begründung der Absage an den FC Schalke 04)*

## Miroslav **Blaževic**

Ich habe die Information bekommen, dass unser Gegner die Absicht hat zu siegen. *(Kroatiens Nationaltrainer vor einem WM-Spiel gegen Deutschland)*

Fußball ist schneller geworden. Um richtig zu pfeifen, braucht man heute statt Schiedsrichtern eher Radarschirme.

## Oleg **Blochin**

Ich danke den Journalisten für ihre vielen aufschlussreichen Artikel über das ukrainische Team. Dies alles zu lesen, war für mich wie Science-Fiction-Literatur.

## Stan **Boardman**

*(englischer Komiker)*

Unsere Jungs müssen rechtzeitig im Stadion sein, bevor die Deutschen die Handtücher ausbreiten können.

## Kevin-Prince **Boateng**

Innerhalb von einem Tag kaufte ich mir drei Autos. Für eine hohe sechsstellige Summe leistete ich mir einen Lamborghini, einen Hummer und einen Cadillac Oldtimer. Des Weiteren habe ich aus dieser Zeit noch rund 200 Käppis, rund 20 Lederjacken und 160 Paar Schuhe. Ich hatte durch meinen Frust eine enorme Kaufwut. Nach dem Training bereitete ich mich sofort auf die Partys am Abend vor. Manchmal verprasste ich in den Nächten unfassbar viel Geld. *(über seine Zeit in England)*

Jérôme ist nicht sein richtiger Bruder und auch nicht sein richtiger Freund. *(Manuel Neuer über das Brüderpaar Jérôme und Kevin-Prince Boateng)*

Er hat vor dem Spiel gesagt mit seinem super Deutsch: »Bruder, schlag den Ball lang!« Und dann hab ich gesagt: »Bruder, ich schlag den Ball lang!« *(über die Aufforderung von Doppeltorschütze Ante Rebic vor dem DFB-Pokalfinale gegen die Bayern. Das 1:0 bereitete Boateng per Steilpass vor)*

Ich habe meinen Stempel bei Schalke ganz fett aufgedrückt. Wenn man heute etwas über den Verein liest, fällt mein Name immer noch. Es gab keinen Spieler, an dem die Öffentlichkeit mehr interessiert war. Es ist der größte Stempel, den je ein Profi bei Schalke hinterlassen hat – ob es positiv oder negativ ist.

Alle Spiele im Pokal sind schwierig. Wir werden aber vorbereitet sein und die drei Punkte mit nach Hause nehmen.

Für mich ist es wie eine Beziehung mit einer Frau. Wenn du sagst, du möchtest gerne mit ihr zusammen sein, und sie sagt es auch, dann findet man immer einen Weg, dies möglich zu machen. Ich bin nun mit Schalke zusammen.

## Prof. Dr. Dr. Ingo **Böbel**

*(Schatzmeister 1. FC Nürnberg)*

Es gibt Dinge im Fußball, wenn die zur Sprache kommen, dann hat, bitteschön und gefälligst, auch die eigene Ehefrau leise, aber entschieden die Tür von draußen zuzumachen.

## Fredi **Bobic**

Es war ein dreckiger Sieg. Für das Tor musste man sich dreckig machen.

Beim Elfmeterschießen waren zu wenig Engländer bei Chelsea. Das war das Problem.

Blinde Bratwurst. *(zu einem Schiedsrichter)*

Die Kameras sind ja fast mit auf die Toilette gegangen, um zu sehen, was für ein Gesicht der Trainer macht.

Wenn ich einmal nicht mehr fit genug bin, um übers Feld zu stürmen, stelle ich mir vor, meinen Traum zu erfüllen: Feuerwehrmann in New York. Ich würde für meine Leistungen anerkannt, so wie sich das für Menschen gehört, die für andere ihr Leben riskieren. Mehr jedenfalls als für den Fußballer, der ich im wirklichen Leben bin.

Wenn die Kacke einmal am Dampfen ist, dann kommt man in einen Negativ-Trend.

Ich bin schon ziemlich intim ... äh immun dagegen geworden. *(über Kritik an seiner Person)*

Es muss Elfmeter gewesen sein. Schwalben kann ich überhaupt nicht.

Irgendwas mit McDonald. Da gibt es wahrscheinlich nur Big Macs zu essen. *(auf die Frage, ob er wisse, wie das Mannschaftshotel der deutschen Nationalmannschaft in Schottland heiße)*

Man darf jetzt nicht alles so schlechtreden, wie es war.

Die Bratwurst hat heute zwei Tore geschossen. *(Giovane Elber über seinen Freund)*

Wenn ich so ein schlechter Spieler wie der Bobic wäre, würde ich die 9 nicht anziehen. Das ist eine Beleidigung für dieses Trikot. Der kann vielleicht die 29 tragen. *(Klaus Fischer)*

Wir sind jetzt ein börsennotiertes Unternehmen. Da werde ich mich hüten, einen unserer Spieler zu kritisieren und damit zur Kapitalvernichtung beizutragen. *(BVB-Manager Michael Meier auf die Frage, ob er Stürmer Bobic so kritisch wie die Fans bewerte)*

Wir sind im Dreck und müssen uns jetzt da heraussuhlen.

## CA **Boca** Juniors

Boca zu trainieren ist wie Sex bei offenem Fenster zu haben – man hat keine Privatsphäre. *(Claudio Borghi, nachdem er die Trainerbank der Xeneizes räumen musste)*

## VfL **Bochum**

Was für eine Frage! Für unseren VfL würde ich sterben. Das ist mein Verein. *(Thorsten Legat auf die Frage, ob er immer noch mit seinem Ex-Verein leidet)*

Der VfL Bochum könnte in der Schweiz um den Titel mitspielen. *(Ottmar Hitzfeld im Jahr 1995, als der VfL gerade auf dem 17. Tabellenplatz stand)*

Wenn schon doof verlieren, dann wenigstens in Bochum. *(Torsten Kracht, damals bei Eintracht Frankfurt und Ex-VfLer)*

Warum könnt ihr denn nicht hinten nah am Mann bleiben? Vorne geht's doch auch ...

Sieger waren mir aber immer schon langweiliger als jene, die interessant zu scheitern wissen. Deshalb finde ich es auch besonders cool, Anhänger des VfL Bochum zu sein, weil es im Grunde haltlos uncool ist. *(Autor und Journalist Christoph Biermann)*

Wer ständig oben steht, ist nur zu feige für den Abstiegskampf! *(Spieltagsplakat 2010)*

Hätte ich nicht meinen Hund, ich hätte mich schon lange erschossen! *(VfL-Fan direkt am Stadion, als der Verein auf den 18. Tabellenplatz der zweiten Liga abgerutscht war)*

Und wenn da einer vor der Ostkurve »Mambo« tanzt, wir dafür allerdings den Aufstieg schaffen, dann stehe ich als Trommler zur Verfügung. *(uwe1848, in einem VfL-Fan-Forum)*

Wir steigen auf, wir steigen ab, und zwischendurch UEFA-Cup! *(Fangesang)*

Ich zum Beispiel kann nicht zum Public Viewing gehen, weil ich panische Angst hätte, bei einem Torjubel einen Dortmunder zu berühren. *(Fan des VfL Bochum aus Münster)*

Ich wollte einfach nur graue Maus sein. *(User »10hagen« in einem Forum des VfL Bochum)*

Wenn ich jetzt zu Hause wäre, würde ich erst einmal schön onanieren! *(Fan bei einem Heimsieg des VfL)*

VfL-Fan zu sein, ist, wie wenn dich jedes Wochenende deine Frau verlässt.

Wenn die Bochumer wieder dabei sind, dann glauben sie, ihnen gehört die Bundesliga. Und dann heulen sie rum, weil sie zum 100. Mal abgestiegen sind. *(Andreas Möller)*

Wir hatten gedacht, dass wir Bochum überrollen könnten. *(der genervte zweifache Torschütze Andreas Neuendorf nach einem glücklichen 2:2 von Hertha BSC beim VfL Bochum)*

Bochum ist zu Hause wirklich 'ne Heimmannschaft. *(Boris Becker)*

Wer in Bochum von Strafraum zu Strafraum geht und sich dabei nicht den Knöchel bricht, dem gebe ich einen aus. *(Christoph Daum)*

Diese Vierer-Abwehrkette der Bochumer ist eine Beleidigung für jede Fahrradkette. *(Manfred Breuckmann)*

In Bochum wurde früher so geholzt, dass sogar der Ball eine Gefahrenzulage verlangt hat. *(Max Merkel)*

Bochum sollte den Antrag stellen, das Ruhrgebiet in Neururergebiet umzubenennen. *(Michael Meier, nachdem Bochum mit Trainer Peter Neururer nacheinander Schalke und Dortmund geschlagen hatte)*

Die Bochumer werden von uns durch einstimmigen Vorstandsbeschluss zum ersten Absteiger gemacht. *(Arminia Bielefelds Präsident Hans-Hermann Schwick, nachdem der Bielefelder Stürmer Momo Diabang einen Vertrag beim VfL unterzeichnet hat, der nur für die Bundesliga gilt)*

Ich glaube, wenn man die Hoffnung hat, die deutsche Meisterschaft mitfeiern zu wollen, dann ist man entweder riesiger Optimist, wenn man sich hier diesem Verein anschließt, oder Visionär oder was weiß ich, vielleicht auch doof. *(Christoph Biermann)*

## Olaf **Bodden**

Ein Gesunder hat tausend Wünsche, ein Kranker nur einen. *(der 31-jährige Fußball-Profi vom TSV 1860 München leidet am Pfeiffer'schen Drüsenfieber und hat sehr lange nicht mehr gespielt)*

## Marco **Bode**

Wir machen jetzt ein Tischtennisturnier, und der Beste spielt. *(zu den Auswahlkriterien von Rudi Völler)*

Pro Jahr habe ich mich ungefähr sechs Kilometer von meinem Geburtsort entfernt. Folglich werde ich 4647 in Australien leben. *(auf seiner Internetseite zu seinem bisher einzigen Umzug von Osterode nach Bremen)*

You look just like Steffi Graf. *(Nelson Mandela vor einem Länderspiel Deutschlands gegen Südafrika)*

## Kasper **Bøgelund**

*(Spieler, u. a. bei Borussia Mönchengladbach)*

Wenn ich fünf Tore schieße, muss ich meine Freundin heiraten.

## Jörg **Böhme**

Er kann, wie beim Spiel in Duisburg, nicht nach 20 Minuten seinem Mitspieler auf die Fresse hauen. Das geht mal, aber nicht ständig. *(Ernst Middendorp)*

Läuft parallel noch ein anderes Spiel und nimmt uns noch jemand den Pokal weg? *(nach dem gewonnenen DFB-Pokalfinale)*

Die ist dann wohl mehr für die gegnerische Mannschaft gedacht. *(auf die Frage, ob die Spieler denn die Kapelle in der neuen Schalker Arena nutzen würden)*

Wenn ich jetzt auch noch mit dem Kopf treffe, habe ich alles erreicht. Dann höre ich auf, Fußball zu spielen. *(auf die Frage, ob er jemals daran geglaubt hätte, mit rechts ein Tor zu schießen)*

Wenn ich morgen eine Einladung zur Nationalmannschaft kriegen sollte, werde ich absagen, weil ich der Meinung bin, die Besten sollten spielen.

Auch in dieser Szene beweist der Schalker seine Schusskraft, nutzt die gesamte Höhe des Platzes. *(Béla Réthy kommentiert eine Szene von Jörg Böhme)*

Sein Auftreten, seine Art Fußball zu spielen. Da denke ich immer, das ist der Bruder von Mario Basler. *(Oliver Kahn)*

## Franz **Böhmert**

*(Präsident von Werder Bremen)*

Lieber mit Basler Meister als mit elf grauen Mäusen Zwölfter.

## Usain **Bolt**

*(Sprint-Olympiasieger)*

Ich bin definitiv gut genug, um bei Manchester United zu spielen. Ich bin schnell und bringe genügend Qualitäten mit.

## Michael **Bolten**

*(Fußballautor)*

Auch wenn heute nicht mehr elf Freunde auf dem Platz sind, so spricht doch nichts dagegen, dass uns elf Kleinunternehmer mit attraktivem Fußball unterhalten.

So wie die Liebe bekanntlich durch den Magen geht, so kann sich guter Fußball nur über den Kopf entwickeln.

## Rudi **Bommer**

Was der Rudi Bommer heute mit seinen 800 Jahren geleistet hat, war schon phänomenal. *(Dragoslav Stepanovic)*

Je länger das Spiel dauerte, desto kürzer wurden die Beine.

## Heiko **Bonan**

Wenn man nach so langer Zeit wieder einmal trifft, dann begreift man, was so ein Tor bedeutet: Es schließt die Seele auf, ich denke wieder positiv.

## Hristo **Bonev**

*(bulgarischer Nationaltrainer)*

Dieser Sieg hat eine große Süßigkeit für uns.

## Hannes **Bongartz**

Es fing schon damit an, dass der Schiedsrichter überhaupt angepfiffen hat ...

Auch graue Mäuse machen die Liga bunt.

Die Sonne sinkt. Der Käse stinkt. Bonanza. *(Bongartz' Beitrag, als er bei einer Weihnachtsfeier des MSV Duisburg ein Gedicht aufsagen sollte)*

Ich äußere mich grundsätzlich nicht zur Leistung der Schiedsrichter, denn wir verdienen in Wattenscheid nicht so viel.

Ich habe gewusst, dass wir noch einmal ein Heimspiel gewinnen. Nach dem Motto: Wenn's lange regnet, wird jeder mal nass. *(Wattenscheid hatte sieben Monate zu Hause nicht gewonnen)*

Natürlich bin ich auch ein Zweifler. Aber ich sage Ihnen auch: Der Zweifelnde zweifelt an sich selbst zuletzt.

Ich gratuliere dem SV Werder, aber auch der Bremer Wäschefrau, denn sie kann die Torwartkluft von Oliver Reck wieder ungenutzt in den Schrank hängen. *(nach einer Niederlage in Bremen)*

Es war dumm, in der Szene zu grätschen. Wenn er den Schupp laufen lässt, rennt der gegen die Werbetafeln. *(über seinen Spieler Uwe Neuhaus)*

Wat nix kost, dat is auch nix. *(über Spielereinkäufe)*

Der müsste mal eine Woche lang mit Franz Beckenbauer essen gehen, damit er Nonchalance lernt. *(Jörg Wontorra)*

Lieber steige ich ab, als Hannes Bongartz in die Wüste zu schicken. *(Klaus Steilmann)*

Wir sind so eine liebe und brave Truppe. Uns kannst du am Sonntag geschlossen in die Kirche schicken – keiner wird protestieren.

Das ist Woche für Woche das Gleiche: Training, Trainingslager, Spiel. Alles dreht sich um den Ball, und der gibt so viel auch nicht mehr her.

## Rainer **Bonhof**

Sylvester Stallone und Arnold Schwarzenegger in der Abwehr, Bruce Willis im Mittelfeld und Jean Claude van Damme im Sturm. *(auf die Frage, wie er die verletzten Spieler zu ersetzen gedenke)*

Wir müssen die Basis fundieren.

Aus den eigenen Fehlern zu lernen ist recht und teuer, aus den Fehlern anderer zu lernen recht und billig.

Fußball spielt sich zwischen den Ohren ab. Da war teilweise Brachland, das neu bepflanzt werden musste.

Fußball wird in so vielen Ländern gespielt. Das heißt: Anderswo wird mit anderem Wasser anders gekocht.

Entweder fällt dabei ein Tor oder ein Mann aus der Mauer! *(erklärt seinen harten Schuss)*

In Deutschland ist das ja noch alles harmlos. In Spanien tritt dich der Abwehrspieler in die Luft und nimmt dich per Dropkick, wenn du runterkommst.

## **Bonner** SC

Wir brauchen keinen Rudi Völler, wir haben Erich Rutemöller. *(Fangesang in den 1990er Jahren)*

## Rainer **Boos**

*(Schiedsrichter)*

Das ist so, als wenn dir einer ein Messer in den Bauch haut, und du musst dabei noch lächeln. *(Christoph Daum über die Leistung des Unparteiischen)*

## **Bordellbetreiber**

Wenn Männer Fußball gucken, dann bleibt die Liebe auf der Strecke. *(zum mäßigen Geschäft während der WM)*

## Marcelo **Bordon**

Gott ist auch in Gelsenkirchen. *(zum Standort seines künftigen Arbeitgebers FC Schalke 04)*

## Pascal **Borel**

Torwart Borel hat gezeigt, dass er auch Bälle festhalten kann. *(Thomas Schaaf zur Leistung des oft kritisierten Bremer Torhüters)*

Borel, 1 Meter 91 ist er alt. *(Werner Hansch)*

## Daniel **Borimirov**

Unbegreiflich, ich habe keinen Spurt von ihm gesehen! *(Werner Lorant zu einem Muskelfaserriss seines Spielers)*

## Robin **Bormuth**

Da kommt man mit einem Hals wie eine Keksdose nach Hause.

## Jürgen L. **Born**

*(Präsident von Werder Bremen)*

Der FC Bayern hat 80 Mio. Euro ausgegeben, um einen Punkt vor uns zu stehen. Was wollen die ausgeben, wenn sie drei Punkte vor uns stehen wollen?

Wenn jemand Diego kaufen will, muss er mich vorher ermorden. Diego wird Werder nur über meine Leiche verlassen.

Da muss in der Halbzeit einer gestrickt haben. *(auf die Anmerkung, dass entgegen der Ankündigung Meister-T-Shirts für die Mannschaft vorbereitet waren)*

Die Luft ist dünner geworden, aber es ist noch lange keine dicke Luft.

Es gibt andere Branchen, in denen wesentlich mehr verdient wird. Zum Beispiel Michael Schumacher, und der sitzt dabei noch gemütlich im Auto. *(zur Diskussion um Gehaltskürzungen wegen der Kirch-Krise)*

## Michael **Born**

*(TV-Kommentator)*

Gedacht wie Messi – gespielt wie Chihi.

## Andreas **Bornemann**

Drei, vier Millionen sind das neue ablösefrei. *(als Sportdirektor beim 1. FC Nürnberg)*

## Uwe **Bornemeier**

*(TV-Kommentator)*

Die Mannheimer jetzt im Vollrausch!

## Uli **Borowka**

Ich spiele so Golf, wie ich früher Fußball gespielt habe: Hau drauf, und dann musste gucken, wie du aus der Sülze rauskommst.

Ihr seid nämlich auch die, die den Pokal gehören! *(als Pokalsieger auf dem Bremer Rathausbalkon zu den Fans)*

Auch wenn wir heute verlieren, einer von euch kommt heute noch ins Krankenhaus.

Ich habe jetzt 'ne Titanplatte im Fuß, damit es am Schienbein des Gegenspielers besser klingelt.

Ich war der Harald Juhnke des Fußballs. Mit dem Unterschied, dass ich noch lebe.

Kurz vor der Szene brach meine alte Zerrung wieder auf, da konnte ich nicht voll draufhauen – also habe ich den Ball gelupft!

Frage an Uli Borowka *(von Sabine B. aus 2000 Hamburg 60)*: »Sind Sie eigentlich romantisch?« Antwort: »Da muss ich meine liebe Frau fragen.« Darauf Carmen Borowka: »Nein!«

Aus meiner Sicht sind die Biografien vieler Ex-Fußballer Micky-Maus-Hefte. Wenn ich auspacken würde, bräuchte ich zwei Millionen und eine neue Identität.

## Tim **Borowski**

Mal bin ich beliebt wie Fußpilz, und dann bin ich auf einmal der Fußball-Gott.

Wenn Tim Borowski nicht abhebt, wird er einmal ein ganz großer Spieler. Er hat etwas von Effenberg, Ballack und Schwarzenbeck. Außerdem briegelt er ein wenig und hat Matthäus den Taktstock geklaut. *(Leserbrief in der »Sport Bild«)*

Er kann sich bei der WM das Trikot mit dem Adler auf der Brust überstreifen. Wenn er sich eins bei Karstadt Sport in der Sögestraße kauft. *(Mario Basler über Borowskis Chancen zur Teilnahme an der WM 2010)*

Stilles Wasser mit Zitrone. *(auf die Frage, was getrunken wird, wenn er mit Bremen die deutsche Meisterschaft holt)*

## **Borussia** aktuell

In Erwartung eines spannenden Westfalenderbys mit einem positiven Ausgang für die schwarz-gelben Farben verbleiche ich herzlichst Ihr Dr. Gerd Niebaum.

## Dieter **Bott**

*(Soziologe)*

Der Fußballfan gilt als Bürgerschreck.

## René **Botteron**

René Botteron – gekommen von mir als Champagner, jetzt spielen wie Mineralwasser! *(Tschik Cajkovski)*

## Helmut **Böttiger**

*(Autor)*

Was besagt ein Shakespearescher Theatertod gegen das entscheidende Kopfballtor in der 92. Minute?

## Frank **Bough**

*(BBC-Kommentator)*

Das Tor für Norwich schoss Kevin Bond, der der Sohn seines Vaters ist.

## Khalid **Boulahrouz**

Ich habe vorher gesagt, wenn ich heute kein Tor mache, nehm ich mir ein Taxi und komme nie wieder zurück. *(der Abwehrspieler hat erstmals seit sechseinhalb Jahren ein Bundesliga-Tor erzielt)*

Klar kann man sich auch an den Ball gewöhnen. Wenn deine Frau drei- bis viermal in der Woche besoffen ist, gewöhnst du dich auch irgendwann daran. *(zum Spielball der Saison 2010/11 »Torfabrik«)*

## Helmut **Bracht**

*(BVB-Spieler)*

Der Fußball hat uns geformt. Uns Disziplin beigebracht, Teamgeist. Vor allem aber die Erkenntnis: Allein bist du eine Pflaume.

## Serge **Branco**

*(Profi aus Kamerun)*

Ich will noch nicht in Urlaub gehen. *(nach einer roten Karte im Abstiegskampf)*

## Christian **Brand**

He, Brrrand, du – du bist doch bolitisch, bist du doch, du Grüner, machst auf sozial und hetzt hier den Schieri gegen uns auf. *(Lothar Matthäus im Pokalhalbfinale Bayern – Rostock zu Hansas Christian Brand)*

## **Brasilien**

Ich habe kürzlich die Brasilianer im Training gesehen, A-Elf gegen B-Elf. Wenn die gut drauf sind, betreiben sie eine andere Sportart als unsere Nationalmannschaft. *(Reiner Calmund)*

Einen Brasilianer in eine Hintermannschaft zu integrieren, ist ungefähr so, als würde man einen Roulettespieler bei einer Bank beschäftigen. *(Gerd Rubenbauer)*

Unser Fußball ist wie unsere Inflation: 100 Prozent. *(Überschrift in einer brasilianischen Zeitung nach dem Sieg über England im Jahr 1981)*

Die Brasilianer sind nicht so gut, wie sie gewesen sind oder wie sie nun sind. *(Kenny Dalglish)*

Wenn man einen Brasilianer auswechselt, ist das schlimmer, als wenn man ihm die Frau klaut. *(Klaus Toppmöller)*

In Brasilien kommt Fußball gleich nach Gott. *(Pelé)*

Die Brasilianer sind ja auch alle technisch serviert. *(Andreas Brehme als Co-Kommentator bei der WM 1998)*

Der Ottmar Hitzfeld hat mal probiert, mit einer Brasilianerin selber einen herzustellen – so billig kommt man an die Brasilianer ja nicht heran ... *(Comedian Elmar Brandt)*

Die Brasilianer spielen ja noch in der Telefonzelle vier gegen zwei. *(Christoph Daum über die außergewöhnlichen Ballfertigkeiten der Südamerikaner)*

Gibt es eigentlich zwei Länder, die Brasilien heißen? Eins, aus dem die Leverkusener ihre Spieler holen, und eins, in dem die Dortmunder einkaufen? *(Zeitungsleser aus Witten)*

Alle denken bei Brasilien an Samba und Karneval. Die Brasilianer tanzen? Ich kann nicht tanzen. Sie mögen den Karneval? Ich mag ihn nicht. *(Kaka)*

## Marit **Bratseth**

Ich will nicht, dass er so oft fort ist. Ja, ich will auch nicht, dass er in Italien spielt. Ich habe keine Lust, in der Hitze zu brüten. *(Ehemann Rune blieb daraufhin in Bremen und verabschiedete sich von der Nationalelf)*

## Rune **Bratseth**

Ich zähle keine Tore, ich zähle nur Meisterschaften. *(nach seinem ersten Saisontor in der Spielzeit 1993/94)*

Ich habe gegen den Schiedsrichter ein unschönes deutsches Wort benutzt. Was es bedeutet, muss ich erst mal im Wörterbuch nachschauen.

## Egidius **Braun**

Wer letztlich nicht schießt,
schießt auch nicht vorbei.

Bescheiden gewinnen, anständig verlieren.

Ach was, Tragödien im Sport! Man darf das alles nicht so ernst nehmen. Obwohl: Als ich einst mit dem SV Breinig in die 2. Kreisklasse abstieg – das war wirklich eine Tragödie!

Mit der englischen Sprache ist es wie mit meiner Frau: Ich liebe sie, habe sie aber nicht immer unter Kontrolle.

In der Nationalelf sind Spieler, die waren bei der Taufe zum letzten Mal in der Kirche.

Ich bin kürzlich in Privataudienz beim Papst gewesen. Da kommt der Papst auf mich zu und sagt auf Deutsch zu mir: »Der deutsche Fußball ist der beste!« Nun lachen Sie mal nicht, nach den Regeln der Kirche hat der Papst immer recht. Jedenfalls habe ich dann zu ihm gesagt: »Heiliger Vater, dann beten Sie für uns!«

Wenn man damit ausdrücken will, dass ich Menschlichkeit sehr hoch einschätze, bin ich stolz auf die Bezeichnung Pater. Wenn man aber damit gedanklich verbindet, ich wäre einer, der zu allem Ja und Amen sagt, dann liegt man völlig schief. *(zu seinem Spitznamen »Pater Braun«)*

Als Kind wollte ich immer Lokführer werden. Jetzt bin ich Weichensteller geworden.

## Eintracht **Braunschweig**

Ich bin nicht gescheitert, weil ich aus dem Osten kam. Gescheitert bin ich an den Problemen der Eintracht, die besser Zwietracht heißen sollte. *(Trainer Joachim Streich)*

## **Braunschweiger Zeitung**

Gegen WM-Teilnehmer Costa Rica gewann Fußball-Bundesligist Hamburger SV in San José mit 1:1.

Uwe Reinders wird nach vierjähriger Fußball-Pause Trainer bei Eintracht Braunschweig und damit Nachfolger des glücklosen Uwe Reinders.

## Thomas **Brdaric**

Ich geh ja nicht einfach zu Boden, weil mich eine Fliege gestochen hat. *(nachdem er von Rodrigo Costa am Hals berührt worden war)*

Ich habe nie die Verzweiflung verloren oder mich aufgegeben.

Ich bin keiner, der beim ersten Tsunami gleich wegrennt.

Man macht sich schon sehr, sehr viele Gedanken. Und gerade weil man sich so viele Gedanken macht, habe ich mir in den letzten Tagen einfach sehr, sehr vieles durch den Kopf gehen lassen: dass ich mir nicht so viele Gedanken mache.

Ich bin ein Last-Minute-Bucher und hätte damit keine Probleme. *(auf die Frage, ob er für die Zeit der EURO 2004 schon Urlaub eingeplant habe)*

Uns hält jemand die Pistole an die Schläfe. Wir müssen aufpassen, dass wir nicht selbst abdrücken. *(über Hannovers Situation)*

Es hat den Richtigen getroffen. Der geht mir schon lange auf den Sack. *(Frank Rost zu einer roten Karte gegen Thomas Brdaric)*

## Horst **Bredekamp**

*(Kunsthistoriker)*

In keinem anderen Bereich laufen auf so kleinem Raum mit so einfachen Mitteln so elementare und zugleich hoch differenzierte Prozesse ab. Fußball ist das Theater der Welt.

## Hermann **Bredenfeld**

Jungs, auch in der 2. Liga werdet ihr braun – nur die Sonne scheint nicht mehr ganz so stark. *(1978 an seine Mannschaftskameraden vom KSC)*

## Andreas **Brehme**

Ich bin immer höflich. Auch zu anderen Leuten.

Schiedsrichter müssen parteiisch sein.

Kaiserslautern hat schon wieder fünf Tore kassiert. Die Zahl fünf verfolgt Andi Brehme seit der Schulzeit. *(Uwe Bahn, NDR)*

Wer einen Elfmeter schießen kann, kann auch ein guter Trainer werden. *(Jürgen Friedrich, FCK-Boss)*

Andreas Brehme hätte mit einem Bein besser gespielt als einige meiner Spieler heute mit zweien. *(Friedel Rausch)*

Spiel Halma, spiel Schach, spiel alles – aber nicht Fußball. *(Franz Beckenbauer)*

Andreas Brehme, der lange Jahre seiner Karriere als Filigrantechniker so viel galt wie Rambo Stallone als Charakterschauspieler. *(»Hörzu«)*

Zum Glück ist die Mannschaft nach dem Spiel besser ins Spiel gekommen.

Einfacher ist es als Spieler. Auf der Trainerbank wird man manchmal bekloppt.

Ich bin bärenstolz auf meine Mannschaft.

Wir haben mit einem Arbeitssieg das Spiel gewonnen.

Uns steht ein hartes Programm ins Gesicht.

Wenn Sie mich heute Scheiße fragen, wissen Sie auch nicht, ob Sie morgen noch Ihren Job haben. *(nach einer Niederlage auf die Frage, ob er glaube, am nächsten Tag noch Trainer des 1. FC Kaiserslautern zu sein)*

Wir waren immer überzeugt von ihn.

Die Flanken von außen sind auch Roberto Carlos und Cafu denen ihre Spezialität.

Bedanken möchten wir uns auch bei den Fans, auf denen wir uns immer verlassen konnten.

Das sind alles alte Karamellen. *(über die Statistik von Rekordmeister Bayern München, der trotz des Startrekords von 1995 damals nicht Meister wurde)*

Vor dem Torwandschießen: »Also bei mir geht das mit dem linken Fuß genauer und mit dem rechten fester!« Moderator: »Und mit welchem Fuß schießen Sie jetzt auf die Torwand?« »Ja, mit dem rechten!«

Den Rat, den ich weiterzugeben habe: Wenn junge Profis träumen, sollten sie auf keinen Fall schlafen.

Wir müssen die deutsch-holländische Feindschaft wieder aufleben lassen. *(nach dem UEFA-Cup-Spiel Eindhoven – Kaiserslautern, das wegen Zuschauerausschreitungen unterbrochen werden musste)*

Wir hatten viele Verletzte, aber das soll den Sieg der Freiburger in keinster Weise schmeicheln.

Von der Einstellung her stimmt die Einstellung.

Es war die Chancenauswertung, die wir nicht verwertet haben.

Der ...äh ... Dings ist auch in der 2. Halbzeit immer besser geworden. *(über einen seiner Spieler)*

Ich habe gesehen, dass die Mannschaft 90 Minuten auf dem Platz war.

Was mir ja an Andy Brehme so imponiert, ist, dass er nicht ständig den Intellektuellen raushängen lässt. *(Harald Schmidt)*

Ja, der Andi Brehme, der hat einen rechten und einen linken Fuß. *(Karl-Heinz Rummenigge)*

Haste Scheiße am Fuß, haste Scheiße am Fuß!

Wenn der Schiri den Elfmeter gibt, dann hätten wir noch was zerreißen können.

Wenn der Mann in Schwarz pfeift, kann der Schiedsrichter auch nichts mehr machen.

## André **Breitenreiter**

Es geht jetzt nicht um mich, sondern darum, Hannover 96 vor dem Klassenerhalt zu bewahren.

Mittlerweile ist seine Quote so, als ob unser Zeugwart schießen würde. *(über die Elfmeterbilanz von Klaas-Jan Huntelaar)*

## Matthias **Breitkreutz**

Breitkreutz habe ich aus irgendeiner dunklen Kiste geholt. *(Ernst Middendorp, Trainer bei Arminia Bielefeld, über seinen Spieler)*

## Paul **Breitner**

Erst nach dem Training bin ich Mensch.

Das einzige Mal, dass Breitner Verantwortung übernommen hat, war als Corporal im Film Potato Fritz. Da hat er ein Team geführt. *(Heribert Bruchhagen)*

Hör auf. Willst du alles kaputt machen? *(Paul Breitner zum eingewechselten Lothar Matthäus, als dieser überraschend ein Dribbling wagt, bei der Schande von Gijón 1982)*

Ich habe meinen Gegenspieler 90 Minuten übers Feld gejagt, bis er nach 60 Minuten zusammengebrochen ist.

Ich schreib »Kaufmann« rein. Da fragt dann keiner mehr, was ich mache. *(auf die Frage, wie er im Hotel eincheckt)*

Für mich war es nebensächlich, im Spiel anderthalb Stunden zu rennen. Die Hauptsache war, Schlagzeilen zu liefern, mich im Gespräch zu halten als einer von vier oder fünf Topleuten in Deutschland.

Ich bin einer der größten Zuhörer unter der Sonne!

Leute, die mich als Maoisten, Marxisten und Sozialisten bezeichnen, sind primitiv und oberflächlich. *(1974 bei seinem Wechsel nach Spanien)*

Breitner war es doch, der zu besoffen war zum Trainieren. *(Berti Vogts über seinen Teamkollegen bei der WM 1982)*

Breitner war ein durchschnittlicher Verteidiger, ein durchschnittlicher Mittelfeldspieler, ein durchschnittlicher Stürmer, ein durchschnittlicher Athlet. Einzig und allein war er auf einem Gebiet überdurchschnittlich: auf dem Gebiet der Selbstdarstellung. *(»Die Zeit«)*

Die Journalisten nennen mich »Il abisino«, den Abessinier, weil ich die gleichen Schneckerl-Haare habe wie der Kaiser Haile Selassie. *(in seiner Zeit bei Real Madrid)*

Der Paule ist ein gerissener Hund. Noch hält er zwar nicht die Mannschaftsbesprechungen persönlich ab. Noch gibt er seine Befehle über Derwall weiter. Ich würde mich nicht wundern, wenn eines Tages der Breitner dem Derwall die Aufstellung unter der Türritze durchschiebt. *(Bernd Schuster)*

Ich will kein Sklave des Fußballs sein. Wenn der FC Bayern nicht spielt, möchte ich meine Ruhe haben.

Schreiben ist eigentlich einfach, die Schwierigkeit besteht lediglich im Formulieren.

... aber solche Leute wie den Ratinho oder den Ailton, die kannst du an der Copacabana im Rudel mit 'nem Lasso einfangen. *(nachdem er beim Spiel Bayern – Leverkusen die Qualität der in beiden Mannschaften spielenden Brasilianer gelobt hatte)*

Unabhängig davon, ob Gott nun die Welt geschaffen hat oder nicht – nach diesen Spielen, wäre er Fußballfan, würde er es ein zweites Mal nicht tun. *(nach dem Auftritt der Deutschen bei der EM 1992 in Schweden)*

Ich habe nur immer meinen Finger in Wunden gelegt, die sonst unter den Tisch gekehrt worden wären.

Sie sollen nicht glauben, dass sie Brasilianer sind, nur weil sie aus Brasilien kommen. *(kommentiert die schwachen Leistungen der Dortmunder Brasilianer Dede und Evanilson)*

Ich bin mir sicher, dass es am Ende dieser Sache einen der beiden in der Bundesliga nicht mehr geben wird. *(zum Kokain-Streit zwischen Uli Hoeneß und Christoph Daum)*

Wenn man manche Leute reden hört, könnte man sie zu den Wiederkäuern zählen. *(Rudi Völler)*

Ich habe ja Verständnis für das Bedürfnis, sich mitzuteilen, aber Paul sollte lieber in die Davidoff-No.1-Kiste greifen, die ich ihm geschenkt habe. Eine Zigarre im Mund steht ihm besser als ein Füller in der Hand. *(Toni Schumacher)*

In der Mannschaft wissen natürlich alle, dass der Paul Breitner ein Arschloch ist, nur sagt es keiner offiziell. *(Rudi Völler bei der EM 1988)*

Da kam dann das Elfmeterschießen. Wir hatten alle die Hosen voll, aber bei mir lief's ganz flüssig.

Nichts stimuliert mehr als Pfiffe.

Ein sehr ruhiges Kind – das kann er mit Sicherheit nicht von mir haben. *(über seinen Sohn)*

Reklame machen für Klopapier? Bei so einem Hintern, wie ich ihn habe, könnte ich das unbedingt tun.

Nochmals für Deutschland? Das kann leicht sein – bei den Windsurfern oder Seglern. *(1975 über ein mögliches Comeback im DFB-Team)*

Paul Breitner konnte beim Länderspiel in Sofia die Erwartungen nicht erfüllen. Während des Spiels regnete es fast ununterbrochen. *(»Mainzer Anzeiger«)*

Dem gehört eine Banane in die Hand und dann ab auf den Baum. *(Max Merkel)*

Fußball ist wie Boxen.

Fußball spielt sich heute zehn Meter rechts und links von der Mittellinie ab. Da wird gespielt, gehackt, gekämpft – eben nur gearbeitet.

Die meisten Schiris gehören leider ins Finanzamt!

Schiri, pfeif ab. I mog nimmer. *(nach 30 Minuten liegen die Bayern in einem Europacupspiel mit 0:3 zurück)*

## Günter **Breitzke**

Sie hat immer gefragt: »Wann spielst du wieder?« Das ging mir schließlich auf die Nerven. *(auf die Frage, warum er sich von seiner Freundin getrennt habe)*

## Werder **Bremen**

SV Werder? Der neue Meister heißt SV Wille! *(Christoph Daum, nachdem sich Werder am letzten Spieltag der Saison 1992/93 knapp gegenüber den Bayern durchgesetzt hat)*

Werder galt früher als Eliteklub. In den zwanziger Jahren mussten die Mitglieder sogar die mittlere Reife nachweisen, sonst wurden sie nicht aufgenommen. *(Werder-Präsident Franz Böhmert)*

Ich bin seit 35 Jahren Werder-Fan, weil es sich einfach richtig anfühlt. Weil hier alles unaufgeregt und hanseatisch abläuft. *(Arnd Zeigler)*

Früher kannte man uns nur in Osnabrück – heute auf der ganzen Welt. *(Otto Rehhagel nach 14 Jahren Werder Bremen)*

Wir persönlich finden den HSV eher uncool! *(Fan-Plakat beim Nordderby)*

Wer glaubt an Spuk und Geister – Werder Meister! *(Fan-Banner im Meisterjahr 1965)*

Bremen ist wie eine Wundertüte: Entweder sie erwischen einen Scheißtag oder sie ziehen ihr Ding eiskalt ab. *(Thomas Ernst)*

Bremen war ein Albtraum. Es muss die kälteste Stadt auf dieser Erde sein. Ich habe immer gefroren, ich habe niemanden verstanden, und mir ging es schlecht. *(Junior Baiano)*

Werder Bremen, die spielen so zuverlässig wie die Nussknacker. *(Werner Hansch)*

## **Breno**

Brenos Problem ist, dass er zu früh nach Deutschland kam. Das ist kein einfacher Platz zum Leben. Es gibt da kein Montags-Grillfest, keine Samba und auch keine schönen Frauen ... *(Juvenal Juvêncio, Klubchef des FC São Paulo)*

## Linda **Bresonik**

*(deutsche Nationalspielerin)*

Ich dachte, wenn schon 75.000 im Stadion sind, wie können dann noch 18 Mio. vor dem Fernseher hocken. *(zur TV-Einschaltquote bei der WM 2011)*

## Manfred **Breuckmann**

Das war's für mich. Ich hab geschrien, ich hab geflüstert, ich hab gegähnt, ich hab gezittert, ich hab gefroren, ich hab geschwitzt, aber ich hab Spaß gehabt. Jedenfalls meistens in diesen 36 Jahren. *(der Radiomann bei der Schluss-Reportage seiner Karriere)*

Holt die Antidepressiva raus, Fortuna Düsseldorf spielt!

Skripnik, jetzt an der eigenen Mittellinie.

Manni, du hast zu lange aus der Wellblechbude kommentiert. Das färbt schwattgelb ab! *(Rudi Assauer)*

Was David Wagner aus Amine Harit gemacht hat! Letztes Jahr war er noch ein Lamborghini-Lutscher.

Wenn die Eckfahne Nutella-Fahne heißt, höre ich auf.

Und nun ein Einwurf. Nein, ein Eckball. Nein, ein Einball.

Bochum gegen Cottbus, das ist eh kein Straßenfeger. Dann auch noch keine Tore – ich kenne Reporter, die wären da persönlich beleidigt.

Alles Fußballelend der Nation auf einem Platz. *(zum Spiel Hansa Rostock – 1. FC Köln)*

Hertha BSC und VfL Wolfsburg, die Eunuchen der Liga. Sie wollen, aber sie können nicht.

## Hans-Peter **Briegel**

Manche Fußball-Funktionäre haben ein Brett vor dem Kopf. Und manche aus der Luxusklasse, die haben ein Teakholzbrett vorm Kopf.

Da macht man den Rudi Völler zum Kasper von Daum, und nun sucht man noch ein Kasperle für den Kasper. Unglaublich, was da geschieht! *(zur Nachfolge von DFB-Trainer Erich Ribbeck)*

Die Regeln der Vereinspolitik sind doch ganz einfach: Im Vordergrund spielt sich einer auf, aber im Hintergrund spielt sich alles ab.

Überhaupt nicht. Ich wäre aber auch nicht überrascht gewesen, wenn Frau Rehhagel diese Position übernommen hätte. *(nach seinem Rücktritt als Sportlicher Leiter des 1. FC Kaiserslautern auf die Frage, ob er überrascht sei, dass seine bisherige Stelle nicht neu besetzt werde)*

Ich habe zwar den Italienern gesagt, dass ein Verkauf Briegels einem Herauskratzen des Vesuvs aus Italien gleichkäme, doch nach der ersten Verhandlungsrunde liegen unsere Vorstellungen nicht sehr weit auseinander. *(FCK-Präsident Udo Sopp)*

## Ansgar **Brinkmann**

Das Leben ist kein bunter Teller!

Wenn alle, die ich in meinem Leben schon umdribbelt habe, eine Kerze in den Händen halten, haben wir eine Lichterkette von Mainz bis Hamburg.

Momentan bin ich nicht zu Hause. Wer aber Taste 3 drückt, bekommt von mir einen Planetenkasper. Bei Taste 4 einen LKW voll Waschpulver. Und wer mit mir persönlich sprechen will, erreicht mich täglich zwischen 17 Uhr abends und fünf Uhr morgens in meiner Stammkneipe »Pane et Vino«. *(Text auf seinem Anrufbeantworter)*

Wie bitte – ausgerechnet du willst mir den Fußball erklären? Du triffst ja selbst dann nicht das Meer, wenn du mit dem Ball am Fuß am Strand stehst! *(bei Dynamo Dresden zum Co-Trainer von Peter Pacult, als der ihm eine Übung erläutern wollte)*

So, mal sehn, wer noch auf der Straße ist. Schlafen wird auch überbewertet. *(des Nachts bei Facebook)*

Völlig Latte, ob unser Trainer oder der Busfahrer auf der Bank sitzt. Mit beiden gewinnen wir keinen Blumentopf. *(Ansprache als Kapitän auf der Weihnachtsfeier des BV Cloppenburg)*

Exzentrische Spieler sind eben nicht so diszipliniert. Es gibt Leute, die können auf einem Klavier spielen, andere müssen es tragen.

Auszubildender, wir wechseln! *(bei Tennis Borussia Berlin wechselte sich Brinkmann mit diesen Worten an den Linienrichter – ohne das Wissen des Trainers – selbst ein)*

Seins bekommt einen Ehrenplatz bei mir. Ich weiß aber nicht, wo er meins hinhängt. Wahrscheinlich in den Abstellraum. *(nach dem Trikottausch mit Bixente Lizarazu)*

Schreibt doch auch noch, dass ich Bin Laden im Keller verstecke.

Ich habe noch keinen Bock, so ein bisschen in der Wüste zu spielen. Da sitzen dann ein paar Scheichs in ihren Sesseln, telefonieren während des Spiels und essen Pommes. Dafür bin ich noch zu gut. Obwohl: Montag bei Basler grillen, Dienstag bei Effenberg und Mittwoch bei mir – das könnte lustig werden. *(auf die Frage, ob er sich einen Wechsel nach Katar vorstellen könne)*

Ich hab heute Abend schon 800 DM ausgegeben und noch 2 Millionen auf dem Konto. Was willst du? *(zu früher Morgenstunde angeheitert zu einer jungen Frau)*

Das Lächeln eines Kindes, das auf eine Mine getreten ist, sollte uns allen Dank genug sein.

Wenn du die Polizei rufst, schlag ich dich tot, du Penner! *(zu dem Wachmann einer Eisbahn, auf der er sich mitten in der Nacht vergnügte)*

In der Bundesliga gibt es immer mehr Spieler mit einer Lederball-Allergie. *(zur Technik seiner Berufskollegen)*

## Günter **Brocker**

*(Trainer)*

Bei mir sind früher die Bälle kaputt gegangen. Heute halten die Köpfe nicht mehr. *(nachdem einer seiner Spieler nach einem Kopfballduell verletzt ausgewechselt wurde)*

## Michael **Brocker**

*(Mittagsmagazin-Moderator)*

Wenn Borussia Dortmund noch keinen Koller hätte, dann würden die Fans spätestens jetzt einen kriegen. *(im WDR-2-Hörfunk, über die Stimmungslage im Umfeld des BVB)*

## Nico **Broeckaert**

*(belgischer Profi)*

Der Schädel von Broeckaert – ein Heiligtum des Antwerpener Fußballs. *(»Le Soir« im Jahre 1989)*

## Thomas **Broich**

Ich habe spekuliert, dass er spekuliert.

## Tomas **Brolin**

*(schwedischer Nationalspieler)*

Wenn er seine Hamsterbacken aufbläst, wird es gefährlich. *(Jupp Heynckes)*

George Graham hat in den sechs Monaten bei Leeds nur zwei Wörter zu mir gesagt: Du bist gefeuert!

## Trevor **Brooking**

*(englischer Nationalspieler, BBC-Kommentator)*

Glücklicherweise war die Verletzung von Paul Scholes nicht so schlimm, wie wir erst gehofft hatten.

So ist Fußball. Nordirland hatte Tausende von Chancen und hat nicht getroffen – England hatte keine und traf zweimal.

Leider bekommen wir keine zweite Chance, wir haben schon zweimal gegen sie gespielt.

Wenn du ein Tor oder weniger schießt, wirst du nicht jedes Spiel gewinnen.

Trevor Brooking schwebt wie ein Schmetterling und stinkt auch wie einer. *(Brian Clough)*

## Craig **Brown**

*(schottischer Trainer)*

Wir hatten ein Dutzend Eckbälle – ich schätze so um die zwölf.

Einmal habe ich den Nationalspielern in Athen den Nachmittag frei gegeben. Einer hat gefragt, wohin man denn so gehen könne. Der Hotelportier schlug die Akropolis vor. Daraufhin meinte einer meiner Jungs: »Wow. Ich wusste gar nicht, dass die Diskos hier schon am Nachmittag auf haben.« *(als Trainer der schottischen Nationalmannschaft)*

## Steve **Bruce**

*(englischer Spieler und Trainer)*

Es war einfach nicht unser Tag diese Woche.

Antonio Valencia ist der beste rechte Mittelfeldspieler in der Premier League – wenn man Cristiano Ronaldo auf die linke Seite stellt.

## Heribert **Bruchhagen**

*(Vorstandsvorsitzender von Eintracht Frankfurt)*

Im Vergleich zu nichts ist wenig viel.

Beten macht keinen Sinn. Der liebe Gott ist ja für alle da.

Was da im Internet zwischen 22 Uhr und halb eins von Halbakademikern betrieben wird, ist unsäglich und desaströs, denen sollte man ein Kicker-Managerspiel schenken, aber aus dem Profifußball sollten sie sich raushalten.

Wir sind Siebter, und es wäre dumm, wenn wir nicht versuchen würden, Fünfter zu werden. Absteigen können wir nicht mehr. Wir müssen die Gunst der Stunde nutzen. *(in der Winterpause der Saison 2010/11, am Ende stieg man doch noch ab)*

Meine Frau fände Bruno Labbadia sehr attraktiv. Aber bei der Trainerwahl höre ich nicht auf sie. Sonst schon.

Da muss irgendwie ein Pulver im Kaffee der Bundesliga gewesen sein, allgemein. Und er hat vielleicht auch etwas da drin gehabt. *(Uli Hoeneß über das Trainerkarussell in der Bundesligasaison 2010/11 und speziell die Verpflichtung von Christoph Daum durch Heribert Bruchhagen)*

Keine Angst, die Eintracht gehört zu den besten 18 der Liga. *(bei seinem ersten Auftritt als neuer Manager von Eintracht Frankfurt)*

## Karel **Brückner**

*(Nationaltrainer Tschechiens)*

Auf die Griechen wollte ich mich nicht vorbereiten, bevor wir nicht das Halbfinale erreicht haben, denn ich wollte die Fußballgötter nicht erzürnen. *(nach dem 3:0 im Viertelfinale der EM 2004 gegen Dänemark)*

## Rudi **Brückner**

*(TV-Moderator, u. a. Doppelpass)*

Olaf Thon: »Jeder Abstieg hat auch etwas Gutes. Dann kann man wieder nach vorne schaun.« Rudi Brückner: »Sie sind ja damals zu den Bayern gegangen.«

Spielt ihr gegen Dortmund mit Andreas Möller oder wollt ihr gewinnen? *(Frage an Olaf Thon in der DSF-Sendung »Viererkette«)*

## Felix **Brych**

Für mich ist das jetzt auch keine tolle Situation, ein Tor zu geben, das keins war. *(als verantwortlicher Schiedsrichter bei Stefan Kießlings Phantomtor)*

## Markus **Brzenska**

*(Fußballprofi)*

Man hat wieder gesehen: Wenn die Null bei uns steht, bleiben wir unschlagbar.

## Winfried **Buchhart**

*(Schiedsrichter)*

Fast alle Schiedsrichter hängen an der Nadel. *(auf die Frage, warum so viele Unparteiische Vereinsnadeln sammeln)*

Der Schiedsrichter ist ein Bruder von Stevie Wonder. *(Igor Dobrowolski, Fortuna Düsseldorf)*

## Guido **Buchwald**

Ich bin der einzige Trainer, der darauf hinarbeitet, entlassen zu werden. *(als Interimstrainer in Karlsruhe)*

Wir schaffen es halt immer noch nicht, den Gegner auf spielerische Art und Weise auszuspielen.

Ich habe 'ne Oberschenkelzerrung im linken Fuß.

Ich war überzeugt, wir gewinnen die EM. Aber am schwersten trägt man eben meist an dem, was man auf die leichte Schulter nimmt.

Wenn der stärker ist als ich, dann heiße ich Hermann! *(Uli Borowka)*

Momentan Azzaro, aber variantenreich wie mein Spiel ist auch die Wahl meiner Duftwässerchen. *(auf die Frage eines Fans: »Welches Parfüm benutzt du?«)*

Sechs Wochen ohne Sex sind eine lange Zeit, das würden wir nicht aushalten. *(seine Frau Silvia)*

## Andreas **Buck**

*(Bundesligaprofi)*

Wenn der seinen Vertrag verlängert, wird da drinstehen, dass er ebenerdig wohnt. *(Jürgen Sundermann über seinen Spieler, nachdem dieser sich beim Treppensteigen eine Verletzung zugezogen hatte)*

Er hat auf einer mitteleuropäischen Wendeltreppe die Kurve unterschätzt. *(Jürgen Sundermann über eine Leistenverletzung seines Spielers)*

## Bruce **Buck**

*(Vorstandsvorsitzender von Chelsea)*

Sogar der Milchverkäufer glaubt, dass wir doppelt so viel bezahlen wie andere.

## Delron **Buckley**

*(Bundesligaspieler, u. a. VfL Bochum, BVB)*

Die 2. Liga ist eine Schweineliga. Da wird nur getreten. Darauf habe ich keine Lust.

## Gianluigi **Buffon**

Als Kind schießt man Tore, dann hast du eine blöde Phase, und plötzlich stehst du im Tor.

Der Fußball gibt und nimmt.

## Horst **Buhtz**

*(Trainer von Bayer Uerdingen)*

Als Kapitän hat er gespielt wie der letzte Matrose. *(über seinen Libero Paul Hahn)*

Es ist ein Muskelfaserriss in der Schamgegend. Da können Sie sich viel drunter vorstellen: Das geht vorne los und hört hinten auf. *(über eine Verletzung von Paul Hahn)*

## **Bulgarien**

Die Bulgaren sind auch eine Mannschaft, die ein Spiel schmutzig machen kann. *(Ralf Itzel, Eurosport)*

## Simon **Bullard**

Er war besser als einige unserer Spieler. Wenigstens zeigte er etwas Aggressivität. *(der Präsident des englischen Klubs Old Dunstablians, nachdem im Spiel ein Weißkopfgeier auf dem Feld gelandet war)*

## Dieter **Burdenski**

Ich sage, ohne überheblich sein zu wollen, dass es in meinem Alter keinen besseren Torwart auf der Welt gibt. Wenn Sie mich spielen sehen, würden Sie Ihren Augen nicht trauen. *(mit 60 Jahren)*

Im Leben gibt es nicht nur Sahnestücke, sondern auch harten Butterkuchen.

## Anthony **Burgess**

*(englischer Schriftsteller)*

Fünf Tage sollst du arbeiten, wie die Bibel sagt. Der siebte Tag ist der Tag des Herrn. Der sechste Tag gehört dem Fußball.

## Manfred **Burgsmüller**

Vor rund 25 Jahren hat mich der Schwarzenbeck umgegrätscht. *(zu den Gründen seiner Sprunggelenkoperation)*

Ruhe habe ich noch genug, wenn ich einmal nicht mehr auf dieser schönen Erde weile. *(als er 50 wurde und auch weiterhin als Football-Profi für Rhein Fire Düsseldorf kicken wollte)*

Mensch, bin ich stolz darauf, dass ich mich Direktor schimpfen darf. Rekordnationalspieler bin ich ja gerade nicht, aber dafür bin ich ab jetzt ein Direktor. *(nachdem er 1993 bei der Firma »Media Master« im Bereich Sport-Marketing eingestiegen war)*

Was bringt dir im Spiel die große Pumpe, wenn du unterwegs den Ball vergisst?

Der beste Präsident ist der, der ein dickes Konto hat, den Verein nach außen repräsentiert, den Trainer und Manager in Ruhe arbeiten lässt. Den würde ich jeden Samstag eigenhändig mit der Sänfte zum Spiel tragen.

Auf der Bank habe ich schon in meinem Garten lang genug gesessen. Das muss nicht auch noch im Stadion so sein. Da will ich spielen!

## Tommy **Burns**

*(Celtic-Trainer)*

Das »Old Firm« ist das einzige Spiel, bei dem die Trainer die Reporter beruhigen müssen. *(erklärt das Glasgow-Derby zwischen Celtic und Rangers)*

## Toni **Burri**

*(Präsident SC Kriens, Schweiz)*

Ich fürchte fast, wir steigen auf. *(über seinen finanzschwachen Verein)*

## Frank **Buschmann**

*(TV-Moderator)*

Wir müssen aus dem Arsch kommen! *(im Irrglauben, noch nicht auf Sendung zu sein)*

## Georg **Buschner**

Reden wir nicht vom Vogel, sondern von Vögeln. Eine Schwalbe macht noch keinen Sommer. *(der DDR-Trainer 1974, auf die Leistung seines Spielers Eberhard Vogel angesprochen)*

## Mike **Büskens**

Ich muss jetzt etwas Geld verdienen gehen. *(Minuten vor einem Bundesligaspiel)*

Wir liegen heute noch am Boden. Aber ab Montag wird wieder aufgestanden.

Wenn keiner die Schale haben will – mein Gott –, ich nehme sie gerne mit nach Hause. *(zum Thema Meisterschaft)*

Ich wollte eigentlich Eto'o, aber der Präsident hat wohl Edu verstanden.

Ja, da hab' ich gedacht, mein Gott, da rentieren sich mal endlich die fünf Millionen, die ich hier Jahr für Jahr kriege. *(nach einem Torerfolg)*

Wenn der Büskens nur halb so gut spielen würde, wie er die Zäune hochklettert, wäre er Weltklasse. *(Rudi Assauer)*

Auch wenn der Fußballgott hier steht, ich muss vorbei. *(zu Jürgen Kohler, der ihm vor der Kabinentür im Weg stand)*

Wir wurden zu einer großen Party nach Berlin eingeladen und sind dieser Einladung sehr gerne nachgekommen. Nur sind wir eben nicht der Typ Gast, der Geschenke mitbringt, sondern derjenige, der sich die Tupperdose vollmacht, weil er etwas nach Hause mitnehmen will.

## Terry **Butcher**

*(englischer Spieler und Trainer)*

Ich habe schon alles in meiner Karriere gemacht, aber dies wird etwas ganz Neues und anderes sein.

Das Schöne an Pokalspielen ist, dass Jack Goliath schlagen kann.

Wenn du in eine Stadt wie Barcelona kommst, denkst du echt nur, verdammte Axt, wäre ich gerne wieder in England.

## Bryon **Butler**

*(BBC-Kommentator)*

Heute fanden 52.000 Fans den Weg ins Stadion, aber sie hören sich wie 50.000 an.

## Hans-Jörg **Butt**

Die 100 Meter sind so anstrengend für mich, da kann ich gar nicht großartig nachdenken. *(auf die Frage, was in ihm vorgeht, wenn er zum Elfmeterschießen antritt)*

Ich hoffe, Torschützenkönig zu werden. *(nach seinem 20. verwandelten Elfmeter)*

Elfmeterschießen ist wie Zähneputzen, da denkt man nicht nach.

Neues vom HSV und Neues von Hans-Jörg Butt, dem Torjäger, der einfach zu wenige Treffer aus dem laufenden Spiel herausschießt! *(TV-Kommentator Michael Pfad, nachdem Torwart Butt bereits den siebten Elfmeter in einer Saison verwandelt hatte)*

Ich versuche alles, aber Bierhoff, Preetz und Kirsten treffen einfach öfter.

Wenn Erfahrung viel zählen würde, müsste noch immer Sepp Maier im Tor stehen.

## **BZ**

*(Berliner Tageszeitung)*

Zunächst ziehen die Franken ihre Bahn. Freibier wird von Dabac gerade noch gestoppt. *(gemeint war der Fürther Markus Feinbier)*

Eisern Union spielt nur noch Blech.

# C

## **Cacau**

Bayer Leverkusen holt die Brasilianer in Brasilien. Wir holen unseren Brasilianer bei Türkgücü München. Das ist der Unterschied. *(Nürnbergs Trainer Klaus Augenthaler zum Vertragsamateur Cacau, der in seinem zweiten Bundesliga-Spiel zwei Tore schoss)*

Cacau ist einer unserer erfolgreichsten Stürmer – auch wenn das nicht viel heißen mag. *(FCN-Präsident Michael A. Roth)*

Mit 30 kann man noch Gas geben und hat auch viel Erfahrung. Man kennt die kürzeren Wege auf dem Platz.

## **Cafu**

*(Weltmeister mit Brasilien)*

Es war, als ob dir ein Klavier auf den Kopf gefallen ist. *(nach der Niederlage seines AC Milan im Champions-League-Finale 2005 gegen Liverpool nach 3:0-Führung)*

Cafu schleppt den Pokal ab. Zu Hause in Rio hat er ein Abschleppunternehmen. *(Béla Réthy)*

## Tschik **Cajkovski**

Niemand besser Fußball spielen, genau wie Tschik früher!

Bestes Mannschaft von Welt. Holen nun Titel auf Mond. *(nach dem Gewinn des Europapokals der Pokalsieger 1967 mit dem FC Bayern München)*

Das wollen Aufsteiger sein, spielen wie Kinder in Sandgrube! *(in der Halbzeitpause des Aufstiegsspiels 1965 mit den Bayern gegen Tennis Borussia Berlin)*

Winschte, Maschine stirzt ab. *(der Trainer nach einem 1:8 des von ihm trainierten 1. FC Köln in Dundee)*

Wenn einer auf so einer Pressekonferenz geschwollen daherredet, sind am wenigsten seine Mandeln schuld.

Das ist kein Unvermögen. Bei uns ist das Kunst. *(nach mehreren vergebenen Torchancen seines Spielers Dieter Müller)*

Rauschender Beifall interessiert mich nicht mehr. Der erinnert mich nur noch an eine nachhaltig betätigte Wasserspülung.

Die Torhüter spinnen alle ein bisschen. Ich kannte mal einen, der schrieb einen Brief deshalb langsam, weil er wusste, dass seine Mutter nur langsam lesen konnte.

Ball rund, Stadion rund, ich rund.

Der Ball ist eine Kartoffel.

Außenstürmer muss sein wie Pferd, das dann, wenn losgelassen vom Zügel, vorpreschen kann.

## Fabio **Calcaterra**

*(italienischer Profifußballer)*

Calcaterra war unheimlich schüchtern. Ich musste ihn in jedem Training erst vergewaltigen, damit er mal ein wenig Initiative zeigte. *(Giovanni Trapattoni)*

## Daniel **Caligiuri**

*(Bundesligaprofi)*

Ich muss jetzt erst mal außer Atem kommen.

## Reiner **Calmund**

Intoniert wurde 1954 im Wankdorf-Stadion in Bern die erste Strophe des Deutschlandliedes, die ich auch heute noch bei Länderspielen voll mitsinge. *(5.000 Exemplare seines Buchs »Eine Kalorie kommt selten allein« mussten wegen dieser Zeilen eingestampft werden)*

Vor Freiburg ziehe ich meinen Hut und meinen Bauch ein.

Leverkusen hat da versucht, kontrollierten Käse zu spielen.

Der flinke Dicke. *(Auf die Frage in einer TV-Sendung, wie er sich selbst als Pornodarsteller nennen würde)*

Seine Frau hat im Wohnzimmer gegessen, er in der Küche – so sah seine Trennkost aus. *(Leverkusens Physiotherapeut Dieter Trzolek über Calmunds Diätversuche)*

Ich fand den Anzug sehr gut. In einer Diskothek hätte Christoph Daum als Popstar sicher einen noch besseren Eindruck gemacht. Ich war überrascht, dass er wie ein moderner Elvis Presley aussah. Es hat nur ein bisschen Glitzer gefehlt. *(über Daums blauen Anzug)*

Wir haben uns nach der Decke gestreckt und gleichzeitig die Hosen heruntergelassen. *(zu einem Vertragsangebot an Leverkusens Kapitän Jorginho)*

Nach 27 Jahren Zirkus Sarasani muss ich mich erholen und will bis Januar eine Fußball-Pause machen. *(als nach seinem Aus in Leverkusen neue Job-Angebote reinflatterten)*

Ich bin sehr konservativ katholisch erzogen worden, habe deshalb häufiger im Beichtstuhl gesessen. Ich hatte bei allen Zehn Geboten was zu sagen.

Ich hatte ein Kribbeln im Bauch wie bei einem Champions-League-Spiel. *(nach einer siebenstündigen Vernehmung durch die Kölner Staatsanwaltschaft)*

Der sagt zu allem irgendwas. Stoßen in Tschechien zwei Spieler mit den Köpfen zusammen, weiß er, dass das 1934 in Leverkusen auch schon passiert ist. *(Uli Hoeneß)*

Reiner Calmund saß drei Tage lang auf meinem Schoß. Wer sein Gewicht kennt, weiß, dass man danach nicht mehr »nein« sagen kann. *(Christoph Daum)*

Wenn ich die Wahl hätte zwischen einem Manager Dieter Hoeneß und einem Manager Uli Hoeneß, würde ich den Reiner Calmund nehmen. *(Max Merkel)*

Im Eisschrank hatte er nur noch das Nötigste: 20 Schnitzel, 33 Frikadellen. *(Max Merkel)*

Reiner Calmund ist nicht der dickste Mann der Welt geworden, nur weil er so viel gefressen hat. Nein, er hat sich auch nicht bewegt und ist nicht aufs Klo gegangen. Und heute kann er mit einem Furz ein Schlauchboot aufblasen. *(Oliver Kalkofe)*

Im Fußball ist es wie im Eiskunstlauf – wer die meisten Tore schießt, der gewinnt.

Bei diesem Schiedsrichter hätte auch unser Busfahrer eine gelbe Karte bekommen.

Das war nicht nur eine Fehlentscheidung, das war Denkmalschutz. *(zu einer umstrittenen Freistoßentscheidung nach einer Schwalbe von Pierre Littbarski)*

Wenn einer auf der Intensivstation liegt, spricht man ja auch nicht über den Namen des Beerdigungsinstituts. *(zu Spekulationen um einen möglichen Nachfolger des umstrittenen Trainers Klaus Toppmöller)*

Wenn ich wirklich die Mannschaft nach deren schlechter Vorstellung in Stuttgart über die Zukunft von Hörster hätte abstimmen lassen, dann müsste ich 110 die grüne Minna anrufen.

Wenn jemand unter Manipulationsvorwurf steht, dann wir – weil wir so viele Torchancen ausgelassen haben. *(nach Manipulationsvorwürfen aus Bielefeld)*

Bis zum 25. Mai werden wir uns nicht mit Personalien beschäftigen. Dann werden wir sehen, ob Willi Schmitz oder Tutti Frutti aus Südamerika zu uns kommen werden.

Wenn er sich mit Fans einen geballert hat, ist das besser, als wenn er sich im Frust verkrochen hätte. Bei uns war im Zug nach dem 1:4 beim HSV auch keiner von den Offiziellen nüchtern. Nur ich, weil ich krank war. *(zu den Vorwürfen von Club-Präsident Michael A. Roth, Klaus Augenthaler habe nach der 0:4-Niederlage Nürnbergs in Hamburg einige Bierchen zu viel gehabt)*

Das Trainerthema ist bei uns pasta.

Wenn du auf dem Balkon sitzt und gehst rein, guckst in den Kühlschrank, dann sitzt da schon das Abstiegsgespenst.

Mir ist ein Felsen vom Körper gefallen.

Ich werde nicht auf der Bank sitzen, da nehme ich zu viel Platz weg.

Wir hatten ein dreistündiges Arbeitsessen.

Ich war selbst Jugendtrainer, bevor ich den Medizinball verschluckt habe.

Ich will ein abschreckendes Beispiel vor allem für die Jugend sein. Wenn man ein solches Gewicht hat wie ich, dann wird es brutal schwer, wieder davon runterzukommen. Das müssen Kinder wissen, wenn sie vorm Fernseher ihre Chips mampfen.

Für den Titel würde ich 20 Kilo Fett absaugen lassen!

Für die deutsche Meisterschaft würde ich ein halbes Jahr nix essen.

Ich möchte nach einer Diät nicht aussehen wie ein Biafra-Kind.

Ich möchte nicht als dickster Manager, der in der Bundesliga auf der Trainerbank sitzt, ins Guinness-Buch der Rekorde eingehen.

Am Sonntag um 13 Uhr haben wir ein Weißwurst-Wettfressen mit der Bayern-Spitze. Da bin ich gut dabei.

Es heißt doch immer, Geld soll in die Wirtschaft gesteckt werden. Und daran halte ich mich. *(Reiner Calmund, der trotz seines Übergewichts nicht an eine radikale Diät denkt)*

Wir haben zu viele Häuptlinge und zu wenig Indianer. Wir werden ohne Wenn und Aber alles ansprechen. Und wenn jemand beleidigt ist, kriegt er Nuckel und Windeln an.

Jetzt müssen wir nicht durch die Botanik. *(zur gesicherten UEFA-Cup-Teilnahme)*

Man soll nicht höher pissen, als man kann, und da halte ich mich auch dran. *(über Bayer Leverkusens Möglichkeiten, die Topstars zu halten)*

Wer nicht schnell genug verschwindet, der spielt. *(zur Verletztenmisere in seinem Team)*

Bevor wir für einen Torwart 15 bis 20 Millionen Mark bezahlen, stelle ich mich selbst ins Tor.

Wenn hier ein Spieler sagt, ich will lieber mit dem Kind im Garten spielen, dem bring ich dann den Nuckel mit und steck ihm den tief rein in den Hals, dass er erstickt.

Achterbahnfahren ist bei uns gratis. *(zum Erreichen der Champions-League-Qualifikation, ein Jahr nach dem Fast-Abstieg)*

Wir sind nur Underducks.

Diese Jammertitten. *(über die Dortmunder Spieler)*

Okay, wir sind jetzt Tabellenführer, aber deswegen wollen wir nicht den roten Teppich ausrollen, mit Blümchen schmeißen, die Blaskapelle bestellen und Autogramme abholen.

Am liebsten würde ich zu Hause die Rolladen runterlassen, aus der Konservendose essen und dann mit dem Sack über dem Kopf nur Feldwege laufen. *(nach einer 1:3-Heimniederlage gegen Cottbus)*

Bei uns kann jeder Spieler eine Rolex tragen, Ferrari fahren und Gucci-Unterhosen tragen. Doch wenn er sich auszieht und spielt, muss er Dreck fressen.

Wir haben einen schleichenden Bazillus namens Egoismus. *(zur Situation in der Mannschaft)*

Wer jetzt wieder die Schlittschuhe rausholt und schaulaufen will, gehört erschlagen.

Bei uns waren Oliver Kahn und der Papst die besten Spieler. *(nach dem glücklichen Sieg der DFB-Elf über die USA bei der WM 2002)*

Ich sehe nicht ein, die Stürmer, die uns noch vor einem halben Jahr in den Fußballhimmel geschossen haben, jetzt auf die Müllkippe zu verfrachten. *(zur Frage der Stürmerneuverpflichtung)*

In der Not müssen wir alle den Gürtel enger schnallen. Da flankt eben einer für 300.000 statt für 400.000 Euro hinter das Tor. *(über Konsequenzen aus der Kirch-Insolvenz)*

Ich ziehe mir jetzt keinen schwarzen Anzug an und sage: Was bin ich für eine arme Socke. *(nachdem Bayer Leverkusen immer tiefer in den Abstiegskampf gerutscht ist)*

Ich kann nicht einfach die Tür zu- und die Lampe ausmachen, denn das Abstiegsgespenst liegt in meinem Bett.

Ich kann nicht jeden Chemiker fragen, ob er es auch so sieht. *(auf die Frage nach Rückendeckung aus der Bayer AG)*

Unter den Einäugigen ist der Dreibeinige der König.

Jetzt stehen unsere Chancen im Viertelfinale 50:50 oder sogar 60:60.

Wenn wir das Gleiche wie in der Saison 1999/2000 erreichen, mache ich einen 68-fachen Salto. *(zu den Perspektiven von Bayer Leverkusen, die in der Spielzeit 1999/2000 Vizemeister wurden)*

Das ist ein Evergreen. Den pressen wir auf Platte und vermarkten ihn. *(zu den Gesängen: »Ihr werdet nie Deutscher Meister …«)*

Das Prinzip war: Kamerad, greif du an, ich gehe Proviant holen. *(zum Abwehrverhalten bei einem 0:3 in München)*

Alle kriegen jetzt noch einmal ein bisschen Sauerstoff in den Hintern geblasen. *(zur Vorbereitung auf das letzte Saisonspiel)*

Ich muss noch in der Buchhaltung nachgucken, aber ich glaube, wir sind jetzt quitt. *(nach der Verpflichtung von Jürgen Kohler als Nachfolger des seinerzeit zum DFB gewechselten Rudi Völler)*

Reiner betreibt Selbstmord mit Messer und Gabel. *(Dieter Trzolek, Physiotherapeut Bayer Leverkusen, über den stark übergewichtigen Manager)*

Kleines, dickes Bandito. *(Leverkusen-Profi Tita)*

Reiner Calmund. *(Ulf Kirsten auf die Frage, wem er niemals in der Sauna begegnen möchte)*

Einfach mal anrollen *(Günther Jauch zu Reiner Calmund, der das Studio betrat und durchs Bild laufen musste)*

Die Vorsätze Leverkusens, anders zu wirtschaften, sind so ernsthaft wie die Vorsätze Reiner Calmunds abzunehmen. *(Bremens Manager Klaus Allofs)*

So ein Rad gibt es gar nicht. *(Klaus Augenthaler zur Ankündigung des Managers bei einer Champions-League-Qualifikation per Rad zu einem Heimspiel des 1. FC Köln zu fahren)*

Der Calli wäre sicher breit genug, um ins Tor zu gehen. *(Klaus Toppmöller auf die Aussage von Dortmunds Präsident Niebaum, die Leverkusener würden sogar Meister, wenn sie in den restlichen Spielen Manager Calmund ins Tor stellen)*

Ohne Calli ist mir Bayer zu dünn. *(Max Merkel)*

In der Bundesliga ist Big Calli berühmter geworden als die Wildecker Herzbuben mit ihrem Herzilein-Heuler. *(Max Merkel)*

## José Antonio **Camacho**

*(spanische Spieler- und Trainerlegende)*

Wir waren besonders motiviert. Dieser Trainer Camacho, Caramba oder wie der heißt, hat vor dem Spiel im spanischen Fernsehen gesagt, Fußball in Deutschland ist nur bumm, bumm, bumm. Nächstes Mal soll er die Fresse halten. *(Giovane Elber nach dem 4:2-Sieg seiner Bayern bei Real Madrid)*

Fußball ist Fußball – ein Spiel, das man gewinnen oder verlieren kann.

## **Campino**

*(Sänger der Toten Hosen)*

Wenn wir aus Dortmund kommen würden, hätten wir den Song nicht gemacht. Das wäre uns ein zu direkter Angriff gewesen. Aber als Düsseldorfer nimmt uns doch keiner fußballerisch ernst. *(über den Anti-Bayern-Song der Hosen)*

Die einen gehen zu den Deutschen, ich gehe lieber zum Fußball. *(während der EM 2002)*

Endlich seid ihr die Schwuchtel los. *(zum Dortmunder Konzertpublikum nach Andreas Möllers Wechsel zu Schalke 04)*

## Albert **Camus**

*(französischer Schriftsteller und Philosoph)*

Die moralische Lehre, die ich dem Fußball verdanke: Die loyale Beachtung von Spielregeln, die gemeinsam festgelegt und freiwillig akzeptiert werden.

## Fabio **Cannavaro**

*(Weltmeister mit Italien)*

Regelmäßiges Training, gutes Essen, kein Alkohol, nicht rauchen, viel Schlaf und wenig Sex. *(über sein Erfolgsrezept)*

## Eric **Cantona**

Ich würde den ganzen Champagner, den ich jemals getrunken habe, dafür hergeben, wenn ich mit Eric Cantona bei einer großen europäischen Nacht in Old Trafford hätte spielen dürfen. *(George Best)*

Ich musste irgendetwas sagen. Es sollte zwar etwas bedeuten, aber ich weiß nicht genau, was. *(auf die Frage, was sein Spruch »Wenn die Möwen einem Trawler folgen, liegt das daran, dass sie glauben, Sardinen würden in den Ozean geworfen« zu bedeuten habe – damals war Cantona nach einer Kung-Fu-Attacke gegen einen Zuschauer für acht Monate gesperrt und entging nur knapp einer Gefängnisstrafe)*

Ich bin ein Rebell. Aber immer werde ich missverstanden. Höre ich eben auf mit der Rebellion.

Was ich nicht verstehe, ist, wie ein Franzose für Manchester United spielen kann. Er ist doch nicht mal ein Engländer. *(der englische Richter Lord Denning)*

Die Musik des Fußballs heutzutage ist nichts als Heavy-Metal.

Ich werde nicht über einzelne Spieler reden – aber Rooney spielte nicht wie Rooney.

Der Ball ist wie eine Frau, er liebt Umarmungen.

Wenn Eric Cantona in unseren Fanhaufen gesprungen wäre, wäre er niemals lebend herausgekommen. *(Alex Rae, Spieler von Millwall)*

Ich habe Eric gesagt, dass er nicht mit einem offenen Hemd zum Gericht gehen kann. Er hat geantwortet: »Ich bin Cantona. Ich kann so gehen, wie ich will.« Er hat 14 Tage Knast bekommen und ich hab gedacht: »Oh mein Gott, das war alles wegen seines Hemdes.« *(Mitspieler Paul Ince)*

## Guido **Cantz**

*(Komiker)*

Schweinsteiger. Heute ist das ein Nationalspieler. Früher war das ein Hobby im Hunsrück.

## Fabio **Capello**

*(italienischer Trainer)*

Aus einem Esel wird nicht plötzlich ein Vollblüter! *(über den Verdacht, dass in anderen Ländern Doping im Fußballsport üblich sei)*

## **Caprice**

*(Sängerin)*

Ob ich ein Londoner Team unterstütze? Natürlich! Ich bin für Manchester United.

## Rodolfo Esteban **Cardoso**

*(Bundesligaprofi, u. a. Freiburg, Bremen, HSV)*

Hätte er die Mentalität eines Schleswig-Holsteiners, könnte er ein noch größerer Fußballer werden, als er schon ist. *(Trainer Felix Magath)*

## Roberto **Carlos**

Die Freistöße von Roberto Carlos sind auch nicht besser als die von Tarnat. *(Uli Hoeneß über die Kunstschüsse des Brasilianers bei Real Madrid)*

## Graham **Carr**

*(Trainer und Spieler von Northampton)*

Ich erinnere mich an den Tag, als ich meinem Vater sagte, dass ich kein Fußballer werden möchte. Ich sagte: »Papa, ich mache eine Ausbildung in Performancekunst.« Er antwortete: »Warum tust du mir das an?« Ich sagte: »Keine Ahnung. Vielleicht kann ich dir das aber mit einem Ausdruckstanz zeigen!« *(Alan Carr, schwuler Sohn)*

## Jamie **Carragher**

*(Liverpool-Profi)*

Carragher hatte eine große Klappe, aber das war auch das Einzige, das wirklich groß an ihm war. *(Stripperin Liz Traill, nachdem Carragher nackt zur Weihnachtsfeier seines Klubs kam)*

## Rudi **Carrell**

*(TV-Showmaster)*

Der Fanklub von Bayer 04 Leverkusen hat zwei neue Internet-Adressen: www.christoph-daum.com und www.berti-vogts.geh.

## Fernando **Carro**

*(Geschäftsführer Bayer Leverkusen)*

Es gibt Vereine wie Atlético Madrid, die kommen in der Champions League zu uns und wissen gar nicht, dass in Köln auch Fußball gespielt wird.

## Antonio **Cassano**

*(italienischer Stürmer)*

Der Hotelpage war mein Freund. Er hat mir die Mädchen auf mein Zimmer gebracht. Wenn ich mit ihnen fertig war, hat er sie im Treppenhaus abgeholt und mir Kuchen überreicht. Sex und Kuchen – die perfekte Nacht. *(über das Leben bei Real Madrid)*

## Enrico **Castellacci**

*(Mannschaftsarzt Italien)*

Längere Sauna-Aufenthalte sind ungesund. Deshalb nur ganz kurz: Nesta kann nicht spielen. *(im heißen Presseraum während der WM 2006)*

## Pascal **Castillo**

*(Schweizer Defensivkünstler)*

Klar, dieses Verhalten ist inakzeptabel. Aber das muss man halt akzeptieren! *(über seinen Mannschaftskameraden Richard Nunez, der sich weigerte, auf der Ersatzbank zu sitzen, und das Spiel stattdessen lieber auf der Tribüne verfolgen wollte)*

## Franco **Causio**

*(italienischer Mittelfeldspieler)*

Ich will ein Zimmer mit Meerblick. *(Spitzname »der Baron«, bei der Ankunft von Juve im Hotel am Vorabend des Spiels bei Cesena; schade nur, dass Cesena nicht am Meer liegt)*

## **CBS**-Kommentator

Die Bulgaren spielen mit derselben Mannschaft wie 1994 in den USA. Aber die Spieler sind vier Jahre älter geworden – zumindest die meisten von ihnen. *(während der WM 1998)*

## Salmin **Cehajic**

*(Rapid Wien)*

Natürlich, es ist ein besonderes Spiel für mich – also ein Spiel wie jedes andere. *(vor dem Derby gegen die Austria)*

## Slobodan **Cendic**

*(Trainer Schalke 04)*

Du kannst nichts dafür, du nicht. Ich bin der Idiot, der dich aufgestellt hat. *(zu einem Spieler)*

## Rudi **Cerne**

*(TV-Moderator)*

Dann wird ein leises Raunen, vielleicht sogar ein frenetisches Raunen, durch das weite Rund gehen. *(kündigt an, dass Griechenlands Nationaltrainer Otto Rehhagel das Olympiastadion besuchen wird)*

Letztes Mal drei Treffer: zwei unten und zwei oben. *(beim Torwandschießen im »Aktuellen Sportstudio«)*

Das 2:0 in der 65. Minute war dann auch der Halbzeitstand.

In letzter Zeit wurde mehr über die finanzielle Misere gesprochen beim 1. FC Kaiserslautern als über das Geld.

## Harald **Cerny**

*(österreichischer Profi)*

Ich habe gedacht, es ist Carl Lewis mit einer weißen Maske. *(Eric Wynalda, Spieler vom VfL Bochum)*

Ich mag Nachwuchsspieler wie den Cerny. Ohne solche Kinder wird die Liebe zum Profi-Fußball allzu schnell erwachsen. *(Erich Ribbeck)*

## Bum-Kun **Cha**

*(südkoreanischer Stürmer, u. a. Eintracht Frankfurt, Leverkusen)*

Der bekloppte Cha Bum hat zu viel Aspirin gegessen, als er damals bei Bayer Leverkusen gespielt hat. *(DFB-Teamchef Rudi Völler zur Kritik des ehemaligen Bundesligaspielers nach dem deutschen Spiel gegen Paraguay bei der WM 2002)*

Deutsch kann er noch nicht sprechen, aber Fallen dafür umso besser! *(Walter Eschweiler)*

## Du-Ri **Cha**

*(Sohn von Bum-Kun)*

Er wollte immer nur knapp gewinnen, um seinen Gegner nicht bloßzustellen. *(sein Trainer Willi Reimann)*

Cha hat gesagt, er sei klar gefoult worden. Und er kommt aus einem Land, wo die Menschen gut erzogen sind und die Wahrheit sagen. *(Willi Reimann)*

## Richard **Chaplow**

*(Mittelfeldspieler von Preston)*

Reporter: Wer wird die EURO 2008 gewinnen? Chaplow: Ähm, natürlich England. Wenn du kein Vertrauen in dein eigenes Land hast, was willst du dann machen? R: Tut mir leid, aber wir haben uns doch gar nicht qualifiziert! C: Oh nein, klar. Dann Argentinien. Dann nehme ich die.

## Stéphane **Chapuisat**

Nee, nee, das ist nur eine kleine Wiedergutmachung. Der Chappi hat mir schön die Elle reingejagt, die Lippe ist aufgeplatzt, da habe ich zu ihm gesagt: »Pass auf, gib mir das Trikot, dann ist die Sache vergessen.« *(Joachim Hopp, MSV Duisburg, im TV-Interview nach dem Spiel gegen Dortmund)*

Ich habe mich beim Sturz irgendwo festgehalten, aber ich weiß nicht wo. *(über seinen Griff an empfindliche Körperteile seines Gegners)*

Der linke Fuß ist seiner, der rechte nicht. *(Marcel Reif)*

»Mein Freund ist Ausländer« ist eine gute Aktion. Aber zurück zum Alltag! Wenn das so weitergeht, brauchen wir in der Bundesliga das Transparent: »Mein Freund ist Schiedsrichter«.

## Angelos **Charisteas**

*(griechischer Stürmer, u. a. Werder Bremen)*

Mit jedem Tor ist er um dreißig Zentimeter gewachsen, er ist jetzt 2,50 m groß – und das ist gut so, denn wir brauchen gute Kopfballspieler. *(Frank Baumann, Mannschaftskollege bei Werder Bremen, zu den EM-Toren des Griechen 2004)*

Das Berufsbild des griechischen Stürmers sieht viel vergebliche Laufarbeit vor. *(»Frankfurter Allgemeine Zeitung«)*

## Bobby **Charlton**

*(englische Legende)*

Manche Menschen sagen, dass wir Sklaven des Fußballs sind. Okay, wenn das Sklaverei ist, gebt mir lebenslänglich.

Ich verstehe die Jugend von heute nicht mehr. Als ich Youngster war, da rannte ich den Spielern nach, um ihr Autogramm zu bekommen. Heute, wo ich auch hinkomme, stürzen sich die Jungen auf mich und verlangen meine Unterschrift. Und ich bin doch nur der Trainer ...! *(bei seiner ersten Trainerstation in Preston)*

Man konnte das Flutlicht erst ausmachen, wenn Nobby Stiles nach Hause gegangen ist. Der musste nach dem Spiel immer erst noch seine Kontaktlinsen wiederfinden.

Der ideale Schiedsrichter ist wie das Ungeheuer von Loch Ness. Jeder kann ihn beschreiben, aber keiner hat ihn gesehen.

Ich mag Spieler, die sich mir gegenüber als Trainer leidenschaftlich allen Zustimmungen unterwerfen.

## Jack **Charlton**

*(Bruder von Bobby)*

Von allen Auszeichnungen, die ich gewonnen habe, hat mir die vom House of Commons am besten gefallen, als man mich zum Biertrinker des Jahres gewählt hat.

Die Verteidigung Arsenals segelt hart am Wind.

Ich habe die Spiele sonntags im Fernsehen gesehen, fast jeden Tag der Woche.

## E. González **Chavez**

*(Schiedsrichter)*

Die Angaben variieren zwischen 1,68 und 1,75, je nachdem wie er sich fühlt. *(Johannes B. Kerner über Chavez, von Beruf Kosmetiker)*

## **Chelsea** FC

Chelsea war ein »Würstchen, Eier und Pommes«-Klub, bevor die ausländischen Spieler hinzukamen. So etwas haben wir vor dem Training und sogar vor Spielen gegessen. *(Dennis Wise, englischer Spieler und Trainer)*

Wie so viele bei Chelsea ist Zola einmalig. *(Barry Venison, Experte)*

## Giorgio **Chiellini**

*(italienischer Abwehrrecke)*

Ich kann euch garantieren, dass mich Giuseppe Rossi niemals getunnelt hat. Hätte er es getan, würde er jetzt nicht mehr laufen können!

Ich war Milan-Fan, leider. Ich wurde schlauer, als ich erwachsener wurde.

## José Luis **Chilavert**

*(Nationaltorwart Paraguays)*

Wir können die Deutschen schlagen, weil wir physisch enorm stark sind und bis zum Tod kämpfen werden.

Wenn Chilavert mir einen reingeschossen hätte, hätte ich sofort aufgehört mit Fußballspielen. *(Oliver Kahn nach dem WM-Achtelfinale 2002)*

Bei der WM hat die ganze Welt gesehen, wo Chilaverts Probleme liegen. Wir hatten einen Chilavert zurückerwartet, stattdessen kam das Reifenmännchen von Michelin. *(Patrick Proisy, der Boss von Racing Straßburg, zur Entlassung des Torhüters)*

## Pascal **Chimbonda**

*(französischer Profi)*

Für eine Saison war Chimbonda gut in Wigan. Jetzt jammert er mehr als seine Exfrau. *(Alan McInally, Experte)*

## **China**

Man sollte denken, wenn einer eine ordentliche Mauer aufstellen kann, dann müsste es China sein. *(Ex-Trainer Terry Venables)*

## Thomas **Christiansen**

*(Stürmer, u. a. VfL Bochum)*

Ich möchte gern einen Sohn, aber dazu muss ich erst noch ein Tor bei meiner Frau machen. Das ist nicht so einfach wie in der Bundesliga.

Er hat eigentlich alles, was ein guter Stürmer braucht. Er könnte nur 10 Zentimeter größer sein. Aber das wird wohl nichts mehr. *(Teamkollege Rein van Duijnhoven)*

## François **Ciccolini**

*(Trainer von Neuchâtel Xamax)*

Wir brauchen schon noch einige Wochen, bis wir bereit sind. Bei Kriegsende zählt man die Toten. *(nach einem Fehlstart seiner Mannschaft)*

## Thomas **Cichon**

*(Profi, u. a. 1. FC Köln)*

Gut, dass wir schwarze Hosen anhatten, sonst hätte man unsere Knödel gesehen.

## Hüseyin **Çimşir**

*(türkischer Nationalspieler)*

Ja klar, die müssen später noch kochen. *(über die frühe Anstoßzeit der Halbfinals bei der Frauen-Fußball-EM)*

## Saša **Ćirić**

Ich sehe einen guten Grund, dass wir im Mai 2005 eine Zigarre rauchen können. *(zu den Aufstiegsambitionen der Offenbacher Kickers)*

## Papiss Demba **Cissé**

*(senegalesischer Profi, u. a. SC Freiburg)*

Es war wie mit einer Frau, die schwanger ist, sich auf ihr Kind freut und hofft, dass es endlich zur Welt kommt. *(das Warten auf den ersehnten Transfer setzt offensichtlich poetische Kräfte frei)*

## Frank **Clark**

*(englischer Spieler und Trainer)*

Am Ende habe ich mich bei Forest wie ein Truthahn gefühlt, der auf Weihnachten wartet.

## Peter **Clarke**

*(englischer Fußballspieler)*

Joe Cole und ich sind in ein Restaurant in Mayfair gegangen. Da bin ich bislang nur beim Monopoly-Spiel gewesen. *(über einen Restaurantbesuch mit seinem Freund Joe Cole vor dem FA-Cup-Spiel zwischen Southend und Chelsea im Jahr 2009)*

## Christian **Clemens**

Ich habe ihm schon mal zu seinem ersten Tor des Monats gratuliert. Jetzt braucht er nur noch zehn, um mich einzuholen. *(Lukas Podolski nach einer direkt verwandelten Ecke seines Kölner Mannschaftskollegen)*

## Javier **Clemente**

Ich habe immer gedacht, er hasst mich. Dann habe ich gelesen, was er über Johan Cruyff gesagt hat. Da merkte ich erst, dass er mich gemocht haben muss. *(Terry Venables über seinen spanischen Trainerkollegen)*

## **Cleveland** Plain Dealer

Biathlon. Rodeln. Fußball. Eins wie das andere. *(die Zeitung über die Inszenierung der WM 1994 in den USA)*

## Brian **Clough**

*(englische Trainerlegende)*

Wenn die Spieler beim Fußball die gleiche Begeisterung an den Tag legen wie zurzeit beim Erwerb von neuen Häusern, Autos oder Werbeverträgen, dann werden wir wieder eine erfolgreiche Mannschaft haben.

Die Leute werden sagen – und sie liegen absolut richtig damit –, dass ich, anstatt übers Wasser zu laufen, lieber ein bisschen mehr davon in meine Drinks hätte schütten sollen.

Es gibt mehr Hooligans im House of Commons als bei einem Fußballspiel.

Wenn die englischen Spieler zu internationalen Einsätzen mussten, hat Cloughie zu ihnen gesagt »Verletzt euch nicht«. Wenn ich für Nordirland spielen musste, hat er nur zu mir gesagt »Komm nicht wieder«. *(der ehemalige nordirische Profi Martin O'Neill)*

Wenn es bedeuten würde, dass wir drei Punkte am Samstag holen, dann würde ich sogar auf meine Oma schießen. Nicht so richtig böse – ich würde sie nur ein bisschen verletzen.

Für mich ist das Fernsehen eine größere Bedrohung für den Fußball als der Hooliganismus.

Brasilien ist der Favorit, wenn sie der Favorit sind, der sie sind.

Der beste Nationaltrainer, den England nie hatte. *(»Neue Züricher Zeitung«)*

Hätte der liebe Gott gewollt, dass Fußball in der Luft gespielt wird, hätte er das Gras auf den Wolken wachsen lassen.

Neil Webb ist eigentlich kein sehr guter Spieler, aber sein wunderschönes Lächeln versüßt mir jeden Montagmorgen.

Er dachte wirklich, dass Liverpool ein Verein wäre, der einem etwas in den Tee mischt. Er meinte: »Trinkt es nicht. Diese betrügerischen Bastarde haben bestimmt etwas reingemixt.« An der Anfield Road hat er nichts getrunken, das nicht versiegelt war. *(Englands Nationalspieler Stuart Pearce)*

Wissen Sie eigentlich, dass Sinatra mich einmal getroffen hat?

TV-Reporter: »Auf ein Wort, Brian?« Clough: »Klar. Auf Wiedersehen.« *(nach seinem letzten Spiel als Trainer)*

Sie haben darüber gesprochen, eine Tribüne nach mir zu benennen. Aber das haben sie dann doch nicht gemacht – nicht mal eine Toilette. Dabei hätten sie es doch das Brian-Clough-Scheißhaus nennen können.

Ich würde nie sagen, dass Brian Rice dünn und blass ist. Aber als das Reinigungspersonal in unserem Hotel einmal sein Bett machen wollte, haben sie noch nicht mal bemerkt, dass er noch darin lag. *(über seinen Spieler bei Nottingham Forest)*

Coaching ist für Babys, nichts für Profis. Wenn ein Spieler den Ball nicht passen oder ordentlich abspielen kann, kannst du es sowieso vergessen. Ich habe Roy McFarland gesagt, dass er sich die Haare schneiden lassen soll. Das ist Coaching auf einem hohen Niveau.

Um alle zu beruhigen, möchte ich darauf hinweisen, dass sie mir nicht die alte Leber von George Best eingepflanzt haben. *(nach einer Transplantation)*

Ich würde nicht sagen, dass ich der beste Trainer war. Aber ich lag vor dem Zweitplatzierten.

Akne ist ein größeres Problem als Verletzungen. *(als Trainer einer Mannschaft, die ein sehr junges Durchschnittsalter hatte)*

José Mourinho ist ein toller Typ. Er erinnert mich an mich selbst in dem Alter – nur dass ich besser aussah.

## Paulo **Coelho**

*(Schriftsteller)*

Man kann nicht die Magie eines Fußballspiels in einem Roman vermitteln. Das ist ebenso absurd, wie das Gefühl eines Orgasmus beim Lesen zu vermitteln.

## Albert **Cohen**

*(Schweizer Schriftsteller)*

Fußball: Eine der Möglichkeiten, sich brüllend über die Grenzen des Daseins hinwegzusetzen.

## Chris **Coleman**

*(walisischer Trainer)*

Fußball ist, wie mit einem Gorilla zu kämpfen. Man hört nicht auf, wenn man müde wird. Man hört erst auf, wenn der Gorilla müde ist.

## David **Coleman**

*(englischer Kommentator)*

Wenn der Ball reingeht, dann ist es ein Tor.

Peru trifft zum dritten Mal – es steht nun 3:1 für Schottland.

Er wird 31 dieses Jahr – letztes Jahr wurde er 30.

Beide Torschützen von Aston Villa wurden in Liverpool geboren, genau wie der Manager, der aus Birkenhead kommt.

## Flávio **Conceição**

Flávio ist derzeit ein Ferrari mit einem Trabi-Motor. Den Ferrari-Motor müssen wir noch bauen. *(Matthias Sammer über das Leistungspotenzial des brasilianischen Neuzugangs)*

Als ich von Berghofen zum BVB kam, war hier nicht so ein Auflauf. *(Alt-Borusse »Aki« Schmidt über das große Medien-Interesse bei der Präsentation von Borussias Neuzugang)*

## Edwin **Congo**

*(kolumbianischer Profi)*

Ob der gelb, schwarz oder braun ist, den kenn ich nicht. *(Reiner Calmund über eine mögliche Verpflichtung des Spielers)*

## Dietmar **Constantini**

*(Trainer, u. a. österreichische Nationalelf)*

Ein 3:0 wäre eine Überraschung. Ein 1:0 übrigens auch. *(vor einem Länderspiel gegen Deutschland)*

Fußball passiert oft im Kopf, und der Trainer muss die Richtung vorgeben. Nach einer gewissen Zeit sollte man die Handschrift des Trainers sehen. Elf Namen auf den Spielbericht draufschreiben kann jeder.

Er hat keine Eier, um mir zu sagen, den Garics brauche ich nicht! Constantini sagt A, denkt B und macht C. Das ist nur lächerlich. *(György Garics, Ex-Nationalspieler Österreich)*

## Keith **Cooper**

*(FIFA-Mediendirektor)*

In der FIFA-Sprache gibt es das Wort »nach Hause schicken« nicht. Wir sprechen nur von denen, die wir hier behalten. *(auf die Frage, wann entschieden wird, welche der 36 Referees in der Endphase der WM 2002 noch in Japan und Südkorea bleiben)*

Ich kenne einige sehr gute Dorfschiedsrichter. Vielleicht war es ein Kompliment. *(zur Kritik des Italieners Christian Vieri, der Engländer Graham Poll habe gegen Kroatien wie ein Dorfschiedsrichter gepfiffen)*

## Egon **Coordes**

*(deutscher Trainer)*

Ich teile nur meine eigene Meinung.

Das ist ein Kindergartentermin. So etwas stört mich, weil es nicht in Ordnung ist. *(der Trainer von Austria Wien empfindet ein Meisterschaftsspiel am Vormittag für erwachsene Fußballprofis als unangebracht)*

Das interessiert mich nicht. Früher hat man auch über den Balken geschissen.

Mein Traum? Dass mir alle Tore offen stehen.

Körperlich haben wir keine Probleme – physisch müssen wir was tun.

Interpretieren Sie, wie Sie wollen. Aber bitte richtig.

## Francisco **Copado**

*(Bundesligaprofi, u. a. Unterhaching)*

Wir haben keine Chance, aber die Chance, die wir haben, müssen wir nutzen, damit wir eine Chance haben.

## Pastorin **Cordula**

Gott ist auch an den unwürdigsten Orten zu Hause. *(in »Das Wort zum Sonntag«, live aus der Kapelle in der »Arena Auf Schalke«)*

## Alan **Cork**

*(englischer Fußballprofi, u. a. Wimbledon)*

Alle waren in der Nacht vor dem FA-Cup-Finale im Pub sturzbetrunken. Das war wahrscheinlich der Grund für unseren Sieg. Und dass sie mich vom Platz genommen haben, weil ich noch voll im Delirium war. *(erinnert sich an den sensationellen Sieg über Liverpool 1988)*

## Felix **Corval**

*(brasilianischer Schiedsrichter)*

Ich habe zu Hause eine Frau, vier temperamentvolle Kinder und zwei Hunde. Außerdem wohnt die Schwiegermutter bei uns. Gegen sie alle muss ich mich durchsetzen. Da ist so ein Fußballspiel die reinste Erholung. *(erklärt seine Ruhe auf dem Platz)*

## Serse **Cosmi**

*(italienischer Trainer)*

Dann stelle ich mein Spielsystem eben auf 90-60-90 um. *(als der Präsident seines Klubs AC Perugia nach der Verpflichtung von Al Saadi Gaddafi auch eine Frau für die Mannschaft des italienischen Erstligisten gewinnen will)*

## Rui **Costa**

*(portugiesischer Profi)*

Zum Glück hatten wir Glück.

## Energie **Cottbus**

Danke für den Dauerständer, Jungs! *(Spruchband der Cottbus-Fans im Stuttgarter Daimlerstadion)*

Lieber rauchen, huren, saufen – als der Stasi sich verkaufen. *(St.-Pauli-Fans bei Energie Cottbus)*

Das ist keine Gurkentruppe, auch wenn sie aus der Lausitz kommt. *(TV-Mann Erich Laaser)*

Energie Cottbus ist hier eine Ersatzreligion. Da wird sogar die Tribüne hypnotisiert. *(Reiner Calmund)*

Das sind doch alles Nationalspieler, wenn auch von etwas kleineren Nationen. *(Trainer Volker Finke)*

Um in den Rücken dieser Cottbuser Abwehr zu kommen, hätte man bis zur Werbebande spielen müssen. *(Bremens Manager Klaus Allofs zur Defensiv-Taktik des FC Energie)*

## Dettmar **Cramer**

Wenn der Bauer Pech hat, findet er Mist in der eigenen Tasche.

Das ist doch eine Badewanne für Dettmar Cramer! *(Bayern-Fan, als er den Supercup sah)*

Haben wir überhaupt einen so kleinen Trainingsanzug? *(Hans Finne, Zeugwart von Bayer Leverkusen, nach der Verpflichtung Cramers)*

Viele sehen den Trainer zu sehr im Vordergrund. Er ist nur der Steigbügelhalter, reiten müssen die Spieler selbst.

Der Dettmar Cramer hat doch nur den Schwarzen im Senegal beigebracht, wie man Kakteen umdribbelt. *(Schandmaul Max Merkel) Die Antwort von Dettmar Cramer:* Hier ist der Kollege Merkel schlecht in Geografie: Im Senegal gibt es gar keine Kakteen.

Cramer trainiert zu viel die Hinterköpfe der Spieler. Am Ende haben zwar alle Abitur, aber der FC Bayern keine Punkte. *(Bayern-Präsident Wilhelm Neudecker)*

Man kann den Ball bis zu einer gewissen Grenze vollkommen regieren, aber es bleibt immer ein Rest von Zufall, von Chaos, von Unberechenbarkeit.

Es hängt alles irgendwo zusammen. Sie können sich am Hintern ein Haar ausreißen, dann tränt das Auge.

Meine Mutter ist schon 90 Jahre alt, aber sie versteht immer noch alles. Nur mit dem Abseits hat sie Probleme. Sie hat mal zu mir gesagt: »Du bist doch bei der FIFA, schaff' endlich diese blöde Regel ab.«

Das Finale war doch in Glasgow. Das kann höchstens Whiskey gewesen sein. *(der Karl-Heinz Rummenigge vor dem Landesmeister-Finale 1976 zwei Cognacs zur Beruhigung gegeben haben soll)*

Der springende Punkt ist der Ball!

Schon der Kreis ist für uns Menschen ein Symbol der Vollkommenheit. Nun gibt es auch noch den Ball, die allseits runde Kugel, und die ist auch noch elastisch.

Die Kugel hat ihr Eigenleben: Der eine Ball ist dumpf, der andere Ball hat »Musike« in sich. Darum symbolisiert der Fußball eine Beständigkeit in der Unbeständigkeit. Er ist das Symbol für den wunderbaren Zufall, den der Mensch zu beherrschen sucht.

Freundschaften schließen ist noch viel wichtiger als Tore schießen – mit Abstand.

In der Kunst und im Fußballsport ist die Vollkommenheit nicht dann erreicht, wenn man nichts mehr hinzufügen, sondern erst dann, wenn man nichts mehr weglassen kann.

Spieler wie Beckenbauer kann man nicht machen. Auf sie muss man warten. Sie sind ein Geschenk, sie kommen wie die guten Jahre, wie die reichen Ernten auf den Feldern und in den Weinbergen.

## Mark **Crossley**

*(walisischer Profi)*

Wenn ich für Schottland spielen würde, wäre meine Großmutter die stolzeste Frau im ganzen Land – wenn sie nicht schon tot wäre.

## Peter **Crouch**

Reporter: Was wären Sie geworden, wenn Sie kein Fußballer geworden wären? Crouch: Eine Jungfrau.

He's big, he's red, his feet stick out of his bed, Peter Crouch! *(Er ist groß, er ist rot, seine Füße hängen aus dem Bett, Peter Crouch. Hommage der Liverpool-Fans an den überragenden Stürmer)*

Wie verteidigt man gegen den Eiffelturm? *(Jelle Goes, Trainer von Estland, nachdem Crouch ein Tor für England gegen sein Team geschossen hatte)*

## Jürgen **Croy**

*(DDR-Torwartikone)*

Wenn ich weiß, dass der Jürgen spielt, bin ich gleich viel gelöster. Er ist mit seiner Gelassenheit das beste Beruhigungsmittel, das ich kenne. *(DDR-Auswahlspieler Lothar Kurbjuweit über seinen Kollegen)*

## Johan **Cruyff**

Manchmal muss etwas geschehen, bevor etwas passiert.

Wenn du auf hohem Niveau Fußball spielen kannst, dann wirst du ein Spieler in der ersten Liga. Wenn du nur unterdurchschnittlich spielst, wird aus dir ein Spieler der unteren Ligen. Und wenn du überhaupt nichts mit dem Ball anzufangen weißt, dann wird aus dir garantiert ein Journalist.

Bevor ich einen Fehler mache, mache ich den Fehler lieber nicht.

Fußball ist einfach: Du bist rechtzeitig da oder du bist zu spät. Wenn du zu spät bist, musst du früher loslaufen.

Wenn du schneller spielen willst, kannst du schneller laufen. Aber eigentlich bestimmt der Ball immer die Geschwindigkeit des Spiels.

Zufall ist logisch.

Das Leben ist ein Strom, sagen die Menschen. Das stimmt. Als ich neulich gegen den Wind spucken wollte, habe ich mir selbst ins Gesicht gerotzt.

Johan war der bessere Spieler, aber ich bin Weltmeister. *(Franz Beckenbauer)*

Acht Niederländer in einer Mannschaft sind wie eine Zeitbombe. *(über die Situation beim FC Barcelona)*

Fragen Sie mich nicht nach nächster Woche! Für gewöhnlich hält schon der übernächste Tag nicht das, was der gestrige versprach und der heutige auf den morgigen verschiebt.

Ein Titel ist gut, zwei Titel sind aber besser: Da läuft sich der Held, wenn er seine Orden trägt, die Absätze wenigstens gleichmäßig schief.

Fußballer von der Straße sind wichtiger als studierte Trainer.

Ein Spiel zu gewinnen ist leichter, wenn man gut spielt, als wenn man schlecht spielt.

Die Grundlage ist es, den Ball so schnell wie möglich unter Kontrolle zu bekommen. Desto mehr Zeit hast du fürs Gucken.

Ich werde mit meinen Ansprachen weitermachen. Auch wenn ich einmal tot bin. Dann werde ich sie eben vom Mond herab halten.

Du musst schießen, sonst kannst du nicht treffen.

Ich habe keinen Glauben. In Spanien bekreuzigen sich alle 22 Spieler, bevor sie das Feld betreten. Würde das funktionieren, würde es stets nur Unentschieden geben.

Wenn ich wollte, dass ihr das versteht, hätte ich es besser erklärt. *(Cruyff im Gespräch zu Journalisten)*

Er ist zwar ein guter Spieler, der Jordi Cruyff, aber eben kein Cruyff. *(Béla Réthy über Jordi, Johans Sohn)*

## Pál **Csernai**

*(Trainer, u. a. Bayern München)*

Selbst Pál Csernai kann nicht verhindern, dass der FC Bayern München Deutscher Meister wird. *(Sepp Maier)*

Der glatte Ungar hatte in seiner Karriere mehr Vereine als Hollywood-Wonneproppen Liz Taylor Ehemänner. *(Max Merkel)*

Zum Schluss haben wir im Training alle auf Herrn Csernai geschaut. Wenn er zu uns hersah, wurde eifrig gearbeitet. Wenn er wegschaute, wurde gefaulenzt. *(Reinhold Mathy)*

In der Bundesliga wird ein Fußball gespielt, wie sie in China Anzüge tragen: einheitlich, alles gleich.

Konkurrenz macht Ärger, aber vor allem flinke Beine.

Das ist das Schlimme an den Bundesligaklubs: dass sie alle gewinnen wollen.

Für unsere Verhältnisse war es ein kleines Volksfest und eine mittlere Demonstration! *(nach einem 5:1-Sieg mit dem BVB über Köln)*

## Jason **Culina**

*(australischer Nationalspieler)*

Für mich ist das hier auch ein bisschen wie Flitterwochen. Aber vielleicht fragen sie auch noch meinen Zimmerkollegen. *(hat kurz vor seinem Abflug zum Confed-Cup nach Deutschland in Sydney geheiratet)*

## Bernd **Cullmann**

*(Weltmeister 1974, Europameister 1980)*

Der hat eine solche Spannweite, dass ich ihm auch einen Medizinball durch die Beine spielen kann. *(Bochums Kaczor)*

## Carsten **Cullmann**

*(Sohn von Bernd, u. a. 1. FC Köln)*

Carsten Cullmann kann bis zum Rest seines Lebens an der Flasche nuckeln – aber in seinem Garten in Köln-Porz. *(Ewald Lienen, nachdem Cullmann zur Trinkflasche griff und kurz danach ein Gegentor fiel)*

# d

## Christoph **Dabrowski**

Wir arbeiten vernünftig mit dem Trainer zusammen, und das sieht man auch. *(nach vier Niederlagen in Folge und dem 17. Tabellenplatz in der zweiten Liga über Trainer Funkel und die Mannschaft)*

## Danske **Dagbladet**

Super-Dänen sind das: Andersen erzählte Märchen, Povlsen schießt märchenhafte Tore.

## Jörg **Dahlmann**

*(TV-Kommentator)*

Wenn diese Halbzeit ein Blatt Papier wäre, würde man sie zusammenknüllen und wegwerfen.

So, jetzt gibt es Freistoß für die Gäste – das macht einer von der Pferdeschwanz-Fraktion. Es gab ja auch unter der Woche den Slogan von den DFB-Frauen: Wir haben keine Eier – wir haben Pferdeschwänze. In Sandhausen haben sie beides.

Wenn Sie jetzt eine Minute keinen Kommentar hören – ich streike aus Protest. *(bei einer grausigen Partie zwischen Nürnberg und Uerdingen)*

Dressel, die Bochumer Chef-Schwalbe.

Kompliment, eine Bombenstimmung bei euch im Studio! *(1996, Minuten später musste das »ran«-Studio tatsächlich wegen einer Bombenwarnung geräumt werden)*

Das ist Andy Möller, der im Januar eine Tochter erwartet.

Möller und Chappi befruchten sich gegenseitig.

Da geht ein großer Spieler. Ein Mann wie Steffi Graf! *(über Lothar Matthäus)*

Julio Cesar hat sich heute Nacht fortgepflanzt. Victoria heißt die Kleine.

Oh, meine Stimme überschlägt sich.

Iaschwilli, Kobiaschwilli, mein lieber Willi! Eine georgische Willi-Produktion.

Und dann rutschen Langes Innenorgane durcheinander. Das Herz steckt ganz weit unten.

Rada spielt lässig bis fahrlässig.

## Andres **D'Alessandro**

*(argentinischer Profi)*

Etwa einen Kopf kleiner als eine Milchkanne. Am Ball aber an guten Tagen erste Sahne. *(Max Merkel)*

## Kenny **Dalglish**

*(Liverpool- und Schottland-Legende)*

Kenny Dalglish war mein Kindheitsheld. Ich habe sogar meinen Goldfisch nach ihm benannt. *(Ricky Gillies, Spieler von St Mirren)*

## Georg **Damjanoff**

*(deutscher Bundesligaspieler)*

Zum ersten Mal trinkt der kein Bier – schon verletzt er sich! *(»Fiffi« Kronsbein über seinen Libero, dem beim Teekochen der Wasserkessel auf den Fuß gefallen war)*

## Dänemark

Wir sind 23 Löwen, die in ihrem Käfig herumlaufen und darauf hoffen, dass der Wärter vergisst, die Türe zu schließen. *(Jon Dahl Tomasson, Dänemarks Stürmer, vor dem ersten Gruppenspiel gegen die Niederlande bei der WM 2010)*

In Dänemark habe ich nur Eier und Butter geholt, aber keine Fußballer. *(Max Merkel)*

## Dante

Der Regen kommt von Gott. Deshalb ist das kein Problem. *(auf die Frage, ob ihn der viele Regen in Deutschland störe)*

Brasilianer bin ich eigentlich nur im Urlaub.

## Peter **Darbo**

*(belgischer Aphoristiker)*

Männer: Die einzigen Lebewesen, die Monate vorher ihre Fußballtickets kaufen und die Weihnachtsgeschenke erst am Abend davor.

## Pál **Dárdai**

*(Trainer und Hertha-BSC-Urgestein)*

Es ist eine Kunst, 30 kleine Monster zu führen. *(über die Arbeit mit seiner Mannschaft)*

Wenn du Eis bestellst, sind sechs Kugeln schon nicht wenig. Die runterzuschlucken ist schon schwierig. Sechs Gegentore sind noch schwieriger.

Mein Papa und mein Onkel sind hier, sie haben aus Ungarn im Auto ein halbes Schwein und Rotwein mitgebracht. *(zu den familiären Feierlichkeiten nach einem 2:0-Sieg gegen Schalke)*

Ich werde mir eine Zeitung kaufen. Ich werde eine Schere nehmen und die Tabelle ausschneiden. Die packe ich in den Eiskühlschrank, lasse das gefrieren, und dann im Mai – wenn ich das rausnehme – stehen wir immer noch da. *(nach einer Nacht auf Platz eins der Tabelle)*

## Ian **Darke**

*(Kommentator)*

Geh niemals nach einem Ball, den du nur zu 50 Prozent bekommst, außer du bist dir zu 80 Prozent sicher, dass du ihn bekommst.

## Christoph **Daum**

Lösen kann man die Schockstarre wahrscheinlich in der Sauna. *(über Heilmittel im Abstiegskampf)*

Das Flackern in meinen Augen werde ich auch in Zukunft nicht ändern können. *(im Zusammenhang mit seinem Drogengeständnis)*

Der Unterschied zwischen Spitze und Weltspitze ist eben oft 'ne Nasenspitze.

Gelegentlich versaut er mir mit seinem Gesundheitsgefasel am Tisch selbst den Genuss des herrlichsten Essens! *(Reiner Calmund)*

Wer die Schnauze voll hat, darf nicht auch noch das Maul weit aufreißen!

Sehen Sie mal nach draußen und schauen, ob die Sonne scheint. Dann kann ich meine teure Sonnenbrille aufsetzen. *(Kölns Trainer Georg Keßler zu seinem Assistenten Christoph Daum)*

Er hat mir signalisiert, dass er in einer Minute ausgewechselt werden möchte. *(über Ulf Kirsten, der ihm den Mittelfinger zeigte)*

Daum hat die Nase voll! *(Fan-Gesang der Mainzer Anhänger beim Spiel gegen Frankfurt mit Daum als neuem Trainer)*

Was der Linienrichter heute geboten hat, da gibt es nur eine Steigerung: Dass der Linienrichter den Ball bei uns ins Tor reinschießt und sagt, ich war es aber nicht gewesen.

Ach, lesen Sie doch mal einige Dinge in der Boulevardpresse. Da muss ich sagen, da war Münchhausen Empiriker dagegen, was da zum Teil erscheint.

Das war heute eine Mannschaft, die hatte eine Blutgruppe. Und diese Blutgruppe lautete Sieg.

Wir haben dann umgestellt auf Vollwertnahrung. Und die Spieler, die hatten dann Erlebnisse im Magen-Darm-Bereich, die waren gigantisch.

Ich werde sie quälen. Sie müssen mich hassen. Das stärkt die Willenskraft und die Kameradschaft.

Wer beständig am Titel knabbert, sagen wir mal so, wie der Biber am Baum knabbert, irgendwann fällt das Ding mal um, ne?! Und so knabbern wir daran und hoffen, dass das Ding mal umfällt und die Schale in Leverkusen landet.

Meine Frau hat Schauspiel studiert, und ich setze an der Linie einige Dinge um, die ich bei ihr sehr, sehr gut finde.

Vorne nix, hinten nix, in der Mitte nix – rausgekommen ist gar nix.

Da muss erst einmal ein Schnupf ... äh Schneepflug drüber. *(über die Platzverhältnisse in München)*

Ich bin froh, dass Halbzeitansprachen unter Ausschluss der Öffentlichkeit stattfinden. Sonst könnte das zahlreiche Beleidigungsklagen zur Folge haben, die ohne Probleme durchgehen würden. Ich kann nämlich nicht nur universitätsreif sprechen, sondern beherrsche auch eine Sprache, die sehr verletzend ist.

Wir haben uns eine ungünstige Position für das Rückspiel erarbeitet.

Es war ein wunderbarer Strahl, den Grafite da abzieht.

Das ist das Schöne an offenen Geheimnissen: Die kommen ganz selten ans Licht.

Ich versuche über den Fünf-Meter-Raum hinauszudenken. Ich kann Sprachen: Englisch, Kölsch und Schwäbisch. Guts Nächtle, oder so.

Ich bin in der Zeit etwas gescheiter geworden, aber nicht gescheitert. *(nachdem er mit Eintracht Frankfurt abgestiegen war)*

Daum würde ich nie die Hand geben. Er soll es nie wagen zu versuchen, mir Grüß Gott zu sagen, nie! *(Susi Hoeneß, Frau von Uli)*

... müssen wir über den reden? Negatives möchte ich nicht sagen, und Positives fällt mir nicht ein. *(Jupp Heynckes)*

Christoph Daum ernährt sich fast ausschließlich von Makkaroni – weil er so beim Essen ungestört durch die Löcher weiterreden kann. *(Max Merkel)*

Ich kenne wenig besser inszenierte Theaterstücke. Kompliment! *(Manager Dieter Hoeneß zum Abschied von Daum beim VfB Stuttgart)*

Wir haben ungefähr 27 Gruppen im Kader. Wir treten an unter der Prämisse der Artenvielfalt. *(über die Grüppchenbildung in seinem Team)*

Die Wahrnehmung des Menschen erfolgt über die Augen: Was man sieht, will man haben. Wenn ich 35.000 Mark verspreche, ist das eine abstrakte Summe. Profis müssen Geldscheine sehen. Ich bin sogar einen Schritt weiter gegangen: Woher kommt das Wort »begreifen«? Ein Kind lernt seine Umwelt kennen, indem es greift, anfasst, eben begreift. Ich habe also die Banknoten auf Pappe geklebt und die Spieler anfassen lassen. Da werden ganz andere körperliche Prozesse ausgelöst, als wenn ich nur sage: Jungs, es geht um 35 Mille.

Ob Rotationsprinzip oder Detonationsprinzip: Hauptsache wir gewinnen!

Im Vergleich zu den Artikeln, die sie schreiben, sind die Märchen aus Tausendundeiner Nacht empirische Untersuchungen. *(über türkische Sportjournalisten)*

Mein Lieblingstier ist der Elefant. Er hat eine dicke Haut und einen breiten Rücken.

Zur Entwicklung jedes normalen Menschen gehört es ja wohl, dass er eine Sturm-und-Drang-Phase hat. Da bin ich jetzt, na und?! *(im Oktober 1992, 39-jährig)*

Vielleicht bin ich der Lautsprecher der Liga. Aber ich sage allen, die an irgendwelchen Knöpfen zu drehen versuchen: Ich schalte mich selber an – oder auch nicht.

Der Erfolg eines Klubs fängt dort an, wo auch der Platzwart zum Siegertyp wird.

Ich werde das Rad nicht neu erfinden. Aber ich werde wieder Profil auf einen Reifen geben, der abgefahren ist. *(über seine damals noch akute, zukünftige Aufgabe als Bundestrainer)*

Christoph Daum steht für die Position als Bundestrainer nicht zur Verfügung und damit verabschiede ich mich aus dieser Diskussion – und das endgültig.

Andere erziehen ihre Kinder zweisprachig, ich beidfüßig.

Wir überlegten, jemanden vom Arbeitsamt zu holen, der den Spielern Alternativberufe zeigt. *(zum Thema Motivation)*

Man muss nicht immer die absolute Mehrheit hinter sich haben, manchmal reichen auch 51 Prozent.

Das ist wie bei einem Elektriker, der hinkommt und nur einen Wackelkontakt beheben muss, weil eigentlich alles vorhanden ist. Er fügt die richtigen Stecker zusammen und plötzlich ist alles wieder unter Höchstspannung. *(über seine Rolle bei Bayer Leverkusen)*

Ich bin ein Mensch, der gern die Gelegenheiten beim Schopf packt. Aber ich passe schon auf, dass ich plötzlich nicht nur Perücken in der Hand halte.

In der Schlussphase war der Pfosten der Einzige, auf den wir uns hundertprozentig verlassen konnten.

Was haben sich die Leute dafür zu interessieren, dass mein Lieblingsschriftsteller der Max Frisch ist, dass ich Bertolt Brecht sehr schätze, dass ich Tucholsky als sehr lehrreich empfinde? Soll ich mir einen intellektuellen Touch geben? Brauch' ich den? Wen interessiert es denn, dass ich derzeit anfange, junge, unbekannte Maler zu kaufen? Wer muss wissen, wie viel ich mit meinen Kindern bastle?

Ich bin kein Übermensch. Auch, wenn mir das keiner glaubt.

Nun gut, wir haben 0:0 gespielt. Aber das Spiel hätte auch andersherum ausgehen können.

Wann wird endlich die Wegwerfpfanne erfunden? *(als Strohwitwer)*

Ich bin Leidenschaft, Begeisterung, Engagement!

Ich werde jetzt ruhiger, weil ich gemerkt habe, wie klein der Schritt ist vom Messias zum Spruchbeutel.

Eigentlich bin ich nur nach Österreich gegangen, um eine neue Sprache zu lernen. *(auf die Frage zu seiner Zukunft bei Austria Wien)*

Wahrscheinlich muss der Bundestrainer etwas Bajuwarisches haben. Vielleicht reicht eine Lederhose. *(über das Amt des Bundestrainers aus Sicht der Bayern)*

Jede starre Taktik wird zu einem Grab.

Im Herbst fallen die Blätter und die Trainer.

Normalerweise sind Trainer Optimisten. Aber das sind ja die meisten schon. Also musst du auch dort wieder einen draufsetzen – und die Steigerung von Optimismus ist eben Utopie.

Ein schlechter Trainer ist man offenbar schon dann, wenn man in diesem Geschäft ein schlechter Schauspieler ist. Aber ich habe doch keinen Vertrag mit dem Stadttheater.

Gestern war ich noch der Größte, hatte ich alles, was ich wollte. Heute habe ich nichts und bin erledigt.

Ich hätte mir die Haare gewaschen. *(Felix Magath auf die Frage, was er an Daums Stelle mit seinen Haaren gemacht hätte; Daum hatte sich ja wegen der Kokain-Vorwürfe eine Haarprobe entnehmen lassen.)*

Ja, wenn Gras über die Sache gewachsen ist. *(Franz Beckenbauer auf die Frage, ob Daum nach den Drogenvorwürfen noch einmal Trainer werden könne)*

Der Christoph Daum, der sollte mal eine Erziehungskur machen. *(Franz Beckenbauer)*

Christoph, lass das Koksen sein. Das macht den Kopf hohl. Ich weiß, von was ich rede! *(Jimmy Hartwig zum Kokainkonsum von Daum)*

Sein Geständnis war richtig. Jetzt stehen ihm in der Bundesliga wieder alle Türen offen. *(1860-Boss Karl-Heinz Wildmoser)*

Wichtig ist, dass er nun eine klare Linie in sein Leben bringt. *(Lothar Matthäus zum Kokaingeständnis von Daum)*

Er benutzt die Medien wie jemand, der den Politikern äußerst aufmerksam zugeschaut hat. *(Jörg Wontorra)*

Er sieht aus wie ein moderner Elvis Presley. Fehlt nur ein bisschen Glitzer. *(Reiner Calmund zu Christoph Daums blauem Anzug)*

Mit dem verglichen zu werden – das ist eine Beleidigung. *(Peter Neururer)*

Dann müsst ihr das mit der Versicherung klarmachen, dass er nicht mehr schnupft. *(Manager Rudi Assauer gegenüber Journalisten, die Daum als neuen Schalke-Trainer ins Gespräch gebracht hatten)*

Den Äußerungen eines Schwachsinnigen brauche ich nicht zuzustimmen. *(Bochums Trainer Peter Neururer über Christoph Daum, der den VfL als Abstiegskandidaten bezeichnet hatte)*

Ob der da ist oder der Natz von Dülmen, ist mir egal. *(Rudi Assauer zu Christoph Daums Auftritt im Aktuellen Sportstudio)*

Mit einem richtigen Sportpsychologen war es das erste Mal, aber ich hatte schon mal eine ähnliche Begegnung mit Christoph Daum. *(Michael Ballack auf die Frage, ob er vor Hans-Dieter Hermann, der sich in Japan dem Nationalteam vorstellte, schon mal Kontakt mit Sportpsychologen hatte)*

Es gibt eine ganz einfache Formel: Wenn du Spieler erfolgreich machen willst, dann behandele sie, wie du sie haben willst.

Profifußballer reagieren zum überwiegenden Teil auf Druck. Die sogenannten verantwortungsvollen Profis, von denen wir immer wieder sprechen, die gibt es gar nicht so häufig. Wenn du einen hast, das ist gut. Wenn du zwei hast, sei glücklich, wenn du drei hast, wirst du Meister.

Das Gegentor fiel zum psychologisch ungünstigsten Zeitpunkt. Aber man muss an dieser Stelle auch einmal die Frage stellen, ob es Gegentore gibt, die zu einem psychologisch günstigen Zeitpunkt fallen.

Die Bundesliga ist wie ein Marathonlauf. Auf den ersten Kilometern wird nichts entschieden. Wir haben ein hohes Tempo vorgelegt, haben uns dabei übernommen und sind auf den Boden der Tatsachen zurückgekehrt.

Einige Spieler wissen zwar, wer im Film »Star Trek« welche Rolle spielt, aber nicht, mit wem sie es im nächsten Spiel zu tun haben.

Mann! Mehr Abseits geht nicht! Also ehrlich! *(zum Linienrichter)*

Der Paul Bocuse würde Ihnen auch nicht jedes Rezept für eine Soße rausgeben. Oder fragen Sie doch mal Coca-Cola nach der richtigen Mischung. *(auf die Frage, welche Tricks er auf Lager habe)*

Um zu rennen und zu kämpfen, braucht man kein Abitur.

Wenn du nichts triffst, dann bist du überzeugt davon, dass du nichts triffst. Und dann triffst du wirklich nichts. *(zur Ladehemmung seines Stürmers Theofanis Gekas)*

Wenn der Kopf funktioniert, ist das wie ein drittes Bein.

Die Keimzelle des Fußballs ist das Zweikampfverhalten. Jeder, der das Fußballfeld betritt, hat das Ticket zum Krankenhaus in der Tasche. Ob er es einlöst oder nicht, wissen wir erst nach 90 Minuten! So sieht das aus!

## Markus **Daun**

*(Spieler, Trainer, Fußballfan)*

Mit der Allianz Arena in München ist es wie mit deiner Traumfrau. Wenn du einmal drin warst, willst du immer wieder rein. *(nach dem WM-Eröffnungsspiel 2006)*

## Ümit **Davala**

*(türkischer Abwehrspieler)*

Normalerweise habe ich keine Probleme mit Griechen. *(über seine tätliche Auseinandersetzung mit dem Griechen Amanatidis)*

## Dickie **Davis**

*(englischer Moderator)*

Dickie Davis: Was wird der Trainer wohl in der Pause seiner Mannschaft sagen, Denis? Denis Law *(schottischer Fußballer):* Er wird wohl sagen, dass noch 45 Minuten zu spielen sind!

## **DDR**

Wir grüßen den Weltmeister von 1974! *(Plakat eines Fans aus der DDR im Leipziger Zentralstadion beim Freundschaftsspiel der DDR gegen England – wenige Wochen vor WM-Start. Auf Zwischenrufe meinte der Anhänger: »Was wollt ihr denn? Der Helmut Schön ist doch im Stadion!«)*

In der Schule bekomme ich für das Autogramm von Helmut Schön zwölf Mark. *(kleiner Junge aus Ostberlin, der 1974 den Bundestrainer getroffen hatte)*

## Kevin **De Bruyne**

»Vielleicht habe ich damals nicht so oft gespielt, weil ich nur acht und nicht 50 Millionen gekostet hatte. Für mich sind acht Millionen eine Menge Geld, aber im Weltfußball und besonders in England ja inzwischen nur noch Trinkgeld.« *(der Man-City-Star über seine Zeit beim FC Chelsea)*

## Julien **de Guzmán**

*(kanadischer Profi, u. a. Hannover 96)*

Wenn ich gegen Real Madrid ein Tor schieße, komme ich ein Jahr ohne Sex aus.

## Rubén **de la Red**

*(spanischer Profi, u. a. Real Madrid)*

Eine Herzkrankheit zwingt mich, meine Karriere zu beenden, doch mein Herz schlägt nach wie vor für Real Madrid.

## Aad **de Mos**

*(niederländischer Bundesligatrainer)*

Auf Abseits zu spielen, ist in Deutschland sehr gefährlich. Die Spieler können das, aber die Linienrichter sind oft nicht dabei.

Im Leben gibt es zwei Dinge, die unumstößlich sind: Jeder Mensch stirbt, und ein Trainer wird entlassen.

Ich spiele weiterhin mit Risiko. Schließlich profitieren alle davon: Wir, das Publikum und auch der Gegner.

Dieses Tor war das letzte Gift im Becher.

## Rik **de Saedeleer**

*(belgischer Reporter)*

Der Torhüter von El Salvador muss sich mittlerweile wie in seinem Heimatland fühlen – so intensiv wie auf ihn geschossen wird.

## De Standard

*(niederländische Tageszeitung)*

Vogts hat seine Mannschaft mit windhundartigen Holzbeinen ausgestopft.

## Deco

Irgendwas mit Fußball. Vielleicht Zuschauer. *(auf die Frage, was er machen möchte, wenn er kein Fußballprofi mehr ist)*

## Hans **Deckert**

Sie haben großartig gespielt. *(der DFB-Spielausschussvorsitzende nach einem Spiel zum nicht eingesetzten Duisburger Spieler Herbert Büssers)*

## Dedê

Jahrelang haben wir hier nur Knochen genagt. Und jetzt, wo es wieder Steaks gibt, muss ich weg. Das tut weh. *(war sehr traurig über seinen Abschied 2011 beim BVB)*

Ja, auf jeden Fall. Ich habe mit ihm aber nicht zusammengespielt! *(auf die Frage, ob er Udo Jürgens kenne)*

Was soll ich sagen?! Scheiße gespielt, scheiße verloren. Scheiße!

Ich kann Dede nur empfehlen, auf seine Gehaltsabrechnung zu schauen. Dann ist seine Frage schnell beantwortet. *(Michael Meier auf die in einem Interview gestellte Frage des Brasilianers nach dem Verbleib der durch den Börsengang des BVB eingenommenen Millionen)*

## Sebastian **Deisler**

Für die anderen war ich ein Star, aber ich habe mich gefühlt wie eine Glühbirne, die einsam von der Decke hängt – nackt.

Ich hoffe, dass dieses Spiel nicht mein einziges Debüt bleibt. *(nach seinem ersten Länderspiel)*

Es war immer mein Traum, bei einer WM dabei zu sein. Bei Italia 90 saß ich mit einer Fahne vorm Fernseher.

Fünf Minuten. *(auf die Frage, wie lange er seiner Meinung nach bei seinem Nationalelf-Comeback gegen Kuwait spielen könne)*

Da kann er sich doch freuen, mit mir spielen zu können. *(als Stefan Effenberg hörte, dass Deisler zum FC Bayern kommt)*

Sebastian war ganz begeistert, wieder diesen Männerduft in der Kabine zu riechen. *(Giovane Elber nach Deislers Comeback)*

Als ich eines Morgens zum Training fahren wollte, war die Windschutzscheibe von meinem Auto gefroren. Ich habe das Auto stehen lassen, weil ich dachte, die Scheibe sei kaputt.

Er ist dem Druck nicht gewachsen. Das ist eines der größten Verlustgeschäfte, die der FC Bayern je gemacht hat. *(Edmund Stoiber, als Deisler mit dem Burn-out-Syndrom eine Zeit lang ausfiel)*

Leider kam Deislers Saisonbeginn ein Jahr zu spät – für ihn und für den Geldbeutel des FC Bayern. *(Uli Hoeneß)*

## Ashkan **Dejagah**

*(iranisch-deutscher Profi)*

Dejagah hat eine tolle Woche hinter sich. Er hat alles mitgenommen. *(Dieter Hoeneß über Dejagah nach einem Wechseltheater, einer Inhaftierung wegen Fahrerflucht und einer gelb-roten Karte als Einwechselspieler)*

## Vicente **del Bosque**

*(Trainer, u. a. Real Madrid)*

Spiel doch selber, du Hurensohn! *(Fernando Morientes zu seinem Trainer, als dieser ihn kurz vor Spielende einwechseln wollte)*

## Thomas **Delaney**

*(dänischer Spieler, u. a. Bremen, Dortmund)*

Nein, den Ball habe ich nicht mitgenommen. Ich muss jetzt erst einmal schauen, ob mein Wikipedia-Eintrag auf dem neuesten Stand ist. *(nach einem Dreierpack)*

Es geht darum, dass bei Wikipedia etwas Gutes über mich steht, wenn ich irgendwann fertig bin mit dem Fußball.

Es gibt ganz viele junge Spieler. Manchmal ist es wie Gassi gehen mit zehn Hunden.

## Jan **Delay**

*(Popmusiker, Styler)*

Wir hatten den besten Kader, wir waren super vorbereitet. Dann machen sie ein Foto mit Bohlen, und auf einmal sind acht Leute verletzt. Seitdem geht es bergab. Wir haben uns von Bohlen nicht mehr erholt und krebsen am Tabellenende rum. *(in der Spielzeit 2019/20 über seinen Lieblingsklub Werder Bremen)*

## Calle **Del'Haye**

*(Bundesligaprofi, u. a. Gladbach, Bayern)*

Deine Beliebtheit entspringt einem Instinkt, Calle. Menschen lieben etwas Kleines, Weiches, Rundes, wollen es beschützen. Guck dir nur den Erfolg von Hamstern an. *(Ulla Del'Haye, Ehefrau)*

Bundesliga ist wie Krieg. Das Motto lautet: Fressen oder gefressen werden.

## Gerhard **Delling**

*(ehemaliger TV-Moderator)*

Das Spiel findet a priori rund um die Mittellinie statt.

Das Einzige, was sich nicht verändert hat, ist die Temperatur – es ist noch kälter geworden!

Wenn man ihn jetzt ins kalte Wasser schmeißt, könnte er sich die Finger verbrennen.

40.000 im Häuschen sind aus demselben.

Was Delling angeht, muss ich vieles sein: Seelsorger, Kindermädchen, Aufpasser. *(Moderationspartner Günter Netzer)*

Franz, ich freu mich, dass du ihn auch nicht verstehst. Ich versteh ihn auch nicht, aber ich bin daran gewöhnt. *(Günter Netzer zu Franz Beckenbauer)*

Spätestens jetzt ist klar: Die Samstagabend-Unterhaltung steckt in der Krise. *(nach der Live-Übertragung vom 0:0 in Island und vor der »Ausraster«-Rede von Rudi Völler)*

Da geht er durch die Beine, knapp an den Beinen vorbei, durch die Arme.

Seit einem Jahr hat der Sport-Club Freiburg daheim kein einziges Heimspiel mehr verloren.

Das Spiel jetzt auf hohem Niveau. Allerdings mehr, was die Höhe des Balles betrifft. *(nach zwei Kerzen im Mittelfeld)*

Die Bundeswehr sollte mal ihre Bestände an Rauchbomben nachzählen. *(nach einer Spielunterbrechung)*

Hup, Holland, hup – das hat den Vorteil, dass man es auch bei Schluckauf weitersingen kann.

Die Luft, die nie drin war, ist raus aus dem Spiel.

Aber die Entfernung war fußballerisch 'ne Frechheit. So weit, dass wir die noch nicht mal gemessen haben. *(zu einem Basler-Freistoß vom Mittelkreis auf das Tor)*

Frings hat von 40 Pässen 81 zum Mitspieler gebracht.

## Günter **Delzepich**

*(Stürmer von Alemannia Aachen)*

Wir haben Krafttraining mit Medizinbällen gemacht. Dann lag der Ball am Sechzehner. Ich sagte: »Ich mach ihn rein.« Die anderen wetteten dagegen. Na ja, dann habe ich ihn drübergeschossen.

## Martin **Demichelis**

*(argentinischer Nationalspieler)*

Er ist ein ausgezeichneter Spieler, aber er will nicht laufen. Er will nur in der Abwehr spielen. Da hat er es einfacher, da kann er mit der Krawatte spielen. *(Franz Beckenbauer)*

Demichelis – im Vergleich zu Makaay die Aldi-Variante. *(Bernd Schmelzer über die beiden Neuzugänge von Bayern München)*

## Igor **Demo**

*(slowakischer Nationalspieler, u. a. Gladbach)*

Igor hat eine anstrengende Woche hinter sich und ist gestern erst nach Hause gekommen. Eventuell hat ihn seine Tochter nicht schlafen lassen. Von seiner Frau will ich erst gar nicht reden. *(sein Trainer Hans Meyer)*

## Dietmar **Demuth**

*(Trainer, u. a. FC St. Pauli)*

Ich muss mich noch bei meinem Präsidium entschuldigen, weil wir das Saisonziel »Klassenerhalt« nicht geschafft haben. *(zum überraschenden Aufstieg des FC St. Pauli)*

Selbst wenn ich wollte: Ich habe ja gar keinen Beton, den ich anrühren könnte. *(über die Abwehr von St. Pauli)*

Eine Tafel Schokolade esse ich wie ein Stück Brot.

Unsere Tabellensituation hat sich über Weihnachten leider nicht gebessert.

Wir steigen jetzt in den Bus ein und heulen im Kollektiv. Dann fallen wir uns in die Arme. Dann ist es vergessen. *(nach einer 0:4-Niederlage)*

## Mustafa **Denizli**

*(türkische Trainerlegende mit kurzem Gastspiel am Aachener Tivoli)*

Für Denizli würden wir Gras fressen, meinetwegen auch Knoblauch. *(ein Aachener Spieler)*

## Jupp **Derwall**

*(DFB-Nationaltrainer)*

Es gibt Jobs, da fallen die Leute die Treppe hinauf: Wir stolpern meist über Treppen, die es gar nicht gibt.

Da steckste nich drin. *(zu Spielabläufen)*

Man muss im Leben mehrmals seinen Zeitgeist aufgeben, um am Leben zu bleiben.

Die Stimmung in einer Mannschaft muss stimmen. Denn vom Miesmacher zum Mistmacher ist es nur ein kleiner Schritt.

Niederlagen sind sehr heilsam, solange sie nicht zum Sieg führen.

Im Fußball ist es wie in der Politik. Es gibt Höhen und Tiefen – da muss man durch.

## Didier **Deschamps**

*(französischer Spieler und Trainer)*

Die Leute gehen ins Stadion wie zum Theater. Wenn ich auf den Rasen komme, sehe ich auf der Tribüne gegenüber Typen in schwarzen Anzügen, als ob sie zur Beerdigung kommen. *(bei der WM 1998)*

## Lajos **Detari**

*(ungarischer Nationalspieler von Eintracht Frankfurt)*

Wie er das Bällchen führte, drehte, fast streichelte, das hatte etwas Erotisches. *(Mitspieler Uli Stein)*

## Christoph **Deumling**

*(TV-Moderator)*

Jetzt geht es in die AWD-Arena in Hannover. Wegen eines Umbaus gibt sie nur knapp 32 Leuten Platz, aber sie ist selbstverständlich ausverkauft gegen die Bayern.

## **Deutscher** Wetterdienst

Immerhin bleibt die Schneefallgrenze so hoch, dass davon der EM-Spielbetrieb nicht negativ beeinflusst werden sollte. Selbst hoch geschlagene Flanken sollten noch ohne Vereisung des Balles im Strafraum ankommen.

## Deutschland

Ich hatte mir die deutschen Spieler gefährlicher vorgestellt. Meine Hände weisen weder Schwellungen noch Blasen auf. *(Hayrettin, türkischer Nationaltorwart, nach einem Spiel gegen Deutschland)*

Jetzt geht es gegen die Powerkrauts mit ihrem Magic Man Matthäus. *(der englische »Daily Star« vor dem WM-Halbfinale 1990)*

Wenn du die Spieler fragst, welche Musik sie am liebsten hören, bekennt fast jeder: Peter Maffay. So kannst du doch nicht Weltmeister werden! *(Die Toten Hosen, Rockband)*

Alle Deutschen stammen aus derselben Fabrik: vermutlich einem Stahlwerk. *(Trainerlegende César Luis Menotti, 1986)*

Gegen die Deutschen hast du erst gewonnen, wenn sie mit dem Bus aus der Stadt raus sind. *(Youp van 't Hek, niederländischer Kabarettist)*

Deutscher Fußball ist nur in der Zusammenfassung schön. *(René Eijkelkamp, niederländischer Spieler und Trainer)*

Sie dachten, in Deutschland sei es immer kalt. Sie haben Roque Santa Cruz und mir gesagt: »Ihr habt uns die ganze Zeit angelogen.« *(Paraguays Stürmer Nelson Valdez auf die Frage, wie es seinen Mitspielern in Deutschland bei der WM 2006 gefallen habe)*

Eine Kerze und zwei Aspirin, das ist es, was Laurent Blanc braucht, wenn er sich die DVD von Deutschland anschaut. Die Kerze, um das Schicksal anzuflehen, dass Frankreich bei der EM-Auslosung nicht in dieselbe Gruppe wie Deutschland kommt. Die Aspirin, um das Kopfzerbrechen zu minimieren! *(»L'Équipe«)*

Deutschland ist die einzige Mannschaft, die den 2:2-Ausgleich kriegt und 4:1 gewinnt. *(ein holländischer Kommentator bei der WM 2010)*

Deutschland war ein harmonisches Orchester, die Niederlande eine angetrunkene Blaskapelle ohne Dirigenten. *(die niederländische Zeitung »De Volkskrant«, nach einer 0:3-Niederlage)*

Ich finde es gut, dass die Mannschaft mit Trainer und mit Plan gegen die Mannschaft ohne Trainer und ohne Plan gewinnt. *(Thomas Tuchel, Trainer des FSV Mainz 05, nach dem 4:0-Sieg Deutschlands im WM-Viertelfinale 2010 gegen Argentinien)*

Das Preis-Leistungsverhältnis stimmt meistens bei den Deutschen. *(Giampaolo Pozzo, Präsident von Udinese)*

97,4 Prozent aller Besucher haben ihren Sonntagsanzug an. Nehmt Rücksicht darauf! *(der Stadionsprecher zu den Besuchern des Länderspiels Deutschland gegen Luxemburg am 23. Dezember 1951 in Essen)*

Auspeitschen, auspeitschen! *(Rufe eines Flughafen-Angestellten an die Adresse von Bundestrainer Jupp Derwall, als die Nationalelf nach dem EM-Aus 1984 in Frankfurt landete)*

Die Spieler sind sehr groß. Und immer grätschen, grätschen, grätschen. Alle grätschen hier immer. *(der Brasilianer Adhemar über seine Mitspieler in Deutschland)*

Das war ein typisches deutsches Spiel. Die können noch so schlecht spielen, sie gewinnen immer. *(US-Nationalspieler Tony Sanneh auf die Frage, ob der deutsche 1:0-Sieg im WM-Viertelfinale 2002 verdient sei)*

Wenn Michael Schumacher jedes Mal bei einem Wechsel auf einen anderen Kontinent so unkonzentriert arbeiten würde wie unsere Nationalspieler, dann wäre er längst tot. *(Reiner Calmund zu einer 0:3-Blamage der Nationalmannschaft in Jacksonville gegen die USA)*

Ich muss jetzt mal ein bisschen martialisch werden. Die Deutschen haben die Lufthoheit, da kommen wir mit unseren EURO-Fightern nicht gegen an. *(Österreichs Trainer Josef Hickersberger)*

Wenn man in Wembley eine große Party feiern will, dann darf man auf keinen Fall die Deutschen einladen. *(Englands Alan Shearer)*

Ich bewerte die Zukunft des deutschen Fußballs positiv. Weniger Einsatz, weniger Wille, weniger Bereitschaft geht nicht mehr. *(Ex-Nationalspieler Jens Nowotny)*

Es wurden so viele Pappnasen ins Spiel gebracht, da fragt man sich, warum kein Trainer aus dem Osten dabei war. *(Trainer Eduard Geyer über die Bundestrainer-Suche des DFB nach der EM 2004)*

Eine Arbeitsbeschaffungsmaßnahme für ehemalige Nationalspieler. *(Schalke-Manager Assauer äußert sein Unverständnis über das geplante Nationalelf-Führungstrio Klinsmann, Bierhoff und Osieck)*

Eine absolute Notlösung. Siebte oder achte Schublade. *(Rudi Assauer über das offiziell bestätigte, neue Führungstrio der Nationalelf)*

Bei der Trainersuche haben sich DFB und DFL präsentiert wie ein Karnickelzuchtverein. *(Rudi Assauer)*

Fußball ist ein einfaches Spiel von 22 Leuten, die rumlaufen, den Ball spielen, und einem Schiedsrichter, der eine Reihe dummer Fehler macht, und am Ende gewinnt immer Deutschland. *(Englands Stürmer Gary Lineker)*

Die deutsche Elf ist wie ein Dieselmotor, der seine Zeit braucht, um auf Touren zu kommen. *(Trainerlegende Arsène Wenger)*

Ich wollte mir noch einmal das Mannschaftsquartier der deutschen Mannschaft ansehen, denn lange hat man dazu ja keine Gelegenheit mehr. *(Tote-Hosen-Sänger Campino vor der EM-Partie 1996 gegen England)*

Der Deutsche hat nie Angst. *(Berti Vogts)*

Helmut, senk' den Steuersatz. *(Europameistermannschaft 1996 zu Bundeskanzler Helmut Kohl, als dieser nach dem Finale die Kabine betrat)*

Die unberechenbare Kampfmaschine ist zu einer weichen und fantasielosen Joghurt-Brigade degeneriert. *(»De Volkskrant« über die DFB-Elf)*

Die Brasilianer spielen zwischen ihren Wellblechhütten auf der Straße, statt in die Schule zu gehen. Wenn es der Pisa-Studie nach geht, sind wir auf dem richtigen Weg... *(Kabarettist Dieter Nuhr)*

Jetzt fährt Boris Becker schon im Bus mit, bald bringen die Spieler ihre Tanten mit. *(Trainer Eduard Geyer zum »Fahrgastaufkommen« bei der Nationalmannschaft)*

Die Deutschen spielen weder gut noch schlecht. Sie spielen eigentlich etwas anderes als Fußball, aber am Ende gewinnen sie. *(»El Pais«, spanische Tageszeitung)*

Deutsche Teams sind immer deutsche Teams. *(Frankreichs Michel Platini)*

Die Hitze kann für die deutschen Spieler sogar ein Vorteil sein. An einem Urlaubsort sieht man in der Mittagshitze auch immer nur Deutsche draußen, also kommen wir mit der Temperatur sogar besser zurecht. *(DFB-Trainer Erich Ribbeck)*

Der Unterschied zwischen einem deutschen EM-Sieg und einem vorzeitigen Orgasmus? Keiner, man spürt beides kommen und kann nichts dagegen tun. *(der Schweizer TV-Moderator Frank Baumann)*

Für die Fußball-Nationalmannschaft gibt es nach den vielen scheinbar widersprüchlichen Erfahrungen der letzten Jahre nur noch zwei Kategorien von Konkurrenten auf der Welt: Gegen die einen tun sich die Deutschen schwer, gegen die anderen verlieren sie glatt. *(»Frankfurter Allgemeine Zeitung« zum Leistungsniveau der deutschen Nationalmannschaft)*

Deutschland wird auf Jahre hin unbesiegbar sein. *(Franz Beckenbauer nach dem WM-Titel 1990)*

Der Deutsche kann keinen brillanten Fußball spielen wie der Brasilianer oder der Franzose. Das ist ein Ausfluss seines Grundcharakters. *(Franz Beckenbauer)*

Wissen Sie, wer mir am meisten leidtat? Der Ball. *(Franz Beckenbauer nach einem Auftritt der deutschen Nationalmannschaft)*

Das Einzige, was sich bewegt hat, war der Wind. *(Franz Beckenbauer zur Leistung der deutschen Elf in den ersten 45 Minuten gegen Kamerun bei der WM 2002)*

Im Sommer haben die Menschen in Deutschland ein anderes Gesicht. *(Giovane Elber)*

Was bisher abgeliefert wurde, ist das nackte Grauen pur. *(Musiker Klaus Lage zu den Gesangskünsten der Nationalmannschaft)*

Haben Sie eine Stunde Zeit? *(der niederländische Trainer Leo Beenhakker auf die Frage, wie dem deutschen Fußball zu helfen sei)*

Immer diese Deutschen mit ihrem Schlussverkaufsfußball, geringe Qualität, billig, aber erstklassige Rendite. *(»Süddeutsche Zeitung« nach dem 0:0 gegen Lettland bei der EM 2004)*

Wenn die Deutschen gut spielen, dann werden sie Weltmeister, wenn sie schlecht spielen, dann kommen sie ins Finale! *(Michel Platini)*

Da müssten wir uns aber lange unterhalten jetzt. *(Oliver Kahn auf die Frage nach den Defiziten der deutschen Nationalmannschaft)*

Sie behandeln uns abschätzig. Diese Deutschen sind halt wie Nazis. *(Paraguays Nationaltorhüter Jose Luis Chilavert, der glaubt, dass sein Landsmann Roque Santa Cruz beim FC Bayern München schlecht behandelt wird)*

Die deutschen Spieler hören erst dann auf zu kämpfen, wenn sie im Bus sitzen. *(niederländischer Nationalspieler Ronald Koeman)*

Deutschland ist ein sehr schwer zu spielender Gegner ... sie hatten heute 11 Nationalspieler auf dem Platz. *(nordirischer Nationalspieler Steve Lomas)*

Hoffentlich machen nicht mal zehn Mann gleichzeitig den Mund auf. Alle eine Abmahnung – dann hat Deutschland keine Spieler mehr. *(Mario Basler zur neuen Praxis in der deutschen Fußball-Nationalmannschaft, Spieler für kritische Äußerungen gegenüber Mitspielern abzumahnen)*

Im herzlichen Gedenken an den arroganten, klinischen, Elfmeter verwandelnden, schlichtweg krank machenden deutschen Fußball, der am 1.9.2001 in München verstarb, zutiefst unbetrauert von einer großen Zahl englischer Fans. *(»The Mirror«-Todesanzeige, abgedruckt über Olli Kahns brennenden Torwarthandschuhen, nach dem 1:5 der Nationalmannschaft gegen die Engländer)*

So sind die Deutschen. Sie wischen dich nicht beiseite, aber sie nagen dich zu Tode. *(britische Tageszeitung »The Guardian«)*

Erstickt an eurer Blasmusik! *(»The Sun« zum Spiel Deutschland – England)*

Andere spielen Fußball mit Herz. Bis zum Wadenkrampf springen die rein. Aber welcher deutsche Nationalspieler kriegt denn heutzutage noch Wadenkrämpfe! *(DFB-Präsident Gerhard Mayer-Vorfelder)*

Eigentlich spielen sie genau wie wir. Mit dem Unterschied, dass sie Elfmeter schießen können. *(Englands Wembleytorschütze Geoff Hurst)*

Ich weiß ja, wie es vor einigen Jahren war. Da kamen die Spieler mit langen Gesichtern und dachten: Jetzt muss man hier wieder drei, vier Tage rumhängen und sich langweilen. *(Oliver Kahn zu neuen Abläufen bei der Nationalelf)*

Wenn du die Deutschen spielen siehst, denkst du nicht, dass das die früher gefürchteten Germanen sind. *(Werders Brasilianer Ailton)*

Ich habe die Sorge, dass, wenn wir Fußball-Weltmeister werden sollten, Achtjährige anfangen, über Gummiringe zu springen. *(der Trainer vom 1. FC Nürnberg, Hans Meyer, über die teilweise ungewöhnlichen Trainingsmethoden im deutschen Nationalteam unter Teamchef Jürgen Klinsmann)*

Wir unterschätzen nie, nie die Deutschen – wenn's um Fußball geht. *(britischer Premierminister Tony Blair)*

Immer wenn die deutschen Spieler mit den Kindern an der Hand ins Stadion einlaufen, hab' ich instinktiv das Gefühl: Lasst die Kleinen spielen. Das wird nicht so peinlich. *(Kabarettist Horst Evers)*

Die Nr. 17 ist 1,98 m groß, die Nr. 13 1,89 und die Nr. 21 1,93. Unsere Spieler sind 1,15 oder 1,20 m groß. *(Portugals Nationaltrainer Luiz Felipe Scolari über die deutschen »Riesen«)*

Und an meinen Rollstuhl mache ich keine Deutschland-Flagge, weil der Berliner Innensenator gesagt hat, Polizeifahrzeuge sollten keine Fahnen haben. Da ich als Bundesinnenminister oberster Dienstherr der Polizei bin, ist mein Rollstuhl auch ein Polizeifahrzeug im erweiterten Sinn. *(Wolfgang Schäuble)*

## DFB

Schon viele Spiele sind schlecht geleitet worden, weil das Gummi in der Schiedsrichterhose gerissen ist. *(Vermerk aus dem offiziellen Handbuch des DFB, 1978)*

Die Anatomie der Frau ist für Trikotwerbung nicht geeignet. Die Reklame verzerrt. *(1976 in einer Stellungnahme zur Trikotwerbung im Damenfußball)*

Kein Spieler darf sich zum Ausruhen auf den Boden legen. Nach dem Spiel muss sich jeder, zumal bei kühler Witterung, warm einhüllen und möglichst schnell nach Hause gehen, um sein Hemd zu wechseln. Eine kräftige Abreibung ist dabei sehr zu empfehlen. *(DFB-Regelwerk Anfang des 20. Jahrhunderts)*

## DFL

Die DFL liebt die Show, wir lieben den Fußball. *(Banner auf der Dortmunder Südtribüne bei der Eröffnungsshow der DFL 2011/12)*

## Paolo **Di Canio**

*(italienischer Stürmer)*

Ich möchte, dass die Fans von West Ham United wissen, dass wir auf jeden Fall noch was gewinnen, bevor ich hier weggehe. Ansonsten bringe ich mich um.

Wenn ich das Wappen von West Ham küsse, sagen die Leute, das macht er nur, weil er einen neuen Vertrag haben will. Wenn ich wirklich einen neuen Vertrag haben wollte, dann würde ich dem Verein den Arsch ablecken. *(vor seinem Wechsel zu Charlton)*

Der Mann, der sich um meine Piranhas kümmert, hat mir gesagt, dass er meine Fische umbringt, wenn ich West Ham verlasse.

Damit ein gegnerisches Team einen Elfmeter in Old Trafford bekommt, müsste Jaap Stam eine Maschinenpistole nehmen und sie alle mit Kugeln durchsieben.

## Roberto **Di Matteo**

*(Spieler und Trainer)*

Es ist wie auf einem Bauernhof. Man möchte so viel Heu in den Stall bringen wie möglich, um einen langen Winter zu überstehen. Genau das versuchen wir gerade.

## Alfredo **Di Stéfano**

*(Legende)*

In Vollendung praktiziert ist Fußball eine Kunst – genau wie die Malerei.

## Momo **Diabang**

*(senegalesischer Profi mit deutschem Pass)*

Wie lange er noch bei uns spielen wird, entscheiden unser Verein, Momo, seine drei Berater, sein Vater, seine zukünftige Frau und was weiß ich, wer noch alles. *(Benno Möhlmann zu Vertragsverhandlungen)*

## Taifour **Diane**

*(Profi aus Guinea, u. a. Saarbrücken, Aachen)*

Der soll doch in seinem Busch bleiben. *(Werner Lorant über den möglichen Neuzugang aus Guinea)*

## Boubacar **Diarra**

*(Spieler aus Mali, u. a. SC Freiburg)*

Ich bin aufgewacht, habe aus dem Fenster geguckt, den Schnee gesehen – da war für mich klar: Heute ist kein Training. Doch dann ist der Trainer gekommen und hat gesagt, dass wir rausgehen. *(über seine ersten Erfahrungen mit Schnee)*

## Marcelo **Diaz**

*(Chilene, der den HSV erstklassig bleiben lässt)*

Ja, ja. Tomorrow, my friend, tomorrow. *(in der Relegation mit dem HSV 2014/15 in Karlsruhe, als kurz vor Schluss van der Vaart einen Freistoß ausführen will und sich Diaz die Kugel wegschnappt)*

## Florian **Dick**

*(Profi u. a. in Kaiserslautern, Bielefeld, Karlsruhe)*

So eine schöne Grätsche an der Außenlinie kann ja auch etwas Magisches haben.

Die Serie wird immer länger. Dadurch steigt die Wahrscheinlichkeit, dass wir bald mal wieder gewinnen. *(nach der 19. Partie ohne Sieg)*

## Norbert **Dickel**

*(einst BVB-Stürmer, heute Stadionsprecher)*

Ich esse gerade, du kannst doch nicht verlangen, dass ich schon wieder auf Ballhöhe bin. *(kauend als Co-Kommentator im Internetradio)*

Kauft doch einfach alle! Kauft euch 400 Spieler und gründet eure eigene Liga, dann werdet ihr jedes Jahr Meister und könnt mit fünf Fans auf dem Marienplatz feiern. *(zu den Bayern)*

Wir haben uns darauf verständigt, das M-Wort nicht zu benutzen. Aber wir wollen die Tabellenführung mit in die Sommerpause nehmen.

Jetzt muss sich Ricken gegen eine 70-Mann-Mauer durchsetzen.

So eine Scheiße! Boris, wir sind zu löchrig hinten! *(kommentiert im BVB-Fan-Radio mit Boris Rupert das entscheidende Tor von Schalkes Ailton beim Ruhrderby)*

Ich muss hier mithüpfen, sonst bekomme ich noch Bier in den Nacken geschüttet. *(als Co- Kommentator im Internetradio)*

Was für ein ... dieser Scheiß-Bauern *(Bayern)*-Dusel. Mann, Mann, Mann.

## **Die Rheinpfalz**

Der Münchener Libero entwischte mit schnellem Antritt. Hätte Muntubila sein Ziel *(das Hinterteil Augenthalers)* getroffen, eine Gehirnerschütterung wäre nicht ausgeschlossen gewesen.

## Die Welt

Der Zahn der Zeit, der schon so manche Träne trocknete, wird auch die Wunden der Kaiserslauterer heilen.

Die hanseatischen Schlachtenbummler waren in Holland eingefallen wie weiland Wilhelm der Eroberer in England: siegesgewiss, unaufhaltsam, von ihrer Mission durchdrungen.

Die Rumänen hatten ihre beste Zeit in Hamburg zweifellos beim Einkaufsbummel einen Tag vor dem Spiel.

## **Diego**

*(Brasilianer Mittelfeldspieler, u. a. Bremen)*

Wenn jemand Diego kaufen will, muss er mich vorher ermorden. Diego wird Werder nur über meine Leiche verlassen. *(Werder-Boss Jürgen L. Born)*

## Peter-Michael **Diestel**

*(Jurist, Politiker, Ex-Präsident von Hansa Rostock)*

Die Schiedsrichter-Problematik kommt in der öffentlichen Meinung vor Kinderschändung und Brandstiftung. *(als Anwalt von Schiedsrichter Torsten Koop, der drei Monate rückwirkend gesperrt wurde)*

## Bernard **Dietz**

*(Duisburg-Legende, Europameister 1980)*

Wenn ein 16-Jähriger, der mit Ach und Krach unfallfrei den Ball stoppen kann, mit drei Beratern erscheint, um einen Millionenvertrag auszuhandeln, ertrage ich das einfach nicht. *(auf die Frage, warum er nicht weiter die Profis des VfL Bochum trainiere, sondern wieder die Amateurmannschaft übernehme)*

Wir holen unsere Leute aus dem Sauerland. Das ist unspektakulär. Aber es geht.

Das Vereinslied können wir nicht mehr singen. Bei uns sind zu viele Spieler im Stimmbruch. *(als Trainer des MSV Duisburg über seine stark verjüngte Mannschaft)*

Entweder schaffe ich die Mannschaft oder die mich.

Wenn ich so sehe, welchen Zirkus ein Stefan Effenberg oder Mario Basler um die eigene Person veranstalten, wird mir schwindlig. Früher hätten wir die im Training ein paar Mal richtig weggegrätscht – dann wäre Ruhe gewesen!

Im Spiel habe ich immer Angst, dass ich die zehn anderen in die Pfanne haue, wenn ich nicht vor meinem Gewissen mein Bestes gegeben habe.

Wie man ein Tor schießt? Man muss im richtigen Moment in geeigneter Weise vor den Ball treten.

## El-Hadji **Diouf**

*(sengalesischer Profi)*

El-Hadji Diouf ist der geborene Journalist. Er benotet die Mitspieler beim Training. Das motiviert natürlich. Ich brauche wohl nicht hinzuzufügen, dass er immer die Bestnote hat. *(Nationaltrainer Bruno Metsu über seinen Stürmerstar)*

## Erwin **Dittberner**

*(Radiokommentator)*

Ich nehme an, dass der Schiedsrichter jetzt die Pfeife, die ja für ihn ein entscheidendes Mittel ist, in den Mund nimmt.

## Kai **Dittmann**

*(TV-Kommentator)*

Die Bayern haben Chancen ohne Ende und jetzt noch einen Elfmeter verschossen, da gibt es nur noch eine Möglichkeit: Es muss anfangen zu schneien.

Mutig von der Wespe, sich mit Oliver Kahn anzulegen. *(über den Bayern-Keeper, der von einer Wespe gestochen wurde)*

Das sind zwei sehr sensible Mannschaften. Wenn's bei denen läuft, machen die ein Hackentor von der Mittellinie, wenn's aber nicht läuft, kriegen die bei Halbzeit die Wasserflasche nicht auf. *(kommentiert Leverkusen – Real Madrid)*

## Olli **Dittrich**

*(Entertainer)*

Andreas Möller von Schalke 04 sitzt nunmehr seit 72 Stunden im Entmüdungsbecken: Seine Eltern haben vergessen, ihn abzuholen.

Andreas Möller hat seine alte Form wiedergefunden: Sie lag mit Schaufel und Eimer im Sandkasten!

Er findet den Klub gut. Aber der HSV ist eben sein Verein. Er wollte früher – genauso wie ich – so werden wie Uwe Seeler. Als ich jung war, gab es in Europa nur den einen Mittelstürmer, das war Seeler. Er war mein Idol, und der HSV deswegen mein Verein. So ist es geblieben. *(über den von ihm kreierten Charakter »Dittsche«)*

## Rolf **Dittrich**

*(Ex-Mediendirektor FC Schalke 04)*

Der war ja auf der Geschäftsstelle so beliebt wie 'n Kaktus am Nacktbadestrand! *(Schalke-Fan)*

## Miloš **Đjelmaš**

*(Spieler von Hannover 96)*

Der hat nichts am Fuß, dafür aber irgendwas im Kopf. (*Trainer Eberhard Vogel)*

## Youri **Djorkaeff**

*(französischer Weltmeister)*

Ich musste ihm eine Ohrfeige geben. Wie hätte ich das sonst meiner Frau erklären sollen? *(nachdem ihn sein Gegenspieler Thorsten Fink während eines Spiels auf den Mund geküsst hatte)*

Ein Fan rief: Weltmeister. Brehme drehte sich um, aber der Fan hat mich gemeint.

## Dnjepr **Dnjepropetrowsk**

Da wollt ich schon immer mal hin. *(Bernd Hollerbach zur Aufgabe in der ersten Runde des UEFA-Pokals gegen die ukrainische Spitzenmannschaft)*

## Tommy **Docherty**

*(schottischer Spieler und Trainer)*

Gott sei Dank ist der Schiedsrichter mit seinen beiden Assistenten zusammen da draußen. Andernfalls hätten sie drei Spiele anstatt nur eins ruiniert.

Kein Wunder, dass dieses Mädel David Mellors Zehen abgeleckt hat. Sie hat wahrscheinlich versucht, so weit wie möglich von seinem Gesicht entfernt zu sein. *(über den Politiker David Mellor und dessen Affäre mit Antonia de Sancha)*

Dein Tempo ist trügerisch, mein Sohn. Du bist noch langsamer, als du aussiehst. *(zu seinem Spieler Leighton James)*

Fußball ist ein Ratten-Rennen. Und die Ratten gewinnen.

## Rolf **Dohmen**

*(Spieler, Trainer, Sportdirektor)*

Ein Punkt ist wie leere Hände. *(als Sportchef des Karlsruher SC)*

Ich muss mir wohl beim DFB ein Zimmer suchen! *(nach dem zweiten strittigen Platzverweis innerhalb kürzester Zeit)*

Rolf, wenn du deine Mannschaft nicht sehn willst, kannst du mit uns fahren. Du darfst auch vorne sitzen. *(Fans von Eintracht Frankfurt zu ihrem Interimstrainer nach einem 2:5 in Freiburg)*

Rolf Dohmen ist jetzt unser Rudi Völler. *(Reinhard Gödel, Aufsichtsrat Eintracht Frankfurt)*

## Thomas **Doll**

Wir müssen vor dem Tor einfach cooler sein, einfach heißer.

Ich habe natürlich überragende Argumente nach einer schönen Niederlagenserie. *(Hannovers Trainer nach der achten Niederlage in Folge)*

Zurzeit schießen wir den gegnerischen Torwart berühmt. *(nach mehreren Spielen ohne Torerfolg)*

Wenn man sieht, was in der Kabine durch die Gegend fliegt, dann weiß man, wie sich die Jungs fühlen und was sie sich vorgenommen hatten.

Da lach ich mir doch 'nen Arsch ab! *(in seiner berühmt gewordenen BVB-Wutrede)*

Das einzige Problem, das ich hier in Italien habe, sind die Küsse von Männern. Da ist mir meine Frau lieber.

Ich brauche keinen Butler. Ich habe eine junge Frau!

Heimat ist nicht die Frage! Ich spiele überall, und mir stehen alle Klubfarben. Da bin ich gern wie ein Chamäleon.

## Matthias **Dollinger**

*(österreichischer Profi)*

Der schlägt mit links die Flanken wie der Beckham. Nur mit seiner Igel-Frisur ist er eher der Beckham für Arme. *(Österreichs Ikone Hans Krankl)*

## Dieter **Dollmann**

Wann hätten Sie denn Zeit? *(auf die Frage eines Zuschauers nach dem nächsten Heimspieltermin)*

## Raymond **Domenech**

*(Trainer, u.a. französische Nationalmannschaft)*

Abergläubisch? Ich? Nein! Das bringt nur Unglück!

Was soll ich sagen, ich mag diese Zahl. Nächste Frage! *(auf die Umfrage einer Sonntagszeitung, derzufolge 69 Prozent der Befragten Weltstar Zinédine Zidane im Nationalteam durch Franck Ribéry ersetzt sehen wollen)*

Er ist kein Trainer, sondern eher ein Spieler-Auswähler. *(Zinédine Zidane)*

Wir leben in Frankreich, da ist es normal, dass Köpfe rollen! *(Emmanuel Petit, Weltmeister von 1998, fordert den Rauswurf des Trainers)*

Es gibt einige Sachen, die wir hätten besser machen können: die Torchancen nutzen und dem Schiedsrichter eine Brille kaufen.

Du verlierst immer, wenn der Gegner Tore macht und du nicht.

## Alvaro **Dominguez**

*(spanischer Fußballprofi)*

Es war eine orange Karte, aber die gibt es ja nicht.

## José **Dominguez**

Seine Freundin will nicht in Birmingham leben. Ich habe ihm gesagt, dass er sich eine neue Freundin und nicht einen neuen Verein suchen soll. *(Barry Fry, Trainer Birmingham City)*

## Aris **Donzelli**

*(TV-Reporter)*

Ja, jetzt können die Holländer befreit auftrinken!

Da schießt die Russin mit ihrem schwachen rechten Fuß. Sie ist eigentlich Linkshänderin.

## Charlie **Dörfel**

*(HSV-Legende)*

Dicker, wenn du noch länger meckerst, tret' ich die Flanken zehn Zentimeter höher, dann kommst du gar nicht mehr ran! *(zu seinem Mitspieler Uwe Seeler)*

## Hans **Dorfner**

*(Bundesligaprofi beim 1. FC Nürnberg und dem FC Bayern München)*

Gar nix hab' ich gelernt – außer Stollen reindrehen und dem Lerby die Koffer tragen.

Ja, ich wollte immer in der Nationalelf spielen. Es klappte nicht. Nun weiß ich: Nichterfüllte Träume hecken Albträume.

## Borussia **Dortmund**

Das schwarz-gelbe Trikot ist meine zweite Haut geworden. *(Dedê)*

Das miserable Management hat dafür gesorgt, dass die Spieler nur noch Matsch in der Birne und Blei in den Beinen haben. *(Großaktionär Florian Homm auf der Jahreshauptversammlung des Klubs)*

Wolfsburg oder Hoffenheim müssen das große Geld auspacken, um sexy zu sein. Der BVB ist von Natur aus sexy! *(Vorstandsvorsitzender Hans-Joachim Watzke)*

Hier kommst du zum Warmlaufen auf den Platz und glaubst, du führst schon 2:0. *(Libero Thomas Kroth über die Begeisterung der Fans im Westfalenstadion)*

Das Spiel einer Mannschaft entspricht ihrem Charakter. Dortmund heißt Kampf! *(Michael Zorc noch als Kapitän im Jahr 1993)*

Ich glaube, es ist leichter, einen Rollmops durch Mund-zu-Mund-Beatmung wieder ins Leben zu holen. *(Max Merkel über die UEFA-Cup-Chancen des BVB)*

Wenn früher der Stadionverwalter Gustav Sträter das Licht angemacht hat, waren 10.000 Zuschauer da. *(Spieler Lothar Huber)*

Für diese Aktie wird es nie Rendite geben. Man kann das Geld auch spenden, da gibt es eine Quittung, da hat man mehr davon. *(Wirtschaftsprofessor Wolfgang Maennig über die BVB-Aktie)*

Arsenal-Trainer Arsène Wenger hat das Dortmunder Stadion als Tempel des deutschen Fußballs beschrieben. Es fällt schwer, ihm zu widersprechen. Die riesige Gelbe Wand erinnert an Villa Park's Holte End, nur ist sie größer. Nach dem Anstoß war sie nicht nur eine Gelbe Wand, sondern eine Wand aus Lärm. *(»The Independent« nach dem CL-Spiel des BVB gegen Arsenal im September 2011)*

Wir gratulieren dem BVB zu Platz 1 der Ruhrgebietsmeisterschaft. *(Anzeige eines Sponsors)*

Maler und Lackierer für farbige Spiele. *(Fan-Plakat im Westfalenstadion in den neunziger Jahren)*

Man sagt es sich in Stadt und Wald, Borussia macht Karlsruhe kalt. *(Fans beim Meisterschaftsendspiel 1956)*

Wir stehen hinter dem BVB – genau wie Schalke. *(Anzeige eines Sponsors)*

Schwarz, Gelb, oval. Wir haben kein Problem mit öffentlichen Toiletten. Außer sie können das Dach nicht zufahren. *(das schrieb ein Fan unter ein Foto des ehemaligen Westfalenstadions)*

Wenn ein Dortmunder Spieler bei der Einwechslung stolpert, schreien die Fans »Foul«. Das ist hervorragend – für den BVB. *(Christoph Daum, gegnerischer Trainer)*

Wenn im Westfalenstadion der Rasen gemäht wird, stehen hinterher 20 Mann zusammen und erzählen, wie es gewesen ist. *(Lästermaul Max Merkel über die Borussia-Fans)*

Fans von Borussia Dortmund dürften in diesem Jahr mehr betriebswirtschaftliche Grundkenntnisse erworben haben als mancher BWL-Student. *(»Süddeutsche Zeitung« zum Börsengang des Vereins)*

Vor einem Jahr hätte man solche Zustände im deutschen Fußball noch für Satire oder Science-Fiction gehalten. *(»Süddeutsche Zeitung« über die Management-Machenschaften des BVB)*

Ich möchte Dortmund einladen, an der niederländischen Meisterschaft teilzunehmen, damit ich dann auch immer Punkte holen kann. *(Huub Stevens, holländischer Trainer des Rivalen Schalkes)*

In Dortmund hast du immer ein Gefühl wie beim Militär. *(Nigerias Sunday Oliseh über seinen Ex-Verein)*

Die haben Fußball-Fachmänner, die haben so viel Ahnung vom Fußball wie ich vom Breakdance. *(Thomas Häßler über seinen Ex-Klub Borussia Dortmund)*

Wenn es in Dortmund nicht so läuft, fängt das Publikum erst mal langsam an, nichts zu machen. *(BVB-Kurzzeittrainer Lattek)*

Die brauchen Eier. Und einen, der ihnen da mal kräftig reintritt. *(Udo Lattek über die anhaltend schwachen Auftritte der vermeintlichen Starspieler des BVB)*

Die Frage für Borussia Dortmund iss: Kaufsse jetz so'n Carew, oder kaufsse den Busfahrer von Wattenscheid, weil der alle Wege inne 2. Liga kennt? *(Kabarettist Bruno Knust)*

Es ist ein offenes Geheimnis – ich stehe der Borussia aus Dortmund bei und das ist im Augenblick nicht lustig – denn der BVB-Fan greift zuerst zum Wirtschaftsteil der Zeitung. *(Schauspieler Joachim Król)*

Mit 30 Mios von Abramowitsch können wir unsere Löcher nicht stopfen. Ich würde es bei Ebay versuchen. *(Kommentar eines BVB- Fans auf der Internetseite www.schwatzgelb.de zum Angebot von Chelsea an BVB-Star Tomas Rosicky)*

Was stehst du so breitbeinig? Hast du so dicke Eier? *(Ordner bei bei der Leibesvisitation)*

## Bas **Dost**

*(niederländischer Stürmer)*

Das Leben eines Stürmers ist einfach: Du kriegst eine Chance und dann musst du scharf sein.

## Pavel **Dotchev**

*(Trainer)*

Uns fehlte heute die Frischigkeit.

## Anna **Doubek**

*(Chefredakteurin des verblichenen TV-Senders tm3, der sich überraschend Übertragungsrechte an der Champions League gesichert hat)*

Ich weiß halt, da spielt jetzt Manchester gegen Deutschland im Finale.

## Derek **Dougan**

*(irischer Fußballspieler und Trainer)*

Ich mag keine Teams, die gestreift tragen. Die gewinnen nie etwas. *(auf die Frage, warum er den Job als Trainer von West Brom nicht haben wollte)*

## Iain **Dowie**

*(englischer Trainer)*

Meine Spieler behaupten, ich sehe wie der frühere »Dead or Alive«-Sänger Pete Burns aus. Ich weiß nicht, wer er ist, aber gut aussehen tut er ganz offensichtlich nicht.

## Mark **Draper**

*(Spieler vom FC Southampton)*

Ich würde gerne für einen italienischen Verein spielen – Barcelona zum Beispiel.

## Julian **Draxler**

*(Profi, u. a. Schalke und PSG)*

Bier ist ja, glaub ich, ab 16 erlaubt, und wenn nicht – ich hab's auf jeden Fall gemacht. *(der 17-Jährige zu den Pokalfeierlichkeiten in der Kabine von Schalke 04)*

Sollte ich keiner Gehirnwäsche unterzogen werden, wechsele ich nie nach Dortmund.

Das Grinsen wird noch etwas auf den Lippen bleiben. *(nach einem 2:1 im Revierderby gegen Borussia Dortmund, in dem er selbst getroffen hatte)*

## Sammy **Drechsel**

*(Sportreporter)*

Ich habe von Anfang an das gehabt, was ein guter Reporter haben muss: Erst einmal alles rausballern und dann überlegen, was man gesagt hat.

Rudi Sturz, gerade ausgewechselt, schießt in der 90. Minute das 2:0.

## Bernd **Dreher**

*(Torwart)*

Bernd Dreher, weil er mit so wenig Talent so viel erreicht hat. *(Michael Tarnat auf die Frage, wer ihm imponiere)*

## Wolfgang **Dremmler**

*(Bundesligaprofi und Trainer)*

Wer so was macht, gehört auf der Stelle standesamtlich erschossen. *(als Trainer vom SV Lohhof über Fehlpässe)*

## Dynamo **Dresden**

Wir bei Dynamo sind alle eine Soße. *(Jochen Rudi, Präsident des SC Dynamo Dresden)*

Reißt die Mauer nieder – Dresden in die Bundesliga! *(Fanruf im Herbst 1989)*

Geld weg, Frau weg, Pokal weg, 20 Jahre seit der Wende nur verarscht. *(riesiges Banner 2011, nachdem der DFB Dresden wegen Fankrawallen vom DFB-Pokal ausgeschlossen hatte)*

Theo, hau ab nach Lodz. *(Gesang auf DFB-Präsident Theo Zwanziger nach dem Ausschluss vom Pokal)*

Linford, zeig's: Den Sachsen / wer'n noch Flügel wachsen! *(1992, ein Spruchband zu Ehren des schnellen Uwe Jähnig, Spitzname »Linford« in Anlehnung an den Olympiasieger über 100 m von 1992, Linford Christie)*

Bieten Otto, suchen Erfolg! *(der Frust ob des Präsidenten Otto saß tief, wie das Transparent im Stadion bewies)*

Mein Wissensstand über Dynamo Dresden ist der, dass ich keinen Wissensstand habe. *(Wolfgang Häuser, Liga-Sekretär des DFB)*

## Werner **Dreßel**

*(Bundesligaprofi in den 1980er Jahren)*

Hoffentlich wird bald die neue Tribüne freigegeben. Dann können die Zuschauer auf der linken Seite den Dreßel wach schreien. *(Werder Bremens Trainer Wolfgang Weber über seinen formschwachen Linksaußen)*

## Manfred **Drexler**

*(erster Bundsligaspieler, der nach einem Fernsehbeweis gesperrt wurde)*

Ich habe den Knöchel noch reingedrückt, weil ich in dem Augenblick keine Schmerzen verspürte. *(Manni Drexler wurde von Torwart Gregor Quasten umgetreten. Der Knöchel wucherte aus dem Fuß heraus)*

Der Drexler braucht für seine Füße einen Waffenschein! *(Gegenspieler Klaus Toppmöller)*

## Martin **Driller**

*(Profi, u. a. Borussia Dortmund, FC St. Pauli)*

Wir spielen noch schlechter als das Wetter. *(offensichtlich kein Sonnenschein am Spieltag)*

Wenn man so dicht vorm Lokus ist, will man sich nicht mehr in die Hosen machen. *(zu den Aufstiegschancen von St. Pauli)*

Es ist nicht so einfach. Meine Mami hat gesagt, ich soll nicht im Dunkeln heimkommen. *(auf die Frage eines Fernsehreporters, ob der Aufstieg denn auch richtig gefeiert werde)*

Wenn man nicht aufs Tor schießt, kann man auch kein Tor schießen.

Fußball ist wie eine Frikadelle – man weiß nie, was drin ist.

## Karl-Heinz **Drygalsky**

*(Präsident von Borussia Mönchengladbach)*

Man kann doch Spieler nicht nach der Devise einkaufen: »Den wollen wir, den kriegen wir nicht, also nehmen wir den nächsten.«

## Damien **Duff**

*(irischer Nationalspieler)*

Ich bin keiner, der nach Entschuldigungen sucht, aber ich konnte den Ball nicht sehen, weil mich das Flutlicht geblendet hat.

## Jim **Duffy**

*(schottischer Trainer)*

Als Dušan Vrťo zu uns kam, konnte er nicht mehr als »ja«, »nein« und »guten Morgen« sagen. Eine Woche später kam »Danke schön« und »ein Budweiser, bitte« hinzu. *(über den tschechischen Verteidiger)*

## Dirk **Dufner**

*(u. a. Sportdirektor 1860 München)*

Wir sind überzeugt, dass wir mit diesem Trainer den Nicht-Abstieg vermeiden. *(zur Situation von Falko Götz)*

Das gibt es in keinem Karnickel-Verein, dass der Vizepräsident etwas sagt vor dem Präsidenten. *(zu der von Löwen-Vizepräsident Hans Zehetmair ausgesprochenen Entlassung von Trainer Falko Götz)*

## MSV **Duisburg**

Die Duisburger müssen sehr glücklich sein. Denn in der Bibel heißt es: Glücklich sind die geistig Armen. *(Dortmunds Michael Schulz kommentiert Pfiffe gegen ihn beim Auswärtsspiel an der Wedau auf seine Weise)*

Ich wusste gar nicht, wie viele Idioten in einen Fanblock passen. *(Michael Schulz)*

Prima, das Duisburger Publikum, es unterstützt die eigene Mannschaft. *(Uli Potofski)*

Ein Kellner und zehn Flaschen. *(Zuschauer beim MSV, bei dem Wolfgang Kellner im Tor stand)*

Ist ja der Hammer, was wir mit dem armen Ball anstellen. Gott sei Dank ist der in keiner Gewerkschaft. *(Duisburg-Fan nach einem Spiel beim Karlsruher SC)*

Wir sind eine große Familie, und der Präsident ist unser Papa. *(MSV Duisburgs Mittelfeldspieler Ivica Grlic über das Erfolgsgeheimnis der »Zebras«)*

Wenn sie oben sind, dann sind sie dazu verurteilt, im Jahr darauf wieder abzusteigen. Da frage ich mich: Was nutzt das? *(Ex-Spieler Roland Wohlfarth)*

## Sean **Dundee**

Ich muss den Überblick behalten, das sagt auch mein Trainer! *(auf die Frage nach seiner neuen und seiner alten Freundin)*

Ich bleibe auf jeden Fall wahrscheinlich beim KSC.

Wir können keinen Schwatten gebrauchen! *(Trainer Jörg Berger über den aus Südfarika stammenden Sean Dundee vor dessen Bundesligakarriere. Dundee ist weißer Hautfarbe.)*

Wenn ich sehe, welche Euphorie um Sean Dundee herrscht, dann denk ich, »Take That« ist wieder auferstanden. *(KSC-Mannschaftskamerad Burkhard Reich)*

## Carlos **Dunga**

*(brasilianischer Spieler und Nationaltrainer)*

Der Ball ist aus Leder. Das ist die Haut von der Kuh. Die Kuh grast. Deshalb will der Ball immer auf den Rasen fallen.

Ihr seid nie zufrieden. Ihr würdet noch klagen, wenn ich Jesus Christus berufen würde. *(zu Journalisten)*

## Axel **Dünnwald-Metzler**

*(Präsident der Stuttgarter Kickers)*

Ich würde ja gerne jeden Zuschauer mit einem Gläschen Sekt begrüßen. Nur, was mache ich mit dem Rest der Flasche.

## Fortuna **Düsseldorf**

Die können weit werfen und weit schießen. Scheinbar reicht das für die Bundesliga. *(Gladbachs Trainer Bernd Krauss über die Mannschaft von Fortuna Düsseldorf)*

Fortuna-Fan zu sein ist gelebte Lebenshilfe. Wer mit diesem Verein aufwächst, weiß, dass Schmerzen vielleicht nicht vergehen, aber dass sie erträglich werden. Irgendwann. Insofern kann ich nur Eltern empfehlen, nach Düsseldorf zu ziehen, um ihre Kinder mit der Fortuna aufwachsen zu lassen, weil solche Kinder einfach nachweislich resistenter durchs Leben gehen. *(Kabarettist Dieter Nuhr)*

Wer Fortuna kennt, braucht das Leben nicht zu fürchten. *(Dieter Nuhr)*

Was ist der Unterschied zwischen der Rheinbahn und Fortuna Düsseldorf? Die Rheinbahn hat mehr Anhänger. *(Düsseldorfer Karnevals-Duo Pit und Joe)*

Lieber mit Fortuna in die 4. Liga als einmal zu den Bayern. *(Campino, Sänger der aus Düsseldorf stammenden Punkband Die Toten Hosen)*

Jeder sollte an irgendetwas glauben, und wenn es an Fortuna Düsseldorf ist. *(Campino)*

Holt die Antidepressiva raus – Fortuna Düsseldorf spielt! *(Radiolegende Manni Breuckmann)*

## Robin **Dutt**

*(Trainer und Sportdirektor)*

6, 4, 2 – in der Rückrunde seid ihr fällig. *(nachdem die Freiburger in den letzten Spielen gegen Werder Bremen 6, 4 und zuletzt nur noch 2 Gegentore bekommen hatten)*

Ich hatte nicht mal das erste Lebensjahr in Köln vollendet, bevor wir nach Ditzingen zogen. Das können mir die Leverkusener doch verzeihen. *(kurz vor seinem Engagement bei Bayer)*

Wenn ich mit einem Gastronom 2,40 Euro für ein Bier vereinbare und auf einmal soll ich zehn Euro zahlen, dann wird es natürlich happig. *(zum Gehaltspoker mit seinem Spieler Mohamadou Idrissou)*

Einen wirtschaftlich attraktiven und sportlich machbaren Gegner – FC Bayern zum Beispiel. *(als Trainer der Stuttgarter Kickers auf die Frage, wen er sich für die nächste Pokalrunde wünscht)*

Der Plan war, vier Offensivspieler auf den Platz zu bringen und die Daumen zu drücken.

## Bob **Dylan**

*(Barde, Nobelpreisträger)*

Spaß? Ob ich Spaß habe im Leben? Wie meinen Sie das? Soll ich etwa einen Fußball in die Luft treten?

# e

## Max **Eberl**

Er sieht auf jeden Fall interessanter jetzt aus. *(Trainer Hans Meyer über Max Eberls Nasenbeinbruch)*

Er weiß ja gar nicht, wie er in diese Position gekommen ist. Er ist wahrscheinlich zufällig mit dem Fahrrad vorbeigefahren, und Rolf Königs hat ihn gesehen und dann gesagt: »Max, willst du nicht Sportdirektor werden?« *(Gladbach-Ikone Berti Vogts)*

Es ist so, dass wir nicht immer die Wahrheit sagen. Das ist jetzt keine Lüge. *(über die Mechanismen im Geschäft Profi-Fußball)*

Wir wollen bei den Großen mitpinkeln.

## Horst **Eckel**

*(Weltmeister 1954)*

Der Horst muss aufpassen, dass er beim Duschen nicht durch den Ausguss gespült wird. *(Mitspieler Helmut Rahn über den sehr schmächtigen rechten Läufer)*

## Dieter **Eckstein**

*(Stürmer, u. a. Nürnberg, Frankfurt, Schalke)*

Ich fahr gar nicht erst aus der Haut – denn die Rückfahrt bringt meistens Probleme.

Bisher wusste ich gar nicht, dass ich so viele weibliche Fans habe. Die sollten sich halt mal blicken lassen bei mir, wenn meine Frau gerade nicht in der Nähe ist. *(auf die Frage, wie er denn zu seinen vielen weiblichen Fans stehe)*

## Umberto **Eco**

*(Schriftsteller)*

Der Fußball ist einer der am weitesten verbreiteten religiösen Aberglauben unserer Zeit. Er ist heute das wirkliche Opium des Volkes.

## Norbert **Eder**

*(Abwehrrecke)*

An diesem Gesicht kannst du eh nicht mehr viel kaputt machen. *(er nahm seinen Nasenbeinbruch sportlich)*

## **Edilson**

*(brasilianischer Nationalspieler)*

Wir haben alle ein aktives Sexleben. Es ist klar, dass 50 Tage ohne Sex nicht leicht gewesen wären. *(zum Vorschlag von Nationaltrainer Luiz Filipe Scolaris, während der WM-Endrunde 2002 sexuelle Enthaltsamkeit zu praktizieren)*

## Ralf **Edström**

*(schwedischer Nationalstürmer bei der WM 1974)*

Mein langes Haar bleibt. Es ist mein sechster Sinn, den ich im Kopf habe und der mir sagt, wann und wo der Ball kommt.

Man sollte meinen, dass ein Spieler alles dransetzt, in möglichst praktischem Aufzug zu erscheinen. Lange Haare an sich sind nichts Schimpfliches. Etwas anderes aber ist es, wenn die langen Strähnen dem Spieler in die Augen fallen, wie es bei Edström zu beobachten ist. Wahrscheinlich war er deshalb in den letzten Länderspielen auch so schwach! *(»Idrottsbladet«)*

## Atli **Eðvaldsson**

*(isländischer Mittelstürmer)*

Der große Geysir im Süden der Insel ist berühmt. Ich will noch bekannter werden.

## Stefan **Effenberg**

Wenn du mich nicht anspielst, haue ich dir eine runter! *(zu Brian Laudrup)*

Das war purer Fight und Kampf.

In Gladbach stehe ich vor einem Müllberg, in München stehe ich vor dem Brenner!

Und ich wäre, wenn ich nicht Fußballer geworden wäre, Batman geworden. *(auf die Äußerung von Ronaldo, dass er Superman geworden wäre, wenn er nicht Fußballer geworden wäre)*

Na ja, jetzt bringe ich mich um! *(nach seinem Stinkefinger-Rauswurf bei der WM 1994 auf die Frage, was er jetzt machen würde)*

Effe, zeig den Führerschein!

Effe, du riechst nach Alkohol! *(nach einer positiven Alkohol-Kontrolle 1998 empfingen die Fans des Gegners den Bayern-Spieler in den Stadien mit diesen höhnischen Gesängen)*

Jeder ist schon mal mit 1,07 Promille gefahren. *(nachdem er bei einer Polizeikontrolle erwischt wurde)*

Da muss man auch mal sagen: Nimm du ihn, ich doppel dich!

So einen Gegner musst du im Schacht halten.

Paul Breitner kann ich sagen, dass ich nie zerbrechen werde, nie im Leben. Ein Stefan Effenberg wird nicht zerbrechen ... Wir sind Erster in der Tabelle, Freunde. Ist das so schwer zu verstehen? ... Jaaa, aber da muss man aufpassen. Da muss man aufpassen mit dem, was man sagt, was man schreibt und wie man das rüberbringt. Damit muss man aufpassen. Weil ich bin einer, der lässt sich das nicht gefallen, Freunde der Sonne! Nächste Frage!

Schöne Grüße an alle Bayern-Spieler. Nur nicht an die Bratwürste Olaf Thon und Thomas Berthold.

Wenn man den zweiten Schritt vor dem ersten tut, fällt man um.

Nur so viel: Wenn wir gestern so viel gearbeitet hätten wie meine Frau heute, hätten wir mindestens zehn zu null gewonnen.

Ich wurde an der Hose gehalten, hatte Angst, nackt im Stadion zu stehen. Deshalb versuchte ich mich loszureißen. *(erklärt eine Tätlichkeit)*

Manchmal wäre ich lieber Maurer.

Dieser fußballspielende Heino gehört nicht in die Nationalmannschaft – womit ich nichts gegen Heino gesagt haben will. *(Trainer Klaus Schlappner)*

Auch wenn es unmöglich ist, ist es noch möglich. *(zu den gesunkenen Meisterschaftschancen)*

Wir haben uns auf jeden Fall vorgenommen, Druck zu machen und das zweite Tor nachzulegen. *(auf die Frage, was sich die Mannschaft beim Halbzeitstand von 2:0 für die zweite Hälfte vorgenommen habe)*

Adidas – zwei, drei Tage Arbeit im Monat. So wie Klinsmann. *(über zukünftige Job-Pläne)*

Ich habe ein verflucht großes Problem: Ich bin immer ehrlich.

Wenn wir manchmal so spielen würden, wie er singt, dann wären wir ganz oben. *(über den Rockbarden Rod Stewart)*

Vielleicht sollten wir Spieler einfach zusammenlegen und selbst ein neues Stadion bauen. *(zur Stadion-Diskussion in München)*

Ich würde das schon gerne tun. Um sieben Uhr ins Büro, bisschen saubermachen, dann trainieren, und wenn die hier auf der Geschäftsstelle dann fertig sind, komme ich und mache wieder sauber. Kein Problem. *(auf die Frage, ob er sich vorstellen könnte, als Profi wie normale Arbeitnehmer acht Stunden täglich zu arbeiten)*

Gibt man ihr den Schlüssel, findet sie ihr Hotelzimmer allein. Sie weiß auch, wie der Wasserhahn aufgeht. *(über seine Frau und die Frage, ob Spielerfrauen die Konzentration vor dem Champions-League-Finale stören)*

In 15 oder 20 Jahren, da leben wir beide schon gar nicht mehr. *(zu einem Journalisten)*

Wenn ich zur Ecke gehe, das weiß jeder, dann kommen Feuerzeuge und Geldstücke geflogen. Das war ein Zeichen, dass man dies eigentlich nicht machen sollte. Zumal nach der Euro-Umstelllung viele nicht mehr so viel Geld in der Tasche haben. Da sollten die Leute lieber das Geld in der Tasche behalten, anstatt es zu mir zu werfen. Nicht zuletzt wegen der Steuererhöhung und was alles noch so kommt. *(als Erklärung für seine Scheibenwischergeste zu den Zuschauern in Bochum)*

Ab sofort wähle ich Stoiber. *(als er erfuhr, dass ihn Edmund Stoiber im Duell mit Michael Ballack als Sieger gesehen hatte)*

Hitlers Tagebuch. Das hat mich dann doch interessiert. *(bei der Vorstellung seines Buches auf die Frage, welches Werk der Weltliteratur ihn besonders geprägt habe)*

Natürlich müssen sie das kaufen, die verdienen ja gut. *(auf die Frage, ob er seinen ehemaligen Mitspielern beim FC Bayern ein Exemplar seines Buches schenken werde)*

Bester Bayern-Kader aller Zeiten? Den gab es einmal in den 1970ern, und dann von 1998 bis 2001.

Ja, zwei, drei Prozent. *(Reporter: Wie viel Prozent Ihres Leistungsvermögens können Sie denn jetzt schon abrufen?)*

Die schwierigen Gegner haben wir jetzt hinter uns. Jetzt kommen dann Dortmund, Schalke, Leverkusen und Kaiserslautern. *(angesichts der Bayern-Niederlagen gegen Abstiegskandidaten)*

In Gladbach ist so etwas bestimmt 20-mal passiert. Das gehört dazu. Ich find' das gut. *(über die Ohrfeige, die Lizarazu im Bayern-Training Matthäus verpasste)*

Die meisten Spieler sehen ihren Job so: 90 Minuten Fußball spielen, umziehen, nach Hause fahren – mehr interessiert die nicht. Für mich bedeutet dieser Beruf mehr. Es gehört viel mehr Show dazu, es muss Leben in die Bude. Die Fans wollen Typen und gute Unterhaltung.

Ob der FC Bayern so viel Geld ausgeben würde, weiß ich auch nicht. Sollen sie lieber mir das Geld geben, dann laufe ich noch mehr. *(über Transfers im Bereich 60 bis 70 Millionen)*

Die Situation ist aussichtslos, aber nicht kritisch.

Ich bin der Albtraum aller Schwiegermütter.

Das ist angeboren oder wird uns vom Doktor injiziert. *(zum Selbstvertrauen der Bayern)*

Was zählt, ist die Kohle, klarer Fall. Also kann derjenige, der meine Position haben will, auch nicht mein Freund sein. Denn der will an mein Geld, folglich muss ich mich wehren.

Wenn jeder andere Spieler einen Stefan Effenberg ersetzen könnte, wäre Effenberg überbezahlt. *(Bayern-Manager Uli Hoeneß)*

Als ich neulich durchs Programm zappte, sah ich ihn am Kochtopf bei Alfred Biolek. Das sah richtig gut aus, was er da brutzelte. Vielleicht sollte er sich künftig mehr auf diesem Gebiet bewegen. *(Bayern-Lästermaul Paul Breitner)*

Der Pfau, der Superpfau, der Herr Effenberg. Da stolziert er über den Platz und dann verschießt er. Es gibt doch noch einen Fußballgott. *(Werders Andreas Herzog nach dem Pokalsieg 1999 mit Werder Bremen gegen Effenbergs Bayern)*

Michael Ballack ist ein ganz anderer Spieler als Stefan Effenberg. Effenberg hat sich um den Mittelkreis aufgebaut, und die anderen mussten für ihn laufen. *(FCB-Ikone Karl-Heinz Rummenigge)*

So einer wie der Effenberg, der hätte in den Siebzigerjahren nicht gespielt, nicht die Koffer getragen – der hätte bestenfalls den Ball eingefettet. *(Buffy Ettmayer, Legende des VfB Stuttgart)*

Effenberg sagt nicht ich, sondern ein Effenberg. Er verehrt sich und trägt sich selbst jubelnd vom Platz. Eine groteske Figur. *(Kabarettist Dieter Hildebrandt)*

Wissen Sie, was ich schrecklich finde? Dieses Geholze vom FC Bayern. Und ich mag das Auftreten von Effenberg nicht, weil dessen Gehabe nichts mehr mit Fußball zu tun hat. In seiner Gestik drückt sich auch so ein Dumm-Stolz aus. *(Schriftsteller Günter Grass)*

Wenn der Effenberg irgendwann Italienisch lernt, sollte er sofort nach Alaska verkauft werden. Denn wenn man ihn in Florenz erst versteht, macht er mit seinem Mundwerk auch diesen Verein kaputt. *(Albert Sing, ehemaliger Bundesligatrainer)*

Bundesliga ist ein richtig spannender Wettbewerb. 18 Mannschaften wollen deutscher Meister werden – und am Ende feiern immer die Bayern.

Ich sag immer: Ein Stürmer schießt ihn rein, ein Mittelfeldspieler legt ihn quer, und ein Verteidiger schießt ihn halt rüber.

## Heinz-Werner **Eggeling**

*(Mittelfeld-Rakete)*

So ein Mist. Jetzt muss ich mich umstellen: Von Bier auf Jägermeister! *(bei seinem Wechsel von Bochum nach Braunschweig)*

## Michael **Eggert**

*(Profi VfL Bochum)*

Ich bin eben für die Leute der Pudel. Da weiß man doch gleich, wer gemeint ist. Ich bin gern der Pudel! *(über seinen Spitznamen, den er wegen seiner Frisur trug)*

## Ugo **Ehiogu**

*(Spieler vom FC Middlesbrough)*

Ich bin so glücklich, wie ich nur sein kann. Ich war aber schon mal glücklicher.

## Gerry **Ehrmann**

Es wird Zeit, dass ich wieder spiele. Sonst könnte hier ja jeder Sauerstofftyp die Klappe aufreißen.

## Horst **Ehrmantraut**

Zufriedenheit bedeutet Stillstand. Und Stillstand bedeutet Rückschritt.

Früher war es die Hitlerjugend und jetzt ist es korrekt! *(Jan Åge Fjørtoft über die Methoden des Trainers)*

## Günter **Eichberg**

*(Schalke-Präsident, Spitzname: Sonnenkönig)*

Ehe ich überhaupt eine Summe sagen konnte, hatte Eichberg schon das Doppelte geboten. *(Peter Neururer über die »Gehaltsverhandlungen« mit seinem Präsidenten auf Schalke)*

Herr Eichberg hatte Vorstellungen vom Reichsein, wie man sie aus schlechten Filmen kennt. *(Bernd Tönnies, sein Nachfolger als Präsident auf Schalke)*

Ich mag ehrgeizige, willensstarke Spieler. Obwohl man natürlich auch sagen muss: Ein allzu eiserner Wille fängt leicht zu rosten an.

Ich komme von ganz unten. Deshalb passe ich oben ganz genau auf.

Eine tote Maus wird nicht mehr gebraucht. *(über das Thema Trainerwechsel)*

Er kann nicht »Nein« sagen. Wenn er eine Frau wäre, hätte er bestimmt schon 20 Kinder. *(Schalke-Unikum Charly Neumann)*

## Hans **Eichel**

*(hessischer Politiker, u. a. Bundesfinanzminister)*

Wenn ich einen Traum frei hätte, wäre es: »Eintracht Frankfurt ist unabsteigbar«. Als erste Maßnahme wird Fjørtoft dazu verpflichtet, in jedem Spiel mindestens fünfmal vor herausstürmenden Torhütern den Übersteiger zu spielen. Ab Januar spielen Rivaldo und Beckham für die Eintracht. Die angespannte finanzielle Situation treibt den beiden die Tränen in die Augen und sie sind bereit, ehrenamtlich tätig zu werden.

## Thomas **Eichin**

*(Spieler, Sportdirektor)*

Der hat beim Eishockey zwischendurch mal einen Puck an den Kopf bekommen und das sind die Spätfolgen. *(Bayern-Sportdirektor Matthias Sammer über seien Bremer Kollegen, der zuvor beim Eishockeyclub Kölner Haie verantwortlich war)*

Ich habe 14 Jahre Weiberfastnacht allein im Büro gearbeitet. Ich bin kein Karnevalist. *(Thomas Eichin über seine Zeit bei den Kölner Haien)*

Wahrscheinlich war es zu heiß, um vor dem Tor eiskalt zu sein.

## Christian **Eichler**

*(Journalist)*

Konzeptfußball ist, wenn ein Team gewinnt und man sich keinen Spieler merken kann.

## Christian **Eichner**

*(Profi, u. a. Karlsruhe, Hoffenheim, Köln)*

Solange nicht der letzte Nagel in den Sarg geschlagen ist, liegen wir nicht im Grab.

Da haben wir sicherlich mal das notwendige Glückchen gehabt.

Mühsam ernährt sich das Eichhörnchen. Am 34. Spieltag wissen wir, ob es verhungert ist oder nicht. *(auf die Frage, wie der KSC im Saison-Endspurt noch Punkte sammeln will)*

## Heinz **Eickelbeck**

Wattenscheid verliert am Freitag, der VfL am Samstag. *(Bochums OB über den Unterschied der beiden Vereine in seiner Stadt)*

## Yves **Eigenrauch**

*(Schalke-Profi)*

Yves, wie hältst du das aus? *(fragt die Band »Tomte« in ihrer »Ode an Yves«)*

Fußball ist, wenn man in der Halbzeit für ein Würstchen in der Schlange stehen muss.

## René **Eijkelkamp**

*(holländischer Spieler, u. a. Schalke 04)*

Der Ball war zu hoch, um ihn mit dem Fuß zu nehmen. *(erklärt eines seiner seltenen Kopfballtore)*

Eigentlich hasse ich Kopfbälle. Aber seit ich mit meinem Bruder Harold einen eigenen Taxifahrer habe, der mich zwischen Zwolle und Schalke hin und her chauffiert, bin ich ausgeruht für solche Tore.

Was ist der Unterschied zwischen Inter Mailand und Schalke? Ronaldo und Eijkelkamp – Ronaldo schießt Tore, Eijkelkamp nicht.

## Dieter **Eilts**

*(Werder-Legende, Europameister 1996)*

Das interessiert mich wie eine geplatzte Currywurst im ostfriesischen Wattenmeer.

Wenn meine Oma ein Bus wäre, dann könnte sie hupen! *(auf eine Hätte-wenn-und-aber-Frage eines Journalisten)*

Der einzige Zappelphilipp, den ich mag: der Ball, wenn er im Netz zappelt.

Ich bin ins Spiel gekommen und habe für die Wende gesorgt. *(war beim Stand von 2:0 gegen Unterhaching bei Werder eingewechselt worden. Endstand: 2:2)*

Moin, moin Gascoigne. *(bei der EM 1996 zu seinem Gegenspieler Paul Gascoigne)*

Wir sind insgesamt so gefestigt, dass jeder die Meinung des Trainers akzeptiert.

## **1Live-Verkehrsfunk**

Frankreich hat das erste WM-Spiel gegen Senegal mit 1:0 verloren *(kleine Pause)*. Muss ich sagen, dass ich grinse?

## Faysal **El Idrissi**

*(französisch-marokkanischer Fußballer)*

Der rutscht aus mit seinen Nockenschuhen. Der ist erste Halbzeit drei-, viermal geflogen. Dann soll er sich'n Rock anziehen, dann kann er Damenfußball spielen. *(Gegenspieler Thomas Cichon über den Saarbrücker, der einen zweifelhaften Elfmeter rausholte)*

## Giovane **Elber**

Wir waren besonders motiviert. Dieser Trainer Camacho, Caramba oder wie der heißt, hat vor dem Spiel im spanischen Fernsehen gesagt, Fußball in Deutschland ist nur bumm, bumm, bumm. Nächstes Mal soll er die Fresse halten.

Vor einem Giovane Elber schlottern den gegnerischen Abwehrspielern schon lange nicht mehr die Knie, vor einem Uwe Seeler hat ja auch niemand mehr Angst. *(Horst Köppel erklärt die Nichtberücksichtigung des Brasilianers)*

Mein Selbstvertrauen ist in Brasilien, aber es landet morgen in München. *(auf die Frage, wo das Selbstvertrauen der Bayern geblieben sei)*

Ich muss jetzt bei meinen Eltern anrufen. Die haben das Spiel live gesehen. Ich hoffe, dass sie noch leben. *(nach dem Champions-League-Gewinn der Bayern)*

Wir müssen von der ersten Sekunde an voll wach sein und das dann bis zur neunzigsten durchhalten.

Nicht mal Jesus kann mich aufhalten, wenn ich 2004 hier weggehe. *(zur Kritik von Bayerns Rummenigge, der sagte: Klappe halten und Tore machen)*

Das Schlimmste ist, wenn man aufsteht und der Sohn fragt dich: »Papa, hast du gestern gewonnen?« *(am Tag nach einer 1:5-Pleite von Bayern München bei Schalke 04)*

Beim nächsten Urlaub bleibe ich vielleicht noch eine Woche länger. *(nachdem er einen Tag zu spät zum Trainingsauftakt aus Brasilien anreiste und 50.000 Euro Strafe zahlen musste)*

Aber der Trainer weiß doch, dass es für einen Brasilianer normal ist, dass er zu spät kommt.

Deshalb ist es auch normal für einen Brasilianer zu zahlen. *(Antwort von Uli Hoeneß)*

Das kommt ja immer mal wieder vor. Speziell im Winter, wenn es kalt wird. Da denken die Brasilianer an das schöne Wetter im Süden Europas, obwohl es da auch sehr kalt werden kann. *(Uli Hoeneß zu den Wechselgerüchten um Stürmer Giovane Elber)*

Hier in Rio de Janeiro erkennt mich auf der Straße praktisch niemand. Auf dem Flug wurde ich sogar gefragt, ob ich ein Volksmusiksänger wäre.

Wenn ein kleiner Pimpf wie ich denkt, er kann einen Giovane Elber verarschen, dann bekommt er ganz schnell gezeigt, wo der Hammer hängt. *(Rostocks Torwart Martin Pieckenhagen)*

Giovane war wie ein Papa für mich. *(Bayern-Teamkollege Roque Santa Cruz)*

## David **Elleray**

*(Schiedsrichter)*

Ich mag das Gelände von Crystal Palace. Es gibt einen Sainsbury's Supermarkt neben dem Selhurst Park, so dass man die Chance hat, einen Teil seiner Wochenendeinkäufe zu erledigen.

Im Tunnel habe ich zu David Elleray gesagt: »Am besten, Sie verwarnen mich jetzt schon, und wir haben es hinter uns.« Er hat es locker gesehen und mich trotzdem verwarnt. *(Manchesters Roy Keane)*

## Frank **Elstner**

*(deutsche TV-Moderatoren-Legende)*

Ja ja, der Lothar ist sehr bekannt. *(bei Jeopardy, nachdem eine Kandidatin den Namen Klinsmann erwähnte)*

## **EM 2008**

Schwer bepackt kommt keiner ins Stadion, auch nicht, wenn er vorgibt, auf einer Reinhold-Messner-Yeti-Suchmission zu sein. *(das Organisationskomitee in seiner Hausordnung für Stadionbesuche)*

## Breel **Embolo**

Meine Buslinie zum Training in Basel war die 36. *(über die Bedeutung seiner Rückennummer)*

## Kurt **Emmerich**

*(Sportreporter)*

Die Frankfurter ziehen sich gut aus der Atmosphäre.

## Lothar **Emmerich**

Der macht noch mit 40 seine Tore! *(BVB-Urgestein und Jahn-Trainer Aki Schmidt, als er den betagten Emmerich zu sich nach Regensburg holte)*

Gib mich die Kirsche!

Ich habe nicht einfach draufgeknallt, sondern instinktiv die Lage gepeilt und den richtigen Winkel gewählt.

## Stefan **Emmerling**

*(früher Spieler, jetzt Trainer)*

Gerade nach dem Fehlstart, wo wir hingelegt haben, ist es wichtig, dass man jetzt punktet, um in ruhiges Gefahrwasser zu kommen, und deswegen waren die drei Punkte lebensnotwendig.

## Günter **Enderer**

Wenn schon Fremdblut, dann das von Uwe Seeler oder Franz Beckenbauer. *(Kölns Vereinsarzt zum Einsatz von Kälberblutspritzen beim FC Bayern München)*

## Jerzy **Engel**

*(polnischer Nationaltrainer)*

Jeder Trainer sitzt auf einem Vulkan.

## Marco **Engelhardt**

Das war ganz kurios. Ich hatte den Anruf in Abwesenheit auf meinem Handy, kannte die Nummer aber nicht. Als ich dann zurückgerufen habe und sich Jogi Löw meldete, habe ich direkt wieder aufgelegt, weil ich nicht wusste, was ich sagen sollte.

## Stephan **Engels**

*(Spieler, Trainer 1. FC Köln)*

Dazu möchte ich jetzt keine Stellungnahme nehmen.

Wenn ich mich vor einem Punktspiel umgezogen habe, gehe ich jedes Mal für rund zehn Minuten aufs stille Örtchen. Dabei entspanne ich mich ungemein, gleichzeitig konzentrier ich mich auf die bevorstehenden 90 Minuten. Nebenan sitzt meist der Pierre. Wir beide unterhalten uns dann über das Spiel. Das mag vielleicht komisch klingen, aber anschließend gehen wir beide dann bedeutend ruhiger und konzentrierter auf den Platz.

## England

Die Engländer brauchen Regen, wenn sie Weltmeister werden wollen. *(Paraguays Roque Santa Cruz)*

Ich habe das Gefühl, England ist nicht mehr das Mutterland des Fußballs, eher das Großmutterland! *(Ex-Nationaltorwart Toni Schumacher bei der WM 2010)*

Der englische Durchschnittsfußballer konnte den Unterschied zwischen einer attraktiven Frau und einer Eckfahne nicht erkennen. *(Walter Zenga, Torwart von Italien)*

Zu viele von den englischen Spielern sahen aus wie Fische am Baum. *(Paul Merson, englischer Fußballspieler)*

Ist doch egal, ob wir die früher oder später raushauen. *(Marko Marin über ein mögliches Spiel gegen die Engländer bei der WM 2010)*

Wenn wir im Krieg genauso schlecht verteidigt hätten, würden wir jetzt alle Deutsch sprechen. *(»Daily Mail« zum Achtelfinale zwischen Deutschland und England bei der WM 2010)*

Ich kann nicht sagen, dass England scheiße ist, da sie uns bei der EM 2000 geschlagen haben. Dann wären wir noch beschissener. *(»Ally« McCoist, schottischer Fußballspieler)*

In England gibt es keine Schauspielerei. Da darfst du dich auf dem Platz nur behandeln lassen, wenn das Bein drei Meter entfernt von dir liegt. *(Christian Ziege, u. a. Tottenham, Liverpool, Middlesbrough)*

Alle außer England! *(Andy Murray, Schotte, auf die Frage, welche Mannschaft bei der WM seine Lieblingself wäre)*

In der Hallenliga der Müllmänner wird besserer Fußball gespielt. *(die englische Zeitung »Sun« über ein Spiel England gegen Andorra)*

Elferschießen wird jetzt in Englands Schulen Pflichtfach, und ab der Oberstufe mit Torwart. *(TV-Mann Lou Richter)*

This World Cup is exactly like the second world war: The French surrender early, the US turn up late, and we're left to deal with the bloody Germans. *(England-Fan bei bei der WM 2010)*

Ich weiß, wie ich dagegen vorgehen muss: Erst muss man die Schulter einsetzen, dann den Ellenbogen und später den Kopf. *(Nationalspieler Fredi Bobic über die britische Art und Weise, Fußball zu spielen)*

Die Nation, die das Fußballspiel erfunden hat, ist erniedrigt worden von dem Land, das der Welt die Kuckucksuhr gegeben hat. *(»The Daily Mirror« nach einem 0:0 zwischen England und der Schweiz)*

England ist so voller Euphorie nach dem Sieg gegen uns, demnächst glauben die auch noch, sie könnten kochen. *(TV-Moderator »Waldi« Hartmann am Tag nach Englands 5:1-Sieg)*

Wembley – das ist eigentlich ein alter Kasten ohne Komfort, mit flachen Stufen, und wenn du Pech hast, Pfeilern vor der Nase. Aber es ist eben das Mekka unseres Sports. *(Franz Beckenbauer)*

Diese Engländer werden immer weicher. Jetzt wollen sie im englischen Profifußball tatsächlich eine zweiwöchige Winterpause einführen. *(Radio-Kommentator Manni Breuckmann)*

Es ist eine Art Gladiatoren-
kampf ohne Sicherheitshelm.
*(Liverpools Markus Babbel über den ruppigen Fußball in England)*

Englands Spieler beherrschen die Technik, ein Spiel erst auf dem Weg unter die Dusche zu gewinnen. Engländer sind sehr gute Psychologen nach der Schlacht. *(Schauspieler Peter Ustinov über die Unfähigkeit der Engländer, gegen Deutschland zu gewinnen)*

## Willi **Entenmann**

Schmerzen gibt es am Spieltag nicht.
Krankenscheine erst nächste Woche.

Elf Freunde müsst ihr sein?
Ich wäre momentan schon froh,
hätte ich elf Gesunde!

Einer, dem ich sogar meine Frau für ein paar Wochen auf einer kleinen Insel anvertrauen würde. Es gibt nämlich wiederum Freunde in der Trainer-Zunft, mit denen würde ich meine Marion nicht mal mittags um zwölf Uhr auf dem Markusplatz in Venedig allein lassen. *(Max Merkel)*

Keiner fragt, was man arbeitet,
jeder schaut nur auf die Tabelle.

Als ich beim VfB war, hat der fortwährend an meinem Stuhl gesägt. Ein Sägeknecht! *(Trainerkollege Arie Haan)*

Gute Spiele verliert man, weniger
gute gewinnt man.

## Joël **Epalle**

Ker, wat nützen dem Epalle seine dicken Oberschenkel, wenn da nichts bei rumkommt. Dat is, wie wennse nen langen Dödel hast und kriegst das Ding nicht steif! *(Zuschauer in Bochum)*

Er trägt eine so große Armbanduhr, die würde ich mir höchstens ins Wohnzimmer hängen. *(Stefan Kunz, Manager vom VfL Bochum, über seinen Spieler)*

## Thomas **Epp**

*(Spieler, u. a. Bochum, Frankfurt)*

Lauft, ihr Arschlöcher, lauft! Ihr braucht noch ein Tor. Scheiße, ihr braucht noch ein Tor. *(beim Abstiegsdrama am 29.5.1999 in Frankfurt)*

## Hermann **Eppenhoff**

Das muss gesagt werden: Diese Herren sind keine Großmacht! *(im Jahr 1974 nach einer schwachen Partie eines Schiedsrichters)*

## **Erdinger Anzeiger**

Mit acht Mann kann man keine
Elf auf den Rasen schicken.

## Dennis **Erdmann**

*(Rauhbein, u. a. Dresden, Rostock, 1860)*

Ich habe ihm ein paar Sprüche gedrückt. Da hat er mir erzählt, was er verdient. Dann habe ich lieber die Klappe gehalten. *(im Trashtalk mit Dortmunds Stürmer Ciro Immobile)*

Namen interessieren mich nicht. Ich will mit Hansa unbedingt erfolgreich sein. Dazu gehören bei mir eben auch Zweikämpfe. Mir ist egal, wer da rumturnt – es könnte der Papst sein, wenn es sein muss, würde ich auch ihn foulen.

Ich will ein ganz normales Leben führen wie jeder andere Arbeiter auch. Da gehört es dazu, ab und an ein Bierchen zu trinken. Wenn ich das nicht mehr darf, höre ich mit dem Profifußball auf.

Nein, ich habe noch nie gegen mich selbst gespielt. *(auf die Frage, ob er schon mal einen Gegenspieler hatte, von dessen Ausstrahlung er beeindruckt gewesen sei)*

## Rot-Weiß **Erfurt**

Rot-Weiß Erfurt ist nicht Inter Mailand. *(Uli Hoeneß bei einem DFB-Pokalspiel)*

## Heinz **Erhard**

44 Beine rasen / durch die Gegend ohne Ziel / und weil sie so rasen müssen / nennt man es ein Rasenspiel. / An den Seiten 2 Gestelle, / je ein Spieler steht davor, / hält den Ball er, ist ein Held er, / hält er nicht, schreit man »du Toooor«.

## Sven-Göran **Eriksson**

Ihr seid so nette Leute. Manchmal wundere ich mich, wer die ganzen Artikel schreibt. *(zu den Journalisten, die über England berichten)*

Lebendig. *(auf die Frage, wie er gerne sein Amt nach der WM aufgeben würde)*

Mein Sohn hat eine Affäre mit einer Wetterfrau? Ich habe mit ihm geredet, er hat nur über das Wetter gesprochen und nicht von einer Wetterfrau. *(Ulla Eriksson über die Affäre ihres Sohns)*

Wenn wir das Spiel noch einmal spielen müssten, würde ich alles genauso machen. Nur in der Nachspielzeit würde ich den Ball hoch auf die Tribüne dreschen. *(nach der 1:2-Last-Minute-Niederlage gegen Frankreich bei der EM 2004)*

Meine Großmutter hat nie verstanden, dass man so viel Geld verdienen kann, indem man einen Ball umherschießt. Jedes Mal, wenn wir uns gesehen haben, hat sie mir fünf oder zehn Pfund zugesteckt.

## Fabian **Ernst**

Wir können auch noch schlechter. *(nach einer Niederlage mit dem FC Schalke 04)*

Jetzt wird es für uns ganz eng. Wir haben niemanden mehr, der aus 50 Metern Tore schießen kann. *(Werder-Trainer Thomas Schaaf zum Ausfall von Ernst)*

## Thomas **Ernst**

Was sollen wir über den Schiedsrichter reden, wir waren auch nicht besser.

In Thomas fließt halt immer noch ein bisschen blau-weißes Blut. *(Rein van Duijnhoven über einen Fehler des früheren Bochumers vom VfB Stuttgart)*

## Walter **Eschweiler**

*(Schiedsrichterlegende)*

Bruno, stehen Sie bitte auf. Der Heilige Vater schaut zu. Ihr Seelenheil ist in Gefahr. *(als sich Italiens Bruno Conti einmal ganz spektakulär im französischen Strafraum fallen ließ)*

Lieber Herr Minister, außer dem angeborenen Dachschaden liegt keine nennenswerte Beschädigung vor. *(der Diplomat Eschweiler in der Pause eines Spiels der WM 1982, als ihn der peruanische Spieler Velasquez über den Haufen gelaufen hatte, zu Außenminister Genscher)*

Wenn sich ein Spieler ein wenig danebenbenahm, dann habe ich ihm sofort angeboten, ihn in meine »Kundenkartei« aufzunehmen. Aber es gab wirklich nur wenige, die Interesse an meiner Offerte hatten.

Beim letzten Belastungs-EKG bat mich der Arzt: »Lieber Freund, hören Sie bitte auf, Sie treten mir das Rad kaputt.«

Schiedsrichter dosieren Wein, Weib und Gesang. Das beflügelt sie zu sehr guten Leistungen.

Na, Wilhelm, wie geht es zu Hause? *(Frage an Willi Lippens während des Spiels an der Eckfahne)*

Ich glaub, Wilhelm, deine Frau betrügt uns! *(zu Willi Lippens während des laufenden Spiels)*

Ich war ein schlechter Fußballer, hatte den Fuß gebrochen und durfte nicht mehr Fußball spielen. Und so nahm das Glück der Pfeife mit der Pfeife seinen Verlauf, und ich bin dreißig Jahre durch die ganze Welt gekommen.

Der kriegt es fertig, den Franz Beckenbauer nach seinem Namen zu fragen und den auch noch buchstabieren zu lassen. *(Hannes Löhr)*

Schiedsrichter Eschweiler ist immer gut - gut für einen oder zwei Elfmeter. *(Paul Breitner)*

Im modernen Fußball werfen viele mit neuen Begriffen nur so um sich, aber nur wenige werfen alte Begriffe um.

Die Leistung eines Schiedsrichters ist mit irdischen Gütern nicht zu bezahlen.

Die Augen sehen sowieso nicht viel. Ein guter Schiedsrichter sieht immer auch mit seinem Herzen.

So spät kann man keinen Elfmeter mehr geben. *(in der 86. Spielminute zu Herbert Büssers, Spieler vom MSV Duisburg, der einen Elfmeter reklamierte)*

## Rot-Weiss **Essen**

Verkaufe Seele für 1 Punkt! *(Banner bei Spiel)*

Lizenzentzug für RWE ungültig. DFB war gedopt! *(Fanplakat, nachdem am 7. Februar 1994 RWE die Lizenz entzogen worden war)*

Papa, nicht! Du bist doch auf Bewährung! *(kleiner Junge an der Essener Hafenstraße zu seinem Vater, der gerade wutentbrannt auf den Zaun stieg)*

## **Esslinger Zeitung**

Der Torwart stand kühl wie eine Hundeschnauze in seinem Kasten und pflückte die Flanken und Eckbälle der Fortunen mit stoischer Ruhe wie reife Früchte aus der Luft.

## Patrick **Esume**

Talent ist wie so ein langer Pimmel - wenn er nicht hart wird, hilft er dir nicht. *(der Football-Coach und TV-Experte vor der EM 2019 zur U21-Nationalmannschaft)*

## Samuel **Eto'o**

Ich werde keine Tore versprechen. Ich werde rennen wie ein Schwarzer, um morgen leben zu können wie ein Weißer.

## Buffy **Ettmayer**

Ich bin der einzige Österreicher, der seinen Rucksack vorne trägt. *(über sein Gewichtsproblem)*

Letzte Woche war ich noch ein Meerschweinchen, jetzt sehe ich aus wie eine Sau. Der Grund: Ich habe 200 Gramm zugenommen.

Albert Sing *(Trainer VfB Stuttgart)*: »Buffy, du spielst nicht, du bist zu dick.« Ettmayer: »Ich war immer so, Trainer.« Sing: »Es gibt Bilder von dir, da warst du dünner.« Ettmayer: »Die sind wahrscheinlich mit einer Schmalfilmkamera gemacht.«

Die Jungs von heute haben Hornhaut auf den Oberschenkeln - vom vielen Reingrätschen. Rennen, kämpfen, das können die, aber Fußball spielen, dafür sollten die Videos von uns anschauen - zum Lernen.

Sepp Maier, Ente Lippens und ich - wir sind Viecher. Und die Leute wollen beim Fußball halt auch was zu lachen haben.

## Dickson **Etuhu**

*(Mittelfeldspieler von Norwich City)*

Ich bin in die Umkleidekabine von Chelsea gegangen, um mein Trikot zu tauschen. Die war größer als mein Haus.

## **Eurosport**-Kommentatoren

Statistiken sind hinterhältige Begleiter. Jedenfalls, wenn man sie überinterpretiert. Zum Beispiel Slowenien. *(Er überlegt.)* Zu Slowenien habe ich gar keine Statistik, die gibt es erst seit ein paar Jahren.

Es war so leise im Stadion, dass man die berühmte Stecknadel im Heu suchen konnte.

Mpenza hat im bisherigen Saisonverlauf 6-, sein Sturmpartner Ebbe Sand 14-mal getroffen. Damit hat das Sturmduo die Hälfte aller 20 Schalker Tore erzielt.

Blazek wäre am liebsten im Erdboden verschwunden, aber dort hätten ihn wahrscheinlich die Maulwürfe ausgelacht.

## **Evanilson**

*(Brasilianer, u. a. Dortmund)*

Man muss seinen Namen am Stück aussprechen, sonst ist man beim Frauenfußball. *(BVB-Boss Gerd Niebaum)*

## Roy **Evans**

*(Manager von Liverpool)*

Ich genieße jedes Mal den Sommer. Du kannst kein Spiel verlieren.

## **Evening Post**

Mann macht jeder Frau einen Heiratsantrag, die ein Ticket für das Spiel Leeds gegen Sheffield United hat. Bitte ein Foto beilegen *(vom Ticket)*! *(Kontakt-Anzeige)*

## **Express**

Immer wieder geben Jupp Derwall und Erich Ribbeck ihr Aufgebot bekannt. Wann ist denn nun endlich die Hochzeit?

Beim Kopfball-Duell: Brehme brach sich den Zeh!

Der Retter kommt mit neuer Unterhose. *(über den abergläubischen Peter Neururer)*

# f

## Hans **Faas**

KSC-Fans, wo bleibt eure Euphorie? *(der KSC-Stadionsprecher 1995 beim Stand von 1:4 nach 65 Minuten gegen die Bayern)*

Winnie, zähl deine Ausländer! *(dezenter Hinweis des Stadionsprechers an Trainer Winfried Schäfer, der jedoch nichts mehr brachte, da dieser bereits den vierten Ausländer in die Partie eingewechselt hatte, was damals noch verboten war)*

## Patrick **Fabian**

Ich habe mir die Frage gestellt, ob irgendeine Saison hier mal so richtig Bock gemacht hat. Und ehrlich gesagt kann ich mich an keine erinnern. *(über seine Jahre beim VfL Bochum)*

## Holger **Fach**

Und trotzdem gefällt mir meine Mannschaft. *(nach einem mageren 1:1 gegen Rostock)*

Ja, aber das war kurz nach dem 2. Weltkrieg. *(auf die Frage, ob er schon einmal vor dem DFB-Sportgericht stand)*

Auf eine bessere Zukunft. *(Trinkspruch des scheidenden Torhüters Jörg Stiel auf seinen Trainer)*

Geldscheine an die Kabinentür zu hängen oder über Glasscherben zu laufen: Mir ist so etwas zu platt. Das entspricht dem Klischee des doofen Fußballspielers. Solche Dinge auszuprobieren ist ballaballa. *(über sogenannte Motivationskünstler in der Bundesliga)*

Kann mich auch mal einer was fragen? *(während der Pressekonferenz nach einer Niederlage bei Schalke 04, weil sich alle Reporter für Schalkes Interimstrainer Achterberg interessierten)*

Abgestiegen ist man, wenn man abgestiegen ist.

## Wolfgang **Fahrian**

Wein und Weib war er nie abhold – Gesang musste nicht unbedingt dabei sein. *(»Express«)*

## Ralf **Föhrmann**

Ich habe genügend Spiele an der Xbox gemacht und hab mir da meine Spielpraxis geholt.

## Herbert **Fandel**

*(Schiedsrichter und Funktionär)*

Spar dir die Munition, bis der Krieg ausbricht. *(Appell des Vorsitzenden der Schiedsrichter-Kommission des DFB, nicht zu früh die Karten zu ziehen)*

Ich weiß nicht, ob Herr Fandel ein gutes Verhältnis zu Nowotny hat. Vielleicht mag er seine Musik nicht. *(Klaus Augenthaler zu einer umstrittenen roten Karte von Jens Nowotny)*

## **Fans**

Halt die Fresse! *(als vor dem Länderspiel im Oktober 2019 zwischen Deutschland und Argentinien ein Chaot die Schweigeminute für die Opfer von Halle störte, reagierte ein anderer Zuschauer beherzt)*

Tausche Schwester gegen Endspielkarte! *(Plakat eines kleinen Jungen bei der EM 2008 in Wien)*

Das sollen 9,15 Meter gewesen sein, Schiri? Von Ihnen würde ich mir niemals meinen Teppich vermessen lassen. *(Fan von Blyth Spartans während des FA-Cup-Spiels gegen Blackburn im Jahr 2009)*

Eure Mütter ziehen LKWs auf DSF die ganze Nacht, von zwölf bis acht! *(Gesang)*

Ganz enge Kiste! Das war 'ne ganz enge Kiste! Gaaanz enge Kiste! Das war 'ne ganz enge Kiste! *(Rostocker Fans nach der 0:4-Auswärtsniederlage in Nürnberg)*

Beim Spiel England gegen Frankreich sah ich einen britischen Fan, der jemanden verprügeln wollte. Aber er war so betrunken, dass er dabei einschlief. *(ein Fußballanhänger bei der WM 1982)*

Es ist nicht schön, aber laut. Genau wie meine Ex-Freundin. *(Kommentar eines Fans zum eigenen Stadion)*

Die Lüdenscheider könnten gegen eine Horde Aliens um den Fortbestand der menschlichen Rasse spielen, selbst dann wäre ich für die anderen! *(Schalker)*

Dat mit Raul erzähl ich meine Enkel! *(Plakat eines Fans des FC Schalke 04)*

Wir danken der Mannschaft, dass sie uns auch in dieser Saison so zahlreich hinterhergereist ist. *(Schalker)*

Wir hassen Euch mehr als unsere Arbeit! *(Transparent des SV Babelsberg 03 beim Pokalfinale gegen den FC Energie Cottbus)*

Trainer kommen, Trainer gehen. Flüchtlinge bleiben. *(Fans des FC St. Pauli, Transparent nach der Entlassung von Coach Michael Frontzeck)*

Der HSV ist erst am Ende, wenn der FC St. Pauli ein Benefizspiel anbietet.

Das ist das erste Mal, dass einer beim Pausen-Gewinnspiel trifft, glaube ich. #M05SCF *(Benjamin Hofmann, als*

der Videoschiedsrichter auf Elfmeter entschied, als beide Mannschaften schon halb in den Kabinen waren)*

Videoschiri, wir wissen nicht, wo dein Auto steht. *(Fans von Werder Bremen)*

Eine Liebe kennt keine Liga. *(Fans des 1. FC Kaiserslautern)*

Der erste Stadionname war schon beschissen, doch wir haben geschafft, was uns keiner zugetraut hat: Wir haben einen noch beschisseneren Namen gefunden. *(Fürth-Fan zum Namenswechsel von playmobil-Stadion zu Trolli-Arena)*

Selbst der Elch hat mehr gekämpft als ihr! *(Harlekins Berlin 1998 auf einem Spruchband beim Heimspiel nach der Auswärtsniederlage von Hertha BSC im schwedischen Östersund. Auf der Rückfahrt kollidierte ein Fanbus mit einem Elch)*

Lieber die rote Laterne als gar kein Licht. *(Transparent von Anhängern im Niedersachsenstadion, nachdem ihr Verein Hannover 96 weiter auf dem letzten Tabellenplatz stand)*

## Reinhold **Fanz**

Die Fans werden von außen aufgehetzt. *(über Rufe nach Vorgänger Horst Ehrmantraut)*

Wenn man keine Tore macht, ist's ganz schwer, ein Spiel zu gewinnen.

## Jefferson **Farfán**

Farfán hat sich beim Biertrinken krank gemeldet. Es ist zu befürchten, dass er erst einmal ausfällt. *(sein Trainer Felix Magath)*

## Frank **Farina**

*(Australiens Nationalcoach)*

Die deutschen Abwehrspieler sind zumindest schneller als ich. *(über die Innenverteidigung der deutschen Fußball-Nationalmannschaft, die sein Spieler David Zdrilic als zu langsam kritisiert hatte)*

## **Färöer**

Ich weiß nur, dass es ganz viele Schafe und im Hintergrund viele Berge gibt. *(Nationalspieler Miroslav Klose auf die Frage, was er über das Land wisse)*

Ich weiß nur, dass der Trainer Däne ist und der Torwart eine Mütze aufhat. *(Kloses Kollege Torsten Frings auf dieselbe Frage)*

Das Gras auf unserem Trainingsplatz ist so hoch, dass alle Schafe in unserer Heimat einen Monat bräuchten, um es aufzufressen. *(Brian Kerr, Nationaltrainer der Färöer, vor dem EM-Qualifikationsspiel gegen Italien über den Zustand des Trainingsplatzes in der Nähe von Florenz)*

## Heribert **Faßbender**

*(Hörfunk- und TV-Kommentator)*

Das Stadion darf nicht renoviert werden, weil es unter Naturschutz steht.

Die Saudis sind übrigens Asienmeister, obwohl das ebenso wenig Asiaten sind wie die Türken Europäer. Die Saudis haben ja gar keine Mandelaugen, wie man das von Asiaten erwartet. Das sind eher Araber statt Asiaten.

Auch auf der Straße zum Erfolg gerät man bei allzu kühnen Überholmanövern leicht in den Gegenverkehr.

Bei diesem marokkanischen Spieler lachen immer alle, wenn man dessen Namen ausspricht: Lamouchi. Wahrscheinlich weil seine Bewegungen eher hölzern und gar nicht so katzenartig sind.

Was glauben Sie denn, was der Herr Faßbender ohne seine Sportschau ist? Der gibt sich die Kugel. *(Uli Hoeneß)*

Noch werden die Schiedsrichter nicht nach gelben Karten bezahlt.

Ein Tor muss her, soll es nach 90 Minuten nicht noch so stehen wie jetzt!

N'abend allerseits!

Dem Kampf gegen unsportliches Verhalten soll ja hier der Kampf angesagt werden.

Der war sowieso für eine Auswechslung vorgesehen. *(als ein Spieler auf der Bahre vom Platz getragen wird)*

Wie gut, dass Ballack da seinen rechten Fuß schonen wollte und stattdessen mit links maßgerecht zur Mitte flankt.

Sie sollten das Spiel nicht zu früh abschalten. Es kann noch schlimmer werden.

Norwegen in Rot, die deutsche Mannschaft, das muss ich Ihnen nicht mehr sagen und da brauche ich auch gar nicht viel zu erklären, wie so oft – wie eigentlich immer, wie fast immer, in den Farben, die Sie kennen: In den weißen Trikots und den schwarzen Hosen! Aber, meine lieben Zuschauer, das wissen Sie ja sicher auch so, da muss man keine großen Worte mehr verlieren.

Und nun kommt auch Silvestre zu seinem ersten Debüt.

So, meine Damen und Herren, ich geb' jetzt mal ab zu Waldi und Hansi – wer ist dran? Oder Wonti oder Töppi – ich weiß es gar nicht ...

Toulouse or not to lose, das ist hier die Frage. Bitte verzeihen sie mir diesen kleinen Kalauer.

Die Koreaner haben schon zwei komplette Verlängerungen gespielt. Eine ganz und die andere fast.

Ziege! Guter Pass auf Scholl, leider zu lang!

Tagsüber, wenn die Sonne scheint, ist es hier noch wärmer! *(auf Teneriffa)*

Jetzt sind auch die Fans begeistert. Sie singen »Oh, wie bist du schön!«.

Roberto Carlos hat Ronaldo heute fest im Griff. *(beim WM-Finale 1998 zwischen Frankreich und Brasilien)*

Es steht 1:1, genauso gut könnte es umgekehrt stehen.

Da singen sie: »We are red, we are white, we are danish dynamite« – Wir sind rote, wir sind weiße, wir sind dänische ..., äh ...

Nicht verwandt mit dem Schlagersänger ... der heißt übrigens gar nicht so! *(über den ukrainischen Starspieler Rebrov)*

Es steht 0:0 nach Nicht-Toren.

So, jetzt ziehen wir mal ein Fazit! *(nach fünf gespielten Minuten)*

Und jetzt skandieren die Fans wieder: »Türkiye! Türkiye!«, was so viel heißt wie: »Türkei! Türkei!«

50-Meter-Pass von ihm hier, aber Abseits. *(im Bild ist der Schiedsrichter-Assistent zu sehen)*

Ich weiß nicht, was auf Japanisch »das wär's gewesen« heißt. *(zu einer vergebenen 100-prozentigen Torchance der Japaner gegen Russland)*

Eine amikable Grundstimmung hat sich hier bei der Vorbereitung innerhalb der deutschen Mannschaft abgezeichnet.

Der Boden hier in Norwegen ist an der Oberfläche gefroren und darunter feucht. Das bedeutet, mit den fallenden Temperaturen wird im Laufe des Abends das Eis auftauen und der Boden ein richtig schweres Geläuf.

Den Schiedsrichter, den sollte man zurück in die Pampa schicken! *(über den argentinischen Schiri beim WM-Achtelfinale 1990 zwischen Holland und Deutschland)*

Der Ausgleich durch den Mann, dessen Name Kirche bedeutet! *(nach einem Tor des Italieners Enrico Chiesa)*

0:0 – ein Resultat mit deutlichen Vorteilen der Dortmunder.

Da kommt ein Spieler der Uerdinger Mannschaft frei, aber doch ungedeckt, zum Kopfball.

Sicher eher ein taktischer Wechsel. *(zu einer Auswechslung der führenden Mannschaft 20 Sekunden vor Schluss)*

Hier sehen sie den schottischen Schiedsrichter McCurry. Mein Kollege Gerd Delling hat vorhin schon eine gleichnamige Wurst verdrückt. Ich werde mir das bis nach dem Spiel verdrücken.

Ganz klar: gesperrt, ohne den Mann spielen zu wollen.

Das war ein ziemlich schwacher Fehlpass.

Aber vorher müssen wir uns das Tor von Wolfgang Overath mit rechts auf der Zunge zergehen lassen.

Die Fans rufen: »Ohne Ballack ha'm wir ein Problem.« *(der Gesang lautete: »Ohne Holland fahr'n wir zur WM«)*

Er, der jede Nichtigkeit über Frau, Kinder und Hobbys der Spieler einstreut, die er am Katzentisch der FIFA aufsammeln durfte, begleitet das Aufblitzen des anarchischen Moments im Fußball durch einen Tonausfall des Reporters. Faßbender betreibt Sabotage am gelebten Leben Fußball. *(»Frankfurter Rundschau«)*

Ihre Kritik an Herrn Faßbender ist sicherlich berechtigt, jedoch gibt es während dieser WM kaum noch Chancen, ihn auszutauschen. Das hängt auch damit zusammen, dass er als Leiter des WDR-Sports ein Moderationsvorrecht genießt und dieses dementsprechend ausnutzt. Wir bedauern, Ihnen keine bessere Mitteilung machen zu können. *(die Antwort des ARD-WM-Service-Teams auf eine Anfrage der »Frankfurter Rundschau«)*

## Werner **Faßbender**

*(Geschäftsführer von Fortuna Düsseldorf)*

Am liebsten hätten wir alle Stadiontore zugemacht und die Leute bis zum HSV-Spiel drinbehalten. *(nachdem anlässlich des Deutschen Katholikentages 50.000 Zuschauer im Rheinstadion gewesen waren)*

## Rudi **Faßnacht**

Das kommt davon, wenn unsere Schiedsrichter so praxisfremd sind. Sie können ein Sliding Tackling nicht von einem Foul unterscheiden. *(der MSV-Trainer verstand 1973 offensichtlich eine Menge vom Fußball)*

## Lucien **Favre**

Wenn Du den Ball nicht hast, ist es schwer, Fußball zu spielen.

Sieg oder Niederlage, manchmal liegt es an Kleinigkeiten, manchmal liegt es an nichts.

Die Mannschaft darf fast alles trinken. Aber wir haben nur Wasser, Kaffee und Tee im Bus.

## Karl-Heinz **Feldkamp**

Das ist doch immer wieder dasselbe: Da treten manche Spieler nur einmal in der Saison in Erscheinung – auf dem Mannschaftsposter ganz zu Beginn der Saison.

Man muss ihn hautnah nehmen, sonst wird's schwierig.

Was heißt, die Türken bauen mir ein Denkmal! Auch in Istanbul sind Denkmäler letzten Endes nur dazu da, damit die Tauben wissen, wohin sie bestimmte Reste absondern können.

Wenn das Wasser kochen soll,
muss man Feuer machen.

Klug wird man als Trainer hinterher,
aber klüger ist man meistens vorher.

Mit jungen Talenten bin ich erst mal sehr vorsichtig. Schon so mancher, der zunächst mächtig Staub aufwirbelte, war, als sich die Staubwolke verflüchtigt hatte, nicht mehr auffindbar.

Man muss ja nicht nur gucken,
wie viel einer läuft, sondern
was hinten rauskommt.

## Daniel **Felgenhauer**

Der kam nach dem 2:2 in unsere Kabine und wollte sein Trikot tauschen. Da habe ich ihm gesagt: »Du bekommst keins. In der nächsten Saison hast du davon Tausende.« Er hat nicht gelacht: Prüfung nicht bestanden – der hat keinen Humor. *(Hans Meyer auf die Frage, warum Daniel Felgenhauer nicht nach Gladbach wechsle)*

## Les **Ferdinand**

*(englischer Nationalspieler)*

Ich war überrascht, aber ich sage immer, dass mich im Fußball nichts überrascht.

Les liebte Sex. Aber er hat vorher immer kurz die Fußballergebnisse im Videotext gecheckt. *(Eva Dijkstra, Ex-Freundin)*

Vor meinem Debüt bei Beşiktaş haben sie ein Lamm geopfert und meine Stirn mit dem Blut von dem Tier beschmiert. Das sollte Glück bringen. Bei QPR *(Queens Park Rangers)* haben sie so etwas nie gemacht.

## Rio **Ferdinand**

*(englischer Nationalspieler)*

Richard Keys: Haben Sie irgendetwas über Robbie *(Fowler)* gelernt, als Sie mit ihm gearbeitet haben? Rio Ferdinand: Nun ja, wenn man seine Ohren aus der Nähe betrachtet, sehen sie ziemlich klein aus. *(Unterhaltung auf Sky)*

Ich bin reifer geworden. Auch
meine Mama sagt das.

## Sir Alex **Ferguson**

Sir Alex Ferguson ist Manchester United. Wenn man ihn schneiden würde, würde er rot bluten. *(Alan Brazil, schottischer Fußballspieler und Kommentator)*

Ich liebe Sie alle. Ich komme, um Frieden zu verbreiten. *(zu der Presse vor dem Sieg im Champions-League-Finale 2008)*

Ja, das können Sie – indem Sie sich ins Knie ficken und sterben. *(zum Sportchef des »Daily Mirror« auf die Frage, ob dieser etwas tun könne, um das Verhältnis des Blattes zu Ferguson zu normalisieren)*

Das Problem war, dass wir bei den Spielen in die Sonne gucken mussten, und dann war es auch immer so heiß.

Sie sollten nicht versuchen, in das Gehirn eines Verrückten zu schauen. *(spricht über sich selbst)*

Das geht dich einen Scheißdreck an! Ich frag dich ja auch nicht, ob du immer noch in diesen Schwulenbars abhängst. *(zu einem Journalisten, der ihn fragte, ob er vorhabe, im Sommer 2006 zur WM nach Deutschland zu reisen)*

Es ist interessant, dass wir bei den Spielen, in denen wir keine Tore geschossen haben, Punkte verloren haben.

Die Ehe hilft Fußballern. Sie werden ruhiger und man weiß immer genau, wo sie sind.

Sie glauben doch nicht etwa, dass wir mit dieser Bande einen Vertrag schließen? Denen würde ich nicht einmal ein Virus verkaufen. *(Sir Alex Ferguson über das Interesse von Real Madrid an seinem Spieler Cristiano Ronaldo)*

Das war ein Unfall. Wenn ich es eine Million Mal wiederholen würde, würde es nie wieder so ablaufen. Könnte ich so gut zielen, würde ich heute immer noch spielen. *(über den Zwischenfall, bei dem er mit einem durch die Luft getretenen Fußballschuh David Beckham an der Augenbraue verletzte)*

Ich habe sehr häufig Wasserflaschen, Taschen und Schuhe in der Umkleidekabine umhergeschossen – aber ich habe nie einen Spieler getroffen. Die Schotten müssen einfach eine bessere Technik haben. *(Marcello Lippi, Trainer von Juventus Turin, nachdem Alex Ferguson, Manchester United, einen Schuh weggetreten hatte, der das Gesicht von David Beckham traf)*

Ich bin so ein verdammt talentierter Kerl. Vielleicht fange ich an zu malen oder so was. *(Auf die Frage, was er nach seinem Abschied vom Fußball machen werde)*

Incey war ein wenig protzig, bis er zu uns nach Manchester kam. Beckham ist ein gebürtiger Londoner, und er ist auch ein wenig protzig. Ich denke, das muss an dem Wasser in London liegen.

Ich nehme meine Winterpause von euch, Jungs. Das Resultat spricht für sich selbst. *(Notiz von Ferguson, die den verblüfften Journalisten bei der Pressekonferenz nach einem 2:0 gegen Leicester vorgelesen wurde)*

Damit wir mal einen Elfmeter bekommen, benötigen wir ein Zertifikat vom Papst und einen persönlichen Brief von der Queen.

Alex Ferguson ist der beste Trainer, den ich in dieser Liga je gehabt habe. Hmm, er ist bisher mein einziger Trainer in dieser Liga. Aber er ist der beste Trainer, den ich je hatte. *(David Beckham)*

Donnerwetter, hat der 'ne Frequenz! *(Fritz von Thurn und Taxis über den Kaugummi kauenden Trainer)*

Ich befürchte, dass Sir Alex Ferguson uns alle entlässt, wenn wir den Vorsprung noch verspielen. *(Manchesters Patrice Evra)*

Der wichtigste Ratschlag, den er mir gab, war, nicht die Zeitungen zu lesen. Das war ein großartiger Ratschlag, den ich seitdem befolgt habe. *(über einen Tipp von Matt Busby)*

Sir Alex Ferguson hat mir einmal ein Kompliment zu meiner Spielleitung gemacht. Drei Wochen später hat er mich, nachdem ich wieder bei einem United-Spiel Schiedsrichter gewesen bin, zur Seite genommen und gesagt: »Gut, Jeff, zurück zur Normalität. Fucking business as usual.« *(Jeff Winter, Schiedsrichter)*

## Euan **Ferguson**

*(englischer Kolumnist)*

Kein Mann findet Sushi wirklich toll; keine Frau findet in Wahrheit Fußball toll.

## Ian **Ferguson**

Ich trinke nie einen Schluck, außer wir gewinnen einen Pokal. Die Leute müssen denken, dass ich Alkoholiker bin. *(nach seinem 23. Pokal mit den Rangers)*

## Dieter **Ferner**

Sie hören ja auch nicht auf, wenn Sie mal einen Versprecher haben. *(auf die Frage eines Journalisten, ob seine Verletzung das Ende seiner Karriere bedeute)*

## Klaus **Fichtel**

Der Wald stirbt – die Tanne steht! *(Fanplakat auf Schalke für den Spieler, der noch mit 43 Jahren auf dem Platz stand)*

Mein täglicher Mittagsschlaf. *(über das Geheimnis seiner 552 Bundesligaspiele)*

Berlin gut und schön. Ich bleibe lieber im Westen. Ich würde selbst ein Angebot Schalkes oder eines anderen Westklubs akzeptieren, das um 20.000 Mark niedriger liegt als das Berlins oder Bayerns.

## Christian **Fiél**

*(Spieler, u. a. Aachen, Dresden)*

Am liebsten hätte ich auch noch die Hose ausgezogen. *(nach einem Trikot-Striptease)*

## Eberhard **Figgemeier**

*(TV-Mann)*

Was dieses fantastische Spiel an Werbung für den Fußball gebracht hat, ist gar nicht wieder gutzumachen.

Der Strafraum ist keine entmilitarisierte Zone. Hier ist Schießen erlaubt.

## Luís **Figo**

Angst? Ich? Wissen Sie, es gibt ein portugiesisches Sprichwort: »Wenn du Angst hast, dann kauf dir einen Hund.«

Luis Figo ist ganz verschieden zu David Beckham – und umgekehrt. *(Englands Kevin Keegan)*

Figo ist für England so wichtig wie Beckham. *(Mark Lawrenson, irischer Nationalspieler)*

Ich würde Figo sofort für 100 Millionen Mark kaufen, weil ich weiß, dass ich ihn für 110 Millionen Mark weiterverkaufen kann. *(BVB-Manager Michael Meier zur finanziellen Obergrenze für einen Transfer in der Fußball-Bundesliga)*

Wer mir so etwas antut, wird dafür zahlen. *(Joan Gaspart, Präsident vom FC Barcelona, zum Wechsel von Figo zu Real Madrid)*

Unsere Bank ist gut besetzt. Wenn er sich auf die Tribüne setzt, kann er gern kommen. *(Peter Neururer auf die Frage, ob er einen Spieler wie Figo brauchen könne)*

## **Financial Times**

Was ist der Unterschied zwischen der Bank von England und dem Fußballverein VfB Stuttgart? – Stuttgart hat mehr ausländische Reserven. *(die »Financial Times«, nachdem Trainer Daum im Spiel gegen Leeds einen Ausländer zu viel eingewechselt hatte)*

## Edi **Finger**

*(österreichische Reporterlegende)*

I wird naaaariiiisch. *(bei Krankls Treffer zum 3:2 gegen Deutschland bei der WM 1978 in Cordoba)*

Österreich ist ein guter Gastgeber. Das Einzige, was wir den Gästen wegnehmen wollen, sind die Punkte und natürlich viel Geld.

## Oliver **Fink**

Sieg oder Sarg. *(vor dem 34. Spieltag)*

## Thorsten **Fink**

Ich habe mich schon verbessert, wir sind nun Vorletzter – das ist meine Aura. *(nach einem eher verhaltenen Start als HSV-Trainer)*

Er sieht sehr gut aus. Da ist ein Kuss nicht so schlecht. *(so begründet HSV-Sportchef Frank Arnesen wilde Umarmungen mit Fink auf der Bank)*

Das ist wie bei einem kleinen Kind, wenn du sagst, laufe nicht gegen einen Baum, dann läuft es gegen einen Baum. *(nach der 1:5 Niederlage des HSV gegen Hoffenheim)*

Wir wollen uns nacheinander einen nach dem anderen runterholen. *(über die geplante Aufholjagd des Spielers Flick mit dem FC Bayern)*

Wenn man jahrelang mit Brasilianern trainiert, muss ja irgendetwas abfärben. Was ein Fink plötzlich für Kunststücke macht, alle Achtung! *(Franz Beckenbauer)*

Der letzte Spieltag schreibt immer eigene Geschichten, da hüpfen plötzlich die Frösche und fliegen die Finken wieder.

Ich habe lediglich den Ball ein, zwei Meter weggekickt, um ein wenig zu verschnaufen. *(nach einer gelb-roten Karte wegen Ballwegschlagens)*

## Volker **Finke**

Drachen, die zu hoch steigen, stürzen auch mal ab. *(als sein SC Freiburg 1994 von Platz drei auf sieben fiel)*

Ich weiß gar nicht, wer zuerst in Köln war: der Klub oder die Stadt.

Wir brauchen hier keinen Messias, weil zu jedem Messias immer auch ein Judas gehört. *(zur schwierigen Lage beim 1. FC Köln)*

Aus dem Strohhalm, an dem wir alle ziehen, kommt plötzlich wieder was raus. *(über neue Hoffnung im Abstiegskampf)*

Das Faszinierende am Fußball ist, dass es keine Gerechtigkeit gibt.

Beim Fußball geht es nicht um Krieg und Frieden, sondern um einen Job auf Zeit.

Es ist für mich nicht so, dass ich ins Tal der Tränen ausbreche.

Ich bedanke mich bei der lebendigen Rasenheizung in Freiburg.

Trainer ist ein Job auf Zeit. In dieser Mischung aus Sport und Show können sich Gesichter verbrauchen, wenn man es ein paar Jahre macht. *(1992)*

Ich finde, in dem kleinen Leben, das man hat, muss man sich nicht quälen, nur um zu sagen: Ich bin Bundesliga-Trainer.

Ich bin froh, dass ich einen Präsidenten habe, mit dem ich Tag und Nacht über Fußball reden kann.

Ich habe zwei verschiedene Halbzeiten gesehen.

Die Abteilung Platzwart muss Grippe gehabt haben. *(zum Zustand des Rasens im Münchner Olympiastadion)*

Wir geben eine Pressemappe heraus, in der alle Antworten auf die Fragen nach unserer Auswärtsschwäche gegeben werden. *(Freiburgs Trainer nach einer 1:4-Niederlage in Rostock)*

Mir persönlich ist eine unheimliche Last von den Schultern gefallen. Wenn das schiefgegangen wäre, hätte ich in die Rückenschule gemusst. *(zum Klassenverbleib des SC Freiburg)*

Ich musste zwei Kilometer laufen. *(über die Strecke von der Trainerbank zur Pressekonferenz auf der Baustelle Frankfurter Waldstadion)*

Ganz, ganz viele laufen sehr viel und helfen sich gegenseitig. *(Erklärung seines »Chinesischen Modells«, mit dem die Breisgauer eine Überzahl im Mittelfeld erreichen wollen)*

Ich hoffe, dass die Spieler nicht den neuen Bus vollqualmen. Bevor sie ihre Zigarren rauchen, sollen sie doch bitte rechts ranfahren. *(Vorgabe für die Feierlichkeiten zum Bundesliga-Aufstieg des SC Freiburg)*

Dass Marihuana auf der Dopingliste steht und Alkohol nicht – das ist der klassische Fall von Doppelmoral. *(über den Umgang mit dem Dopingfall Ibrahim Tanko)*

Es gibt keine einfachere und zugleich faszinierendere Spielidee: zwei Tore, da einen rein, da keinen rein. Fertig.

Fußball ist ein Theater der Eitelkeiten.

Fußball kommt von innen heraus: Viel Bauch, viel Gefühl, viel Leidenschaft.

Wo es Geld gibt, muss ich spielen – dieser Denkansatz ist einfach falsch. Es gibt viele Fußballer, denen es lieber ist, der Kopf einer Maus zu sein als der Schwanz eines Löwens.

In der Regel habe ich drei Meinungen. Eine für mich, eine für den Präsidenten und eine für die Presse.

## Herbert **Finken**

Mein Name ist Finken, und du wirst gleich hinken. *(der Tasmane begrüßt seinen Gegenspieler)*

## **Finnische Zeitung**

Nationaltrainer von Wales sagt: »Russische Juden sind mit die besten Stürmer der Welt.« *(das Originalzitat lautete: »Rush an' Hughes are some of the best attackers in the world«)*

## Andreas **Fischer**

Pfeif endlich, du Arschloch! *(der Hamburger zum Linienrichter Peter Augar)*

## Gerhard **Fischer**

*(Sportredakteur »Süddeutsche Zeitung«)*

Wildmoser hat gesagt, der Aufsichtsrat soll einen Nachfolger suchen. Genauso hätte er sagen können, Fünfjährige sollen einen Nachfolger fürs Christkind suchen.

## Gotthilf **Fischer**

*(Chorleiter)*

Sollten wider Erwarten alle Stricke reißen, steht unser 1.500er-Chor als Abwehrblock im deutschen Strafraum. Dann kann der Sepp Maier im Tor Vesperzeit einlegen. *(der Musiker vor dem Endspiel 1974)*

## Joschka **Fischer**

*(Politiker, deutscher Außenminister)*

Jeder Trainer ist ein designierter Ex-Trainer.

## Klaus **Fischer**

Ich weiß, dass er Fallrückzieher kann. Und was sonst? *(Trainer Aleksandar Ristić)*

Ich besaß als Kind nur ein einziges Spielzeug, es war ein Ball.

Ich war schon fünfmal Tor des Monats!

Haben Sie mit einem Prozess noch nicht genug? *(Frage von Schiedsrichter Dreher an Klaus Fischer kurz nach dem Bundesliga-Skandal, als der Schalke-Stürmer den Werder-Keeper etwas härter anging)*

Ich lese keine Bücher. *(auf die Frage nach seinem Lieblingsbuch)*

Bei der Hymne kribbelt es bei mir immer noch und ich stelle mir vor, dass mich jetzt meine Frau und meine Freunde sehen. *(Spaß am Voyeurismus hat Klaus Fischer bei der WM 1978)*

## Ottfried **Fischer**

*(Kabarettist)*

Hinter dem Schiedsrichterskandal steckt die organisierte Kriminalität – die Rede ist von der kroatischen Mafia, nicht vom DFB!

## Peter **Fischer**

*(Präsident Eintracht Frankfurt)*

Mit all den Steinen, die mir heute vom Herzen gefallen sind, kannst du ein neues Stadion bauen. *(nach einem Sieg)*

Man kann nicht von Pech reden. Wir sind souverän aus dieser Liga verschwunden! *(nach dem Abstieg)*

Wenn ich gekonnt hätte, hätte ich von der Tribüne das Handtuch geworfen.

Unsinn, die Zeit ist uns schon längst davongelaufen. *(auf die Frage, ob er nicht Angst habe, dass der Eintracht in der Investorenfrage die Zeit davonlaufen könne)*

Du kannst nicht Badeklamotten oder Sonnenmilch mit Schutzfaktor zwölf kaufen, wenn du kein Ticket für die Karibik hast.

Manchmal habe ich gedacht, dass die anderen gedopt sind und unsere Spieler Schlafmittel eingenommen haben.

## Viktor **Fischer**

*(dänischer Spieler bei Ajax Amsterdam)*

Weil meine Niederländisch-Lehrer das so wollten, musste ich »Gute Zeiten, schlechte Zeiten« gucken. Es ist nicht zu glauben, wie schlecht das ist.

## Jan Åge **Fjørtoft**

Ich sterbe aus. *(über den Verlust der Typen in der Bundesliga)*

Schön war es auch im Herbst, als ich unter Magath nach zehn Monaten in der Wüste, ohne Wasser und fast ohne Kleider, es geschafft habe, wieder zu alter Klasse zu finden.

Ich ärgere mich immer, wenn ich in der Oper bin und der Star zu viele Zugaben gibt! *(bei seinem Abschied von der Eintracht)*

Das spricht vielleicht für eine schlechte Vereinskarriere – aber das war ein Höhepunkt meiner Laufbahn! *(auf die Frage, was ihm der Siegtreffer gegen Bayern bedeute)*

Wenn ich 50 Meter von einer Klippe springe, kann ich auch sagen, es sind nur 50 Meter. Tot bin ich trotzdem. *(über die Verharmlosung der Situation im Abstiegskampf)*

Ich will nicht auf der Bank sitzen. Dafür könnt ihr auch meinen Sohn nehmen, der würde sich freuen, das Maskottchen spielen zu dürfen. *(zu seiner Rolle bei Eintracht-Trainer Reinhold Fanz)*

Kongodeutsch! *(auf die Frage nach der neuen Amtssprache bei der Eintracht)*

Meine Frau Marianne und ich haben zwei Kinder. Wenn wir nächstes Jahr nach Norwegen zurückkehren, müssen wir uns noch mal unterhalten. *(zum Thema Familienplanung)*

Den hätte wohl auch mein Sohn gehalten. *(nach einem verschossenen Elfmeter gegen die Bayern)*

Ich habe zu allem eine Meinung. Als Angestellter des Vereins darf ich aber nicht alles sagen. Das kostet mich zu viel.

Dann lebe ich in Oslo, spiele immer noch Fußball und bin immer noch so langsam ... *(auf die Frage, was er mit 85 Jahren machen werde)*

Der Trainer wird uns schon auf den Boden zurückholen. Morgen wird es den längsten Waldlauf der Geschichte geben! *(nach einem 4:0-Sieg)*

Eines möchte ich noch kurz anfügen. Auf der Homepage meines Kollegen Thomas Sobotzik habe ich gelesen, dass ich seinem Sohn so ähnlich sehe. Mit Frau Sobotzik habe ich aber schmunzelnd ausgemacht, dass an dieser Geschichte nichts dran ist.

Die Entscheidung war zwischen mir und dem Busfahrer, aber der Busfahrer hatte keine Schuhe dabei. *(über seinen Einsatz gegen Freiburg)*

Tore Pedersen ist ein sehr guter Freund. Ich bin jetzt hier, um für ihn eine Frau zu finden. *(über den Grund seines Wechsels zu Eintracht Frankfurt)*

Ich bin der ex-beliebteste Spieler der Eintracht.

Wenn ich natürlich bei meinen Sechs-Minuten-Einsätzen bis zur Winterpause 30 Tore schieße, werde ich vielleicht nicht gehen dürfen.

Unser letzter Sieg ist schon 100 Jahre her. *(nach dem Ende einer elfwöchigen Serie ohne Sieg)*

Weil, der Trainer braucht jetzt Spieler mit harten Eiern. *(auf die Frage, warum er beim nächsten Spiel aufgestellt werden sollte)*

Wenn ich bleibe, will ich einen Fünfeinhalb-Jahres-Vertrag, damit ich noch im neuen Stadion auflaufen kann. Dann spiele ich hier, bis ich lange, graue Haare habe. *(zu seinem Plan, die Eintracht in der Winterpause zu verlassen)*

Ich halte nix von Sex vor dem Spiel, besonders weil ich mir das Zimmer mit Salou teile.

Ich hoffe, dass bei der Eintracht endlich einmal Ruhe einkehrt. Aber das ist so wahrscheinlich, wie dass Elvis in Stabaek rockt!

Hat es so ausgesehen, als ob ich das könnte? Ich glaube nicht … *(zu seinem »Löwentanz-Jubel« nach einem Siegtreffer gegen Bayern)*

Wir haben ein paar sehr schnelle junge Spieler da. Und ich bin alt und nicht ganz so schnell … *(über seine Chancen bei der norwegischen Nationalmannschaft)*

Der Castro ist ja auch müde dann und wann, man kann nicht immer revolutionär sein.

Heute habe ich sicher so viel Unterstützung wie Leonid Breschnew früher bei den Sowjet-Wahlen!

Ich habe das erst für Kritik an meiner Person gehalten. Alle sagen immer, dass ich langsam sei. Deshalb dachte ich, die Fans wollten mich zum Rennen animieren. *(zu einem Plakat mit der Aufschrift »Fjørtoft darf nicht gehen«)*

Als Fjørtoft 1999 den 1. FC Nürnberg mit mir als Trainer in die 2. Liga geschossen hat, hätte ich ihm am liebsten das Bein abgehackt. *(Friedel Rausch)*

## Mathieu **Flamini**

*(französischer Spieler, u. a. Milan, Arsenal)*

Ob Flamini vom Feld hätte geschickt werden müssen? Nein, ins Gefängnis! *(Vedran Corluka, Verteidiger bei Tottenham Hotspurs, ist nicht gut auf den Milan-Spieler zu sprechen)*

## Helmut **Fleischer**

*(Schiedsrichter)*

Schau'n mer mal, ob er am Wochenende spielt. *(nachdem Borussia Dortmunds Torhüter Jens Lehmann gefordert hatte, Schiris nach schwachen Spielen erst einmal aus dem Verkehr zu ziehen)*

## Hansi **Flick**

*(hier noch beim DFB als Co-Trainer von Jogi Löw)*

Wir können an die Spieler nur appellieren, sich warm anzuziehen und sich nach dem Duschen die Haare zu föhnen. Wir rufen die Tipps von der Mama immer wieder ins Gedächtnis. *(weil es bei der WM in Südafrika 2010 so kalt war)*

## **Fliedener Wochenblatt**

Um 16 Uhr präsentieren wir die Landesliga-Mannschaft mit Vorstellung des Spielerkaters.

## Jürgen **Flimm**

*(Theaterintendant)*

Stures Beharren auf Verträgen zeugt nicht von Weitsicht. Das Leben ist mehr als eine Blutgrätsche. *(zur Weigerung einiger Profis, nach der Kirch-Pleite Gehaltskürzungen zu akzeptieren)*

## Just **Fontaine**

*(Franzose, WM-Torschützenkönig von 1958 mit 13 Treffern)*

Es liegt nur an diesen modernen Flachbildfernsehern, dass der heutige Fußball schneller wirkt.

## George **Foreman**

Ich weiß nicht viel darüber. Es ist mir zu Ohren gekommen, dass letzten Sommer in den USA ein sehr wichtiges Turnier stattgefunden hat. *(der Boxer im Jahre 1995 auf die Frage, was er über Fußball wisse)*

## Karl-Heinz **Förster**

*(schwäbischer Abwehrspieler)*

Ich glaube, er ist der erste Profi, der mit dem Fuß einen Baum fällen könnte. *(Paul Breitner)*

## William »Fatty« **Foulke**

*(Torwart)*

Mir ist egal, wie sie mich rufen. Hauptsache sie rufen mich rechtzeitig zum Essen.

## Robbie **Fowler**

Willkommen im Klub! *(Stuart Pearce nimmt seinen Mitspieler bei Manchester City nach einem verschossenen Elfmeter in den Arm)*

Reporter: »Haben Sie irgendetwas über Robbie Fowler gelernt, als Sie mit ihm gearbeitet haben?« Rio Ferdinand: »Nun ja, wenn man seine Ohren aus der Nähe betrachtet, sehen sie ziemlich klein aus.«

## **Franca**

*(brasilianischer Profi, u. a. Bayer Leverkusen)*

Now I am Deutscher!

## Gerry **Francis**

*(englischer Trainer von Queens Park Rangers)*

Was ich in der Halbzeit erzählt habe, darf man nicht im Radio drucken.

Der Transfermarkt war so tot, dass ich mich selbst mit verstellter Stimme angerufen habe, um ein bisschen frischen Wind in die Sache zu bringen.

## Trevor **Francis**

*(englischer Spieler und Trainer)*

Es gab 47 Spieler, als ich kam, und 49, als ich zwei weitere im Schrank gefunden habe.

## Eintracht **Frankfurt**

Bei Eintracht Frankfurt ist alles geleast. Einschließlich Gehirn – sofern vorhanden. *(Jürgen Friedrich, der Lauterer, spielte früher auch für die Eintracht)*

Der Vereinsname »Eintracht« ist der beständigste Witz im deutschen Fußball. *(TV-Mann Johannes B. Kerner)*

Die Polizei freut sich über den Aufstieg der Eintracht und ist gerne bereit, auch bei zukünftigen Spielen mit oder ohne Schlagstock aktiv zu werden. *(der Frankfurter Polizeipräsident Weiss-Bollandt)*

Ich hatte gedacht, dass die Eintracht sich schon etwas aufgebaut hat, ich war richtig erschrocken: Die hatten nur das »Kicker«-Sonderheft. *(Karl-Heinz Körbel, als er in Frankfurt als Talentscout anfing, über das bisherige Scoutingsystem der Eintracht)*

Bundesliga ohne Eintracht ist wie Kaffee ohne Bohnen. *(enttäuschter Frankfurter Fan nach dem zweiten Abstieg)*

Wunschgegner ist Eintracht Frankfurt in der ersten Runde oder im Finale. *(der Offenbacher Stürmer Christian Knappmann zum DFB-Pokal)*

Lieber fünf Jahre Gefängnis als Trainer von Eintracht Frankfurt sein. *(Günter Brocker, Bundesligatrainer in den 1960er-Jahren)*

Wenn Winnie Schäfer gekommen wäre, hätte er hier den 3. Weltkrieg ausgelöst. Was soll da erst bei Lothar Matthäus passieren? *(Joachim Pflug, Vereinsfunktionär, zur geplanten Verpflichtung von Lothar Matthäus als Trainer)*

Das ist das Problem in Frankfurt: Hier muss einer nur dreimal mit dem Hintern wackeln, und schon ist er ein guter Spieler. *(Frankfurts Ex-Trainer Jupp Heynckes)*

Der Trainer arbeitet immer in Ruhe in Frankfurt. *(Präsident Rolf Heller)*

Ich will den Diva-Charakter meines Vereins erhalten, und zwar mit allen negativen Eigenschaften. *(Rolf Heller)*

Die Eintracht ist eine Badewanne mit sehr vielen Löchern, aus denen das Wasser nur so herausschießt. Es ist uns gelungen, einige Löcher zu stopfen, aber es fließt immer noch Wasser heraus. Und wenn es uns nicht gelingt, die Löcher vollständig zu stopfen, dann werden wir kein Wasser, sprich kein Geld, in diese Badewanne lassen. *(Matthew Wheeler, Octagon-Chef Europa)*

Dass es bei der Eintracht immer an Weihnachten kriselt, scheint mir historisch oder genetisch bedingt! Jeder, der bei uns in Amt und Würden steht, würde in der Kabine sogar einen Tabledance machen, wenn er damit etwas Positives bewirken könnte. *(Präsident Peter Fischer)*

Eintracht Frankfurt zählt zu den 100 bekanntesten Marken in Deutschland, in einer Reihe mit Mercedes oder Tempo. *(Peter Fischer)*

Wir gehören zu den reichsten Vereinen der Bundesliga! *(Ex-Schatzmeister Rainer Leben)*

## FSV **Frankfurt**

Auswärtssieg! Auswärtssieg! *(Fans des FSV Frankfurt bei einem 2:1-Heimsieg gegen den 1. FC Nürnberg. Sie waren auf den Rängen klar in Unterzahl)*

## Frankfurter Allgemeine Zeitung

Wie komme ich ganz schnell auf 10 Millionen? Indem ich 20 in einen Fußballverein investiere.

Endlich fängt der Europapokal wieder an, jene Volksbildungseinrichtung, die in ihr fünfzigstes Schuljahr geht. Seit einem halben Jahrhundert hat sie Tausenden von Fußballern und Millionen von Fans Horizonte erweitert und neue Lösungen für Stadt-Land-Fluss geschenkt.

## Frankfurter Neue Presse

Sparmann wundert sich, dass sich die Gegenseite – also die DFL – bisher nur auf »Nebenkriegsschauplätzen« bewegt. Und dass Kupka anscheinend wenig Sinnvolles von sich gibt. Der genaue Wortlaut war schärfer, aber nicht unbedingt druckreif … *(zum Ablauf des Schiedsgerichtsverfahrens im Lizenzstreit Frankfurt/Unterhaching)*

## Frankfurter Rundschau

Der Bayern-Manager Uli Hoeneß kann es nicht lassen: Er muss sein Würstchen in jeden Topf hängen, obwohl doch niemand nach Senf gerufen hat.

Im letzten Jahr drängten sich schon keine Zuschauer in die riesige Fußballhalle, diesmal noch weniger.

## **Frankfurter** Taxifahrer

Ist das mit Übernachtung und Frühstück? *(über den Preis der Eintrittskarte für ein Fußballländerspiel)*

## Fränkischer Tag

Die faire Spielweise beider Mannschaften konnte der schwache Schiedsrichter nicht verhindern.

## Frankreich

Fußball ist inzwischen Nr. 1 in Frankreich, Handball übrigens auch. *(TV-Kommentator Heribert Faßbender)*

Monumental! Die Blauen sind das Dream Team des ausgehenden Jahrhunderts. Wie einst Björn Borg und Eddy Merckx kann man ihnen nur einen Vorwurf machen: Sie sind unschlagbar. *(Frankreichs Sportzeitung »L'Équipe«)*

Ich rufe die Franzosen hiermit auf, mehr Kinder zu zeugen. Dann werden wir in 20 Jahren auch wieder gute Spieler haben. *(Ikone Michel Platini)*

Es ist gut, dass Frankreich so früh nach Hause musste. Noch eine Woche, und die Spieler hätten sich gegenseitig aufgefressen. Das war der beste Weg, den Kannibalismus zu verhindern. *(Eric Cantona, der ehemalige französische Nationalspieler, über das Vorrunden-Aus bei der WM 2010 in Südafrika)*

## Maik **Franz**

Ich bin der meistgehasste Spieler der Bundesliga. Ich bin mit Sicherheit kein Unschuldslamm. Ein Typ, der dazwischenfegt und Zeichen setzt. Wie mein Vorbild Stefan Effenberg.

Kleiner Junge in einer Fragerunde: Ich heiße Max und bin sechs Jahre alt. Meine Frage ist, ob du noch was anderes gut kannst außer Fußball. Franz: Ob ich noch was anderes gut kann? Klar, ich kann mehrere Sachen gut, m-äh-ee, hahaha, das ist eine gute Frage! Ähhhhh, jetzt werde ich selber rot, das ist gut. Na, ja, klar, also ... ts ... ts ... gut!

3 mal 3 ist 6. Eigentlich wollte ich die 6 haben, aber die war schon besetzt. *(auf die Frage, was ihm die Rückennummer 33 bedeute)*

Normalerweise respektiere ich im Fußball jeden Gegenspieler. Aber dieses Arschloch ... *(Gegenspieler Mario Gomez)*

Ich weiß nicht, was in seinem Kopf vorgeht. Viel wird das nicht sein. *(Ioannis Amanatidis über seinen Mitspieler in Frankfurt)*

## Alexander **Frei**

Wir brauchen keinen Psychiater, sondern einen Heimsieg.

## SC **Freiburg**

Freiburg hat lauter Spieler, die zum oberen Bereich der deutschen Mittelstreckenläufer gehören. *(Christoph Daum)*

Nein, nach Georgien haben wir nicht so einen Draht. *(Jürgen Klopp auf die Frage, ob der SC Freiburg ein Vorbild für Mainz 05 sei)*

Die Freiburger waren mir immer sehr sympathisch. Dieses Spiel war aber auch immer ein wenig wie Studenten gegen die Landeshauptstadt. *(Fredi Bobic, damals noch Stürmer beim VfB Stuttgart)*

Dass Freiburg Meister wird, ist so wahrscheinlich wie ein Europacupgewinn von Darmstadt 98. *(Volker Finke 1994 als Trainer der Breisgauer)*

## **Freie Presse**

Beim 1:1-Unentschieden zwischen Motor Diamant und Aufbau erzielten jeweils die Gegner die Tore.

## Steffen **Freund**

Es war ein wunderschöner Augenblick, als der Bundestrainer sagte: Komm Steffen, zieh deine Sachen aus, jetzt geht's los.

Man tut so, als ob man mir reinen Wein eingeschenkt hätte. Das ist alles Quark. *(über die Vertragsverhandlungen mit Tottenham Hotspurs)*

Nichts gegen Steffen Freund. Das ist ein guter Spieler. Aber dagegen ist Jens Jeremies der Maradona. *(Trainer Werner »Beinhart« Lorant)*

## 11**Freunde**-Liveticker

Ein Foul, so schmutzig, dass Charlotte Roche überlegt, ein Buch darüber zu schreiben ... *(Foul von Bayerns Santos am Frankfurter Oczipka)*

## Ernst **Fricke**

*(Präsident von Eintracht Braunschweig)*

Unsere Auswärtsschwäche ist stärker geworden.

## Rüdiger **Frickel**

*(Schiedsrichter)*

Der lange Herr Frickel ist der einzige Schiedsrichter, der während des Flugs im Sitzen mühelos mit einer Hand das Verpflegungspaket aus dem Gepäckfach holen kann. *(»kicker«)*

## Arne **Friedrich**

Ich hab ihn jetzt noch nicht gesprochen, ich hatte gestern noch Doping. *(im Gespräch mit ZDF-Mann Michael Steinbrecher)*

Fußball ist ein Ergebnisspiel, da muss man auch mal unfair sein.

Die Freiburger waren vogelwild. *(nach einem 3:1-Auswärtssieg)*

Dafür, dass wir in Afrika sind, können wir uns nicht beschweren. *(über das deutsche WM-Quartier 2010)*

Wir machen ihm ja keinen Vorwurf, dass er bei seinen Ex-Vereinen nicht gelernt hat, zu verteidigen. *(Wolfsburg Trainer Felix Magath)*

## Jürgen **Friedrich**

*(Spieler und Präsident beim 1. FC Kaiserslautern)*

Wir brauchen wieder Spieler, die Gras fressen. Und wenn es sein muss, rohes.

Wir werden der Robin Hood der Liga bleiben. Wenn's uns ein bisschen schlechter geht, müssen wir wieder in den Wald zurück, und wenn's uns wieder besser geht, kommen wir wieder raus und hauen den vermeintlich Großen aufs Haupt.

Wenn man so dicht vor der Tür steht und macht dann in die Hose, das ist schon schmerzlich. *(über einen verpassten UEFA-Cup-Platz des FCK)*

Ehe ich Ihnen die Hand gebe, lasse ich sie mir abhacken. *(zum Schiedsrichter nach dem Spiel auf den Weg in die Kabinen)*

Wer Erster ist, ist Erster.

Ich würde heute für keinen Spieler auch nur den kleinen Finger ins Feuer legen. Das Geschäft ist leider so geworden. Es geht immer nur ums Geld.

Wir brauchen mehr Kopfhunde.

Wir haben früher auch mit elf Deutschen einen schönen Scheißdreck gespielt. *(auf die Frage, ob durch die vielen ausländischen FCK-Spieler die typischen Betzenberg-Tugenden verloren gegangen seien)*

Wir waren früher härter – bei uns gab's keine Verletzungen, sondern nur glatte Brüche.

Von uns werden nur noch Spieler mit mehr als 1,85 Meter Körpergröße verpflichtet. Wenn alle Stricke reißen, können wir dann immer noch als Basketballmannschaft auftreten.

## Manuel **Friedrich**

*(Bundesligaspieler, u. a. Mainz, Leverkusen)*

Im Moment läuft es für uns – und zwar in die falsche Richtung.

## Hanns Joachim **Friedrichs**

*(Moderator)*

Jetzt steht er endlich! *(etwas sehr zweideutig bei der WM 1974, als nach über zwanzig Minuten der Ton in der Livesendung endlich wieder funktionierte)*

So, die Mikros sind zu. Jetzt könnt ihr ja die Wahrheit sagen! *(nach einer Diskussion mit Funktionären über die Lage des Fußballs im Jahr 1975)*

## Rolf **Fringer**

*(Schweizer Trainer vom VfB Stuttgart)*

Habe ich vor einigen Jahren auch gefahren. *(Stuttgarts Trainer auf die Frage, was er von Golf halte)*

Einige spielen kurzärmelig, um nicht die Ärmel hochkrempeln zu müssen.

Wenn ich sehe, dass wir in Dortmund 3:6 verloren haben und diesmal in München nur 3:5, dann sind wir auf dem richtigen Weg. Übrigens, das war ironisch.

## Torsten **Frings**

Was willst du denn von mir, du Lutscher?! *(beim ersten Training bei Werder Bremen zu Andreas Herzog)*

Zurzeit verliere ich sogar Laufduelle gegen meine kleinen Töchter. *(im Aufbautraining)*

Am besten grätschen wir die Brasilianer schon bei der Hymne weg.

Ich hatte einen Hals ohne Ende.

Jetzt kann der Mario Basler ja schön den 2. Platz feiern. *(nach dem Pokalfinale 1999, vor dem Mario Basler gesagt hatte, der 2. Platz sei doch auch was Schönes für Werder)*

Frings mit links! Reimt sich zwar, ist aber leider nicht sein starker Fuß. *(TV-Mann Heribert Faßbender)*

Torsten Frings ist katholisch, der würde nie nach Italien wechseln. Da müsste er ja sonntags arbeiten. *(Norbert Pflippen, Spielerberater)*

## Oliver **Fritsch**

*(Journalist)*

Der HSV ist so stark wie die CDU in St. Pauli.

## Rüdiger **Fritsch**

*(Darmstadts Präsident )*

Ein klassischer Fehler wäre es gewesen, wenn wir anstatt eines Fußballlehrers Norbert Meier einen Klavierlehrer Erwin Hotzenplotz geholt hätten.

## Clemens **Fritz**

Eine Garantie kriegen Sie, wenn Sie eine Waschmaschine kaufen. *(ob er mit einer Stammplatzgarantie rechnen könne)*

## Lutz Michael **Fröhlich**

*(Berliner Schiedsrichter)*

Gebt den Zuschauern ein Pfeiferl. Vielleicht pfeifen die gescheiter. *(Andreas Herzog)*

Lutz Michael Fröhlich: Siebenmal pfiff er die Eintracht auswärts, kein Mal konnte sie gewinnen und er tat wirklich alles dafür, dass diese Serie hält. Was hat Herr Fröhlich nur gegen die Frankfurter. Hat ihm in der Jugend mal ein Frankfurter die Freundin ausgespannt? *(DSF-Kommentator)*

Entweder stellt er den runter oder pfeift Tischtennis. *(Trainer Eduard Geyer)*

Ich werde alles tun, damit Sie nie wieder ein Bundesligaspiel leiten! *(Uli Hoeneß)*

Der Falko Götz und Schiedsrichter Fröhlich kennen sich zu gut. *(Klaus Augenthaler zu einer seiner Meinung nach zu kurz bemessenen Nachspielzeit gegen die von Götz trainierten Münchener Löwen)*

## Florian **Fromlowitz**

Zum Schluss hätte ich gerne in fast alles gebissen – am liebsten in den Schiedsrichter.

## Michael **Frontzeck**

Wir haben uns zurückgebissen.

Bis zur 80. Minute haben wir ein gutes Spiel gemacht, umso enttäuschender, dass wir am Ende mit leeren Punkten dastehen.

Manchmal hast du so eine Phase. Da schläfst du eine Nacht, wachst auf und hast drei Verletzte.

Machen Sie das Fenster auf. Los, machen Sie schon. Hört man schon was? Die Fans fordern sicher wieder meinen Kopf. Oder hab ich schon Halluzinationen? *(Arminia Bielefelds Coach auf der Pressekonferenz)*

Wenn der Olli Kahn den Arm hebt, dann ist Abseits.

Im Profifußball kannst du dir Träume nicht erlauben. Da musst du, wenn du weiterkommen willst, hellwach sein.

Moral im Fußball? Haha!

## Walter **Frosch**

Ich würde lieber eine rauchen als vögeln.

Mein schwerster Gegner war immer die Kneipe!

Ein Walter Frosch spielt nur in der A-Mannschaft oder in der Weltauswahl.

Die Lust auf Zigaretten beginnt, sobald ich morgens aufsteh. Ich vermisse es. Ihr könntet mir das Mädchen von Seite eins nackt auf den Bauch binden. Ich würde sie sofort gegen eine Zigarette eintauschen.

Das ist ein anständiger Junge. Ich kenne ihn jahrelang. Er hat immer versucht, sauber und fair zu spielen. *(Schiri Walter Eschweiler)*

Wenn du früher zum Trainer gesagt hast, du hast Kopfschmerzen, hat der gesagt: »Geh ans Kopfball-Pendel, dann gehen die weg.« Und heute? Da schickt er dich zur Kernspintomografie ...

Alle frisch gestylt – und bei Windstärke 4 fallen sie um. *(über die heutige Spielergeneration)*

## Barry **Fry**

*(englischer Trainer)*

Kirstine ist wie gewohnt beim Shoppen. Ich bin auf dem Arbeitsamt, um nach 'nem neuen Job zu gucken. Alles wie immer, nicht wahr? *(Ansage auf dem Anrufbeantworter)*

Irgendwer hat mal gesagt, dass man das Taktikwissen von Barry Fry auf eine Briefmarke schreiben kann. Dazu müsste man die Briefmarke aber noch in der Mitte falten. *(BBC-Fußballexperte Steve Claridge)*

Ich bin Weihnachten verhaftet worden, als ich mit einem Traktor den Platz vorbereiten wollte. Ich habe dem Polizisten gesagt, wer ich bin und er hat geantwortet: »Natürlich, und ich bin Georgie Best.«

## Christian **Fuchs**

Es fühlt sich wie eine Niederlage an, vielleicht sogar noch schlimmer. *(nach einem 1:1 mit Mainz gegen Borussia Dortmund)*

## Fritz **Fuchs**

*(Trainer)*

Ich trainiere keine Profis mehr, sondern nur noch eine C-Jugendmannschaft. Da haben die Spieler jüngere Mütter.

## Uwe **Fuchs**

Im Moment nicht. Yeboah und Chapuisat sind besser drauf. *(auf die Frage, ob die Nationalmannschaft ein Thema sei)*

Ich denke zu viel nach, obwohl ich ein Instinktfußballer bin.

## Werner **Fuchs**

*(Trainer, u. a. Aachen und Hertha)*

Auf dem Platz hat nur einer was zu sagen. Sonst geht's hier zu wie beim Bundesparteitag der Grünen.

## Joachim »Blacky« **Fuchsberger**

*(Schauspieler und Moderator)*

Ihr habt letzten Mittwoch besser gepfiffen, als die Nationalelf gespielt hat. *(bei einer Siegerehrung für Franz Beckenbauer zum Bayern-Publikum im Olympiastadion)*

## Manfred **Führer**

*(Schiedsrichter)*

Ich habe die ganze Stuttgarter Abwehr schnarchen gehört. *(nachdem er einen Freistoß vom Bremer Andreas Herzog 15 Meter vom »Tatort« entfernt hat ausführen lassen)*

## Ernst **Fuhry**

*(DFB-Funktionär)*

Tritt niemals neben oder über den Ball – dann triffst du ihn immer! *(in »Fußball-Fibel«, 1934)*

## **Fuldaer Zeitung**

Reinhold Völker, der Spielausschuss-Vorsitzende des FV Horas, sagte ahnungsvoll in der Pause: »Das Spiel ist noch nicht zu Ende.« Er sollte recht behalten.

## George **Fulston**

*(Aufsichtsratsvorsitzender vom FC Falkirk, Schottland)*

Ich habe in der Schlange für die Frikadellen in der Halbzeit schlimmere Grätschen gesehen als die, die in den Spielen bestraft worden sind.

## Patrick **Funk**

*(Spieler, u. a. St. Pauli, Wiesbaden)*

Links ist ähnlich wie rechts, nur auf der anderen Seite.

## Friedhelm **Funkel**

Wir dürfen nicht mehr Tore kassieren, als der Gegner schießt.

Es stört mich überhaupt nicht, wenn wir jetzt als Abstiegskandidat Nummer eins gehandelt werden. Wir werden eine Wagenburg um uns aufstellen, in der uns jeder am Arsch lecken kann.

Fußball statt Funkel! *(Spruchband der Fans von Hansa Rostock, die mit dem Anti-Fußball des Trainers nicht einverstanden waren)*

Vielleicht fällt ja noch einer vom Baum. Dann halten wir das Netz darunter und fangen ihn auf. *(kommentierte so die Suche nach neuem Personal)*

Das kostet viel Geld. Da kann ich mir im Sommer wieder einen Spieler weniger leisten. *(nach Fanrandale)*

Ich kann die Leute ja nicht mal mehr schwimmen gehen lassen. *(zur Verletzungsmisere seiner Mannschaft)*

Beim Wort »Tor« kriege ich Albträume! *(als er mit Bayer Uerdingen 1992 mal wieder nicht so zum Abschluss kam)*

Wer jetzt noch träumt, ist ein Träumer.

Wir haben uns dilettantisch wie eine Schülermannschaft angestellt, wobei ich nichts gegen Schüler habe.

Die Situation ist bedrohlich, aber nicht bedenklich.

Er sollte sich zu 90 Prozent um Rosicky kümmern. Hätte er das zu 100 Prozent gemacht, wäre nichts passiert. *(über seinen Spieler Emara)*

Der Sieg war hoch verdient. Dabei haben wir noch nicht einmal Beton angerührt. *(über seine Taktik bei einem Sieg gegen Dortmund)*

Wenn ein solcher Spieler unser Trainingsgelände sieht, hat er schon keine Lust mehr. *(als Trainer des MSV Duisburg zur Forderung, der Verein solle einmal einen absoluten Topspieler verpflichten)*

Der gehört zu unserer Stammkundschaft. Würde der bei Fehlern seiner Spieler so reagieren wie gegenüber uns Schiedsrichtern, hätten sie ihn bei der Eintracht längst rausgeschmissen. *(Schiedsrichter-Sprecher Amerell nach einem Spiel in München über Friedhelm Funkel)*

Ich habe früher auch Elfmeter gegen Leute geschossen, die ich 1.000 Jahre kannte. *(auf die Frage, warum sich ausgerechnet Dirk Lottner gegen seinen alten Bekannten Tim Wiese als Strafstoß-Schütze versuchte – und scheiterte)*

Uns fehlte in München die Geilheit.

Da müsst ihr ihn fragen. Wenn er nichts sagt, ist das natürlich schwer. *(Rayk Schröder auf die Frage, warum sein Trainer Friedhelm Funkel nicht zur Pressekonferenz erschienen ist)*

Wir haben einen tollen Job, sind jeden Tag an der frischen Luft.

## Adi **Furler**

*(TV-Moderator mit Neigung zum Pferdesport)*

Schöne Bilder aus Bremen. Aber eins verstehe ich nicht: Wieso singen die eigentlich »We want the cup«, die haben den Pokal doch schon? *(im Studio der »Sportschau« nach einem Bericht über eine Pokalsiegerfeier in Bremen, bei der Wynton Rufer und die Fans »We won the cup!« sangen)*

Liebe Zuschauer, meine Kollegen haben geackert wie die Kümmeltürken, um Ihnen diesen Bericht noch zeigen zu können!

## Jan **Furtok**

Jan Furtok, ein Stürmer, wie man ihn an der Ramschtheke im Supermarkt zu Dutzenden findet. *(Rundfunk-Reporter Joachim Böttcher)*

Jemand sollte Jan Furtok mal die polnische Übersetzung der Memoiren Casanovas schenken, da steht nämlich drin, wie man seine Chancen nutzt! *(Joachim Böttcher)*

Wer sich die Butter vom Brot nehmen lässt, muss Wasser saufen.

## Carsten **Fuß**

*(Sportkommentator)*

Auswärts sind die Greuther stärker als in der Fremde.

Keller zum zweiten Mal über der Mittellinie – das nenne ich strategisches Denken.

## Wolff-Christoph **Fuss**

*(Sportkommentator)*

Der zweckorientierte Ergebnisfußball steht Werder Bremen einfach nicht. Das ist praktisch gegen die eigene DNA.

Was Dortmund hier spielt, ist good cop, bad cop.

Carragher – wenn der von hinten kommt, teilt sich das Meer.

Helmes spielt sehr ökologisch – er verbraucht wenig Sauerstoff und schont den Rasen.

Und van der Saar steht da halbschwanger im Sechzehner.

Das ist Bunga-Bunga in Schalkes Hintermannschaft.

Metzelder deckt sich selbst, und auch Höwedes hat auswärts Termine.

Das ist die Ferguson-Schule: Zwei zu null und dann hinten raus noch mal gucken, ob nicht doch noch einer vom Laster fällt.

Ich übergebe mich gerne in Richtung Franz Beckenbauer.

Nun wollen wir mal die Synagoge im Dorf lassen. *(beim Champions-League-Spiel zwischen Bayern München und dem israelischen Vertreter Maccabi Haifa)*

Da hat der Figaro nach Gehör geschnitten. *(über Franck Ribérys neue Frisur)*

Die Allianz Arena eskaliert – im Rahmen ihrer Möglichkeiten.

Messi gegen Rooney ist wie Mozart gegen Metallica. Kunst ist beides – bloß für verschiedene Zuschauer.

Guck mal hier, der kann kaum stehen, vor lauter »Cojones«. *(über Cristiano Ronaldos Pose vorm Freistoß)*

Die Gladbacher Abwehr heute mit der geforderten Armlänge Abstand. *(im Januar 2016)*

# g

## Lutz **Gagelmann**

*(Schiedsrichter)*

Der Schiedsrichter hat nach allen Regeln der Kunst die Entscheidungen ausgelegt. *(Juri Schlünz nach einem 0:4 in Köln, bei dem der Referee zwei Hansa-Profis vom Platz stellte)*

## Holger **Gaißmayer**

Dieser Stolperkönig ist die Höchststrafe für jeden Mitspieler. *(Köln-Trainer Bernd Schuster über seinen Spieler)*

## Tomáš **Galásek**

Ich bin dankbar, dass ein alter Mann wie Galásek sich bereit erklärt hat, uns zu helfen. Und wie er uns geholfen hat. Und das für einen Nasenpopel, so wenig hat er uns gekostet. *(sein Trainer Hans Meyer)*

## Giancarlo **Galavotti**

*(Journalist für »La Gazzetta dello Sport«)*

Dass Middlesbrough Fabrizio Ravanelli verpflichtet, ist, wie wenn jemand einen Ferrari kauft, ohne eine Garage zu haben.

## Eduardo **Galeano**

*(Autor)*

Ein Mann kann Frauen wechseln, politische Parteien oder Religionen, aber nicht den Lieblingsverein.

## Giampiero **Galeazzi**

*(TV-Reporter der RAI)*

Dieser Schuss war so explosiv wie eine Nepal-Bombe.

## Liam **Gallagher**

*(Sänger, u. a. Oasis, Beady Eye, und Manchester-City-Fan)*

Unser neuer Gitarrist und Bassist müssen einen guten Geschmack bei Schuhen und eine gute Frisur haben. Und sie dürfen keine Fans von Man United sein. Wenn das alles zutrifft, dann werden sie genommen.

## Noel **Gallagher**

*(Liams Bruder, auch Oasis, auch Manchester-City-Fan)*

Immer wenn ein United-Fan in Zukunft tankt, finanziert er unsere Transfers. *(nachdem ein Scheich bei seinem Klub eingestiegen war)*

## Eik **Galley**

*(Sportkommentator)*

Der Unterkiefer von Andreas Brehme rutscht jede Minute ein Stückchen nach vorn. Wenn's so weitergeht, kann man in der 90. Minute da 'ne Kerze reinstellen.

## Adriano **Galliani**

*(Vize-Präsident vom AC Mailand)*

Unser Angriff ist jetzt stark prickelnd, ich würde ihn mit Champagner vergleichen. *(nach den Transfers von Robinho und Zlatan Ibrahimović zum AC Mailand)*

Eines Nachts wurde ich wach, sprang im Bett auf und sagte mir: Wir müssen van Bommel holen!

## Salvatore **Gambino**

*(BVB-Spieler, in Hagen geboren)*

Ja, ein bisschen. *(Matthias Sammer auf die Frage, ob Gambino Italiener sei)*

## Viorel **Ganea**

*(rumänischer Nationalspieler)*

Er kam nicht ins Spiel und wurde dann immer schlechter. *(VfB-Trainer Felix Magath zur Leistung seines Spielers)*

## György **Garics**

*(Abwehrspieler österreichische Nationalmannschaft)*

Wir haben eine Super-Partie gespielt, und am Ende stehen wir wieder mit leeren Händen da. Das ist, wie wenn in einer Geldbörse ein Loch drinnen ist. Dann fällt das Geld raus, und am Ende hast du nichts mehr.

## **Garrincha**

Wohlstand ist schwieriger handhabbar als Armut.

Große Fußballspieler sind wie Sterne. Aber meistens leuchten sie erst dann so richtig, wenn wir merken, dass sie schon untergegangen sind. *(TV-Journalist Harry Valerien)*

## Luigi **Garzya**

Ich bin vollkommen zur Hälfte einverstanden mit dem Trainer. *(zu Zeiten als Bari-Spieler)*

## Paul **Gascoigne**

Ich habe mir den Nacken gebrochen und seitdem nicht zurückgeschaut.

Ich habe Sean Connerys Hand geschüttelt. Diese Hand war schon auf so vielen Hintern.

Ich liebe es, wenn Gazza unter den Achselhöhlen des Schiedsrichters riecht und er nichts dagegen tun kann. *(Franco Zeffirelli, italienischer Filmregisseur)*

Als Incey mit seinem Kopfverband rumlief, sah er aus wie ein gut gezapftes Glas Guinness.

In der Schule hat Gazza immer Süßigkeiten in seine Socken gesteckt und sie anschließend den Lehrern zum Essen angeboten. *(Nationalmannschaftskollege Steve Stone)*

Mit der Sprache klarzukommen, sollte kein Problem sein. Ich kann bis heute ja noch nicht einmal vernünftig Englisch sprechen. *(als er zu Lazio Rom wechselte)*

Ich mache nie Voraussagen und werde das auch niemals tun.

Reporter: »Spüren Sie Ihr Alter? Wie fühlen Sie sich?« Gascoigne: »Ich fühle mich wie ein Kebab mit Zwiebeln.«

Du bist fett und du schlägst deine Frau. *(Fans des FC Middlesbrough zur Begrüßung ihres Spielers Gascoigne)*

75 Prozent dessen, was in Paul Gascoignes Leben passiert, sind reine Fiktion. *(Experte Glenn Hoddle)*

Ich habe drei Andenken von »Gazza« gekriegt – zwei dicke Lippen und sein Trikot. *(Steve Brown, Spieler von Wycombe Wanderers, nach der Niederlage gegen Middlesbrough)*

Sie müssen entschuldigen. Er verfügt nur über einen äußerst begrenzten Wortschatz. *(Lawrie McMenemy, Co-Trainer der englischen Nationalmannschaft, nach Gascoignes »Fuck off, Norway« gegenüber dem norwegischen Fernsehen)*

George Best ohne Hirn. *(Stan Seymour, Präsident von Newcastle)*

Ich habe immer gedacht, dass die 10 seine Rückennummer wäre. Dabei scheint es sein IQ zu sein. *(Legende George Best)*

Es heißt, er komme mit der Presse nicht zurecht, sei arrogant und außerdem ein Säufer. Wenn Sie mich fragen: Er hat alles, was man braucht. *(George Best)*

Ein Renaissance-Mensch aus Tyneside. Jemand, der gleichzeitig furchterregend und albern sein kann. *(Jimmy Greaves, Vorgänger von Gascoigne bei Tottenham und im englischen Team)*

Gascoigne mit Pelé zu vergleichen ist so, als würde man den Entertainer Rolf Harris mit Rembrandt vergleichen. *(Rodney Marsh, ehemaliger Stürmer der englischen Nationalmannschaft)*

Gazza erinnert mich an Marilyn Monroe. Sie war zwar nicht die größte Schauspielerin der Welt, aber sie war ein Star, und man wartete gern, wenn sie zu spät kam, hehe. *(Schauspieler Michael Caine)*

Er ist ein fantastischer Spieler, wenn er nicht betrunken ist. *(Mitspieler Brian Laudrup)*

Das soll jetzt nicht unhöflich klingen, aber ich glaube, dass ihm Gott, als er ihn mit diesem enormen fußballerischen Talent bedachte, als Ausgleich dafür gleichzeitig sein Gehirn rausgenommen hat. *(Tony Banks, Sportminister)*

Wenn man Zeitung liest, könnte man meinen, Paul und ich hätten ein Vater-Sohn-Verhältnis. Nun, ich hab zwei Söhne, und ich habe nie das Verlangen gehabt, sie zu schlagen, aber Gascoigne hätte ich das ein oder andere Mal gerne windelweich geprügelt. *(Walter Smith, Gascoignes Trainer bei Everton und bei den Rangers)*

Ich bin nicht gerne alleine, weil ich dann immer viel nachdenke. Und ich denke nicht gerne viel nach.

Zu seiner Zeit war Gazza einfach phänomenal, der beste Spieler, den ich in diesem Land je gesehen habe. Beckham ist ein großer Fußballer, aber er kann ihm nicht mal die Schnürsenkel binden. *(Englands Nationalspieler Paul Merson)*

In meinem Kopf sitzt ein kleiner Mann und der sagt zu mir: »Nimm einen Drink, nimm einen Drink.« Und ich bekomme ihn nicht aus dem Kopf heraus, speziell dann, wenn ich mit ihm alleine bin.

Ich habe unseren Busfahrer gefragt, ob er versuchen könnte, Gascoigne umzufahren, wenn er ihn in Wembley sieht. Anders werden wir ihn wahrscheinlich nicht stoppen können. *(Brian Clough, Trainer von Gegner Nottingham, vor dem FA-Cup-Finale 1991)*

Ich dachte, das war es dann wohl mit Kindergeld! *(Gascoigne kommentiert eines der berühmtesten Fußballfotos, auf dem Vinnie Jones ihm in die Weichteile greift)*

Wenn Gazza im Beisein der Königin furzt, sind wir ruiniert. *(Paul McGaughey, Adidas-Pressesprecher, über die Risiken eines Sponsorendeals mit Paul Gascoigne)*

## Joan **Gaspart**

*(Präsident FC Barcelona)*

Tschin-tschan, tschin-tschun, tschan-tschin. *(auf die wiederholte Frage nach einem Verkauf des brasilianischen Weltfußballers Rivaldo)*

## Gennaro **Gattuso**

*(italienischer Nationalspieler)*

Die 20 Minuten, die ich gegen Lazio gespielt habe, waren ein Albtraum. Ich hatte das Gefühl, als wäre ich betrunken. Ich konnte Zlatan Ibrahimović in vier verschiedenen Positionen sehen. *(Gattuso über seine Sehnerv-Erkrankung)*

Der Mensch stammt vom Gattuso ab. *(beliebter Spruch in Italien)*

Das ist eine Beleidigung für den Fußball: Ich kann jemandem den Ball abnehmen, aber von der Klasse eines Ronaldinho träume ich nicht mal nachts.

## Luciano **Gaucci**

*(Präsident des AC Perugia)*

Freunde, denen ich vertraue, berichten, dass sie in Osteuropa Fußballerinnen gesehen haben, die stärker als Männer sind. Ich habe Beobachter beauftragt, mir einige Namen vorzulegen. *(über seine Pläne, demnächst eine Spielerin für seine Profimannschaft zu verpflichten)*

## Maurizio **Gaudino**

Wenn ich gewusst hätte, wie viele Sprachen ich in meiner Karriere benötige, wäre ich in der Schule fleißiger gewesen, hätte Abitur gemacht und wäre Dolmetscher geworden.

Der war spitz wie Lumpi, nur er hat Tor nicht gefunden. Und dann er ist in der Abseitsfalle gekommen. *(sein Trainer Dragoslav Stepanović)*

Ich bin nicht verheiratet, also habe ich auch keine Not, Schürzenjäger zu sein.

Ein Spieler muss akzeptieren, nicht verstehen.

## Markus **Gaupp**

*(TV-Mann)*

Die Folgen des Föhns sind vielleicht an den Haaren mancher Spieler zu erkennen, aber nicht am Spiel.

## Gunter **Gebauer**

*(Philosoph, Fußballfan)*

Wenn man im Leben sonst wenig Ungerechtigkeit erfährt, dann wenigstens im Stadion.

## Marco **Gebhard**

Wenn sich einer beim Schuss aufs eigene Tor verletzt, fällt mir dazu nichts mehr ein. *(Trainer Felix Magath über seinen Spieler, der sich bei einem Eigentor schwer verletzt hatte)*

## Rolf Rainer **Gecks**

*(Hörfunk-Reporter)*

Die Stimmung ist riesig, wenn die Amateure auf die Bundesliga treten.

## Edgar **Geenen**

*(ehemaliger Fußballmanager)*

In der Kabine herrschen meist zwei Themen vor. Eins ist Geld und eins hat lange Haare.

Ich habe es so klar gemacht, dass es auch ein Fußballer versteht. Sehen will ich sie auch nur noch, wenn wir ihre Verträge verbrennen. Sie können alle gehen, für die will ich noch nicht mal Flaschenpfand. Die sind das Pulver nicht wert, um sie abzuschießen. *(über seine Nürnberger Spieler)*

Wir gewinnen heute 1:1.

Ihr seid Dreck. Ihr seid die Lepra. Am liebsten würde ich einige von euch in die Fresse hauen. Verpisst Euch. *(der Nürnberger Manager zu seinen Spielern)*

Alles, was mir jetzt noch einfällt, bringt mich mindestens fünf Jahre ins Gefängnis. *(auf die Frage, was man noch gegen den Abstieg unternehmen könne)*

Er stört ja nirgendwo. *(Nürnbergs Präsident Michael A. Roth auf die Frage, warum der beurlaubte Manager nicht entlassen werde)*

## Holger **Gehrke**

Wenn man morgens wach wird, denkt man: »Scheiße!« *(über den Abstiegskampf)*

## **Geißbock-Echo**

Borussia Dortmund. Vereinsfarben: Schwarz-Geld.

## **Geißbock**

*(Maskottchen 1. FC Köln)*

Was kostet der Köter? *(soll einmal ein Anhänger eines auswärtigen Vereins im FC-Fanshop mit Hennes in der Hand gerufen haben. Sekunden später fand sich der Fan ohne Geißbock auf der Straße wieder)*

Zum Springen haben wir ja den Geißbock. *(Kölns Trainer Christoph Daum auf die Frage, warum er nicht richtig gejubelt habe)*

Die deutsche Mannschaft war so schlecht – hier in Köln hat sogar der Geißbock gekotzt! *(Late-Night-Talker Harald Schmidt nach einem Länderspiel)*

Heute wurde der Geißbock gemolken. *(Karl-Heinz Rummenigge nach Bayerns 8:0 im Pokal gegen Köln)*

Mäh, mäh ... *(traditionelle Antwort der Kölner Fans auf den Fanruf des Gegners »Alle Böcke beißen, alle Böcke beißen, nur der Kölner Geißbock nicht ...«)*

Bock4Life *(Fan-Plakat zu Ehren ihres Geißbock-Maskottchens)*

In Köln stimmt nix. Sogar der Geißbock stinkt. *(Max Merkel)*

## Heiner **Geißler**

*(CDU-Politiker)*

Die Berühmtheit mancher Fußballer hängt mit der Dummheit ihrer Bewunderer zusammen.

## Theofanis **Gekas**

Ich muss kein Deutsch sprechen. Es reicht, wenn ich die Sprache des Fußballs spreche.

Er befindet sich in einem Denk-Gefängnis. *(Christoph Daum über seinen erfolglosen Stürmer Gekas zu Frankfurter Zeiten)*

## Jürgen **Gelsdorf**

*(Trainer, u. a. Leverkusen, Gladbach, Bochum, Fortuna Köln)*

Das geht nun seit Jahren so: Wenn ich höre, dass neue Impulse kommen sollen, weiß ich immer schon, dass ich zu gehen habe. *(zum Thema Trainerkarussell)*

Wie der nach Siegen auf dem Platz herumspringt und die Spieler umarmt – lächerlich. Gewinnen ist doch unser Job, oder? *(»Kollege« Timo Konietzka)*

Ich möchte wissen, wozu der Platzwart für uns noch Tore aufbaut?!

Unter Trainer Gelsdorf haben die von Valium 10 auf Vitamin 12 umgestellt. *(Bayern-Trainer Jupp Heynckes über Bayer Leverkusen)*

Immer mehr werden die Schiedsrichter zu Leuten, die am meisten auf die Lebenserwartung von uns Trainern drücken.

## Christian **Genau**

*(Pressesprecher des Wuppertaler SV)*

Die spielerischen Defizite konnten meistens mit Kampf wettgemacht werden, die kämpferische Einstellung fehlte jedoch völlig.

## Christian **Gentner**

Wir haben keine Auswärtsschwäche, sondern eine Ergebnisschwäche in Auswärtsspielen.

## Eric **Gerets**

Vielleicht schlagen sich Kahn und Lehmann mal den Schädel ein, dann bekommt Jentzsch auch eine Chance. *(Wolfsburgs Trainer über die Torwart-Diskussion)*

Wenn es Konsequenzen gibt, werde ich die bestimmt aus der »Bild« erfahren. *(auf die Frage, ob die rote Karte Konsequenzen für seinen Spieler Andres d'Alessandro hat)*

Schade, dass das Stuttgarter UEFA-Cup-Spiel gegen Budapest nicht zwei Stunden dauerte. Ich hätte zugeschaut, ohne auf die Toilette zu gehen. *(zur Spielstärke des VfB Stuttgart)*

So ein Irrer gehört nicht auf die Trainerbank. *(Lothar Matthäus über den neuen Trainer von Kaiserslautern)*

Wir haben das Spielfeld nicht klein gekriegt. *(Zu den langen Bällen und den nicht nachrückenden Spielern)*

Die Luft an der Spitze ist gut.

## Hermann **Gerland**

Wissen Sie, ich bin ein besessener Fußballer, aber ich hatte noch nie einen Titel gewonnen. Und nun war ich dabei, wenn der renommierteste Verein Deutschlands einen Triumph feiert. Da habe ich an meine Bochumer Zeiten als Profi gedacht, wo Mutter meine Trainingsklamotten waschen musste, und wir Spieler, wir durften uns beim Mittagessen entweder für Suppe oder Nachtisch entscheiden. Da gab es nur Entweder-oder, beides kriegte keiner. In mir war immer der Wunsch, einmal sagen zu können: Einer aus Bochum war ein bisschen am Gewinn der deutschen Meisterschaft beteiligt. Und jetzt stand ich da auf dem Balkon und war überwältigt von dem Gefühl: Junge, du hier oben – es hat sich alles gelohnt!

Ich bin heute noch stolz darauf, wenn gesagt wird, der Gerland, das ist ein Klopper gewesen, ein Treter.

'Nen Raubanz. Der hat gegen alles getreten, was sich bewegt. Der hat auch gegen Bahnschwellen getreten. *(Schiedsrichter Wolf-Dieter Ahlenfelder)*

Immer wenn ich Hermann gesehen habe, habe ich gesagt: »Guck mal, da kommt Quasimodo!« Das war einer der wenigen, gegen den ich überhaupt nicht spielen konnte. Ich weiß nicht, woran es gelegen hat, aber der war ja so was von schnell. Wenn der seinen Buckel machte und abging wie ein Pfeil. Den habe ich an der Mittellinie umspielt, bis zum Sechzehner viermal, der war immer wieder da. Beim fünften Mal hat er mir dann den Ball abgenommen. *(Willi »Ente« Lippens)*

Wenn Ente Lippens den Hermann gesehen hat, dann wäre der am liebsten gar nicht aufgelaufen. *(Mitspieler Jupp Tenhagen)*

Es sollte sich herumgesprochen haben, dass ich Pferde züchte. Aber wenn meine Weide in diesem Zustand wäre, würde ich die Herde nicht rausschicken. *(über die Platzverhältnisse im Berliner Friedrich-Ludwig-Jahn-Stadion)*

Sie schwitzen ja schon, wenn Sie ein Mikrofon in der Hand halten müssen. *(als ihn ein TV-Reporter auf die Schwächen seiner Mannschaft ansprach)*

Mit Regeln kenne ich mich nicht aus. Ich habe dem Schiedsrichter versprochen, ich mach nichts kaputt. *(als er während einer Spielunterbrechung einfach auf den Platz lief, um Philipp Lahm etwas zu trinken zu bringen)*

Der Ata hat sich immer seine Füße blau angestrichen, weil er Fußpilz hatte. Ich habe immer gesagt: »Wenn ich die Krätze auch kriege, dann gibt's aber Theater!« *(über seinen Freund und Mitspieler Michael »Ata« Lameck)*

Scherben oder heiße Kohlen gibt es auf dem Platz nicht. Vor Jahren hat ein Kollege seine Spieler mal über die Dünen von Maspalomas laufen lassen. Ich habe noch vor keinem Tor eine Düne gesehen, über die ich laufen muss, um ein Tor zu erzielen. *(über die Methoden seines Kollegen Christoph Daum)*

Ich gratuliere Schiedsrichter Gabor ganz herzlich zum Geburtstag – damit er die Altersgrenze bald erreicht und endlich abtritt.

Meine Mutter ist 79 und sitzt im Rollstuhl. Selbst wenn man sie ins Ahlener Tor gestellt hätte – das Resultat wäre dasselbe gewesen. *(nach einer 0:1-Niederlage)*

Normalerweise gehört ein Spieler anschließend ausgewechselt und acht Monate nicht mehr eingewechselt. *(nach zwei hochkarätigen Chancen, die Stefan Maierhofer vergab)*

Hör mal zu, du Osterhase, als ich noch gespielt habe, da gab's dein Land noch gar nicht. *(zum Slowenen Borut Semler)*

Da kam unser Präsident Ottokar Wüst in die Kabine und hat gesagt: »Männer, ich habe viel Gutes gesehen.« Da habe ich gesagt: »Da müssen Sie blind sein!«

Ich bin ein altmodischer Trainer. 32 Jahre mit derselben Frau verheiratet, nicht tätowiert, ohne Ring im Ohr, nicht gepierct.

Ich bin froh, dass ich ein Arbeiterkind bin, nach wie vor. Und ich weiß, dass ich beim Kacken die Beine krumm machen muss wie jeder andere auch.

Da kannst du nichts für, Junge. Dat Gras ist ein bisschen hoch gewesen, was?! *(nachdem ein Probespieler des VfL Bochum Trainer Rolf Schafstall den Ball an den Hinterkopf geschossen hatte)*

Wenn einer die Hosen voll hat, sehe ich das. *(um seinen Spielern die Angst vor dem Betzenberg zu nehmen)*

Auf so eine Krücke wäre ich früher nicht reingefallen. *(über einen Fehler seines Spielers Jörg Böhme)*

Nach 20 Minuten waren zwei von denen angeschlagen. Die sind gehumpelt! Aber die sind schneller gehumpelt als wir gelaufen!

Fußball heißt Tore schießen und Tore verhindern. Wir schießen zu wenige und wir verhindern zu wenige. Das zwischen den Toren sieht allerdings manchmal wie Fußball aus. *(zur Misere des SSV Ulm)*

Der Trainer hat gut gearbeitet, die Mannschaft hat gut gespielt. Was soll ich eigentlich hier? *(nachdem er sein neues Team bei einem 2:0-Pokalsieg gegen Cottbus beobachtet hatte)*

Heute hatten wir Scheiße anne Füße!

Auf Gefühle gebe ich gar nichts. Dreimal hatte ich das Gefühl, einen Sohn gezeugt zu haben, und wir haben drei Töchter zu Hause.

Ruhe habe ich später, wenn ich tot bin, noch genug.

Hätte, wenn und aber, alles nur blödes Gelaber!

Bevor man untern Torf kommt, macht man einiges mit im Leben.

Sicher, Reina hat das Tor erstklassig erzielt. Aber er durfte die Kugel doch gleich dreimal wie ein Artist hochhalten und dann reinhauen. Das hätte es früher nicht gegeben. Da wäre einer dazwischengefegt und Billy wäre erst wieder vor seiner alten Haustür in Unna gelandet.

Die haben doch heute Verletzungen, die gab es bei uns damals gar nicht.

Im Training lasse ich sie statt zehn nur neun Runden laufen. *(auf die Frage, wie er seine Spieler belohnt)*

Als das Gummiband-Training im Fernsehen kam, habe ich mich gefragt, ob wir den 1. April haben. *(zu den Trainingsmethoden von Jürgen Klinsmann)*

Ich kann nicht rechnen, ich habe nur die Mittlere Reife. *(als Trainer von Arminia Bielefeld nach einem 3:0-Sieg, der die rechnerischen Chancen im Abstiegskampf wieder ein wenig erhöhte)*

In der 2. Halbzeit haben wir uns ein bisschen dumm angestellt, aber das Pferd springt eben nur so hoch, wie es muss.

Die Pferde, die sich anfangs sträuben und wehren, sind am Ende die besten. So ist es auch im Fußball. Die, die eckig und kantig sind, kannst du am besten gebrauchen.

Wenn man beim 5 gegen 2 keine Freude mehr hat, dann muss man mit dem Fußballspielen aufhören, dann muss man sich einen anderen Beruf suchen.

Länge kann man nicht trainieren. *(über den zu kleinen Bayern-Torwart Thomas Kraft)*

Dicke Autos fahren, abends ins P1 rennen und Fußball spielen wie die Osterhasen. Das geht nicht ... *(im Werbespot)*

Schon in der Jugend gibt's Vitaminbomben für die Freunde. Wie die Götter kommen die sich vor. Das dicke Geld kassieren sie, kriegen Puderzucker hinten rein. Und ruf mal einen an – da meldet sich keiner mit Namen, da heißt es: Ja, hallo? Wie in der Villa Hammerschmidt.

Okay, ich will die Ehe von Hermann Gerland nicht gefährden, aber wenn er zu Hause gefragt wird: Wo willst du leben, in München oder in Bochum, dann würde Hermann sofort Bochum sagen. Gar kein Thema! *(Ata Lameck)*

## Steven **Gerrard**

*(Liverpool-Legende)*

Wenn ich sterbe, bringt mich nicht in ein Krankenhaus. Bringt mich nach Anfield. Dort wurde ich geboren, dort möchte ich sterben.

## Klaus **Gerster**

*(den sie den »schwarzen Abt« nannten)*

Dieser Herr Gerster ist ein fürchterlicher Schmutzfink, das muss man ihm mal wirklich sagen. Und mit solchen Äußerungen zeigt er nur, dass er ein ganz, ganz dummer Mensch ist. Der gehört vom Hof gejagt, geteert und gefedert. *(Frankfurts Trainer Willi Reimann)*

## Rainer **Geye**

Er hat getrunken, wenig gearbeitet, zwischenmenschlich war nichts da. *(der Torwart Gerry Ehrmann über den scheidenden Manager des 1. FCK)*

## Eduard **Geyer**

*(letzter DDR-Auswahltrainer)*

Der Ball war so lasch geschossen, den konnte man unterwegs noch aufpumpen. *(als Trainer von Energie Cottbus)*

Wer bei uns nicht meckert, steht im Verdacht, ein Schiedsrichterfreund zu sein.

Meine Spieler standen heute neben ihren Füßen.

Die Vorbereitung ist zum Kotzen da und muss hart sein.

Hier gibt es keine Heuschrecken. Wenn die den Namen Ede Geyer hören, hauen die gleich ab. *(der Ex-Cottbus-Trainer im Urlaub auf Gran Canaria, wo gerade eine Heuschreckenplage wütete)*

Seit es diese bunten Schuhe gibt, silber, blau und so weiter, da glauben manche Spieler, die laufen von ganz alleine, wie der kleine Muck. Die hab'n doch 'n Ritzel an der Dattel.

Gegen mein Training ist die Bundeswehr wie Urlaub.

Wir haben Fehler im Abwehrverhalten gemacht – und das ist schon im Sturm losgegangen.

Wenn sich jemand dehnen will, soll er nach Dänemark fahren. Bei mir wird gelaufen, da kann keiner quatschen.

Dass man jemanden anrufen muss, damit er merkt, dass die Leute an ihm vorbeilaufen …

Es gibt im Nachwuchsbereich Spieler mit einer Einstellung zum Leistungssport wie die Nutten von St. Pauli – die rauchen, saufen und huren.

St. Paulis bester Freier – Ede Geyer. *(Transparent der Fans des FC St. Pauli beim Spiel gegen Cottbus)*

Wir haben zu wenig Spiel ins Tempo gebracht.

Der hat doch jedes Mal gepfiffen, wenn ein Maulwurf gehustet hat!

Die werden genügend von ihren Frauen und Verwandten geküsst und gelobt. Deshalb braucht der Trainer das nicht zu tun. Der muss ansprechen, was noch nicht so gut lief.

Der Schuss, des war 'n Hundsfotzdingens!

Da muss ich erst mal in mein Buch gucken. *(auf die Frage, welcher Cottbuser Spieler ihn in dieser Saison überzeugt hat)*

In Rumänisch. *(auf die Frage in welcher Sprache er das Training leite, nachdem Cottbus mit elf Ausländern gespielt hatte)*

Wenn man in den Saal reinschreit: »Es gibt Geld!« – das versteht jeder. *(auf die Frage, wie die Verständigung bei Energie Cottbus klappe)*

Wir lernen jetzt auch regelmäßig weiter Deutsch. *(nachdem Cottbus wiederum nur einen deutschen Spieler im Kader hatte)*

Ich wollte die nicht sehen. *(als Erklärung, weshalb er seiner Mannschaft nach einer Niederlage zwei Tage frei gab)*

Wer das macht, dem reiße ich die Rübe runter. *(auf die Frage, ob Cottbus bereits den Klassenerhalt feiere)*

Unsere Heimschwäche rührt vielleicht auch daher, dass wir diese beschissene Tribüne hier neu gebaut haben.

Vom Willen her hat die Mannschaft schon gewollt.

Er hätte ruhig bei mir vorbeikommen können auf ein Bier. Das hatte er mir versprochen. Er muss wieder her, wir holen ihn sogar ab. Er soll seine anderen Termine so legen. *(zum Besuch von Bundeskanzler Schröder beim Heimsieg von Cottbus gegen Unterhaching)*

Es ist traurig, wie sich Minderjährige eines solchen Spiels bemächtigen können. Wenn der Rechtsstaat ein bisschen mehr erlauben würde: Ich hätte die Rotznasen alleine rausgeprügelt. Am liebsten hätte ich die Rowdies per Lastwagen in den Braunkohle-Tagebau abtransportiert.

Ich kann doch nicht schon jetzt die Aufstellung vom nächsten Wochenende sagen. Der eine kriegt eine Grippe, beim anderen kriegt die Oma einen Zahn.

Von Trennkost halte ich nichts. *(auf die Frage, ob er sich zur Bratwurst nun auch ein Freibier gönnen würde)*

Wir sind doch schon zufrieden, wenn einer den Ball von A nach B spielt. Doch wenn ich fünf Millionen verdiene, bin ich eigentlich perfekt. Da kann ich nicht singen wie eine Elster, sondern muss trällern wie eine Nachtigall.

Die Bundesliga wollte mich nicht, also musste ich in die Bundesliga kommen.

Ich brauche echte Männer und keine Abziehbilder.

Ich komme mir vor wie ein Querschnittsgelähmter: Alle bedauern dich, aber keiner gibt dir was. *(zur finanziellen Situation von Energie Cottbus)*

Mich kotzen Spieler an, wenn sie drei Ohrringe tragen. Oder wenn der Spieler mit einem Pferdeschwanz ankommt und aussieht wie ein Mädchen, aber dann keinen Ball trifft.

Vor allen Dingen nach vorne hatten wir wenig Chancen.

Wir machen viele elementare Fehler. Manchmal musst du bei einigen Spielern beim Urschleim anfangen, und so viel Zeit hast du gar nicht, aus manchen Spielern noch bundesligataugliche Männer zu machen.

Wir holen einen Psychologen, dazu ein bisschen Vollmilch. Und Malzextrakt soll auch gut sein. *(auf die Frage, wie er die flatternden Nerven seiner Spieler beruhigen will)*

Ich muss erwarten, dass die Spieler zumindest bei der Einsatzbereitschaft bis an die Leistungsgrenze gehen. Aber ich habe noch keinen gesehen, der in der Kabine gekotzt hat.

Ich spreche erst wieder bei Licht über Fußball, sonst denken die Leute, dass wir uns vergraben wollen. *(nach einem Stromausfall im dunklen Presseraum während seiner Spielanalyse)*

Wir bräuchten zwei neue Stürmer, aber wir haben kein Geld – wir müssen uns aus unseren Leuten einen Goalgetter kneten oder gießen.

Es wurden so viele Pappnasen ins Spiel gebracht, da fragt man sich, warum kein Trainer aus dem Osten dabei war. *(über die Bundestrainersuche des DFB 2004)*

Das kann ich mir nicht vorstellen. Obwohl: Ich könnte jetzt sagen: Eduard Geyer. Der hat im Tal der Ahnungslosen gewohnt und konnte kein Westfernsehen empfangen. Das würde dann auch erklären, warum er Uli Hoeneß in den Europapokalspielen mit Dresden gegen die Bayern hat davonlaufen lassen. Der Ede wusste vielleicht gar nicht, wie schnell Hoeneß war. *(Hans Meyer auf die Frage, ob es in der DDR Trainer gegeben habe, die keine »Sportschau« geguckt hätten)*

Ich bin ja kein Wessi mehr. Wenn man acht Wochen mit dem Ede Geyer trainiert hat, dann ist man ein richtiger Ossi. *(Wessi-Torwart Georg Koch, in der Saison 2003/04 bei Cottbus)*

Der Bruder, ich will nicht sagen: das Schwein! *(Hans Meyer über seinen Trainerkollegen)*

Dass der Trainer etwas temperamentvoller ist als andere, das wissen wir. *(Steffen Baumgart)*

Die Fans wollen keine Spiele, bei denen man erkennt, dass manche Spieler nachher kein Deo brauchen. *(nach einer Sitzblockade Cottbuser Fans)*

Wenn ein Turmspringer einen Fehler macht, klatscht er auf den Bauch. Beim Fußball ist das anders, da lernt man aus den Fehlern, deshalb trainieren wir oft zu merkwürdigen Zeiten.

## **Ghana**

Die Python kann niemals das Stachelschwein verschlingen. *(Spruchband von Fans aus Ghana bei der WM 2006)*

Die Ghanaer kochen, wenn überhaupt, auch nur mit Wasser. *(Olaf Thon bei der WM 2010)*

## Alcides **Ghiggia**

*(uruguayanischer Rechtsaußen)*

Lediglich drei Menschen haben das Maracanã zum Schweigen gebracht: der Papst, Frank Sinatra und ich. *(nach seinem Tor für Uruguay im WM-Spiel um den Titel 1950 gegen Brasilien zum 1:2-Endstand)*

## Martin **Giesel**

Das war wie bei Steffi Graf. 6:1, 6:1 und dann fertig. *(nach einer deutlichen 1:4-Heimklatsche gegen die Bayern)*

## Ryan **Giggs**

Die Fans von Chelsea haben Sellerie und Maiskolben nach mir geworfen, wenn ich die Eckbälle geschossen habe. Die Vorstellung, dass sie auf dem Weg nach Wembley kurz beim Gemüsehändler vorbeigeschaut haben, hat mich zum Lachen gebracht.

Ryan Giggs ist kein zweiter George Best. Er ist ein zweiter Ryan Giggs. *(englischer TV-Experte Denis Law)*

Ich erinnere mich noch daran, als ich ihn das erste Mal sah. Er war gerade 13 und schwebte regelrecht über den Boden, wie ein Cockerspaniel, der im brausenden Wind einem Stück Silberpapier nachjagt. *(Sein Trainer Alex Ferguson)*

Ryan Giggs ist das perfekte Vorbild. Ich habe einen kleinen Sohn und ich möchte, dass er ganz genauso wird wie Ryan Giggs – und nicht wie sein Vater. *(Teamkollege Robbie Savage)*

## Jesús **Gil y Gil**

*(Ex-Präsident und Besitzer von Atlético Madrid)*

Einige unserer Spieler haben es nicht verdient zu leben.

Wenn wir Real schlagen, wird das ein nationaler Orgasmus.

Ich hatte noch keinen. *(auf die Frage, warum er sich einen sündhaft teuren, alten Flugzeugträger gekauft hat)*

Habt ihr alle ein Glück, dass ich kein Maschinengewehr besitze. Sonst würde ich euch jetzt alle erschießen. *(nach einer Heimniederlage zu seiner Mannschaft)*

## David **Ginola**

*(französischer Fußballer)*

Wenn ich meiner Frau sagen würde, dass ich über eine Karriere als Trainer nachdenke, dann würde sie nur sagen: »Könntest du das hier bitte kurz unterschreiben? Mach dir keine Sorgen, das sind nur die Scheidungspapiere. Und tschüss!«

Wie kommt jemand auf die Idee, Ginola faul zu nennen? Er ist ein Sexsymbol und muss jeden Tag sein wundervolles Haar trocken föhnen. Das alleine ist doch schon eine Stunde Arbeit pro Tag. *(Simon Mayo von »Radio 5« in England)*

Ich würde nicht sagen, dass er der beste Flügelspieler auf der linken Seite in der Premier League ist, aber es gibt keinen besseren. *(Ron Atkinson als TV-Kommentator)*

## Matthias **Ginter**

Wir sind noch einmal von der Klippe gesprungen.

## Paolo **Giuliani**

*(Manager von Inter Mailand)*

Wenn wir jede falsche Information dementieren wollten, bräuchten wir eine eigene Zeitung.

## Jürgen **Gjasula**

Es kann doch nicht sein, dass hier ein Jugendspieler mit Anwalt und Berater aufläuft, um sich 15 garantierte Profieinsätze in den Vertrag schreiben zu lassen, nachdem er sich in der Schule abgemeldet und sich ein Cabrio zugelegt hat. *(Freiburgs Trainer Volker Finke über die gescheiterten Vertragsverhandlungen mit Nachwuchsspieler Jürgen Gjasula)*

## **Glasgow Rangers**

Celtic hat nur coole Fans. Die Rangers haben mich und Wet Wet Wet. *(Alan McGee, Ex-Manager von Oasis)*

Die Glasgower Definition von einem Atheisten ist ein Kerl, der zu einem Rangers-Celtic-Spiel geht, um ein Fußballspiel zu schauen. *(Rangers-Fan Sandy Strang in einer TV-Doku)*

## Oliver **Glasner**

»Für mich als Österreicher ist das immer noch viel.« *(der Wolfsburger Coach vor dem Europa-League-Spiel gegen PFK Oleksandrija am Donnerstagabend, zu dem sein Verein nur rund 10.000 Zuschauer erwartete)*

## Eva **Glawischnig**

*(Vize-Chefin der österreichischen Grünen)*

Diese Abseitsfrage! Ich stelle jetzt oft die Gegenfrage: Können Sie mir den weiblichen Zyklus erklären?

## Arno **Glesius**

*(Spieler, u. a. Karlsruhe, Saarbrücken, Mainz)*

Ich war von acht bis zehn drei Stunden unterwegs.

Ich habe mein Übergewicht bisher immer gehalten

Ich habe mir gerade eine Eigentumswohnung mit Einmachküche gekauft.

Ey, Masseur, hast du mal was zum Infizieren für mich!?

## Eduard **Glieder**

*(österreichischer Spieler, u. a. FC Schalke 04)*

Ich bin der beste – der beste auf der Welt. *(nach seinem zweiten Saisontor auf die Frage, an welcher Stelle er sich unter den Schalker Stürmern sieht)*

Er muss sich erst noch bei uns eingliedern. *(S04-Trainer Jupp Heynckes zur Integration des Neuzugangs)*

Der Edi ist so gut wie Morientes. Egal ob Wien, Barcelona, Bagdad oder Hongkong – er wird sich überall durchsetzen. *(Hans Krankl)*

## Timo **Glock**

*(deutscher Automobilrennfahrer)*

Ich hoffe halt mal, dass die sich nicht an den Haaren ziehen oder so, wenn die eine oder andere da mal eine Grätsche setzt. *(über Frauenfußball)*

## Rudi **Glöckner**

*(leitete das WM-Finale 1970)*

Auch im nationalen Maßstab muss man bei Verwarnungen eine gelbe Karte zeigen. Das erzieht die Spieler und informiert das Publikum.

## Serge **Gnabry**

Für mich ist es wichtiger, ein guter Mensch als ein guter Mann zu sein.

Bei Serge war jeder Schuss ein Treffer, er kriegt vielleicht noch einen Kuss auf die Stirn, bevor er ins Bett geht heute. *(Bayern-Teamkollege Joshua Kimmich nach einem 7:2-Sieg bei Tottenham)*

## Ancelmo **Gois**

*(brasilianischer Star-Kolumnist)*

Schaut euch diese kleinen Gesichter an, die Symbol der WM 2006 in Deutschland sind. Sie sehen aus wie die am häufigsten vorkommenden Versionen der Ecstasy-Pillen.

## Bjarne **Goldbaek**

*(dänischer Profi)*

Ich war kürzlich bei einem Elternabend. Da habe ich mehr Englisch gelernt als im Jahr vorher mit der Mannschaft. *(als einer von 19 Ausländern im 25-köpfigen Aufgebot vom FC Chelsea)*

So alt, dass ich nur alle vier Wochen spielen kann, möchte ich nie werden.

## **Goleo VI**

*(das Maskottchen der WM 2006)*

In meiner Person vereinen sich die Schönheit von Lothar Matthäus, die Eleganz von Maradona und das weltmännische Auftreten von Oliver Bierhoff. *(selbst reflektierend)*

## Richard **Golz**

Am besten, wenn ich zu Hause bin. *(in den frühen handylosen Neunzigern auf die Frage, wann man ihn telefonisch erreichen könne)*

Unser Trainer erzählt immer, dass seine 82-jährige Oma mehr Tore schießen würde als wir. Langsam glaube ich es ihm.

Jede Minute eines neunteiligen Tanzkurses. *(auf die Frage nach dem peinlichsten Moment seines Lebens)*

Wir haben hier schon öfter gut gespielt und nix geholt. Es wird Zeit, dass das Stadion abgerissen wird. *(nachdem sein SC Freiburg auch im letzten Spiel im Münchner Olympiastadion verloren hatte)*

Ja klar. Wenn die A-3-Nationalmannschaft noch eingeführt wird. *(zu seinen Hoffnungen auf Einsätze in der Nationalelf)*

Wir haben mit einem Mann weniger gespielt – ohne Torwart.

Sergej Kirjakow. *(auf die Frage nach seinem Lieblingsschauspieler)*

Wir sind nicht ins Spiel reingekommen, durchschnittlich dringeblieben und schlecht hinten rausgekommen.

Man hat bei uns das Gefühl, einer schießt und die anderen drücken die Daumen. *(zur Sturmmisere beim SC Freiburg)*

Unheimlich nicht, aber unheimlich schön. *(auf die Frage, ob ihm die 474 Minuten ohne Gegentor nicht allmählich unheimlich würden)*

Ich habe nie an unserer Chancenlosigkeit gezweifelt.

Vor lauter Philosophieren über Schopenhauer kommen wir gar nicht mehr zum Trainieren. *(auf die Frage, was beim sogenannten Studentenklub SC Freiburg anders sei)*

Praktisch sind unsere Chancen jetzt besser als theoretisch.

## Hernan Dario **Gomez**

*(Ecuadors Nationaltrainer)*

Auf einer Party will man doch auch sofort mit der Schönsten tanzen. *(auf die Frage, ob es kein Nachteil sei, schon im ersten Gruppenspiel auf Topfavorit Italien zu treffen)*

## Mario **Gomez**

Ich will jeden Ball versenken. Zu Hause im Garten und auch in jedem Bundesligaspiel.

Das war kein Zuckerbissen für die Fans.

In der Aktion davor bin ich von der Mittellinie nach vorne gelaufen und habe überlegt, wohin ich den Ball schieße. Eigentlich wollte ich ihn in die Mitte schießen, dann ging er doch nach rechts unten. Man sollte immer beim ersten Gedanken bleiben. *(der Stürmer des FC Bayern München erklärt einen verschossenen Elfmeter)*

Wir haben schon den Druck gespürt, ich hatte richtig dicke Schenkel, als ich reinkam.

Man kann sich immer verbessern, aber ich kenne meine Stärken und weiß, dass ich komplett bin.

Natürlich muss das ein Tor sein. Aber in meinem Kopf war: In diesem Stadion hast du das Toreschießen gelernt, da wirst du schon ein, zwei machen. *(nachdem er mit den Bayern in Stuttgart freistehend vor dem Kasten das Tor nicht traf)*

Wir müssen hoffen, dass der BVB mal ein, zwei, drei, vier, fünf Spiele verliert.

Wir haben einen Außerirdischen mit der Nummer 33, der hätte den Ball auch von der Kabine aus ins Tor geknallt. *(Ludovic Magnin über den Stürmer. Antwort von Gomez: »Vom Aussehen her ist eher Ludo ein Außerirdischer.«)*

Nicht verkaufen! Geld brauchen wir ja keins. Wie lange haben wir Karl-Heinz Rummenigge mitgezogen, bis er Weltklasse war? *(Bayern-Ikone Sepp Maier zu einem möglichen Gomez-Verkauf)*

Er hat eine hohe Quantität in der Qualität Tore zu schießen. *(Karl-Heinz Rummenigge)*

Ich kann nichts dafür, dass manche Leute sagen, ich sei schön.

Es war irgendwas dazwischen. Und es tat weh. *(der VfB-Stürmer nach seinem »Penistor«)*

Wir müssen schauen, ob wir in Karlsruhe zwei oder drei Banken ausrauben können, um einen Spieler dieser Qualität verpflichten zu können. *(Trainer Edmund Becker)*

## Louis **Gomis**

*(senegalesischer Stürmer)*

Ich habe mir seine Geburtsurkunde angeschaut und ihm gesagt, da steht Brasilianer drin und nicht Senegalese. *(Klaus Augenthaler über die Steigerung seines Spielers)*

## Don **Goodman**

*(Sky-Reporter)*

In dieser Liga kann jeder jeden schlagen. Das beweisen die sieben Unentschieden am gestrigen Tag ganz eindeutig.

## Frank **Goosen**

*(Autor und Kabarettist)*

Leidgeprüft? 90 Prozent der Fußballfans sind Anhänger von Vereinen, die entweder nix gewinnen, wie meiner, oder die nur ab und an was gewinnen. Die sind alle leidgeprüft. Die anderen sind Bayernfans. *(Goosen ist Anhänger des VfL Bochum)*

Spieler, Trainer, Funktionäre haben viele Vereine, Fans nur einen.

Es ist wahrscheinlicher, dass wir in den nächsten zehn Jahren zweimal absteigen, als dass wir einen Pokal in den Himmel recken. Aber auf »wahrscheinlich« ist geschissen. *(Frank Goosen im Jahr 2009 über seinen VfL Bochum)*

## Leon **Goretzka**

Ich verspüre nicht nur als Fußballer, sondern generell als Deutscher, eine unheimliche Dankbarkeit für die drei, weil sie mir unheimlich viele schöne Stunden bereitet haben auch als Fan der deutschen Nationalmannschaft und den WM-Titel geholt haben für uns alle. Wenn ich daran zurückdenke, bekomme ich jetzt noch eine Gänsehaut. *(über die von Bundestrainer Löw aus der DFB-Auswahl ausgemusterten Bayern-Kollegen Boateng, Hummels und Müller)*

Ich bin ein Kind des Ruhrgebiets. Da antwortet man auf die Frage nach der Nationalität mit Schalke, Dortmund oder Bochum.

Da leben unheimlich viele fußballbegeisterte Menschen, die einfach Fußball auch ein bisschen noch als Religion sehen, am Wochenende seine Mannschaft anzufeuern und mit denen durch dick und dünn zu gehen. Ein Seil, an dem sie sich festhalten können, wenn es vielleicht auch im privaten Leben nicht so gut läuft. *(über seine Heimat, das Ruhrgebiet)*

Sorry, noch mal bitte. Ich bin ehrlich gesagt etwas abgelenkt von Ihrer Stimme, weil ich die immer im Fernsehen höre. *(zu ZDF-Reporter Béla Réthy)*

## Andreas **Görlitz**

In meiner Kindheit war ich mal Bayern-Fan. Aber diese Phase macht wohl jeder durch. So was legt sich. *(der Nachwuchsspieler von 1860 München über den Lokalrivalen, kurz bevor er dann zu den Bayern wechselte)*

## Sergej **Gorlukowitsch**

Mit dem Namen können wir ihn nicht eindeutschen. *(Manager Michael Meier, als nur zwei Ausländer in der Bundesliga erlaubt waren)*

## Armin **Görtz**

Gelb ist meine Lieblingsfarbe. Schließlich war ich mal Postbeamter. *(eigenwillige Begründung des Kölners für seine vielen gelben Karten)*

## Thomas **Gottschalk**

Bei mir in der Sendung sind wenigstens zwei hübsche Frauen. Bei euch waren es 24 hässliche Männer, von denen mindestens 18 hingefallen sind. *(nach einem Spiel zu Franz Beckenbauer)*

Könnten Sie an dieser Tabelle irgendetwas erkennen? Also gut, ich mein, mancher Fußballfan wird vielleicht sagen: Das sind die Leberwerte von Mayer-Vorfelder. *(bei »Wetten, dass …?«)*

Der Stoiber kommt immer zu spät und kaum ist er da, fällt ein Tor für die Bayern.

Ich habe im Sommer einen Schock bekommen! Als ich hörte, der neue Bundestrainer kommt aus Kalifornien und ist blond, dachte ich: Ha – muss ich denn alles machen? *(zu Jürgen Klinsmann als Teamchef)*

## Falko **Götz**

Das ist sehr bedauerlich, was hier passiert ist. Man muss bedenken, dass so ein Geschoss auch einen Spieler hätte treffen können. *(nachdem der Schiedsrichter-Assistent von einem Wurfgeschoss niedergestreckt worden war)*

Marcello hat die ganze Woche böse dreingeschaut. Das ist so, als wenn man in einer Familie das Kind beschimpft hat und es dann schmollt. *(der Hertha-Trainer über Marcelinho, der nach einem Spiel viel Kritik zu hören bekam)*

Falko Götz ist in Berlin der Nachfolger des Nachfolgers seines Nachfolgers. *(RBB-Kommentator Nikolaus Hillmann)*

## Mario **Götze**

Manchmal nennen wir ihn Götzinho. *(Mats Hummels über seinen Mitspieler)*

Mario hatte so viel Talent, dass selbst ich das nicht kaputt trainieren konnte. *(Christian Droese, E-Jugend-Trainer des Nationalspielers bei Hombruch)*

Mario Götzes Spiel hat etwas Hypnotisierendes, und seine Tricks machen Fans atemlos. *(»The Guardian«)*

Wir sind Marios Vater sehr dankbar, dass er damals aus dem Allgäu nach Dortmund gezogen ist. *(Jürgen Klopp)*

Wenn ich sehe, was der Junge spielt, muss ich sagen: Da habe ich früher eine andere Sportart betrieben. *(Lars Ricken)*

Ja, Glühwein getrunken! *(auf die Frage, ob Dortmund in der Halbzeit auf Wintermodus umgeschaltet habe)*

Mit Mario Götze und dem BVB verhält es sich in etwa so wie mit der Gurke beim Cheeseburger: Sie ist dabei, aber keiner will sie haben. *(Rapper Farid Bang)*

## Richard **Gough**

*(schottischer Nationalspieler)*

Er hat heute was Göttliches – er spielt so langsam, wie Gottes Mühlen mahlen. *(der schottische Nationaltrainer Andy Roxburgh)*

## Jürgen **Grabowski**

Was heißt Freunde? Das ist im Fußball ein sehr schwammiger Begriff.

## Christina **Graf**

*(Sportreporterin)*

Bielefeld wartet seit acht Spielen auf einen Dreier. Man könnte jetzt sagen, manche warten ein Leben lang drauf!

## Manuel **Gräfe**

*(inzwischen FIFA-Schiedsrichter)*

Der Einzige, den ich gesiezt habe, war Olli Kahn. Ich war Mitte 20 und hatte Angst.

## **Grafite**

Ein brasilianisches Sprichwort lautet: Es ist besser, wenn seine Mutter weint – und nicht meine.

## Karl-Heinz **Granitza**

Noch ein Jahr in Gütersloh, und ich hätte an den Deutschen Meisterschaften im Hürdenlauf teilgenommen. *(über das spezielle Training)*

## Avram **Grant**

Ich weiß, dass die Presse mich liebt. Sie müssen mich mögen, da sie mich immer fragen, ob ich bleibe oder ob ich gehe. *(vor seinem letzten Spiel als Trainer von Chelsea, dem Champions-League-Finale gegen Manchester United)*

## Helmut **Grashoff**

*(langjähriger Präsident von Borussia Mönchengladbach)*

Es liegt nicht an der schlechten Arbeit des Trainers, dass wir hinter den Erwartungen zurückbleiben. *(über Wolf Werner)*

## Thomas **Gravesen**

*(dänischer Spieler, u. a. HSV)*

Ich bin wohl 'ne Hümörbömbe.

Der Gravesen hat ja mal beim HSV gespielt, aber er ist ja eher ein Typ der rustikaleren Sorte und da hat er beim FC Middlesbrough wohl seine Heimat gefunden. *(TV-Mann Marcel Reif)*

## Andy **Gray**

*(schottischer Fußballspieler und TV-Experte)*

Es ist eins der schönsten Tore aller Zeiten, aber mich wundert, dass es viele für eins der schönsten dieser Saison halten.

Könntest du mir bitte das Mikrofon in die Hose stecken, Baby! *(Bitte an seine Arbeitskollegin Charlotte Jackson vor laufenden Kameras)*

Ich habe letztens nur gesagt, dass die am meisten verletzliche Stelle bei Torhütern oft zwischen ihren Beinen liegt.

## Sturm **Graz**

Wir sind da mit Reisebus, da kein Flug nach Belarus. *(Fans von Sturm Graz in Weißrussland beim Spiel gegen Bate Borisow)*

## Jimmy **Greaves**

*(englischer Fußballspieler)*

Es war ein Foto-Finish zwischen unseren Fans und der Mannschaft, wer zuerst an der Theke saß. *(über die letzten Jahre seiner Karriere)*

Wir hatten damals unterschrieben, bis zu unserem Todestag zu spielen, und das haben wir gemacht.

Reporter: »Was hat Ihre Karriere am stärksten beeinflusst?« Ian St. John: »Bill Shankly.« Jimmy Greaves: »Wladimir Smirnow.«

Wenn die Pest jemals wieder nach London kommen sollte, würde ich ungern in der direkten Nachbarschaft von Darren Anderton wohnen. Man kann sicher sein: Er würde sie bekommen! *(über den äußerst verletzungsanfälligen Spieler Anderton)*

Jimmy Greaves lief an vier Verteidigern vorbei, schickte den Torhüter in die eine Ecke, schoss den Ball in die andere und ging dann vom Platz, als wolle er sagen: »Was mache ich hier eigentlich?« Anschließend rauchte er in der Halbzeitpause in aller Seelenruhe eine Zigarette. *(Trainer Harry Redknapp)*

## Alan **Green**

*(BBC-Reporter)*

Das Trikot von Seaman vereint alle Farben des Regenbogens – gelb, rot, grün, schwarz. *(über das Trikot von Arsenal-Schlussmann David Seaman)*

Das Spiel hat das Everton-Schiff wieder auf die Straße gebracht.

## Robert **Green**

*(englischer Nationaltorwart)*

Wir müssen uns hinter Green stellen. *(eine gute Idee der Absicherung von Steven Gerrard, nach einem Aussetzer des Torhüters im ersten WM-Spiel 2010)*

## Brian **Greenhoff**

*(englischer Profi von Leeds United)*

Alle Spieler von Leeds stehen zu 100 Prozent hinter dem Trainer, aber ich kann nicht für den Rest der Mannschaft sprechen.

## Jonathan **Greening**

*(Mittelfeldspieler von West Brom)*

Mein Sohn macht sich nicht viel aus mir. Er hat Sammelbilder von mir gegen Frank Lampard und Steven Gerrard getauscht. Und er läuft in einem Albion Shirt rum, auf dem hinten »Robinson« steht.

## Ron **Greenwood**

*(englischer Fußballtrainer)*

Dieser Vergleich ist unvergleichlich.

Hoddle war heute nicht der Hoddle, wie wir ihn sonst kennen – und Robson auch nicht.

Ich verzichte auf Außenstürmer, weil ich die Erfahrung gemacht habe, dass die meisten nur an der Außenlinie stehen und sich in der Nase bohren.

## John **Gregory**

*(Trainer von Aston Villa)*

Die Elfmeter-Entscheidung war absolut falsch von ihm. Aber die Schweigeminute vor dem Spiel war richtig. *(über den Schiri)*

Schiedsrichter sollten an eine Reihe von Elektroden angeschlossen werden, und man sollte ihnen erlauben, drei Fehlentscheidungen zu treffen, ehe man 50.000 Volt durch ihre Genitalien jagt.

## Holger **Greilich**

*(Spieler von 1860 München)*

Letztlich zählt das, was auf dem Platz ist, und das ist es, was zählt.

## Frank **Greiner**

*(Spieler, u. a. 1. FC Köln)*

Was soll ich mit gelben Karten rumwerfen. Die scheiß ich zusammen, dann parieren sie auch.

## **Griechenland**

Griechenland verlor gegen Finnland genauso hoch wie Deutschland gegen England, und die Griechen dürften für England die gleiche Bedrohung darstellen wie ein bewaffnetes Eichhörnchen für die Nato. *(»Süddeutsche Zeitung«)*

Wenn wir einmal gewinnen, wollen sie gleich Europameister werden – und wenn wir zweimal verlieren, wollen sich alle ins Meer stürzen. *(Griechenlands deutscher Nationaltrainer Otto Rehhagel über die Mentalität der Griechen)*

Wie weiland John F. Kennedy ein Berliner war, so sind wir alle in diesen Tagen auch ein bisschen Griechen. *(der Essener Oberbürgermeister Wolfgang Reiniger in einem Glückwunsch-Fax an den gebürtigen Essener Otto Rehhagel zum Gewinn der Europameisterschaft mit Griechenland)*

Stellen Sie sich vor, auch in Griechenland gibt's Regen. *(Kapitän Traianos)*

## Roman **Grill**

*(Spielerberater)*

Ist Ihnen aufgefallen, dass Piotr Trochowski beim Hamburger SV neuerdings auch Kommentare abgibt? Der kann normalerweise keine zwei Sätze geradeaus sprechen, und jetzt spricht er über Fußballpolitik! Wissen Sie, wer sein Berater ist? Roman Grill! *(Uli Hoeneß)*

## Reinhard **Grindel**

Wir werden wieder erleben, dass sich Fans von Schalke 04 und Borussia Dortmund in den Armen liegen, weil ein Spieler von Bayern München ein Tor geschossen hat. *(am Anfang der WM 2018)*

## Christian **Grindheim**

*(norwegischer Nationalspieler)*

Wir haben uns einen mächtigen Skalp geholt. *(als Siegtorschütze nach einem 1:0 gegen Deutschland)*

## Günter **Grobbel**

*(Wuppertaler SV)*

Der hat ja bis vor kurzem noch beim Einwurf »Hand!« geschrien. *(über den Schatzmeister seines Vereins)*

## Herbert **Grönemeyer**

Von mir aus können sie in der Oberliga spielen – ich werde immer ein Fan des VfL bleiben. *(der bei der Präsentation seiner Platte »Bleibt alles anders« den Journalisten erzählte, er habe gerade blau-weiße Unterwäsche von seinem Lieblingsklub Bochum an)*

Mein Traum war eigentlich sowieso immer, Fußballer zu werden, nicht Popstar. Einmal eingewechselt werden vor 50.000, dann ein guter Trick. Davon träume ich heute noch. *(mit 36 Jahren)*

## Grönland

Unglaublich ehrgeizig, sie wollen so gerne. Sie haben aber große Probleme mit der Technik. Und dann gibt es noch ein anderes Problem: Während des Trainings oder des Spiels sehen sie plötzlich einen Wal – und dann lassen sie Ball Ball sein, dann stürmen sie zu den Booten und es geht raus aufs Meer, es geht dann nur noch um den Wal. *(Nationaltrainer Sepp Piontek über die grönländische Mentalität)*

Sie kennen keine Rasenplätze, es gibt kein Gras dort. *(Sepp Piontek über Grönlands Talente)*

## Christian **Gross**

*(schweizer Trainer)*

Ich war mit einem Auge hier und mit dem anderen Ohr in Bremen. *(über ein Fernduell um einen Platz in der Europa League)*

## Volkmar **Groß**

*(Torwart Hertha BSC)*

Ich habe weder private noch finanzielle Sorgen. Der einzige Kummer sind die Maler in meiner Wohnung. Aber das hat mit meiner schwachen Leistung nichts zu tun. *(im Jahr 1971)*

## Peter **Grosser**

*(Präsident der Spielvereinigung Unterhaching)*

1979 haben wir immer Sonntagvormittag in der B-Klasse gespielt, jeder hat zwei Mark fürs Trikotwaschen bezahlt und heute schlagen wir die Bayern.

## Kevin **Großkreutz**

Kevin wird heute sicherlich nicht nur stilles Wasser trinken, vielleicht nimmt er eins mit Kohlensäure. *(Mats Hummels nach dem Gewinn der Meisterschaft)*

BVB-Fan zu sein, ist kein Grund für einen Startplatz im Team. *(Jürgen Klopp, als er Großkreutz im Derby gegen Schalke zuerst auf der Bank ließ)*

Kevin war so heiß auf die Südtribüne, dass er selbst abends vor unserem Spiel noch in den Signal-Iduna-Park wollte. Mir blieb keine Wahl. Ich musste ihm ein BVB-Verbot erteilen! *(Christian Wück, sein Trainer in Ahlen)*

Der Junge würde bei einer Partie Schach sicher nicht gerade haushoch gegen die Großmeister Karpow oder Kasparow gewinnen. *(Mario Basler)*

Ich hatte es im Adrenalin, dass Roman den hält.

Eigentlich wurde ich nachnominiert! Habe aber abgesagt! Sie müssen auch mal ohne mich Titel holen. *(über die Nationalmannschaft)*

Frage in der »Rheinischen Post«: Kennst du eine Sehenswürdigkeit in Düsseldorf? Antwort: Ich komme selten nach Düsseldorf. Zählt der Kölner Dom auch? Der ist doch da in der Nähe.

## Peter **Großmann**

*(Sportmoderator)*

Gestern verbrachte er den Geburtstag, den er heute hat, im Gerichtssaal. *(im »Morgenmagazin« über Christoph Daum)*

## Stefan **Grothoff**

*(Moderator)*

Achtung an alle Presseleute! Ewald Lienens Mundwinkel haben gezuckt und sich nach oben bewegt.

## Henry **Gründler**

*(Comedian)*

Untreue und Bestechlichkeit: Damit gilt Wildmoser schon jetzt als heißester Kandidat für die Nachfolge von FIFA-Präsident Sepp Blatter.

Rudi Assauer hat seine Meinung über Frauenfußball geändert: wenn die auf dem Rückweg einen Kasten Bier mitbringen und nicht zu müde zum Vögeln sind …

Die FDP zieht zum ersten Mal mit einem eigenen Kanzlerkandidaten in den Wahlkampf. Natürlich völlig aussichtslos, aber die deutsche Nationalmannschaft fährt ja auch zur WM.

Viele Frauen fieberten bei der Fußball-WM der Frauen mit: Gerade weil sie wissen, wie schwer Grasflecken wieder rausgehen!

## Günter **Grünwald**

*(Comedian)*

1860 München spielt bald gegen Wacker Burghausen und Erzgebirge Aue, oder wie man bei unserer Nationalmannschaft sagen würde: in der Todesgruppe.

Was ist der Unterschied zwischen den Wildmosers und dem FC Bayern? Die Bayern sind schon raus! *(in Anspielung auf das Ausscheiden der Bayern aus der Champions League und die zeitgleiche Verhaftung der Funktionäre des TSV 1860 München)*

## Brief an den **Guardian**

Warum ist man so überrascht über das Ausscheiden von Argentinien? Wann hat sich ein Team mit einer großen schottischen Fangemeinde jemals für die zweite Runde einer WM qualifiziert? *(während der WM 2002)*

## Pep **Guardiola**

Manchmal ist es gut, wenn man verliert. Dann weiß man wieder, wie schwer es ist, zu gewinnen.

Wenn mir Pep sagen würde, ich solle mich vom dritten Rang des Camp-Nou-Stadions stürzen, würde ich denken, dass bestimmt etwas Gutes daran wäre. *(sein Spieler Dani Alves)*

Wir brauchen den Philosophen nicht. Der Zwerg und ich reichen vollkommen. *(Zlatan Ibrahimovic in Barcelona; der »Zwerg« ist Messi)*

Du hast keine Eier und scheißt dir vor Mourinho in die Hose. Im Vergleich zu ihm bist du ein Nichts – fick dich! *(Zlatan Ibrahimovic)*

Sie müssen mit dem Ball umgehen wie kleine Kinder und rennen wie die Tiere.

Don't frag' mich Meisterschaft.

Xabi Alonso ist 32. Wenn wir das Spiel kontrollieren, kann er alle drei Tage spielen. Aber wenn wir das Spiel nicht kontrollieren, wenn er ständig vor und zurück muss, ist er in einem Monat tot! *(über den spanischen Weltmeister vor Beginn des gewohnten Bayern-Rhythmus)* Alonsos Antwort auf die Frage eines Reporters, ob die Prognose von Guardiola, dass er nach einem »Monat tot ist« zutreffen könnte: Ich hoffe nicht. Meine Frau bereitet sich doch schon aufs Oktoberfest vor.

Es macht mich sehr glücklich zu sehen, dass Uli zurückkehrt. Allein schon, weil ich weiß, dass er zu Hause bloß die Möbel auffressen würde. *(über Uli Hoeneß' Rückkehr aus dem Gefängnis)*

Manchmal spielst du mit Sonne, manchmal mit Schnee, aber du musst immer mit Charakter spielen.

Guardiola ist für das Alpenvorland, was Obama 2008 für die westliche Welt war. *(spiegel.de)*

Auch Jupp hat Pep. *(Transparent beim Auswärtsspiel des FCB bei Hannover 96 für Jupp Heynckes)*

## Rolf-Christel **Guie-Mien**

*(Spieler, u. a. Karlsruhe, Freiburg, Frankfurt, Köln)*

Ich bin froh, dass ich in Markus Beierle einen Menschen präsentieren kann, der mehr ist als nur ein Fußballer, der derjenige war, den wir gerade abgegeben haben. *(Frankfurts Aufsichtsratvorsitzender Volker Sparmann zur Neuverpflichtung nach dem Abgang von Rolf-Christel Guie-Mien)*

Ich habe Rolf dann gefragt, zu welchem internationalen Klub er wechseln wird, da hat er Freiburg gesagt! *(SGE-Trainer Willi Reimann, nachdem ihm Rolf-Christel Guie-Mien über seinen Wechsel unterrichtet hatte)*

## Thomas **Gulich**

*(Präsident der Grasshoppers Zürich)*

Der Grund für die Entlassung ist mangelnde Erfolgslosigkeit. *(auf der Pressekonferenz zur Entlassung des Trainers Alain Geiger)*

## Ruud **Gullit**

Wenn meine Oma einen Pimmel hätte, wäre sie mein Opa. *(kuriose Aussage während seiner Zeit beim AC Milan)*

Nein, meine Frau hat den Laden dichtgemacht. *(auf die Frage, ob nach der Geburt seiner zweiten Tochter noch ein Junge kommt)*

Wir haben 99 Prozent des Spiels beherrscht. Die übrigen drei Prozent waren schuld daran, dass wir verloren haben.

Um gegen Holland zu spielen, muss man gegen die Holländer spielen!

Auch in unserer Branche gibt es eine Mafia. Wenn die Geheimdiplomaten des Welt-Fußballerhandels die Katze aus dem Sack lassen, ist es meistens eine Ratte.

Ein Torwart ist ein Torwart, weil er nicht Fußball spielen kann.

Du kannst das hunderttausendmal trainieren, aber wenn die Spieler nicht mitlaufen, klappt es einfach nicht. Vielleicht müsste ich Handschellen nehmen, um sie damit an ihre Gegner festzubinden. Vielleicht laufen sie ja dann mit.

Ich habe in einer Disco getanzt, als plötzlich dieser sehr kleine, fette Mann erschien und mich umarmte. Ich dachte, es wäre ein Fan. Aber dann kam sein Bodyguard dazu, und ich habe erkannt, dass es Diego Maradona war.

## Ilkay **Gündoğan**

Wir sind ein magisches Elfeck. *(angesprochen auf die Bedeutung des magischen Nürnberger Dreiecks Ekici, Gündoğan, Schieber)*

Er ist sehr intelligent, spricht gut Deutsch … *(Jens Lehmann)*

## Senol **Günes**

*(Nationaltrainer Türkei)*

Hier sind wir Gäste, 2006 laden wir ein. *(während der WM in Japan 2002 zur kommenden WM 2006 in Deutschland)*

## Ralph **Gunesch**

*(früher Spieler, heute TV-Experte)*

Die ganzen Steine, die sich uns immer wieder in den Weg stellen, mit diesen Steinen werden wir den Weg zum Klassenerhalt pflastern.

Ich habe mir vorgenommen, ihn aufzufressen. *(das galt seinem Gegenspieler Daniel Gunkel, deutscher Fußballspieler, u. a. Cottbus und Mainz)*

Wir müssen uns an die Nase packen und versuchen, die Schlinge aus dem Kopf zu ziehen!

## Bryan **Gunn**

*(Trainer von Norwich)*

Die Jungs haben ihm den Spitznamen Pferd gegeben - aber mehr möchte ich dazu nicht sagen. *(über Neuzugang Grant Holt)*

## Christian **Günther**

Das ist keine Auswechselung, das ist eine Völkerwanderung. *(Bremens Stadionsprecher, als die Gästemannschaft gleich drei Spieler auf einmal auswechselte)*

## Torsten **Gütschow**

*(Spieler, meistens bei Dynamo Dresden)*

Ich bin ein Pulverfass. Ich denke erst nach der Explosion.

Wer an den Fußball sein Herz verliert, darf sich nicht wundern, dass darauf herumgetrampelt wird.

## Rudi **Gutendorf**

*(Trainer, Weltenbummler)*

Man kann im Fußball vieles ersetzen, Tempo und Härte nicht!

Es war vor drei Jahren, als ich die chilenische Nationalelf betreute. Die sozialistische Regierung unter Allende hatte Kubas Parteichef Fidel Castro eingeladen, und ihm zu Ehren wurde im größten Fußballstadion von Santiago eine Massenkundgebung abgehalten. Doch zum Entsetzen der Veranstalter verloren sich vor Beginn nur 20.000 Teilnehmer in dem 70.000-Mann-Stadion. Was also tun, zumal die Kundgebung direkt im Fernsehen übertragen wurde? Die 20.000 wurden also alle auf eine Tribünenseite zusammengepfercht und die Kameras nur auf diese Seite gerichtet, um den Fernsehzuschauern ein prallvolles Stadion vorzugaukeln. Die Veranstaltung begann dann, ein Politiker trat ans Mikrofon und hieß Fidel Castro willkommen. Als er aber in seinem Enthusiasmus von einem »ausverkauften Stadion« sprach, griff Castro zum Mikrofon, sagte: »Ein wahrer Kommunist lügt nicht«, trat an eine Kamera und schwenkte mit ihr über die leeren Tribünenseiten! *(im »kicker«, 1976)*

Südamerikanischer Fußball: Saufen, Fressen, Pimpern, Cha, Cha, Cha. *(nach dem Spiel Brasilien gegen Polen, 1974)*

Sicherlich habe ich Fehler gemacht. Ich habe den Gehorsam und die Unterordnung, die ich bei meinen Spielern stets voraussetze, automatisch auch zu Hause von meiner Ehefrau erwartet. Ich halte allerdings die Auswüchse der Emanzipation, wie wir sie seit Jahren von Nordamerika nach Europa geliefert bekommen, für absurd. *(nach dem Scheitern einer Ehe im Jahre 1981)*

Dass mir die Spieler nicht zum Geburtstag gratulieren, ist der beste Beweis dafür, dass ich ein guter Trainer bin - sie können nicht meine Freunde sein.

Haben Sie dem mal ins linke Ohr geguckt? Da können Sie durchschauen. *(Max Merkel)*

Wenn wir auf Unentschieden spielen, dann ist das, als wenn wir unsere Schwester zum Tanz auffordern - da ist nichts drin.

Ich kann machen, was ich will. Ich bin hier der König. *(über seine Beschäftigung als Nationaltrainer Samoas)*

Es stimmt nicht, dass ich in Spanien mit vielen Frauen poussiert habe. Es gibt viele Fotos, wo ich alleine unter Pinien stehe. *(zu Vorwürfen, man hätte ihn wegen Frauengeschichten als Trainer entlassen)*

Auch in einem Land mit schlechten Astronomen regnet es mal - aber ein Land mit schlechten Gastronomen ist eine Wüste.

Wenn ihr nicht mehr wisst, wohin mit dem Ball, dann haut ihm den Gegner rein!

Im Bett kann eine Frau so herrlich sein. Auf dem Fußballplatz wird sie mir aber immer schrecklich vorkommen.

Der Ball ist ein Sauhund.

Am Fußball zu hängen, ist eine der unbequemsten Lebenslagen.

# h

## Erling Braut **Haaland**

Es ist sehr schade, dass er schon nachlässt. Drei Tore, zwei Tore. Ich hoffe nicht, dass es im nächsten Spiel nur eins ist. *(BVB-Keeper Roman Bürki; Haaland traf dann aber doch wieder doppelt)*

Ich kann auf jeden Fall bestätigen, dass ich Dortmund viel mehr mag als Schalke.

## Arie **Haan**

*(niederländischer Trainer)*

Wissen wir nicht. Wir leeren den Postkasten nicht mehr. *(auf die Frage, ob der DFB schon einen »Blauen Brief« wegen der Lizenz geschickt habe)*

Das Problem ist folgendes: Schaffst du es als Trainer, den Spielern ständig etwas zu erzählen, was die noch nicht wissen? Nein? Dann pack deine Sachen, und erzähl, was du zu erzählen hast, doch bitte woanders.

Humor kannst du in Deutschland vergessen. Das sind keine fröhlichen Menschen, die Deutschen. Und das spiegelt sich auch in ihrem Fußball wider.

Den Arie Haan machen wir rund wie einen Käse und rollen ihn dann nach Holland zurück. *(Trainerkollege Christoph Daum)*

Als der in die Bundesliga kam, meinte er, dass hier mehr trainiert werden müsse. Er selbst aber macht am wenigsten. *(Trainerkollege Winfried Schäfer)*

Schlafen kann ich hervorragend. Aber das Aufwachen ist so fürchterlich. *(im Abstiegskampf)*

Der Schiri war unser gefährlichster Gegner – den konnten wir nicht decken.

## Manfred **Haas**

*(Präsident VfB Stuttgart)*

Das war eine schwäbische Gratulation: Wir haben viel über die 200 Bundesligaspiele geredet, aber nichts geschenkt. *(über die ausgebliebene Ehrung Krassimir Balakows für sein 200. Bundesliga-Spiel)*

Das wird langsam ein positives traumatisches Erlebnis. *(nach vier Siegen in Folge)*

## Günther **Habermann**

*(Schiedsrichter)*

Schiri Habermann haben sie einen schon gebrauchten Tag angedreht. *(Jörg Wontorra)*

## Ernst-**Günther Habig**

*(Ex-Spieler von Viktoria Köln)*

Vor der schriftlichen Prüfung hatte ich etwas Angst, denn ich habe bisher nur Autogramme geschrieben. *(über sein Fußballlehrer-Diplom)*

## Keith **Hackett**

*(englischer Schiedsrichter)*

Er war richtig wütend wegen eines Zweikampfs zwischen Dennis Wise und Nigel Clough. Ich musste ihm sagen: »Beruhig dich bitte, du hast gerade erst eine dreifache Bypass-Operation am offenen Herzen hinter dir.« *(zum aufbrausenden Trainer Graeme Souness)*

## Reinhard **Häfner**

*(Trainer vom Chemnitzer FC)*

Ich muss mal eines ganz deutlich sagen: Meister wird derjenige Verein, der am Ende vorn steht. Und bei der Meinung bleibe ich!

## Marco **Hagemann**

*(TV-Kommentator)*

Ich dachte eigentlich immer, »Musikantenstadl« schauen wäre grausam, aber da kannte ich die Partie Santander - Valencia noch nicht.

Die sind so eiskalt, bald fängt es in Ghana an zu schneien. *(zur Chancenverwertung beim Afrika-Cup)*

Was sie jetzt noch stoppen könnte, wäre Bruder Leichtfuß, wenn der eine Eintrittskarte hätte.

Jetzt macht Mourinho komplett die Hose auf. Mehr Offensive geht nicht.

## Nina **Hagen**

*(Rocksängerin und Fan von Union Berlin)*

Gemeinsam mit allen Union-Fans werde ick ganz viel Energie auf den Rasen beamen. Damit klappt's - und dann wird gefeiert.

## Gheorghe **Hagi**

Gesundheit! *(Mehmet Scholl auf die Frage, was er denn zum rumänischen Mittelfeldstar sagen werde)*

Der Karpaten-Maradona hat beinahe die Klasse eines Marlon Brando. *(niederländischer Fernsehkommentator zu den Schauspielkünsten des rumänischen Rekordnationalspielers)*

## Mathias **Hain**

Das war mein erstes Kopfballtor in der Bundesliga. Da bin ich sehr stolz drauf. *(als Torwart von Arminia Bielefeld nach einem Eigentor gegen den Hamburger SV)*

Kritisiert man die Schiedsrichter, fangen sie das Heulen an und treten um sich.

Es war erst mal ein Foulspiel und dann haut der den mit der Hand rein. Und der Linienrichter, dem soll der Arm abfaulen, den er nicht gehoben hat! Ey, so was Blindes hab' ich ... also das ... ich muss mich echt zügeln, weil ansonsten, ich weiß es nicht. Also wenn man so was Klares nicht sieht, der schubst den Dammeier von hinten weg, ja, und dann haut der den so mit der Hand rein, ey, da frag ich mich, wieso der da überhaupt draußen an der Linie steht und auch noch Geld bekommt. Das ist 'ne Oberfrechheit, 'ne Sauerei ist das.

## Tomasz **Hajto**

Scheiß Wetter - und hier ist auch keine Stimmung im Stadion. *(über den Grund für eine 0:3-Niederlage)*

Die Einwürfe von Tomasz Hajto gehören verboten. Wir spielen Fußball und nicht Handball. *(Trainer Klaus Augenthaler zu den weiten Einwürfen des Schalker Verteidigers)*

## Kemal **Halat**

Ich wollte Pukaß ein paar Worte sagen, aber es war so kalt, dass er etwas Spucke abgekriegt hat. *(bekam eine rote Karte wegen Anspuckens eines Gegenspielers)*

## Stuart **Hall**

*(englischer TV-Kommentator)*

Was werden Sie nach dem Fußball machen, Jack? Werden Sie beim Fußball bleiben?

Das Spiel war das, was man draus macht.

## Helmut **Haller**

Einer kann nur spielen, wenn zwei für den gleichen Posten da sind.

## Dietmar **Hamann**

Dass mein Gegenspieler mich umgestoßen und am Torschuss gehindert hat, hab ich ja noch wegstecken können, aber als er mich obendrein noch einen »Pardon« geheißen hat, habe ich die Nerven verloren und nachgetreten. *(wegen einer Tätlichkeit vor dem Sportgericht)*

Mir hamm a gut genugene Mannschaft.

Aber der sagt nichts. Wie früher Siggi Held. Oder wie der eine, der gefragt wird, wie es ihm geht, und der antwortet: »So ein Schwätzer«. *(Franz Beckenbauer über Dietmar Hamann, der nach seiner Meinung die Führungsrolle übernehmen müsste)*

Ganz gut. Ich hab' mich die ganze Nacht um seine Frau gekümmert! *(Mario Basler auf die Frage, wie es Dietmar Hamann nach seinem Schlaganfall geht)*

## **Hamburger SV**

Und ihr habt mich vom Hof gejagt, ihr Lutscher! *(Benedikt Pliquett, der Torhüter des FC St. Pauli, nach dem 1:0 im Derby gegen seinen Ex-Klub)*

Die Fans stehen hinter ihm, wir halten ihm weiter die Stange. *(HSV-Fan auf die Frage, wieso Thomas Doll weiter Trainer bleiben solle)*

Der HSV ist 'nen Weltverein, 'nen reiner Weltverein! *(Dittsche)*

Hamburg ist eine Weltstadt, und so fühlen sich auch alle im Verein. Daraus leiten sie ab, dass der HSV ein Weltklub ist. Aber da fehlt die Verhältnismäßigkeit. *(Klaus Toppmöller)*

Der HSV ist keine Thekenmannschaft. *(Fabian Ernst über das Leistungsvermögen seines Ex-Klubs)*

Ich werde mir mit Sicherheit kein Spiel mehr in Hamburg anschauen. Ich habe mir damals 90 Minuten vom vornehmen Hamburger Publikum die Beschimpfungen gegen die Bayern angehört. Was mich am meisten geärgert hat: Als Barbarez das 1:0 gemacht hat, ist der dicke Pagelsdorf rumgehüpft wie Rumpelstilzchen. Einsatz ist okay. Aber Häme und Schadenfreude mag ich nicht. Das war mir höchst zuwider. *(Franz Beckenbauer über das Verhältnis zu seinem Ex-Klub)*

## Andy **Hamilton**

*(Komiker)*

Das Problem von Mohamed Al-Fayed ist es doch, dass er die britischen Traditionen und Gepflogenheiten einfach nicht versteht. Mein Gott, er hat Fulham übernommen und sie erfolgreich gemacht!

## Mia **Hamm**

*(US-amerikanische Fußballspielerin)*

An jedem einzelnen Tag wache ich auf und setze mich dafür ein, eine bessere Spielerin zu werden.

## Sam **Hammam**

*(Besitzer des Wimbledon FC)*

Wir sollten es einfach wie Manchester machen. Die haben die besten Spieler – und die besten Schiedsrichter.

## Nick **Hancock**

*(britischer Komiker und Stoke-Fan)*

Ein zweites Team in der Premier League zu unterstützen, ist ungefähr so, als ob Jassir Arafat sagen würde, er habe eine Schwäche für das Judentum.

## Peter **Handke**

*(Schriftsteller)*

Der Fußball hat von Natur keine Seele.

Wie alles, was rund ist, ist auch der Fußball ein Sinnbild für das Ungewisse, für das Glück und die Zukunft.

Die Kugelform des Fußballs ist geradezu zu einem Symbol des unberechenbaren Zufalls geworden.

## Choi **Han-Gwon**

*(koreanischer Funktionär)*

Wir haben die Absicht, den europäischen Zuschauern Hundefleischsaft während der Spiele gratis auf ihren Plätzen anzubieten. Ich bin sicher, die Fans werden dieses Getränk mögen. Es soll Coca-Cola ersetzen. *(vor der WM 2002)*

## Mike **Hanke**

Die ganze Bundesliga ist hinter mir her, Bayern München, alle. Ich kann mich kaum retten vor Angeboten. Von daher muss ich mich irgendwann mal entscheiden. *(ironisch in einem Formtief)*

Bei der Borussia *(Mönchengladbach)* kommen zu unserem Training mehr Fans als in Wolfsburg zu Bundesligaspielen.

Nein, der ist gelb. *(der Schalker auf die Frage, ob er nach einem Sieg gegen den HSV den Spielball mit nach Hause nehmen wolle)*

Wir haben mit offenen Karten geredet. *(über ein Gespräch mit Jupp Heynckes)*

## **Hannover 96**

Hätte ich das Wort »Hannover« nicht neulich in den Stau-Meldungen gehört, hätte ich 96 in meiner Saisonvorschau vergessen. *(Mario Basler)*

Bevor ich in Hannover unterschrieben habe, war ich 16 Monate lang ohne Job. Arbeitslosigkeit ist neben Krankheit das Schlimmste, was es überhaupt gibt. Dann schon lieber Hannover 96. *(Peter Neururer im März 1995)*

Eher höre ich mit dem Fußball ganz auf, als die nächsten drei Jahre weiter für 96 zu spielen. Hannover ist eine öde und hässliche Stadt. *(Jan Simak)*

Wenn selbst der deutsche Bundeskanzler in Hannover Urlaub macht, muss es eine schöne Stadt sein. *(Jan Simak, der vor seinem Wechsel zu Bayer Leverkusen erklärt hatte, Hannover sei hässlich, nun aber wieder für Hannover 96 spielt)*

## Werner **Hansch**

Es sind schon über so viele Dinge Gras gewachsen, dass man bald keiner Wiese mehr trauen kann.

Je fester der Griff, je loser die Absicht. *(kommentiert den Griff von Stéphane Chapuisat in Rune Bratseths Intimzone)*

Die Ich-und-Du-AG, Kaká und Schewtschenko, das doppelte Flottchen.

Ich denke, man kann seinen Zuschauern auch dienen, indem man einfach mal die Klappe hält.

Wir müssen langsam auf den Schlussstrich gehen!

Ingo Anderbrügge, der Mann mit dem härtesten Schuss der Liga. Alle denken, jetzt holt er den Hammer raus. Aber es war nur der Glasschneider.

Die Freude war zwar nicht umsonst, aber vergebens.

Lieber ein Riese im Tor als ein Zwerg im Vorgarten. *(über Schalkes Tormann Holger Gehrke)*

Lachen ist die beste Art, dem Gegner die Zähne zu zeigen.

Das Leben, lieber Willibert, ist zu kurz für ein langes Gesicht.

Lieber ein Bomber auf dem Rasen als dauernd Sprengstoff auf der Bank.

Ja, Statistiken. Aber welche Statistik stimmt schon? Nach der Statistik ist jeder 4. Mensch ein Chinese, aber hier spielt gar kein Chinese mit.

Aumanns Trikot ist voller Schlamm. Wenn der sich jetzt auf 'ne Heizung setzt, kann er sich mit 'nem Hammer ausziehen.

Mancher sieht Gelb vom Mann in Schwarz und ärgert sich dann grün und blau, bis er Rot sieht.

Da bellten jetzt die Blindenhunde im Umkreis von zehn Kilometern. *(kommentiert eine Fehlentscheidung des Schiedsrichters)*

Ein Schuss, so kraftvoll wie ein flauer Darmwind.

Wie kann der Dede da so freihändig flanken?

Ich vermisse mich. *(über Andreas Möller)*

Der Vorstand steht wie ein Mann hinter ihm, ist aber jederzeit bereit, an die Seite zu treten, um ihn nicht beim freien Fall zu behindern.

Dresdner Stollen als Gastgeschenk. *(zum Foul eines Dresdner Spielers)*

Deutlich ging für mich der Ellenbogen zur Hand.

Da hatten sie starke 10 Minuten zwischen der 65. und 70. Minute.

Er hat ihn vielleicht zart berührt am Allerwertesten. *(zu einem fragwürdigen Elfmeter)*

In diesem Fall war der Schöne das Biest. *(zu einem Foul von David Beckham)*

Brüllende Temperaturen.

Sein Schweigen wird lauter. *(über Ottmar Hitzfelds Gesichtsausdruck bei einer schwachen Leistung des FC Bayern)*

Diese Mannschaft ist, nun, ich will nicht sagen tot, aber leblos.

Da muss er raus, der Lehmann. Man möchte ihm das Mikrofon hinterherschmeißen. *(zu einem Platzverweis wegen Ausrastens)*

Vorbeugende Sicherheitsverwahrung. *(über eine Auswechslung von Emile Mpenza)*

Ein Tor, mit dem niemand rechnen konnte. Es lag nicht in der Luft.

Die Quirke von Ramsy. *(über eine verunglückte Abwehr)*

Es war ein Sandwichspiel. Ein frühes und ein spätes Tor, dazwischen viel Gehacktes.

Das Gesicht hat er vom Gesichtsverleih. *(über den schlecht gelaunt dreinblickenden Ottmar Hitzfeld)*

Und wieder nur 500 Zuschauer im Kölner Südstadion, rufen Sie an und ich gebe Ihnen die Namen durch.

Nein, liebe Zuschauer, das ist keine Zeitlupe, der läuft wirklich so langsam.

Dressels Beitrag zum Mozart-Jahr: ein Foul aus dem Knöchelverzeichnis.

Wenn das keine Chance war, dann war das zumindest eine große Möglichkeit.

Ein Schuss wie aus der Orgelpfeife – völlig verdreht.

Das ist doch alles der größte Blödsinn, das wird doch alles nur immer wieder von den Medien reindementiert.

Früher gab es massige Typen wie Berti Vogts. Wenn die spielten, konnte sich der Platzwart anschließend den Rasenmäher sparen.

Das Beste in Kürze: Das Spiel ist aus!

Zurück zur Werbung.

Und jetzt kommt die Zeitlupe, da sehen Sie, wie schön Andreas Herzog den Lars Ricken nach allen Regeln der Kunst entbeint.

Da hat doch jetzt tatsächlich einer eine zusätzliche Flasche aufs Spielfeld geworfen. *(bei einem schlechten Spiel warf ein Zuschauer mit einer Bierflasche)*

Das ist einer, der sein Herz in beide Hände nimmt und es dann in die Schuhe rutschen lässt.

Man kennt das doch: Der Trainer kann noch so viel warnen, aber im Kopf jeden Spielers sind zehn Prozent weniger vorhanden und bei elf Mann sind das schon 110 Prozent.

Wer hinten so offen ist, kann nicht ganz dicht sein. *(über die Abwehr von Borussia Dortmund)*

Wenn eine Mauer sich erhebt, wird es oben eng, aber unten ist Platz.

## Alan **Hansen**

*(schottischer Nationalspieler)*

Als Junge war ich zwischen zwei Kindheitsträumen hin und her gerissen: Fußballprofi werden oder Ausreißen und zum Zirkus gehen. Bei Partick Thistle habe ich nun beides.

## Martin **Hansson**

*(Schiedsrichter)*

Nach dem Spiel habe ich in der Kabine gesessen und geheult. Mir ist bewusst geworden, was für ein Fehler das war. Es tut mir leid für Irland. Ich mag die Leute dort, die Insel, das Bier. *(der Schwede übersah ein Handspiel von Thierry Henry; Frankreich fuhr statt Irland zur WM 2010)*

## Markus **Happe**

Wir haben ja praktisch mit 0:1 angefangen. *(nach dem 1:4 seiner Mannschaft gegen Energie Cottbus, die bereits nach 45 Sekunden mit 1:0 in Führung lagen)*

Zum Schluss mussten wir Markus Happe einen Kompass geben, damit er den Weg in die Kabine findet. *(Reiner Calmund)*

## Ernst **Happel**

Mit Spielern rede ich nicht, mit Spielern operiere ich.

Wir haben bekanntlich morgen kein Training. Deshalb habe ich ihn laufen lassen. *(als er seinen Spieler Caspar Memering dreißig Minuten warmlaufen ließ, ohne ihn einzuwechseln)*

Jetzt muss Italien den Österreichern zum Dank Südtirol freiwillig zurückgeben. *(nach dem WM-Sieg Österreichs über Deutschland 1978, durch den Italien eine Runde weiter kam)*

Der Ernst Happel sieht aus wie Beethoven im letzten Stadium. *(Max Merkel)*

Ordnung und Disziplin müssen sein. Aber der Spieler muss auch einen regelmäßigen Sexverkehr haben. Fünf Wochen ohne Sex auskommen, das kann er nicht. Er kann es ja nicht aus dem Hirn rausschwitzen.

Hansi Müller zu ihm: »Trainer, wir müssen miteinander reden.« Happel: »Wann's red'n wollen, müssen's Staubsaugervertreter werden. Ich brauche nur Fußballer.«

Wenn man seiner Meinung mal richtig nachgeht, trifft man meist auf eine bessere.

Spezialisten des Fußballs sind nur bedingt einsetzbar. Das beunruhigt mich. Dilettanten sind überall einsetzbar. Das beruhigt mich.

Mein erster Trainer-Lehrer hat zu mir gesagt: Keine Angst, Ernstl! Bei näherer Betrachtung schrumpft so mancher wilde Stier auf ein harmloses Öchslein zusammen.

Ich sehe es am Hintern, ob einer das Letzte bringt.

Wichtig war für mich, wie ein Verein geführt ist. Je weniger im Vorstand, umso besser. Sind es 18, habe ich sowieso kein Interesse.

Für mich hat sich alles gelohnt, und ich bereue nichts.

Spielst Manndeckung, dann hast elf Esel auf dem Platz.

Ich möchte nicht, dass der Fußball mein Hobby ist. Da bliebe mir ja viel zu wenig Zeit zum Briefmarkensammeln!

Meine schlaflosesten Nächte habe ich jeden Sonnabendnachmittag am Spielfeldrand.

Angst steht bei mir in keinem Lexikon.

Ein guter Mittelfeldspieler hat Augen im Rücken, das ist das ganze Geheimnis.

Ich bin kein Freund der Spieler. Ich arbeite auf Distanz.

Wie ich höre, hat Max Merkel mich als Nationaltrainer Österreichs vorgeschlagen. Ich mache es nur, wenn ich den Merkel als Zeugwart bekomme.

Bei der Umwelt bin ich froh, dass ich schon 67 Joar worden bin.

Mein Anspruch: Die Spieler müssen 90 Minuten arbeiten, laufen. Und ich verlange Disziplin. Wir brauchen Spieler von bestimmtem Format: 80 Prozent Hirn, 20 Prozent Technik. Heute sind es oft 20 Prozent Hirn ohne Technik.

Es sind immer die kleinen Rechthabereien, die eine große Liebe zerstören.

Die 1. Halbzeit in Athen – da habe ich die Arme verschränkt und hab' gedacht: Es gibt nichts Schöneres. In einer Kirche ist es auch nicht schöner.

Man soll nicht gleich eine Mauer machen um das Spielerhotel. Aber ein paar Ziegel sollte man immer dabeihaben.

Gott? Was ist Gott? Viele Menschen, die Säufer beispielsweise, die glauben an die Schnapsflaschen. Das ist ihr lieber Gott.

Haut's eich in Schnee! *(während einer Pressekonferenz zu den Reportern; steht auf und geht)*

Da stimmte das Verhältnis Arbeit/ Schnaps. *(Horst Hrubesch)*

Der Zebec trinkt aus dem Glas und der Happel gleich aus der Flasche. *(Max Merkel)*

Fußball ist ein intelligenter Sport, ob mit Instinkt gespielt wird, mit Kopf oder Herz ist egal, du musst ihn beherrschen.

Prozentual sind die Genies im Fußball weniger geworden. Viele haben schon irgendein Gebrechen, technisch gesehen.

Ein Tag ohne Fußball ist ein verlorener Tag.

Es hat mal einer geschrieben, der Fußball geht tot. Er geht nicht tot. Er ist nur nicht mehr so schön. Die Vorbilder fehlen.

Wer sich ins Feuer des Profisports stürzt, der kommt nicht unverbrannt wieder heraus.

## Mäc **Härder**

*(Kabarettist)*

Für die WM bekommen Rentner keine Karten: Die hatten 1974 ihre Chance!

## Ray **Harford**

*(englischer Fußballer)*

Mir wurde gesagt, dass Blackburn einen großen Namen benötigt. Engelbert Humperdinck ist ein großer Name, aber das heißt noch lange nicht, dass er auch Fußball spielen kann.

## Owen **Hargreaves**

Es gab eine feste Hierarchie, jeder hatte seinen bestimmten Platz. Über mich, den Kanadier, haben sie nur gelacht: »Geh doch zurück in dein Iglu!«, ging der Witz. *(über die Anfänge seiner Profikarriere beim FC Bayern München, wo er zusammen mit Lothar Matthäus, Mario Basler und Stefan Effenberg spielte)*

Letztes Mal war ich am heiligen Ort nicht dabei. Aber vielleicht kommt der Geist vom Tegernsee ja über Nacht.

## Gerhard **Harpers**

Meine Dame, ich darf Sie darauf aufmerksam machen: Sie tanzen mit dem bekannten Nationalspieler Gerdi Harpers.

## Klaus **Hartmann**

*(Präsident des 1. FC Köln)*

Wir müssen uns von Atemzug zu Atemzug siegen – das fordert ungewöhnliche Beatmungsmaßnahmen. *(im Abstiegskampf 1993)*

Bei manchem Trainer kann man nicht fragen, wie und wo er am meisten nützt, sondern wo er am meisten schadet. Wenn das eintritt, sollte man Schluss machen!

Zurzeit leben wir in einem Rückschlag.

## Waldemar **Hartmann**

Mit dem Innenrist sieht er, dass die lange Ecke frei ist.

Du sitzt hier locker bequem auf deinem Stuhl, hast drei Weizenbier getrunken und bist schön locker. *(Rudi Völler)*

Hartmann gab den wildgewordenen Kleinbürger, der, von Bierdunst umnebelt, sämtliche zynischen Stammtisch-Vorurteile dieser Welt bediente. *(Manfred Breuckmann in seiner Kolumne nach einer »Doppelpass«-Sendung mit dem Gast Hartmann)*

Was Sie hier auf dem Rasen sehen, kostet viele, viele, viele Millionen Geld, wenn man diese Spieler kauft.

Da gibt es ja nur eins. Deutschland hat natürlich im eigenen Land keine WM gewonnen! *(bei Günther Jauchs Sendung »Wer wird Millionär«)*

Nach dem ersten Tor von Hertha haben wir schon überlegt, ob wir einen Brennpunkt nach der ARD-Tagesschau senden sollen. *(zum ersten Saisontreffer nach vier Pflichtspielen ohne Torerfolg)*

Hätten Sie das Spiel gern gewonnen? *(zu Schalke-Coach Jupp Heynckes nach dem 2:2 im Revierderby gegen den BVB durch ein Gegentor in der Nachspielzeit)*

Ja, meine Damen und Herren, bei uns ist jetzt Berti Vogts, der Bundestrainer! Berti Vogts – ich sag einfach mal Berti … *darauf Berti Vogts:* »Wieso, wir duzen uns doch gar nicht?«

Und nun stelle ich Ihnen mit Erdal Keser einen Mann vor, der fünf Jahre lang, von 1980 bis 1987 für Borussia Dortmund spielte.

Wir haben noch ein paar Nachrichten, die ich Ihnen aus dem Bauch nahe bringe.

Guten Abend, meine Damen und Herren, und – bonne noir.

Halb stürzte er, halb fiel er hin.

Mir wäre das jahrelange Saufen mit den Spielern zu anstrengend. Das mag dem einen oder anderen Gespräch förderlich sein, ist aber auch ziemlich teuer. *(Oliver Welke über Hartmann und dessen Anbiederung bei Fußballspielern)*

War es ARD-Reporter Waldemar Hartmann aus Frust darüber, dass er in der »Sportschau« weniger zum Zug kommen soll? *(»Süddeutsche Zeitung« über den Flutlichtausfall in Bremen, durch den das Spiel gegen Schalke 04 mit über einer Stunde Verspätung begann)*

## John **Hartson**

Ich habe früher jeden Tag gegen ihn im Training gespielt. Er schlug mich mit dem Ellenbogen, trat mich und gab mir Kopfnüsse. Ich hatte Spaß. *(Rio Ferdinand zum Duell mit dem walisischen Stürmer, mit dem er einst bei West Ham United spielte)*

## Jimmy **Hartwig**

Gern streife ich bis zum frühen Morgen durch Nachtbars, schleppe aber dabei nie wahllos, sondern nur gezielt ab. Trotzdem bin ich glücklich verheiratet.

Als ich in die Pubertät kam und selbst anfing, meinen Körper zu erkunden, wurde es besonders schwierig. Wenn einmal alle, Mutter, Oma, Opa, Onkel Werner und Onkel Karl-Heinz, aus dem Hause waren, onanierte ich unter der Bettdecke, und nicht selten musste ich aufhören, wenn es am schönsten war. *(in seinem Buch »Ich möchte noch so viel tun…«)*

Trainer Ernst Happel versteht auch, dass ein Spieler nach 14 Tagen Trainingslager Schweißausbrüche kriegt, wenn er eine Frau sieht.

Ich dachte immer, Berufsfußballer sind erwachsene Männer mit Hirn. Aber ich muss leider immer wieder feststellen, wie viele Idioten da rumlaufen. Je tiefer die Spielklasse, desto dümmer sind die Kerle.

Der Mut ist die Hoffnung des Gedankens.

Der Rudi kann nur parzetieren von den Vereinen.

Keine Ahnung. Wahrscheinlich habe ich gerade eine Alte gebumst! *(auf die Frage, wo er denn gewesen sei, als das Sparwasser-Tor fiel)*

Die Leute sind doch nur sauer, dass sie erst nach Mallorca oder Teneriffa düsen müssen, um braun zu werden, während ich so herrlich braungebrannt durch mein ganzes Leben gehen kann.

## Ralph **Hasenhüttl**

Einer hat aus zwei Metern danebengeworfen. Der soll das nächste Mal vielleicht von der Seite kommen. Da ist der Bus breiter. *(der Trainer von RB Leipzig über Farbbeutel-Werfer auf den Bus der roten Bullen)*

## Vahid **Hashemian**

Geben Sie mir heute nicht die Note 6. Ich habe nicht gespielt.

## Angela **Häßler**

*(Ex-Ehefrau und Managerin von Thomas Häßler)*

Wenn das Geld für einen Häßler nicht mehr reicht, können sie den Laden gleich zumachen. Lorant können sie schließlich auch durchschleppen. Sollen sie doch billigere Fenster in ihrem Jugendinternat einbauen, ihrem Sportdirektor die Weihnachtsgratifikation streichen oder zwei Leute in der Marketingabteilung entlassen. Was weiß ich? Die Häßlers spielen jedenfalls nicht die Wohlfahrt für Sechzig. *(bei Vertragsverhandlungen)*

Von finanziellen Dingen mag sie ja Ahnung haben, aber im Fußball sollte sie nicht mitreden. Da gehört die Frau an den Herd. *(Peter Pacult)*

## Thomas **Häßler**

In Fachkreisen nennt man mich Mr. Uhu, weil mir der Ball immer am Fuß klebt.

Drei Punkte sind drei Punkte, und wir brauchten drei Punkte.

Der Kawasaki – oder wie der heißt… *(über seinen zukünftigen Sturmkollegen in Turin, Pierluigi Casiraghi)*

Denen wurde anscheinend kalt da draußen. Da haben sie halt hin und wieder die Fahne gehoben, damit sie nicht einfrieren! *(über die Schiedsrichter-Assistenten)*

Wir wollten in Bremen kein Gegentor kassieren. Das hat auch bis zum Gegentor ganz gut geklappt.

Mit kleineren Füßen ist es leicht, in die Fußstapfen der Großen zu treten.

Herzlichen Glückwunsch an Marco Kurz. Seine Frau ist zum zweiten Mal Vater geworden.

Wenn man mir die Freude am Fußball nimmt, hört der Spaß bei mir auf! *(in seiner Dortmunder Zeit)*

Ich bin im Moment sehr zufrieden mit mir. Man kann sich schließlich für die Fehler, die man nicht macht, nicht oft genug begeistern.

Ja, ich sach ma, die Irländer waren am Anfang stark ... *(nach einem Länderspiel gegen Nordirland)*

Eine Drehung mehr, und ich wäre im Rasen verschwunden. *(über den sehr tiefen neu verlegten Rasen im Westfalenstadion)*

In der Schule gab's für mich Höhen und Tiefen. Die Höhen waren der Fußball.

Ich bin körperlich und physisch topfit.

Wir wurden leider nicht für unser Arrangement belohnt. *(nach seinem ersten Spiel für Austria Salzburg)*

Ich versuche immer, gut zu spielen, wenn ich die Möglichkeit kriege oder der Trainer mich aufstellt.

Der will 1,5 Millionen Euro für nichts. Das kann ich auch machen, da kommt auch nichts. *(Karl-Heinz Wildmoser)*

Ich hoffe, dass die Hammerwurflöcher im Rasen nicht so tief sind, dass man Thomas Häßler nicht mehr sieht, wenn er aufläuft. *(Peter Pacult)*

## João **Havelange**

*(FIFA-Präsident)*

Ich will nicht als alter Mann abtreten. *(er war achtzig Jahre bei der Ankündigung seines Rücktritts)*

## Fabrizio **Hayer**

*(Spieler von Mainz 05)*

Ich weiß auch nicht, wo bei uns der Wurm hängt.

## Eden **Hazard**

Ich habe im Sommer fünf Kilo zugenommen. Wenn ich im Urlaub bin, bin ich halt im Urlaub.

## Dieter **Hecking**

Vor der Leistung einiger Spieler muss ich wirklich den Hut zollen.

Bei mir geht es langsam wieder. Ich werde nicht mehr mit »Lewandowski« begrüßt. *(der Trainer zwei Tage nach Wolfsburgs 1:5-Niederlage gegen Bayern München, bei der Lewandowski 5 Tore in zehn Minuten erzielte)*

Das ist halt ein Männersport. Wir spielen nicht Basketball.

Den Punkt hätten wir nie und nimmer verdient gehabt, aber wenn er da liegt, dann wollen wir ihn auch mitnehmen.

Er hat jetzt ein Bundesligator mehr als der Trainer, und das ist scheiße! *(nachdem Ilkay Gündoğan erstmals in der Bundesliga getroffen hatte)*

Jeder macht Fehler. Ich mache Fehler, meine Frau macht Fehler und auch der Schiedsrichter. Deshalb sage ich nichts zu seinen Entscheidungen.

Es wäre besser gewesen, wenn meine drei Kinder gepfiffen hätten.

## Karl-Heinz **Heddergott**

Als Trainer habe ich die halbe Welt befruchtet.

## Philipp **Heerwagen**

Wir müssen gucken, dass wir den Köttel aus der Hose bekommen.

## Christian **Heidel**

Mein Vater hat mir nach dem 0:3 eine SMS geschickt und »Oje« geschrieben. Ich habe geantwortet: »Also, hoch gewinnen wir heute nicht mehr.« *(der Mainzer Manager nach einem 4:3-Sieg in Wolfsburg nach 0:3-Rückstand)*

Die Bayern gehen auf den Balkon – wir auf den Zaun.

Beim Namen unseres Gegners haben wohl einige gefragt, ob man das essen kann. *(über Europapokal-Gegner Gaz Metan Medias)*

Wir als Mainz 05 müssen Tickets und Spieler verkaufen, um investieren zu können, andere verkaufen dafür Autos und Brause.

Es testet ja auch niemand im Vorfeld, ob das Oktoberfest funktioniert. *(über den Confed-Cup)*

50 Prozent geben den Elfmeter, 50 Prozent nicht – und 100 Prozent haben recht.

Ich miete mir ein Häuschen mit Terrasse, installiere als Allererstes den Computer und richte mir einen Arbeitsplatz ein. Die Familie schwimmt im Meer, und ich sitze dann mit Laptop und Telefon auf der Terrasse in der Sonne. Sie glauben ja gar nicht, wie viele Transfers ich schon in Badehose abgewickelt habe. Mein Gegenüber bekommt das ja nicht mit.

Die Tabelle ist uns ohnehin egal, solange wir vor den Bayern stehen. *(befragt zur guten Platzierung)*

Ich verstehe nicht ganz, was die Schiedsrichter eigentlich mit dem Headset machen. Läuft da die Hitparade oder unterhalten die sich auch mal, wie man es erwarten würde.

## Hartmut **Heidemann**

Wenn ich bei allem Bemühen meine Form durchgehend nicht mehr bringe, braucht mich niemand mit dem Lasso vom Spielfeld zu holen. *(als er 1971 als Kapitän des MSV Duisburg von den eigenen Zuschauern ausgepfiffen wurde)*

## Elke **Heidenreich**

*(Autorin, aufgewachsen in Essen)*

Fußball ist aus meiner Erinnerung ebenso wenig wegzudenken wie Gummibärchen, Onkel Dagobert, Sonntagskino, Eisdiele und Reibekuchen anne Bude.

## Steffen **Heidrich**

Bei dem Trainer habe ich keine Zeit für ein Hobby. *(der Cottbusser auf die Frage, was er in seiner Freizeit mache)*

## Karl-Heinz **Heimann**

*(»kicker«-Chefredakteur)*

Ein Sportplatz ist kein Leichenhaus. Gefühlsregungen müssen ein Ventil haben.

## **Heimspiel**

In Zeiten wie diesen erscheint die Vorstellung von zwei Freiburger Siegen in Folge gegen die Bayern ähnlich verwegen, wie wenn Reinhold Messner einen Mondflug ohne Sauerstoff ankündigen würde. *(das Stadionmagazin des SC Freiburg vor zwei Partien gegen den FC Bayern im Pokal und in der Meisterschaft)*

## Dirk **Heinen**

Wir halten den Kopf hoch, auch wenn der Hals schon dreckig ist.

Beim nächsten Mal gebe ich ihm einen Handschuh, dann hält er den Ball wenigstens fest. *(der Eintracht-Torhüter nach dem Handspiel von Mitspieler Alexander Schur, das zu einem Elfmeter führte)*

## Marek **Heinz**

Schöne Hereingabe – und dann wird Marek Heinz zum Heinz. *(Jörg Wontorra)*

Wir haben alles versucht. Aber er denkt, dass jeden Samstag Freundschaftsspiel ist. *(Dick Advocaat über die Verbannung des tschechischen Fußball-Profis ins Amateurteam)*

## Siggi **Held**

Das Alter ist nur in zwei Fällen wichtig: Mit 18 darf man in jeden Film, und ab 65 bekommt man Rente.

Der Siggi redet halt manchmal nichts, sagt dabei aber sehr viel! *(Udo Klug)*

Wenn man jetzt rechnet, muss man später noch mal rechnen. Und dafür bin ich zu faul. Wie sagt man: Am Abend werden die Hühner gezählt! *(nach einem Fehlstart mit Dresden in die Bundesligasaison über einen möglichen Abstieg)*

Wir haben gewonnen, weil wir zwei und die Eintracht nur ein Tor geschossen hat. Auf diese Art gewinnt man meistens.

Ich wundere mich manchmal, wenn in einem so erfolgsorientierten Gewerbe wie dem Profifußball mehr zwischen jungen und alten als zwischen guten und schlechten Spielern unterschieden wird. Das ist doch nicht wie bei der Papstwahl. Der Papst muss immer katholisch sein. Doch ein guter Fußballer muss nicht jünger als 30 Jahre sein.

Trainer, mal ehrlich, soll ich die Scheiße etwa noch umbiegen, oder was?! *(er weigert sich, beim Stand von 10:0 für den Gegner eingewechselt zu werden)*

## Horst **Heldt**

Wenn der kleine Kölner Heldt eine Ansichtskarte in den Briefkasten werfen will, braucht er ein Trampolin. *(Max Merkel)*

Wir haben die Gewissheit, dass wir keine Gewissheit haben. *(zum schwachen Saisonstart der Schalker)*

Es ist jetzt nicht der Zeitpunkt, dass ich anfange, mich selbst zu belügen. Das kommt am Montag oder Dienstag. *(auf die Frage, ob er Positives aus dem 2:3 gegen Leverkusen mitnehme)*

FIFA? Wer redet denn da noch? Die sind doch alle im Gefängnis! *(als herauskam, dass der Fußball-Weltverband eine WM mit 40 Teilnehmern plant)*

Er war ein bisschen drin. Aber nicht mit einer halben Umdrehung, vielleicht mit einem Viertel. Aber ich kenn die Regeln nicht so genau. Ist das Tor? *(über seine Rettungstat, als er einen Kopfball von der Linie kratzte)*

Heutzutage gibt es keine elf Stammspieler mehr. Selbst beim FC Bayern sitzt da mal Kirsten auf der Bank. *(Besagter spielte damals bei Leverkusen)*

Wenn ich das Wort Krise höre, krieg' ich die Krise.

Du hast das Gefühl, dein Knie gehört nicht dir selbst. *(über seine Schmerzen an der Patellasehne)*

An die fünf lebenswichtigen Bausteine in Nutella. *(auf die Frage, woran er glaube)*

Dass der Rasen im Waldstadion kürzer gemäht wird, damit ich meinen Freund Horst Heldt besser sehe. *(Mehmet Scholl auf die Frage, was er sich für das neue Jahr wünsche)*

Horst Heldt hat anscheinend während der Sommerpause in der Sonne gewohnt. Den könnt ihr jetzt von der Gesichtsfarbe her auf eine Stufe mit Salou und Guié-Mien stellen. *(Jan Åge Fjørtoft über seinen Frankfurter Teamkollegen)*

Wir fanden es nicht attraktiv genug, uns Ihnen in Interviews zu stellen. *(auf die Frage, warum man dem ZDF die Interviews verweigert habe. Der TV-Sender hatte zuvor erklärt, man zeige lieber Spiele des BVB, weil Dortmund zurzeit den attraktiveren Fußball spiele)*

## André **Heller**

Die FIFA ist ein faszinierendes Aquarium mit bizarren Fischen. *(der Aktionskünstler versucht zu erklären, warum die FIFA seine WM-Eröffnungsgala 2006 abgesagt habe)*

## Bernd **Heller**

*(TV-Mann)*

Wer weiß schon vorher, was nachher ist.

## Rolf **Heller**

*(Präsident Eintracht Frankfurt)*

Ich würde gern mal länger mit einem Trainer arbeiten. Aber man kommt ja nicht dazu!

## Walter **Hellmich**

*(Vorstandsvorsitzender des MSV Duisburg)*

Wir haben kein Problem, nur zu wenig Punkte und zu wenig Tore.

## Ronnie **Hellström**

Ich darf die Summe nicht nennen, sonst werde ich das nächste Mal gesteinigt, wenn ich in Schweden bin. *(Kaiserslauterns Präsident Müller nach der Verpflichtung des Keepers)*

## Thomas **Helmer**

Wir geben jetzt zurück ins Playboy-Stadion. *(er meinte das Playmobil-Stadion in Fürth)*

Er ist vielleicht intelligent, aber nicht klug. *(Berti Vogts spitzfindig)*

Das macht uns so unberechenbar. Keiner weiß, wann er ausgewechselt wird.

Da muss dann mal einer die Hand ins Heft nehmen.

Fast mit Uli Hoeneß – Trapattoni und Matthäus hielten mich zurück. Das war kein Sieg der Vernunft. *(auf die Frage, mit wem er sich schon mal geprügelt habe)*

Mit den beiden Fingern habe ich meiner Frau angezeigt, dass sie aus dem fünften in den zweiten Stock zu uns runterkommen soll. *(auf die Frage, warum er beide Arme mit ausgestrecktem Mittelfinger auf die Haupttribüne richtete)*

## Patrick **Helmes**

Das lässt mich kalt. Ich hatte keinen höheren Puls – ich glaube, ich hatte gar keinen dabei. *(zu einem Elfmetertor bei seinem Ex-Verein 1. FC Köln)*

## Christian **Helms**

*(Journalist)*

Jeder weiß, was sie macht und wie sie's macht, aber keiner kann's verhindern. Wie bei Arjen Robben. *(über Angela Merkel, die auf der Sommerpressekonferenz allen kritischen Fragen auswich)*

## Lee **Hendrie**

*(Spieler von Aston Villa)*

Ich bekam einen Schlag auf meinen linken Knöchel, aber irgendetwas sagte mir, dass es mein rechter war.

## Colin **Hendry**

*(schottischer Nationalspieler)*

Ich bin ein verheirateter Mann und habe drei Kinder. Da träumt man nicht von Fußballspielern. *(auf die Frage, ob er vor dem WM-Eröffnungsspiel von seinem brasilianischen Gegner Ronaldo geträumt habe)*

Colin ist einfach nicht glücklich, wenn man ihm nicht dreimal pro Trainingseinheit in die Eier tritt. *(Graeme Le Saux über seinen Teamkollegen bei Blackburn)*

## Michael **Henke**

Erst mal möchte ich mich hier an dieser Stelle dafür entschuldigen. Das ist natürlich unentschuldbar, dass mir das rausgerutscht ist. *(Lauterns Trainer auf der Pressekonferenz nach einem Pokalspiel in Erfurt, bei dem er die gegnerischen Spieler als »Scheiß-Ossis« beschimpfte)*

Ich genieße den Abstieg hier. *(nachdem er wie Chefcoach Ottmar Hitzfeld Abschied vom FC Bayern genommen hatte)*

Ich habe Ottmar Hitzfeld gefragt, der hatte aber keine Zeit. *(Michael Henke bei seiner Präsentation als neuer Chefcoach von Bundesligist 1. FC Kaiserslautern auf die Frage nach seinem Co-Trainer)*

## Thierry **Henry**

Die Presse ist überall in Barcelona – sie wollen mit dir nach Hause kommen und mit dir schlafen.

Manchmal muss man im Fußball auch mal ein Tor schießen.

## Eckhard **Henscheid**

*(Schriftsteller)*

Geld und Liebe sind die Säulen unseres Lebens. Die dritte aber ist der Fußball – ja, er hat möglicherweise sogar die Liebe schon überholt.

## Sepp **Herberger**

Das Spiel dauert 90 Minuten.

Nach dem Spiel ist vor dem Spiel.

Der Ball ist rund.

Das nächste Spiel ist das schwerste Spiel.

Fein haben Sie das gemacht. So kann der Rasen bleiben! *(der Bundestrainer zum Platzwart des Länderspiels am 23. Dezember 1953 am Essener Uhlenkrug)*

Freilich muss ich Dummheiten verhindern. Aber doch nicht alle! Wer meint, er könne alle Dummheiten wegtrainieren, der ist ein Dummkopf.

Höchstleistung im Sport und vergnügliches Leben sind wie Feuer und Wasser. Man kann nicht zwei Herren gleichermaßen dienen. Entweder-oder!

Jupp, deinen Gegenspieler will ich heute Abend nicht beim Bankett sehen. *(zu seinem Spieler Jupp Posipal)*

Ich habe immer dafür gesorgt, dass ich mit allen gut zurechtkam. Aber ich habe auch darauf geachtet, dass nicht jeder mit mir gut zurechtkam.

Wer sich selbst keine Grube gräbt, fällt immerhin in eine Grube weniger.

Ich war gerade dabei, das Stück Eisbein zu schlucken, als er sagte: »Verloren.« Seitdem kann ich kein Eisbein mehr essen. *(Herberger über den Moment, als sein Kollege Georg Knöpfle ihm von der deutschen 0:2-Niederlage gegen Norwegen beim olympischen Fußballturnier 1936 in Berlin berichtete)*

Die meisten Zeitungsenten haben keine guten Flügel. Aber nur so können sie offenbar Staub aufwirbeln.

Der schnellste Spieler ist der Ball.

Wenn alle Vereine von Männern geführt würden, die eine Ahnung von Fußball hätten, ginge es dem Spiel besser. Trotzdem ist es so stark, dass es selbst die Dilettanten nicht kaputt machen können.

Fußball ist keine Sportart, die für Frauen geeignet ist, eben schon deshalb, weil er ein Kampfsport ist. *(Anfang der fünfziger Jahre)*

Eine Mannschaft ist immer so gut wie die Stimmung auf der Bank.

Ein Stürmer muss mit gutem Beispiel vorangehen wollen. Das heißt also: Er darf keinen anderen an sich vorbeilassen.

Ein hartes Herz ist Gold wert. Denn die meisten im Profifußball haben gar keins.

Auch die Trainer ernten Lorbeer, aber säen müssen ihn elf Mann auf dem Rasen.

Ob nun tot oder lebendig - ohne Fußball werde ich nicht leben können.

Hans, trinken Sie nicht so viel! In acht Wochen haben wir ein schweres Spiel in Brüssel gegen Belgien. *(zu Hans Schäfer bei der Siegesfeier nach dem Gewinn der Fußball-Weltmeisterschaft 1954)*

Über die Größe entscheiden immer die letzten paar Zentimeter Kopf.

Es gibt im Sport nur eine einzige Moral. Was darüber hinausgeht, ist halbe Moral.

Wer viel schaffen will, der darf nicht zu viel fragen.

Manche Leute denken, wenn sie über das Denken sprechen, dächten sie schon.

Junge Leute wissen immer alles besser. Gut so, sonst hätten sie ja keinerlei Lust, alles besser zu machen.

Die annere kenne aach kicke.

Tore schießen und Tore verhindern - das ist die einzige Forderung.

Die Hochzeitsnacht verbrachten wir im Zug nach Zürich zu einem Fußballspiel. *(Eva Herberger)*

Sepp Herberger wollte das Amt. Er wollte es mit aller Macht. Herberger intrigierte und antichambrierte, und als er seinen Freund und Förderer Otto Nerz endlich als Reichstrainer des DFBs ablösen konnte, soll Nerz über seinen Trauzeugen gesagt haben: »Ich habe an meinem Herzen eine Natter großgezogen und habe es nicht gewusst.« *(Tagesspiegel)*

Die Leute gehen zum Fußball, weil sie nicht wissen, wie es ausgeht.

## Matthias **Herget**

Ich traue mir ein Comeback als Auswechselspieler zu.

Müsste ich den Ball 1.000-mal hochhalten, würde ich mir wahrscheinlich das Bein brechen.

## Fritz **Herkenrath**

*(ehemaliger deutscher Nationaltorhüter von Rot-Weiss Essen)*

Beim Singen all dieser Loblieder ist doch ohnehin die Hälfte geschwindelt. Der Geburtstag meiner Frau Franziska ist viel mehr wert als mein eigener. *(an seinem 75. Geburtstag)*

## Lucas **Hernández**

Ich habe weder in Spanien noch in Frankreich erlebt, dass die Leute so viel Bier trinken wie hier. Das ist unglaublich.

## Valentin **Herr**

*(Spieler von Kickers Offenbach)*

Wir dürfen nun nach einem Sieg in Folge nicht wieder den Schlendrian anbrennen lassen.

## Heiko **Herrlich**

Klopapier kaufe ich weiter bei Aldi. *(nach seinem lukrativen Transfer zu Borussia Dortmund)*

Das Potenzial ist da. Verglichen mit der Tierwelt, sehe ich die Bereitschaft des Teams, aus einer großen, schnellen Katze ein Löwe zu werden!

Der Gewinner vergleicht seine Leistung mit den eigenen Zielen, der Verlierer vergleicht seine Leistung mit der Leistung der anderen.

Er könnte »wunderbar«, »fantastisch« oder »phänomenal« heißen, aber der liebe Gott nannte ihn schlicht und einfach »Herrlich«. *(Jörg Dahlmann)*

Ich verspreche euch: Ich bleibe bei Borussia! *(zu den Fans von Borussia Mönchengladbach kurz vor seinem Wechsel zu Borussia Dortmund)*

Fußball ist wie in der Natur. Die starken Tiere fressen die schwachen Tiere schnell weg. Und wenn ich die Tabelle angucke, sehe ich, dass wir gerade im Moment eher zu den schwachen Tieren gehören. Und da ich nicht gerne gebissen werde und lieber zurückbeiße, werde ich die Mannschaft versuchen zu motivieren, ab jetzt, und am liebsten schon am kommenden Sonntag, zurückzubeißen.

## Patrick **Herrmann**

Ich kann mir auch gut vorstellen, später mit einer Bratwurst im Borussia-Park in der Fankurve zu stehen und unsere Mannschaft anzufeuern.

## Thomas **Herrmann**

*(Kommentator)*

Geflügeltes Duo. *(über das Trainergespann Arie Haan und Willi Entenmann)*

Immer die Platte mit dem Sprung: kein Tor, kein Tor, kein Tor. *(über eine Torflaute bei 1860 München)*

Stiefel, Pech, Kleben – diese drei Worte sind im Dauereinsatz beim VfB Stuttgart.

Jancker und sein Pendant, der Schiri-Assi. Die Glatzerten fühlen sich zueinander hingezogen. Doppelkopf!

Sandwichdeckung bitte, meine Herren.

Müde, verbissene Zweikämpfe im Mittelfeld zum Wohle des 0:0.

Alle sammer hinter ihm her. Sammer guet, sammer schlecht. Ja, wo sammer denn?

Jetzt kommt Luis Enrique, in Spanien weltbekannt.

Voll auf die männliche Zwölf!

Ganea traf Kahn da, wo es bei XX-Chromosomen-Menschen am schmerzhaftesten ist.

Der fummelt sich einen runter.

Was für heterosexuelle Männer die Fußball-WM ist, ist für mich der Grand Prix Eurovision.

Auf der Tribüne saß Frau Elber, und es wurde immer kälter.

## Ingo **Hertzsch**

Wer den Ball hatte, war die ärmste Sau.

Wenn das ein Tor war, bin ich eine Frau. *(der Verteidiger des 1. FC Kaiserslautern zum Handtor von Oliver Neuville)*

## Andreas **Herzog**

Nein, da ist ja inzwischen Schnee über die Sache gewachsen. *(auf die Frage, ob er Oliver Kahn, der ihm vor Jahren nach einem Gegentor an die Kehle ging, immer noch böse sei)*

Ich habe mit meinem Sohn Luca telefoniert. Er hat nach dem 3:1 den Fernseher ausgeschaltet, weil ihm das Spiel zu einseitig war. *(Österreichs Assistenztrainer nach einem 3:2 gegen die Elfenbeinküste. Sohn Luca ist zwei Wochen alt)*

Um mich zu bezahlen, braucht Rapid Wien sechs Sechser im Lotto. *(zu seinen Wechselabsichten nach Österreich)*

Ab der 60. Minute wird Fußball erst richtig schön. Aber da bin ich immer schon unter der Dusche. *(zu seiner Zeit bei Bayern München, als er meistens recht früh ausgewechselt wurde)*

Wenn ich nicht Fußballprofi geworden wäre, dann wäre ich wohl in einer Bank gelandet. Und dann wäre ich heute vielleicht Finanzminister von Österreich.

## Emile **Heskey**

*(englischer Nationalspieler)*

Wenn der Heskey den Hintern rausstreckt, Donnerwetter! *(Fritz von Thurn und Taxis)*

## **Hessische/Niedersächsische Allgemeine**

Diese fiesen, arroganten Bayern, reich und großmäulig, kommen aus dem Hinterhalt, meuchlings sozusagen, und bringen die rechtschaffenen Bremer um ihren verdienten Lohn.

## Antoine **Hey**

*(Spieler von Fortuna Düsseldorf)*

Wenn du gehen kannst, kannst du auch spielen. Wenn du nicht gehen kannst, kannst du gehen. *(Aleksandar Ristic)*

## Jupp **Heynckes**

Der Wagen ist gewaschen und voll getankt. *(nach der Bekanntgabe seines Rücktritts als Trainer von Fußball-Bundesligist Borussia Mönchengladbach)*

Meine Tochter, meine Frau haben mir zugeraten, haben gesagt: Wir kriegen das hin, wir machen das. Und dann hat Cando zweimal gebellt und dann war das Ding in trockenen Tüchern. *(bei seiner Rückkehr-PK zu den Bayern)*

Alles Gute zum Geburtstag, Hr. Heynckes. Die Punkte bleiben hier. *(Cottbus-Fans an die Adresse des Bayern-Trainers)*

Bei so kühlem Wetter bin ich noch nie deutscher Meister geworden! *(im Frühjahr 2013 als Bayern-Trainer)*

Wir haben jetzt auch unserem Busfahrer Rudi Egerer und unserem Platzwart Berti Eichhorn Dreijahresverträge gegeben, damit die nicht auch noch italienische Klubs holen wollen.

Josef, Champions-League-Sieger, ich habe einen Wunsch. Ich möchte, dass du mal ein wenig lockerer wirst. Denn irgendwann kommt der Sensenmann. Du kommst in den Himmel, ich komme in die Hölle. Davor müssen wir noch mal richtig die Sau rauslassen! *(Hermann Gerland)*

Alleine vom Abnehmen spielt man nicht automatisch besser Fußball. *(über Angreifer Kahê, der sechs Kilo abgenommen hatte)*

Ich traue mir auch zu, Vorwärts Honolulu erfolgreich zu trainieren.

Wenn wir Champions-League-Sieger werden, dürfen mich die Spieler für einen Tag duzen.

Ich habe einen Schäferhund. Bei mir wird nicht eingebrochen. *(auf die Frage, wann der typische »Einbruch« bei Bayer Leverkusen kommt)*

Ein Trainer kann nicht allein nur darauf hoffen, dass Spieler mit sich selbst ins Gericht gehen. Da kommt nur Freispruch raus, höchstens mal Bewährungsstrafe.

Der hat uns in Mailand so lange erzählt, dass wir eine Chance haben, bis wir es ihm zuliebe geglaubt haben. *(Klaus Augenthaler)*

Jupp Heynckes braucht einen Flipchart und fünf Eddingstifte. Da kostet einer 2,50 Euro. Und da malt er auf die Tafel die Aufstellung des Gegners und sagt ein paar Takte dazu. Mit Heynckes gewinnen wir Spiele für 12,50 Euro. *(Uli Hoeneß)*

Die Spieler, die sich für kritische Worte taub stellen, die dürfen sich nicht wundern, wenn man sie eines Tages auch für blind hält.

In so einer Stadt habe ich früher nur das Netz geprüft, ob es stark genug ist für meinen Schuss. *(nach einer Europapokal-Blamage bei Cork City)*

In Spanien gelten erst mal alle Deutschen als Kleinbürger. Aber ich bin doch kein Kleinbürger! Ein Kleinbürger ist für mich einer, der beim Anbrennen einer Suppe Selbstmordgedanken kriegt!

Seit meiner Rückkehr aus Portugal merke ich erst, wie wenig Sonne Deutschland hat. *(der Ex-Real-Madrid- und Benfica-Lissabon-Trainer)*

Solange du die Musik der Spieler noch hörst, kannst du Trainer sein.

Vor der Saison hat man mir mitgeteilt, dass wir vorne gut bestückt sind. *(über nicht erfüllte Erwartungen auf Schalke)*

An Pressekonferenzen mag ich nicht, dass aus einem richtigen Fehler dann meist eine völlig falsche Selbstkritik gemacht wird.

Beim Trainerkarussell kommt mir immer die alte Graf-Bobby-Witz-Manier in den Sinn: Graf Bobby und der Poldi fahren Eisenbahn. Bobby sitzt in Fahrtrichtung, Poldi ihm gegenüber. Nach der Hälfte der Strecke sagt Bobby: »Poldi, lass uns die Plätze wechseln, ich kann dein Gesicht nicht mehr sehen.« *(drei Tage vor seiner Entlassung in München)*

Ein Spieler, der eigentlich nicht violent ist. *(über Asamoah, der wegen Nachtretens des Feldes verwiesen wurde)*

Fußballer sind schöpferische Wesen. Die erschließen sich ständig neue Gebiete, auf denen sie Fehler machen können.

Meine Spieler haben heute während des Spiels die Zeit totgeschlagen und dabei leider auch einige Mitglieder der Gegenmannschaft verletzt.

Fußball-Profis haben Woche für Woche Höhepunkte.

Mein Bruder weint heute noch, wenn er den Namen Jupp Heynckes hört. *(Dieter Hoeneß)*

Osram. *(Wolfram Wuttke über Jupp Heynckes' roten Kopf)*

Hey Heynckes, gehen wir mal gerade vor die Tür! *(Stefan Effenberg in der Kabine zu Trainer Jupp Heynckes)*

Jeder Wetterbericht ist aussagekräftiger als ein Gespräch mit Heynckes. Der soll lieber Schlafmittel verkaufen. *(Christoph Daum)*

Wir sind hier nicht Real Madrid oder Benfica Lissabon oder Bayern München. Hier ist gefordert, erst mal hart zu arbeiten. Die Zauberei am Schlangenfluss kannst du machen, wenn du 6:1 führst. *(Rudi Assauer über die Arbeit des entlassenen Trainers)*

Der Jupp Heynckes ist lockerer geworden. Der hatte früher sogar einen Rückspiegel im Bus, um auch auf den hinteren Rängen alles mitzukriegen. *(Reinhard Saftig)*

Wenn das Spielsystem verschwimmt, schwimmt der Trainer.

## Dirk **Heyne**

In der DDR waren die Böden härter. *(Torhüter nach der Wende)*

## Bernd **Heynemann**

*(ehemaliger FIFA-Schiedsrichter)*

Manchmal gibt es auch Rudelbildung im Deutschen Bundestag, aber die möchte ich nicht genauer definieren. *(auf die Frage, ob er als neuer Bundestagsabgeordneter in der Politik Parallelen zum Fußball sieht)*

Ich konnte ihm doch nicht schon wieder Rot geben. *(befragt zu einer gelben Karte für Jens Lehmann)*

Wer einmal Porsche gefahren ist, steigt nicht mehr aufs Fahrrad. *(der seine Bundesliga-Karriere aus Altersgründen beenden muss und nicht mehr in der Amateurliga pfeifen will)*

## Josef **Hickersberger**

*(Österreich-Ikone, Nationaltrainer)*

Ich habe ja nie wirklich von Liebesverbot gesprochen. Ich möchte im Teamcamp nur keine Prostituierten. Ich habe auch nie gesagt, dass die Frauen nicht ins Teamhotel dürfen. Sie können gerne im Aufenthaltsraum mit den Spielern einen Kaffee trinken ... oder Tee.

Ich habe in Mathematik maturiert und weiß deshalb, dass wir wahrscheinlich noch vier Punkte brauchen.

Geht's mir doch gut: Andere in meinem Alter liegen schon am Zentralfriedhof, und man zündet für sie nicht einmal a Kerz'n an.

Wir sind ein freies Land. Wir brauchen keine Befreiung durch ein Tor.

Ich lese gerade »Das Schweigen der Lämmer«, und ich wünschte mir, das sei ein Anleitungsbuch für Bundesligaspieler.

Ich bin zu nett für die Bundesliga. Ich beherrsche den Arschtritt nicht.

Ich wollte das Training wegen der vielen Pfützen auf dem Platz schon abbrechen. Aber meine Uhr ist bis auf 300 m Tiefe wasserdicht, das war also kein Problem.

Wir haben nur unsere Stärken trainiert, deswegen war das Training heute nach 15 Minuten abgeschlossen.

In meinem Alter muss ich darauf achten, in einen Verein zu kommen, wo es Medikamente umsonst gibt. *(zu seinen Vertragsgesprächen mit Bayer 04 Leverkusen)*

## Guus **Hiddink**

*(niederländischer Trainer)*

Wir kommunizieren über Transpiration. Die Spieler sehen mich schwitzen und sind bereit, das Gleiche zu tun.

Zu Beginn waren meine Spieler so naiv, dass ich gesagt habe: »Ich liebe euch, aber ich könnte euch umbringen.« *(Südkoreas Nationaltrainer nach dem Ausscheiden im Halbfinale der WM 2002)*

Er schafft eine gute Atmosphäre. Wir können uns mit unseren Freunden in eine Bar setzen, wir können trinken und machen, was wir wollen. Das war zu Zeiten der Sowjetunion nie so. *(der russische Nationalspieler Dinijar Biljaletdinow über seinen niederländischen Trainer)*

Wenn man keinen Plan hat, muss man Glück haben. Aber ich hatte den Plan, das Glück zu erzwingen.

Klar würden wir unsere Witze über unsere verzweifelten Nachbarn machen. *(Youri Mulder zu den Plänen, seinen Landsmann als neuen Bundestrainer zu verpflichten)*

Am Ende hat der bessere Holländer gewonnen. *(Andrej Arschawin nach dem Viertelfinal-Sieg gegen die Niederlande bei der EM 2008)*

## René **Hiepen**

*(TV-Moderator)*

Ist das jetzt schon der Eckball oder noch die Wiederholung? Die Fans jubeln, auf der Gegenseite muss etwas passiert sein ... Jürgen Röber sollte seiner Mannschaft sagen, dass sie nur auf der linken Außenbahn spielen soll, damit wir wenigstens etwas sehen. *(beim »Nebelspiel« zwischen Hertha BSC und dem FC Barcelona)*

Das war ein Schubser. Aber kein Strafstoß, sondern ein Elfmeter.

Das Missverständnis des Abends: »Hany, nimm' du ihn.« »Danke, ich hab' schon.« *(Kommentar zur Zeitlupe einer Uneinigkeit zwischen Ramzy und Harry Koch)*

## Holger **Hieronymus**

Einen Abstieg betrachte ich als die absolut falsche Lösung.

Manchmal muss man auch mit weniger oder so zufrieden sein. *(der HSV-Interimstrainer nach einem grausamen 0:0 in Nürnberg)*

Mein Rechenschieber ist schon explodiert. *(zu den Chancen in der Champions League)*

## Gonzalo **Higuaín**

So, jetzt bin ich mal bösartig, legen wir ein nasses Handtuch ins Tor, und der Higuaín trifft noch immer nicht. *(Marco Hagemann, Kommentator)*

Lieber so ein Tor als eine wilde Nacht mit Pamela Anderson. *(über sein entscheidendes 4:3 in der 89. Minute gegen Espanyol Barcelona)*

## Tom **Hilde**

Ich fühle mich wie ein Fußballer, der einen Elfer verschießt und sich dabei den Rücken bricht! *(der Skispringer nach einem schweren Sturz)*

## Timo **Hildebrand**

Stuttgarts Tormann Timo Hildebrand ist so gut – viele sagen, zur Nummer 1 in Deutschland fehle ihm nur noch eine blonde Schlampe aus der Disco! *(Harald Schmidt)*

Da konnte ich Oliver Kahn mal näher kennenlernen als nur vom Händeschütteln. *(zum Treffen bei der Nationalmannschaft)*

Ich habe ihn zwar berührt, weiß aber nicht, warum er umgefallen ist. *(zu einer Szene, als Markus Beierle vor dem leeren Tor zu Fall kam)*

Gegen so einen defensiven Gegner ist es natürlich schwer, ein Tor zu entscheiden.

Wieso? Er hat doch auch noch nicht unterschrieben. *(Stuttgarts Torwart auf die Frage, ob Teammanager Felix Magath sauer über seinen Vertragspoker sein könnte)*

Der Hildebrand muss entweder einen Papst in der Tasche haben oder in die Scheiße langen. Der hält einfach alles. *(Stefan Schnoor)*

## Dieter **Hildebrandt**

*(Kabarettist)*

DFB wird immer wieder fälschlich als Abkürzung für »Deutscher Fußball-Bund« verstanden. Richtigerweise heißt es ja: »Die fast Blinden«.

Das Fußballfieber ist eine weltumspannende Geisteskrankheit.

Ich habe genau den Punkt gesetzt, an dem ich aufhörte, Fußball zu spielen: Als ein gegnerischer Spieler mich nicht mehr zu umspielen brauchte, sondern einfach nur an mir vorbeilief.

Ehrlich, auf dem Fußballplatz sind mir die kleinen Dummerchen noch weitaus lieber als die kleinen Klugerchen.

Wer sich in der Familie nicht aussprechen darf, geht auf den Fußballplatz, um zu brüllen.

Fairplay bedeutet: das Foul so versteckt machen, dass der Schiedsrichter es nicht sieht.

Die finden so einen Platz für ihre Aggressionen, für ihr Selbstbewusstsein und ihren Machtwillen. Zu Hause, bei Muttern, sind sie dann wieder ausgeglichen, gehorsam, fleißig und vor allem bescheiden. *(der Kabarettist über Schiedsrichter)*

## Jimmy **Hill**

*(englische Kommentator-Legende)*

England bringt jetzt drei frische Männer mit drei frischen Beinen.

Es war keine schlechte Vorstellung, aber man kann nicht sagen, ob sie gut oder schlecht war.

Noch sind sie im Spiel und sie versuchen weiter, wieder hineinzukommen.

Falls England das Spiel gewinnt, haben sie mindestens ein Tor geschossen.

## Horst **Hilpert**

*(Chef des DFB-Kontrollausschusses)*

Für mich sind Schwalben ebenso wie die Notbremse und das Handspiel zur Torverhinderung eine wichtige sportpolitische Angelegenheit.

## Klaus **Hilpert**

Das wundert mich nicht. Wir haben die Mannschaft ganz karibisch zusammengestellt. *(Bochums Manager auf die Frage, warum es beim VfL so gut laufe)*

Ich muss meiner Mannschaft ein Riesenlob zollen. Normalerweise, wenn ich nicht schon Kinder hätte, müsste ich sie alle adoptieren. *(der Manager und Interimstrainer von RW Oberhausen nach einem Derby-Sieg gegen den MSV Duisburg)*

Um den Iwan zu kriegen, musste ich meine Leber opfern. *(nach der Verpflichtung des Polen Andrzej Iwan)*

## Martin **Hinteregger**

Der schiebt auch die Alpen weg, wenn er müsste. *(Marco Hagemann)*

Ich war schon immer ein Einzelkämpfer. Vom Internat in Salzburg bis heute mache ich das meiste mit mir selbst aus. Nur mit 19 hat mir meine Oma verboten, nach Florenz zu wechseln. Ich habe das damals in Betracht gezogen, aber wenn die Oma nicht hinkommt, kann man nichts machen.

## Reinhold **Hintermaier**

Es war eine unheimliche Motivation, dass mich Thon und Matthäus »alter Mann« genannt haben – die mussten raus, ich nicht. *(nach einem Comeback)*

## Ottmar **Hitzfeld**

Vor zwei Tagen hat Michael Rensing beim Schuhbinden einen Hexenschuss bekommen. Ich bin aber zuversichtlich, dass er spielen kann. Zur Not finden wir jemanden, der ihm die Schuhe bindet.

Sie sagte mir, dass ich der Vater sei. Theoretisch wäre das möglich. *(über seine Affäre mit einem brasilianischen Model)*

Das war ein Gefühl wie in der Hochzeitsnacht. *(Saison 1992/93, nach einem Sieg in der letzten Sekunde gegen den 1. FC Nürnberg)*

Ich finde, dass bei einer WM nur die besten Schiedsrichter pfeifen sollten, die auch sonst in den großen Ligen pfeifen – und nicht irgendwo am Strand.

Wer geht schon freiwillig zur Nummer 2? *(nachdem Steffen Freund ein Angebot des FC Bayern abgelehnt hatte. Der BVB war zu diesem Zeitpunkt einen Platz vor den Bayern)*

Jesus hat für mich eine wichtige Vorbildfunktion: Er ist den gradlinigen Weg gegangen und hat nie versucht, auf krummen Wegen sein Ziel zu erreichen. Offenheit und Gerechtigkeit zeichneten ihn aus. So möchte ich auch handeln.

Ein Trainer entscheidet vor dem Spiel, und ein Journalist schreibt nach dem Spiel. *(zu kritischen Fragen nach seiner Aufstellung)*

Ich habe mit dem Rücken ein bisschen Probleme, wenn der Uli mir bei den Toren immer um den Hals fällt.

Herr Hitzfeld, ich bin bereit, Ihnen zum Weiterkommen zu gratulieren, wenn Sie den Zuschauern Ihr Mitgefühl ausdrücken für die Art und Weise, wie es denn zustande gekommen ist. *(Marcel Reif)*

Ich habe gehört, dass Ottmar Hitzfeld gesagt hat, ich würde ihn im Biertrinken schlagen. Dessen bin ich mir sicher. *(Udo Lattek)*

Lieber Ottmar Hitzfeld! Keine Angst vor dem Trainerjob beim FC Bayern. Die drei Monate gehen auch vorbei! *(Kabarettist Ottfried Fischer)*

Wenn man sich in Oberammergau einen Trainer schnitzen lassen müsste, es käme Ottmar Hitzfeld heraus. *(Karl-Heinz Rummenigge)*

Das ist doch bloß wieder eine dieser Gruppen, die damit versucht, bekannt zu werden. *(über den Song »Bayern« der »Toten Hosen«)*

Ein Sieg der Mannschaft macht auch aus mir einen glücklichen, besseren Menschen.

Von einem Profi verlange ich, dass er sich stark fühlt. Sonst soll er sich ins Bett legen und von Omi pflegen lassen.

Wenn ich bei Bayern fertig bin, muss ich vielleicht für ein Jahr ins Sanatorium.

Wir brauchen das Geld. *(auf die Frage, warum Bayern München die Talente Alexander Bugera und Berkant Göktan vorläufig abgegeben habe)*

Ich muss mir überlegen, ob ich mir noch einen rot-weißen Anzug kaufe – weiße Hose, rotes Sakko. *(nachdem Bayern München alle Fans vor dem letzten Bundesliga-Heimspiel aufgefordert hatte, in roten oder weißen Shirts ins Olympiastadion zu kommen)*

Die Ausnüchterung ist ab heute beendet. *(am ersten Trainingstag nach Gewinn und Feier der deutschen Meisterschaft)*

Wer das Aufstehen gelernt hat, dem fällt das Stolpern nicht schwer.

Meister wird der FC Bayern München, also landet meine Mannschaft auf Platz eins.

Ich muss mir überlegen, ob ich den Franz Beckenbauer noch einmal reaktiviere. Das wäre eine optimale Verstärkung für uns. *(Bayern-Trainer Hitzfeld auf die Frage, ob er angesichts des großen Trainerteams von Berti Vogts bei Bayer Leverkusen daran denke, auch beim FC Bayern den Trainerstab zu vergrößern)*

Er kam in die Kabine und hat der Mannschaft mal so richtig die Leviten geblasen.

Mit Torwarthandschuhen kann man sowieso nicht richtig zupacken. *(nachdem sein Torhüter Oliver Kahn Gegenspieler Thomas Brdarić gewürgt hatte)*

Ich dachte, er kommt mit dem Hubschrauber. *(nachdem er versehentlich seinen Wagen auf dem Parkplatz von Lothar Matthäus abgestellt hatte)*

Dortmund hat große Klasse und ist zu Hause sehr heimstark.

Eher negative 50 zu 50. *(befragt über die Einsatzwahrscheinlichkeit von Sebastian Deisler)*

Fünfjahrespläne sind schon in der UdSSR nicht aufgegangen. *(Karl-Heinz Rummenigge auf die Frage, warum der Klub nicht jetzt den 2004 auslaufenden Vertrag mit Trainer Ottmar Hitzfeld verlängere)*

Beim Ottmar Hitzfeld ist das ja nicht so wie beim George Bush, wo alle froh sind, wenn der endlich weg ist. *(Uli Hoeneß)*

Ich wünsche uns und dir alles Gute. *(Uli Hoeneß in einer Rede anlässlich des 53. Geburtstages von Ottmar Hitzfeld)*

Ich werde nie das Standing eines Ottmar Hitzfeld haben, den ich als Trainer und Mensch respektiere. Hitzfeld war dafür nicht so ein guter Spieler wie ich. *(Lothar Matthäus)*

Der Erfolg ist nicht alles, aber ohne Erfolg ist alles nichts.

Es spielen nicht immer die elf Besten, sondern die beste Elf.

## Thomas **Hitzlsperger**

Schwer zu erklären, wir waren nicht gut genug, ganz einfach. *(nach einer Niederlage)*

Die Schweden sind wie die Mittdreißiger in der Disco: Hinten reinstellen und warten, ob sich was ergibt.

Die Mannschaft erinnerte mich so ein bisschen an die SPD. Sie haben den Teamgeist heraufbeschworen, sich Mut zugesprochen und am Ende fehlten irgendwie 20 Prozent. *(über das WM-Aus 2018)*

Immer wenn ich die Kiste mal treffe, denke ich: Und was machst du jetzt? Und dann laufe ich da so jämmerlich rum mit Gesten, die ich hinterher peinlich finde.

So wie ich die FIFA kenne, haben die das verboten. *(auf die Frage, ob die WM die richtige Bühne für das Coming-out aktiver Fußballprofis wäre)*

## Bernd **Hobsch**

Vorsicht, Sie befinden sich in meinem Strafraum. Jetzt nicht kopflos reagieren. Immer daran denken, was der Trainer gesagt hat: Druff, einfach druff! *(Anrufbeantworter-Spruch)*

## Wolfgang **Hochfellner**

Ich will den Ku'damm ganz langsam runterfahren, mittendrin anhalten, die Türen aufmachen, den Schlüssel wegwerfen und dann mit den Spielern durch die Fan-Menge laufen. *(der Busfahrer des deutschen Teams über seinen Traum für den 9. Juli 2006, den Tag des WM-Endspiels)*

## Carl **Hoddle**

*(Mittelfeldspieler bei Barnet)*

Frage Reporter: Was war die verrückteste Frage von einem Fan? Antwort Hoddle: Können Sie die Unterschrift von Ihrem Bruder nachmachen?

## Glenn **Hoddle**

Ich habe viele Alternativen, und jede ist anders.

Wir sind von den Toten auferstanden. Na ja, es ist ja auch Ostermontag. *(nachdem sein Team einen 1:4-Rückstand in einen Sieg umgewandelt hatte)*

Okay, wir haben verloren, aber dem können gute Dinge folgen, positive wie negative.

Wenn wir meinen, die Spieler haben es nötig, dann lassen wir ihre Frauen und Freundinnen hierherholen, um die Jungs wieder hoch zu kriegen.

Wenn Glenn Hoddle eine andere Nationalität gehabt hätte, hätte er 70 oder 80 Länderspiele für England gemacht. *(der englische Nationalspieler John Barnes)*

Glenn hatte eine sehr starke Persönlichkeit. Auch wenn sie ihn »Glenda« gerufen haben. *(Ex-Tottenham-Trainer Peter Shreeves)*

## Roy **Hodgson**

Ich bin für die Partie in Parma zuversichtlich, ich habe dort noch nie verloren ... auch weil ich dort noch nie gespielt habe. *(zu Zeiten als Inter-Coach)*

Woran ich mich immer erinnern werde, wenn ich an Roy Hodgson denke? Er hatte stets eine laufende Nase. *(Dave Mogg, früherer Torhüter von Bristol City)*

Sogar der Papst würde zweimal darüber nachdenken, ob er den Job des englischen Nationaltrainers annimmt.

## Dieter **Hoeneß**

Tja, Herr Hoeneß. Artur ist halt nur bei Arminia gut! *(Bielefelder Fans feiern ihren Spieler Wichniarek, der bei Hertha nicht zurechtkam, mit einem Plakat)*

Ich bin inzwischen der beste Warmläufer der Bundesliga. *(nachdem er sich in drei Spielen hintereinander aufgewärmt hatte, ohne eingewechselt zu werden)*

Unser Trainer lernt jetzt Spanisch. Alles, was ich weiß, ist, dass Doppelpass nicht Paso doble heißt.

Ich habe mir abgewöhnt, nach dem Sinn des Lebens zu fragen. Die fürchterliche Antwort darauf lauert nämlich an jeder Ecke.

Auch wenn man Pfeffer auf die Sesselkissen streut – aus den wenigsten Sportfunktionären werden feurige Rappen.

Dieter, so frisch bist du auch nicht mehr. *(Hans Meyer zum Angebot seines Managers, ihn in einer Sänfte durchs Brandenburger Tor zu tragen)*

Der Dieter Hoeneß hat die Glatze noch ganz nass gehabt. Da geht es um 30 bis 35 Millionen. Das ist Monopoly original. *(Reiner Calmund)*

Der Dieter ist ein verquanteter Mensch, wie wir in Westfalen sagen, nicht so geradeheraus wie sein Bruder. *(Rudi Assauer)*

Franz Beckenbauer während der WM 1986: »Ihr spinnt wohl, so spät ins Quartier zu kommen, ihr Idioten ...« Dieter Hoeneß unterbricht ihn: »Stopp, du darfst alles zu mir sagen, aber nicht Idiot. Ich weiß, was ich im Kopf hab' und ich weiß, was du im Kopf hast, und deshalb sagst du nicht Idiot zu mir.«

Der springt so hoch, wenn der wieder runterkommt, liegt auf seiner Glatze Schnee. *(Norbert Nachtweih)*

Für mich ist Fußball ein Spiegel der Gesellschaft.

## Uli **Hoeneß**

Ich traue mir jedes Amt zu, auch das des Papstes. Und technisch würde ich es wohl auch gut machen.

Eine Biografie? Von mir? Nein. Never ever! Wenn ich die Wahrheit über das, was ich alles erlebt habe, schreiben würde, müsste man etwa zehn Bände machen – und ich müsste nach der Veröffentlichung nach Australien auswandern.

Olaf Thon hat eine grande partida gespielt, wie wir in Spanien sagen.

Die Meisterschale ist nur ausgeliehen. Wir werden Geld ausgeben wie noch nie.

Ich will das jetzt nicht loben, aber wir wollen ja auch keine stromlinienförmigen Spieler, die ins Kloster nach St. Ottilien gehen, sondern die für uns die Kohlen aus dem Feuer holen. *(über seinen zukünftigen Spieler Jan Schlaudraff, der nach einer Feier das Training von Alemannia Aachen verpasst hatte und in einen Autounfall verwickelt war)*

Wenn uns der TSV 1860, aus welchen Gründen auch immer, bitten sollte, aus dem jetzigen Vertrag auszusteigen, dann werde ich die Kapelle, die die Sechziger aus dem Stadion begleitet, persönlich mit dem Defiliermarsch anführen.

Die rechte Hand von Perez hat das eine oder andere Mal angerufen. Da habe ich ihn gefragt, ob er das Spiel Monopoly kennt, und ihm erklärt, dass es ein deutsches Spiel ist, das Kinder und Erwachsene gerne spielen. Ich habe ihm gesagt, dass der FC Bayern vor zwei Jahren die Schlossallee gekauft hat. Und vier Hotels drauf gebaut hat. Diese Schlossallee gibt man nur her, wenn man in Not oder pleite ist. *(klare Absage an Florentino Perez, Präsident von Real Madrid)*

Nächstes Jahr geht eher der Gerichtsvollzieher nach Madrid als Franck Ribéry. *(nachdem Real im Sommer 2009 nicht locker gelassen hat)*

Das war nur eine Konjunkturdelle. *(über die verpatzte Saison 1991/92)*

Die Dortmunder treiben wir so lange vor uns her, bis sie Meister sind.

Was glaubt ihr, wer euch finanziert? Die Leute in den Logen, denen wir das Geld aus der Tasche ziehen. *(auf der legendären Jahreshauptversammlung 2007)*

Jeder hat mal seinen Karimi. *(zur Kritik an der Einkaufspolitik)*

Er ist eine Ikone. Ich kann einer Ikone nicht widersprechen. Aber ob es die Wahrheit ist, ist etwas anderes. *(Louis van Gaal, nachdem er von Hoeneß kritisiert worden war)*

Der glaubt immer noch, dass er der Größte ist. Der kann mich mal am Hobel blasen. *(Günter Eichberg, Präsident des FC Schalke 04)*

Wenn Wolfsburg Meister wird, spendieren wir und Sponsor Audi einen Balkon. *(in Anspielung darauf, dass das Rathaus in Wolfsburg keinen Balkon besitzt)*

Uli, wo ist unser Balkon? Und wo ist die Schale? *(Frage der Wolfsburg-Fans an den Bayern-Manager, der den Wolfsburgern im Falle der Meisterschaft einen neuen Balkon für die Feier versprochen hatte)*

Blaue Schweine schlachtet man und rettet sie nicht. Und du willst Metzger sein, Uli? *(Bayern-Fans im April 2011, sie sind aufgebracht wegen einer Finanzhilfe an 1860 München)*

Wer den Blauen Millionen zuschiebt, hat unser Vertrauen nicht verdient. Hoeneß, du Lügner. *(Bayern-Fans an Uli Hoeneß)*

Ich habe mir früher im Training Schienbeinschützer angezogen, weil ich wusste: Wenn der »Bulle« Roth sauer auf mich ist, dann fegt der mich auf die Aschenbahn. Das Training war für mich Überlebenskampf.

Ich dachte, wir reden über Fußball. *(in einer Gesprächsrunde von Sky, in der das Thema Frauenfußball-WM angeschnitten wurde)*

Ich bin kein Konditionskünstler. Außerdem reicht Ausdauer allein auf die Dauer auch nicht.

Ich glaube nicht, dass wir das Spiel verloren hätten, wenn es 1:1 ausgegangen wäre.

Früher habe ich 80 Prozent meiner Arbeitszeit mit den Spielern verbracht. Heute verwende ich 80 Prozent darauf, das Geld einzutreiben, um sie finanzieren zu können. *(über Veränderungen während seiner 25-jährigen Amtszeit)*

Vor zehn Jahren hat es keine Sau interessiert, wer Co-Trainer der Nationalmannschaft ist, und jetzt kommt es in der Tagesschau. Das ist doch pervers.

Ich habe heute nicht gesehen, dass ein Spieler, der 110 Millionen Mark mehr kostet, viel mehr leistet als einer, den wir aus Kanada geholt haben. *(zum Vergleich zwischen Luis Figo und Owen Hargreaves)*

Für die Schiedsrichter heißt es nicht »in dubio pro reo«, sondern »in dubio contra Bayern«. *(zu Refereeleistungen)*

Wenn wir schon nicht mehr Champions League spielen, müssen wir wenigstens etwas für die Medien tun. Und das übernimmt der Reihe nach immer ein anderer. *(zu den Box-Einlagen beim Bayern-Training)*

Der Franz hat seine Meinung, ich hab meine und wir haben unsere. *(über Dissonanzen in der Führungsetage des FC Bayern)*

Wenn ich an die Börse gehe, dann lese ich nicht mehr den »Kicker«, sondern so was. Ich lese aber lieber den »Kicker«. *(zu den Börsenplänen der Bayern)*

Wenn wir alles umverteilen, sind wir wieder beim Kommunismus. *(über die Pläne der DFL, Gehaltsobergrenzen einzuführen. Überschreitet ein Klub das vorgegebene Limit, muss dieser zur Strafe in einen Hilfsfonds einzahlen, mit dem marode Vereine unterstützt werden sollen)*

Phil Collins kann auch nicht sagen: Heute in München gebe ich ein tolles Konzert und morgen in Münster ruhe ich mich dann aus. *(zur Umstellung der Bayern-Profis vom Champions-League-Einsatz zum Bundesliga-Alltag)*

Ein Hoeneß hört nicht auf, wenn das Schiff sinkt, der hört erst dann auf, wenn es ganz oben auf der Welle ist!

Glauben Sie denn, wir haben einen Geldscheißer? *(auf die Frage, ob der FC Bayern in der laufenden Saison möglicherweise noch einen weiteren Topspieler verpflichtet)*

The trend is your friend. *(zur Leistungssteigerung der Bayern in der 2. Halbzeit bei einer Niederlage in Bochum)*

30 Minuten nach Spielschluss werden schon wieder Karten gespielt und Sprüche geklopft. Sie essen Scampis und ich habe eine schlaflose Nacht. *(über die Bayern-Profis nach einer 1:2-Blamage bei St. Pauli)*

Ich glaube, dem Manager schmecken Scampis auch nicht so schlecht. *(Antwort von Oliver Kahn auf die Kritik von Hoeneß)*

Es nützt dir nichts, einen zu holen, der immer bei »Bravo Sport« auf der Seite eins steht. Wir wollen einen haben, der beim »Kicker« auf Seite eins steht. *(auf die Frage, ob er sich einen Transfer David Beckhams nach München vorstellen könne)*

Mich persönlich freut es, aber die Frauen in München werden trauern. *(zur Sperre von David Beckham im CL-Spiel)*

Mit einem Titelgewinn für Lautern können wir leben. Werden sie zweimal Meister, wäre das für uns eine mittlere Katastrophe.

Der Weihnachtsmann war noch nie der Osterhase. *(zum Wert der Herbstmeisterschaft)*

For me, it's scheißegal. *(auf die Frage nach seinem Wunschgegner fürs Champions-League-Finale)*

Uns geht es doch heute viel zu gut. Für mich war Sport eine Chance zum sozialen Aufstieg. Wenn am nächsten Tag ein Spiel war, lagen wir um zehn im Bett. Da geht mein Sohn gerade los.

Wir haben einen Hund zu Hause, der ist acht Wochen alt. Der hat am letzten Sonntag völlig verstört unter dem Sofa hervorgeschaut. Denn als Bremen in Dortmund das 3:1 erzielt hat, habe ich einen Schrei losgelassen, dass die Wände wackelten.

Die Wahnsinnspreise zahlen wir sicherlich nicht, aber die mittleren Wahnsinnspreise könnte ich mir schon vorstellen.

Leibwächter brauchen wir nicht, aber ich werde mich bei Gelegenheit selber dazwischenschmeißen. Denn meine 102 Kilo, die reichen auch aus.

Es ist nicht korrekt, einem verletzten Spieler eine Entscheidung mitzuteilen, die möglicherweise noch gar nicht gefallen ist.

Pudelmütze oder Sonnenbrille – wir sind da flexibel. *(vor einem Champions-League-Spiel gegen Spartak Moskau, das bei allzu großer Kälte nicht in Moskau, sondern in Monaco stattfinden sollte)*

Ich gehe davon aus, dass er mir wirklich nichts zutraut. Das ist auch gut so. *(Christoph Daum)*

Uli verwechselt da was. Mit Kalle Rummenigge und Geschäftsführer Karl Hopfner rede ich ständig. Nur mit Uli selten. Wir haben halt nicht mehr den richtigen Draht zueinander. Schon früher ist einiges an ihm vorbeigegangen. *(Franz Beckenbauer)*

Ich sehe nicht, was der Bayern-Manager sagt, weil ich den Fernseher immer abschalte, wenn er auf dem Bildschirm erscheint. *(Willi Lemke)*

Wenn wir einen richtigen Zirkus aufziehen wollen, dann müssen wir auch Herrn Hoeneß verpflichten. Er könnte doch wunderschön unser Spektakel präsentieren. *(Real Sportdirektor Jorge Valdano im Jahr 2003, nachdem Hoeneß zuvor die Einkaufspolitik der Madrilenen wiederholt kritisiert hatte)*

Der Uli Hoeneß hat ja Alzheimer. *(Reiner Calmund)*

Wenn der Hund und ich mit 40 Fieber krank im Bett liegen, kriegt zuerst der Hund einen Tee. *(Hoeneß gewährt einen tiefen Einblick in sein Familienleben)*

Ich habe einen Traum. Den Traum, dass unsere Stürmer das Spiel ohne Ball entdecken. Den Traum, dass unsere Langzeitverletzten Sebastian Deisler, Valérien Ismaël, Owen Hargreaves und Andi Görlitz die Mannschaft verstärken. Den Traum, dass das Sommermärchen unserer Nationalspieler mit einem Frühsommer-Märchen im nächsten Jahr zu Ende geht. *(auf der Weihnachtsfeier der Bayern 2006)*

Es war eine perfekte Hinrunde – wie in diesem Film mit Jack Daniels: »Besser geht's nicht«.

Wenn man gegen Liechtenstein spielt, kann man auch gegen den FC Tegernsee spielen.

Ich durfte die Schuhe von Franz auftragen. *(über ein Highlight seiner aktiven Karriere)*

Uli, du bist der Vater Teresa vom Tegernsee, der Nelson Mandela von der Säbener Straße. Du bist die Seele des Vereins. Der FC Bayern und du sind alles – nur nicht seelenlos und langweilig. *(Karl-Heinz Rummenigge in einer Rede zum 60. Geburtstag von Hoeneß)*

War gestern in Nordkorea. Ach nein, war ja doch München. *(Christian Spiller via Twitter, nach der JHV 2013 des FC Bayern, inklusive Akklamation pro Uli Hoeneß)*

Dortmund ist eine relativ regionale Sache, Bayern ist ein Global Player.

Mir hat das Herz im Hals gelacht.

Die Dortmund-Aktien kann man an die Wand kleben. Ich werde meine Dortmund-Aktien verkaufen, weil sie nach dem Sieg gegen uns nicht gestiegen, sondern gefallen sind.

Auch Spieler wie Scholl, Jeremies oder Schwabl haben sich beim Schafkopf am Manager bereichert. Was die aber gar nicht bemerkt haben: Beim Vertragspoker hat sich Uli das Geld zurückgeholt. *(Karl-Heinz Rummenigge)*

Der Engländer hat ja wenig Freizeitvergnügen außer Fußball. *(auf der SPOBIS 2018)*

Der Meteorit, der während der Mondfinsternis auf dem Mond eingeschlagen ist, hat wohl die Größe eines Fußballs 10 gehabt. Wir können allerdings noch nicht abschließend bestätigen, dass es sich um den Elfmeter von Uli Hoeneß aus Belgrad gehandelt hat. *(Twitteraccount des Deutschen Zentrums für Luft- und Raumfahrt)*

Wenn ein Mensch etwas nicht verdient hat, dann ist das Uli Hoeneß. *(Lothar Matthäus)*

## TSG 1899 **Hoffenheim**

Die könnten sich bei Olympia für eine 4x100-Meter-Staffel bewerben. Da hätten sie vermutlich gute Chancen. *(Robin Dutt über die schnellen Offensivspieler der TSG 1899 Hoffenheim)*

1899 Hoffenheim – wo haben die sich eigentlich die letzten hundert Jahre versteckt? *(Bayern Münchens Vorstandschef Karl-Heinz Rummenigge)*

Wie heißt diese THG oder TSG doch gleich? Wo wären die ohne den weißen Ritter aus Hoffenheim? Wir können eben nicht sagen, lieber Dietmar Hopp, lass es Geld regnen! *(Hans-Joachim Watzke in seiner Rede auf der Aktionärsversammlung in der Dortmunder Westfalenhalle)*

1887 – Uns trennen mehr als 12 Jahre. *(Spruchband der HSV-Anhänger mit Verweis auf das Gründungsdatum von 1899 Hoffenheim)*

Wir sind toll, wir haben Geld, wir sind der geilste Klub der Welt. *(Gesang der Fußball-Fans von Hoffenheim. Der damalige Zweitligist kaufte für 20 Mio. Euro neue Spieler)*

Gegen mangelnde Fußballkompetenz hilft auch keine Hochfrequenz. *(Spruchband der Augsburger Fans nach der »Akustik-Affäre« in Hoffenheim)*

Zu spät gepisst ist auch gedopt! *(Plakat von Borussia-Dortmund-Fans bei einem Spiel gegen Hoffenheim)*

Hochgezüchtet wie ein Schwein und immer noch ein Dorfverein! *(Kölner Fanplakat)*

Voll doof hier. *(Plakat von Bielefelder Fans beim Spiel der TSG 1899 Hoffenheim gegen Arminia Bielefeld)*

## Erwin **Hoffer**

Hoffer ist ein Panzertyp mit Jennifer-Lopez-Arschbacken – oder auch Shakira-Arschbacken. *(Ümit Korkmaz)*

Erwin hat für das alte Betze-Feeling gesorgt, bei dem der Schiedsrichter erst abpfeift, wenn wir gewonnen haben. *(Stefan Kuntz)*

## Bernd **Hoffmann**

*(Vorstandsvorsitzender HSV)*

Das ist gefühlt mehr als vor einem Jahr der dritte Platz. Ich werde mir richtig einen hinter die Birne kippen, um das letzte Jahr zu vergessen. *(nach dem Erreichen eines UI-Cup-Platzes)*

Wir haben die größtanzunehmende Seuche in Tateinheit mit Dummheit.

Vielleicht kann ich besser Zwillinge zeugen als Trainer entlassen. *(zu den Begleitumständen der Trennung von Coach Kurt Jara. Die Ehefrau des HSV-Vorstandsvorsitzenden erwartet zum zweiten Mal Zwillinge)*

Unter 1,3 Milliarden Menschen muss ein guter Linksfuß sein. *(der HSV-Präsident zur Suche nach Verstärkungen in China)*

Bevor der FC St. Pauli in Hamburg sportlich die Nr. 1 der Stadt wird, wird der gesamte Kiez zum Müttergenesungswerk!

## Torben **Hoffmann**

Das wäre manchem Stürmer schwer gefallen, den so reinzuschießen. Gut gemacht. Hätte nur noch gefehlt, dass er danach hochgesprungen wäre. *(Reiner Calmund über ein Eigentor)*

## Richard **Hofmann**

*(Nationalspieler in den zwanziger und dreißiger Jahren)*

Meine Stärke war Schlafen. Vorher, meine ich. Im Spiel war ich hellwach. 90 Minuten!

Wenn wir verloren haben, hat meine Braut Pech gehabt. Da gab's ooch keen' Kuss!

## Heinz **Höher**

Es hat nur zweimal geregnet: einmal fünf Tage, einmal acht Tage. *(über ein Trainingslager auf Sylt)*

Er hat mit niemandem geredet, nicht mal mit sich selbst. *(Gerd Schmelzer, ehemaliger Präsident des 1. FCN über den Ex-FCN-Trainer)*

## Karl **Hohmann**

*(deutscher Nationalspieler)*

Auf gut Deutsch gesagt, wir hatten noch nicht einmal Zeit zum Kacken. *(über die harte Vorbereitung auf die Olympischen Spiele 1936)*

## Markus **Höhner**

*(Kommentator)*

Betriebsversammlung. *(zum Spiel Bayer Uerdingen gegen Bayer Leverkusen)*

Der Sopic hält sie alle zurück. Der will ihn alleine fertigmachen. *(zu einer Rudelbildung um einen Schiedsrichter-Assistenten wegen eines zu Unrecht aberkannten Tores)*

Glück für Golz, Ball am Holz. Aluminium hätte sich hier nicht gereimt.

Magath und Kaltz mit dickem Hals.

Butt, Butt, Butt ging's wieder gut.

Und Sie sehen ja, die Nürnberger spielen gerade mit nur noch zehn Feldspielern.

## Bernd **Hollerbach**

Manchmal geht ein Stürmer an mir vorbei, manchmal geht auch der Ball an mir vorbei – aber nie beide gleichzeitig!

Ich werde meine Karriere in Hamburg beenden. Ich gehe mit Hermann Rieger nach Mittenwald. Er macht den Skilehrer und ich verkaufe die Weißwürste.

Der benimmt sich wie auf der Jagd und rennt wie ein wild gewordener Handfeger über den Platz. *(Frank Neubarth)*

Den HSVer Hollerbach plagt ein Darmvirus, und der pendelt zwischen Toilette und Schlafzimmer. Hoffentlich kann er das Spiel im Liegen sehen. *(Fritz von Thurn und Taxis)*

Er ist für mich das größte Arschloch. *(Robson Ponte)*

## Ian **Holloway**

*(englischer Spieler und Trainer)*

Es ist ein Fußballverein, kein Gefängnis. Die Leute sollten nicht denken »Oh, da kommt der Bastard«, wenn ich um die Ecke komme.

Sagt den Spielerfrauen, dass wir in Plymouth ein brandneues Einkaufszentrum haben.

Wir müssen um jeden Millimeter kämpfen. Wir wissen, dass wir die dreckigsten Hunde im Hundeheim sind.

Wenn man einen Diebeszug plant, sollte man nicht mit einem Sack für das Diebesgut vor dem Haus des Opfers herumlungern. Man schleicht sich rein, klaut, was man kriegen kann, und schleicht sich wieder raus. Natürlich plädiere ich nicht für so etwas. Es ist einfach nur ein Gleichnis. *(nach einem glücklichen Sieg)*

Offenbar ist es auch mein Fehler, dass die Titanic gesunken ist. *(nimmt sich die Kritik an seiner Person sehr zu Herzen)*

Stürmer sind wie Postboten – sie müssen schnell rein und wieder raus, bevor der Hund kommt.

Als meine Frau Marc zum ersten Mal sah, meinte sie, er sei ein Prachtexemplar von einem Mann. Sie sagt zwar, dass ich mir keine Sorgen machen muss, aber ich glaube, sie möchte, dass ich ihr ein QPR-Trikot mit seinem Namen auf dem Rücken zu Weihnachten schenke. *(Über Marc Nygaard, den neuen Stürmer bei den Queens Park Rangers)*

Wenn der Ball eine Frau wäre, dann würde sie die Nacht mit Dimitar Berbatow verbringen.

Paul Furlong ist mein Rolls-Royce-Oldtimer und er hat mich nicht einen Penny gekostet. Wir polieren und pflegen ihn gut, und ich lasse ihn von meinen Mechanikern feintunen. Wir achten sehr genau auf ihn, denn wir müssen ihn jeden Tag fahren und holen ihn nicht nur bei Hochzeiten raus. *(als Kritik am älteren Spieler Paul Furlong laut wurde)*

Ich sehe kein Problem darin, wenn Fußballer nach einem Tor ihr Trikot ausziehen. Sie genießen es, und die jungen Damen genießen es auch. Ich nehme mal an, dass das überhaupt einer der wichtigsten Gründe ist, warum Frauen zu Fußballspielen kommen: um junge Männer zu sehen, die ihre Trikots ausziehen. Allerdings müssen sie dann wohl zu einem anderen Spiel gehen, denn meine Jungs sind hässlich wie die Nacht.

## Roland **Holly**

*(Sponsor des TSV 1860 München)*

Wenn der loszieht, weiß ich nicht, ob er einen Handballspieler statt eines Fußballspielers mitbringt. *(über einen Spielereinkäufer seines Klubs)*

## **Holsteinischer Courier**

... ehe das Schützenfest im zweiten Durchgang seinen Lauf nahm. Herausragender Akteur war hierbei der Wittorfer Paulsen. Er brachte das Kunststück fertig, zwischen der 70. und 80. Minute einen lupenreinen Eigentorhattrick hinzulegen. Gleich dreimal in Folge lenkte der Unglücksrabe das Leder ins eigene Tor und sorgte damit für die Entscheidung.

## Lewis **Holtby**

Wer Freiburg vor dem Spiel für einen schwachen Gegner hielt, der irrte sich gewalttätig!

Als ganzes Team haben wir versagt in der Hinrichtung.

Ich sage es mal mit einem Spruch aus der Kreisliga A: »Am Ende ist der Pimmel dick!« *(nach einer Aufholjagd mit dem FC Schalke 04)*

## Bernd **Hölzenbein**

Man braucht Hölzenbein nur scharf anschauen, dann fällt er schon auf den Rasen. *(FCB-Trainer Udo Lattek nach dem Pokalhalbfinale 1974 der Bayern gegen Frankfurt)*

Bernd, stehen Sie schnell wieder auf. Das sitzt noch nicht richtig, das müssen wir noch einmal üben! *(Schiedsrichter Walter Eschweiler)*

Der Bernd hob sagenhaft gut ab! Als der Bernd wieder einmal wie eine TUI durch den Elferraum segelte, bin ich zu ihm hin: Nee, Bernd, da passiert überhaupt nichts. Die müssten dir schon das Bein abtreten, dann könnte es sein, dass ich mal auf den Punkt gehe! *(Schiedsrichter Wolf-Dieter Ahlenfelder schaute bei Hölzenbein nach der WM 1974 ganz genau hin)*

Früher war man als Kind bei Schlägereien auch zu Hause stärker als in Nachbars Garten. *(über Frankfurts Auswärtsschwäche)*

Das beste Ergebnis dieser WM: Ich hoffe, meinen Platz auf der Reservebank erfolgreich verteidigt zu haben. *(zur WM 1978 in Argentinien)*

Unser Training war so geheim, dass wir manchmal selbst nicht zuschauen durften.

## Wolfgang **Holzhäuser**

*(Geschäftsführer von Bayer Leverkusen)*

Was hatte ich im letzten Jahr gesagt? Labbadia war genau die richtige Entscheidung? Ach, hätte ich meine Worte wieder ... *(verzweifelt an der Schnelllebigkeit des Fußballs)*

Man kommt sich vor wie beim Türmchenwürfeln oder Bier-auf-Ex-Trinken. Das ist so, als wenn man mit Stoffbällchen auf Blechbüchsen wirft, und keine fällt um. *(über die Situation beim DFB im Jahr 2000)*

## FC **Homburg**

Vielleicht liegt es daran, dass sie mit ihrer Werbung etwas verhindern wollen: Diesmal hat es Homburg geschafft, ein Fußballspiel zu verhindern. *(St.-Pauli-Trainer Helmut Schulte, als der Aufsteiger für Kondome Werbung auf seinen Trikots machte)*

Sicher findet niemand in Homburg die große Glitzerwelt, aber es gibt dort nicht nur Neandertaler. *(Manager Manfred Ommer über seinen Verein)*

In Homburg können keine großen Schiffe anlegen, mehr will ich dazu nicht sagen! *(Jimmy Hartwig zum Unterschied zwischen Hamburg und Homburg)*

## Sonya **Home**

Im Pub habe ich gemerkt, dass mich jemand beobachtet. Ich habe ihn gefragt, ob ich ihn kenne. Er sagte: »Ja, das sollten Sie. Sie haben mich heute vom Platz geschickt.«

## **Homepage** des irischen Fußballverbands

Zähle die Hühnchen nicht, bevor sie geschlüpft sind. *(vor dem Spiel gegen Saudi-Arabien)*

## **Homepage** des KFC Uerdingen

Es wird geschätzt, dass rund fünf Babelsberger Fans ihr Team in die Grotenburg begleitet haben.

... er schießt den Ball Richtung Anzeigetafel – hey, die war teuer ... *(aus dem Live-Ticker)*

## **Homepage** von Borussia Dortmund

Bei den Mitgliedern *(derzeit 20.542)* ist Borussia Dortmund jetzt die Nummer drei in Deutschland hinter Bayern München *(95.000)*, Schalke 04 *(35.000)* und 1860 München *(22.552)*.

## **Homepage** von Kickers Offenbach

Mit 0:2 konnten sich die Offenbacher Kickers im Hessenpokal auf dem Halberg gegen den SV Wehen durchsetzen. Raffael Tonello und Samir Naciri waren für den OFC erfolgreich, bevor die Wehener auf 1:2 verkürzen konnten.

## **Homepage** von Wacker Burghausen

Autogrammball ohne Unterschriften 18,00 Euro.

## Florian **Homm**

Das miserable Management hat dafür gesorgt, dass die Spieler nur noch Matsch in der Birne und Blei in den Beinen haben. *(der Großaktionär auf der Jahreshauptversammlung des BVB)*

## Matthias **Hönerbach**

Du kleine Wurst! Bei uns im Hotel ist noch ein Posten als Kellner frei, du Vollidiot. *(Werders Co-Trainer beschimpft nach einem Testspiel den Schiedsrichter)*

## Dietmar **Hopp**

Dietmar Hopp, du Sohn einer herzensguten Frau! *(Antwort auf Hoffenheims Hopp, der die unsachliche Darstellung seiner Mutter als »Hure« kritisiert hatte)*

Ich merke mir das immer so: Pizza mit e, dann von meinem älteren Sohn Oliver die ersten drei Buchstaben und mittendrin ein i und ein u. *(merkt sich den Nachnamen seines Trainers Marco Pezzaiuoli)*

## Joachim **Hopp**

*(legendärer MSV-Duisburg-Spieler)*

Hauptsache, wir haben die Punkte – aber noch haben wir ja keine Punkte.

Du solltest Lotto spielen gehen, bei so einem Glückssieg hier mit deiner Truppe. *(zu seinem Trainerkollegen Horst Steffen)*

Man muss sehen, dass man keine Pickel am Arsch kriegt und was unterschieben. *(über sein Dasein als Duisburger Dauerreservist)*

## Michael **Horeni**

*(Journalist)*

So nah ist der Fußball hierzulande der Kunst nie gekommen. *(über den FC Bayern München im Frühjahr 2014)*

## Timo **Horn**

Ich werde rund um die Uhr behandelt, teilweise zweimal am Tag.

## Mathew **Horne**

*(englischer Comedian)*

Ich sah eine Dauerkarte von Newcastle mit einem Nagel an einem Baum festgemacht. Da habe ich sofort gedacht: Muss ich haben. Ja, gut, man kann doch nicht genug Nägel haben, oder?

## Udo **Horsmann**

*(ehemaliger FC-Bayern-Spieler)*

Was? Ich habe die ganze Saison nur zwei Gelbe Karten bekommen? Ich bin zu milde geworden!

## Thomas **Hörster**

*(ehemaliger Trainer von Bayer Leverkusen)*

Ich habe gar nichts unternommen. *(auf die Frage, was er denn bei der plötzlich erfolgreichen Mannschaft anders gemacht habe)*

Er ist ja nicht gerade Dieter Thomas Heck. *(Premiere-Kommentator zu Jörg Butt über den Trainer)*

Wenn ich ihn so sehe, wirkt er für mich wie ein verschüchtertes Würmchen. *(Udo Lattek)*

Er ist ein knallharter Hund, ein richtiges kleines Ekelpaket. *(Reiner Calmund über den neuen Trainer Thomas Hörster)*

Thomas Hörster gehört nicht entlassen, er gehört erschossen. *(Udo Lattek)*

Wir brauchen keinen Vergnügungsminister. *(Reiner Calmund über seinen spröden Trainer)*

Die Pressekonferenzen werden jetzt kürzer. *(Reiner Calmund über den neuen Trainer, dessen Spielanalysen kurz und knapp ausfallen)*

## Gert **Hortleder**

*(Soziologe)*

Das Fußballspiel ist ein Ritus, ein offiziell zugelassenes, durch Regeln kanalisiertes Sichaustoben.

## Ivica **Horvath**

Er ist mit 1,92 m nicht nur ein langer Trainer, er ist auch ein ganz großer! *(Rolf Rüssmann)*

Wenn's kalt wird, legt euch einfach auf den Boden. Die haben hier eine Rasenheizung. *(zu seinen Spielern bei einer Partie im Münchner Olympiastadion)*

## **Hot**

*(Shopping-Kanal)*

Diesen Trainingsanzug gibt es in vier Farben: rot und grün.

## Demir **Hotić**

Der hat 56 Länderspiele auf dem Buckel, aber keinen Videorekorder. *(über seinen Mannschaftskameraden aus der DDR, Rainer Ernst)*

## Horst-Dieter **Höttges**

Der Höttges ist ein Mörder. *(Gilbert Gress)*

Warum guckt ihr da hin, meint ihr, ich kriege ihn jetzt rein? *(zu seinen Mannschaftskameraden, die sich in der »Sportschau« gebannt den verschossenen Elfmeter ihres Kollegen ansahen)*

Nee, Trainer, da brauch ich gar nicht erst mitfahren! Da geht es gegen den Höttges. Da seh ich den Ball genau zweimal: beim Anstoß und wenn die das Tor geschossen haben! *(Stan Libuda mochte nicht gegen Höttges spielen)*

## Ray **Houghton**

*(ehemaliger irischer Fußballspieler)*

Ich habe bei einem Golfturnier zugunsten eines Jungen, der bei einem Autounfall schwer verletzt wurde, gespielt. Ich musste wie ein Wahnsinniger rasen, um hierhin zu kommen. *(erklärt, warum er zu spät auf »TalkSport« gesendet wurde)*

## Robert **Hoyzer**

Ich habe die rote Karte gegen Mpenza gegeben, weil er zweimal »Arschloch« zu mir gesagt hat – das kam mir sehr gelegen, war aber gerechtfertigt. *(der Mpenza in Paderborn vom Platz stellte)*

Dass aus meinem Nachnamen ein Schimpfwort wird, ist sehr bitter. Aber ich werde ihn nicht ändern.

Wer hat euch denn den Hoyzer aufgeschwatzt? Kriegt ihr in der nächsten Pokalrunde ein Freilos? *(Eintrag im Gästebuch auf der Homepage der Sportfreunde Steele 09, die Robert Hoyzer in ihren Verein aufgenommen haben)*

Auch eine andere Führungsebene hätte mit diesem Kriminalfall ihre Probleme gehabt. *(Theo Zwanziger zur Kritik an der »Doppelspitze« mit Gerhard Mayer-Vorfelder, die durch den Wettskandal um Robert Hoyzer ausgelöst wurde)*

Wenn ich höre, dass Hoyzer an seinen Memoiren schreibt, bekomme ich das Kotzen. *(Uli Hoeneß zu dem Vorhaben von Hoyzer, ein Buch zu schreiben)*

Wenn der weggesperrt wird, dann ist das alles schon in Ordnung, weil er sonst vielleicht noch das Bundesverdienstkreuz beantragen wird, weil er der Erste war, der Spiele auf diesem Niveau derart verpfiffen hat. *(DFB-Schiedsrichtersprecher Manfred Amerell)*

Ich warte nur noch darauf, dass er sich ein Schild umhängt mit der Aufschrift: »Bin unschuldig«. *(Amerell zu einem Fernsehauftritt des im Wettskandal geständigen Schiedsrichters)*

In diesem kriminellen Milieu gibt es natürlich auch unseriöse Informanten. So komisch das klingt: Der für mich momentan am seriösesten erscheinende Informant ist der Herr Hoyzer. *(Theo Zwanziger)*

## Horst **Hrubesch**

Das ist alles so spannend! Über die Medien habe ich sogar schon mein Gehalt erfahren. Meine Zukunft ist gesichert. *(zu den Gerüchten über eine Beschäftigung beim Hamburger SV)*

Ich habe immer versucht, mein Licht unter den Scheffel zu stellen. Aber langsam glaube ich, dass ich wirklich so gut bin.

Alle fragen immer, was der Unterschied zwischen den Mädels und den Jungs ist. Es gibt keinen. *(der ehemalige DFB-Trainer mit Blick auf seine Arbeit als Auswahltrainer bei Frauen und Männern)*

Keine Angst, die köpf ich alle weg! *(als Leute Eier auf den Meisterbus bei der Rundfahrt durch Hamburg warfen)*

Ich sage nur ein Wort: »Vielen Dank!«

Wir müssen das Spiel noch einmal Paroli ziehen lassen.

Es ist für mich nicht wichtig, ob einer gelernter Dachdecker oder Anstreicher ist. Wichtig ist, ob er mit Spielern umgehen kann. *(DFB- Teamchef Ribbeck zur Kritik an seinem Assistenten Horst Hrubesch, einem gelernten Dachdecker)*

Ich habe mit dem Horst Hrubesch einen wunderschönen Doppelpass spielen wollen, aber der hat einfach nicht zurückgespielt. *(Paul Breitner über einen Fehlpass zu Hrubesch, der daraus ein Tor erzielte)*

Horst Hrubesch sah ja auch an besseren Tagen nach dem Aufstehen so aus, als ob er sich mit einer Bratpfanne ins Gesicht gehauen hat. *(Oliver Welke)*

Wenn wir alle Spiele gewinnen, können wir Weltmeister werden! *(vor der WM 1982 zu den Aussichten der deutschen Elf)*

Da hab' ich gedacht, ich tu ihn ihm rein in ihn ihm sein Tor.

Manni Bananenflanke, ich Kopf, Tor!

Modern ist, wenn du gewinnst.

Ich bin erstens nur 1,86 m groß und zweitens hat das Wort Ungeheuer etwas Negatives an sich. Und ich bin doch nun weiß Gott kein Unmensch!

## Hans **Huber**

*(ORF-Sportkommentator)*

Wieder ein Kopfball! Wieder gefährlich! Wieder weit daneben!

## Ernst **Huberty**

*(Sportjournalist und Fernsehmoderator)*

Die Abwehrspieler von Twente laufen umher wie verirrte Ferienkinder.

Schön und kaffeebraun sind alle Frauen aus Kingston Town. *(über die Gewinnerin des »Tor des Monats« im Juni 1975, Beverly Ranger)*

Abramczik hat den Ball nicht mit vollem Herzen angelaufen.

Smith, ein Name, den man sich merken muss.

Kein Tor auswärts, so kann man einfach nicht gewinnen.

## Toni **Hübler**

*(Betreuer der Frankfurter Eintracht)*

Mecker nicht! Früher in Offenbach musstest du mit Bowlingkugeln kicken! *(im Training zu Ralf Weber, als der neue Bälle forderte)*

## Benjamin **Hübner**

Was heißt hier Man of the Match? Festgehalten hat er ja keinen, er hat sie alle nur abklatschen lassen. Ich würde mir wünschen, dass er den ein oder anderen auch mal festhält. Spaß beiseite: Er war absolut unser bester Spieler. Er hat unglaubliche Paraden gezeigt. *(TSG Hoffenheims Kapitän nach einem Sieg gegen Bayer Leverkusen auf die Frage, ob Torwart Philipp Pentke der Man of the Match sei)*

## John **Hughes**

*(Trainer von Falkirk)*

Am Ende haben wir ein beschissenes drittes Tor aufgrund eines alleinigen Fehlers des Torwarts bekommen, aber ich gebe niemandem die Schuld dafür.

Ally McCoist ist wie ein Hundehaufen im Sechzehner. Du weißt nicht, dass er da ist, bis das Unglück passiert ist.

## Mark **Hughes**

Ich möchte mehr Spieler durch die Tür bekommen, wenn das Fenster offen ist. *(als Trainer bei Manchester City)*

Mark Hughes ist ein typich britischer Chtürmer. Weder Fich noch Fleich. *(Jupp Heynckes)*

Mark Hughes at his very best: Er liebt es, Leute direkt hinter sich zu spüren. *(Kevin Keegan)*

Meine schönste Erinnerung an Mark Hughes ist sein Passfoto – ein Panini-Aufkleber von ihm selbst. *(Michael Duberry über seinen ehemaligen Teamkollegen bei Chelsea)*

## Dietrich **Hülsemann**

*(Präsident TV Jahn Hiesfeld)*

Ich habe hinter dem Tor gestanden und die Bälle geholt, die ins Aus gingen. Dabei saßen fünf Spieler auf der Bank. Von denen hat sich keiner gerührt. Und unsere Trainer sitzen regungslos auf ihren Campingstühlen. Ich wollte denen schon eine Angel in die Hand drücken. *(danach setzte sich sein Trainer Markus Kay beim nächsten Spiel im Angleroutfit auf die Bank)*

## Mats **Hummels**

In den Ferien treffe ich hoffentlich auch eine gute Bekannte wieder, meine Passsicherheit. Die ist nach dem Österreichspiel einfach schon in den Sommerurlaub abgehaun, fand ich nicht nett von ihr.

Es ist einfach ein großer Spaß, den anderen nicht mögen zu dürfen. *(über die Rivalität zwischen Schalke und Dortmund)*

»Ich glaube, ich gehe bei Wiedereröffnung ins Café, frühstücke, bleibe über Mittag da, nachmittags Kaffee und Kuchen, und ich gehe erst wieder, wenn die mich rauswerfen, keine Sekunde früher.« *(über ein Leben nach der Corona-Krise)*

## Jürgen **Hunke**

*(Sportfunktionär, Buchautor)*

Der Mann ist rhetorisch so geschickt und geschult, der redet dir eine Wendeltreppe ins Knie, wenn du nicht aufpasst. *(Thomas Doll)*

Fußball ist die Kultur des Mittelstandes.

Fußball ist ein Leben zwischen zwei Eckpunkten: Goldene Beine oder Krampfadern.

Tage vor einem wichtigen Spiel sind lang, die Minuten noch länger.

## Klaas-Jan **Huntelaar**

Normalerweise sagt man ja, die Holländer haben einen Riecher für Käse – er hat einen für Tore. Er ist ein Phänomen. *(Lewis Holtby)*

Ich gehe lieber mit meiner Freundin ins Bett. *(der Torschützenkönig auf die Frage, ob er denn seine Torjäger-Kanone voller Stolz mit ins Bett nehmen würde)*

## Norman **Hunter**

*(ehemaliger Spieler von Leeds United)*

Trainer Don Revie: »Susan, ich muss dir leider was mitteilen. Norman kommt heute mit einem gebrochenen Bein nach Hause!« Hunters Frau reagierte gelassen aber ungewöhnlich: »Don, sag mir nur eins: Von wem ist das Bein?«

## Robert **Huth**

Ich würde auf der Straße leben und Leute verprügeln. *(auf die Frage, was für ein Leben ihn ohne den Fußball erwartet hätte)*

Ich bin vielleicht etwas besser auf der Playstation geworden, aber das ist auch kein Trost. *(über eine lange Verletzungspause)*

## Peter **Hyballa**

Wir spielen auch gegen München Hardrock-Fußball.

Fußball ist doch kein Mädchen-Mikado.

I

## Vedad **Ibišević**

Wir müssen die ganzen 95 Minuten konzentriert sein.

Fehler können natürlich passieren. Aber doch nicht in jedem Spiel.

## Zlatan **Ibrahimović**

Da musst du deine Frau fragen! *(zu einem Gegenspieler, der wissen wollte, woher er die Narben im Gesicht habe)*

Man muss beim Spielen nicht übertreiben. Statt zu rennen, kann man auch aus 40 Meter schießen.

Ich kenne keinen Spieler aus der französischen Liga, doch sie alle wissen, wer ich bin.

Aber mein Vater war in Bosnien! *(als der bosnische Baskettballstar Nihad Đedović, der Zlatan sehr ähnlich sieht und im Interview gefragt wurde, ob er mit Ibrahimović verwandt sei, antwortete: »Nein, mein Vater war nie in Schweden!«)*

Was nächstes Jahr passiert, weiß ich nicht. Wenn ich bleibe, ist es gut für die MLS, weil dann die ganze Welt zuschaut. Wenn ich nicht bleibe, wird sich keiner daran erinnern, was die MLS ist.

Danke, LA Galaxy, dass ihr mich wieder lebendig habt fühlen lassen. Ihr wolltet Zlatan, ihr bekamt Zlatan. Gern geschehen. Die Geschichte geht weiter. Ihr könnt jetzt wieder Baseball gucken gehen.

Die Dänen wollten mich in Rente schicken, aber ich habe ihr ganzes Land in Rente geschickt.

Nur Gott weiß, wer zur WM fährt. *(sagte Zlatan Ibrahimović in einem Interview. Der Reporter entgegnete, dass er Gott kaum in dieser Frage sprechen könne. »Gerade jetzt sprechen sie doch mit ihm«)*

Deutschland ist bei der WM der einzige Topfavorit. Neben Brasilien, Spanien, Holland, Belgien und Zlatan Ibrahimović. *(SZ)*

Wir suchen in Paris nach einem Appartement. Falls wir nichts finden, kaufe ich wahrscheinlich einfach das Hotel.

Ich denke nicht, dass sie den Eiffelturm mit einer Statue von mir ersetzen können. Ich glaube, sogar die Bosse des Vereins können das nicht. Aber wenn doch: Dann bleibe ich, das verspreche ich. *(Zlatan Ibrahimović im März 2016 über seine Zukunft bei PSG)*

Unser Angriff ist jetzt stark prickelnd, ich würde ihn mit Champagner vergleichen. *(Adriano Galliani, Vize-Präsident vom AC Mailand, nach den Transfers von Robinho und Zlatan Ibrahimović zum AC)*

Ich habe so viel Scheiße gebaut, dass ich kaum wage, mich an alles zu erinnern.

Wenn ich heute mit meinen alten Freunden in einen Supermarkt gehe, dann machen die hinterher im Auto ihre Jacken auf, und es fallen lauter Sachen raus. Ich frage die dann, habt ihr sie noch alle? Ich könnte den ganzen Laden kaufen.

Zum Teufel, was hast du für ein Parfum? Du riechst nicht gut. *(zu einem Journalisten)*

Du kriegst den Jungen aus dem Ghetto heraus, aber nicht das Ghetto aus dem Jungen. *(bei seiner Rückkehr in die alte Heimat, in den Stadtteil Rosengård)*

Nichts. Sie hat ja schon Zlatan. *(auf die Frage, was er seiner Frau zum Geburtstag schenke)*

Jeder hat Angst vor Zlatan. Das liegt daran, dass er so groß ist und diesen bösen Blick hat. *(Marco Amelia, Torwart vom AC Mailand, über den angsteinflößenden schwedischen Nationalspieler Ibrahimović)*

Reporter: »Gibt es einen Verteidiger, den Sie fürchten?« Zlatan Ibrahimović: »Nein. Wer mich stoppen will, muss mich umbringen.«

Zuerst ging ich nach links, und er auch. Dann ging ich nach rechts, und er auch. Dann ging ich wieder nach links, und er ging einen Hot Dog kaufen. *(Ibrahimović lässt seinen Gegenspieler ins Leere laufen)*

»Trainer, glauben Sie an Gott?« Ancelotti schaute Zlatan etwas irritiert an, bejahte dann aber die Frage. Zlatan nickte zufrieden mit dem Kopf, klopfte seinem Coach auf die Schulter und erwiderte: »Alles klar, du glaubst also an mich. Dann kannst du dich jetzt entspannen!«

## Mohamadou **Idrissou**

Idrissou spielt Champions League auf PS3, die ganze Nacht, von zwölf bis acht! *(Gesang der Freiburger Fans. Idrissou soll in der Vorsaison zu seinen Mitspielern in Freiburg gesagt haben, dass er lieber Champions League spielen möchte: »Ich habe eh keine Lust mehr, mit euch Absteigern zu spielen. Ich spiele nächstes Jahr Champions League.«)*

## Viktor **Ikpeba**

Das ist eine pädagogische Maßnahme, das ist wichtig für den Viktor! *(Michael Skibbe über die Geldstrafe in Höhe von 15.000 DM)*

## Bianca **Illgner**

Profis sollten alleine leben. Sie betrügen ja doch nur Frau oder Freundin. *(Feststellung der Gattin des Fußball-Weltmeisters Bodo Illgner)*

## Bodo **Illgner**

Wir haben im Training viele Elfmeter geübt, aber Bodo war eine Katastrophe. Unsere Chance lag darin, dass er angeschossen wird. *(Franz Beckenbauer nach der WM 1990 über Bodo Illgner)*

Die Kölner diskutieren auch gar nicht. Bis auf Bodo. Der hat Abitur. *(Manfred Breuckmann über den Torhüter)*

Lieber vor dem Spiel auf die Toilette, als im Spiel in die Hose.

## Stefan **Ilsanker**

»Ich habe schon mal wieder Lust, einen wegzugrätschen.« *(Entzugserscheinunngen beim Frankfurter während der Corona-Spielpause)*

## Ken **Ilsö**

Ich bin Abenteurer. Ich will keine Verantwortung übernehmen. *(scheute den Abstiegskampf mit dem VfL Bochum)*

## Eike **Immel**

Nein, wir spielen doch erst morgen! *(bei Manchester City auf die Frage »Heute schon verloren?«)*

An einem Samstag. *(auf die Frage, wann er zum letzten Mal für Borussia Dortmund gespielt habe)*

Im Großen und Ganzen war es ein Spiel, das, wenn es anders läuft, auch anders hätte ausgehen können.

Danke, dass wir uns hier besaufen dürfen! *(beim Euro-Treff '96 ehemaliger Nationalspieler)*

## Paul **Ince**

*(englischer Nationalspieler)*

Ich liebe das Geräusch eines knackigen Tacklings und das »Aah« des Gegenspielers.

Tackling ist viel schöner als Sex!

## Gianni **Infantino**

Wenn ich FIFA-Präsident werden kann, kannst du die Champions League gewinnen. *(im ZDF zum Mainzer Trainer, seinen Schweizer Landsmann Martin Schmidt)*

## Mike **Ingham**

*(englischer Radio-Reporter)*

Tottenham könnte als erstes Londoner Team diesen Pokal gewinnen. Die Mannschaft, die das zuletzt geschafft hat, waren die Spurs.

## Andrés **Iniesta**

Iniesta ist wie ein erotischer Traum. Wenn er spielt, möchtest du, dass es länger dauert und nicht aufhört. *(Chiles Nationaltrainer Claudio Borghi)*

## **Internet-Forum**

Wenn der Daum seine Linie durchzieht, hat Frankfurt im Abstiegskampf die Nase vorn.

## Filippo **Inzaghi**

Pippo Inzaghi wurde im Abseits geboren. *(Sir Alex Ferguson)*

## Anghel **Iordănescu**

Wenn ich die Wahl zwischen den Niederlanden und England hätte, wäre mir Ägypten am liebsten. *(Rumäniens Trainer bei der WM 1994 über einen Wunschgegner)*

## Sammy **Ipoua**

Dann ist er wertlos, dann kannst auch gleich eine Vogelscheuche aufstellen. *(Didi Kühbauer auf die Frage, wie gut ein gezähmter Sammy Ipoua für Rapid ist)*

## Volker **Ippig**

*(ehemaliger Torhüter vom FC St. Pauli)*

Frage: Stimmt es, dass du beim Training mit Erotik-Puppen von Beate Uhse arbeitest? Ippig: Ja, die sind sehr hilfreich. Die simulieren Stürmer und Abwehrspieler. Wenn ich unterwegs bin, sind die Puppen immer im Kofferraum dabei.

Ich bewundere die, die dieser Gesellschaft nicht in den Hintern kriechen: die aus der Hafenstraße zum Beispiel.

So kann man im Sport seine Gesundheit auch verlieren: bandscheibchenweise.

## **Irak**

Ich kann ja nicht sagen: Ich erlaube keine Fotos mit eurem Chef. *(der deutsche Fußballtrainer Bernd Stange, der Nationaltrainer des Irak werden sollte und dessen Foto neben einem Gemälde, das Diktator Saddam Hussein zeigt, für Aufsehen sorgte)*

## **Iran**

Für die Iraner ist Sport, und speziell der Fußball, genauso wichtig wie die Verteidigung des Landes oder ihr Glauben. *(Irans Parlamentssprecher Mehdi Karroubi. Der Iran bemühte sich darum, Christoph Daum als Nationaltrainer zu verpflichten)*

## Irland

Unsere Männer denken, wir sind in Dublin beim Shoppen. *(Banner bei einem Spiel der Iren in Portugal)*

Wenn ich wählen könnte, ob ich den Literatur-Nobelpreis gewinnen oder drei Tore gegen die Shamrock Rovers schießen möchte, würde ich jederzeit den Hattrick vorziehen. *(irischer Spruch)*

## Island

Außerdem regnet es hier schon seit fast einer halben Stunde nicht mehr. Das ist für hiesige Verhältnisse fast eine Dürreperiode! *(Steffen Simon beim 0:0 der deutschen Nationalelf in Reykjavik)*

## Valérien **Ismaël**

Ich hoffe, ich kann dieses Mal mehr als fünf Minuten spielen. *(nachdem er beim vorherigen CL-Spiel in Mailand in der Anfangsphase vom Platz gestellt worden war)*

## Fenerbahçe **Istanbul**

Auch wenn wir am Galgen hängen: Unser letztes Wort wird Fenerbahçe sein! *(Fanplakat 2011, als der Präsident wegen eines Bestechungsskandals im Gefängnis saß)*

## Galatasaray **Istanbul**

Niemand kann mir sagen, dass das nur 20.000 sein sollen. *(Paolo Maldini nach dem Spiel seines AC Milan im Ali-Sami-Yen-Stadion gegen Galatasaray Istanbul)*

## Italien

Meine Liebe zu Italien ist nicht beendet – es hat sie nie gegeben. *(José Mourinho)*

Fußball ist für die Italiener nur der zweite Nationalsport. Der erste ist, die Steuer zu behumpsen. *(Marcel Reif)*

Wir waren ein Luxus-Restaurant, jetzt sind wir eine Pizzeria. *(Adriano Galliani, Milan-Vizeboss, über den Niedergang des italienischen Fußballs)*

Wenn mir ein Italiener sagt, dass das auf dem Teller Pasta ist, schaue ich unter der Soße nach, um sicherzugehen. Die sind die Erfinder der Vernebelungstaktik. *(Sir Alex Ferguson)*

Die meisten italienischen Spieler rennen in der Halbzeit schnell auf eine Zigarette in die Toilette. *(Paul Gascoigne bei Lazio)*

Der italienische Fußball wird von der Mafia regiert. Mit einem einzigen Anruf können die Medien einen Spieler moralisch töten. *(Diego Maradona)*

Fußball ist für die Klub-Präsidenten in Italien wie Monopoly. *(Jürgen Klinsmann)*

Hier in Italien stehen schon zum Mittagessen Wein und Bier auf dem Tisch, nach dem Motto: Wenn du zwei Bälle siehst, triffst du wenigstens einen. *(Stefan Effenberg)*

Die Leute dürfen nicht glauben, die italienische Liga sei der Garten Eden. *(Trainer Arrigo Sacchi)*

## Ralf **Itzel**

*(Eurosport)*

Die heimischen Spieler werden von ihren Fans mit einem gähnenden Pfeifkonzert in die Halbzeit verabschiedet.

## Trifon **Iwanow**

*(bulgarischer Fußballspieler)*

Seine Devise: Ein schneller Schritt könnte wehtun. *(Didi Kühbauer)*

# J

## Michael **Jackson**

Die Fans waren wie die Leute, die zu meinen Konzerten kommen. Sie schrien und feuerten ihre Spieler an. Fantastisch. Ich wollte hinunterspringen und anfangen zu tanzen, denn ich bin daran gewöhnt, aufzutreten, wenn ich solche Geräusche höre. *(nach einem Besuch des Spiels FC Fulham gegen Gillingham im April 1999)*

## René C. **Jäggi**

*(FCK-Vorstandschef)*

Ich bin es leid, immer Geld zu besorgen, um die Spieler bezahlen zu können, und dann so eine Leistung als Dank zu bekommen. Da mache ich lieber einen Kindergarten in Afghanistan auf.

Siege sind schön. Aber davon lassen sich die Banken wenig beeindrucken.

Die elf Clowns mit schönen Autos sollen zeigen, dass sie nicht die Totengräber des Vereins sind.

Am besten ist, man holt ihn ins Zelt. Es ist besser, jemand pinkelt aus dem Zelt nach draußen als von draußen ins Zelt. *(zum Gedanken, Oppositionsführer Andreas Kirsch in den Aufsichtsrat einzubeziehen)*

Die Pfalz hat wunderschöne Wälder. *(mit Blick auf die Laufbereitschaft von Lauterns Spielern)*

Runter mit den Gehältern um 30 bis 50 Prozent. Ich habe durchgerechnet, dass es allen Vereinen wieder gut gehen würde, wenn wir wieder das Gehaltsniveau der 80er Jahre hätten.

Mein Leben besteht zu 90 Prozent aus Leiden und zu 10 Prozent aus Genießen. Das werde ich jetzt tun. *(nach der Rettung im Abstiegskampf)*

Ich würde Gras fressen. *(nach einem blamablen Aus in der ersten Pokalrunde bei Drittligist Eintracht Braunschweig)*

Solche Dinge melden dann die Blumenläden in Kaiserslautern. *(zur Behauptung, Hertha-Manager Dieter Hoeneß habe Vratislav Lokvenc Blumen geschickt und damit sein Interesse an einer Verpflichtung des Tschechen bekundet)*

Ruhig bleiben, langsam hochklettern und wenn man oben angekommen ist, ein Bier trinken. *(auf die Frage, wie die missliche Situation zu bewältigen sei)*

## Ditmar **Jakobs**

Bei mir hat der Schönheitschirurg schon ein Abonnement!

Mach dir nichts draus, der Schönste warst du ja nie! *(Günter Netzer, nachdem Jakobs mit fünf Stichen genäht werden musste)*

## Jahn Ivar **Jakobsen**

*(norwegischer Fußballspieler)*

Ich habe zweieinhalb Jahre bei Young Boys Bern, sechs Monate bei Lierse und 53 Minuten bei Duisburg gespielt.

## **Jamaika**

Jetzt wechselt Jamaika den Torhüter aus! *(Gerd Rubenbauer, als der FIFA-Beauftragte eine Minute Nachspielzeit anzeigt)*

## David **James**

Während der Organisation meiner Hochzeit und den Wechselgedanken habe ich einen Anruf erhalten, der von einer unbekannten Nummer kam. Normalerweise gehe ich dann nicht an mein Handy, aber ich war betrunken, also ging ich ran. *(über seinen Wechsel zum Zweitligisten Bristol City)*

Wo war ich bloß? Ach ja, in einer Kneipe mit einem Kumpel. Wir haben Orangensaft getrunken. *(Englands Torwart erinnert sich an das letzte WM-Duell gegen Deutschland bei der WM 1990)*

Es ist wirklich nicht schön, in den Supermarkt zu gehen und die Kassiererin denkt, wenn sie dich sieht: Du unzuverlässiger Torhüter!

## Carsten **Jancker**

Ich kann Locken nicht leiden. *(über seinen kahlen Kopf)*

Man muss auch mal aus zwei Chancen drei Tore machen können.

Klaus Augenthaler hat mir mal gesagt, dass man beim FC Bayern mit Messer und Gabel isst – nur weil ich die Kartoffeln mit der Hand von der Schüssel auf den Teller befördert habe.

Rosenborg und Trondheim sind sehr starke Mannschaften. *(auf die Frage, wer die schweren Gegner in der Champions-League-Gruppe seien)*

Carsten Jancker, ein Kerl wie ein Baum. Wenngleich er wenig Blätter auf dem Kopf hat. *(Holger Pfandt, DSF-Kommentator)*

Deutschland sieht so viel besser aus ohne Jancker, selbst mit zehn Mann. *(»The Guardian« im Internet-Ticker)*

Jancker zieht sich nach dem Spiel auch dann das Trikot aus, wenn er gar nicht gespielt hat. *(Harald Schmidt)*

Das ist ein Niveau! Du bist ein Gossenjunge! *(Jens Lehmann zu Jancker, nachdem dieser beim Nationalmannschaftstraining in seine Richtung gespuckt hatte)*

In den ersten fünf Minuten hat es ja Angstschreie gegeben, wenn Carsten Jancker am Ball war. So einen Riesenkerl haben die in Japan wahrscheinlich noch nie gesehen. *(Christoph Metzelder)*

Da Janckers Durchschlagskraft mit den Profijahren ein wenig gesunken ist und seine weiteren Fähigkeiten nicht gerade überdurchschnittlich ausgeprägt sind, ist er mit 30 in Kaiserslautern angekommen. *(»Frankfurter Allgemeine Zeitung«)*

Jetzt hat er nicht einmal den Trost, sich die Haare ausreißen zu können. *(Guy Roux)*

Falls es irgendwen interessiert: Jancker ist wie immer die Nutzlosigkeit in Person. Meine Güte, seine Ballannahme ist noch schlechter als die von Emile Heskey. *(»The Guardian« im Internet-Ticker)*

## Paul **Janes**

Nach der WM 1934 wird der deutsche Nationalspieler von einem Journalisten gefragt: »Wie war es in Italien?« Paul Janes: »Warm.«

## Jürgen **Jansen**

*(ehemaliger Schiedsrichter)*

In so eine Bude gehe ich im Leben nicht rein. Die haben ja alle eine Knarre dabei. *(auf die Frage, ob er Wettbüros besuche)*

## Marcell **Jansen**

Da ist schon einiges auf den Platz geflogen – unter anderem ein Snickers.

Ich werde hier viel Neues erleben, was ich aus Gladbach so nicht kannte. Auswärtssiege zum Beispiel. *(nach seinem Wechsel von Gladbach zum FC Bayern München)*

Meine große Vision war es schon damals als aktiver Spieler, den Content in den Fokus zu rücken. *(2018 auf der SPOBIS als Aufsichtsratsmitglied des HSV)*

Ich will später noch eine Familie gründen. So bin ich auf der sicheren Seite. *(auf die Frage eines Kindes, warum er sich bei einem Freistoß immer die Hände unten herum vorhalte)*

## Klaus **Janzen**

*(Fußballchef bei Bayer Uerdingen)*

Wir verweigern schlichtweg unsere eigene Beerdigung. *(im Abstiegskampf 1993)*

## Norbert **Janzon**

Sie laufen ja wirklich langsamer herum als ein Krebskranker. Wie eine alte Kuh! *(Präsident Wilhelm Neudecker beim FC Bayern zu seinem Spieler)*

## **Japan**

Dass Japan bei der WM 2006 mitmachen darf, gebietet der Anstand; immerhin waren die Japaner so freundlich, eine Ehefrau für Pierre Littbarski zu finden. *(Boris Herrmann in der »Berliner Zeitung«)*

Wenn der Ball drin ist, dann sieht das auch ein Japaner. *(Gerd Müller nach seiner Zeit bei einer Fußballschule in Japan)*

Der Frauenanteil unter den Fans ist in japanischen Stadien sehr hoch, manchmal sind es 50 bis 60 Prozent. Das hat eine ganz andere Herzlichkeit, wenn man von Frauen angefeuert wird – allein durch die Stimmlage. *(Guido Buchwald)*

Hier hat ungefähr jeder der 72.000 Besucher zwei Kameras dabei. *(Heribert Faßbender zum Blitzlichtgewitter bei einem Freistoß für Japan)*

Auch größenmäßig ist es der größte Nachteil, dass die Torhüter in Japan nicht die allergrößten sind! *(Kommentator Klaus Lufen)*

In Japan kommen wegen der vielen Staus die meisten Zuschauer direkt von der Arbeit mit Anzug und Aktentasche ins Stadion. Dort wird dann Wurst am Stiel gegessen. Das ist sauberer als Wurst im Brötchen, weil man nicht so kleckert. *(Pierre Littbarski über seine Erfahrungen als Spieler und Coach in Japan)*

## Kurt **Jara**

Wenn ich Spieler wäre und er würde mich so ansprechen – ich würde einschlafen. *(Udo Lattek)*

Wenn dies das Sieg-Rezept ist, schalte ich schon am Mittwoch die Sprenkleranlage ein, damit am Samstag viel Wasser auf dem Rasen ist. *(zu dem vom Dauerregen aufgeweichten Boden bei einem 3:2 gegen den VfL Wolfsburg im Abstiegskampf)*

Eigentlich hätte der Arzt noch zehn andere Spieler mitnehmen müssen. *(nachdem einer seiner Spieler auf der Trage aus dem Stadion gebracht worden war)*

Ich mache mir Gedanken, wie ich die Mannschaft vor dem Spiel wecken kann. Vielleicht sage ich dem Busfahrer, er muss vor einem Auswärtsspiel gegen eine Mauer fahren. *(zu den Auswärtsleistungen des Hamburger SV)*

Vielleicht dürfen wir nicht so einen langen Mittagsschlaf machen. *(zum verschlafenen Spielbeginn)*

Ich bin froh, dass der Hässlichere gewonnen hat. *(zur Bemerkung von Mönchengladbachs Coach Hans Meyer: »Kurt, alle Kameras waren vor dem Spiel auf dich gerichtet. So schön bist du doch gar nicht.«)*

Zu Hause bin ich Macho. Da finde ich nicht mal den Knopf der Kaffeemaschine.

Wenn bei mir zu Hause die Tür ins Schloss fällt und wir haben verloren, weiß meine Frau, was sie zu tun hat.

Paul McCartney hat drei Tore für uns verhindert. *(zum Zustand des Rasens in der AOL-Arena drei Tage nach dessen Konzert)*

Sind Sie wirklich so cool? Es wirkt, als könnten Sie Eiswürfel urinieren. *(DSF-Moderator Frank Buschmann nach dem Sieg gegen Bielefeld zu Jara, der ihm vorerst den Job sicherte)*

Das war geplanter Mord. *(Willi Reimann zur Entlassung von Jara beim Hamburger SV)*

Früher habe ich die Kugel am Elfmeterpunkt gestoppt, den Torwart gefragt, wie alt er ist und wo er wohnt – und habe sie dann reingeschossen. Das geht nicht mehr.

## Lew **Jaschin**

Im Gegenteil. Bei ihm ist der Ball im Verhältnis viel kleiner. *(Sepp Maier auf die Frage, ob der russische Torhüter durch seine riesigen Hände im Vorteil sei)*

## Günther **Jauch**

Kaká heißt übrigens auf Deutsch übersetzt so viel wie »Jauch«.

Vielleicht hätte Jauch in der Veltins-Arena mal den Publikumsjoker ziehen sollen, dann hätte er die richtige Antwort gehabt. *(Manuel Neuer, als Jauch wettete, er wüsste, dass Neuer bald zu Bayern geht)*

Gemeinsam Urlaub machen wir auch. Nee, im Ernst: Bislang gibt es keine Pläne. Wir sind auch noch nicht händchenhaltend gesehen worden. *(Jürgen Klopp auf die Frage, ob es das Duo Jauch/Klopp auch über die WM hinaus geben wird)*

An die Sangeskünste der Liverpooler Fans kommt in Europa höchstens die Dortmunder Westtribüne heran. *(die legendäre Stehtribüne befindet sich im Süden)*

Wenn der Nebel dick wie Calmund, sieht man nix im weiten Halbrund. *(zum Ausfall des Champions-League-Spiels Turin – Leverkusen wegen Nebels)*

Als Roberto Carlos in der 62. Minute noch mal zu einem Freistoß antrat, da hat sich einer geopfert, es war Jörg Reeb … Der Mann ist verheiratet.

Für alle Zuschauer, die erst jetzt eingeschaltet haben, das erste Tor ist schon gefallen. *(beim legendären Spiel Real Madrid – BVB, kurz nachdem das Tor umgekippt war)*

Machen Sie sich auch einen Höhepunkt. *(gegen 1 Uhr nachts, nachdem alle »Highlights« der CL gezeigt waren)*

Ich habe noch nie Werbung gemacht und würde auch keine Werbung machen. Ich muss allerdings gestehen, dass auch mir beim Anblick eines Millionenschecks das Recht auf einen menschlichen Irrtum zugestanden werden müsste. *(als junger Moderator des »Aktuellen Sportstudio«)*

## Erik **Jendrišek**

Meine Kontoauszüge! *(auf die Frage nach seiner Lieblingslektüre)*

## Walter **Jens**

*(Schriftsteller)*

… und jeden Sonnabend freuten wir uns, wenn man den Dirigenten Overath mit dem Dirigenten Karajan verglich, und wir fanden es – ehrlich! – richtig, dass Wolfgang nicht schlechter als Herbert verdiente.

Dehrle Ahlers, Otto Rohwedder, Herbert Panse, Kalli Mohr und Hanno Maack … wenn ich den letzten Goethe-Vers vergessen habe, werde ich den Eimsbütteler Sturm noch aufzählen können.

## Jens **Jeremies**

Sie können eine Nachricht hinterlassen, aber ich rufe nicht zurück. *(Ansage auf dem Anrufbeantworter)*

Wenn es einmal hart auf hart kommt, kommt es meistens ganz hart.

Ronaldo? Da hätte früher der Jens Jeremies gesagt: »Dass mir den ja niemand anfasst. Der gehört mir!« *(Mehmet Scholl bei einer Fernsehübertragung der ARD über Cristiano Ronaldo)*

Ich hoffe natürlich, dass ich auch wegen meiner fußballerischen Fähigkeiten spielen kann und nicht nur, weil ich sprechen kann. *(als Antwort auf Rudi Völler, der seine lautstarken Kommandos auf dem Platz gelobt hatte)*

Ich mache immer das, was mir gesagt wird. Das habe ich im Osten gelernt. *(auf die Frage, ob er mit dem von Trainer Ottmar Hitzfeld geforderten Aufruf zu mehr Disziplin Probleme habe)*

Ich weiß auch nicht, woran es liegt, dass wir immer, wenn wir führen oder zurückliegen, doch noch verlieren.

Das ist Schnee von morgen.

Ob ich ein taktisches Opfer bin oder ob der Trainer sagt, ich sei zu blind, ist egal. Oder ob ihm mein Haarschnitt nicht gefällt. Sicher möchte ich gerne spielen. Aber wenn nicht, dann sitze ich mit der Deutschlandfahne auf der Bank und drücke die Daumen, fertig.

Ich war schon alles: Zwerg, Flasche, Wurst, Schaf. Nein, Schaf nicht, weil wir gegen die Färöer-Inseln noch gewonnen haben.

Es gibt keine Mannschaft, die uns nicht besiegen kann. *(vor dem Spiel gegen die Färöer-Inseln)*

Eigentlich wollte ich es ja dem neuen Bundestrainer mitteilen. Aber es war ja keiner da. *(zu seiner Ankündigung, nicht mehr in der Nationalmannschaft spielen zu wollen)*

Ich habe doch keinen Druck. Ich als kleines Männlein aus Görlitz habe früher davon geträumt, bei Dynamo Dresden zu spielen. Aber bei Bayern zu sein und 50 Länderspiele fürs Nationalteam zu haben, dafür reichten nicht mal meine Traumfantasien aus.

Das Abrasierte steht ihm nicht. Dafür hat er eine zu prägnante Nase. Er wirkt ein bisschen brutal, und das ist er ja gar nicht. *(Gerhard Meir, Münchner Prominentenfriseur)*

Jeremies ist kein Eilts! *(Heribert Faßbender)*

Ein Schuss von Jens Jeremies, unserem Abwehr-Stürmer. *(Marcel Reif)*

Jens Jeremies erinnert mich an den jungen Lothar Matthäus. *(Lothar Matthäus)*

## Markus **Jestaedt**

Preuß kam für den angeschlagten Lösch.

## Paul **Jewell**

*(englischer Trainer)*

Ich werde einfach das sagen, was ich immer sage: »Geht raus und gewinnt das verfickte Spiel, ihr Säue!«

Reporter: Wann hören Sie auf, über den Abstieg zu grübeln und über die Europa League nachzudenken? Paul Jewell: Ungefähr nach zehn Pints Bier. *(in einem Fernsehinterview, als Jewells Mannschaft auf dem sechsten Platz in der Premiership stand)*

Ich habe den Spielern gesagt, dass sie vielleicht nie wieder die Chance haben werden, ein großes Finale zu erreichen. Deshalb sollen sie rausgehen und für ihre Frauen oder Freundinnen spielen – oder auch für beide.

## Huang **Jianxiang**

Selbst Menschen, die nicht jedes Wochenende Fußball schauen, müssen jetzt zuschauen. Sonst haben sie nichts, worüber sie mit ihren Freunden und Kollegen reden können. *(der chinesische TV-Kommentator über die Fußballbegeisterung in seinem Land, in dem zwischen 40 und 50 Millionen Zuschauer nachts die Spiele der EM 2004 verfolgten)*

## Helmut **Johannsen**

Das wird seinen Heilungsprozess beschleunigen. *(der Trainer zur Gehaltskürzung für seinen seit Monaten verletzten Spieler Heinz-Werner Eggeling)*

## Walter **Johannsen**

*(ARD-Teamchef)*

Noch dreißig Minuten – also eine halbe Stunde.

So breit ist das Tor, und nur ein Mann steht drin. Aber je näher man kommt – glaube ich –, desto mehr laufen die Pfosten zusammen.

## Christoph **John**

*(Trainer bei den Amateuren des 1. FC Köln)*

Das ist absolut sekundär, ja tertiär, oder sogar quartiär!

## Elton **John**

Englands Showmaster Des O'Connor vor der WM 1998: »Wenn England Weltmeister wird, kommst du dann noch einmal und singst ein Duett mit mir?« Elton John: »Wenn wir gewinnen sollten, komme ich zurück und schlafe mit dir!«

## Erland **Johnsen**

Er wirkt wie ein Goldfisch unter Piranhas. *(die »Süddeutsche Zeitung« über den Vorstopper der Bayern)*

## Gary **Johnson**

*(englischer Fußballtrainer)*

Meine Mutter hat mir ein paar Glücksunterhosen gekauft. Ich werde nicht sagen, ob ich sie trage, aber ich hoffe, dass ich auf dem Heimweg nicht von einem Bus überfahren werde. *(bei Bristol City)*

Peter Crouchs Hand am Ball war so offensichtlich, man konnte es im Radio sehen.

## Mo **Johnston**

Für eine kurze Zeit habe ich die Fans von Celtic und den Rangers vereint. Sie haben mich alle gehasst. *(nachdem er für beide Glasgower Teams gespielt hatte)*

## Martin **Jol**

Wir haben eine breite Kabine. *(als den HSV Verletzungssorgen plagten)*

## Jermaine **Jones**

Der Trainer hat gesagt, ich hätte muskuläre Probleme. *(auf die Frage, warum Felix Magath ihn nicht aufgestellt habe)*

## Steffi **Jones**

Theo, lass uns nach Eppheim fahren. *(im Tatort zu Theo Zwanziger)*

## Vinnie **Jones**

Ich muss vor, einen Einwurf machen, aber ich bin gleich wieder da, Arschloch. *(zu Paul Gascoigne)*

Gewinnen ist nicht wichtig, solange man gewinnt.

Frage: Ist es Ihr Ziel, in einem WM-Finale zu stehen? Jones: Ich spiele für Wales!

Ich bin Vinnie Jones. Ich bin ein verdammter Outlaw. Heute gibt es nur mich und dich, du Fettsack, nur dich und mich … *(zu Paul Gascoigne)*

Ich würde mich erschießen, wenn ich den Mumm dazu hätte. *(nachdem er das zehnte Mal vom Platz verwiesen wurde)*

Der Fußballverband hat mich gelobt, weil ich die Gewalt runter von den Rängen, rauf auf den Rasen geholt habe.

Als ich mich in Eton mit den Jungs unterhalten habe, haben sie mich Sachen gefragt wie: »Wie groß sind eigentlich »Gazzas« Eier?«

Meine Hängebauchschweine quieken nicht so viel wie Ruud Gullit.

## **Jorginho**

Ich trinke nur Mineralwasser. Wasser ist für meinen Körper Benzin.

## **Jornal do Brasil**

Ganz Brasilien strahlt. Offizielle, Trainer, Spieler, Journalisten und Fans sind sicher, dass wir die zweite Runde erreichen werden. Jetzt brauchen wir nur noch eine Mannschaft. *(nach der Auslosung zur Fußball-WM 1986)*

## Harald **Juhnke**

Es gibt etwas, das mich speziell mit Fußballern verbindet: Der Trost liegt nicht selten im Prost.

## Burkhard **Jung**

Wir freuen uns auf den argentinischen Tanga. *(Leipzigs Oberbürgermeister bei einem Empfang zur WM 2006)*

## Max **Jung**

*(Sky)*

Ibišević mit seinem siebzehnten Tor, in Worten siebzehnten.

## Walter **Junghans**

Aber eins muss man ihm lassen: Im Training ist er Weltklasse. *(Peter Neururer)*

Bei mir ist es doch so wie beim Harald Juhnke. Er kann ein ganzes Jahr oder länger trocken bleiben, ein einziger Rückfall aber sorgt sofort wieder für negative Schlagzeilen. Wenn mir nach guten Spielen mal ein Fehler passiert, bin ich sofort wieder der Buhmann.

Bleib doch lieber in deinen Nachtlokalen! *(Pál Csernai in der Halbzeitpause zu seinem unsicher agierenden Torwart)*

## Florian **Jungwirth**

Wahrscheinlich werden wir erst merken, was passiert ist, wenn uns der Arjen Robben in der nächsten Saison sieben Knoten in die Beine gespielt hat. *(zum Bundesligaaufstieg von Darmstadt 98)*

Ich weiß nicht, ob die Bayern damit klarkommen, mein Trikot im Schrank zu haben. *(auf die Frage, warum er sein Hemd nicht mit einem Bayern-Star getauscht habe)*

## Roque **Júnior**

Zum Glück war er heute nicht Roque senior. *(Klaus Augenthaler über den brasilianischen Neuzugang von Bayer Leverkusen)*

## Zlatko **Junuzović**

Wir müssen uns den Arsch aufreißen. *(bei Werder Bremen grassierte vor einer Partie ein Magen-Darm-Infekt)*

# k

## Heidi **Kabel**

*(Schauspielerin)*

Diese jungen Menschen mögen zwar Millionäre sein. Aber was haben sie im Kopf? Lauter kleine Lederkugeln.

## Shinji **Kagawa**

Am Kopfball-Pendel haben wir das mit ihm nicht geübt. So tief kann man das auch gar nicht einstellen. *(Jürgen Klopp nach einem Kopfball-Tor vom 1,72-m-Mann Kagawa)*

## Oliver **Kahn**

Ich werde nicht durch den Meetingraum grätschen. *(bei seiner Vorstellung als Vorstandsmitglied beim FC Bayern)*

Ich fasse mir ans rechte Ohr, schaue am Reporter vorbei und rede irgendein Zeug, das ich inzwischen selbst nicht mehr hören kann.

Interviews von mir nach dem Spiel haben nur bedingte Zurechnungsfähigkeit.

Wenn man auf dem Gipfel eines Berges steht und noch höher will – dann muss man die Fähigkeit entwickeln, sich auf seine eigenen Schultern zu stellen.

Ich nehme immer nur einen. Zwei wären zu viel. Das kostet zu viel Kraft. *(übers Kaugummikauen während des Spiels)*

Ich war ein perfekter Techniker, das hat man bloß nie gemerkt.

Ich habe neue Kräfte getankt. Jetzt kann ich die nächsten 75 Spiele in den nächsten vier Wochen in Angriff nehmen.

Es geht heute gar nicht mehr, dass du absolut fehlerfrei spielst – der Einzige, der das kann, bin ich.

Die Karten sind neu gewürfelt.

Mal sehen, ob mich Jürgen aufstellt. *(vor seinem eigenen Abschiedsspiel über Trainer Jürgen Klinsmann)*

Wenn der Olli Kahn aufs Feld läuft, ruft Ottmar Hitzfeld am Rand: »Der tut nix, der will nur spielen.« *(Harald Schmidt)*

Ich wünsche mir, dass er wieder eine Kabinentür eintritt, die Fußballschuhe in die Ecke wirft und nicht nur die Handschuhe. Ich bin überzeugt, dass das bald wieder passieren wird. *(Ottmar Hitzfeld)*

Hallo Oliver, jetzt hörst du also auf. Ein wenig eher als ich, aber du bist ja auch noch ein bisschen älter als ich. Bei aller Rivalität muss ich sagen, dass mir deine Einstellung immer unheimlich imponiert hat. Das hat mich nie den Ansporn verlieren lassen, immer hart zu trainieren. Ich wusste immer, da ist jemand in München, der trainiert gerade härter oder genauso hart wie ich, um das Ziel, der Beste sein zu wollen, zu erreichen. Das hat mir gerade während unseres Konkurrenzkampfes seit 1998, als ich zur Nationalmannschaft gekommen bin, sehr geholfen, mich selber zu verbessern und auch in meinem Verein mit den ganzen Konkurrenzsituationen fertigzuwerden. Dafür danke ich dir und wünsche dir alles Gute für die Zukunft! *(Jens Lehmann, Nationalkeeper von Deutschland und Keeper vom FC Arsenal London, würdigt im ZDF-»Sportstudio« seinen Konkurrenten Oliver Kahn)*

Ich habe ihn das erste Mal im November 2002 kennengelernt. Da saß ich neben ihm. Und das erste Mal, dass er mit mir gesprochen hat – das war dann so 2005. *(Bastian Schweinsteiger)*

Jeder Spieler hat bei uns ein Handtuch in der Kabine. Nur komischerweise war bei mir nie eines da. Ich dachte immer, wo ist nur mein Handtuch? Dann sehe ich neben mir den Olli, wie er sich seine Haare schön macht, wie er seine Handschuhe poliert und alles Mögliche – mit zwei Handtüchern! *(Bastian Schweinsteiger)*

Kahn – der schaut schon bei der Hymne drein wie Graciano Rocchigiani, aber nach dem Kampf. *(Johannes B. Kerner)*

Der Trainer hat gesagt, wir sollen uns am Gegner festbeißen. Das habe ich versucht zu beherzigen. *(nach seiner ungestümen Attacke ans Ohr von Heiko Herrlich)*

Das einzige Tier bei uns zu Hause bin ich.

Es ist eine eindimensionale Sichtweise, dass von einer Karriere nur Titel bleiben. Was nützt es, wenn du 100.000 Titel gewinnst und als Mensch ein Riesenarschloch bist, ein Nichts?

Schalke spielt doch am letzten Spieltag gegen Unterhaching. *(zu Bayerns Aussichten im Titelkampf gegen Schalke)*

Der sitzt hier! *(Antwort auf die Frage eines spanischen Journalisten, wer der weltbeste Torwart sei)*

Schlachtross ist in Ordnung, aber alt verbitte ich mir. *(der 35-Jährige, der bei der Pressekonferenz in Japan von einem Journalisten mit »altes Schlachtross« angesprochen wurde)*

Es war keiner zum Jubeln da, da musste die Eckfahne herhalten. *(nachdem er nach dem Abpfiff eine Eckfahne aus dem Boden gerissen hatte)*

Fußballer sind der beste Indikator, den es gibt. Wenn keiner über Aktien redet, wie momentan bei uns, weil jeder auf dicken Verlusten sitzt, ist das der beste Kaufzeitpunkt. Ich nenne das scherzhaft Mannschaftsindikator. *(über das Klischee, dass Profifußballer nach dem Training als Erstes die Börsenkurse überprüfen würden)*

Das merkt man doch heute noch, oder? *(Kahn darüber, dass er in der F-Jugend bei seinem Heimatklub Karlsruher SC für ein Jahr die Libero-Position spielen musste)*

Ich dachte, der Torwart darf im Strafraum die Hände benutzen. *(er hatte mit beiden Fäusten ein Tor in Rostock erzielt und war dafür vom Platz gestellt worden)*

Heute hätte ich meine Sporttasche ins Tor stellen können, dann hätten wir zwei Stück weniger gekriegt. *(nach dem 1:5-Debakel gegen England)*

Wir müssen einen Torwart verpflichten, weil mit dem jetzigen nichts zu gewinnen ist. *(zur Frage, auf welcher Position sich die Bayern in der kommenden Saison verstärken müssen)*

Ich bin in meinem Privatleben exakt genauso wild, wie ich auf dem Platz bin. Deshalb hat mich meine Frau auch geheiratet.

Im ersten Spiel als Kapitän der Nationalmannschaft muss man einfach ein Tor machen. *(zu seinem Eigentor beim 7:1 gegen Israel)*

Ich will noch lange in kurzen Hosen spielen.

Irgendwann mal wieder gewinnen, und das versuchen wir zu probieren. *(auf die Frage, was man denn gegen die Krise tun könne)*

Es stimmt nicht, dass ich noch nie in der Arena AufSchalke gewonnen habe. Die zwei Benefizspiele mit der Nationalmannschaft habe ich dort gewonnen.

Ich hab die Liebkosungen gar nicht mitbekommen. *(über die medizinische Erstversorgung per Mund-zu-Mund-Beatmung durch Samuel Kuffour nach seiner kurzzeitigen Bewusstlosigkeit)*

Wir haben heute in Adrenalin gebadet. *(nach dem 6:2 gegen Dortmund)*

Darüber muss sich jeder Einzelne ein Urteil machen. Ich mache das jedenfalls nicht. *(auf die Frage, ob ein Tor auf seine Kappe gegangen sei)*

Da muss man schon gucken, ob noch alles dran ist. *(nachdem er einen Schuss des Stuttgarters Ganea mit dem Unterleib abgewehrt hatte)*

Ich rotiere höchstens, wenn ich Opfer des Rotationsprinzips werde.

Jeder Gegentreffer ist für mich eine Beleidigung.

Ich will mit diesem Diskotheken-Blödsinn nun abschließen. Ich habe von dieser oberflächlichen Lebensform endgültig genug. Ich merke, wie wenig das fürs Leben bringt: null. Was mein Leben bereichert, ist ausschließlich das, was ich kann: Fußball spielen, im Tor stehen.

Wenn's scheiße läuft, läuft's scheiße! Ist mir auch scheißegal!

Wenn mir der Füllfederhalter nicht aus der Hand fällt, dürfte nichts mehr dazwischenkommen. *(als er seinen Vertrag beim FC Bayern München um drei weitere Jahre bis 2006 verlängerte)*

Kritik. *(auf die Frage, was er vom Jahr 2004 erwarte)*

Ich denke immer, spielst' halt mit einem Auge, das geht schon irgendwie. *(auf die Frage, warum er in der Hinrunde trotz einer Augenerkrankung antrat)*

Voraussichtlich in Bremen. Falls ich kein Golfturnier habe. *(wann er nach seiner Muskelverletzung wieder für den FC Bayern München spielen könne)*

Die sind schon wieder zwei Wochen am Strand. *(über attraktiv spielende Mannschaften bei der WM 2002)*

Ich wollte mir heute eigentlich die Bälle selber aufs Tor schießen, damit ich mich endlich mal auszeichnen kann.

Ich hab gehört, wir liegen in der Fairheitstabelle vorn. Da musste ich eingreifen. *(nach seiner gelben Karte wegen Meckerns)*

Das war wieder ein Ballettanfall, erstes Semester. *(nach einem 0:0 zu Hause)*

Wir haben von 90 Minuten 95 auf ein Tor gespielt. Was soll man da kritisieren? *(über den 2:0-Sieg der deutschen Fußball-Nationalmannschaft im EM-Qualifikationsspiel auf den Färöern)*

Wir brennen darauf, nach Hamburg zu fahren. Das ganze Stadion wird gegen uns sein. Ganz Deutschland wird gegen uns sein. Etwas Schöneres gibt es gar nicht.

Ich vermisse, dass mich der Herr Biolek noch nicht eingeladen hat. Wahrscheinlich kennt er mich gar nicht.

Er hatte in seiner Karriere vielleicht nicht ähnliche Momente, aber ungefähr die gleichen. *(Franz Beckenbauer über Oliver Kahn, bezogen auf dessen spielentscheidenden Fehler gegen Real Madrid)*

Der Kahn gehört in den Käfig und weg. *(Dr. Robert Wieschemann, 1. FC Kaiserslautern)*

Kahn wird als Übermensch hingestellt, alle anderen sind Bratwürste. *(Frank Rost)*

Deutschland kann ins Halbfinale kommen. Aber dann darf Oliver Kahn nicht verletzt oder entführt werden. *(Winfried Schäfer)*

Es ist nicht so, dass beim Essen 20 Leute auf Oliver Kahn warten, und erst wenn er sich setzt, alle anfangen dürfen. *(Dietmar Hamann zur Hierarchie in der DFB-Auswahl)*

Der Olli darf wohl alles! Das ist seine Art zu diskutieren! *(Miroslav Klose über Kahn, der ihm direkt auf der Nase bohrte)*

Von Goethe über Gutenberg bis Oliver Kahn – es gibt sehr viel, worauf Deutschland stolz sein kann. *(Jacques Rogge, IOC-Präsident)*

Kahn soll seine Laufbahn in München beenden. Wo will er denn mit 35 Jahren noch hin, der alte Sack. *(Franz Beckenbauer)*

Ich hab dem Oliver in der Kabine gesagt: »Du hältst ja alles, Fußbälle, Golfbälle …« *(Mehmet Scholl nach der Golfball-Attacke gegen den Torwart in Freiburg)*

Sicher, er hat den einen oder anderen menschlichen Zug. *(Rainer Schütterle über seinen ehemaligen Mitspieler)*

Das war die erste gelb-rote Karte gegen uns, bei der ich grinsen musste. *(Stefan Effenberg zum Platzverweis von Olli Kahn wegen absichtlichen Handspiels)*

Zu viele Spielertypen wie Oliver Kahn dürfen wir auch nicht auf dem Platz haben, sonst artet das in eine Schlägerei aus. *(Ottmar Hitzfeld)*

Die Zentimeter, die ihm jetzt bei manchen Toren fehlen, braucht er zurzeit woanders. *(Sepp Maier über Oliver Kahns sportliche Leistungen im Zusammenhang mit dessen Privatleben)*

Es ist schon verrückt, was der Fußball aus mir macht.

Normal muss man die ganze Innenverteidigung entlassen, wenn Mario Götze ein Kopfballtor machen kann.

Das sind Jahrhundertspieler, wie sie höchstens alle 50 Jahre mal vorkommen.

Man muss immer ein bisschen aufpassen, dass das viele Geld nicht die Hirnwindungen irgendwie angreift.

Der Ball wollte nicht zwischen die Stangen. *(über die Ursache einer 0:1 Niederlage des FC Bayern in Unterhaching)*

Wir Spieler sind es, die den Sport betreiben, und nicht irgendwelche Krawattenträger.

Krisen gibt es im Krankenhaus auf der Intensivstation oder im Nahen Osten, aber nicht im Fußball.

## Andrea **Kaiser**

*(Moderatorin)*

Lars und ich standen im Stadion relativ nah zusammen, konnten aber nicht miteinander reden. Vielleicht ist das ja das Erfolgsgeheimnis einer guten Ehe … *(damaliger Ehemann Lars Ricken und sie moderierten dasselbe Spiel)*

## 1. FC **Kaiserslautern**

Ich begrüße die weiteste Dame. *(Willi Müller, Präsident vom 1. FC Kaiserslautern, zu einer Teilnehmerin an einer Fanveranstaltung)*

Das Grauen hat einen Namen: Betzenberg. Dort ist der 1. FC Kaiserslautern zu Hause, jenes Team, das die Ästhetik der Kneipenschlägerei zur sogenannten Fußballkultur erhob. *(Wiglaf Droste)*

Wohin sollte ich denn wechseln? Ich bin doch schon beim FCK! *(Fritz Walter)*

Kaiserslautern wollte sich Winterspeck anfressen, doch heute spielen sie wie die Weight Watchers. *(Jens-Jörg Rieck, Reporter)*

Das ist wie ein Glaube. So wie andere in den Dom rennen, gehen die zum Betzenberg. Das ist da wie der Ölberg! *(Hannes Bongartz)*

Kaiserslautern hat proportional zur Einwohnerzahl die größte Kneipendichte. Da kann ich verstehen, dass einige FCK-Verantwortliche sagen: »Lieber nicht!« *(Fritz von Thurn und Taxis zu den Gerüchten, Mario Basler wolle zum 1. FC Kaiserslautern wechseln)*

Der Tränenkanal der Liga. *(TV-Kommentator Thomas Herrmann im Abstiegsjahr 1996)*

Die Atmosphäre in Kaiserslautern ist Fußball pur und die lassen wir uns auch nicht nehmen. Dann können wir gleich ins Theater gehen. *(Jürgen Friedrich)*

Man kann in Kaiserslautern nicht in Ruhe arbeiten. Ich bin am 4. Februar gekommen und stehe seit dem 6. Februar unter Beschuss. *(Kurt Jara)*

Wenn die Mannschaften der Bundesliga über Spiele gegen Kaiserslautern auf dem Betzenberg berichten, klingt das immer so, als hätten sie gerade ein sibirisches Straflager überstanden. *(»Sport-Bild«)*

Hier sind Neid und Hass in Reinkultur anzutreffen. *(Oliver Kahn zur Atmosphäre auf dem Betzenberg)*

Waren das Deutsche oder war das eine Mannschaft von den Fidschi-Inseln? *(die spanische Zeitung »El Pais« zur 1:5-Blamage des 1. FC Kaiserslautern bei CD Alaves im UEFA-Cup-Halbfinale)*

Auf dem Betzenberg hast du 13 Gegner – der 12. ist das Publikum, der 13. der Schiri. Na ja, und ich bemühe mich, der 14. zu sein. *(Udo Scholz, Stadionsprecher)*

Wenn ich auf dem Betzenberg ein Tor durchsage, dann ist das so, als ob der Papst den Segen »urbi et orbi« spricht. *(Udo Scholz)*

Wenn die Leute in Kaiserslautern auf ein Amt gehen und nach ihrem Familienstand gefragt werden, sagen sie: Wir sind verheiratet, haben zwei Kinder und den FCK. Das ist der Wahnsinn. *(Otto Rehhagel)*

## **Kaká**

Er wollte morgens, nachmittags und abends trainieren. Wir haben ihm ein Beruhigungsmittel gegeben, damit er gelassener wird. *(Brasiliens Nationaltrainer Carlos Dunga)*

## Oliver **Kalkhofe**

*(Comedian)*

Die Welt hat sich rasant verändert: Die Weltmeister von 1954 bekamen noch einen Kugelschreiber, eine von Konrad Adenauer handsignierte Leberwurst und die Fahrtkosten erstattet!

Auf den Fußballplätzen tummelt sich heute ein Haufen knallbunter Design-Fummeltrinen, da sieht es aus wie im Kleiderschrank von Uli Stielike!

## Raymond **Kalla**

Sprich Deutsch, du Arschloch! *(zu Mitspieler Sunday Oliseh, der das Deutschgebot von Trainer Neururer ignorierte)*

Wir hatten ja in Bochum nie die Schwatten. Wattenscheid hatte Schwatte, aber wir nicht. Und jetzt haben wir so einen Typen wie den Kalla, der passt zum VfL, als wäre er auch ein Bochumer – als käme er nur von unter Tage oder so. *(Schauspieler Uwe Fellensiek)*

## Manfred **Kaltz**

Ich hätte mir viel vorstellen können, was ich alles hätte sein mögen. Aber Fantasie muss immer auch so weit reichen, sich so zu sehen, wie man ist.

Als Spieler habe ich es nie nach Italien geschafft. Dafür jetzt als Getränkefachmann. *(nachdem er 1991 Vertriebsdirektor einer italienischen Getränkefirma wurde)*

»Bild«: »Willi Schulz hat Ihnen bescheinigt, dass Sie kein Libero wären, wie ihn die Nationalelf braucht.« Kaltz: »Hat er das?« »Bild«: »Man kann nicht bestreiten, dass er ein Fachmann ist.« Kaltz: »Ist er das?«

Willi Schulz, mit dem er sich bei Länderspielen das Zimmer teilte, sagte einmal: »Der Manni sagt selten etwas. Doch gut zuhören kann er.« Kaltz daraufhin trocken: »Ich rede schon, aber nur wenn mir die Gesprächspartner gefallen.«

Er wusste nicht nur, wo ich spiele – singen kann er auch noch! *(Kaltz ist nach einem Konzert von Luciano Pavarotti begeistert – und zwar genau in der Reihenfolge)*

Dann müssen aber mindestens dreihundert in den letzten Tagen gestorben sein. *(Österreichs Kurt Jara, nachdem Manni Kaltz gesagt hatte, er würde sich zu den drei besten Verteidigern zählen)*

Ich würde mich selbst als sehr bodenbeständigen Spieler bezeichnen. *(auf die Nachfrage des Moderators, ob er nicht bodenständig meine)* Ja, bodenbeständig, so würde ich mich charakterisieren! *(auf die erneute Nachfrage, was er denn damit meine)* Das bedeutet, dass ich nach dem Wechsel nach Bordeaux wieder zum HSV zurückgekehrt bin. Das ist eben dieses Bodenbeständige an mir.

Was der Kaltz am Bein hat, das hoab i auf der Lungen. *(Ernst Happel)*

Der war wohl gerade zufällig auf der Geschäftsstelle. *(auf die Frage, was er denn zu Bastian Reinhardt als neuem HSV-Sportdirektor sage)*

Steif wie ein Stock ist er gewesen, der Kaltz, der Herr Weltklasse-Libero. Zweimal hab ich geschwänzelt, und dann war ich an ihm vorbei. *(Hans Krankl nach dem legendären 3:2-Sieg in Cordoba bei der WM 1978)*

Ich kann leider keine 5-Liter-Flasche Shampoo auftreiben. Die soll er nämlich von der Mannschaft kriegen. Damit er sich nicht ständig bei uns bedienen muss. Kaltz kommt grundsätzlich ohne Shampoo. *(Thomas von Heesen)*

## Chris **Kamara**

*(englischer Fußballspieler und Kommentator)*

Tore zählen nur, wenn sie im Tor waren.

Sogar Stevie Wonder hätte das Handspiel erkannt.

Ich muss vor jedem Spiel Willy Wonka sehen. Das ist schon seit meiner Kindheit mein Lieblingsfilm. Er versetzt mich einfach in die richtige Stimmung fürs Spiel.

## **Kamerun**

Wir sind nicht Kamerun. Wir vertrauen auf Fair Play und nicht auf Woodoo-Zauber. *(Südafrikas Stürmer Benny McCarthy über das Gerücht, seine Kicker würden bei der WM auf die Kraft von Woodoo-Zauberern vertrauen)*

Die sprechen Englisch. Zum Teil alle. *(Winfried Schäfer über seine Spieler in Kameruns Nationalmannschaft)*

Kamerun, die beste Mannschaft Europas! *(Marcel Reif)*

Das ist eine Mannschaft mit gut bestückten Einzelspielern. *(Jürgen Klinsmann)*

Diese Kameruner, sie sind wie eine Schlange, die in der Sonne liegt und schläft. Plötzlich sind sie da, auf einmal züngeln sie, beißen sie, und schon wieder haben sie die Weltmeisterschaft vergiftet! *(Kommentator Rolf Kramer)*

Ähnliche Mähne, sympathisches Gesicht – da müssen meine Löwen doch einfach zur WM nach Deutschland, oder? *(Kameruns Nationaltrainer Winfried Schäfer über das WM-Maskottchen Goleo)*

## Tim **Kamp**

*(Trainer von Fortuna Düsseldorf)*

Ich sollte auf dem Geburtstag meiner Oma Akkordeon spielen – da hab' ich mir absichtlich die Finger aufgeschnitten. *(über seine harte Kindheit in Rumänien)*

## Dariusz **Kampa**

Ein Genie mit Besorgnis erregender Pannenstatistik. *(Johannes B. Kerner)*

## Jonas **Kamper**

We have to fight weiter.

Die Woche im Training hat er uns Torhütern die Bälle nur so um die Ohren gehauen. Irgendwann ist er mir so auf den Sack gegangen, dass ich gesagt habe: »Du müsstest normalerweise 30 Saisontore machen. Jetzt wird's Zeit, dass du mal anfängst.« *(Bielefelds Torhüter Mathias Hain)*

## Uwe **Kamps**

Wie heißt es so schön: Links ist cool, rechts ist schwul! – Und der Uwe Kamps trägt seinen Brilli im Ohr – äääh – oh – auf der rechten Seite – na ja ... *(Werner Hansch)*

## Nwankwo **Kanu**

Kanu ist so träge. Manchmal habe ich gedacht, er würde schlafen, wenn er gespielt hat. *(Paul Robinson über seinen früheren Mitspieler bei West Bromwich Albion)*

## Jupp **Kapellmann**

Was soll ich mit einem Mann anfangen, dessen Frau einen Tag nach dem Lokalderby, bei dem ich ihm als Spielführer der gegnerischen Mannschaft die Hand gegeben habe, sagt: »Mein Mann hat schon vielen Deppen die Hand gegeben, gestern auch wieder einem.«? Für mich persönlich gibt es mit Paul Breitner in Zukunft nur noch einen möglichen Berührungspunkt: ich als Arzt und er als Notfall. *(über seinen Intimfeind)*

Was, der Kapellmann wird Arzt? Der wird doch Doktor! *(Manfred Kaltz)*

Wir bemühen uns, Kapellmann zu verlängern. *(Wilhelm Neudecker)*

Die Konzentration ist abhängig von der celebralen Durchblutung, und wenn ich keine Kondition habe, lässt auch die nach!

Einigen von uns fehlt das periphere Sehen. Wenn ich sehe, dass einer steil geht, muss ich mich von meiner ursächlicheren Aufgabe lösen und mannschaftsintegriert agieren.

## Anton **Kapischke**

Dat janze Fluidum ist einmalig! *(DDR-Bürger, der 1990 erstmals das DFB-Pokalfinale in Berlin besuchen durfte)*

## Helmut **Kapitulski**

Vernünftig leben, nicht rauchen, gut essen und ab und zu ein Bierchen! *(über seine Vorstellungen vom Profileben)*

## Birte **Karalus**

*(TV-Moderatorin)*

Für das Spiel Paris Saint-Germain gegen Rosenborg Trondheim darf ich Ihnen auf jeden Fall schon einmal 900 Prozent mehr Tore versprechen. *(nach einem 0:0 der Bayern gegen Helsingborg)*

## Helmut **Karasek**

*(Literaturkritiker)*

Fußball ist das erfolgreichste Theater der Neuzeit.

## **Kardinal** Meisner

Der liebe Gott ist nicht der Trainer. Er hat den Spielern Körper und Beine gegeben, damit sie sich retten.

## Christian **Karembeu**

*(französischer Nationalspieler)*

Als ich meine Frau zum ersten Mal getroffen habe und ihr gesagt habe, dass ich ein Fußballspieler bin, fragte sie: »Ja gut, aber wovon lebst du?«

## Harald »Schädel« **Karger**

Der vergewaltigt den Ball. *(Jürgen Grabowski)*

Ich habe immer Angst, dass der einige Bälle kaputt tritt. *(Bernd Hölzenbein)*

## **Karlsruher SC**

Wer sich beim Karlsruher SC keinen Herzinfarkt geholt hat, bekommt nie einen. *(Max Merkel, ehemaliger Trainer beim Karlsruher SC)*

Weisch, was des Schlimmschde isch? Wir steige ab und bekomme es auch noch mit! *(ein Fan als es am letzten Spieltag der Saison 2010/11 nach Abstieg aussah und es im Stadion nur alkoholfreies Bier gab)*

Zieht den Spaniern die Badehosen aus! *(Fangesang beim legendären 7:0 im UEFA-Cup-Spiel 1993 gegen Valencia)*

Beim KSC erwecken sie clevererweise den Eindruck, sie würden den Klassenverbleib anstreben. Ich war in Karlsruhe und habe mich im Wildparkstadion in den VIP-Bereich verlaufen. Wer seinen Gästen so etwas zu essen gibt, der will aufsteigen. *(Jürgen Klopp)*

## Hannes **Kartnig**

*(Präsident von Sturm Graz)*

Unsere Mannschaft hat ein Zweikampfverhalten wie Weinbergschnecken.

Jetzt will ich Kaiser Franz sehen. Wir werden weiter durch Europa stürmen und wollen auch die Bayern in unserer Schwarzenegger-Festung besiegen. *(nach dem Erreichen der nächsten Champions-League-Runde)*

## Srečko **Katanec**

*(jugoslawischer Ex-Nationalspieler)*

Es ist die Pflicht eines Trainers, in bestimmten Situationen etwas zu sagen, oder sind wir hier beim Ballett?

## Markus **Kauczinski**

Frage an den Interimstrainer des Karlsruher SC: »War es unproblematisch, dass Sie den Lehrgang verließen, um das KSC-Team zu übernehmen?« Antwort: »Ja, denn im Moment absolviere ich ein zweiwöchiges Praktikum beim KSC!«

## Sebastian **Kaul**

*(Spieler des Regionalligisten KFC Uerdingen)*

Ob Sex vor dem Spiel gut oder schlecht ist, entscheidet nicht der Trainer, sondern ich. *(die Freundin des Spielers auf einem Werbeplakat des Vereins)*

## Roy **Keane**

Ich würde eher eine CD von Bob der Baumeister für meinen Zweijährigen kaufen als das Buch von Roy Keane. *(Jason McAteer, früherer Mitspieler in der irischen Nationalmannschaft)*

Ich würde einigen von diesen Leuten noch nicht mal meinen Hund zum Gassi gehen mitgeben. *(über sogenannte TV-Fußballexperten)*

Rot wegen Stoßens – lächerlich. Wenn schon Platzverweis, dann richtig. Ich hätte ihm was verpassen sollen. Die Strafe ist doch dieselbe. *(nach einem Platzverweis)*

Al Capone hat natürlich auch Gutes getan in seinem Leben. Doch die Sache ist, dass er zudem durch die Straßen gezogen ist und Leute erschossen hat. Man kann sagen: Roy Keane ist der Al Capone von Manchester United. *(Brian Clough)*

Roy Keane hat gezeigt, dass er ein wunderbarer Kapitän ist: er hat gemerkt, wie er der Mannschaft helfen kann, also ist er heimgefahren. *(Paul Breitner)*

Mick, du bist ein Lügner, du bist ein Flachwichser. Ich schätze dich nicht als Spieler, ich mag dich nicht als Manager und als Person auch nicht. Du bist einfach ein Wichser und du kannst dir deine Weltmeisterschaft in den Arsch stecken. Der einzige Grund, warum ich mich überhaupt mit dir abgebe, ist der, dass du zufällig der Nationaltrainer meines Landes bist. Aber du kannst mich trotzdem mal! *(Irlands Nationalheld zu seinem Trainer Mick McCarthy)*

Ich hätte Keane wohl auch nach Hause geschickt. Aber vorher hätte ich ihn erschossen. *(Brian Clough zu Keanes Attacke auf McCarthy)*

## Kevin **Keegan**

Ihr Jungs schreibt wahrscheinlich die Wahrheit. Im Büro werden dann die wichtigen Sachen von den Redakteuren rausgeschnitten. Wie z. B. die Fakten. *(zu der Presse in Newcastle)*

Diese Entscheidung war meiner Meinung nach fast zweifellos eindeutig falsch.

Ich erzähle euch nur ungern alles, was ich weiß, denn ich weiß wirklich nichts.

Argentinien ist das zweitbeste Team der Welt, und es gibt kein größeres Lob als das.

Falls irgendjemand jemals hören sollte, dass Kevin Keegan zum englischen Fußball zurückkommt, dann kann er so viel lachen wie ich. Es wird niemals passieren. *(der spätere englische Nationaltrainer, 1985, bei seinem Umzug nach Spanien)*

Die Leute werden sagen, dass das typisch für City war. Das nervt mich total. Aber ich schätze, das ist typisch für City. *(als Trainer bei Manchester City)*

Der einzige Weg, wie wir nach Europa kommen können, ist mit der Fähre. *(ohne Hoffnungen auf die Europa League)*

Die Leute sagen, dass sein Weggang wie der Tod der Queen sei. Dabei ist es noch viel schlimmer. *(John Regan, Fanklub-Sekretär von Newcastle United, nach dem Rücktritt des Trainers)*

Wenn sie nicht aufpassen, werden die 33- oder 34-Jährigen bei der nächsten Weltmeisterschaft 36 oder 37 sein.

Die Deutschen haben nur einen Spieler unter 22, und der ist 23.

Aber klar – zwei bis drei Meter. *(auf die Frage, ob der Ball beim umstrittenen dritten Tor der Engländer im WM-Finale 1966 gegen Deutschland hinter der Linie landete)*

Torhüter werden heutzutage nicht geboren, bevor sie ihre späten 20er oder ihre 30er erreicht haben.

Ich weiß, was um die Ecke passiert, ich weiß nur nicht, wo die Ecke ist.

Ich bin nicht enttäuscht, sondern nur enttäuscht.

Der Ersatzspieler kommt gleich rein – es handelt sich um einen Spieler, der nicht in der Anfangsformation stand.

In der Pause hatte ich schon gefragt: Wo ist das nächste Arbeitsamt? *(der Manchester-City-Coach nach dem 4:3-Sieg seiner Mannschaft bei Tottenham Hotspur nach 0:3-Halbzeit-Rückstand)*

Chile hat drei Möglichkeiten: Sie können gewinnen oder verlieren.

Auf eine Art sind Krämpfe schlimmer als ein gebrochenes Bein.

Ein wunderbares Spiel. Portugal spielt Fußball, wie ich ihn gerne sehe, und als Neutraler war es toll zuzusehen. Aber leider bin ich kein Neutraler. *(nach der 2:3-Niederlage Englands gegen Portugal bei der EM 2000)*

Während der Halbzeitpause wäre ich in der Kabine von Liverpool nur zu gerne der Maulwurf an der Wand.

Ich habe mich mein ganzes Leben lang für Pferderennen interessiert, ja, eigentlich sogar schon länger.

Keegan gehört, wie zuvor Glenn Hoddle, einer Generation an, von der viele junge Männer und Frauen zu früh von der Schule abgegangen sind. *(»The Guardian«)*

Die Brusttasche des Schiedsrichters ist wie ein Toaster. Bei jedem Tackling springt eine gelbe Karte raus.

Sehr verehrte Damen und Herren, wir haben aufgehört, den Tyne zu beaufsichtigen, so dass nun Fans von Newscastle ungestört in den Fluss springen können. *(Zugführer, Fan von Sunderland, als Kevin Keegan Newcastle 1997 verlassen hat)*

Wenn Kevin Keegan jemals in seinem Leben in die Tyne fallen würde, dann käme er noch mit einem Lachs im Mund wieder heraus. *(Jack Charlton über den ewigen Glückspilz)*

Steve McManaman wird mit Steve Heighway verglichen, dabei ist er überhaupt nicht wie er, und ich weiß auch warum: weil er ein bisschen anders ist.

Gary wägt immerzu seine Möglichkeiten ab, vor allem dann, wenn er keine hat. *(über Gary Lineker)*

Ich glaube nicht, dass irgendwer größer oder kleiner ist als Maradona.

Luís Figo ist ganz verschieden zu David Beckham – und umgekehrt.

In Hamburg musste man früh in der Umkleidekabine sein, damit man rechtzeitig sein Handtuch an einen freien Haken hängen konnte.

## Sebastian **Kehl**

Ich hatte aber nie die Absicht, den gegnerischen Spieler Zdebel in irgendeiner Weise zu treffen oder gegen ihn nachzutreten. Wenn ich das gewollt hätte, dann hätte ich ihn auch getroffen. *(über einen Platzverweis)*

In den ersten Wochen hat mich der Trainer nicht aufgestellt. Ich weiß gar nicht, warum. *(nachdem er nach abgelaufener 6-Wochen-Rot-Sperre erstmals wieder zum Einsatz kam)*

Es ist immer ein schönes Gefühl, den Olli hinten drin zu haben.

Damit möchte ich mich eigentlich gar nicht beschäftigen. Wenn wir deutscher Meister geworden sind, dann können wir auch über den Titel nachdenken. Alles andere wäre ja lächerlich.

Weiß! Blau darf ich ja nicht. *(Dortmunds Kapitän bei der Platzwahl)*

## Daniel **Kehlmann**

Ich glaube, Schriftsteller äußern sich zum Beispiel ständig über Fußball, weil sie in der Schule immer als Letzte in die Mannschaft gewählt wurden.

## Ralf **Keidel**

*(Spieler vom MSV Duisburg)*

Wir haben zu wenige in der Mannschaft, die wo kratzen und einfach Schweine sind und hintreten und arbeiten.

## Piet **Keizer**

Ich war noch nie Wechselspieler und weiß nicht, wie ich mich da verhalten soll! *(so begründete der Niederländer, warum er sich bei der WM 1974 gegen Norwegen nicht habe einwechseln lassen)*

## Bernd **Keller**

*(Präsident von Erzgebirge Aue)*

Die Bundesliga ist die Reise nach Hawaii. Im nächsten Jahr müssen wir gesund zurückkommen.

## Fritz **Keller**

Solange wir zweimal im Jahr gegen die Bayern spielen dürfen, ist die Welt für uns in Ordnung. *(der Vorsitzende des SC Freiburg zur Münchner Dominanz)*

Ich habe eine Beschlussvorlage eingebracht, auf deren Grundlage wir keine Auswahlmannschaften mehr zu Spielen in Ländern antreten lassen, in denen Frauen nicht gleichberechtigt und frei von Diskrimierung Zugang zu Fußballstadien gewährt wird. *(als DFB-Präsident)*

## Jens **Keller**

Da mach' ich mir vom Kopf her keine Gedanken.

Wir haben individuell wahnsinnige Fehler gemacht, das hat aber nichts mit der Mentalität zu tun. Das hat bei dem ein oder anderen mit der Birne zu tun.

## Kasey **Keller**

*(Torhüter der USA)*

Persönlich mag ich ja so eine vergiftete Atmosphäre, wie wir sie mit der Nationalmannschaft in Costa Rica erlebt haben. Das könnte an meiner Zeit in Millwall liegen.

## Walter **Kelsch**

Ausgerechnet der, der Skat spielen kann, wird verkauft! *(über den Wechsel seines Mitspielers Hansi Müller vom VfB Stuttgart zu Inter Mailand)*

## Tabea **Kemme**

Ich bin hier nicht bei der Mathematik-Olympiade. *(die Nationalspielerin über die komplizierte Gruppen- und Achtelfinalkonstellation bei der Frauenfußball-WM)*

## Uwe **Kemmling**

*(Schiedsrichter)*

Wer dem Druck nicht standhält, soll samstagnachmittags spazieren gehen.

Der Schiedsrichter hatte heute ein sehr gelbes Hemd an! *(Horst Heldt nach dem 1:6 bei Borussia Dortmund)*

Der Herr Kemmling müsste heute normalerweise richtig auf die Fresse kriegen. *(Mario Basler)*

Ich werde mal gucken, ob wir noch zwei, drei Euro übrig haben. Ich weiß nicht, wie viel eine Uhr kostet, die wir Herrn Kemmling schenken können. *(Peter Neururer meinte, dass eine verlorene Partie viel zu früh abgepfiffen worden sei)*

Mann, Herr Kemmling muss eine Lupe als Auge haben. Ach was! Ein Elektronenmikroskop. *(TV-Kommentator Thomas Herrmann)*

## Thomas **Kempe**

Mit dem Flugzeug! *(auf die Frage, wie er denn zu einem Trainer-Engagement in Panama gekommen ist)*

Im Grunde ist es so: 45 Minuten spiel ich für mich und meine Familie, die anderen 45 Minuten fürs Finanzamt!

## Joshua **Kennedy**

Einen Australier mit Känguru zu fotografieren, das ist ungefähr so, wie einen Deutschen mit einer Bratwurst im Arm abzulichten.

## Stewart **Kennedy**

Der größte Unterschied zwischen den Rangers und Forfar? Ungefähr 300 Pfund die Woche. *(Torhüter, der in den 70ern und 80ern für beide Vereine gespielt hat)*

## Johannes B. **Kerner**

Es wird einen Sieger geben – und zwar einen endgültigen.

Die Viererkette ist nur noch ein Perlchen.

Das Spiel hatte Stärken und Schwächen: Schwach begonnen und dann stark nachgelassen.

Olisadebe, der ja die doppelte Staatsbürgerschaft hat – von Nigeria und Polen – zumindest in der zweiten Halbzeit.

Erst wollten die Engländer bei der WM unbedingt gesetzt werden, jetzt sind sie gesetzt und zwar vor den Fernseher, nach der Vorrunde. *(über die Auslosung der Gruppen der WM 2002)*

Da gibt's gar nichts zu diskutieren! Aber wir haben ja nachher noch genügend Zeit, darüber zu diskutieren.

Die deutsche Nationalmannschaft will ins Endspiel der WM 2006 kommen … na dann sag ich mal, es wird Zeit dafür, dass sie sich Eintrittskarten besorgt.

Die Flanken, die da die letzten Wochen geschlagen wurden, wenn man sagt ins Niemandsland, dann ist das noch eine zu genaue Ortsbeschreibung.

Herr Kerner, täuscht es mich oder gehen Ihnen die Haare aus? *(Zuschauerfrage bei der EM 2008 von einem kleinen Mädchen)*

Ich schlage vor, Sie halten sich die Augen zu. Ich sage Ihnen jetzt nämlich die Bundesliga-Ergebnisse. *(in der Vorschau zum »Aktuellen Sportstudio«)*

Die Amateure von Mainz 05 – böse Zungen fragen: Hat Mainz 05 überhaupt Profis? *(Anmoderation des Pokalspiels Mainz 05 Amateure - Hansa Rostock)*

Das ist der Hubschrauber, mit dem wir Ihnen später die Fahrt der Mannschaftsbusse zum Stadion übertragen werden. *(als gerade der Bundespräsident und der Bundeskanzler mit einem BGS-Hubschrauber ankamen)*

Jetzt spielt Leverkusen zu zwölft, da Hans-Jörg Butt sein Tor verlassen hat.

Von diesen zehn Quadratmetern, auf denen Bernd Schneider jetzt steht, sind die gefährlichsten Aktionen ausgegangen. Die könnte man glatt einzäunen. *(beim WM-Viertelfinale Deutschland – USA)*

Es ist schon an der Grenze zum Genuss, den Koreanern zuzusehen.

Es gibt Parallelen, die gibt es gar nicht.

Was nützt die schönste Viererkette, wenn sie anderweitig unterwegs ist?

Wenn der Song auch noch bei Bayern wäre, würden die ihre Gegner schon in der Kabine fressen. *(zu einem Gerangel zwischen Oliver Kahn und Rigobert Song)*

Wenn man Gelb hat und so reingeht, kann man nur wichtige Termine haben. *(nach einer gelb-roten Karte)*

Obwohl man sich mit Prognosen zurückhalten sollte, gehe ich jede Wette ein, dass es ein Riesenendspiel wird.

Und wenn Wembley die Kathedrale des Fußballs ist, dann haben die Deutschen hier heute einen kräftigen Schluck Weihwasser gesoffen, das Gesangbuch geklaut und die Kerzen ausgepustet. *(Kommentar nach dem 1:0-Auswärtssieg im Wembley-Stadion. Danach wurde das Stadion abgerissen)*

Oh, ich habe da gar kein Handspiel gesehen. *(Spieler tritt anderem fast die Zähne aus; Schiri pfeift)*

Halten Sie die Luft an und vergessen Sie das Atmen nicht!

Vorher hat Rudi Völler gesagt, das Ergebnis sei zweitrangig. Mittlerweile können wir froh sein, dass es nicht zweistellig ist. *(zur Halbzeit des Länderspiels Rumänien gegen Deutschland; Endstand 5:1)*

## Georg **Keßler**

*(Fußballtrainer)*

Das Kind ist sehr krank, aber noch lange nicht tot! *(im Abstiegskampf)*

## Hubert **Keßler**

*(Präsident des 1. FC Kaiserslautern)*

Wir hoffen, dass wir weiterkommen. *(zur DFB-Pokal-Auslosung 1997 Amateure gegen die eigenen Profis)*

## Jörg **Keßler**

*(Schiedsrichter)*

Wenn der Ball wirklich drin war, ist das große Scheiße. *(nachdem er ein reguläres Tor nicht anerkannt hatte)*

## Michael **Kessler**

*(Comedian)*

Waldi hätte sich nie den Schnäuzer abnehmen dürfen: Das war sein Markenzeichen und ein Prominenter ohne Markenzeichen, das geht nicht. Stellt euch mal ZZ Top ohne Bärte vor, Gina Wild mit kleinen Titten oder René Weller mit Gehirn! *(über die Absetzung Hartmanns als ARD-Kommentator)*

## Sami **Khedira**

Wenn man Weltmeister werden will, muss man wirklich versuchen, jeden zu schlagen.

## **kicker**

Eher würde eine Hella von Sinnen mannstoll als aus dem Polen ein erfolgreicher Stürmer. *(über Richard Cyron)*

Die Innenverteidigung mit Libero Müller, Herzberger und Kasalo, die zusammen 5,54 m groß sind, steht sicher. *(über die Abwehr von Mainz 05)*

Neger Keita sieht schwarz. *(im Jahre 1971 über den Torjäger Salif Keita)*

Seit dem Wochenende steht es unverrückbar fest: Für Auftritte, wie ihn Borussia Dortmund am Samstag im Mindelstadion zu Thannhausen abgeliefert hat, ist der Begriff jämmerlich überhaupt erst erfunden worden.

Die Katalanen setzten sich förmlich in der Hälfte der Italiener, bei denen allerdings kein einziger Italiener auf dem Platz stand, fest.

Er spielt einfach bärenstark. *(über Karsten Bäron)*

Der Traum eines Trainers, taktische Anweisungen beim Umziehen vor dem Spiel und später die Kritik unter der Dusche vornehmen zu können, bleibt unerfüllt. Der DFB hat auch daran gedacht und Anweisung gegeben, die Damen beim Umziehen allein zu lassen. Da endet die Vollmacht des Trainers. *(über die zarten Anfänge des Frauenfußballs in Deutschland im Jahr 1975)*

Da steht Jürgen Kohler, der Münchener Manndecker, spannt seinen Oberkörper wie ein Fangnetz unter der Zirkuskuppel und fängt das Leder mit der Brust. Wie Obelix den Hinkelstein auf dem Rücken hat Kohler in diesen Sekunden den Ball auf der Brust. Wie festgeklebt, das Leder fällt nicht runter.

Der Trainerjob ist ein Nuttengeschäft.

## Nicolas **Kiefer**

*(Tennisspieler)*

Wenn ich beim Davis-Cup in die Kabine komme und da sitzt ein Psychologe, dann frage ich: »Was willst du hier?« Das ist doch nur Ablenkung! Wenn die Spieler Ablenkung brauchen, sollen sie auf den Parkplatz gehen und ihre Autos waschen! *(er ist offensichtlich kein Fan von Psychologen im Fußball)*

## Stefan **Kießling**

Er hat mich gefragt: »Hast du Eier?« Da hab ich gesagt: Natürlich, ich hab Riesen-Eier. Wechsel mich ein!« *(Unterredung mit Coach Heiko Herrlich)*

Dass ich der Älteste in der Mannschaft bin, erkennt man alleine schon daran, dass ich keine Ahnung von Fortnite oder Playstation habe.

Jetzt haben Sie endlich mal eine Einladung vom DFB bekommen. *(DFB-Sportrichter Hans Lorenz zu Stefan Kießling vor dessen Aussage in der Phantomtor-Anhörung)*

## Joshua **Kimmich**

Sie war ein bisschen groß, gerade in der ersten Halbzeit ist sie immer wieder gerutscht. Da muss ich morgen meinen linken Bizeps wohl ein bisschen aufpumpen. *(über die Kapitänsbinde, die er zum ersten Mal für die Nationalmannschaft trug)*

## Martin **Kind**

*(Präsident von Hannover 96)*

Die sollen arbeiten, bis sie kotzen! Bis ihnen die Lunge aus dem Leib hängt.

Wer mit ihm verhandelt, muss verdammt aufpassen, dass er am Ende noch alle fünf Finger an der Hand hat. *(Uli Hoeneß)*

Wir haben einige Kandidaten in dem Kreis der Kandidaten. *(auf die Frage, wer die Nachfolge von Ralf Rangnick antreten werde)*

Ich lehne es ab, noch einmal abzusteigen.

Wir wissen natürlich auch, dass in einem Glied der Trainer immer dann zur Disposition steht. *(über die Gründe der Entlassung von Trainer Ralf Rangnick)*

## Hans **Kindermann**

*(»Chefankläger« des DFB)*

Ich stelle nur klar, dass der bezahlte Fußball mit Sport nichts mehr zu tun hat. Das ist nur noch ein Tanz um das Goldene Kalb.

Wer Schiedsrichter beleidigt, handelt kriminell. Wenn ein Spieler zum Schiedsrichter »du Arschloch« sagt, dann ist das eine Beleidigung nach § 185 Strafgesetzbuch.

Es verstößt gegen die Menschenrechte, wenn ein Spieler verletzt vom Spielfeld getragen wird, und die Herren vom Fernsehen haben nichts Eiligeres zu tun, als da draufzugehen.

## Thorsten **Kinhöfer**

*(Schiedsrichter)*

Das sind 22 kleine Betrüger, denen man die Wahrheit nicht entlocken kann.

Man muss sich als Profi im Griff haben. Ich schmeiße mich auch nicht auf den Boden und trample, wenn mir der Kaffee nicht schmeckt.

## Paul **Kinnaird**

Ich wusste, dass meine Tage gezählt waren, als ein Fan beim Warmmachen rief: »Kinnaird, wir mögen die Kopfsteuer mehr als dich!« *(als er bei St. Mirren spielte)*

## Joe **Kinnear**

Ich bin gerade weg. Falls Sie jemand aus dem Vorstand von Barcelona, Real Madrid oder dem AC Mailand sind – ich bin gleich bei Ihnen. Der Rest kann warten. *(AB-Spruch)*

Als Trainer wirst du schon gefeuert, wenn du nur einmal in die falsche Richtung furzt.

## Gabor **Kiraly**

Der Kiraly, der spielt, als wäre er gern der zwölfte Feldspieler. *(Fritz von Thurn und Taxis über ein Dribbling des Hertha-Torwarts)*

Er ist A-Nationalspieler Ungarns. Ich bin deutscher A2-Nationalspieler. Vielleicht hat er mich unterschätzt. *(Jörg Böhme, nachdem er den Hertha-Keeper mit einem Freistoß überrascht hatte)*

## George **Kirby**

Ich kenne nur sein Gewicht: 58 Kilo. Wenn er in der Woche Bier trinkt, dann vielleicht 59. *(der Trainer des isländischen Fußballklubs IF Akranes auf die Frage nach der Größe seines Spielmachers)*

## Knut **Kircher**

Herr Kahn, ich zeige Ihnen jetzt die gelbe Karte. Bitte nicht beißen.

Lasst die Kirche im Dorf und den Kircher zu Hause. *(Boris Rupert, Journalist)*

Nein, der Schiedsrichter trägt die Hauptschuld. *(Schalkes Trainer Felix Magath auf die Frage, ob den Schiedsrichter eine Mitschuld an der Niederlage trifft)*

## Sergej **Kirjakow**

Slalomschule für Fortgeschrittene. *(Werner Hansch)*

Mein Lieblingsschauspieler ist Sergej Kirjakow. *(Richard Golz, auf die Frage, wen er besonders gerne im TV sieht)*

In Russland sprechen die Frauen Russisch. *(auf die Frage nach dem Unterschied seiner weiblichen Fans in der Heimat und in Deutschland)*

Ich habe diese Augen gesehen, dieses Lachen, diese roten Haare, und ich wusste: Der Kiki ist ein abgezockter Typ! *(Winfried Schäfer)*

## Ulf **Kirsten**

Ich bin sehr vorsichtig gewesen, als ich in den Westen kam. Weil ich ahnte: Unter einen gut gemeinten Rat kann man wie unter die Räder kommen.

Tore sind das beste Mittel gegen Schmerzen.

Wenn bei einem Auswärtsspiel keiner ruft: »Kirsten, du Arschloch«, dann weiß ich genau, dass ich schlecht bin.

Ich hatte im vergangenen Sommer ein Angebot vom 1. FC Köln. Aber ein Wechsel kam nicht in Frage. Da hätten mich die FC-Fans umgebracht und die Bayer-Fans auch.

Er hat die ganze Mannschaft zu sich zur Champions-League-Party eingeladen, damit ist er genug gestraft. *(Reiner Calmund zu Ulf Kirstens »Stinkefinger« in Richtung Duisburger Fans)*

Er hat angezeigt, dass er in einer Minute ausgewechselt werden will. *(Daum über den »Stinkefinger« von Ulf Kirsten)*

Der Ulf wird immer unsere Konifere bleiben. *(Mitspieler Sven Ratke vor dem Abschiedsspiel von Kirsten)*

Solche Dinger macht nur mein Alter. *(Benjamin Kirsten, Sohn von Ex-Nationalstürmer Ulf Kirsten)*

## Maik **Kischko**

*(Torhüter, u. a. Lok und VfB Leipzig)*

Es ist nur noch eine Frage der Zeit, wann Leipzig ein Kischko-Denkmal bekommt. *(Sat.1-Kommentator Thomas Klementz in der Saison 1993/94)*

## Ivan **Klasnić**

Wir dürfen uns nicht zu weit aus dem Fenster werfen.

Das war ein Märchen mit dem Titel »Scheiße und Juchhu«. *(nach einem 3:2-Sieg mit Werder Bremen gegen Juventus Turin)*

## Wolfgang **Kleff**

Mit Muskelkater kann ich mich so schlecht bücken. *(erklärt sein bedächtiges Trainingsprogramm)*

Der Schiedsrichter hatte ständig die Pfeife im Mund und wollte reinpusten. Da hab ich den Ball wieder rausgehauen. *(nach einer überragenden Leistung im Europapokal in Everton in den siebziger Jahren)*

Ich habe mich die ganze Zeit über mit Waldläufen durch die Düsseldorfer Altstadt fit gehalten. *(nach seiner kurzfristigen Arbeitslosigkeit)*

Kein Problem. Ein älterer Herr setzt sich auch ganz gern auf eine Parkbank. *(als er in Bochum auf der Ersatzbank Platz nehmen musste)*

Mir hat es Deutschland zu verdanken, dass wir Weltmeister geworden sind. Mein Anteil bestand darin, dass ich nicht gespielt habe. *(nach der WM 1974)*

Wenn man dann auf allen Sendern vertreten ist die ganze Woche, 14 Tage lang.

Verhüten ist das Leben des Wolfgang Kleff. Früher als Torwart und heute für die AIDS-Hilfe. *(TV-Moderator Frank Buschmann)*

## Fritz **Klein**

*(ARD-Sportkommentator)*

Nelinho. Ein schneller Mann, der die 100 Meter in 11 Minuten läuft.

Ich wundere mich, dass er linker Verteidiger spielt, denn er hat nur einen rechten Fuß.

Wenn ich Linksaußen sage, meine ich natürlich immer linker Außenverteidiger.

Der Beifall gilt Hansi Müller, der sich jetzt auszieht.

## Günter **Klein**

*(Journalist)*

Eine Partie Memory zwischen Franz Beckenbauer und Wolfgang Niersbach wäre ein Desaster.

Nur noch ein paar Tage, dann wird Hape Kerkeling seine jahrelange Verkleidung als Fußball-Investor Hasan Ismaik ablegen.

Ancelotti weiterhin nicht vorbestraft. Also immer noch nicht richtig angekommen bei Bayern.

## Gerhard **Kleppinger**

*(Trainer von Rot-Weiß Oberhausen)*

Ich habe der Mannschaft bis Montag freigegeben, weil ich sie nicht mehr sehen kann.

## Viktor **Klima**

Eigentlich habe ich mir als Junge beim Fußballspielen keine Gedanken gemacht, was ich da tue. Ich habe immer nur versucht, das Ding reinzukriegen. *(Österreichs Bundeskanzler auf die Frage, ob er einen Zusammenhang zwischen Fußball und Sex sehe)*

## Uwe **Klimaschefski**

Der hat einige Bälle vor den Sack bekommen, aber einknicken ging ja nicht, dafür hatten ihn die Jungs zu gut festgebunden. *(über den wehrlosen Platzwart, den man auf sein Kommando hin an einen Torpfosten gebunden hatte)*

Ich habe erst kurz vor dem Spiel erfahren, dass man nur einen ins Tor stellen darf. Da habe ich den Quasten genommen.

Spieler: »Der Klima hat uns als Arschlöcher bezeichnet!« Homburgs Vorstandsvorsitzender: »Ja und? Ihr seid doch auch Arschlöcher!«

Wenn unser Trainer mit seiner Mannschaft im Rückstand liegt, dauert ein Spiel oft drei Stunden. Wenn man dann heimkommt, sind die Filets so hart, dass man sie nicht mehr essen kann. *(Homburgs Harald Diener über seinen Coach)*

Lass mal sehen, wie du bei Regen spielst! *(lässt einen spanischen Testspieler in voller Fußballkluft unter der Dusche mit dem Ball jonglieren)*

Das ist nicht nötig, das weiß man inzwischen bis in München. *(auf die Bitte, er möge den Zuschauern erklären, wo Homburg liegt, nachdem der FC Homburg die Bayern aus dem DFB-Pokal geworfen hatte)*

Als Bundesligatrainer siehst du doch schon am Gang, ob einer Fußball spielen kann oder bei der Müllabfuhr ist.

Weitere Fragen kann ich nicht beantworten. Ich muss jetzt zu meinen Spielern. Die sind so blind, dass sie den Weg von der Kabine zum Bus nicht finden.

Jetzt zieht euch warm an! Jetzt reiß' ich euch den Arsch auf! Bis zur Naht! *(nach einer Niederlage im Hallenturnier zu seinen Spielern)*

Ich bin etwas ruhiger geworden, werde auch nicht mehr den Platzwart beim Schusstraining an den Pfosten binden wie damals in Homburg.

Was will der, Geld? Der soll froh sein, wenn er auf unserem Platz den Sauerstoff kostenlos einatmen darf.

Ich hatte Kontakte nach Frankreich, aber da hätte ich als Trainer einen Dolmetscher gebraucht. Jetzt sehe ich mich in Berlin um und hoffe, dort geht es ohne.

Unsere Spieler können 50-Meter-Pässe spielen: 5 Meter weit und 45 Meter hoch.

Meine Spieler sind Intellektuelle. Die haben Maos Tod letzte Woche noch nicht verkraftet.

Der hat nicht Bundesliga gespielt. Der hat Bundesliga gefoult.

Derjenige, der mich tunnelt, kriegt zwei Beinschüsse zurück.

Wenn die Schrottpreise wieder steigen! *(als ein Pressevertreter wissen will, wann der Trainer die nächsten Spieler verkauft)*

Bitte einen achtfachen Cognac! *(nach einer knappen Niederlage)*

## Diego **Klimowicz**

Diego Klimowicz – ein Name wie Winnetou Koslowski. *(Manfred Breuckmann)*

## Jürgen **Klinsmann**

Da kommt einem die Gänsehaut hoch!

Ich habe mir während der WM 1994 ein Spiel von Deutschland angeschaut, und als ich aufstand, um mir eine Tasse Tee zu machen, stieß ich aus Versehen gegen den Fernseher. Klinsmann ist gleich hingefallen. *(der britische TV-Komiker Frank Skinner über den »Diver«)*

Das ist schon Weltklasse, wie Villa sich da im 1:1 gegen zwei Leute durchsetzt!

Ich werde jeden Spieler jeden Tag ein bisschen besser machen.

Die stehen mit dem Rücken zur Wand – und wir knallen sie durch die Wand hindurch! Das lassen wir uns nicht nehmen, von niemandem – und schon gar nicht von den Polen! *(vor dem 1:0 im zweiten Gruppenspiel gegen Polen bei der WM 2006)*

Die haben Muffe vor euch! Die kommen mit 'ner voll defensiven Taktik, die wollen uns auskontern, weil sie sich in die Hose machen. Wenn man ihnen Feuer gibt, wenn sie den Tiger in unseren Augen sehen, verlieren sie ihre Spielweise, und dann schlagen wir zu – aber brutal! Heute sind sie fällig! Das schwöre ich euch, Jungs! *(vor dem Viertelfinal-Spiel gegen die Argentinier bei der WM 2006)*

Jogi kann mich rund um die Uhr anrufen. Er soll nur an den Zeitunterschied denken.

Jürgen Klinsmann ist seit 694 Länderspielminuten ohne Tor. Das hat vor ihm nur Sepp Maier geschafft! *(Harald Schmidt)*

Der coolste blonde Deutsche seit Marlene Dietrich. *(»Observer«)*

Er kam mit dem Ruf eines Elfmeterschinders und geht mit einem Image irgendwo zwischen Schneewittchen und Mutter Teresa. *(»The Sun«)*

Der Kaiser hat gesagt: »Mach ja weiter!« Und ich habe gesagt: »Schau'n mer mal.« *(kurz vor seinem Rücktritt als Bundestrainer)*

Die haben auf natürliche Art und Weise zusammengefunden. Die bleiben ja sogar am Tisch sitzen, wenn die anderen schon weg sind. *(über die angebliche Annäherung der Torhüter Kahn und Lehmann)*

Die 18. Wahl wäre mir lieber gewesen. Denn 18 ist meine Glückszahl. *(auf die Frage, ob er sich nach diversen Absagen als dritte, vierte oder fünfte Wahl fühlen würde)*

Das ist wie Phönix aus der Asche aus dem Hut gezaubert. *(Ottmar Hitzfeld über Klinsmanns Ernennung zum Bundestrainer)*

Wenn er den WM-Titel holt, dann kann er sogar nach Hawaii ziehen. *(Stefan Effenberg zur Diskussion über den Wohnsitz von Fußball-Bundestrainer Jürgen Klinsmann in Kalifornien)*

Menschlich ist das ein sehr großer Verlust für den DFB, aber dort geht es ja schon seit Jahren nicht mehr um Menschlichkeit. Gerade seit Jürgen da ist. Er ist ein Killer. *(Lothar Matthäus über den Abgang von Sepp Maier als Torwarttrainer des DFB)*

Ohne mich wäre Jürgen Klinsmann heute noch mit dem Surfbrett unterwegs. *(Berti Vogts empfahl dem DFB Klinsmann nach der EM 2004 als Nachfolger für den zurückgetretenen Rudi Völler)*

Nee, das habe ich noch nicht gewusst. Ach du scheiße! *(Martha Klinsmann zur Verpflichtung ihres Sohnes als Trainer des FC Bayern)*

Das sind die Schüsse aus der zweiten Distanz.

Da sind meine Gefühle mit mir Gassi gegangen.

Zu den Bayern möchte ich nicht wechseln, ich will lieber noch ein richtiges anderes Land kennenlernen.

Der Druck entlädt sich beim Torschuss – ein Wahnsinnsfeeling. So ähnlich wie beim Sex.

Fairplay ist heute ein aggressives Wort geworden.

Das sind Gefühle, wo man schwer beschreiben kann.

In Monaco fühle ich mich wohl. Denn unter den vielen Prominenten hier, bin ich doch nur eine kleine Nuss.

Der Rizzitelli und ich sind schon ein tolles Trio.

Ich habe keine Lust mehr auf Flughafen, Fußball und wieder Flughafen. Das brauche ich nicht mehr. Und ich benötige auch kein Geld mehr.

Und das Ganze heute unter der Stabführung des Dozenten für Harmonielehre: Jürgen Klinsmann. *(Gerd Rubenbauer)*

Du bist der Klinsmann, nicht der Pelé! *(Beckenbauer während eines Spiels 1990 zu seinem Stürmer)*

Spielt's den blinden Klinsmann nicht an, der ist heute gegen uns. *(Beckenbauer beim selben Spiel)*

Der Jürgen ist ein Weltmann. Er war ja immer ein Gegenpool zu mir. *(Lothar Matthäus)*

Ein Bäcker kann nicht von dem Brot leben, das er gestern gebacken hat. Und ein Fußballer kann nicht von seinem letzten Spiel leben. Es geht immer um hier und jetzt.

Ich weiß im Spiel nie, was ich gleich mache. Ich bin auch für mich selbst völlig unberechenbar. Manchmal staune ich sogar über das, was ich so alles auf dem Platz mache – aber erst, wenn ich's hinterher im Fernsehen seh!

## Jürgen **Klopp**

In Extremsituationen muss man ideenreich sein. Den Junggesellenabschied eines Kumpels haben wir im Nikolaus-Kostüm gefeiert. Voll maskiert.

Wenn du das Glück an dem Tag eingesammelt hättest und es in die Welt rausgeschossen hättest, dann hätte noch ganz China gegrinst. *(über die BVB-Meisterfeier 2011)*

Wir müssen unser bestes Spiel am Sonntag spielen. Das Stadion muss in absoluter Topform sein, selbst der Typ, der die Hot Dogs verkauft, muss in Topform sein. *(zum Spiel gegen Manchester City)*

Ich habe mal gesagt: Jürgen Klopp ist in der Lage, dem Papst ein Doppelbett zu verkaufen. Und das dokumentiert genau das, was Jürgen Klopp ist. *(Klaus Hafner, ehemaliger Stadionsprecher von Mainz 05)*

UEFA-Cup-Feeling? Ist das so was wie Sodbrennen?

Wenn ich gewusst hätte, dass es das letzte Mal ist, hätte ich nicht so viel gesoffen. Dann könnte ich mich an mehr erinnern. *(über die Meisterschaft mit Borussia Dortmund 2012)*

Früher war er nach Testspielen immer die Nummer eins an der Wurstbude. Heute bevorzugt er diese merkwürdige Trennkost. *(der Mainzer Torwart Dimo Wache)*

Das war ein aktiver Vorgang, der zu Passivität führte.

Mit schlechtem Fußball habe ich mich lange genug rumgeschlagen – und zwar mit meinem eigenen.

Ich mag das deutsche Fernsehen. Da ist immer ein Typ, der lustige Bilder auf dem Spielfeld malt. *(Ronaldinho während der WM 2006 in Deutschland)*

Reporterin: Hat Shinji Kagawa Dortmund verstärkt? Klopp: Ja. Reporterin: Etwas mehr? Klopp: Ja, absolut.

Gib mir mal eure Frequenz. Ich kriege seit Tagen nur WDR 4. *(zu einem Radio-Reporter)*

Ich würde lieber unter der Berichterstattung leiden als unter Schiedsrichter-Entscheidungen. *(nachdem sich Felix Magath über die Berichterstattung aufgeregt hatte)*

Hey Schiri, hast du das Abseits geschätzt?

Ich hatte noch nie schon mit Anpfiff so viel Übergewicht im Mittelfeld. *(Trainer der »BVB-Allstars« beim Abschiedsspiel von Roman Weidenfeller)*

Wie soll ich einem Blinden erklären, was Farbe ist? *(auf die Frage eines S04-Anhängers, wie das denn funktioniere, Deutscher Meister zu werden)*

Freunde der Südsee, geht mir damit nicht auf den Sack. *(als er bereits nach dem 5. Spieltag auf die deutsche Meisterschaft angesprochen wurde)*

Aufgeregt war ich nur vor dem Abitur. Da war ich aber auch scheiße vorbereitet.

Bei unserem letzten Sieg in München wurden die meisten meiner Spieler noch gestillt.

Klopp ist unheimlich autoritär auf eine sehr kumpelhafte Art. *(Patrick Owomoyela)*

Das war so großartig, die Leute freuen sich ein zweites Loch in den Allerwertesten.

Ein Nasenbeinbruch ist kein Beinbruch.

Meine Jungs sind Mentalitätsmonster.

Sie fragen mich, wie motiviert die Spieler sind? Ich kann nur eine Aussage darüber treffen, wie motiviert ich bin. Und wenn man das in Flaschen abfüllt, dann kommt man in den Knast, wenn man es verkauft.

Ich habe Riesenlust, hier zu arbeiten. Wir werden einige Vollgas-Veranstaltungen ablaufen lassen. Rasenschach wird es bei mir nie geben. Wenn Spiele langweilig sind, verlieren sie ihre Berechtigung. *(bei der Vorstellungs-Pressekonferenz in Dortmund)*

Am Mittwoch, das wird »Mia san mia« gegen »Wir sind Fußball«.

Ich gebe zu, dass man unseren Standardsituationen nicht immer ansieht, dass wir sie trainieren.

Das einzige Selfie meines Lebens habe ich mit Messi gemacht. Musste aber in die Hocke gehen.

Dortmund hat sich auf das Niveau anderer Mannschaften herunterverletzt.

Die FIFA hat inzwischen so viele Regeln geändert, dass selbst die Schweiz gesetzt ist. Das gibt es sonst nur im alpinen Skisport. *(über die WM-Auslosung)*

Wir werden auf ihn warten wie eine gute Ehefrau, die auf ihren Mann wartet, der im Knast sitzt. *(über den verletzten Mats Hummels)*

Es ist ja hinlänglich bekannt, dass das Nationalgetränk in Ägypten Wasser ist. *(sieht kein Problem für Mohamed Zidan nach dem Gewinn des Afrika-Cups)*

Wir haben uns eben entschieden, den Verein nicht aufzulösen, obwohl wir unentschieden gespielt haben.

Wenn es hier nach Schweiß stinkt, bin ich das. Das Spiel war so aufregend. *(der BVB-Trainer zu seinem Schalker Kollegen Fred Rutten)*

Hätte ich auf dem Platz immer so konzentriert Doppelpässe gespielt wie vor der Kamera, wäre ich als Spieler garantiert erfolgreicher gewesen.

Es gibt in der Bundesliga viele Spieler, die gut genug wären für Real Madrid. Für Barcelona wär's vielleicht ein bisschen schwierig, aber Real ... *(zum Interesse von Real Madrid an Lucas Barrios)*

Wir haben schlecht angefangen, um dann ein bisschen nachzulassen.

Was kann man da gewinnen? Eine DSL-Telefonleitung? Ich ziehe nämlich gerade um. *(Klopp über den T-Home-Cup)*

Ich habe schon öfters Wörter mit »M« in den Mund genommen. Aber die waren nicht immer salonfähig. *(auf die Frage, wann er denn endlich das »M(eisterschaft)-Wort« in den Mund nehme)*

Irgendein Schwachkopf hat vor dem Spiel im Wald einen Stein auf unseren Bus geworfen, ist abgehauen und hat sich feiern lassen. Das war eine feige und lächerliche Aktion. Eine Katastrophe. Wer immer heute Abend in der Kneipe von einem erzählt bekommt, dass er den Stein geworfen hat: Schmiert ihm eine.

Mario ist gestern Morgen aufgewacht und hatte 'ne Verhärtung. *(über eine Verletzung von Mario Götze)*

Er ist für uns schon seit Langem eine sehr interessante Personalie. Wir haben mit ihm schon früh Kontakt aufgenommen und ihn sehr lange beobachtet – und nicht nur seine 37 Tore bei YouTube geguckt. *(über Neuzugang Barrios)*

So, Kinder! Ich stelle gleich das Flutlicht ab! *(zu seinen Trainingsweltmeistern in Dortmund)*

Flanken anstatt Rückpass, Rückpass anstatt Flanken, Torschuss anstatt Pass, Pass anstatt Torschuss. Wir können uns im Moment blind entscheiden, und es ist immer das Falsche.

Ich habe mich total geärgert. Ich hätte nach dem Spiel jemand auf die Schnauze hauen können.

Herr Schneck, bitte zu Kasse 6. *(bittet den Kommunikationsdirektor Josef Schneck von Borussia Dortmund im Kaufhauston, endlich zur Pressekonferenz zu kommen)*

Wer den Ausgang des Spiels ernst nimmt, der sollte aufhören, Drogen zu nehmen. *(nach einem 2:1-Sieg des BVB gegen den FC Bayern im Super-Cup 2008)*

Wenn ich sagen würde, dass sein Tor Weltklasse gewesen ist, stünde es vier Tage in den Zeitungen. Also sage ich es nicht!

Wir treten nicht mit vollen Hosen an. Ich habe extra noch mal nachgeschaut.

Ich beglückwünsche jeden Fan, der bei unserem Spiel in Cottbus bis zum Schluss vorm Fernseher durchgehalten hat.

Ich war ein Kaiserschnitt. Ich habe nur die ersten zwei Wochen meines Lebens dort verbringen müssen und bin dann weggezogen. *(vor der Rückkehr in seinen Geburtsort Stuttgart)*

Meine Jungs liegen am Vorabend des Spiels in Doppelzimmern. Ich hoffe, da passiert nichts. *(auf die Frage, ob es vor einem Spiel Sex-Verbot gibt)*

Der Trainer hat mich angerufen und gefragt, welche Farbe wir eigentlich hätten. *(der Mainzer Trainer, nachdem der Verein ein Videoband mit einem Mainzspiel an den UEFA-Pokal-Gegner FC Sevilla geschickt hatte)*

Der ist an der Linie so durchgeknallt, bei dem müssen in der Kindheit selbst die Überraschungseier voll mit Dioxin gewesen sein. *(Mario Basler)*

Ich war fußballerisch noch limitierter als Jürgen Klinsmann. Aber immerhin habe ich es auf 325 Zweitligaspiele gebracht, ohne einen einzigen Trick zu beherrschen.

Dragoslav Stepanović hat mich mal vor einem Hallenturnier gefragt, ob ich auch schon mal Halle gespielt hätte. Als ich das bejahte, sagte er nur: Gut, aber heute nicht.

Außerdem war Jürgen schon damals ein wenig cholerisch veranlagt. Ich musste ihn manchmal in die Kabine oder nach Hause schicken. *(Wolfgang Frank, einer seiner Trainer in Mainz)*

Bei uns ist alles im Lack. Immerhin haben wir ja die 2. Halbzeit 2:2 gespielt. *(nach einer 2:4-Niederlage)*

Auf dem Zimmer hat er manchmal so viel geraucht, dass ich eigentlich eine Disco-Kugel hätte aufhängen müssen, um noch etwas zu sehen. *(Ansgar Brinkmann)*

Es ist nicht unbedingt leichter, sich die Seele aus dem Leib zu rennen, wenn man gerade aus dem Fünf-Sterne-Bett aufgestanden ist. Zu gemütlich macht bequem.

Ich kann Schütze Arsch im zwölften Glied sein und bin trotzdem wichtig, weil auch ich meinen Auftrag und meine Rolle habe. *(Klopp über die Rolle der Ersatzspieler)*

Wenn die Zuschauer Emotionen wollen, du aber Rasenschach anbietest, muss sich einer von beiden ein neues Stadion suchen.

Fußball habe ich schon recht früh verstanden, ich konnte es nur nicht umsetzen. Über dem Hals war ich stärker als drunter.

Wir werden die Velberter nicht unterschätzen, weil wir nicht bescheuert sind. *(vor dem Mainzer Pokalaus in Velbert)*

Mir war es leider nie vergönnt, vor so einer Kulisse wie im Westfalenstadion zu spielen. Bei mir waren es vielleicht in der gesamten Karriere 80.000 Zuschauer. *(vor einem Spiel in Dortmund)*

Wir führen ein ganz normales Familienleben. Und ich werde jetzt zu Hause auch nicht zwei Meister-Sterne auf der Brust tragen!

Im Spiel denken die Spieler ab und zu selbstständig, und man sieht ja, was dabei rauskommt.

Ich hatte das Talent für die Landesliga und den Kopf für die Bundesliga – herausgekommen ist die zweite Liga.

Die einzige Daseinsberechtigung für Fußball ist doch das Interesse der Leute, und dem sollte man gerecht werden.

Es ist nicht wichtig, was man über einen denkt, wenn er kommt – sondern wenn er geht.

## Fabian **Klos**

Döner kann nachts Leben retten.

## Miroslav **Klose**

Ich schleppe meinen Kadaver noch etwas herum. *(auf die Frage, ob er seine Karriere nach der WM beenden wolle)*

Ich war laufen. Mit mir wollte keiner Fußball spielen. *(auf die Frage, wie er sich während seiner Isolation wegen der Schweinegrippeerkrankung seiner Kinder fit gehalten habe)*

Da meine Frau nicht da ist, muss ich mit Harald kuscheln. Da kann ich mir allerdings Schöneres vorstellen. *(auf die Frage, wie er seinen freien Tag gestaltet, und mit Blick auf DFB-Pressechef Harald Stenger)*

Für Streicheleinheiten müssen wir uns eine Katze kaufen.

Wenn Sie ein wenig aufgepasst hätten, wäre Ihnen aufgefallen, dass ich mich im Stadion für die zweite Hälfte warm gemacht habe. Deswegen kann ich das nicht wissen. Aber seien Sie froh, so etwas nicht Louis van Gaal gefragt zu haben. *(auf die Frage eines Reporters, was Löw in der Halbzeitpause beim Spiel gegen Aserbaidschan gesagt habe)*

Wann ist ein guter Zeitpunkt für eine Verletzung? Fällt man im Urlaub aus, hat man keinen Urlaub.

Ich bin froh, wenn ich ab und zu die Tür von der Kabine finde. *(in der Reha)*

Wenn wir Weltmeister werden, können Sie mit mir machen, was Sie wollen. Ich fahre dann überall hin.

Ich rauche nicht. Ich trinke nicht. Man kennt mich nicht.

Der Höhepunkt war während der EM gegen Lettland erreicht, als er Sekunden vor dem Abpfiff aus formidabler Position vorbeiköpfte wie ein Fußgänger, dem ein Blumentopf auf den Kopf fällt. *(Ludger Schulze für die »Süddeutsche Zeitung« über den Nationalstürmer)*

Es war sehr schmerzvoll, aber ich habe kaum was gespürt.

Die Ballverwertungshaltung war nicht da.

Ich hätte mir beinahe die Füße gebrochen. *(nachdem er seinen obligatorischen Salto nach einem Tor nicht stand und auf dem Hosenboden landete)*

Er springt 40 Zentimeter höher als seine Gegenspieler und sechsmal so hoch wie ich. *(Eric Gerets über die Sprungkraft von Miroslav Klose)*

Klose ist nicht Gerd Müller und nicht Paolo Rossi. Er wird nie ein Ronaldo sein und nie etwas mit Totti zu tun haben. Klose ist nicht schön, und sein Fußball ist nicht schön. Aber Klose hat alles verdient, was ihm der Fußball schenkt. *(die italienische Zeitung »La Gazzetta dello Sport«)*

Der Miro ist seit Monaten in bestechlicher Form. *(Jürgen Klinsmann nach einem 3:0-Sieg gegen Ecuador, zu dem Klose zwei Tore beisteuerte)*

## Oskar **Klose**

*(Journalist)*

Gerd Müller dürfte Torwart Abramian wohl mehr durch seinen Bart erschreckt haben als durch seine Leistung.

## Lisa **Klostermann**

Ich war damals fünf Jahre alt und Lukas war mein großes Vorbild. Dass ich beim Fußballspielen mit den Jungs dabei sein durfte und er mich nicht ausschloss, rechne ich ihm hoch an. Er war ganz sicher der Schlüssel zu meiner Karriere als Fußballerin.

## Lukas **Klostermann**

Ich wünsche Lukas für sein weiteres Leben viel, viel Gesundheit und einen neuen Berater. *(Peter Neururer zum Wechsel des 18-jährigen Bochumer Verteidigers zu RB Leipzig)*

## Kuno **Klötzer**

*(Trainer beim Hamburger SV)*

Wenn wir nicht 0:1 zurückliegen würden, könnten wir 1:0 führen.

Da sitzt unser Trainer dick und fett und rührt sich nicht. *(HSV-Manager Peter Krohn)*

Es tut mir leid, zum Ausgleich darf Klötzer nun dreimal Armleuchter zu mir sagen. *(Dr. Peter Krohn entschuldigt sich für das »dick und fett« auf seine Art)*

Manchmal glaube ich, mein junger Vorgänger hat mit der Mannschaft nur Liederabende abgehalten. *(beim MSV Duisburg)*

## Udo **Klug**

*(Trainer vom FC Homburg)*

Wir brauchen keinen Trainer, wir brauchen einen Blindenhund.

## Peer **Kluge**

Wenn irgendwo auf dem Platz ein Knochen vergraben ist, Peer Kluge findet ihn. *(Wolff-Christoph Fuss)*

Auch Kluge. *(Gladbachs Nachwuchsspieler auf die Frage, wie seine Eltern heißen)*

## Sven **Kmetsch**

Ich war selbst erschrocken. *(über sein 1:0 gegen Wolfsburg)*

Solange es keine Schlägerei gibt mit blutigen Nasen und Köpfen, ist alles im vertretbaren Maße. *(über eine Massenrangelei)*

Ich tippe nie, man kann nie wissen, wie ein Spiel ausgeht. *(auf die Frage des Kommentators zum Ausgang des Spiels Leverkusen – Schalke)*

## Aleksander **Knavs**

*(Spieler vom 1. FC Kaiserslautern)*

Lauth offenbart das Tempolimit bei Knavs. *(Gerd Rubenbauer)*

## Christof **Kneer**

*(Journalist)*

Fußball ist Unterschichtenfernsehen, Mittelschichtenfernsehen, Oberschichtenfernsehen.

## Barry **Knight**

In Stoke hat mal eine ältere Dame nach dem Spiel an den Umkleidekabinen auf mich gewartet. Sie sagte zu mir: »Herr Knight, ich möchte Ihnen nur gerne sagen, dass ich 74 Jahre alt und Großmutter bin. Und Sie sind der absolut beschissenste Schiedsrichter, den ich jemals gesehen habe.« Versetzen Sie sich da mal in meine Lage.

## Torsten **Knippertz**

*(Gladbachs Stadionsprecher)*

Wenn der Mannschaftsbus so oft liegenbleibt wie die Spieler zum Schluss, wird's für Ingolstadt ne lange Heimreise!

## Rudolf **Knoell**

*(Publizist)*

Im Begriff Profisport fehlt ein »t«.

## Matze **Knop**

Auf Ultraschallbildern erkenne ich gar nix. Dabei habe ich früher jahrelang Fußball verschlüsselt bei Premiere geguckt.

Wenn Lothar Matthäus und Andy Möller mit zur WM fahren, verlieren wir kein einziges Spiel, weil: Alte Menschen und Frauen schlägt man nicht!

## Adrian **Knup**

*(Fußballspieler aus der Schweiz)*

Eigentlich bin ich der Matchwinner. Als ich vom Platz gegangen bin, lief es endlich gut bei uns.

## Andrzej **Kobylanski**

Das hätte ich nicht zugegeben. Da fängt Selbstbewusstsein an. *(der Cottbusser Trainer Eduard Geyer, nachdem Kobylanski zugegeben hatte, dass er einen Ball nur flanken und nicht ins Tor schießen wollte)*

## Georg **Koch**

In diesem Jahr habe ich keinen Weihnachtsbaum aufgestellt. Dafür hat es nicht mehr gereicht. *(Kaiserslauterns Torhüter, nachdem bei den Pfälzern 50 Prozent der Gehälter eingefroren blieben)*

## Günther **Koch**

*(Radiolegende)*

Und selbst wenn jemand dort drüben die Gegengerade abreißen würde – ich würde es nicht sehen. *(während des Bundesligaspieles Bayern München – MSV Duisburg, bei dem dichter Nebel herrschte)*

Die Flanke geht ins Niemandsland, eigentlich heißt's Strafraum, aber da ist keiner. Und der Ball, der denkt sich, wenn keiner da ist, dann lauf' ich halt ins Aus.

Der Ball ist im Schlafraum.

Man fasst sich ans Hirn, wenn man noch eins hat …

Harmlos, gelähmt, unsicher, nervös, mit wackligen Knien. Der FC Wackelknie, der FC Nürnberg, die Clubberer, ja was ist denn, wo denn, da muss man doch kämpfen, wenn es gegen den Abstieg geht, und der Sportklub, frei, locker, der FC Lockerburg spielt hier, muss sich nicht einmal anstrengen.

Die Zuschauer schauen auf die Uhr: oje, noch 14 Minuten – das ist noch lange, schauen in die Flasche – die ist lange leer, schauen auf den Schiedsrichter – und bewundern ihn. Denn er hat ein weitaus größeres Laufpensum abgelegt als jeder der anwesenden Profis.

## Harry **Koch**

Harry Koch im Mittelfeld ist so, als wenn man mit Boxhandschuhen Geld zählen will. *(Fritz Fuchs, Trainer vom FK Pirmasens)*

Wir haben keinen Bedarf an Rentnern. *(Michael A. Roth zu den Spekulationen über eine Verpflichtung des Spielers)*

## Oliver **Koch**

*(Moderator)*

In Leverkusen schielen heute alle auch mit den Ohren nach Bochum.

## Rainer **Koch**

Von Helene Fischer wird auch nicht erwartet, dass sie die Gesangskultur kleiner Gemeinden fördert. *(der DFB-Vizepräsident auf dem Amateurfußball-Kongress)*

## Robert **Koch**

Ich habe noch zwei Karten für das Open Air von Matthias Reim in Kamenz ergattert, da will ich hin. *(Dresdens Pokalheld lehnte eine Einladung ins »aktuelle sportstudio« ab)*

## Ján **Kocian**

Der Dieter und ich, wir haben uns überlegt, dass wir von jetzt an nur noch Foul spielen, wenn es nötig ist. *(nach zwei roten Karten für Dieter Schlindwein und ihn)*

## Ronald **Koeman**

Koeman. Der heißt schon so. Dem würde ich auch nicht über den Weg trauen! *(Heribert Faßbender)*

Ich bin zum Schluss in der Küche gelandet. Da habe ich kiloweise Kartoffeln geschält. *(als Trainer von Feyenoord Rotterdam über einen speziellen Teambuilding-Tag)*

## Georg **Kofler**

Ich sage es mal so: Bevor ein neuer Pay-TV-Sender einen Euro Gewinn abwirft, werde ich Torschützenkönig der Bundesliga. *(der frühere Büroleiter von Leo Kirch zu Plänen der DFL, einen eigenen Liga-TV-Sender aufzubauen)*

## Ludwig **Kögl**

Davon hättest du dich 14 Tage ernähren können. *(nachdem beim FC St. Pauli Gegenstände auf den Platz geworfen worden waren)*

I spui mei Spui.

Entweder ich gehe links vorbei, oder ich gehe rechts vorbei.

## Florian **Kohfeldt**

Didi Hamann lobt ihn, meine Frau mag ihn – er muss ein Guter sein. *(Marco Bode)*

In der 11. Klasse. *(auf die Frage, wo er gewesen sei, als Claudio Pizarro angefangen hat, für Werder zu spielen)*

Ich bin leider so ein Typ, der mehr isst, wenn er Stress hat. Das ist echt blöd, sonst könnte ich wenigstens noch abnehmen, wenn wir schlecht spielen.

Im Hintergrund trainieren Tim Borowski, Clemens Fritz und Frank Baumann schon wieder. Ich sehe es schon vor mir: The Avengers. *(bei einer Verletzenmisere bei Werder)*

## Helmut **Kohl**

*(Schiedsrichter)*

Der Name bürgt für große Gesten. *(ARD-Reporter Uli Köhler bei der WM 1990 gegen die ČSFR über Schiri Helmut Kohl)*

## Helmut **Kohl**

Ich verstehe durchaus etwas von Fußball. Ich kenne sehr wohl den Unterschied zwischen einem Strafstoß und einem Elfmeter.

Eng. *(Mehmet Scholl auf die Frage, wie es war, als Bundeskanzler Kohl nach dem EM-Sieg 1996 in die Kabine kam)*

## Jürgen **Kohler**

Ich werde dem Schiedsrichter meinen Optiker empfehlen.

Vor etwas über drei Jahren habe ich zu ihm gesagt: »Sie gefallen mir so gut, irgendwann sitzen Sie bei uns auf der Bank.« Damals haben wir beide gelächelt, heute ist es wahr geworden. *(der MSV-Präsident Walter Hellmich zur Verpflichtung Jürgen Kohlers)*

Solange uns die Hosen nicht die Knie runterrutschen, bin ich davon überzeugt, dass wir Weltmeister werden. *(bei der WM 2018)*

Gegen den macht höchstens ein Marsmensch ein Tor. *(Preben Larsen)*

Hier in Italien werde ich noch abgezockter, kann noch mehr auf die Socken hauen – ohne dass es jemand merkt.

Seit ich keinen Schnäuzer mehr habe, bin ich wieder ein Thema für die. *(er sprach über die »Bravo«)*

Deutschlands Abwehr-Ass Kohler schwört auf den Augenkontakt. Beim Aufwärmen vor den großen Spielen der WM läuft er zu seinem Gegenspieler, baut sich vor ihm auf und blickt ihm tief und drohend in die Augen. Das signalisiert: Du gehörst mir. Ich habe keine Angst vor dir. *(»Bunte« nach der WM 1990)*

Da muss Kohler aber sehr spitze Finger gehabt haben. *(der kurzhaarige und krausköpfige Michél Mazingu-Dinzey, nachdem Kohler wegen Haareziehens bei ihm vom Platz gestellt worden war)*

Ein Hackentrick von Jürgen Kohler – das kann ja nicht gut gehen. *(Manfred Breuckmann)*

Der Stürmer muss das Hecheln im Ohr haben. Das kann sehr unangenehm sein.

Filmt mich nicht von oben, dann sieht man meine Glatze.

Gestern hat's geregnet und heute schien die Sonne – da muss sich der Körper erst mal darauf einstellen! *(Erklärungsversuch für die schwache Anfangsphase der Dortmunder)*

Zu viel Denken ist immer schlecht.

Ich habe 19 Jahre lang den schönsten Beruf ausgeübt, den es gibt.

Der Schiedsrichter hätte bedenken können, dass ein Fußballgott Abschied nimmt. Das haben wir vergessen, ihm zu sagen. *(Gerd Niebaum zur roten Karte im UEFA-Cup-Finale in Rotterdam, Jürgen Kohlers letztem Spiel)*

Für Kohlers Verhältnisse war der Pass gar nicht schlecht. *(Marcel Reif zu einem Pass, der über fünf Meter gespielt im Seitenaus landete)*

Kohler köpft alles weg, der würde sogar eine Kiste Bier aus dem Strafraum köpfen. *(Jörg Dahlmann)*

Nur wer ein Tor machen will, der trifft auch.

Ich habe unseren Grillabend organisiert. *(auf die Frage, was er als Sportdirektor von Bayer Leverkusen mache)*

Ich komme vom Sport und deshalb ist mein Platz auch nah am Spielfeld. Von der Tribüne aus wäre es sowieso schwierig gewesen, weil der Reiner Calmund ja auch immer zwei Plätze für sich beansprucht.

## Benjamin **Köhler**

Keine Ahnung! Den haben wir uns selbst ausgedacht. *(über den Namen seines Sohns Dian)*

## Jupp **Koitka**

Ich verkaufe sogar dem Papst ein Doppelbett.

## Jan **Koller**

Ich kenne ihn. Dem habe ich mal die Schuhe kaputt getreten. Mit Größe 53 war er halt der Leidtragende. *(Jacques Abardonado)*

Der Koller ist 20 Zentimeter größer als unsere Spieler. Es ist eigentlich nicht fair, dass der mitspielen darf. *(Jürgen Klopp)*

Wenn er auf dem Platz ist, habe ich das Gefühl, dass alle anderen Stürmer zusammen nur 1,50 Meter groß sind. *(Matthias Sammer)*

Jan Koller – mit 2,02 Meter Körpergröße der überragende Spieler da vorne. *(Thomas Wark, ZDF-Kommentator)*

Wir werden schon einen auspacken, der nicht unbedingt eine Leiter braucht. *(Werder Bremens Trainer Thomas Schaaf zur Frage des Gegenspielers des 2,02-Meter-Mannes)*

## Marcel **Koller**

Vor der Saison habe ich getippt, dass die Bayern Deutscher Meister werden. In der Winterpause war Werder Bremen mein Favorit. Und jetzt gehe ich davon aus, dass die Schalker das packen. *(Meister wurde der VfB Stuttgart)*

## **1. FC Köln**

Der 1. FC Köln muss ein verrückter Verein sein, sonst hätten sie nicht noch einmal einen Schweizer genommen. *(Hanspeter Latour, mit seinem Landsmann Marcel Koller war der FC 2004 in die zweite Liga abgestiegen)*

Im Kölner Stadion ist immer so eine super Stimmung, da stört eigentlich nur die Mannschaft. *(Udo Lattek)*

Wie merkt man, dass in Köln Donnerstag ist? Lukas Podolski kommt zum ersten Mal in der Woche zum Training. *(Udo Lattek)*

Ob sie dir nun auf den Hintern klopfen oder in den Hintern treten – in Köln gibt es wenigstens Menschlichkeit. *(Pierre Littbarski)*

Für den 1. FC Köln ist schon die Seitenwahl ein sportlicher Höhepunkt. *(Uwe Bahn, NDR-Moderator)*

Unser Verein ist wie die Titanic. Der geht zwar unter, doch der Vorstand steht im Smoking im Ballsaal und will es nicht wahrhaben. *(Toni Schumacher)*

In der freien Wirtschaft würde ein 1. FC Köln erbarmungslos absaufen. *(Harald Schumacher in der Saison 1995/96)*

Schlechte Fitness, Unfähigkeit, miese Moral, keine Kondition – wenn ich nicht genau wüsste, die Rede ist von der Bundeswehr, dann würde ich sagen: 1. FC Köln! *(Gaby Köster)*

Ihr habt 5 Minuten! Saufen könnt ihr, Fußball spielen nicht. *(Fanplakat, als der 1. FC Köln gegen Hertha BSC in der 6. Minute den Rekord ohne Tor von Saarbrücken überbot)*

Wir dürfen uns nicht über das Publikum aufregen. Wenn wir so weiterspielen, haben wir bald keines mehr. *(Albert Caspers, Präsident des 1. FC Köln, als Reaktion auf die Kritik von Trainer Ewald Lienen an den Kölner Zuschauern)*

Suche Trainer. Biete Olsen. *(Fan-Plakat 1994)*

Das Fußballspiel 1. FC Köln – FC Liverpool war eine Delikatesse. Dreimal so spannend wie ein Durbridge-Krimi. *(Leserbrief in der »Hörzu« im Jahr 1964 von Klaus K. aus Berlin)*

Erst steigen wir ab, dann steigen wir wieder auf, dann steigen wir wieder ab, und dann steigen wir wieder auf, das finden wir lustig, weil wir bescheuert sind. *(Fangesang)*

Der 1. FC Köln spielt zurzeit so gut, wie Tschik Čajkovski Deutsch spricht. *(ein Mitglied des Kölner »FC-Freundeskreises«)*

Du sollst nicht einkaufen, du sollst trainieren. *(Kind im Supermarkt zu einem Spieler des 1. FC Köln)*

Alle Böcke beißen, nur der Kölner Scheißbock nicht. *(Fangesang gegnerischer Fans)*

Kartoffelchips stehen für Spaß und Lebensfreude. Damit kann der FC sich sehr gut identifizieren. *(der Geschäftsführer Claus Horstmann über den neuen Trikotsponsor »Chio«)*

Eher gewinnt Boris Becker noch mal Wimbledon, bevor der 1. FC Köln Deutscher Meister wird. *(Günther Jauch)*

Man kann natürlich nicht alle über einen Kamm scheren: Nicht wir Deutschen sind zu doof zu gewinnen, sondern einzelne Gruppen unserer Gesellschaft, wie die CDU, der 1. FC Köln oder das Management von Susan Stahnke. *(Kim Fischer)*

Köln begann ohne Linie und verlor sie dann ganz. *(TV-Kommentator Markus Höhner)*

Ich war schon FC-Fan, als Overath noch als Quark im Schaufenster ausgestellt war. *(Peter Neururer)*

## Fortuna **Köln**

Ihr seid leiser als Fortuna Köln. *(Fangesang, insbesondere von Auswärtsfans)*

## **Kölner** Express

Immer wieder geben Jupp Derwall und Erich Ribbeck ihr Aufgebot bekannt. Wann ist denn nun endlich die Hochzeit?

## **Kölner** Stadt-Anzeiger

Im Fußball werden Entscheidungen eben aus dem Bauch heraus gefällt. Vielleicht liegt es ja daran, dass so viel in die Hose geht. *(über missglückte Transfers)*

## Friedel **Koncilia**

*(österreichischer Nationaltorwart)*

Der sollte von der Innsbrucker Universität ausgestellt werden. Einen Menschen mit so wenig Hirn gibt's ja net. *(Max Merkel)*

## Timo **Konietzka**

Ich bin ein Straßen-Trainer, meine Universität war das Leben.

## Harald **Konopka**

Die Maler sind uns Profis gegenüber doch im Vorteil. Da kenne ich welche, die werfen gleich das ganze Bild weg, wenn ihnen nur ein einziger Pinselstrich danebengeht. Ich aber kann doch nicht sagen: Flanke misslungen, die schmeiß ich weg! *(er war Kunstsammler)*

Nach zehn Minuten habe ich gegen den fast immer blutige Stutzen, das ist jedes Mal so. *(Karl-Heinz Rummenigge)*

Ein Spieler muss auf dem Platz eine Wildsau sein. Den Kölner Konopka habe ich auch einmal mit der Faust niedergestreckt. Der hat nur dummes Zeug erzählt, da bin ich ausgerastet. *(Klaus Toppmöller)*

## Willi **Konrad**

Ich hau dir in die Fresse! Mehr biste nicht wert ... Was fällt dir eigentlich ein, so 'ne Frage zu stellen? *(als Technischer Direktor von Dynamo Dresden zu einem TV-Team)*

## **Kontaktanzeige**

Suche Ehemann, der nichts von Fußball versteht, nie etwas von Fußball gehört hat und der verspricht, kein Wort von Fußball zu reden. Bin die geschiedene Frau eines Kickers, die vom Fußball endlich genug hat.

## Jürgen **Köper**

Es war im Duisburger Stadion, als Pirsig und ich in einen Zweikampf gingen. Es kam zu einem Pressschlag, bei dem ich ein Knacken hörte. Mir war sofort klar, dass einem von uns beiden etwas passiert sein musste. Als Pirsig aufstand, konnte es folglich nur mich getroffen haben!

## Andreas **Köpke**

Pass auf, der Andy steht gern weit vorm Tor. *(sagte Rudi Völler zu Bernd Schuster, und der legte aus 45,7 m dem Nationalkeeper ein Ei ins Nest)*

Ich gehe schon nicht mit dem Netz einkaufen – aus Furcht, auch da könnte ein Ball drinliegen.

Wenn man Männer weinen sehen will, muss man nur in unsere Kabine gehen. *(nach dem Abstieg mit dem Club 1994)*

Wir können nicht aufstellen, wie die Ted-Umfragen sind. Dann hätten wir in jedem Spiel einen neuen Torwart. *(der Torwarttrainer über die Torwart-Diskussion)*

Bei 16 Gegentoren schmerzt der Rücken, wenn ich die Bälle aus dem Netz hole.

## Horst **Köppel**

Ich bin so heiß auf den Ball, dass ich ihn fressen könnte. *(der damalige Dortmunder Trainer bei einem Prominentenspiel)*

Wer nicht kämpft bis zum Umfallen, kann sich bei Schneeweiß Bethlehem anmelden.

Ich sehe in der Bundesliga Spieler, denen springt beim Stoppen der Ball weiter vom Fuß, als ich ihn jemals schießen konnte.

Ich war ja nicht im Altersheim. *(nach seiner Rückkehr als Cheftrainer)*

## Julian **Korb**

Mein Spieler kann gerade so geradeaus laufen! *(zeigt sich von seinem Abbild in »FIFA 16« wenig begeistert)*

## Fritz **Korbach**

*(deutscher Fußballtrainer)*

Fußball bedeutet elf gegen elf, und dann steht niemand mehr frei.

## Karl-Heinz »Charly« **Körbel**

Es soll mal nicht von mir heißen: Der Charly tritt als Rekordspieler ab, hat aber auch die meisten Trainer verschlissen.

Den größten Fehler, den wir jetzt machen könnten, wäre, die Schuld beim Trainer zu suchen.

Da kommen manche Berater mit ganzen Listen, Spieler aus Kamerun, der Slowakei, Kroatien oder den USA. Alles Weltklassespieler. Und wenn du mal hinterfragst, fällst du fast in Ohnmacht.

Mit dieser fantastisch kämpfenden Mannschaft ist die Meisterschaft bald drin! *(nach der Vorrunde in der Abstiegssaison von Eintracht Frankfurt)*

Die Eintracht ist vom Pech begünstigt.

Ein Teil meines Lebens geht zu Ende. *(nach der Entlassung bei Eintracht Frankfurt)*

Wir haben heute nur eine Chance mit der vollen Unterstützung des Schi … äh der Zuschauer.

## Tayfun **Korkut**

Ich schnuppere an gar nichts. Aber im Moment riecht alles gut. *(Stuttgarts Trainer auf die Frage, ob er nun an der Europa League schnuppere)*

## Peter **Körte**

*(Journalist)*

Vielleicht sollte man über den EU-Austritt Englands per Elfmeterschießen entscheiden lassen.

## Bernd **Korzynietz**

Wir wollten nach der Halbzeit da weitermachen, wo wir zu Beginn aufgehört haben.

Gleich die Zone verlassen und nächste Woche wiederkommen. *(Bielefelds Profi zu einer TV-Journalistin, die den Abwehrspieler mit dem Torschützen Heiko Westermann verwechselte)*

## Thomas **Koschwitz**

*(Comedian)*

Wenn Fußballer durch den Verzicht auf Sex bessere Leistungen bringen würden, hätte die Betriebsmannschaft des Vatikans längst den Europapokal gewonnen.

## Erwin **Kostedde**

Ich möchte nie mehr arbeiten, sondern nur noch am Tresen stehen und saufen.

Ich gehe zurück nach Deutschland, weil meine Frau wieder hier leben will. Das Risiko, alleine in Belgien zu bleiben, wäre mir zu groß. Dann könnte das Lotterleben wieder wie früher anfangen. Und das kommt nicht infrage. *(bei seinem Wechsel von Standard Lüttich zu den Offenbacher Kickers im Jahr 1971)*

## Gaby **Köster**

Dass es den Vereinen finanziell schlecht geht, sieht man daran, dass sich Klaus Toppmöller und Rudi Völler eine gemeinsame Frisur teilen müssen.

Wenn alle um einen freien Stuhl kämpfen, ist das die Reise nach Jerusalem – wenn alle die Flucht ergreifen, sobald ihnen der freie Stuhl angeboten wird, dann ist das die Trainersuche beim 1. FC Köln.

## Michael **Kostner**

20 gegen zwei? Trainer, glauben Sie, das geht? *(nachdem Peter Neururer ein Trainingsspiel Raucher gegen Nichtraucher angeordnet hatte)*

Die Liste meiner Stärken ist länger als eine Klopapierrolle.

## Lorenz-Günther **Köstner**

In einer toten Mannschaft ist einfach kein Leben mehr drin.

Die holen sich einen Popel aus der Nase und brechen sich noch den Finger dabei. *(über seine unglücklich agierenden Spieler)*

Wir sind doch schon wieder abgestiegen worden.

Gut, in dieser Szene hat er sich debütieren lassen.

Wir haben die fehlende Cleverness vermissen lassen.

## Volker **Kottmann**

Jedes Pferd auf der Rennbahn wird besser gepflegt als unsere Fußballer!

## Niko **Kovać**

Nach der Fußball-Karriere muss ich mal sehen, dass ich die Nase einigermaßen kosmetisch pflegen lasse. *(nach seinem Nasenbeinbruch)*

Jeder läuft strahlend wie ein Reaktor durch die Gegend.

Es ist nicht so wichtig, wie viel du rennst, sondern wie du rennst. Man muss die Wege mit Hirn gehen, sonst sind sie vergeblich.

»Ich war auch die B-Lösung und wir haben das Double geholt.« *(angesprochen auf den veremeintlichen Not-Transfer von Ivan Perisic)*

## Peter **Közle**

Ich hab spekuliert, was ich machen soll. Offensichtlich habe ich zu gut spekuliert, aber nicht getroffen.

## Armin **Kraaz**

*(Spieler von Eintracht Frankfurt)*

Es gab mal jemanden bei der Eintracht, der die Mannschaft damit motivierte, dass er einen Adler mit in die Kabine nahm. Vielleicht sollte ich es am Montag mal mit einer Ananas probieren. *(vor einem Spiel, in dem es nur noch um die »goldene Ananas« ging)*

Raumdeckung darf man nicht so wörtlich nehmen. *(zu Gegentoren, bei denen die Stürmer sehr frei standen)*

## Torsten **Kracht**

Die einen werden als Abzocker, Heulsusen oder Arbeitsverweigerer geboren. Andere kommen als Torsten Kracht zur Welt. *(Slogan einer PR-Kampagne von Eintracht Frankfurt)*

Wenn schon doof verlieren, dann wenigstens in Bochum. *(meint der Ex-Bochumer)*

## Manfred **Krafft**

Sonst sah man ja nicht viel von Wynton Rufer. *(der Trainer der Stuttgarter Kickers, nachdem Rufer bei Werders 3:2 alle drei Tore geschossen hatte)*

Meine Mannschaft ist 15- oder 16-mal ins Abseits gerannt. Das haben wir auch die ganze Woche geübt.

## Erhard **Kräher**

Eben hat jemand angerufen, der will Tip und Tap als Neger unter die Leute bringen. *(Geschäftsführer der Firma, die bei der WM 1974 die Maskottchen produzierte)*

## Annike **Krahn**

Man of the Match werde ich, glaube ich, nie werden. *(die Fußball-Nationalspielerin auf die Frage, was sie über ihre vermeintliche Auszeichnung zum »Man of the Match« denke)*

## Wolfgang **Kralicek**

*(österreichischer Journalist)*

Fehlentscheidungen sind das Kostbarste, das der Schiedsrichter dem Fußball geben kann.

## Christoph **Kramer**

Ich habe so viele Fehler gemacht, darüber könnte man ein dickes Lehrbuch schreiben.

Wir dürfen jetzt nicht anfangen, an allen Schrauben, die wir haben, zu zweifeln.

Schiri, ist dies das Finale? *(Frage an den Schiedsrichter Rizzoli im WM-Endspiel 2014 nach seiner Gehirnerschütterung)*

Ich bin definitiv zu langsam, aber ich bin halt auch in echt definitiv zu langsam. *(über seinen aktuellen »FIFA«-Kicker)*

Bin so dankbar für die Zeit in Bochum. Die Fans dort, wie soll ich es sagen – das ist wahre Liebe!

## Rolf **Kramer**

*(Kommentator)*

Der Schiedsrichter nimmt es sehr genau. Er ist von Beruf Kassierer.

## Werner »Eia« **Krämer**

Wenn Sie so mit mir sprechen, Trainer, dann fahr ich lieber nach Hause. Denn dat Biertrinken, dat können Sie mir nicht nehmen! *(zu Bundestrainer Helmut Schön bei der WM 1966)*

Eia Krämer guckte nie auf den Ball – er wusste, wo der Ball war! *(Journalist Heinz Formann)*

## Hans **Krankl**

Ham and Eggs mit Schinken und Ei. *(seine Leibspeise)*

Wir müssen gewinnen, alles andere ist primär.

Herr Joaquim Rifé ist ein Trottel. Er schaut aus wie ein Affe und ist auch einer! *(über seinen Ex-Trainer beim FC Barcelona)*

Ich habe bei der WM in Frankreich keine Probleme mit der Verständigung, ich kann kein Französisch.

Ich habe hier gut gearbeitet, habe viel zustande gebracht. Ich habe mir als Trainer in Deutschland einen Namen gemacht. *(nachdem er in elf Spielen mit Fortuna Köln elf Punkte gewann, den Abstieg aber nicht verhindern konnte)*

Schön muss man im Fußball nicht sein. Das sieht man. *(Gustl Starek, österreichischer Bundesligatrainer)*

Wenn ich einen Deutschen sehe, werde ich zum Rasenmäher.

Ich habe zum Schiedsrichter gesagt: »Da müssen Sie entscheiden wie ein Mensch und nicht wie ein Schiedsrichter.«

Vivat der Mutter, die diesen Sohn geboren hat! Eine Krankl-Symphonie in D-Dur. Maschinengewehr Krankl. 9:0! *(nach einem 9:0 von Barcelona über Vallecano, bei dem Krankl fünf Tore geschossen hatte, in den spanischen Zeitungen)*

Den Piefkes zeigen wir's – die kriegen kalt-warm! *(bei der WM 1978)*

## Willi **Kraus**

Er war ein eisenharter Stürmer mit einem guten Schuss. Wenn er vor eine Bande getreten hat, hat der kaum etwas gemerkt! *(Willi Koslowski)*

## Wolfgang **Kraus**

Den Kraus kenne ich noch aus Frankfurt. Der ist immer so müde, dass er mit der Trage vom Platz gebracht werden muss. *(Gyula Lóránt)*

## Bernd **Krauss**

Irgendwann kommt man morgens zum Training und ist gar nicht mehr Coach.

So große Schuhe gibt es doch gar nicht, um damit alle Brände auszutreten.

Wir wollten unbedingt einen frühen Rückstand vermeiden. Das ist uns auch gelungen. Der VfB Stuttgart hat in den ersten zweieinhalb Minuten kein Tor geschossen.

Vielleicht liegt das Geheimnis unseres Erfolges darin, dass mich meine Spieler nicht verstehen. *(als Trainer in Spanien)*

Ich glaube, Dede hatte gar keine Stollenschuhe an. Aber wenn ich mich in Zukunft auch noch um die Schuhe der Spieler kümmern muss, kann ich demnächst vor dem Spiel ja auch noch den Platz abkreiden. *(als BVB-Trainer über die Standprobleme seiner Profis)*

Die Farbe hat mir sowieso nicht gefallen. *(nachdem er seinen Wagen zu Schrott gefahren hatte)*

Wie das im Sport halt so ist: erst gratulieren, dann den Schläger zertrümmern – und anschließend geht's weiter. *(auf die Frage, wie er beim Tennis mit Niederlagen umgehe)*

Auch die Journalisten haben es vielleicht nicht so leicht, weil ihnen den ganzen Sommer die Sonne auf den Kopf scheint. *(zur heftigen Medienkritik an ihm auf Mallorca)*

Was heißt hier eigentlich neue Besen, und immer wird dabei nur auf die Trainer geguckt. Das ist doch zu 80 Prozent PR. Auch beim neuen Besen kommt es auf die Kraft der Borsten an. Und das sind in erster Linie die Spieler!

## David **Krecidlo**

22:01 Uhr: Was macht David Krecidlo denn da? Er scheißt fast zwei Meter übers Tor. *(Live-Ticker der »Sportschau« im Internet)*

## Martin **Kree**

Die Taktik war in Ordnung, nur der Gegner war zu stark.

## Dieter **Krein**

*(Präsident von Energie Cottbus)*

Mir ist ein Ausländer, der nichts sagt, lieber als ein Deutscher, der nur Mist redet. *(auf die Frage, warum die Ausländer auf dem Platz so wenig miteinander kommunizieren)*

Mit so einer Chancenverwertung gewinnen wir nicht mal gegen Traktor Osternienburg.

Bei uns stoppen einige den Ball – so weit kann ich nicht schießen.

Der Sarg ist zu, wenn der letzte Silbernagel drin ist. *(zur theoretischen Chance auf den Klassenverbleib)*

Quatsch nicht so viel, trainier lieber. *(zu Stürmer Sebastian Helbig, der nach einem schwachen Spiel Interviews gab)*

Nur Idioten zeigen mit dem Finger auf uns und meinen, bei uns würden die Ausländer die Deutschen aus dem Team verdrängen.

Manche von uns haben sich in der 2. Halbzeit bewegt – unter der Rasenkante.

Ich kann darüber nur noch lachen. Das Schlimme ist: Wenn Leute in Berlin nur in der Straßenbahn sitzen und am Café King vorbeifahren, sind sie schon verdächtig. *(Präsident von Energie Cottbus über den »Fall Hoyzer«)*

## Hansi **Kreische**

Aus Scheiße kann man keine Bonbons machen! *(nach einer Niederlage seiner Mannschaft Dynamo Dresden)*

## **Kreisligaschiedsrichter**

Schiri bei der Vorstellung zu einem Spieler: »Ach, Sie kenne ich doch noch vom Hinspiel – wir beide unterhalten uns heute nur in Farben!«

Schiri vorm Spiel: »Jungs, ihr spielt Käse, deshalb spielt ihr Kreisklasse. Ich pfeife schlecht, deshalb pfeif' ich Kreisklasse. Also, auf geht's.«

Schiri zum Trainer: »Hol die Nummer 6 vom Platz – sonst schick ich sie dir!«

»Ey Schiri, das war Foul!« – Schiedsrichter: »Musst du eher abspielen, dann wirst du auch nicht gefoult!«

Der Schiedsrichter pfeift berechtigt Abseits. Von hinten ertönt es laut: »Schiri, der ist 50. Der braucht den Vorsprung.«

Die Zuschauer schreien bei jedem Foul: »Man Schiri, das ist 'ne Karte!« Schiri unterbricht das Spiel, geht zu den Zuschauern hin und sagt: »Hömma Freunde, wenn ihr Karten sehen wollt, dann müsst ihr zum Skat gehen!«

Schiri zum Spieler: »Du brauchst nur noch einmal falsch Luft holen, dann fliegst du mit Rot von der Anlage!«

Ein gegnerischer Spieler rettet mit der Hand auf der Torlinie. Schiri gibt nur die gelbe Karte. Seine Begründung: »Das ist mein Nachbar. Da kann ich kein Rot geben! Den sehe ich jeden Tag. Euch sehe ich höchstens zweimal im Jahr.«

Frauen-Bezirksliga. Schiedsrichter: »Spielt ihr auch 90 Minuten!?«

Sonntagvormittag. Knüppelharte Partie. Spieler beschwert sich: »Schiri, ich muss morgen noch arbeiten« – Schiedsrichter lächelt: »Dann hättest du besser Friseur werden sollen.«

Spieler blafft den Schiedsrichter mit hochrotem Kopf lautstark an. Schiri ganz ruhig: »Hömma, wenn ich angeschrien werden möchte, ruf ich meine Ex-Frau an – da brauche ich dich nicht!«

Torwart spielt auf Zeit. Schiri ruft: »Mach mal schneller, ich hab kein Licht am Fahrrad!«

Spieler: »Das war doch Vorteil!« – Schiri: »Wenn Sie den Ball haben, ist das kein Vorteil für Ihre Mannschaft!«

## **Kreisligatrainer**

Keine Angst vor dem Spiel am Sonntag. Wenn der Gegner was taugen würde, müsste er nicht in der Kreisklasse spielen. *(zu seiner Mannschaft)*

## Willibert **Kremer**

*(Ex-Spieler von Schalke 04)*

Ohne Tore kann man nicht gewinnen.

## Erwin **Kremers**

Einmal gehe ich rechts vorbei, dann wieder links, dann wieder spiele ich den Ball durch die Beine oder mache einen Doppelpass mit einem Schalker Mitspieler. Ich variiere ganz bewusst, so dass es meine Kontrahenten besonders schwer haben. Man muss immer wieder etwas Neues bringen im Showgeschäft.

Profifußballer sind keine normalen Menschen. Sie sind hochgezüchtet und damit überempfindlich.

## Helmut **Kremers**

Wenn wir früher gegen Dortmund gespielt haben, haben wir uns vorher gar nicht umgezogen. *(auf der Schalker JHV)*

Kremers wäre als linker Verteidiger heute für Schalke immer noch wertvoller als im Präsidium. *(Günter Eichberg)*

## Stefan **Kretzschmar**

Wir sind ja nicht so Schwuletten wie Bayer Leverkusen, die nicht Meister werden wollen. *(der Handballer vom SC Magdeburg zu den eigenen Meisterschaftsambitionen)*

## Markus **Kreuz**

*(ehemaliger Bundesligaspieler)*

Zu Hause bei meiner Frau. *(nach einer Niederlage auf die Frage, wo er denn nun seinen Frust rauslasse)*

## Oliver **Kreuzer**

Ich bin so teuer wie eine neue Tennishalle! *(Bayerns 5-Mio.-DM-Einkauf, 1991)*

## Rainer **Krieg**

*(Bundesligaspieler)*

Ich habe mein Geld als Heizungsmonteur verdient, ich lag wegen eines Kreuzbandrisses ein Jahr lang auf Eis – jetzt will ich endlich mal eine normale Temperatur erleben.

## **Kroatien**

Die Kroaten sollen auf alles treten, was sich bewegt – da hat unser Mittelfeld ja nichts zu befürchten. *(Berti Vogts)*

Kein Pferd würde auf den Körper eines Menschen treten, der am Boden liegt. Kroatische Spieler schon. *(Pfarrer Eugen Drewermann)*

Was ist eigentlich los mit unserer Welt? Der beste Rapper ist ein Weißer, der beste Golfer ist ein Schwarzer und die Kroaten spielen fair. *(Lou Richter bei der EM 2004)*

Das Engstirnige, das Kleinkarierte habe ich noch nie gemocht. Wir haben die Professionalität, aber auch die Lockerheit, die wir Kroaten eben besitzen. *(Niko Kovać)*

## Dr. Peter **Krohn**

Ich bin aufgesprungen und habe mir selbst die Hand geschüttelt! *(der HSV-Präsident nach dem ersten Tor von Kevin Keegan)*

Wenn man mich anruft, liefere ich auch noch nachts um zwölf eine Schlagzeile.

Auswärts brauchen wir nicht schön zu spielen. Unsere Trikots sind schön genug. *(über die pinken Jerseys)*

## **Kronen Zeitung**

In einem Spiel der oberbayrischen Bezirksliga brach Torwart Peter Michalke (23) vom FC Markt Schwaben ohne Feindeinwirkung tot zusammen.

## Rudi **Kröner**

*(Trainer von Hessen Kassel)*

Wir haben heute ein neues System kreiert: vorne zu- und hinten aufgemacht. *(nach einer 0:4 Pleite)*

## Gerda **Kronsbein**

Wir sind 23 Jahre verheiratet und haben zwölf Umzüge hinter uns. Das letzte Schlafzimmer, das wir kauften, war bereits das vierte. Wir wanderten von Bielefeld nach Ulm, von dort nach Hannover, dann nach Duisburg, nach Aachen, nach Mannheim und wieder zurück nach Hannover. Neue Stadt, neue Wohnung, neue Sorgen, neue Schule für die beiden Kinder. Mein Mann ist ein rastloser Fußballtrainer voller Leidenschaft. So habe ich ihm mitunter einiges verschwiegen: die anonymen Briefe in Aachen, die Anpöbeleien beim Einkaufen in Meiderich, die hässlichen Anrufe … *(die Frau des bekannten Bundesligatrainers Fiffi Kronsbein in einem Brief an den »kicker«)*

## Helmut »Fiffi« **Kronsbein**

Kraft zählt und Tempo ist wichtig. Und dann muss man es im Kopf und in den Zehenspitzen haben. Oben muss es blitzen und unten muss es funken.

Der kann von mir aus jeden Tag nackt auf der Rathauskuppel tanzen. Hauptsache, er hat Erfolg. *(Ferdinand Beck, Präsident von Hannover 96, über seinen Trainer)*

## Toni **Kroos**

Es ist absolut okay – und so ist dann die Vorfreude auf einen möglichen Urlaub noch höher, wenn man es sich wieder selbst aussuchen kann. *(zum eher spartanischen WM-Quartier 2018 in Vatutinki)*

Stark! Ein Tor gemacht, eins vorbereitet. *(Felix Kroos über die Leistung seines Bruders Toni beim WM-Spiel 2018 gegen Schweden, in dem dieser zwar den Siegtreffer in der Nachspielzeit erzielte, aber durch einen Fehlpass auch ein Tor des Gegners einleitete)*

## Thomas **Kroth**

Der spielt weiter hinten, der schießt doch sowieso immer aus 300 Metern aufs Tor. *(Ernst Happel über den Offensivdrang seines Spielers)*

## Mladen **Krstajić**

Ich akzeptiere den Frauenfußball, aber lieber treffe ich Frauen in der Disko.

## Hellmut **Krug**

Wenn nach dem Spiel keiner über mich redet, bin ich zufrieden.

Tschüss, du Treter! *(nach dem Spiel zum Nürnberger Matthias Maucksch, bei dem er Gnade vor Recht walten ließ und ihm keine gelb-rote Karte zeigte)*

Wenn er Glück hat, vergisst man nur das zweite »l« in seinem Vornamen. Doch zumeist steht auf dem Spielberichtsbogen bei seinem Vornamen Manfred. *(in einem Artikel über den Schiri)*

Sie mussten allein schon wegen Dummheit vom Platz. *(Schiedsrichter Hellmut Krug in einem Disput mit dem Duisburger Torsten Wohlert, der gegen Hertha BSC in der 90. Minute die gelb-rote Karte sah)*

Der pfeift jetzt, bis er 60 ist. *(Eduard Geyer zur Leistung des Schiedsrichters nach zwei nicht gegebenen Elfmetern für Cottbus)*

Ich fand den Schiedsrichter heute natürlich klasse. *(Ewald Lienen nach zwei nicht gegebenen Elfmetern für Cottbus)*

## Mike **Krüger**

*(Komiker)*

In Holland gehen immer mehr Jugendliche zum Arzt, um sich Tattoos entfernen zu lassen. Finde ich gut. War vielleicht auch ein bisschen früh, das Motiv Weltmeister 2002!

Ein wirklich ernsthaftes Gespräch unter Männern dauert eine Viertelstunde. Danach beginnt die 2. Halbzeit.

## Nebojša **Krupniković**

Krupniković sollte mir anhand einer TV-Kassette aufschreiben, wie oft er im letzten Spiel am Ball war. Er gab mir ein leeres Blatt zurück. *(Ralf Rangnick zur Leistungssteigerung seines Mittelfeldspielers)*

## Axel **Kruse**

Als er zur Welt kam, war er ein so hässliches Kind! *(Mama Erika im Fernsehen)*

Beim Football muss man nicht ins Tor schießen, sondern oben drüber. Das konnte ich schon immer ganz gut. *(nachdem ihn Berlin Thunder als Kicker eingestellt hatte)*

Mir sind beim Tor Eiswürfel aus der Nase gekullert, so cool war ich.

Axel Kruse, er hat in Rostock mehrere Pferdchen laufen. *(Thomas Wark, Journalist)*

Für mich war es wichtig zu sehen, dass ich konditionell mithalten konnte. *(nach einem 13-Sekunden-Einsatz auf die Frage, ob es sich eigentlich gelohnt habe)*

Die Gegner spielen mit fünf Mann und wir mit elf. *(als Hertha-Kapitän auf die Frage, was sich ändern muss, damit die Berliner wieder Erfolg haben)*

Druck erzeugt Gegendruck. In unserer Branche heißt das leider in den meisten Fällen: Dreck erzeugt Gegendreck.

Man braucht nur vorne reinzugehen, den Kopf oder den Fuß hinzuhalten – und drin ist der Ball.

Ich hatte vor der Saison ein Angebot aus England. Wäre ich bloß hingegangen. In England ist Fußball wenigstens noch Männersport – und nichts für Tunten. *(nach einer roten Karte)*

In Frankfurt hat mir Stepanovic jeden Tag gesagt, was für ein schlechter Mensch ich sei. Aber das bin ich nicht – sonst hätte mich meine meine Frau doch nie geheiratet.

## Jürgen **Krust**

*(Trainer des FCR Duisburg)*

Wir haben extra frische Unterwäsche mitgenommen für den Fall, dass sich unsere Mädchen in die Hosen machen. *(vor dem DFB-Pokalfinale der Frauen gegen den Favoriten 1. FFC Frankfurt)*

## Jacek **Krzynówek**

Krzynówek – die zufällige Aneinanderreihung von Buchstaben ergibt diesen polnischen Namen. *(Norbert Dickel)*

## Sammy **Kuffour**

Er sieht aus wie Zidane in seinen besten Zeiten. *(zur Geburt seines Sohnes Sammy junior)*

Wenn wir die drei Titel holen, dann ich Chef in Ghana.

Der Sammy hat normalerweise da vorne nichts zu suchen. *(Michael Ballack zu einem Tor des Abwehrspielers)*

Sammy Kuffour ist krank geworden und nebenbei noch Vater. *(Ottmar Hitzfeld)*

## Didi **Kühbauer**

Bevor ich jemand schneid, häng ich lieber die Schuhe an den Nagel. Da könnt einer mein Feind sein, auf dem Platz ist er mein Freund – und ich hab jedem noch die Kugel hingespielt, wenn er besser steht.

Der wilde Didi ist zu Hause der milde Papa, der sich von seinen zwei Töchtern austricksen lässt. Da muss ich meine Spielart noch verändern.

Bis zum Hals Weltklasse, darüber Unterliga. *(Ernst Dokupil, Trainer von Rapid Wien über seinen Spieler)*

Der ist nur am Quasseln. Wenn der Didi zur Nationalmannschaft fährt, ist wenigstens mal eine Woche Ruhe. *(Stefan Schnoor über Kühbauer, der im Training jede Szene kommentiert)*

## Fritz **Kuhn**

*(Politiker)*

Wer Klinsi vor den Bundesausschuss schleifen will, hat nicht alle Tassen im Schrank. Da könnten wir ja gleich im Bundestag über die Aufstellung abstimmen.

## Köbi **Kuhn**

Köbi Kuhn war vor zwei Jahren »Schweizer des Jahres«. Das schafft man nicht einfach so. Dafür muss man schon Schweizer sein. *(Urs Meyer)*

## Dirk **Kuijt**

Heute hat man mal gesehen, dass Jungs, die nicht Fußball spielen können, einem trotzdem das Spiel verderben können. *(der Niederländer nach einem 2:2 gegen Deutschland)*

## Edgar **Külow**

*(Kabarettist)*

Eine Mauer steht so fest wie ihr ängstlichster Spieler.

## Peter **Kunter**

*(Torwart, u. a. Eintracht Frankfurt)*

Hinter einem Mann mit Brille vermutet man keinen Spitzensportler. Seit ich eine Brille trage, muss ich keine Autogramme mehr schreiben.

Ich habe im Fußballgeschäft so zu lügen gelernt, dass mich sogar meine Frau für einen Drecksack hält.

## Stefan **Kuntz**

In Chemie war ich noch nie gut. *(auf die Frage an den Manager des VfL Bochum, ob die Chemie zwischen ihm und dem Präsidenten noch stimme)*

Wenn es geht, dann von links. Rechts habe ich mich nämlich beim Rasieren geschnitten. *(bei einem Fototermin zum Fotografen)*

Vielleicht gehe ich nach Istanbul zurück und fahre ein Jahr nach Australien oder gehe ins Dschungelcamp. *(über die Zeit nach seinem Engagement in Bochum)*

Vom Durchmarsch träume ich nur beim Skat. *(über die Aufstiegschancen als Trainer beim KSC)*

In der Mannschaftssitzung hat Berti Vogts gesagt: »Wir haben da vorn ein Tier drin.« Damit hat er wohl mich gemeint.

Die Zimmer waren etwas größer als eine Astronautenkapsel, und das Essen erinnerte eher an Astronautennahrung. *(über Unterbringung und Verpflegung im Trainingslager in München)*

Gegen eine Frau habe ich beim letzten Mal keinen rein ... also kein Tor geschossen. *(beim Torwandschießen gegen eine Zuschauerin)*

Die Woche über reden wir und reden wir, und auf'm Platz zieh'n wir den Schwanz ein.

Wenn du auf den Platz gehst, ist Feierabend. Dann interessiert dich drum herum nichts mehr. Dann kennst du deine Oma nicht mehr.

## Engelbert **Kupka**

*(Präsident der SpVgg Unterhaching)*

Natürlich sind wir in dieser Saison die Underdogs, aber die können auch beißen, und zwar in die Wadeln, weil wir nicht höher kommen.

## Hansi **Küpper**

Die Schiedsrichter kommen aus der Sowjetunion. *(Sat.1-Kommentator im Jahr 2010 beim Spiel Sevilla gegen den BVB)*

Heute hat die FIFA die Seele des Fußballs für ein paar Petrodollars in die Wüste verschachert. *(zur WM-Vergabe nach Katar)*

## Kevin **Kurányi**

Wenn unsere Maurer und Schreiner so arbeiten würden wie Kuranyi, dann würden wir alle in Zelten wohnen. *(Fan-Kommentator des Spiels Schalke gegen Bayern)*

Ich habe genau 75 Milliliter geschafft. Aber neuerdings braucht man 90! *(der Stürmer des FC Schalke 04 konnte bei der Dopingkontrolle nicht genug pinkeln)*

Wenn wir gewinnen, spielen wir am Sonntag immer Fußball. Wenn wir verlieren, dann machen wir einen Waldlauf. Deshalb versuchen wir immer zu gewinnen. *(unter Trainer Felix Magath)*

Wir haben unsere Ziele erreicht, aber es ist schade: Wir wollten noch mehr erreichen.

Kevin hat gefragt: »Asa, wie kann ich so sexy aussehen wie du?« *(Gerald Asamoah)*

Adidas hat jetzt ein neues Modell rausgebracht. Das heißt Kuranyi, hat nur zwei linke Schuhe und ist schon im Preis reduziert. *(Atze Schröder)*

Ich überlege, wie viele Tore ich geschossen hätte, wenn ich fit gewesen wäre. *(nach seinen drei Toren gegen Österreich in Anspielung auf seinen Vereinstrainer Matthias Sammer, der ihn wegen angeblich mangelnder Fitness auf die Bank gesetzt hatte)*

Ich wusste gar nicht, dass nächste Woche die Nationalmannschaft spielt. *(zu seiner ersten Einladung zur Nationalelf)*

## Hoppy **Kurat**

Ich bekam die letzte Spritze wegen Entzündung des Zwölffingerdarms, eine Folge meiner Nervosität, als ich nicht spielen konnte.

## Jürgen **Kurbjuhn**

*(Spieler vom Hamburger SV)*

Wenn ich nicht will, lauf ich im Spiel nicht mehr als einen Kilometer, und da ist der Weg von und zu der Kabine schon drin.

## Dieter **Kürten**

Die Stadt ist schwarz voller Menschen in Orange.

Gerade hat der Stadionlautsprecher gesagt ...

Ein »bombensicheres Mittelfeld« – ist mir eben rausgerutscht. Ich möchte das gerne streichen und korrigieren auf »baumstarkes Mittelfeld«. *(kurz nach dem 11. September 2001)*

Das 2:1 hört sich zwar gut an, ist aber nicht so gut wie 2:0. Das ist eine Binsenweisheit. Aber was sage ich da?

Jörg Neun – macht er alleun.

Ein verrücktes Volk. *(nach einem langen Applaus im »Sportstudio«)*

Mein lieber Josef! Wenn das Spiel jetzt nicht kommt, komme ich die Wendeltreppe hoch und werde dich ein wenig würgen ... *(bei technischen Problemen im »Sportstudio«)*

Lineker – ein Mann mit Torriecher. Aber im Moment ist die Nase verschnupft.

Na, du kleiner Nimmersatt. Jetzt habt ihr wieder 120 Minuten für wenig Geld. *(Hoeneß zu einer Spielverlängerung)*

## Marco **Kurz**

Der Kopf der Gruppe darf nie auf Sparflamme brennen.

Er wollte wissen, wie Fußball funktioniert. Ich habe es ihm erklärt, und er hat es verstanden. *(Kaiserslauterns Coach zu einem Disput mit einem Fan)*

## Michael **Kutzop**

Das ist der Mann, der mir die Schale weggeschossen hat! *(Rudi Völler über seinen ehemaligen Mitspieler, der 1986 einen entscheidenden Elfmeter gegen Bayern verschossen hat)*

## **Kuwait**

Ich habe einen Spieler, der lacht sich kaputt über 60 Millionen. Der kommt aus einer so reichen Familie, der freut sich, wenn er zehn Kinder kriegt und seine Mannschaft gewinnt. *(der kuwaitische Fußball-Nationalcoach Berti Vogts zu den explodierenden Gehältern im Profifußball)*

In Kuwait gibt es Öl – und an zweiter, dritter und vierter Stelle kommt Fußball. *(Berti Vogts über seine Landeskenntnisse vor dem Dienstantritt als neuer Nationaltrainer von Kuwait)*

Ich kenne sie vom Sehen, aber sie haben drei, vier Namen. Heißen einmal Hussein, dann Mohammed. Das ist noch ein Problem. *(Berti Vogts über seine Spieler bei der Nationalmannschaft von Kuwait)*

## Ernst **Kuzorra**

Auf die Kohle, die der Ernst Kuzorra hochgeholt hat, konnze kein Funt Ärpsen heiß kriegen. *(Spruch unter Kumpeln)*

Weil wir so lange Dödel hatten. *(auf die Frage, warum Fußballer früher so lange Sporthosen trugen)*

Dat die auch noch dafür kriegen, wenn se für Schalke kloppen dürfen.

Bei Schalke. *(erklärt dem schwedischen König, wo Gelsenkirchen liegt)*

Keiner war frei, da hab' ich die Pille einfach reingewixt. *(erklärt, wie er im Finale um die deutsche Meisterschaft 1934 das entscheidende Tor in der letzten Minute erzielte)*

Die heutigen Fußballer müssen so viel rennen, weil sie zu wenig laufen. *(während der WM 1986)*

Im Ruhrgebiet ist der Ball rund und die Kohle schwarz.

## Kevin **Kyle**

*(Stürmer von Coventry)*

Als ich ein Kind war, war mein Vater öfter mein Schiedsrichter. Ich erinnere mich daran, wie er mich verwarnt hat und meinen Namen wissen wollte.

## **La Repubblica**

*(italienische Tageszeitung)*

Immerhin haben wir Spanien genötigt, 120 Minuten unter ihrem Niveau zu spielen.

## Erich **Laaser**

*(Sportreporter)*

Braafheid wollten die Bayern noch dazu geben. Vielleicht war das der Grund, warum Benfica »Nein« gesagt hat! *(zu einem Angebot der Bayern für Coentrão)*

Ein bisschen mehr denken, heißt, länger spielen. *(bei einem Feldverweis für den Duisburger Weidemann)*

Den Bökelberg nennen sie bald Effenberg.

Benno Möhlmann ist zu Recht unzufrieden mit diesem Pfiff, den es nicht gab.

Balakow hat viel Raum – und Platz ohne Ende.

Dortmund hat zwar einen Hitzfeld, aber keine Rasenheizung.

Das war die roteste Karte seit der Erfindung dieser Einrichtung.

## Bruno **Labbadia**

Wir sind mit einem blauen Auge davongekommen – und das war schon zugeschwollen.

Fußball ist einfach geil, wenn man gewinnt.

Ich habe meine Frau vor die Wahl gestellt. Mallorca oder HSV? Ich habe sie nicht ausreden lassen.

Ich denke, dass wir eine Mannschaft sind, die Spiele gewinnen können, aber auch verlieren können.

Bevor ich mit Bruno Labbadia fahre, kann ich besser zu Fuß gehen. Der braucht eine Stunde zum Duschen, eine zum Rasieren und eineinhalb, um Autogramme zu schreiben. *(der Däne Henrik Andersen, auf die Frage, ob er gemeinsam mit Labbadia zurück zu ihrem Wohnort in Belgien fahren würde)*

Ruud hat sich vom ersten Tag an wie ein Top-Profi völlig normal verhalten – das ist heute nicht mehr normal.

Das Intelligenteste am Bruno ist sein Weisheitszahn. *(Max Merkel über den Ex-Torjäger und heutigen Trainer)*

In meinem Spind hängen Zeitungsausschnitte, in denen mich Trainer Ribbeck ziemlich heftig kritisiert. Wenn ich den Spind aufmache, kriege ich Wut. *(als er 1992 bei den Bayern unter Trainer Erich Ribbeck spielte)*

Das wird alles von den Medien hochsterilisiert.

Die Verteidiger packen einen immer härter an. Sie attackieren den Körper und das meistens sehr, sehr südlich.

Wenn wir könnten, müssten wir uns in den Arsch beißen, doch das geht leider nicht. So beweglich sind wir nicht.

## Philipp **Lahm**

Ich glaube, körperlich fehlt uns nichts. Das hat man auch gesehen, dass wir auch am Ende noch hinterherlaufen können ... *(über die Fitness beim FCB)*

Man muss nicht immer das Salz in der Suppe suchen.

Oft bin ich vom Training nach Hause gekommen und habe zu meiner Frau gesagt: »Gudrun, dem Philipp Lahm beim Training zuzusehen, ist wie Bratwurst essen. Ein richtiger Genuss.« *(Hermann Gerland)*

Philipp ist kein Mann für eine Nacht, der hat meistens gar nicht so viel Zeit! *(Mehmet Scholl)*

Auf dem Platz Weltklasse, außerhalb Kreisklasse. *(Rudi Völler)*

Wenn der kein großer Spieler wird, werde ich Wasserball-Trainer! *(Hermann Gerland)*

Ich habe schon einen Vor-Vor-Vorvertrag unterzeichnet. *(zum angeblichen Interesse von Real Madrid an seiner Person)*

Das ist ärgerlich, aber kein Beinbruch. *(Matthias Sammer über den Ausfall von Lahm, der sich einen Ermüdungsbruch im rechten Fuß zugezogen hat)*

Während eines Spiels die Position von der einen auf die andere Seite zu verändern, ist etwa so anspruchsvoll, wie mit einem linksgesteuerten Auto im dichten Berufsverkehr von London ausgesetzt zu werden.

Elf Freunde? Eine Mannschaft besteht aus zwei Dutzend Konkurrenten.

Ich bin bei meinen Eltern und Großeltern groß geworden – na ja, groß geworden nicht so. Aber bei ihnen aufgewachsen.

## Garamvölgyi **Lajos**

*(ungarischer Fußballtrainer)*

Das Niveau des ungarischen Fußballs liegt tiefer als der Hintern eines Frosches.

## John **Lambie**

Vereinsarzt: »McGlashan hat eine Gehirnerschütterung, und er weiß nicht mehr, wer er ist.« Trainer John Lambie: »Oh, prima. Dann sag ihm, er ist Pelé und schick ihn zurück aufs Feld.«

## Michael »Ata« **Lameck**

Ein Handwerker gibt seine Werkzeuge auch nie aus der Hand. Ich habe meine Schuhe auch immer selber geputzt.

Wir lagen in Frankfurt zur Pause mit 1:3 zurück. Es war 35 Grad heiß, Trainer Höher war fix und fertig. Wir haben uns in der Kabine nur gesagt, wir gehen jetzt raus und treten auf alles, was sich bewegt. Das war ein Bombenspiel. Wir haben 5:3 gewonnen. *(in der Halbzeit war der VfL bereits abgestiegen)*

Fußball ist einfach: Auf jeder Seite steht eine Kiste, und da muss der Ball rein.

Das schönste Tor, das ich geschossen habe, war beim 2:1 mit Gütersloh gegen Frankfurt. Ich habe das 1:0 mit einem Volleyschuss aus 35 Metern in den Winkel geschweißt. Danach mussten mich meine Kollegen einfangen, damit ich nicht direkt durchlaufe auf die A2.

## Rüdiger **Lamm**

*(Manager von Arminia Bielefeld)*

Lecken Sie mich doch da, wo Sie es am liebsten haben! *(zu einer Reporterin von Radio Bielefeld)*

## Frank **Lampard**

Ich habe die Biografie von Michael Caine gelesen. Sie erzählte davon, wie er aufgewachsen ist.

Die Mädels lieben Lampsy. Wenn ich andersherum wäre, würde ich auch auf ihn stehen. *(John Terry)*

## Dave **Lancaster**

Ich habe mit acht Toren gerechnet. Aber ich hätte nie gedacht, dass wir vier davon schießen würden. *(Stürmer von Chesterfield, nach einem 4:4 in Liverpool)*

## Willi **Landgraf**

Jung, ich komm aus Bottrop – da wirsse getötet, wenne datt inne Muckibude machs! *(beim Step-Aerobic-Training, auf die Frage, ob er so etwas vorher schon einmal gemacht habe)*

## Ernst **Langhoff**

Wie legen wir jetzt bloß das ganze Geld am günstigsten an? *(Schatzmeister bei Wacker 04 Berlin nach dem Zweitligaspiel gegen Alemannia Aachen vor 760 Zuschauern bei einer Bruttoeinnahme von ca. 5.000 Mark)*

## Fritz **Langner**

*(Spieler und Trainer)*

Stellt euch vor, die wollten mir einfach ein Bein adoptieren.

Ich bin eine Kanone.

Ihr fünf spielt jetzt vier gegen drei.

Was nützt es, wenn ich weiß, wie der Läufer von Marathon hieß oder was rote und weiße Blutkörperchen sind? Ich muss wissen, wer Tore schießt und wer nicht.

Lauft euch schon mal warm. 20 Runden müssten reichen.

## Stéphane **Lannoy**

*(französischer Schiedsrichter)*

Der Mann ist blind. Das Schiri-Gespann eine Witznummer, vom anderen Stern! *(Marcel Reif)*

## Leonard **Lansink**

*(Schauspieler)*

Ich glaube, dass wir Schalke-Fans schon glücklich sind, wenn Schalke gut verliert. Wir Schalker sind glücklich, wenn es knapp und nicht ganz scheiße ist.

Ich gehe doch zu keinem Verein, der so heißt wie eine Wurst. *(auf die Frage, ob er als Wahl-Berliner auch mal zur Hertha gehe)*

## Marcus **Lantz**

*(schwedischer Fußballspieler)*

Mein Nachtreten war höchstens gelb, aber nicht rot.

## Søren **Larsen**

Wenn im Strafraum Billard gespielt wird, steht Larsen immer da, wo der Ball hinfällt. *(Rudi Assauer)*

## Moussa **Latoundji**

Latoundji kommt aus Benin. Der ist ein anständiger Kerl. Der sagt nichts. Der kann noch nicht mal eine Fliege tottreten. *(Eduard Geyer)*

Moussa Latoundji – wie stellt der sich vor? »Ick bin ein Beniner«... *(Wolff Fuss)*

## Hanspeter **Latour**

Wenn ich mir meinen Vertrag so ansehe, müsste der ein oder andere Spieler noch drin sein. *(auf die Frage eines Journalisten, ob noch neue Spieler verpflichtet werden)*

## Udo **Lattek**

Die Deckung hat Angst vor ihrem schwachen Torwart. Deshalb spielt sie so gut.

Scheiß Auslaufen! Lasst uns lieber aussaufen! *(nach dem Meisterschaftsgewinn 1987 mit den Bayern)*

Die hatten oft ein derart schlechtes Gewissen wegen ihres lockeren Lebenswandels, dass sie beim Spiel nur an eines dachten: Enttäuscht ja nicht den Lattek. So einen wie den kriegen wir niemals mehr!

In Holland würde ich vielleicht einen Wohnwagen kaufen, aber keinen Fußballspieler! *(über die Schalker Einkaufspolitik)*

Wenn im Himmel Fußball gespielt wird, dann ab sofort erfolgreich. *(Benedikt Höwedes zum Tod von Udo Lattek)*

Felix Magath und Clemens Tönnies sollten eine halbe Stunde in einen Raum gehen, das Licht ausmachen und sich gegenseitig aufs Maul hauen. Dann wäre das Thema durch. *(Lösungsvorschlag für die Probleme beim FC Schalke 04)*

Ich bin kein Nazi, aber diesem Mann, der den Ribéry entdeckt hat, dem muss man ein Ritterkreuz mit Eichenlaub und Brillanten geben.

Da, da, der eine Spieler hebt das Bein – das kann tödlich sein! *(als TV-Kommentator beim Spiel Deutschland gegen Polen, 1974)*

Schiris? Da denke ich nur noch an Friedhof. *(1992 bei seinem Kurztrip auf Schalke)*

Schlag mich nicht. Ich bin kein Schiedsrichter. *(zu Werner Lorant)*

Ich lasse mir von keinem vorschreiben, was ich trinke. Ich habe immer meine Arbeit gewissenhaft getan. Fakt ist: Wenn wir Bayern schlagen, trinke ich ein paar Bier. *(als Trainer bei Schalke 04)*

Ohne mich wäre Fußball in Deutschland gar nichts. Was ich geleistet habe, ist sensationell. *(als er für sein Lebenswerk ausgezeichnet wurde, mit einer Prise Ironie)*

Wo ich bin, ist oben.

Entweder die anderen sind so schwach, oder ich bin ein Riesentrainer.

Die spielen taktisch gut, obwohl sie ohne Taktik spielen.

Wenn ich BVB-Trainer bin, kämpfe ich bis zum letzten Blutstropfen. Da ziehen alle mit – oder es gibt auf die Fresse.

Da nagelt man die Spieler öffentlich an die Wand, so dass die nicht in Ruhe zum Bäcker gehen können.

Ihr müsst Gras fressen und in die Torpfosten beißen.

Lattek hat eine seltsame Begabung, ungleiche Mannschaften aufzustellen. Ich spielte meist bei den Dummen. *(Bernd Schuster)*

Manchmal erscheint mir Udo Lattek im Traum. Dann rutscht mir die Hand aus. *(Erich Rutemöller)*

Ich war schon Meister, da ist der noch im Kommunionsgewand dahergekommen. *(Max Merkel)*

Alle Fußballer sind Sausäcke.

Im Fußball ist das Logische, immer das Unlogische zu tun.

Im Fußball gibt es keine Großmütigkeit. Nächstenliebe wird in der Bundesliga hart bestraft.

Mannschaft und Spieler ähneln mit den Jahren einem alten Ehepaar.

Wer hat in der Bundesliga schon Freunde?

Zukunft, das ist die Zeit, in der du bereust, dass du das, was du heute tun kannst, nicht getan hast.

Wenn in einem Verein mal der Haussegen schief hängt, sollte ein Trainer nicht versuchen, bedingungslos die Wände danach auszurichten.

Ich habe alle gekriegt, die ich wollte. Nur bei meiner Frau: Da war ich es, der eingekauft wurde.

Ich bin der Hans Albers der Bundesliga. Der konnte saufen wie ich und auch arbeiten.

Das Schlimmste ist, wenn sich ein Trainer nach dem Präsidium richten muss, weil er Angst vorm Rausschmiss haben muss. Uli Hoeneß hat mal versucht, mir reinzureden. Da habe ich gesagt: »Pass auf, Uli, geh du lieber in dein Büro zum Erbsenzählen und Geldschichten. Wenn du noch mal was auf der Bank sagst, fliegst du runter.« Da war das Thema erledigt.

Ich bin an der Schwelle zum Lebensabend angelangt, und abends wird es bekanntlich dämmrig. Aber wenn im Stadion die Flutlichtanlage angeht, dann wird's wieder hell in meinem Leben – als käme da noch mal so was wie ein Morgen.

Sie können ruhig etwas lauter nicken!

Ich habe festgestellt, dass ich ein Fachidiot bin. Ich habe Trainer gelernt, und ich kann auch nichts anderes.

Manchen Trainerkollegen kann ich nur sagen: Hätten sie was Gescheites gelernt, dann müssten sie sich dem Stress nicht aussetzen.

Das sind spanische Gurken, die viel Sonne gekriegt haben, aber längst vertrocknet sind. *(über drei spanische Neuzugänge bei Hannover 96)*

Die großen Trainer haben schließlich alle gesoffen: Weisweiler, Happel, Zebec. Und ich gehöre ja auch zu den Großen.

Ich gehe in kein Casino, meine Spielhölle ist der Fußballplatz, da bin ich voll ausgelastet.

Es gibt Stunden, wo einem absolut nichts einfällt, aber es gibt Jahre, wo einem noch weit weniger einfällt.

Ich bin kein Bürositzer, das ist nicht meine Welt. Als Sportdirektor in Köln habe ich dagesessen, Kaffee getrunken, telefoniert, Zeitung gelesen. Und draußen trainierten die Jungs an der frischen Luft. Da kannst du sie loben oder in den Arsch treten – aber es ist in jedem Falle Leben drin.

Man muss den Fuß auf die Beine stellen.

Eine Unverschämtheit. Jeder weiß, dass ich so was nie tun würde. Aber es war ja schon nach elf Uhr morgens – da wird der Lattek wieder genug getrunken haben. Vielleicht hat er in der Werbepause dann noch zwei Kurze getrunken, damit er in Fahrt kommt. *(Bernd Schneider zur Behauptung von Udo Lattek, er könnte den Platzverweis sieben Minuten nach seiner Einwechslung beim 1:4 in Hamburg provoziert haben, um Bayer im Abstiegskampf nicht mehr helfen zu müssen)*

Lattek ist ein hervorragender Trainer. Das zeigt sich schon alleine daran, dass er den Herren Neudecker und Schwan jahrelang das Gefühl vermittelte, sie verstünden etwas vom Fußball. *(Helmut »Fiffi« Kronsbein)*

Jupp Heynckes weiß genau, wer raucht, und zählt deine Bierchen. Das war bei Udo Lattek anders. Der hat selbst am meisten gesoffen. *(Klaus Augenthaler)*

Dieser Mensch siegt von Niederlage zu Niederlage. *(Jürgen Gelsdorf)*

Wir haben vieles richtig gemacht. Dann kam er, machte was falsch und wollte auch noch als Original bestaunt werden. *(Maurice Banach, Spieler vom 1. FC Köln)*

Der soll sein Weißbier trinken und die Klappe halten. *(Rudi Assauer)*

Dem Lattek ist der Verein scheißegal. Der denkt immer nur daran, noch mehr Geld zu verdienen. *(Uli Hoeneß)*

Zu einem Mann, der wochenlang denselben Pullover trägt und schließlich sogar selbst daran glaubt, dass er mit diesem Schwachsinn Spiele gewinnen kann, fällt mir sowieso nichts mehr ein. *(Karl-Heinz Feldkamp)*

Lattek ist eine Stimmungskanone. Durch die Bank mit Schwatzpulver geladen. *(»Bild«)*

Ich hasse Schiedsrichter, ich könnte sie manchmal sogar umbringen.

Als Trainer musst du eine Sau sein. Wenn du keine mehr bist, dann bist du tot.

Ehrlichkeit? Das ist doch eine Seifenblase im Fußball.

Wir sind nicht so stark, wie die anderen meinen, aber die anderen sind auch nicht so stark, wie sie glauben.

Der Clown und der Trainer, sie sind eng verbunden und miteinander seelenverwandt. Innen traurig, doch nach außen spielen beide den Kasperl für die Öffentlichkeit, für die Zuschauer. Die Bundesliga ist wie ein Zirkus. Wenn ich da in die Manege muss, dann setze ich meine Maske auf, schminke mich, und wenn das Spiel auf der Kippe steht, dann lache ich den Fotografen in die Linsen. Keiner weiß doch, wie es in Wahrheit in mir aussieht. In mir, diesem armen Hund.

## Brian **Laudrup**

Bei uns musst du Bier oder Cola trinken und rauchen, um spielen zu dürfen. Ein Berti Vogts würde bei uns durchdrehen. *(nach dem EM-Sieg der Dänen)*

## Martin **Lauer**

*(Sportler und Schlagersänger)*

Der Trainer ist ein Mensch, der sein Brot im Schweiße des Angesichts anderer Menschen verdient.

## Heiner **Lauterbach**

Frauenfußball! *(auf die Frage »Was erwartet Sie in der Hölle?« bei »Dalli Dalli«)*

## Benjamin **Lauth**

Irgendwann will ich mit Sicherheit mal Champions League spielen. Aber das kann ich auch mit 60. *(über seine Pläne mit dem TSV 1860 und die Absage an Bayern)*

Am liebsten wären mir lauter Nieder- und Oberbayern, die Schafkopfen können. Wir sollten den Lauth klonen lassen. *(Karl-Heinz Wildmoser)*

Beim Elfmeter konnte er ja nicht gedeckt werden. *(Peter Neururer auf die Frage, wie Benjamin Lauth gegen Bochum einen Hattrick erzielen konnte)*

## Denis **Law**

*(schottischer Fußballer)*

Moderator: »Was wird der Trainer wohl in der Pause seiner Mannschaft sagen, Denis?« Denis Law: »Er wird wohl sagen, dass noch 45 Minuten zu spielen sind!«

## Lennie **Lawrence**

Das letzte Mal, als Grimsby ganz oben in der ersten Liga war, liefen noch Dinosaurier auf der Erde herum.

## Mark **Lawrenson**

*(BBC-Kommentator)*

Die meisten Spieler würden ihren rechten Arm für den linken Fuß von Jason Wilcox geben.

## Brian **Laws**

Meine Frau Jane hat zu mir gesagt: »Wenn ihr nicht erfolgreich spielt, werden deine Taschen gepackt vor der Tür stehen.« Und sie hat keinen Spaß gemacht. *(Trainer von Sheffield Wednesday, nach einem Derby-Sieg gegen United)*

## Claude **Le Roy**

Afrikaner sind wie kleine Hunde. Du musst mit ihnen herumtollen, um sie bei Laune zu halten. *(Nationaltrainer Kameruns)*

## Graeme **Le Saux**

Es ist allen scheißegal, ob Graeme Le Saux schwul ist oder nicht. Der Grund, warum er der meist beschimpfte Mann beim Fußball ist, ist die Tatsache, dass er den »Guardian« liest. *(Piers Morgan, Journalist beim »Daily Mirror«)*

## Rainer **Leben**

*(Schatzmeister von Eintracht Frankfurt)*

Zum Vertragsabschluss kam es aber nicht, was auch am Schatzmeister lag, der stets so wirkte, als würde er sogar die Contenance wahren, wenn ihm ein Dackel ans Bein pinkelt. *(»Frankfurter Rundschau«)*

Erst Leben musste Leben in diese Gammelbude bringen und sie zum Verkauf anbieten. Dass er dabei mit dem Einfühlungsvermögen eines Swingerklub-Vertreters in der Klosterschule vorging, musste vielleicht so sein. *(»Frankfurter Rundschau«)*

## Frank **Lebœuf**

Bei einem französischen Verein kauft man dir Champagner und Kuchen zu deinem Geburtstag. Hier haut man dein Gesicht in die Matsche. *(während seiner Zeit bei Chelsea zu den unterschiedlichen Sitten beider Länder)*

## Florian **Lechner**

Als ich beim Jubel die Fäuste ballte, hatte ich sogar in den Fingern Krämpfe. *(nach dem DFB-Pokalspiel 2005 zwischen St. Pauli gegen Hertha BSC, das 4:3 endete)*

## Cristian **Ledesma**

Da hat kein Pferd geküsst, sondern ein Elefant. *(Hermann Rieger nach Begutachtung eines Pferdekusses am linken Oberschenkel)*

## Gordon **Lee**

Afrika? Wir sind verdammt noch mal nicht in Afrika, oder? *(Evertons Trainer, als er in Marokko gefragt wurde, wie er den afrikanischen Kontinent findet)*

## Thorsten **Legat**

Außerdem plane ich eine Autobiografie, das wird ein Bestseller. Wenn Effenberg das macht, kann ich das schon lange machen. Da kommt die Wahrheit bei einigen Leuten ans Tageslicht – ich habe nichts mehr zu verlieren.

Männer, da kommt einer zu uns, der ist nicht wie wir. Der ist anders. *(Otto Rehhagel zu den Spielern, als Legat zu Bremen kam)*

Nur die Harten kommen durch. *(meinte der Bochumer zu Journalisten, als er, mit sieben Stichen genäht, frisch aus dem Krankenhaus kam)*

Verstärken können die sich, aber nicht auf der rechten Seite. Da bin ich. Mein Vater war auf der Hütte. Wenn ich wieder fit bin, zeige ich denen, watt malochen heißt.

Unsere Chancen stehen 70:50.

Zum Glück habe ich nur eine Struktur. *(nach einem Verdacht auf Beinbruch)*

Immer Castroper Straße rauf. *(im Sportstudio auf die Frage, wie er zum Bodybuilding gekommen sei)*

Die Bayern vertragen keine Härte, und ich bin der Erste, der anfängt damit. *(1996, vor dem Spiel VfB Stuttgart gegen Bayern München)*

Es war toll, es war klasse, es war wie ein Albtraum. *(nach einem hohen Heimsieg)*

Die hab ich noch nicht probiert, aber im Allgemeinen mag ich Geflügel sehr gerne. *(nach seinem Wechsel zum VfB Stuttgart auf die Frage, wie er denn Spätzle fände)*

Che Guevara war ein Rebell, ein Kämpfer für sein Land. Das will ich auch sein. Ich will den Schwachen helfen. Das ist im Fußball genauso, da muss man den schwachen Gegner auch aufbauen. Das ist so eine eigene Logik von mir, dazu will ich gar nicht viel sagen. *(zu seiner Che-Guevara-Tätowierung)*

Ich glaube nicht, dass der Verein mir Steine in den Vertrag legt. *(zu evtl. Wechselproblemen mit Eintracht Frankfurt)*

Ich hätte auch woanders ins Ausland gehen können. *(gibt seinen Wechsel nach Frankfurt bekannt)*

Wenn ich wüsste, welches System wir spielen, würden wir vielleicht sogar gewinnen.

Ich kann in den Köpfen der Spieler sagen, dass sich hier in Remscheid andere Zeiten ändern werden.

Ich würde lügen, wenn ich etwas sagen würde, was nicht stimmt.

Wir haben Neuverpflichtungen verpflichtet und ich erhoffe mir dadurch, dass die gnadenlos der Mannschaft und dem Verein helfen.

Das ist Silvester im Mund. *(nach dem Verzehr eines Schokoriegels im Dschungelcamp)*

Ich glaube, ich verlasse das Camp hier nicht als Normaler.

Ich dachte, Indianer kennen keinen Schmerz! *(als die Frau von Winnetou-Darsteller Pierre Brice im Wartezimmer von Doktor Müller-Wohlfahrt Legat fragte, ob ihr Mann, der schlimme Schmerzen hatte, vorgelassen werden könnte)*

Der Klügere lässt nach.

Pisst hier einer im Stehen, knall ich den weg.

Es gibt nur ein Wort dafür: niveaulos, charakterlos und schamlos.

Da habe ich mich beirren lassen von meiner Kompetenz.

Die Einstellung ist immer Fakt.

Ich kann das kommentarlos nicht beantworten.

Ich wüsste mehr, wenn ich es wüsste.

Als sein Trainer Reinhard Saftig den Mitspieler Thomas Epp fragt: »Warum machst du Bergläufe? Im Spiel musst du auch auf keinen Berg rauf«, reagiert Legat empört: »Falsch, Trainer! Wir müssen doch noch auf den Betzenberg!«

Manchmal ist wenig immer viel.

## Jens **Lehmann**

Schiedsrichter Peter Gagelmann nimmt vor dem Spiel Lehmann einen Ball aus den Händen, um zu prüfen, ob er genug Luft hat. Lehmann: »Sie wissen, dass um den ganzen Platz noch zahlreiche Bälle sind?« Gagelmann nickt. Lehmann: »Haben Sie die denn auch alle geprüft?«

Ich habe ihn gefragt, ob er weltmeisterlich schießt. Aber er wusste es nicht genau. *(Frage an Andreas Brehme vor einem Elfmeter-Duell zwischen den beiden)*

Jetzt gehe ich nach Hause und muss meine Kinder erziehen, damit wenigstens die korrekt werden. *(nachdem ihn ein Balljunge in Hannover veräppelt hatte)*

Der Konjunktiv ist der Feind des Verlierers.

Trotz Katheter – Lehmann hält Elfmeter. *(Mario Basler bei einem Spiel nach der »Pinkel-Affäre«)*

Der Lehmann soll in die Muppet-Show gehen. Der Mann gehört auf die Couch. Vielleicht wird ihm da geholfen. Einweisen – am besten in die Geschlossene! *(Tim Wiese)*

Eher gelingt es, in der Wüste Fische zu züchten, als in der Champions League ein Tor gegen Jens Lehmann zu schießen. *(»Mladá fronta Dnes«, tschechische Zeitung)*

Kein Witz. Jens Lehmann ist der Lebensretter meines Sohnes! Zur Saison-Eröffnungsfeier war ein Podest vor dem Stadion aufgebaut, von dem mein kleiner Sohn runtergefallen ist. Unten stand Jens und hat ihn aufgefangen. Von da an war er meine Nummer 1. *(Peter Neururer)*

Das hat mich sehr an die Tour de France erinnert. Manchmal hat man eben keine andere Möglichkeit, auszutreten. Das hat er ganz geschickt gemacht. Er hätte ja schlecht in die Kabine gehen können ... *(Horst Heldt über den Torwart, der während eines Champions-League-Spiels hinter die Bande gepinkelt hatte)*

Dass die Zähne langsam lockerer werden, könnte auch am Alter liegen. *(Hans-Joachim Watzke über Lehmann, der nach einem Ellenbogenschlag von Neven Subotić um seine Zähne fürchtete)*

Jens Lehmann ist dabei, seine Karriere zu urinieren! *(Arnd Zeigler nach Lehmanns »hinter die Bande pinkeln«-Aktion)*

Eine WM ist, wenn die besten Fußballer vieler Länder gegeneinander spielen, und Papa steht bei Deutschland im Tor. *(so würde er seinem Sohn die Weltmeisterschaft erklären)*

Jetzt haben Sie endlich mal wieder was zu feiern. *(beim Besuch der Bundesminister Otto Schily und Franz Müntefering [beide SPD] in der deutschen Kabine nach einem 4:0 gegen Nordirland)*

Eine Minute nach Spielende habe ich noch nicht die Intelligenz, um das Spiel zu beurteilen.

Ich will jetzt nicht sagen, ich bin der tollste Torhüter. Aber ich habe bisher noch keinen kennengelernt, der von seinem Können her kompletter ist als ich.

Na, klar. Das sieht man doch schon an den Farben: Schalker Mädels haben weiße Zähne und im Winter, wenn es kalt ist, blaue Lippen. Dortmunder haben nun mal 'nen schwarzen Hals und gelbe Zähne! *(auf die Frage, ob Schalker Mädchen hübscher sind als die aus »Doofmund«, Leserbrief: Catrin K., Löhne)*

Von mir aus bin ich auch die 2c. Hauptsache, ich spiele. *(von Teamchef Erich Ribbeck im Konkurrenzkampf der Torhüter in der deutschen Fußball-Nationalmannschaft zur Nummer 1b ernannt)*

Ich wüsste nicht, was wir reden sollten. Ich habe keine 24-jährige Freundin, ich habe ein anderes Leben. *(auf die Frage, warum er und Oliver Kahn sich nichts zu sagen hätten)*

Im Hinspiel haben wir noch mit irgendeiner Kette verteidigt.

Dass ich jetzt nicht spiele, kann auch ein Vorteil für mich sein. Schließlich muss man bei der WM frisch sein. *(über seine Rolle als Ersatzmann bei Arsenal)*

Soll ich stehen bleiben? Dann biete ich mehr Angriffsfläche. *(bei einer Pressekonferenz)*

Wenn der Ball so aufgesprungen wäre, wie ich gedacht habe, hätte ich ihn gehalten, glaube ich.

Den Oscar der Beliebtheit wird Jens Lehmann nicht mehr gewinnen. *(Rudi Völler über das Image des Dortmunder Nationaltorwarts nach dessen Fehltritt gegen Coulibaly)*

Fußball ist so komisch geworden. *(zu seinem 4. Platzverweis)*

Die Deutschen gaben der Welt Beethoven, Claudia Schiffer und Michael Schumacher. Arsenal bekam traurigerweise Jens Lehmann. *(»The Sun« zum Ausscheiden des FC Arsenal im CL-Viertelfinale nach zwei Lehmann-Patzern)*

Eine Liebesbeziehung kann man nicht verordnen. *(Michael Zorc über das schwierige Verhältnis von Dortmunds Publikum zum Torhüter, der früher für Schalke 04 spielte)*

## Matthias **Lehmann**

Irgendwann bist du vom Kopf her im Arsch. *(der Kapitän des 1. FC Köln nach nur drei Punkten in 13 Spielen)*

## Hans-Peter **Lehnhoff**

Real Madrid ist halt eine europäische Weltklassemannschaft.

Emerson intrigiert sich immer mehr.

Wenn du noch einmal über links kommst, dann trete ich dir deine Bräune aus dem Gesicht. *(Uli Borowka)*

## Uwe **Leifeld**

Mach das Trikot nicht dreckig, das brauche ich das nächste Mal. *(zu seinem etwas älteren Konkurrenten bei Preußen Münster Uwe Tschiskale)*

Ich glaube, sein Problem liegt zwischen den Ohren. *(Werner Hansch über Uwe Leifeld, nachdem dieser mehrerer hochkarätige Chancen vergeben hatte)*

Wenn er nicht auf dem Teppich bleibt, kriegt er einen auf die Glatze. *(Hermann Gerland)*

## RB **Leipzig**

RBL streicht aus finanziellen Gründen seine U23? Da fällt uns bei Lok vor Schreck glatt der Kaviar in den Jacuzzi. *(Twitteraccount des 1. FC Lok Leipzig)*

Deren Erfolge erinnern mich immer an die Kinder, die früher beim Computerspielen gecheated haben: Klar, du hast jetzt gewonnen, du hast gut gespielt – aber Applaus bekommst du dafür von mir nicht. *(Tommi Schmitt)*

## Robert **Lembke**

*(Journalist und Moderator)*

Die gute alte Zeit war, als Fußballer ihre Suppe noch zu Hause aßen und nicht im Werbefernsehstudio.

Eines der Probleme beim Fußball ist, dass die einzigen Leute, die wissen, wie man spielen müsste, auf der Pressetribüne sitzen.

## Willi **Lemke**

*(Politiker und Fußballfunktionär)*

Stinkefinger und Schwalbenkönige sollten nicht die Vorbilder für unsere Jugend sein. *(über Stefan Effenberg und Andreas Möller)*

Action ist mein Leben, und Einfälle habe ich Tausende!

Wenn ich sehe, dass Bayern München spielt, dann schalte ich nicht ein, weil ich gar keine Lust habe, sie fünf zu null gewinnen zu sehen. Wenn die aber zurückliegen und ich kriege das mit, dann schalte ich ein. *(im Jahr 2019)*

Wo ein Willi ist, ist auch ein Weg. *(»kicker«)*

Die Leute im Stadion wollten raus aus dem Dreck. Weg vom Tabellenende.

Manche Vereine sparen und drehen die Mark zweimal um. Bei Werder wird sogar jeder Pfennig geröntgt.

Das beste Trainingslager ist eine Frau – die eigene natürlich.

Nicht überall, wo Tellerwäscher Präsidenten werden können, ist Amerika. Manchmal ist da nur Bundesliga.

Ich gönne es allen, ohne Wenn und Aber, von Thomas Schaaf bis Klaus Allofs – nur Willi Lemke nicht. *(Herthas Manager Dieter Hoeneß gratuliert Werder Bremen zum Meistertitel)*

*Reiner Calmund zu Willi Lemke:* »Mann Willi, du siehst ja echt aus, als sei 'ne Hungersnot ausgebrochen!« *Lemkes Antwort:* »Und du siehst so aus, als seiest du schuld daran!«

Der Willi hat inzwischen einen anständigen Beruf. *(Rudi Völler über Willi Lemke und dessen Arbeit als Schul- und Bildungssenator in Bremen)*

Die hat doch der Willi Lemke geschrieben. *(Rudi Völler auf die Frage, wie ihm denn die Rede von Bundeskanzler Schröder anlässlich der 100-Jahr-Feier des SV Werder Bremen gefallen habe)*

Der Mann interessiert mich nicht. Der kann werden, was er will, mit dem werde ich nie Frieden schließen. Niemals. *(Uli Hoeneß zu Gerüchten um eine Bundesliga-Rückkehr Lemkes zu Werder)*

Erstaunlich, dass ein Mann mit einem solchen Charakter Minister eines Bundeslandes werden kann und für die Erziehung zuständig ist. *(Uli Hoeneß über seinen Intimfeind)*

## Andre **Lenz**

Jetzt falle ich nicht mehr so tief. *(der Torwart von Alemannia Aachen, nachdem der Platz am Tivoli begradigt wurde)*

## **Leonardo**

Samuel musste auf die Toilette und ging deshalb früher. *(zur Auswechslung von Samuel Eto'o)*

## Michael **Leopold**

*(Kommentator)*

Die Halbfinals haben was von Brexit. Du denkst, die Engländer sind weg und dann doch nicht. *(über die überraschenden Comebacks der englischen Teams in den Halbfinals der Champions League 2018/19)*

## Jordan **Letchkow**

Er spielt normalerweise für Hamburger. *(eine Übersetzerin, als sie den bulgarischen HSV-Spieler Jordan Letchkow vorstellt)*

Letchkow, der die Deutschen bei der WM über den Jordan brachte. *(Wolfgang Ley)*

## **Lettland**

Unentschieden gegen Lettland – wir haben es geschafft, den Brasilianern des Baltikums ein 0:0 abzutrotzen. *(Ingolf Lück bei der EM 2004)*

## Tobias **Levels**

Das war eine Hormonausschüttung, wie ich sie zuletzt mit fünf Jahren im »Phantasialand« hatte. *(nach seinem ersten Bundesligator)*

## Bayer **Leverkusen**

Wir haben grundsätzlich keine Schmerzen. Wir haben Aspirin. *(Gert-Achim Fischer, Vorsitzender von Bayer Leverkusen, auf die Frage nach einer Schmerzgrenze bei einem Angebot für Jorginho)*

Das ist ein Plastikverein, der mit Herrn Calmund nicht den Gentleman hat, den man sich bei einem Weltkonzern vorstellt. *(Horst Heese, Anfang der neunziger Jahre)*

Die Chemie-Heinis, die sollen doch turnen gehen! *(Campino über Bayer Leverkusen)*

Dass Leverkusen Tabellenführer der Bundesliga ist, interessiert hier nicht. Leverkusen ist ein viel zu kleiner Klub, der 1. FC Köln ist in Spanien bekannter. *(Ricardo Moar, Sportdirektor von Deportivo La Coruña)*

Bayer ohne Schuster ist wie Calmund ohne Bauch! *(Fanplakat 1995)*

Wir schlafen nicht auf Betten, wir schlafen nicht im Stroh, wir schlafen auf Tabletten, das ist bei Bayer so. *(Fangesang)*

Was ist das, wenn man in Leverkusen was unterschreibt? Eine Calligraphie. *(Michael Antwerpes)*

Der Konzern schädigt die Umwelt und die Mannschaft den Fußball! *(Gladbach verliert 2:3 in Leverkusen gegen knüppelharte Bayer-Spieler, und Ewald Lienen serviert das Bonmot des Tages)*

## Wolfgang **Ley**

*(Kommentator)*

Sand hat Sand im Getriebe. *(über den Schalker Spieler Ebbe Sand)*

Foul von … na wer wohl? Von Fowler!

Jetzt der Rumäne Hagi! Man spricht ihn wirklich Haadschi. Manche sprechen ihn Hatsch, aber das ist Quatsch.

Häßler verliert das Kopfballduell. Das musste ja mal so kommen.

Ja, das ist Arrigo Sacchi. Es heißt ja Forza Italia, und bald hat er seinen letzten gelassen! *(beim Spiel Italien – Nigeria kurz vor Schluss, Stand 0:1)*

Der Renato, der Renato hat 'nen Schuss wie Schokolato.

Das Spiel von di Livio läuft wie geschmiert.

Schauen Sie nur seinen Mund an. Der ist so breit, wenn der lacht, bekommen die Ohren Besuch!

Vier, das heißt auf Italienisch »quattro«, aber trotzdem ist Angelo Vier nicht der Sohn von Suzi Quattro.

## Stan **Libuda**

I am the white ring. *(er meinte wohl eigentlich »right wing«, also Rechtsaußen)*

Was denkst du, was deine Frau jetzt zu Hause macht!? *(beliebter Spruch von Gegenspielern zu Stan Libuda)*

Manchmal, wenn er vor dem Fernseher sitzt und Fußball guckt, denke ich: jetzt ist er irgendwo zu Hause, in seiner alten Zeit. *(Libudas Mutter)*

Ich habe noch nie einen Spieler gesehen, nie davor, nie danach, der so oft seinen Gegner per Beinschuss vernatzt hat. Aber nicht, dass er sich das vorher überlegt hatte, das kam bei ihm spontan, intuitiv. *(Friedel Rausch)*

Dieser Mann ist nur mit einer Flinte zu stoppen. *(Bulgariens Nationaltrainer Dr. Boskov)*

Wenn den Mockba nicht bald einer deckt, dann haut er uns noch mehr rein! *(Borussia Dortmund lag in einem Freundschaftsspiel in Moskau zur Halbzeit mit 0:3 zurück, was in kyrillischen Buchstaben auf der Anzeigetafel zu lesen war: 1:0 Mockba, 2:0 Mockba, 3:0 Mockba. Stan Libuda machte gegenüber Horst Trimhold seinem Ärger Luft)*

Ich bin ein anderer.

Mensch – ich bin doch der Libuda! *(auf den Hinweis seiner Thekennachbarin, nach drei geschnorrten Zigaretten könne er sich gefälligst eine eigene Packung kaufen!)*

Libuda hat alle schwindelig gespielt. Gegen Schottland hat der gegen den Tommy Gemmell gestanden. Der fuhr zurück auf die Insel und hat sich am nächsten Tag mit dem Rasenmäher einen Zeh abgeschnitten, weil er sich immer noch wie ein Kreisel drehte. Denkst du an Stan, ist der Zeh weg – ja, so war das damals. *(Willi Schulz)*

Ich kann doch bei der Nationalmannschaft nicht »datt« und »watt« sagen.

Der Reinhard könnte noch heute mit 'ner Einkaufstüte in der Gelsenkirchener City betteln gehen und hätte sie in 'ner Viertelstunde voll. Aber nie würde er das tun. *(Gerd Novak, der Pächter von Libudas Tabakladen)*

Einmal haben wir auf einem Nebenplatz, auf Asche, trainiert. Da meinte der Stan, ich hätte ihn gefoult. Da lag er dann da, wimmerte und sprang plötzlich auf. Er jagte mich quer über den Platz. Ich bin dann in die Kabine geflohen. Klinke hoch gehalten. Da hat er vor der Tür getobt. Mein lieber Mann! *(Friedel Rausch)*

## Ede **Lichterfeld**

*(Mannschaftsbetreuer, Schalke 04)*

Seit Tagen nichts in der »Bild«-Zeitung – bei uns stimmt doch was nicht!

## Torsten **Lieberknecht**

Ab heute darf ich zu Herrn Heynckes »Jupp« sagen. Das ist das Größte für mich. Ich habe mich so gefreut. *(Trainer von Eintracht Braunschweig nach einer 0:3-Pokalniederlage gegen Bayern München)*

Auch Eichhörnchen können mal dick werden. *(auf die Frage, ob Eintracht Braunschweig mit dieser Eichhörnchen-Taktik dem Abstieg noch entrinnen kann)*

## Ewald **Lienen**

Stehen wir auf deinem Zettel, Ewald??? *(die Fans von Fortuna Düsseldorf finden den eifrigen Zettel-Ewald so toll, dass sie ihn mit einem Plakat bedenken)*

Manchmal denke ich, was da auf meinem Hals sitzt, ist nur noch ein riesiger Fußball.

Beim Anrennen zum Schluss haben wir uns fast den Finger in der Nase abgebrochen.

Soll ich den Spielern etwa auf die Fresse hauen, damit die Spannung erhalten bleibt?

Die Quote ist so beschissen, dass ich nicht einmal auf mich selbst setzen würde! *(der Trainer von Hannover 96 über die Liste der Kandidaten für die erste Trainerentlassung der Saison)*

So Gott oder der Vorstand es will, werden wir uns in zwei Tagen wiedersehen. *(zu Journalisten)*

Christoph, das wäre mir scheißegal gewesen! *(auf die Bemerkung seines Leverkusener Trainerkollegen Christoph Daum, ein Kölner Sieg gegen seine Mannschaft sei »zu viel des Guten« gewesen)*

Viele Fans wollen nicht begreifen, weshalb mein Mann keine Autogramme schreibt. Die halten das für Arroganz. So ein Unsinn. Der Ewald setzt sich halt lieber hin und quatscht mit den Leuten ihre Probleme aus. *(seine Frau Rosi)*

Mir ist es schon passiert, dass ich abends vor dem Fernseher abspanne, einen Film anschaue, dann umschalte und plötzlich feststelle, dass gerade die Bayern in der Champions League spielen. *(zur Übersättigung mit Fußball im Fernsehen)*

Als Trainer habe ich schnell gelernt: man kann sich nichts notieren, wenn man keinen Zettel hat.

Wenn du heute in die Fußgängerzone gehst, musst du aufpassen, dass nicht jeder Dritte dich anspricht und dir einen Spieler andrehen will.

Man kann von bestimmten Leuten derart geschickt ein Bein gestellt bekommen, dass man sein Leben lang hinfällt.

Wenn wir heute Abend schon mit Karneval anfangen, am 11.11., in welchem Zustand sollen wir dann im März sein?

Wir sind auf dem richtigen Weg! *(nach fünf verlorenen Spielen mit dem MSV Duisburg in Folge)*

Als ich in Duisburg war, war Friedhelm Funkel in Uerdingen. Dann war er in Duisburg und ich in Rostock. Jetzt ist er in Rostock und ich in Köln. Ich hoffe nur, dass er nicht bald nach Köln kommt. *(was kurze Zeit später tatsächlich geschah)*

Ich habe ihn ausgewechselt, weil ich einen anderen Spieler einwechseln wollte. Da musste ich einen auswechseln.

Der neue Rahmenterminkalender ist so voll, da gibt es in den nächsten zwei Jahren keinen Termin, an dem man mit seiner Frau Kaffee trinken kann.

Mein Stuhl in Köln ist aber sicherer. *(nachdem er bei der Pressekonferenz nach dem 2:1 beim FC St. Pauli einen kaputten Stuhl erwischt hatte, von dem er nur noch knapp über die Tischkante gucken konnte)*

Wer es wagen sollte, am Weiberdonnerstag rauszugehen, der braucht hier, solange ich Trainer bin, nicht mehr aufzulaufen. *(zu seinen Spielern nach drei Niederlagen in Serie)*

Das sah ja nicht sehr attraktiv aus, wie der Ball so über mich hinweggeflogen ist und die Mittelfeldspieler fast eine Halsentzündung bekommen hätten. *(über die Spielweise seines Teams)*

So eine Serie hatte ich zuletzt als 13-Jähriger bei TuS Schloß Holte. *(über den Höhenflug seines Teams)*

Ich werde einen Teufel tun und Ewald widersprechen. Er hat sich ja alles ganz genau notiert. *(Felix Magath zur Spielanalyse von Ewald Lienen)*

Der Ewald Lienen saß früher auf der Trainerbank mit Bleistift, Block und einem Gesicht wie bei einer Vollbremsung. *(Max Merkel)*

Vielen Dank, dass Sie bei uns waren und trotzdem noch einen schönen Abend. *(Sat.1-Moderator zu Interview-Partner Lienen)*

Wir haben nicht das Recht, jede Entscheidung des Schiedsrichters zu kommentieren. Der lacht sich ja auch nicht tot, wenn wir einen Fehlpass spielen.

## Monica **Lierhaus**

*(Moderatorin)*

Die Kroaten sind eindeutig im Vorteil. Rund 15 deutsche Fans werden heute in Klagenfurt erwartet – aber 50.000 kroatische!

## **Lincoln**

Wenn er ein schlechter Spieler wäre, müsste ich mir Gedanken machen. Aber er ist ein guter Spieler. *(Stig Töfting, nachdem er vom Lauterer im Strafraum getunnelt wurde)*

Wir waren immer überzeugt von ihn. *(Andreas Brehme)*

## Markus **Lindemann**

*(Premiere-Kommentator)*

In das taktische Konzept von Lorenz-Günther Köstner passt dieser Rückstand meiner Meinung nach nicht.

## Matthias **Lindner**

*(Fußballspieler)*

Solange wir als Fettaugen auf der Wurstsuppe schwimmen, wollen wir glänzen.

## Gary **Lineker**

Ich habe es niemals zugegeben, aber es stimmt. Zur Halbzeit war ich nicht in besonders guter Verfassung, aber ich machte weiter. Der Ball kam über die linke Seite, und ich ging in einen Zweikampf mit einem Gegner. Ich grätschte, und dann »erleichterte ich mich«. Es ging drunter und drüber, und da ist es einfach herausgekommen. Ich hatte Glück, dass es an diesem Abend regnete. Das konnte ich nutzen. Es war die schrecklichste Erfahrung meines Lebens. Aber ich habe in einem Spiel noch nie so viel Raum gehabt wie an diesem Abend. *(über das Spiel bei der WM 1990, als er auf dem Platz plötzlich musste)*

Das Finale wird von 22 Spielern gespielt, die hinter dem Ball herlaufen, und am Ende gewinnt Deutschland.

Es gibt kein Dazwischen – man ist entweder gut oder schlecht. Wir waren dazwischen.

Abwehrspieler müssen vor allem eines beherrschen: Mit einem herzlichsten Lächeln Stürmern in die Knochen treten. Jetzt wissen Sie, warum ich Stürmer wurde: um nicht auf die menschlich niedrigste Stufe im Fußball zu sinken.

Gary wägt immerzu seine Möglichkeiten ab, vor allem wenn er keine hat. *(Kevin Keegan)*

Das Schöne am Fußball ist: Wenn es nicht läuft, ist immer der Trainer der Schuldige.

Portsmouth hat den FA-Cup gewonnen. Ich will keine Panik schüren, aber das letzte Mal, als das passiert ist, brach danach der Zweite Weltkrieg aus.

Wenn Leicester die Premiere League gewinnt, werde ich nur in Unterhosen moderieren. *(und tat es schließlich tatsächlich)*

## Thomas **Linke**

Ich habe einfach draufgehalten – wie das ein Torjäger eben so macht. *(sagt der Abwehrspieler)*

Solche Tore hat früher nur der Olli Reck gemacht. *(über ein Eigentor)*

Vielleicht liegt's an der geistigen Frische, dass Lyon heute geistig frischer war. *(nach der 0:3-Niederlage der Bayern in Lyon)*

## Hannes **Linßen**

Das ist Hannes Linßen, der immer eine Sturmfrisur hat – egal wie das Wetter ist. *(Rolf Töpperwien)*

## Urs **Linsi**

*(FIFA-Generalsekretär)*

Die Bauarbeiter in Frankfurt sind erfolgreicher als das Fußballteam. *(nach einer Besichtigung des neuen WM-Stadions in Frankfurt)*

## Willi **Lippens**

Mit denen hab ich als Kind alle Berge Hollands plattgetreten. *(der halbe Holländer erklärt, wie seine Plattfüße zu seinem Spitznamen »Ente« beigetragen haben)*

Schweißnassen Händedruck vonne Kumpels – mehr brauch ich nicht! *(auf die Frage, was ihm seine Mannschaftskameraden zum Geburtstag schenken)*

Der Lippens kann am Ball alles – sogar aufpumpen und einfetten. *(Horst Gecks)*

Ich habe nie eine Torchance überhastet vergeben. Lieber habe ich sie vertändelt.

In Wanne-Eickel ist ein Hecht gestorben und die Karpfen sind alle dahin zur Beerdigung. *(wird beim Angeln gefragt, warum er denn noch nichts gefangen habe)*

Schiri zeigt Gelb und sagt: »Ich verwarne Ihnen!« Lippens: »Ich danke Sie!« Schiri zeigt Rot.

Ich hatte damals genau vier Wochen Zeit, 13 neue Leute zu verpflichten und kein Geld in der Tasche. Das heißt also, ich musste aus dem leeren Zylinder zaubern. *(über seine Zeit als Manager von RW Essen)*

Ich geh jetzt nach Amerika, denn da gibt es noch einige Verteidiger, denen ich noch keine Knoten in die Beine gespielt habe.

## Marcus **Lipton**

*(englischer Parlamentsabgeordneter)*

Unser Land steht vor einem wirtschaftlichen Zusammenbruch, aber der Manager der Fußball-Nationalmannschaft offeriert seinen Spielern großzügig 5.000 Pfund für den Gewinn der Europameisterschaft. Diese Art von Bestechung, die die Profis zu besserer oder rauerer Spielweise anspornen soll, wird den Fußball eines Tages zerstören. *(im Oktober 1975)*

## Thomas **Liptow**

*(Co-Trainer PSV Bochum)*

Das war Sommerfußball mit Blick auf Mallorca!

## **Litauen**

Auch die Litauer haben mittlerweile Spieler über ganz Europa verstreut. Es ist ja nicht mehr wie früher, als sie mit Schuhen aus Rentieren gekickt haben. *(Giovanni Trapattoni)*

## Pierre **Littbarski**

In dieser Saison haben wir uns einen Nachteil erarbeitet.

Passen Sie auf, da sitzt noch der Thomas Häßler drauf. *(zu einem Kellner, der einen leeren Stuhl wegräumen wollte)*

Das ist kein Tempo! So geht meine Oma zum Pinkeln. *(über die Laufleistung seiner Spieler)*

Wir sind doch als Fußballer in erster Linie Künstler, die mehr vom Applaus leben als vom Geld.

Wenn jetzt die Kinder beim Spielen einen Ball über die Mauer schießen, können sie ihn wenigstens wiederholen. *(in einem Interview am 16.11.1989)*

Die beste Mannschaft ist immer die, in der ich aufgestellt bin.

Dass ich eine sportliche Disziplin ausübe, bedeutet doch nicht, dass ich Sport nur aus Disziplin ausübe.

Es gibt Bundesligatrainer, die sind so leise, dass man von denen gar nicht mehr weiß, ob sie überhaupt noch leben.

Nee, das geht nicht. Einer muss doch an die Klinke kommen. *(auf die Frage, ob er denn mit Thomas Häßler auf einem Zimmer liege)*

Mit 1,68 bin ich auch in der japanischen Elf der Drittkleinste.

Dem Litti muss man die eigenen Füße nummerieren, damit er nicht dauernd darüber fällt. *(Max Merkel)*

Hansa hat den Platz wie angekündigt umgegraben, obwohl der das ja eigentlich vorher schon war. *(über den Zustand des Rasens und die Spielweise von Hansa im Ostseestadion)*

In der 1. Halbzeit haben wir ganz gut gespielt, in der 2. fehlte uns die Kontinu..., äh Kontuni..., ach scheiß Fremdwörter: Wir waren nicht beständig genug!

Der unterhält sich am liebsten über Schlümpfe. Mir liegt Politik mehr am Herzen. *(Jimmy Hartwig)*

Ich würde uns durchaus mit Bayern München vergleichen. Nur, dass wir die Tore kassieren, die die schießen.

Wir stehen weit hinten, haben fast keine Pluspunkte. Woran man wieder mal erkennt: Am meisten vermisst man eben die Dinge, die man noch gar nicht so richtig besessen hat.

Eine Mutter Teresa, die den 1. FC Köln gesundbeten will. *(»Süddeutsche Zeitung«)*

## Corny **Littmann**

Ich bin ja bekannt dafür, gegen die Satzung zu verstoßen. Alkohol auf einer Pressekonferenz geht gar nicht. Heute schon. *(bei der Pressekonferenz zu seinem Rücktritt vom Präsidentenamt bei St. Pauli)*

Ich möchte so schnell wie möglich sehr nah an die Mannschaft – wenn auch nicht bis unter die Dusche.

## FC **Liverpool**

Anfield ist das einzige Stadion, das selbst Tore erzielen kann! *(José Mourinho als Chelsea-Coach)*

Für alle, die in Schwarz-Weiß schauen: Liverpool ist das Team mit dem Ball. *(ein Scherz zu Zeiten der Liverpooler Dominanz unter Bob Paisley)*

In den meisten Gremien ist es so, dass die eine Hälfte die ganze Arbeit macht und die andere nur zusieht. Bei diesem Klub ist es aber genau anders herum. *(»Liverpool Echo«)*

## Bixente **Lizarazu**

München ist eine hübsche Stadt, aber nicht mein Leben – ich bin ein Mann des Meeres.

Der Video-Assistent ist ein bisschen so wie Sex ohne Vergnügen. Bevor es zum Höhepunkt kommt, sagt jemand »Stopp«. *(zum Videobeweis)*

Er ist ein Kopfball-Ungeheuer. *(Giovane Elber über den 1,69 Meter großen Lizarazu, der im zweiten Spiel in Folge ein Kopfballtor erzielte)*

## Freddie **Ljungberg**

Wenn ich in der Nacht vor einem Spiel Sex habe, verliere ich jegliches Gefühl in meinen Füßen.

Eine österreichische Zeitung schrieb, Freddie Ljungberg sei »wie Klippan, das meistverkaufte Sofa von Ikea: typisch skandinavisch – modisch-lässig, aber standfest, sieht mit jedem Bezug gut aus«. *(»Frankfurter Allgemeine Zeitung«)*

## **Loaded**

*(britisches Magazin)*

Reporter: Was hat Ihre Karriere am meisten beeinflusst? Ian St. John: Bill Shankly. Jimmy Greaves: Wladimir Smirnow.

## Valeri **Lobanowski**

Valeri Lobanowski hat sich bewegt! Wir schreiben die 14. Spielminute! *(begeisterter Ausruf von Béla Réthy)*

## Nat **Lofthouse**

*(englischer Fußballspieler)*

Es gab in den Fünfzigern jede Menge Spieler, die dir die Eier weggetreten haben. Aber am Ende haben sie dir die Hand geschüttelt und dabei geholfen, sie wiederzufinden.

## Jan **Löhmannsröben**

Wenn das ein Schiri ist – weiß ich nicht, Digger – soll der Cornflakes zählen gehen.

Boah, da ist auf jeden Fall ein dicker Käfer, der jetzt gegen den Kopf haut. Vielleicht sind es auch ein paar Affen, die Schlagzeug spielen. Ein Heavy-Metal-Konzert ist nichts dagegen. Aber scheißegal. Wir haben gewonnen – und das zählt. *(nachdem er mit einem Turban ein Spiel beendet hatte)*

## Hannes **Löhr**

Ich weiß gar nicht, warum ich mich so abrackere. Demnächst lasse ich mich erst fünf Minuten vor Schluss einwechseln. *(nachdem ihm kurz hintereinander zwei entscheidende Tore in den letzten Spielminuten gelungen waren)*

Das A und O beim Fußball bleibt das »Aah« und »Oh« auf den Rängen.

## **Lokalanzeiger** Bischofsheim

Das morgige Spiel gegen Gräselsheim wurde schon ausgetragen und entfällt somit.

## **Lokalradio** NRW

Hoffentlich hatten die Bayern wenigstens ihre Payback-Karten dabei. Schließlich waren sie ja bei Real! *(nach einer Niederlage von Bayern München in Madrid)*

## Vratislav **Lokvenc**

Lokvenc ist nicht wirklich Bezwinger der Erdanziehung. *(Gerd Delling)*

## Peter **Loontiens**

Hey, Alter, was willst du denn? Du gehörst doch schon längst in die Urne! *(nachdem der damalige Rekordspieler der Bundesliga, Willi Neuberger, zu ihm gesagt hatte: »Pass auf, Junge, mach mal langsam, sonst gibt es beim nächsten Mal was auf die Socken«)*

## Gyula **Lóránt**

*(ungarischer Bundesligatrainer)*

Ich bin so klug, dass ich meine Worte so wählen kann, dass ich immer recht habe.

Wenn ihr nach oben kommen wollt, müsst ihr auch mal Gauner und Schlitzohren sein. *(Tipp an seine jungen Talente)*

Boxer kämpfen auch mit Platzwunde, soll Charly Zahnpasta auf Fuß schmieren. *(Ratschlag an Karl-Heinz Körbel, der einmal acht Wochen mit einem Bänderriss im rechten Knöchel spielte, weil er sich nicht traute, seinem Trainer etwas zu sagen)*

Ich sage nichts, ich darf doch nicht gegenüber meinem Präsidenten recht haben. *(als er beim 1. FC Köln einen Torwart spielen ließ, der dem Präsidenten gar nicht gefiel)*

Wir rennen nicht aus Angst vor Lóránt, sondern aus Überzeugung. *(Jürgen Grabowski, Kapitän von Eintracht Frankfurt)*

Der Ball ist rund. Wäre er eckig, wäre er ja ein Würfel.

Bundesligaspiele sind keine russischen Wahlen, bei denen immer gewonnen wird.

Wenn ich ihm sein linkes Bein wegnehme, fällt er einfach um, weil kein rechtes Bein da ist.

Die Hamburger spielen ein tolles 1-5-5-System. Aber nicht von hinten nach vorne, sondern von links nach rechts.

Kein Spieler darf klüger sein als der Trainer.

Wegen Gyula Lóránt hätte ich beinahe aufgehört. Er hat mir mal erklärt, dass man einen herausgesprungenen Meniskus am besten mit der Eckfahne wieder reinhaut. *(Dr. Müller-Wohlfahrt)*

Wir hatten Hannover so herrlich im Griff, als Hickersberger durch blöden Leichtsinn das 1:1 produzierte. Ich hätte ihm mehr als die Prellung gewünscht, die er sich dabei zugezogen hat. *(über seinen eigenen Mann)*

## Werner **Lorant**

Wir werden schon verhindern, dass wir weiterkommen. *(vor einem Hallenturnier, auf das Lorant keine Lust hatte)*

Seine Frisur sieht aus, als sei sie mit der Trompete geföntt. *(Max Merkel)*

Es ist wie mit einer guten Frau: mal Krach, mal Liebe. *(Miroslav Stević über sein Verhältnis zum Trainer)*

Die junge Generation ist total versaut, die können sich ja nicht mal allein eine Wohnung suchen oder am Landratsamt anmelden.

Nicht mal eine Wohnung müssen sie sich suchen, das macht der Verein. Und sie möchten ein Haus mit Garten, aber bitte ohne Rasen, weil Rasenschneiden wollen sie nicht. *(über die Wohlstandsjünglinge im Fußball)*

Bis Montagnachmittag kann sich die Mannschaft erholen, dann geht es raus in den Wald. *(nachdem er seiner Mannschaft zwei Tage trainingsfrei gegeben hatte)*

Die meinen, ich bin doof, oder was? *(über seine Spieler)*

Das war kein Fußball, das war Osterhasen-Spielweise.

Wenn das Handy klingelt, kann man aus dem Bus aussteigen – und wir fahren weiter. Der hat ja ein Handy und kann sich ein Taxi rufen. *(über das Handyverbot bei 1860 München)*

Bei uns ist das Zähneputzen ab sofort verboten. *(in Anspielung auf die Dopingaffäre von Leichtathlet Dieter Baumann)*

Wenn mich der DFB ändern will, dann bin ich verkehrt im deutschen Fußball. *(zur möglichen Sperre durch den DFB)*

Ich wechsle nur aus, wenn sich einer ein Bein bricht.

Das ist doch alles der größte Blödsinn, das wird doch alles nur immer wieder von den Medien reindementiert.

Was soll ich mit den Spielern reden, ich bin doch kein Pfarrer.

Schlimm ist dieses Gejammer. Tut hier weh, tut da weh. Aber solange sie das Handy halten können, muss ja noch genug Kraft da sein.

Spieler haben vielleicht ein Problem mit mir, aber ich nicht mit ihnen.

Vieles, was darin geschrieben wurde, ist auch wahr. *(über sein Buch »Eine beinharte Story«)*

Die Spieler freuen sich darauf. Sie haben schon ihre Laufschuhe eingepackt. Manche sogar zwei Paar. *(zum Lauftraining mit seiner Mannschaft)*

Drei Punkte geholt, Mund abputzen, danke schön, schönen Abend noch. *(zu einem 3:1-Sieg des TSV 1860 München gegen den 1. FC Köln)*

Ich glaube, ich bin ein bisschen braun geworden. *(nach einem 0:0 bei Hansa Rostock)*

1860 München und sein ehemaliger Trainer Werner Lorant, 53, bleiben sich in herzlicher Abneigung verbunden. Nachdem die Löwen gegen Nürnberg verloren hatten, rief Lorant auf dem Handy von Club-Manager Edgar Geenen an: Um schadenfroh seine Gratulation zu übermitteln. *(»Welt am Sonntag«)*

Auch für ihn ist der Ernst des Lebens zurückgekehrt – seit einigen Wochen ist Werner Lorant sein Trainer! *(Béla Réthy über Israels Stürmer Revivo von Fenerbahce Istanbul)*

Seine Härte war gefürchtet. Wenn mich mal ein Gegenspieler nervte, drohte ich ihm mit Werner. Nach dem Motto: »Ich hetz' den Lorant auf dich.« Schon war Ruhe. *(Bernd Hölzenbein über seinen früheren Mitspieler)*

Ich hab' keine Probleme, mit Werner Lorant mal ein Bier zu trinken – oder auch mal ein Kaugummi zu kauen! *(Lothar Matthäus)*

Da haben beide gezogen. Das kann ich einmal so entscheiden und einmal so entscheiden, aber darf es nie so entscheiden. *(zu einem Elfmeter gegen seine Mannschaft)*

Der Schiri kann froh sein, dass ich ihm keine geschmiert habe.

## Jean **Löring**

*(langjähriger Präsident von Fortuna Köln)*

Nachdem die größte Witzfigur, die ich seit 35 Jahren kennengelernt habe, das Fußballspiel Fortuna Köln gegen Hertha BSC abgepfiffen hat, eröffne ich die Pressekonferenz.

Morgens denke ich nicht, da nüchtere ich höchstens meinen Kater aus! *(auf die Frage, ob er über einige seiner Taten am nächsten Morgen vielleicht etwas anders gedacht habe)*

Akkordeon gegen Fußballschuhe zu tauschen gesucht. Größe egal. *(Text einer Annonce von Löring im »Kölner Stadt-Anzeiger« kurz nach Kriegsende)*

Ich als Verein musste ja reagieren.

## Claudio **Lotito**

*(Präsident von Lazio Rom)*

Ich fühle mich wie Jesus. Als ich Lazio gekauft habe, habe ich zuerst die Händler aus dem Tempel geworfen.

## Markus **Lotter**

*(Journalist und ehemaliger Fußballer, u. a. FC St. Pauli)*

Natürlich weiß ich, was Abseits ist. Ich habe ja ein ganzes Jahr dringestanden.

## Dirk **Lottner**

Da herrschte plötzlich fünfzehn, zwanzig Minuten Konfusität im eigenen Strafraum.

Es geht nur gegen den Klassenerhalt. *(über die Saisonziele des 1. FC Köln)*

Ob der Trainer John oder Hans Wurst heißt, ist scheißegal. Wir brauchen wohl einen, der auch noch die Tore schießt. *(nach dem einsamen Rekord des 1. FC Köln von 599 Minuten ohne Bundesligator)*

Der Freistoß ist mir spontan eingefallen. *(zu einem tollen Freistoß-Siegtreffer gegen Dortmund)*

Aber das war so ein richtiger Schuss in die emotionale Lage, richtig in die Tränendrüsen rein. *(über sein Tor in seinem letzten Heimspiel für den 1. FC Köln)*

## Joachim »Jogi« **Löw**

Ein Sparkassen-Angestellter nimmt seine Frau auch nicht mit in die Bank. *(auf die Frage, warum er seine Frau nie mit zu Länderspielen nimmt)*

Dem Jogi konntest du beim Laufen die Schuhe besohlen, er war damals schon nie aggressiv, er hat sich alles gefallen lassen. *(Ex-Trainer Werner Lorant)*

Wir hatten viele Abspielfehler, weil wir unseriös gepasst haben.

Ich muss mich durchbeißen. *(der Bundestrainer auf die Frage nach seinen Zahnschmerzen)*

Man muss sagen, dass man in der Platzhälfte von Bosnien nicht so reingehen muss. Zudem hatte ich das Gefühl, dass auch die Kroaten noch Möglichkeiten hatten. *(wusste nach dem Spiel gegen Serbien genau, wer der Gegner gewesen ist)*

Ich mag Jogi Löw. Ich benutze sein Deo, sein Shampoo … *(Jürgen Klopp nach der Länderspiel-Nominierung einiger BVB-Spieler)*

War eigentlich Jogi Löw im Stadion? Oder hat heute auch Hoffenheim gespielt? *(Klaus Allofs übt subtile Kritik am Bundestrainer)*

Wir stellen nach Leistung auf, nicht nach Tattoos! *(auf eine Kritik von Jones, dass er für die DFB-Elf zu viele Tattoos habe.)*

Natürlich dürfen die Spieler heute richtig feiern. Heute ist ja in einer halben Stunde zu Ende. *(nach der WM-Qualifikation für 2014 um 23.30 Uhr bei der Pressekonferenz)*

## **Löwen-Echo**

Trotz des anhaltenden Regens kam noch ein flüssiges Spiel zustande.

## Lothar **Löwer**

*(Schiedsrichter)*

Ich habe ihm kein Geld weggenommen und auch nicht die Ehefrau ausgespannt – ich weiß nicht, warum er uns so bestraft hat. *(Rainer Zobel, Stuttgarter Kickers)*

Strehmels Attacke gegen Sawitschew roch nach Elfmeter. Doch Schiedsrichter Löwer hatte hier eine verschnupfte Nase. *(Markus Jestaedt, Sky-Kommentator)*

## Heinrich **Lübke**

Es war ein Tor. Ich habe es genau gesehen, meine Herren. *(der Politiker über das »Wembley-Tor« 1966)*

## Heinz **Lucas**

*(Trainer bei Fortuna Düsseldorf)*

Ich persönlich teile ein Fußballspiel in zwei Hälften ein: Die eine ist die erste Halbzeit, die andere die zweite.

## Wilfried **Luchtenberg**

*(Reporter-Legende vom WDR)*

Entfernung zum Tor: 25 Minuten.

Hüben wie drüber.

In der 62. Minute hatte Falko Götz das Tor auf dem Kopf.

## **Lúcio**

Lúcio hat eine richtige Ruder-WM bestritten. *(Mario Gomez, der in den Zweikämpfen ständig durch die Arme des Brasilianers traktiert wurde)*

Lúcio ist ein hervorragender Fußballer, aber ein noch besserer Schauspieler. *(Uli Hoeneß)*

## Ingolf **Lück**

*(Moderator, Komiker, Schauspieler)*

Immer häufiger bleiben bei Spielen von Bayern München die Ränge leer. Der Grund: Die Hooligans haben Angst vor Oliver Kahn.

## Frank **Lüdecke**

*(Kabarettist)*

Letzte Saison war Braunschweig Paderborn, diese ist Darmstadt Braunschweig.

## Jule **Ludorf**

*(Oberliga-West-Legende, Spvgg Erkenschwick)*

Ich war ein konsequenter Hasser von Alkohol und Nikotin, aber ich war nicht gegen Rotwein.

## **Luizao**

Für einen Stürmer ist ein Tor wie ein Orgasmus.

## Michael **Lüken**

Ich übergebe mich direkt an unseren Trainer Ramon Berndroth. *(der Pressesprecher als Eröffnung der Pressekonferenz von Kickers Offenbach)*

## **Lurgan** Celtic FC

Diejenigen Mitglieder, die selbst keine Kinder haben, werden gebeten, ihre Enkel mitzubringen. *(Einladung zum Vereinstreffen)*

## Michael **Lusch**

*(Spieler von Borussia Dortmund)*

Ich kann mich an kein Spiel erinnern, bei dem so viele Spieler mit der Barriere vom Platz getragen wurden.

Ich habe in dieser Saison zwei Drittel aller Borussen-Tore geschossen, nämlich zwei.

Ein Tusch für den jungen Lusch! *(die Presse in Dortmund feiert reimfest den Neuzugang der Borussia)*

## Herbert **Lütkebohmert**

Das Doppelte wie am Anfang. *(der Schalker auf die Frage des Vorsitzenden Richters im Bundesligaskandal-Prozess, wie viel er derzeit verdiene)*

## Peter **Lux**

*(Fußballspieler, u. a. HSV und Eintracht Braunschweig)*

Meine Tochter Ann-Kathrin ist 56 Zentimeter groß – fast so groß wie ich. *(er ist 1,68 m)*

## **Luxemburg**

In der Mitte, da sind sie vierbeinig. *(Karl-Heinz Rummenigge über die Abwehr der luxemburgischen Nationalmannschaft)*

## Mike **Lyons**

*(Verteidiger bei Everton)*

Wenn es den Fußball nicht gäbe, wären wir alle frustrierte Fußballspieler.

# m

## Heiko **Maas**

*(Politiker)*

Politiker, die sich aktiv in den Fußball einmischen wollen und einen solchen Schwachsinn fordern, sollten sich eventuell mal vom Amtsarzt des Bundestags auf die volle Zurechnungsfähigkeit untersuchen lassen. Vielleicht haben sie ja in ihrer Jugend zu viele Kopfbälle geübt. *(über die Idee, Nationaltrainer Jürgen Klinsmann vor den Bundesausschuss zu laden)*

## Peter **Maaßen**

*(RWO-Präsident)*

Ich bin bei allen Spielen mit dem Herzen dabei. Und dieses Herz braucht jetzt endlich einmal Ruhe! *(nach der turbulenten Saison 1970/71)*

## Malky **Mackay**

*(schottischer Fußballer und Trainer)*

Mein peinlichster Moment war, als ich versucht habe, den Anweisungen von Craig Burley zu folgen. Das Problem war, dass er sein Gebiss nicht drin hatte und ich deshalb alles komplett falsch gemacht habe.

## Ally **MacLeod**

Ally MacLeod hält Taktik für eine Pfefferminzsorte. *(Billy Connolly, schottischer Schauspieler, über den Nationaltrainer)*

## Murdo **MacLeod**

*(schottischer Fußballer und Trainer)*

Das war nur einen Meter davon entfernt, ein zentimetergenauer Pass zu sein.

51.000 Zuschauer sind zu unserem Spiel gegen Partizan Tirana gekommen. Ich denke, die meisten davon sind nur deshalb dagewesen, weil sie mal gucken wollten, wie Menschen aus Albanien aussehen.

## Bjarne **Mädel**

Die machen leider alle Interviewtraining. Niemand sagt mehr: »Nichts ist scheißer als Platz 2.«

## Rabah **Madjer**

*(algerischer Fußballspieler)*

Madjer bereitet sich nur für das Spiel in München vor. Er trainiert wieder den Hackentrick ... *(Artur Jorge, Trainer des FC Porto, als es vier Jahre nach dem Europacup-Finale erneut zum Spiel Bayern – Porto kam)*

## Real **Madrid**

Ein Sieg gegen Real ist wie ein Orgasmus oder im Casino zu gewinnen. *(Xavi)*

In diesem Klub steckt etwas von altem Adel. *(Paul Breitner 1974 bei seinem Wechsel nach Spanien)*

Wir werden eure Ferraris verbrennen! *(Fans nach einer bitteren Niederlage zu den Spielern)*

Wenn Real einen Platz hinter Barcelona steht, dann ist das fast, als würde die Diktatur wieder eingeführt. *(Jupp Heynckes)*

Die einzige Mannschaft, vor der Real wirklich Angst hat, ist Bayern München. *(Uli Hoeneß)*

## Felix **Magath**

Bevor ich Journalist werde, werde ich schwanger.

Heute werde ich keinen Tee trinken, sondern einen im Tee haben.

Jetzt laufen wir mal zügig den Berg hoch. Wir ... also, das heißt, du und die beiden Medizinbälle.

Solange Amateure über Profis bestimmen, müssen wir uns wohl jede Woche ärgern.

Die Tabelle, die ja nie lügt, täuscht ja oft.

Einer Schachfigur verspringt kein Ball, bloß weil sie schlecht geschlafen hat. *(über Parallelen und Nicht-Parallelen von Schach und Fußball)*

Eine schöne Kombination auf dem Fußballplatz ergibt sich nicht einfach so. Schönheit ist die Abwesenheit von Zufällen.

Ich überlege, ob ich konvertiere und vom christlichen Glauben wechsele. Es gibt ja Religionen, in denen man mehrere Frauen heiraten kann. *(der mit dem FC Bayern in Champions League, Bundesliga und Pokal noch auf »drei Hochzeiten tanzt«, auf die Frage, für welche »Braut« er sich am liebsten entscheiden würde)*

IMG hat eine Analyse machen lassen, die besagt, dass ich sehr sympathisch, beliebt und sehr werbewirksam sei. Ich hoffe, dass das noch lange so bleibt. *(über eine Analyse seiner neuen Vermarktungsagentur)*

Ich wurde dafür bezahlt, hier zu arbeiten. Nun werde ich dafür bezahlt, dass ich gehe. *(nach seiner Entlassung bei Eintracht Frankfurt, bei der er mit angeblich zwei Millionen Mark abgefunden werden sollte)*

Ich hatte schon vorher das Gefühl, dass die Mannschaft noch nicht reif für die Bundesliga ist. Aber, dass einige Spieler so weich in der Birne sind, hätte ich nicht gedacht. *(nach einer 1:2-Niederlage der Frankfurter Eintracht beim Oberligisten KSV Klein-Karben)*

Wenn ich als 48-Jähriger noch mithalten kann beim Konditionstraining, dann kann ich das auch von meinen Spielern verlangen. *(zu seinen Schleifer-Methoden)*

Ich bin kein Masochist, dem das Leiden Spaß macht. *(auf die Frage, ob er sich das Spiel von Stuttgart gegen Dortmund noch einmal als Video ansehen werde)*

Grundsätzlich ist es mir egal, was meine Spieler essen und trinken. Hauptsache sie nehmen mir bei McDonald's keinen Platz weg.

Es wird nicht ganz zur Routine, weil ich ja mittlerweile auch die Mütter gewechselt habe! *(auf die Frage, ob Geburten ab dem fünften Kind schon zur Routine werden)*

Langsam geht es wieder Richtung Wand. *(nach drei Niederlagen in Folge)*

Da werden Peanuts aufgebauscht. *(zur Torwartfrage in der Nationalmannschaft)*

Der Lake Michigan ist so groß, der drängt sich als Trainingsoption förmlich auf. *(über die Fitness-Möglichkeiten der Münchner Bayern auf ihrer Chicago-Reise)*

Sie stehen lange vor dem Spiegel, schmieren sich Gel in die Haare. Hier wollen zu viele nur selbst gut aussehen, anstatt für den anderen zu laufen. *(der Bayern-Trainer über seine Mannschaft)*

Sie machen sich Gedanken, wie sie Tore bejubeln, und keine, wie man ein Tor schießen kann.

Zuletzt wurde mir vorgeworfen, ich würde zu spät auswechseln. Aber ich bin ja lernwillig ... *(nachdem er Gerd Wimmer schon nach 29 Minuten vom Platz geholt hatte)*

Um was soll ich mir alles Gedanken machen? Ich habe hier genug zu tun und mittlerweile sechs Kinder. *(zum Dopingskandal bei Juventus Turin)*

Weil wir so wenig trainieren. *(auf die Frage, warum seine Mannschaft trotz 28 Saisonspielen so fit sei)*

Die Kabine ist so groß, deshalb muss man hier ein bisschen lauter reden. *(auf die Frage, ob er in der Halbzeitpause des Spiels gegen Hertha BSC laut geworden ist)*

Ein weiteres Indiz dafür, dass ich hier bleiben will, ist die Tatsache, dass ich mich letzte Woche gegen Zeckenbisse impfen ließ. In Norddeutschland oder in Gelsenkirchen braucht man dies nicht. *(zu den Gerüchten, er würde in der nächsten Bundesliga-Saison den FC Schalke 04 trainieren)*

Schach ist für mich neben Fußball der schönste Sport, weil es aufgrund der Figuren auch ein Mannschaftssport ist.

Das war europäische Weltklasse!

Die Spieler können so lange Ostereier suchen, wie sie wollen. Vor lauter Training werden sie keine finden.

Ich habe ihn beim Warmmachen beobachtet. Er war heiß.

Ich habe geguckt, wie man so eine Meisterschaft feiert. Ich wollte das mal wissen für später. *(auf die Frage, warum er den Bayern bei der Feier mit der Meisterschale zugesehen habe)*

Wenn aus einem Golfloch auf dem Klubgelände des Präsidenten Öl sprudelt, könnte es sein, dass wir da tätig werden. Aber damit ist nicht zu rechnen. *(zur Chance auf hochkarätige Neuverpflichtungen)*

Mich hat es gestört, dass man von denen, die man aus dem Dreck gezogen hat, nachher auch noch mit Dreck beworfen wird. *(über seine Ex-Vereine)*

Ja, bis morgen früh um acht. *(nach einem großen Sieg auf die Frage, ob er seiner Mannschaft jetzt frei gebe)*

Wenn die Spieler im Urlaub etwas getan haben, dann können wir uns in Dubai Waldläufe ersparen.

Der Vorteil von Trainern wie Branko Zebec und Ernst Happel war ihre kuriose Sprache. Die Spieler mussten sich stark konzentrieren, um zu verstehen, was sie meinten. Deshalb kam ihre Botschaft so gut rüber.

Die Österreicher wollten mich gleich dort behalten, als Ersatz für Hermann Maier. *(nach der Rückkehr aus einem Skiurlaub)*

Ein Weltklassespieler – Linksfuß! Ganz starker Mann! Wie Magath früher …

Es war von vornherein klar, dass Leverkusen die stärkere Mannschaft ist. Wir haben derzeit niemanden, der gegen Neuville hätte spielen können – außer mir vielleicht.

Ich habe das Los Chelsea nicht mit Champagner gefeiert, sondern nur mit einer Banane. *(nach der Auslosung der Viertelfinalspiele in der Champions League)*

Ein besserer Tag als im Hinspiel sollte genügen, um gegen Chelsea mit zwei Toren Unterschied zu gewinnen – aber nicht 6:4. *(zum Viertelfinal-Rückspiel in der Champions League gegen Chelsea)*

Wenn wir erfolgreich sind, verdiene ich gut. Wenn wir nicht erfolgreich sind, verdiene ich auch gut. *(nach Bekanntgabe seines neuen Zweijahresvertrags mit dem VfB Stuttgart)*

Ich kann damit leben, dass die FIFA das abgeschmettert hat. Ich weiß ja heute schon gar nicht, was ich eine Viertelstunde lang erzählen soll. *(zur Entscheidung, die Halbzeitpausen nicht von 15 auf 20 Minuten zu verlängern)*

Ich habe schon einmal für ein halbes Jahr Spanisch gelernt. Dann wurde die Lehrerin schwanger. So wurde ich um die Chance gebracht, Trainer bei Real Madrid zu werden.

Felix Magath ist der letzte Diktator Europas. *(Bachirou Salou)*

Mit Quälix kriegt Bayern wieder dicke Eier! *(Max Merkel)*

Nix mehr mit Zerrungen nachts in der Disco. Nix mehr mit Nasebohren am Mittelkreis. Jetzt wird wieder marschiert! *(Max Merkel über die Marschroute des neuen Bayern-Trainers Felix Magath)*

Ich war die ersten drei Wochen nicht da. Ich glaube, das war auch besser so. *(Roy Makaay auf die Frage, wie hart das Training unter dem neuen Trainer Felix Magath gewesen sei)*

Es lohnt sich wieder, die Trainingsklamotten zu waschen, sie sind wieder nass. *(Jochen Seitz, Zeugwart des VfB Stuttgart, über Veränderungen unter dem neuen Trainer)*

Ich habe ihm guten Tag gesagt und gratuliert, dass er einen Schal trug, damit er sich nicht erkältet. *(Rudi Assauer über die Begegnung mit seinem Dauerrivalen)*

Wir verdienen so viel Geld, da können wir uns auch mal richtig auskotzen. *(Ralf Weber, Spieler von Eintracht Frankfurt, zur Vorbereitung unter Felix Magath)*

Magaths Training ist wie ein Zahnarzttermin. Man fürchtet sich vorher, aber danach fühlt man sich besser! *(Jan Åge Fjørtoft)*

Wenn man zurückschaut, freut man sich nur noch, ich kann mich gar nicht mehr erinnern, dass es bei Magath hart war, aber ich glaube schon. *(Jan Åge Fjørtoft)*

Ob Felix Magath die Titanic gerettet hätte, weiß ich nicht – aber die Überlebenden wären topfit gewesen. *(Jan Åge Fjørtoft)*

Wenn er sich bei Interna nicht zurückhalten kann, gibt es nur einen Verlierer. Wenn er weiter attackiert, werde ich auspacken, und das ist so wie bei Star Wars, wenn das Imperium zurückschlägt! *(Jan Åge Fjørtoft zu einigen Äußerungen von Felix Magath nach dessen Entlassung)*

Unsere Spieler sind abends etwas müder und gehen nicht mehr gerne ins P1. *(Uli Hoeneß zur Trainingsintensität unter Coach Felix Magath)*

Ich habe geraucht, gesoffen, Karten gespielt. Alles, was man als Fußballer so macht! *(über seinen früheren Lebenswandel)*

Wenn mein Vater da gewesen wäre, hätte sich mein Leben vollkommen anders entwickelt. Viel zielgerichteter. Dann wäre meine Mutter zu Hause gewesen. Ich hätte vernünftig für die Schule gearbeitet, einen normalen Beruf erlernt und wäre nicht in den Fußball abgedriftet.

Da schau her, wie der Magath läuft, wie eine Kuh. *(Franz Beckenbauer)*

Ich rate jedem Spieler, mehr Karten zu spielen. Das fordert das strategische Denken und wirkt sich positiv auf die Kreativität auf dem Platz aus.

Ich kenne mich in dem Spiel nicht mehr aus. *(nach zwei seltsamen Elfmeterentscheidungen)*

In England putzen die Talente den Stars die Fußballschuhe. Hier putzen sie nicht mal ihre eigenen.

Fußball ist ein sehr kompliziertes Spiel. Man muss es einfach spielen, dann ist man erfolgreich!

Ich habe noch Geld gesucht, aber keins gefunden. *(der Schalke-Trainer, als er zu spät zu einer Pressekonferenz kam)*

Auch wenn Sie mir das nicht glauben, ich bin zufrieden. *(Pause)* Zufrieden darüber, dass die Auswärtsspiele in diesem Jahr endlich vorbei sind. *(nach einer erneuten Auswärtsklatsche mit Wolfsburg in Bremen)*

Ich sag nichts dazu, weder zu Mark van Bommel noch zu van der Vaart oder wie die ganzen Holländer heißen, mein Pullover sagt genug. *(Magath hatte einen orangefarbenen Pullover an)*

Dass die Medizinbälle blau sind. *(auf die Frage, ob Neuzugang Raúl auf Schalke 04 schon etwas kennengelernt habe)*

Ich weiß ja nicht, ob Sie das Spiel schauen oder währenddessen Karten spielen. *(zu einem TV-Kommentator)*

Wir dürfen alles in den Mund nehmen – außer Alkohol.

Haben die Gold gefunden? *(als Reaktion auf das Gerücht, Bastian Schweinsteiger solle von den Glasgow Rangers verpflichtet werden)*

Ich verliere nicht, weil ich keine Spieler verpflichtet hab, sondern weil ich zu viele verpflichtet hab. So einfach ist die Welt. *(auf Schalke)*

Ich bin kein Trainer zum Knuddeln und Liebhaben. Die Fans sollen Manuel Neuer knuddeln oder Raúl. Der ist einer zum Liebhaben.

Habt ihr nur Scheiße im Hirn, warum schießt Altintop Freistoß? *(in einem Testspiel seiner Schalker zu den Spielern auf der Bank)*

»Ich bleibe bis zur Meisterschaft!«, daraufhin Udo Lattek *(75)*: »Dann bist du ja so alt wie ich.« *(während seiner Zeit auf Schalke)*

Ich kann Felix Magath gut leiden und wünsche ihm ein langes und gesundes Leben. Ob er allerdings noch so lange lebt, dass er mit Schalke Meister wird – da bin ich skeptisch. *(Hans-Joachim Watzke)*

Ich hätte wohl gekündigt und wäre nach Peru zurückgegangen. Da hätte ich lieber Steine geschleppt und Erde umgegraben, als unter Herrn Magath zu spielen. *(Jefferson Farfán)*

Wer unter Magath trainiert, der freut sich aufs Sterben. *(Reiner Calmund)*

Demnächst werden wir wohl auf Alcatraz unser Trainingslager abhalten. *(Jan Åge Fjørtoft über Magaths Trainingsmethoden)*

Wir haben ja das Vergnügen, ihn jeden Tag zu sehen. Da brauchen wir nicht das Internet, um mit ihm zu kommunizieren. *(Manuel Neuer, als sein Trainer einen Account bei Facebook erstellte)*

Er hat angedroht, die Reisepässe abzunehmen, wenn wir verlieren. *(Jan Åge Fjørtoft)*

## 1. FC **Magdeburg**

Magdeburg hat Kraft, Bayern wird geschafft! *(Fanplakat vor dem Hotel der Bayern 1974)*

Montagabends gehen nur Dresdner vor die Tür! *(Protestplakat gegen Montagsspiele von Magdeburger Fans in Anspielung auf die Pegida-Demonstrationen in Dresden)*

## Franz **Maget**

*(SPD-Vorsitzender in Bayern)*

Wir haben eine gewisse Fürsorgepflicht und dürfen die Besucher der WM-Stätten nicht vergiften. *(über die ausschließliche Versorgung der Fans in den WM-Stadien 2006 mit amerikanischem Bier)*

## Heinz **Mägerlein**

*(ARD-Sportkommentator)*

Der Ball liegt circa 22,40 Meter vorm Tor.

## Jim **Magilton**

Reporter: Haben Sie sich Sorgen gemacht, als die Flasche geworfen wurde? Jim Magilton: Hören Sie, ich bin in Belfast aufgewachsen – glauben Sie da etwa, dass ich Angst vor einer Flasche habe? *(Gespräch bei der Pressekonferenz mit dem Trainer von Ipswich Town)*

## Günter **Mahlmann**

*(HSV-Trainer)*

Für die Jungen lasse ich mir den Schädel einschlagen!

## Ludwig **Maibohm**

*(Reporter beim BR und HR)*

Die 8.000 Zuschauer im Augsburger Rosenaustadion sehen durch die tiefstehende Sonneneinstrahlung jetzt aus wie die Sarotti-Mohren.

## Sepp **Maier**

Unser Medizinmann Ritschi Müller ist so fromm, dass er beim Duschen mit uns die Augen schließt.

Ich habe seit meinem 15. Lebensjahr im Tor gestanden, mich öfter als eine halbe Million Mal in den Dreck geworfen. Lässt das Rückschlüsse auf meinen Geisteszustand zu?

Wenn ich lüge und meine Frau mir draufkommt. *(auf die Frage, wovor er Angst hat)*

Wenn die Fans mit Flaschen werfen, stört mich das nicht. Nur voll müssten die Flaschen sein.

Gebt's mir einen Liegestuhl. *(zu Fotografen während des Spiels Deutschland – Zypern, Ergebnis: 12:0)*

Ich habe nie Angst vor irgendwelchen Stürmern. Angst habe ich nur vor Idi Amin.

Ja, außer den genannten Viecherln mag ich auch noch sehr die zweibeinigen Haserln, von Caroline bis Stefanie. *(der Pferdebesitzer und Hundefreund)*

Mir hat unser Koch, der Sauhund, immer was ins Essen getan, da hat sich unten nichts gerührt. Und wenn, dann hab ich auf Handbetrieb geschaltet. *(über menschliche Bedürfnisse im Trainingslager)*

Ich habe heute viel Zeit gehabt. Es waren genau 53.738 Zuschauer im Stadion, davon 11.721 Frauen und 58 mit Fahnen. Die Alkoholfahnen habe ich nicht alle zählen können. *(1969 nach einem 12:0-Sieg gegen Zypern)*

Zuschaun tu i net, aber beim Duschn geh i mit … *(über Frauenfußball)*

Eine Stunde vor dem Spiel noch mal Sex – das macht schön locker, zack-zack, da geht's viel besser.

Erst wenn ich Moos auf den Knien habe und die Kameraden mich beim Einlaufen stützen müssen, dann höre ich auf. *(am Ende stoppte ihn ein Autounfall)*

Mit den Torhütern ist es wie mit dem Whiskey: Je älter, je besser.

Zu meiner Zeit wären wir auf unser Zimmer geflüchtet, hätten uns die Bettdecke über den Kopf gezogen und hätten uns geschämt. *(zur Leistung der Nationalmannschaft bei der Euro 2000)*

Morgens um sieben ist die Welt noch in Dortmund.

Ein Torhüter muss Ruhe ausstrahlen. Er muss aber aufpassen, dass er dabei nicht einschläft.

So wie die spielen, brauche ich die Kamera nicht. Da ist mir jeder Millimeter Film zu schade. *(auf die Frage, warum er seine Video-Kamera zur EM 2004 zu Hause gelassen hat)*

Demnächst verpflichten wir Vitali Klitschko als Co-Trainer. *(nach einer erneuten Boxeinlage im Training des FC Bayern)*

Ich habe ihm gesagt, dass er BTT wie Bundes-Torwart-Trainer und nicht KT wie Kahn-Trainer ist. *(Teamchef Erich Ribbeck über den Bundes-Torwart-Trainer Sepp Maier)*

Was soll's? Die Leute war'n zufrieden vom Stadion, nur mir nicht. *(zur 4:7-Niederlage der Bayern in Kaiserslautern 1973 nach 4:1-Führung)*

Für mich waren die Bayern die elegantere Mannschaft. Und ich war auch ein eleganter Mensch.

Wer die Lacher auf seiner Seite hat, muss sie noch lange nicht hinter sich haben.

Ich denke gern an meine Zeit als Fußballer zurück. Damals – das ist immer das Paradies.

Wissen Sie, warum Sepp Maier keine Hunde mag? Die machen immer Kleff-Kleff. *(Wolfgang Kleff)*

Sepp Maier ist ein Mann, der gegen sein Misstrauen ankämpfen muss. Seine Heiterkeit hat immer auch einen ernsten Hintergrund, er braucht sie, um Schwierigkeiten zu überwinden. *(Franz Beckenbauer)*

## AC **Mailand**

Jeder Trainer von Milan wird in Zukunft mit zwei Stürmern spielen, oder er bleibt nicht länger Trainer. Dies ist kein Ratschlag, sondern ein Befehl. *(Präsident Silvio Berlusconi)*

## 1. FSV **Mainz** 05

Für die Mainzer kommt das gleich nach der Mondlandung. *(der Mainzer Manager Heidel über den Einzug in die Europa League)*

Sollte ich jemals ein schlechtes Wort über Mainz 05 verlieren, dann möchte ich sofort eins mit der Eisenstange gegen das Schienbein bekommen. *(der Dortmunder Trainer Jürgen Klopp nach seiner Zeit in Mainz)*

Ich gehe mit meiner Laterne. *(Song der Mainzer Fans, nachdem der Abstieg feststand)*

Diese Mobilisierungsquote hätte sogar einen nordkoreanischen Parteisekretär stolz gemacht. *(»Süddeutsche Zeitung« zu den Mainzer Fans, die beim Spiel gegen Hamburg fast alle in Rot gekleidet waren)*

Höchstens als Karnevalsprinz. *(Karl-Heinz Körbel auf die Frage, ob er sich vorstellen könne, als Trainer auch nach Mainz zu gehen)*

Wer hierher kommt und sagt, es wäre nichts los, der ist schon tot. *(Jürgen Klopp über seinen Verein)*

## **Mainzer** Allgemeine Zeitung

Leverkusens Mittelfeld- und Angriffsspieler schlugen phasenweise ein derart hohes Tempo an, dass der Ball Mühe hatte zu folgen.

## **Mainzer** Anzeiger

Paul Breitner konnte beim Länderspiel in Sofia die Erwartungen nicht erfüllen. Während des Spiels regnete es fast ununterbrochen.

## Stefan **Majewski**

Dem muss ich jeden Tag ins Kreuz treten, sonst kannst du dem noch beim Gehen die Schuhe besohlen. *(Hannes Bongartz über den Spieler des 1. FC Kaiserslautern)*

## Roy **Makaay**

Wenn ich denke, dass der Torwart denkt, und der Torwart denkt, dass ich denke – dann kann ich auch einfach schießen. Es macht keinen Unterschied.

Vor dem Strafstoß zum dritten Streich des Roy Makaay durchströmte ein erwartungsfrohes Raunen das Münchner Olympiastadion, als hätte Sir Simon Rattle das Podium betreten, den Dirigentenstab gehoben und seine Berliner Philharmoniker auf ein großes Konzert eingestimmt. *(»Frankfurter Allgemeine Zeitung«)*

Ich würde ihn sogar frühmorgens um fünf Uhr vom Flughafen abholen, wenn er kommt. *(Giovane Elber über den möglichen Neuzugang)*

Die Nummer 9 ist immer etwas ganz Besonderes. Das sind die spektakulären Spieler, die auch die Zuschauer ins Stadion ziehen. *(Uli Hoeneß bei der Präsentation von Roy Makaay, der die Nummer 10 trägt)*

Was ich gerne von Roy Makaay hätte? Sein Alter. *(Martin Max)*

Gelegentlich scheint es, als sei Roy Makaay ein Schlafwandler, der nächtens aus dem Bett gefallen und auf einen Fußballplatz gestolpert ist. *(»Süddeutsche Zeitung«)*

Wir haben Verhandlungen geführt mit La Coruña, lange bevor Uli Hoeneß dann letztendlich seine Gespräche geführt hatte. Wir waren uns auch einig, wir hätten allerdings mehr Ablöse bezahlen müssen. Geld war da, wir wollten es auch machen. Allerdings: Als die Forderungen von Makaay bezogen auf das Gehalt so niedrig waren, dass im Negativbereich unser Gehaltsvolumen gesprengt worden wäre, haben wir gesagt, dann kann er die Qualität nicht haben, um zum VfL Bochum zu kommen. *(Peter Neururer)*

Ein Ball ist für beide Mannschaften das Gleiche.

## Cyril **Makanaky**

*(Fußballstar aus Kamerun)*

Ich habe zu lange überlegt, ob ich schießen oder abspielen soll. Und als ich dann schoss, hatte ich mich eigentlich schon entschieden, abzugeben.

## Paolo **Maldini**

Er ist wirklich die Nummer eins. Es gibt tolle Spieler, es gibt Weltklasse-Spieler, und dann gibt es noch Spieler, die darüber hinausgehen. Paolo ist das perfekte Beispiel dafür. *(Alessandro del Piero, Kapitän von Juventus Turin)*

Maldini ist das Symbol Milans. Er bringt Kontinuität mit und verbindet die fußballerische Antike mit der Moderne. *(Milan-Legende Gianni Rivera)*

## Johannes **Malka**

Kameraden, beantwortet keine Fragen, wenn ihr verschwitzt vom Platz kommt. Das macht keinen guten Eindruck. Erst duschen und umziehen, dann reden. *(Ratschlag vom DFB-Schiedsrichter-Obmann an seine Kollegen)*

## Stefan **Malz**

*(Fußballer, u. a. 1860 München und 1. FC Kaiserslautern)*

Weil wir spielerisch so grottenschlecht sind, habe ich gedacht, wir müssen mit dem 0:0 leben – und dann war da der Ball. *(zu seinem Siegtreffer in der Nachspielzeit)*

## **Manchester** City

Alle Taxifahrer in Manchester sind City-Fans. Wenn man zu United will, fahren die einen irgendwo in die Pampa und schmeißen einen da raus. *(Dino Toppmöller)*

Manchmal hat man eben einen lauten Nachbarn. Daran kann man nichts ändern, die werden halt immer laut sein. Was willst du machen? Du kannst nur deinen Fernseher anschalten und ihn etwas lauter machen. *(Sir Alex Ferguson)*

## **Manchester** United

Sie konnten nicht gewinnen wie eine normale Mannschaft. Nicht diese Männer. Nicht diese bemerkenswerten, unaufhaltsamen und unschlagbaren Männer von Manchester. Fergusons Götter. *(»The Express« über United nach deren Sieg im CL-Finale gegen Bayern)*

## Aleksander **Mandziara**

*(Trainer von Darmstadt 98)*

Ich weiß, man sollte sich vor dem Spiel bemühen, die beste Mannschaft aufzustellen. Momentan gelingt mir das aber immer erst nach der Begegnung.

## Sadio **Mané**

Was soll ich mit 10 Ferraris, 20 Diamant-Uhren und zwei Jets? Was würde das für mich und die Welt tun? Ich war hungrig, musste auf dem Feld arbeiten, hatte keine Bildung und kickte barfuß. Durch den Fußball kann ich meinen Leuten jetzt helfen.

## Manfred **Manglitz**

Ich hatte einen Schuss wie ein Ochse. Wenn ich die Querlatte traf, sprang der Ball bis zur Mittellinie zurück.

Ich hatte keine Lust, montags in den Briefkasten zu greifen und die Kündigung eines Metzgermeisters zu lesen, der gerade mal Fußball-Präsident war. *(auf die Frage, warum er kein Trainer geworden sei)*

## **Mannheimer Morgen**

Der erstmals in dieser Saison eingesetzte Bernd Schuster erzielte beim 1:1 in einem Testspiel gegen Gimnastic de Tarragona drei Tore.

## Gregorio **Manzano**

*(Trainer von Real Mallorca)*

Der Linienrichter ist so gefährlich wie ein Affe mit zwei Pistolen.

## Diego **Maradona**

Es war die Hand Gottes. *(auf die Frage, ob er das entscheidende Tor im WM-Viertelfinale gegen England bei der WM 1986 mit der Hand erzielt habe)*

Ich wartete, dass meine Mitspieler mich umarmten, aber keiner kam. Also rief ich: »Kommt her, sonst überlegt es sich der Schiedsrichter noch mal anders!« *(nach seinem Tor durch die »Hand Gottes« bei der WM 1986 gegen England)*

Ich bin froh, dass du von uns gegangen bist. Es war deine Schuld, dass wir die WM verloren haben. *(twitterte der Ex-Trainer der argentinischen Nationalmannschaft über den Tod von Orakel-Krake Paul)*

Der kann aus fünfzig Metern mit dem Ball eine Telefonnummer wählen. *(Max Merkel)*

Dieses Negerlein, welches damals mit der Nr. 10 spielte, war doch der Meinung, man könne hier in Südafrika keine WM austragen. Unglaublich. Jeder sieht, dass es gut funktioniert. *(über die brasilianische Legende Pelé)*

Das Chaos in Maradonas Kopf haben wir jetzt auch auf dem Platz. *(argentinischer Fan nach dem 0:1 in Paraguay)*

Für diese 23 Spieler töte ich. Ich töte für sie. Damit habe ich überhaupt kein Problem. Und das werde ich ihnen auch ins Gesicht sagen. *(vor der WM 2010)*

Alle sind verrückt. Es gibt einen, der sagt, er sei Napoleon, und niemand glaubt ihm. Ein anderer sagt, er ist Gardel, und niemand glaubt ihm. Ich sage, ich bin Maradona, und sie glauben mir nicht. Diego Armando Maradona über seinen Aufenthalt in einer psychiatrischen Klinik

Warum geht Diego Maradona nicht mit seinen Freunden zusammen fischen? Weil Fische nicht applaudieren! *(Maradona-Dokumentarfilmer Emir Kusturica über seinen Hauptdarsteller)*

Bei seinem Pfostenschuss habe ich mich vor Wut auf den Boden geworfen, und wenn ein Schwimmbecken in der Nähe gewesen wäre, hätte ich meinen Kopf reingesteckt. *(leidet während des Spiels mit seinem Superstar Lionel Messi)*

Das war wie ein Punch von Muhammad Ali. Ich habe keine Kraft mehr für irgendetwas. *(nach dem 0:4 gegen Deutschland bei der WM 2010)*

Wenn es nötig ist, sterbe ich auf dem Spielfeld. *(bei der WM 2010)*

Er braucht täglich Sex, sonst kriegt er Kopfschmerzen. *(Maradona über Maradona)*

Denjenigen, die nicht an mich geglaubt haben, sage ich – die Damen mögen das entschuldigen –, ihr könnt mir einen blasen. Ich danke den Fans und den Spielern, aber niemandem sonst. Die, die nicht an die Nationalmannschaft geglaubt haben, sollen weiter Schwänze lutschen. Die haben mich wie Müll behandelt. *(auf einer Pressekonferenz 2009)*

Wenn Jesus Christus oder die Heilige Jungfrau Maria für ihn kommen, würde ich das akzeptieren, in allen anderen Fällen nicht. *(Carlos Bilardo zu einer möglichen Ablösung des Nationaltrainers Maradona)*

Sie müssen uns das Herz aus der Brust reißen, wenn sie unseren Titel wollen. *(bei der WM 1990)*

Ich habe es geliebt, Fußball zu spielen. Morgens und nachmittags. Sogar wenn ich mit meiner Frau ins Bett ging, habe ich noch trainiert.

Ich habe in einer Epoche des spanischen und italienischen Fußballs gespielt, in der die Verteidiger oft wahre Bulldoggen waren, die sich an einem festgebissen haben. Die waren mir immer auf den Fersen.

Endlich trainiert er mal, und dann nehmen sie ihn fest. *(ein Teamkollege, als der exzentrische Star auf dem Weg zum Training von der Polizei festgenommen worden war)*

Maradona war der höchstbezahlte Handspieler in der Geschichte. *(Con Houlihan, Journalist)*

Ich habe Maradona aus zeitlichen Gründen nicht mehr so erlebt. *(Thomas Müller, der 1989 geborene Spieler, auf die Frage, wie er Diego Maradona als Fußballer erlebt habe)*

Maradona ist der beste Spieler aller Zeiten. Er ist der einzige Spieler, der mit Mainz aufsteigen und dann gleich noch Meister in der Bundesliga werden würde. *(Željko Petrović)*

Der Maradona muss das angebliche Wunder-Wachs der Schweizer an den Füßen haben. Dem klebt der Ball an den Stiefeln, da verzweifelst du an dir selber. *(Gerd Müller)*

Die größten Auftritte hatte er abseits vom Rasen, als Macho, Verweigerer, Nachtschwärmer, Nudelesser und Bräutigam des Jahres. *(»Welt am Sonntag«)*

Gegen das, was Maradona verdient, sind wir eine Thekenmannschaft. *(Klaus Augenthaler vor einem Duell zwischen Bayern und Neapel)*

Ich kehre zum Fußball zurück, um der Mafia unseres Sports vor die Schienbeine zu treten.

Wenn ich das argentinische Trikot überziehe, bin ich ein anderer Mensch.

Ich glaube nicht, dass irgendwer größer oder kleiner ist als Maradona. *(Kevin Keegan)*

Diego konnte alles: Ich habe ihn mit Orangen jonglieren sehen oder sogar mit kleinen Kugeln aus Alufolie, die ihm die Fans zuwarfen, nachdem sie ihre Sandwichs ausgepackt hatten. *(Davor Suker)*

Manchmal sehe ich ein Spiel und frage mich, ob die Spieler durch Roboter ersetzt worden sind. *(über die Qualität des derzeitigen Fußballs)*

Ich habe Maradona zuletzt auf einer Doppelseite gesehen – jetzt passt er wieder auf eine einzelne Seite. *(Franz Beckenbauer über das früher stark übergewichtige argentinische Fußball-Idol, das kräftig abgespeckt hat)*

## Stephan **Marasek**

*(österreichischer Fußballspieler)*

Wie er neu war bei uns, hat er immer den Schädel unten gehabt beim Grüßen. Da hast glaubt, er haut die Tischplatten zam. *(Didi Kühbauer)*

## **Marca**

Für Verstärkungen gibt der Klub weniger Geld aus als Tarzan für Krawatten. *(die spanische Zeitung über den Fußballklub Rayo Vallecano)*

Arsenal kann den Transfer von Özil nicht bestätigen, so lange sie das Ö auf der Tastatur nicht finden.

## **Marcao**

Ja, aber nicht in Darmstadt. Vielleicht ja irgendwo am Strand. *(St.-Pauli-Trainer Dietmar Demuth auf die Frage, ob sein brasilianischer Neuzugang am Sonntag im Pokal spielen werde)*

## **Marcelinho**

Ich habe ihn gefragt, was der Marmorkuchen auf seinem Kopf gekostet hat? *(Wolfsburg-Trainer Klaus Augenthaler auf die Frage, was er von der neuen Frisur von Marcelinho hält)*

Ich fürchte, der Vogel denkt nur von der Tapete bis zur Wand. *(Max Merkel)*

Wir gehen jetzt feiern. *(zu einem klaren Heimsieg, nachdem er zuvor wegen zu intensiver Feiern eine Geldstrafe zahlen musste)*

## Federico **Marchetti**

*(italienischer Torwart)*

Morgens gehe ich immer joggen, und eines Tages winkten mir Kinder zu, die gerade zur Schule gingen. Ein Mann rief: »Wir stehen alle hinter Ihnen.« Erinnern Sie sich an Rocky, der mit den Kindern trainierte, die hinter ihm liefen? Nun, ich fühlte mich wie Rocky. *(nachdem er von Cagliari gefeuert worden war)*

## Marijo **Marić**

*(Spieler vom VfL Bochum)*

Dann sag ich: Frau spring auf, ich kann nicht. *(auf die Frage, was er mache, wenn nachts das Baby schreit)*

## Marko **Marin**

Aber, Kleiner: Du musst dich auch nicht wundern, wenn einer wie der van Bommel dich beim Einlaufen vorm Anpfiff an die Hand nimmt, weil er denkt, du wärst einer aus der E-Jugend. *(Mario Basler)*

Mit seinem Körperschwerpunkt auf Höhe der Grasnarbe ist es schwer, gegen ihn zu verteidigen. *(Per Mertesacker)*

## Bob **Marley**

Fußball bedeutet Freiheit.

## Roberto **Maroni**

*(Italiens Innenminister)*

Man sollte überlegen, auch für Fußballer, die sich überzogen unsportlich verhalten, ein Stadionverbot einzuführen. Daraufhin Livorno-Kapitän Cristiano Lucarelli: Zunächst einmal sollten wir für manche Politiker Parlamentsverbot einführen, dann ginge es uns allen besser.

## Olaf **Marschall**

Boris Becker und einen Politiker. Ach nein, nur Boris Becker. *(auf die Frage, wen er gerne kennenlernen würde)*

## Chris **Marsh**

*(Mittelfeldspieler von Walsall)*

Wir haben einmal einen amerikanischen Spieler gehabt, den Charlie DaSilva. Mit dem zogen sich die Verhandlungen so lange hin, dass die Jungs ihn irgendwann OJ getauft haben.

## Brian **Marwood**

*(Spieler bei Arsenal)*

Es sind noch 45 Minuten zu spielen. Ich denke, das gilt für beide Teams.

Das ist nun das zweite Mal, dass er zwischen sich und dem Tor stand. *(über seinen Mannschaftskollegen Terry Phelan)*

Der Ball kann überall hingehen und das macht er meistens.

## Uli **Maslo**

Der Masseur ist schneller geworden. *(auf die Frage, was sich bei Eintracht Braunschweig seit seiner Entlassung verändert habe)*

Ich möchte nicht preisgeben, was ich verdiene. Aber ich kann eine Vorstellung vermitteln, indem ich sage, dass Carlos Alberto oder Mário Zagallo täglich tausend Dollar verdienen. Netto! *(als er für drei Jahre als Nationalcoach von Bahrain verpflichtet worden war)*

Ich habe eine gute und eine schlechte Nachricht. Die schlechte: Der Trainingsplatz stand unter Wasser. Die gute: Es ist keiner ertrunken.

Okay, Uli, du hast deine Meinung und ich hab meine. Und ich habe recht. *(Friedel Rausch)*

## Angelo **Massimino**

*(Präsident von Catania)*

Unsere Fans reisen uns mit jedem Transportmittel nach – mit Bussen, Autos, Zügen und Charleston-Flügen … *(einige vielleicht sogar mit Charter-Flügen)*

## Günter **Mast**

Ich erkenne schon, wenn der Ball im Tor ist, aber ein Abseits kann ich nicht erklären. *(der Mann, der mit »Jägermeister« als erster Trikotsponsor bei Eintracht Braunschweig für Furore sorgte)*

## Marco **Materazzi**

Ich glaube, es war John F. Kennedy, der sagte: »Vergib deinen Feinden, aber vergiss niemals ihren Namen.«

## Joris **Mathijsen**

We have to be geil!

## Reinhold **Mathy**

Ich glaube, ich bin schon mit einer Zerrung auf die Welt gekommen. *(der ehemalige Bayern-Spieler über seine Verletzungsanfälligkeit)*

## Joel **Matip**

Joel Matip ist einer der jungen Spieler, die mir zugelaufen sind. *(Felix Magath)*

## Dominic **Matteo**

*(schottischer Nationalspieler)*

Aus irgendeinem Grund hört sich ein volles Stadion besser an als ein leeres.

## Liliana **Matthäus**

Nicht lachen, aber ich stehe eigentlich total auf intelligente Männer!

## Lothar **Matthäus**

Es kann kein Zufall sein, dass Lothar Matthäus zwei Tage vor Nominierung des WM-Kaders wieder ein Spiel gemacht hat. *(Journalist Günter Klein bei Twitter, nachdem Matthäus am 13. Mai 2018 im Alter von 57 Jahren ein Punktspiel für seinen Heimatklub 1. FC Herzogenaurach absolviert hat)*

Ich würde gerne nach Dubai, um auch mal die andere Seite, den Osten Europas, kennenzulernen.

Ein Lothar Matthäus gehört in den Sportteil und nicht auf die Klatschseiten. Daran arbeite ich.

Mein Tipp ist 1:1 auch wenn in der zweiten Halbzeit sicher noch Tore fallen werden. *(beim Halbzeitstand von 1:1)*

Eine Ehe ist wie ein Fußballspiel: man weiß nie, wie es ausgeht.

Ich genieße mein Privatleben eher privat.

Wäre wäre Fahrradkette.

Jupp Heynckes sucht die Nadel im Strohhaufen.

Ich bin keine Extrawurst, also kann ich auch sehr gut ohne den Senf einiger Journalisten leben.

Außer dass wir schlecht gespielt haben, hat alles gestimmt.

Vielleicht komme ich mal als Karnickel wieder auf die Welt.

Ein Wort gab das andere – wir hatten uns nichts zu sagen.

Ich möchte keine Frau sein, sonst würde ich ständig an meinem Busen spielen!

Ich hatte mir als 18-Jähriger meinen ersten BMW gekauft und lieh ihn Lothar Matthäus. Am nächsten Tag kam er wieder – ohne Auto. *(Armin Veh)*

Lothar ist im Krankehaus. Er will bei der Geburt seiner nächsten Frau dabei sein. *(Waldemar Hartmann zu Gästen einer Gala, als Matthäus überraschend nicht erschien)*

Ich weiß nicht, was er in Bulgarien machen wird. Das Maximum, was er rausholen kann, ist, noch mal zu heiraten. *(der bulgarische Premierminister Boiko Borisov über seinen neuen Nationaltrainer)*

Wenn in Herzogenaurach ein Ball aufgepumpt wurde, war der Lothar schon in der Nähe. *(sein Entdecker Nowak)*

Ich habe bei Liliana vieles erlebt, aber weiß Gott keine Jungfräulichkeit.

Dass Sie auf Wunsch von Präsident Beckenbauer jetzt schon an der Vorstandssitzung des FC Bayern München teilnehmen dürfen – das ist die erstaunlichste Meldung, seit Roms Kaiser Caligula sein Pferd zum Statthalter ernannt hat. *(Oskar Beck, Journalist)*

Am liebsten mag ich seinen kleinen festen Po. Sex ist der Spiegel der Beziehung. Bei uns macht Sex 30 Prozent aus. *(Lothars erste Ehefrau Silvia)*

Ich finde es okay, wenn Lothar Matthäus Frauenfußball nicht mag. Es mag ja auch nicht jeder Lothar Matthäus. *(Katja Krauss, Fußball-Nationaltorhüterin)*

Nach Franz Beckenbauer bin ich ganz sicher die zweitbekannteste Fußballpersönlichkeit Deutschlands, weltweit. Und wie man mit so einem Idol umgeht in Deutschland, da muss sich Deutschland schämen.

Hospitieren möchte Matthäus übrigens bei Werder Bremen. Dort kann ihm Thomas Schaaf sicher noch einen ganz besonderen Kniff beibringen: die Kunst des Schweigens. *(der Journalist Matti Lieske)*

Wenn Matthäus Bundestrainer geworden wäre, das wäre, wie wenn der Chefspion des KGB Bundeskanzler geworden wäre. *(Uli Hoeneß)*

Ich bin überzeugt, dass er ein guter Trainer ist. Aber er müsste es irgendwann einmal intellektuell aus sich herausholen. *(Karl-Heinz Rummenigge)*

Hoffentlich hat die Frau Merkel demnächst nicht zu viel Arbeit, die diplomatischen Beziehungen zu verbessern. *(Uli Hoeneß zu Matthäus' Trainerjob bei Maccabi Netanya)*

Der stand eh nur rum. *(Werders Ivan Klasnić über Lothar Matthäus, der in Bremen sein zweitägiges Praktikum machte)*

Lolita möchte, dass er Schriftsteller wird. Ich bin für Tennis-Profi, dann verdient er viel Geld. *(über seinen Sohn Loris)*

In den Neunzigern, als ich noch bei den Bayern war, haben wir Karten gespielt, sind ins Casino gegangen, haben auf Bundesliga- und Zweitligaspiele gewettet. National, international, in Einzel- und Kombinationswetten …

Die Ersatzspieler sollen sich ruhig verhalten, ins Zimmer gehen und in ihr Bett beißen.

Sagt mal, Jungs, wo kann man hier Shampoo kaufen? *(fragte der Jungstar früh am Morgen bei der WM 1982 Journalisten, die ihn dabei ertappt hatten, wie er verbotenerweise das Hotel verlassen hatte)*

Komm, Schatz – und jetzt einen Zungenkuss für die Herren von der Presse. *(zu seiner Freundin)*

Damit kann ich auch dann gut essen, wenn Lolita mal nicht zu Hause ist. *(zum Abschluss eines Werbevertrags mit einer Tiefkühlkostfirma)*

Ich werde schon kritisiert, wenn ich zu einem Tor von mir nicht noch die Vorlage gebe.

Wenn ich mit allen Leuten, mit denen ich schon Ärger hatte, nicht mehr sprechen würde oder zusammenarbeiten könnte, stünde ich des Öfteren alleine auf dem Platz.

Ich brauch ja gar nicht in den Pass zu schauen, ich brauch ja nur in die Zeitung zu schauen, um zu wissen, wie alt ich bin.

Der Muskel hinten links hat zugemacht.

Lothar Matthäus hat ein eigenes Kapitel. Die erste Seite habe ich weiß gelassen, weil eigentlich jedes Wort über ihn zu viel ist. *(Stefan Effenberg in seinem Buch »Ich hab's allen gezeigt«)*

Lothar Matthäus war einmal mein Jugendidol. Jetzt nicht mehr, weder sportlich noch sonst. *(Matthias Sammer, nachdem er ihn als Gegenspieler kennengelernt hatte)*

Schiedsrichter kommt für mich nicht in Frage, schon eher etwas, das mit Fußball zu tun hat. *(auf die Frage, was er nach seiner Karriere plane)*

Gewollt hab ich schon gemocht, aber gedurft ham sie mich nicht gelassen. *(erklärt, warum er nicht deutscher Bundestrainer wurde)*

Das ist das erste Interview, wo sie macht. *(über seine Freundin Maren Müller-Wohlfahrt)*

Nur so kann ich die Mannschaft aus ihrer Ekstase holen. *(zur Maßnahme, sein Team zukünftig schon fünf Stunden vor dem Spiel zu versammeln)*

Einmal bringe ich einen um! *(über seine Gefühle als neuer Trainer)*

Ich bin alt genug als Bundestrainer. *(zur Nachfolge als Bundestrainer von Rudi Völler, bei der er sich selbst als Kandidat ins Spiel gebracht hatte)*

Ein Lothar Matthäus hat es nicht nötig von sich in der dritten Person zu sprechen. *(auf die Frage bei einer Pressekonferenz, warum er öfter von sich in der dritten Person spreche)*

Bei der ersten Niederlage unter ihm hieße es dann: Dieser rote Bazi führt uns zum Abstieg. *(Karl-Heinz Wildmoser zu den Gerüchten, Lothar Matthäus werde neuer Löwen-Trainer)*

Obwohl es im Alpenraum viele Berge gibt, möchte ich mit meiner Meinung nicht hinter selbigen halten.

Ich selbst bin zu jung für diesen Job. Ich denke, es läuft auf Lothar hinaus. *(Klaus Augenthaler, 46, über Matthäus, 43, der Bundestrainer werden will)*

Warum nicht? Jedes Stadion braucht einen Greenkeeper. *(Berti Vogts auf die Frage, ob Lothar Matthäus Trainer von Bayern München werden könne)*

Solange Karl-Heinz Rummenigge und ich etwas beim FC Bayern zu sagen haben, wird Lothar Matthäus bei diesem Verein nicht mal Greenkeeper im neuen Stadion. *(Uli Hoeneß)*

Was stört es die Eiche, wenn sich eine Sau an ihr reibt. *(Oliver Kahn zu Matthäus, der meinte, er solle die Kapitänsbinde wegen seiner privaten Eskapaden ablegen)*

Für mich hat Lothar die idealen Voraussetzungen, ein großartiger Trainer zu werden. Ich bin froh, dass er das macht, was er kann, und nicht etwas anderes. *(Franz Beckenbauer über den neuen Trainer von Rapid Wien)*

Als Spieler war er fantastisch, aber gäbe es ihn nur als Trainer, würde ich sagen, dass ich keinen größeren Tölpel gesehen habe. Alle bei Rapid – von der Putzfrau angefangen – atmen auf, dass er verschwunden ist. *(Ladislav Maier, der Torhüter von Rapid Wien, über seinen Ex-Trainer)*

Ich habe gedacht, dass man mit einem 40-Jährigen einen reifen Mann auf die Trainerbank setzt. Aber er ist nicht geeignet für eine Mannschaft mit einer Jugendabteilung. *(Rudolf Edlinger, Präsident von Rapid Wien, über seinen Ex-Trainer, dem er zu viele Sex-Affären vorwirft)*

Ich glaube schon, dass ich in manchen Situationen schlagfertig bin. Schlagfertigkeit heißt, sofort das zu antworten, was ein Schlauberger hinterher gern hätte gesagt haben will.

Und wenn dein Reden auch stockfalsch und blödsinnig ist: Hauptsache, du tust wieder den Mund auf.

Der Schuh weiß am besten, wo ihn der Fuß drückt.

I hope we have a little bit lucky. *(bei seiner ersten Pressekonferenz in New York)*

I look not back, I look in front.

I'm a german record-player.

Jeder, der mich kennt und der mich reden gehört hat, weiß genau, dass ich bald Englisch in sechs oder auch schon in vier Wochen so gut spreche und Interviews geben kann, die jeder Deutsche versteht.

Trotz meines Englisches ist alles geregelt. *(der in einem Telefongespräch mit den MetroStars New York den Wechsel von München um zwei Monate verschieben wollte)*

Wer sich über mein Englisch lustig macht, kriegt eins in die Fresse. *(Kommentar, nachdem er bei »Wetten dass ...?« Stefan Raab einen Fußball ans Kinn geschossen hatte)*

Ein Lothar Matthäus spricht kein Französisch.

Die Punkte braucht der FC Bayern, nicht ich in Flensburg. *(vor dem Münchner Amtsgericht wegen eines Verkehrsdeliktes)*

Es ist wichtig, dass man 90 Minuten mit voller Konzentration an das nächste Spiel denkt.

Wenn man sich einredet, man ist müde, dann ist man müde.

Die Leute, wo das gesagt hat, ...

Ich, was meine Person betrifft, entscheide für mich alleine.

Wir dürfen jetzt nur nicht den Sand in den Kopf stecken!

Wir sind eine gut intrigierte Truppe.

Die Schuhe müssen zum Gürtel passen.

Ich lebe in einer Seifenblase.

Ein Lothar Matthäus lässt sich nicht von seinem Körper besiegen, ein Lothar Matthäus entscheidet selbst über sein Schicksal.

Körperlich bin ich 29, aber von den Erfahrungen her, die ich hinter mir habe, fühle ich mich wie 40.

Ich hab gleich gemerkt, das ist ein Druckschmerz, wenn man draufdrückt.

Ja, der Rücken ist die Achillesferse des Körpers.

Man sollte die Presse nicht wichtiger machen, wie sie wichtig gemacht wird. *(über Presse-Reaktionen nach Deutschlands Viertelfinaleinzug)*

Das Chancenplus war ausgeglichen.

Ey, Mädels, unser Schwarzer hat den Längsten! *(zur Basketballnationalmannschaft der Damen; gemeint war der Kolumbianer Adolfo Valencia)*

Ich bin noch immer auf der Piste, wenn so mancher Neuwagen längst schon verschrottet ist. *(als er sich von Bayern München verabschiedete und seine Karriere in New York fortsetzte)*

Der Lothar kann den Fußball gut rüberbringen. Ihm ist von Gott die Gabe der Rede gegeben worden. *(Egidius Braun)*

Und der gute alte Lothar Matthäus höchstselbst klärt zur Ecke: Ein Bild mit Bedeutung! *(Heribert Faßbender)*

Lothar kennt seinen Körper am längsten, weil er der Älteste ist. *(Erich Ribbeck)*

Ich weiß nicht, ob er zurückkommt. Einen Vierjahresvertrag könnte man ihm aber schon noch geben. *(Stefan Effenberg)*

Ich verspüre zum ersten Mal seit langem den Wunsch, einen Namen komplett aus meinem Gedächtnis zu streichen: Lothar Matthäus. *(Uli Hoeneß)*

Natürlich spielt der Lothar nicht, wenn er plötzlich aus Altersgründen ein Bein nachziehen sollte. *(Erich Ribbeck über die Nationalmannschafts-Perspektiven des Rekord-Nationalspielers)*

Es würde mir aufs Gemüt schlagen, etwas abzuschaffen, was Lothar mochte. *(Bayern Münchens Busfahrer Rudi Egerer, der auch nach dem Abschied von Lothar Matthäus dessen Lieblingsgebäck Marmorkuchen bei jeder Fahrt mitführte)*

Der soll ruhig sein, den mussten wir doch zwei Jahre lang durchschleppen! *(Oliver Kahn)*

Wie lange Lothar Matthäus mit seinen jetzt 38 Jahren noch spielt, ist für uns alle eine bewegende Frage. Wenn ich ihn und seine Fitness so sehe, würde ich sagen – warum nicht noch mit 60, wenn er das mit seinem Job als Bundeskanzler vereinbaren kann? *(Mehmet Scholl)*

Es ist, als greife einer mit einem Luftgewehr fünf Panzer an. *(Uli Hoeneß über Lothar Matthäus, der eine Klage gegen den FC Bayern erwog)*

Ich hab früher schon in der Westkurve gestanden und Lothar Matthäus beschmissen. *(Mario Basler)*

Warum muss Deutschland den Zuschlag für die Fußball-WM 2006 erhalten? Weil Lothar Matthäus dann nicht mehr transportfähig ist. *(Mehmet Scholl)*

Wenn Lothar so weitermacht, wird er Schwierigkeiten haben, für sein Abschiedsspiel gegen die Nationalelf eine Mannschaft zusammenzukriegen. *(Mario Basler)*

Pässe der Marke Lothar Matthäus – da möchte man Ball sein. *(Johannes B. Kerner)*

Den habe ich bei der EM 1980 beim 3:0 gegen Holland mal eingewechselt. Und schwups, nach drei Minuten hatte er den ersten Holländer umgelegt. *(Jupp Derwall)*

Ich bin einfach verrückt nach Fußball, ich liebe ihn, und ich mache alles für ihn.

Jedes Spiel fängt bei null an.

Strunz und Heinrich müssen dann einen seitlichen Libero spielen.

Die Baseball-Regeln kann ich genauso wenig erklären wie die Abseitsfalle.

Wer den Fußball so liebt wie ich, der hat nirgendwo auf der Welt Probleme.

Mit neuen Schuhen geht man ja auch nicht gleich zum Opernball. *(Erklärung, warum er den Elfmeter im Finale der WM 1990 nicht schoss)*

Das ist eine tolle Mannschaft. Nicht nur, was das Fußballerische betrifft – auch das Optische. Und was das Schöne am Frauenfußball ist: Es sieht nicht mehr so nach Frauenfußball aus wie vor 20, 30 Jahren, als man – in Anführungszeichen – noch über den Ball gefallen ist.

## Stan **Matthews**

Stan Matthews erzählte mir, dass er für zwanzig Pfund in der Woche gespielt hat. Heute würde er alles Geld, das in der Bank of England liegt, verdienen. *(Gianfranco Zola)*

Du hörst nicht mit dem Fußball auf, weil du zu alt bist. Du wirst alt, weil du mit dem Fußball aufgehört hast.

## Wolfgang **Matthies**

*(Fußballspieler, u. a. Union Berlin)*

Schon als der Ball noch gar nicht bei mir war, spürte ich, dass ich ihn nicht erreichen würde.

## **Matuzalém** Francelino Da Silva

Matuzalém: trotz seines Namens erst 17 Jahre alt. *(Journalist Karsten Linke)*

## Ronald **Maul**

Wir standen schon vor der Toilette und haben uns doch noch in die Hose gemacht. *(zu einer 3:4-Auswärtsniederlage, bei der seine Mannschaft nach 89 Minuten 3:2 geführt hatte)*

Spielerfrau, weil ich dann ein schönes Leben hätte. *(auf die Frage, wer oder was er in seinem nächsten Leben gerne sein würde)*

## Martin **Max**

Wir waren beim letzten Mal schon kurz davor. Heute haben wir uns gesagt: Wir machen es. *(zum Jubel-Kuss mit Thomas Rasmussen)*

Ach Quatsch, ich geh jetzt erst mal duschen. *(direkt nach einem Spiel gegen Frankfurt, in dem er drei Tore erzielte, auf die Frage, ob er in dieser Saison wieder Torschützenkönig werden wolle)*

Man fragt sich doch, ob Skibbe noch alle Tassen im Schrank hat, wenn er so einen Mist erzählt, dass er mich noch mal beobachten will, meine Laufwege studieren, und das nach 15 Jahren Bundesliga. *(zur Ankündigung, ihn im Hinblick auf die EM zu beobachten)*

Wenn ich mal in dem Alter von Martin bin, dann sitz' ich nur noch auf der Tribüne und esse ein Würstchen. *(René Rydlewicz)*

## Gerhard **Mayer-Vorfelder**

Solange georgelt wird, ist die Kirche nicht aus.

Wenn ihr mich loswerden wollt, müsst ihr mich schon erschießen. *(der DFB-Präsident zu seinen Vorstandskollegen)*

In der Mitte konnten wir uns nicht treffen, das wäre mitten im Meer gewesen. *(der DFB-Präsident über die Verhandlungen mit Jürgen Klinsmann)*

Er würde politisch auch gut mit Berti Vogts harmonieren. Beide sind so schwarz, dass sie in einem abgedunkelten Raum noch Schatten werfen. *(Christoph Daum)*

Für MV, das ist ja bekannt, war wichtiger, dass das Bier kalt und der Rotwein trocken war. *(Berti Vogts über den früheren DFB-Präsidenten)*

Ein Bundeskanzler könnte mit seinem Gehalt nicht einmal auf der Ersatzbank eines Bundesliga-Vereins Platz nehmen, ohne belächelt zu werden.

Die Schiedsrichter-Assistenten müssen heutzutage einen Sehfehler haben, um beide Situationen sehen zu können.

Fußball ist ein Mannschaftssport, da muss man auch sehen, wie jeder Einzelne gut drauf ist!

Wenn du ein ganz anderes Frühstück bekommst, als du bestellt hast, dann merkst du, dass etwas nicht richtig verstanden wurde. *(über Verständigungsschwierigkeiten in Südkorea und Japan)*

Hätten wir 1918 die deutschen Kolonien nicht verloren, hätten wir heute in der Nationalmannschaft wahrscheinlich auch nur Spieler aus Deutsch-Südwest.

Ich halte es für wichtig, dass die Verhandlungen mit Spielern künftig aus einer Hand geführt werden. Deshalb wird dem Karlheinz ein Jurist zur Seite gestellt. *(spitzfindig zu internen Prozessen beim VfB)*

Als das Sandmännchen um 15 Minuten verlegt wurde, ist ein Aufstand losgebrochen. Und wie beim Sandmännchen ist jetzt die »ran«-Sendezeit zur Schicksalsfrage der Nation geworden.

Ich könnte Ihnen schon empfehlen, meine Karriere einzuschlagen, wenn Sie in Kauf nehmen, ausgebuht zu werden.

Ende der 30er Jahre war die Ausländerpolitik im Fußball eine ganze andere, damals spielten Kuzorra und Tibulski in der Nationalelf, polnische Einwandererkinder. So wird es wieder kommen, das müssen wir aktivieren. *(zur Nachwuchsproblematik im deutschen Fußball)*

Es darf nicht dazu kommen, dass die Torhüter nur noch 1,60 Meter groß sein dürfen, nur damit mehr Tore fallen.

Wenn der Erwartungshorizont abstürzt, dann fällt er auf den Hinterkopf.

Einmal ein Tor für Deutschland zu schießen, war immer mein Traum.

MV ist, wie ich auch, im Sternzeichen Fisch geboren. Er bewegt sich problemlos in allen Süß- und Salzwassern. Außerdem schwimmt er immer oben. *(Michel Platini)*

Mayer-Vorfelder hat sich noch nicht festgelegt – oder wie wir bei ihm sagen: Er schwankt noch ein bisschen. *(Anke Engelke zur Völler-Nachfolge)*

## **Mazinho**

Ich muss schnell laufen, weil ich bekanntlich so friere. *(ein Brasilianer beim FC Bayern München)*

## Jason **McAteer**

*(irischer Fußballspieler)*

Mein Spitzname ist »Trigger« wie der Charakter bei »Only Fools and Horses«, da ich grundsätzlich begriffsstutzig bin. Der Name kam während meiner Zeit bei Liverpool auf, als mich eine Kellnerin fragte, ob ich meine Pizza in vier oder in acht Teile geschnitten haben möchte. Ich sagte vier, da ich auf gar keinen Fall acht Stücke essen könne.

## Mick **McCarthy**

*(irischer Trainer)*

Wir haben heute den Dopingtester bei uns. Ich schätze, dass sie die Spieler ignorieren und direkt den Schiedsrichter und seine Assistenten testen werden. *(nach einer umstrittenen Niederlage der Wolves)*

Ich habe die Spieler gefragt, wer beim Elfmeterschießen antreten will. Plötzlich hat es aus verschiedenen Richtungen sehr unangenehm gerochen.

Reporter: »Du siehst heute Abend angespannt aus, Mick.« Mick McCarthy: »Wollen Sie mal auf der Spielerbank sitzen, wenn Ihr Arsch auf Grundeis geht?« *(Gespräch, nachdem Irland gegen Saudi-Arabien bei der WM 2002 gespielt hat)*

Man wird uns mit einer historischen Sauferei feiern. *(freut sich nach dem Erreichen des WM-Viertelfinals 1990 auf die Heimkehr)*

Man darf den Gegner nicht köpfen lassen. Und wenn er zum Köpfen kommt, muss man dafür sorgen, dass er deine Schuppen im Gesicht hat. *(zum Duell mit der deutschen Fußball-Nationalmannschaft)*

## Steve **McClaren**

Erschießt mich, wenn ich je darüber nachdenken sollte. *(gegenüber Freunden zu den Spekulationen, er könne erneut die englische Nationalmannschaft übernehmen)*

## Ally **McCoist**

*(Mitglied der »Scottish Football Hall of Fame«)*

Ich fand das total klasse, als man mich zum fünftbestaussehenden Sportler der Welt gewählt hat – bis ich erfahren habe, dass Ivan Lendl vor mir platziert ist.

## Wilf **McGuinness**

*(englischer Fußballer und Trainer)*

Der Präsident hat mich in sein Büro gerufen und gesagt: »Wilf, ich weiß nicht, wie wir ohne dich klarkommen sollen. Aber wir werden es versuchen.« *(über seine Entlassung)*

## Alan **McInally**

*(schottischer Fußballspieler)*

Meine Freunde sind alles Schotten, und die gehen in kein Hotel. *(auf die Frage, warum er so ein riesiges Haus benötige)*

Sein Kopf ist härter als die hölzerne Ersatzbank des FC Bayern. *(Burkhard Weber)*

## Kevin **McKenna**

Solche Leute liebe ich. Kevin würde auch im Tor spielen. Der meckert nie über seine Position. *(Michael Meier)*

Das Kopfballduell, das Kevin McKenna verliert, muss noch erfunden werden. *(Frederic Latz, Medienbeauftragter beim 1. FC Köln)*

## Frank **McLintock**

*(schottischer Fußballspieler)*

Wir waren in der Szene in der Unterzahl – zwei gegen zwei.

## Lawrie **McMenemy**

*(Nationaltrainer Nordirlands)*

Nach Stan Mortensen wurde ein Pokalfinale genannt: das Matthew-Finale.

Wenn du 4:0 führst, kannst du nicht mehr 1:7 verlieren.

## Billy **McNeill**

*(schottischer Spieler und Trainer)*

Schottland muss heute nicht unbedingt ein Tor erzielen, aber sie sollten gewinnen.

## Gary **McSheffrey**

Es war einfach toll, dass ich mein Debüt feiern durfte. Beim nächsten Mal wäre es nur klasse, wenn ich auch mal den Ball berühren dürfte. *(als 16-jähriger Auswechselspieler von Coventry)*

## **MDR**-Inforadio

Erfurts Abwehr war aufgerissen wie ein altes Kopfkissen.

## Bertie **Mee**

*(englischer Fußballtrainer)*

Neben unserer Qualität haben wir andere Qualitäten.

## Thomas **Meggle**

Unter Didi Demuth haben wir bei einem Training am 1. Mai morgens um zehn mal »Betrunken gegen Nüchtern« gespielt. Gewonnen hat Team Betrunken, weil wir viel mehr waren …

1997 in der Vorbereitung auf dem Weg zu einem Spiel fragte mich Trainer Eckhard Krautzun plötzlich: »Wie heißt du, und was ist deine Position?« Ich hab schnell die Mannschaft überschlagen und geantwortet: »Meggle, defensives Mittelfeld!« Weil wir da keinen hatten und meine Einsatz-Chancen entsprechend hoch waren.

Wenn mir einer in die Augen sticht, denke ich nicht, dass man sich hinlegen muss. Wenn mir einer in die Achillessehne tritt, fällt man, das ist klar, weil das tut am Bein weh, und das Bein ist zum Stehen da. Die Augen sind nicht zum Stehen da. *(Igor Demo hatte ihm mit zwei Fingern in beide Augen gestochen)*

## Gary **Megson**

*(West-Brom-Trainer)*

Wir haben Jason Koumas unter Vertrag genommen, weil wir so einen Spielertypen wie ihn nicht haben. Jemand, der passen kann und Tore schießt.

Ich habe gehört, dass Gary Megson ein Buch schreibt? Das ist eine gute Nachricht für alle Menschen, die an Schlaflosigkeit leiden. *(Trainer Neil Warnock über seinen Kollegen)*

Ein Fußballtrainer ist in seinem Job ungefähr so sicher wie ein Kamikazepilot.

## Michael **Meier**

Es war eine Dürreperiode mit einem plötzlichen Platzregen. *(über eine bescheidene Hinrunde und ein 3:0 im letzten Spiel vor der Winterpause)*

Ich bin doch kein Politiker! *(auf die Frage, ob er beim 1. FC Köln das Handtuch schmeißen wolle)*

Diese Siegermentalität, die den 1. FC Köln in den vergangenen Jahrzehnten ausgezeichnet hat, die müssen wir wieder in die Mannschaft reinprügeln.

Im Leben trifft man sich zweimal, im Fußball dreimal. *(nachdem der BVB 1995 zum zweiten Mal in drei Jahren an Juventus Turin gescheitert war; 1997 kam es im Champions-League-Finale dann tatsächlich zum dritten Aufeinandertreffen, und Dortmund gewann)*

Sportlich kann es nicht mehr schlimmer werden. Wir sind am absoluten Nullpunkt angekommen! *(in der Winterpause 1999/2000, als man Skibbe – auf dem sechsten Tabellenplatz stehend – entließ, kurz danach hatte man mit dem Abstieg zu tun)*

Ich appelliere an die Ehre der Profis. Und ich erwarte jetzt, dass endlich mal einer kommt und sagt: »Ich will für so eine Leistung nicht bezahlt werden.«

Schon in der Champions-League-Qualifikation in Brügge sind wir dem Tod von der Schippe gesprungen. Wenn die Spieler keine andere Mentalität entwickeln, müssen wir es ihnen reinprügeln!

Sie können mir nicht absprechen, dass ich ohne Konzept eingekauft hätte.

Wir nehmen die Vorschläge der Presse zur Kenntnis und werden sie nacheinander abarbeiten. *(zu Spekulationen, dass Berti Vogts als Trainer des BVB im Gespräch sei)*

Wenn die beiden sich auf relativ hohem akademischen Niveau unterhalten, ist das für mich keine Beleidigung. *(zum Disput zwischen Schiri Merk und BVB-Trainer Sammer)*

Wenn ich den Glauben an einen Sieg über Schalke verlieren würde, würde ich aufhören zu leben.

Vielleicht sollten wir bei der UEFA einen Antrag auf eine Wildcard für die Champions League stellen. Die steht uns als ehemaligem Sieger vielleicht zu. *(nachdem die Teilnahme am internationalen Wettbewerb in Gefahr geraten war)*

Wir haben uns nun Negativstress aufoktruiert.

Champagnerfussball passt vielleicht nach München, aber nicht ins Westfalenstadion. Wir trinken Pils.

Das Spiel in Moskau hat uns Rückenwind gegeben, um hier die Eiszeit zu überstehen.

Wer gegen den FC Bayern antreten will, muss das mit den Mitteln des FC Bayern tun – und nicht mit denen des VfL Bochum. *(Borussia Dortmunds scheidender Geschäftsführer Michael Meier am 10. April 1993 in einem Interview)*

In den Katakomben des Westfalenstadions sah Manager Michael Meier auch eine Stunde nach Schlusspfiff noch so mitgenommen wie nach einer Bilanzpressekonferenz aus. *(»Frankfurter Allgemeine Zeitung«)*

## Norbert **Meier**

Wenn ich Durchmarsch habe, muss ich immer Kohletabletten nehmen. *(der Trainer von Fortuna Düsseldorf auf die Frage, ob ein Durchmarsch von der dritten in die erste Liga denkbar ist)*

Ich habe tolle Spieler, wunderbare Schwiegersöhne – aber ich brauche auch die dreimal geschiedenen, denen das Wasser bis zum Hals steht. Mir fehlt die Dreckigkeit.

Das 2:1 war ein Muscheltor. So heißt das auf Hamburgerisch. *(darauf Gladbachs Trainer Horst Köppel: »Im Schwäbischen gibt es für solche Tore kein Wort«)*

Nein, ich muss ja früh ins Bett. Ich muss doch morgen um 14.00 Uhr zum Tanztee. *(auf die Frage, ob er seinen Geburtstag noch ein bisschen feiere)*

Es kam so viel Geld durch Strafen in die Mannschaftskasse, dass wir auf unserer Abschlussfahrt nicht nach Mallorca, sondern nach Tahiti fahren.

Unter Druck stehe ich, wenn ich drei Kinder habe und keine Arbeit. Wir haben keinen Druck!

Man macht auch nicht in drei Tagen aus einer Würstchenbude eine Großraumdiskothek. *(zur Herausforderung, Fortuna Düsseldorf in der Bundesliga zu halten)*

## Urs **Meier**

*(Schweizer Schiedsrichter)*

Es sind 60.000 Experten im Stadion, und der Dümmste pfeift.

Urs hat mich mal betrogen. Und es sieht so aus, als ob er auch England betrogen hat. *(Franziska Meier, Exfrau von Urs Meier, nachdem der Schweizer Schiedsrichter ein Tor von England nicht gewertet hatte)*

## Erik **Meijer**

Du kannst den englischen nicht mit dem deutschen Fußball vergleichen. Sie sind wie Omelett und Müsli. *(nachdem er von Liverpool zum Hamburger SV gewechselt war)*

Ich war nicht damit einverstanden, dass der Schiedsrichter gegen uns einen Freistoß gegeben hat. Da habe ich ihn einfach »Wichser« genannt. Ich glaube, das war ziemlich dumm … *(zu einer roten Karte)*

Wir haben drei Eier im Sack, das ist alles.

Es ist nichts scheißer als Platz zwei.

Wenn du so gerne das Fähnchen schwenkst, dann such dir doch 'nen Job am Flughafen. *(zum Linienrichter)*

Da habe ich ihn einen Mixer mit W genannt. *(zu einer roten Karte)*

Nichts ist schöner, als gegen die Scheiß-Holländer zu gewinnen. *(der niederländische Stürmer vom Fußball-Zweitligisten Alemannia Aachen vor dem UEFA-Cup-Duell gegen AZ Alkmaar)*

Der springt beim Kopfball vier Meter hoch. Doch zum Glück weiß er da oben nicht mehr, wo das Tor steht. *(Bernd Krauss)*

Ich kann nicht jeden, der nicht spielt, nuckeln und ihn schaukeln. *(Reiner Calmund über den Stürmer, der einen Stammplatz einforderte)*

## Marcel **Meinert**

*(Sky-Kommentator)*

Nur drei Worte zu diesem FC Barcelona: unglaublich, Wahnsinn …

Da hätte man Foul pfeifen müssen – war aber auch nicht zwingend.

## Tibor **Meingast**

*(ZDF-Reporter)*

Dárdai und Simunic mit einem Zweikampfverhalten wie beim Eiskunstlauf.

Der Ball prallte an beide Pfosten und zog sich eine Aluminiumvergiftung zu.

## Felipe **Melo**

Felipe Melo sollte seinen Urlaub lieber nicht in Brasilien verbringen. *(Ronaldo via Twitter nach dem Eigentor und der roten Karte seines Landsmanns beim 1:2 im WM-Viertelfinale gegen die Niederlande)*

## Jens **Melzig**

Ich dachte, der Melzig lässt sich fünf Stiche machen und spielt weiter. Die Sachsen sind auch schon weicher geworden. *(Otto Rehhagel nach einem Bundesligaspiel 1993)*

Wenn ein super Angebot kommt, würde ich notfalls auch am Nordpol mit den Eisbären spielen.

## César Louis **Menotti**

Nehmen Sie César Louis Menotti, ein Toptrainer, aber wenn er mit einem Spieler geredet hat, hat er gefragt, ob es Frau und Kindern gut geht. Ansonsten saß er auf der Bank und rauchte 50 Zigaretten. *(Bernd Schuster)*

Das Geheimnis des Fußballs ist Zeit, Raum und Täuschung. Wie im Leben. Mit der Zeit umgehen, Räume finden und mit der Täuschung zurechtkommen.

Wer nur vom Fußball was versteht, der versteht nicht mal was vom Fußball.

Stärke ist beim Fußball List, und Geschwindigkeit ist Präzision.

Der Fußball hat dieselbe Funktion in der Gesellschaft wie andere Ausdrucksformen der Kunst: ein guter Film, ein gutes Lied, ein gutes Bild.

Napoleon Bonaparte war der beste Trainer der Geschichte. Für seine Feinde war er immer für eine Überraschung gut. Er ließ sich immer wieder etwas Neues einfallen und konnte seine Truppen anfeuern wie kein Zweiter. Er hatte Fortune und ein Konzept.

Ich schaue mit Unverständnis auf diese wilden Jahre. *(über seine Jahrzehnte als Kettenraucher)*

Das wahre Talent sensibilisiert mich. Overath, Cruyff, Maradona – da kriege ich eine Gänsehaut.

## Markus **Merk**

Als Zahnarzt bin ich es ja gewohnt, täglich zu ziehen. *(übers Kartenverteilen)*

Als Schiedsrichter mag mich keiner, als Zahnarzt auch nicht. Das ist wahrscheinlich eine Perversion, wenn man nicht nur Zahnarzt, sondern auch noch Schiedsrichter ist.

Herr Merk verteilte gelbe Karten wie Erdnüsse. *(Rudi Völler über die Leistung von Schiri Markus Merk bei einem Spiel Bielefeld gegen Leverkusen)*

Der Schiedsrichter hat sehr gut für uns gepfiffen. *(Roland Wohlfarth)*

Der Herr Merk saß schon als Fünfjähriger auf meinem Schoß. *(Otto Rehhagel)*

Ich kann nicht sagen, es war nur ein bisschen Elfmeter. Für mich gibt es kein Grau, sondern nur Schwarz oder Weiß. *(über einen umstrittenen Elfmeterpfiff)*

Er wollte mir nur »Guten Tag« sagen und mir ein kleines Andenken bringen. *(auf die Frage, warum der erboste Bayern-Manager Hoeneß nach der 0:2-Niederlage in Dortmund in seiner Kabine war)*

Ich hoffe immer noch, dass ich eine besondere Eintrittskarte für das Finale bekomme. *(mit der Hoffnung auf einen Einsatz im WM-Finale)*

Ich habe fünf Lieblingsrestaurants, darunter ist ein griechisches und ein portugiesisches. Ich möchte in beiden auch in Zukunft essen gehen können. *(der deutsche EM-Schiedsrichter vor dem Finale 2004 Portugal – Griechenland)*

Schiedsrichter sind nette Menschen. Wir wollen nicht, dass ein Spieler im Strafraum in ein Loch fällt. *(zu Ausbesserungsarbeiten während des Spiels auf einem »Acker«)*

Fußball spielt in der Praxis eine große Rolle. Die Patienten machen den Mund auf und ich erzähle ihnen was.

Von dem würde ich mich nicht behandeln lassen. Ich gehe nur zu Ärzten meines Vertrauens. *(Bernd Krauss über den Zahnarzt und Schiedsrichter)*

Der Merk hat mich noch nie gepfiffen, aber er hat mir schon einen Zahn gezogen. *(Thomas Riedl)*

Er ist ja Europas bester Schiedsrichter, er wird schon alles richtig machen. Ihn zu kritisieren, ist ja fast Majestätsbeleidigung. *(Fredi Bobic)*

Schiedsrichter Merk hat bisher nur einen Fehler gemacht: Er ist mit einem blauen Trikot auf den Platz. Das sollte man hier in Dortmund lieber nicht tun. *(Michael Meier)*

Trink endlich einen Whiskey, damit du eine rauchigere Stimme bekommst. *(Schiedsrichterkollege Günther Benkö)*

## Angela **Merkel**

Wenn die Münchner rufen, wir fahren nach Berlin, das ist was Tolles.

Die Frauenfußball-Nationalmannschaft ist ja schon Fußballweltmeister, und ich sehe keinen Grund, warum Männer nicht das Gleiche leisten können wie Frauen.

## Max **Merkel**

Frage: Herr Merkel, verspüren Sie Erfolgsdruck? Antwort: Wenn i a Obst ess, spür i a Druck.

Der lange Koller neben dem schmächtigen Rosický – ich dachte, da führt einer seinen Yorkshire Gassi. *(über die Dortmunder Jan Koller und Tomáš Rosický)*

Wenn beim zweiten Mal die Knie immer noch nicht wund sind, ist's erlaubt. *(über Sex vor dem Spiel)*

Merkel hat uns im Trainingslager in der Sportschule Kaiserau zum Frühstück ein Glas Rotwein mit einem Eigelb und einer Traubenzucker-Tablette gegeben – und dann hat er uns zum Laufen geschickt. *(Hoppy Kurrat zum Doping-Vorwurf)*

Bei den deutschen Schiedsrichtern redet daheim die Alte, im Geschäft der Chef, und auf dem Spielfeld hören plötzlich alle auf sie. Da stimmt doch irgendwas nicht. Oder können Sie sich vorstellen, dass einer Schiedsrichter wird?

Mei, der Obermeier! Der ist bei der Post. Am Montag ist ihm eine Briefmarke aufs Knie gefallen, und er war verletzt.

Für 12.000 Mark bin ich bereit, München 1860 zu trainieren. Aber nur telefonisch!

Man glaubt, dass beim Fußball Frauen keine Rolle spielen. Dass ich nicht lache. Wo gibt es das schon auf dieser Welt, dass Frauen in einem Männerleben keine Rolle spielen. Selbst ein Homosexueller braucht eine Frau, weil er sonst nicht auf die Welt kommen kann.

Im Training habe ich mal die Alkoholiker meiner Mannschaft gegen die Antialkoholiker spielen lassen. Die Alkoholiker gewannen 7:1. Da war's mir wurscht. Da hab i g'sagt: »Sauft's weiter.«

Eine Samba-Schnecke neben Stehgeiger Nowotny. Da wünsch' ich Sportsfreund Ramelow viel Spaß beim Dauer-Grätschen. *(über die Abwehrreihe von Bayer Leverkusen)*

Der neue BVB-Chefeinkäufer kann da nur Harry Hungermann heißen. *(über die Neuzugänge bei Borussia Dortmund)*

Wenn die Herren Niebaum/Meier erzählen: »Morgen scheint die Sonne«, packst am besten gleich den Regenschirm ein. Die verkaufen einem auch eine Banane als Blasinstrument ...

Der hat geschrieben, dass er Meier heißen wolle, wenn Wynton Rufer ein Star wird. Nun heißt er eben Meier. *(Otto Rehhagel über Max Merkel)*

Spielt der neue HSV nur Senf, ist Toppi die Wurst der Liga.

Ein Titel muss her, hat Berti in Leverkusen gesagt. Einen hat er schon: Tribünen-Adler des Jahres.

Deutsche Funktionäre wissen nicht einmal, dass im Ball Luft ist. Die glauben doch, der springt, weil ein Frosch drin ist.

Bei VW Wolfsburg ist sogar der Gärtner Millionär ... *(in Anspielung darauf, dass Stürmer Roy Präger für Spielmacher D'Alessandro den Rasen mähte, als dieser mit der argentinischen Nationalelf unterwegs war)*

Spanien wäre ein schönes Land, wenn nicht so viele Spanier dort leben würden. *(Merkel wurde daraufhin trotz Tabellenführung bei Atlético Madrid entlassen)*

Viele alte Leute haben das Glück, körperlich und geistig gesund Ratschläge und Erkenntnisse weitergeben zu können. Herr Merkel gehört leider nicht dazu. Ihm ist aber zu wünschen, dass er wenigstens körperlich unversehrt bleibt. *(Benno Möhlmann)*

Auf nur einer Arschbacke rutscht auch ein Meister nicht durch die Bundesliga!

Im Fußball ist es wie bei der Liebe. Was vorher ist, kann auch sehr schön sein, aber es ist nur Händchenhalten. Der Ball muss hinein.

Spieler vertragen kein Lob. Sie müssen täglich die Peitsche im Nacken fühlen.

Es gibt zwei Möglichkeiten, schnell den Flugschein zu machen: Entweder du machst Urlaub mit Drachenfliegen. Oder du gehst als Trainer in die Bundesliga.

Schiris: Bringen kostenlos ein bisschen Kino ins Stadion. Die Herren in Schwarz wollten eigentlich Karriere beim Film machen. Wer durchgefallen ist, versucht es eben als Schiedsrichter.

## Franz **Merkhoffer**

*(Abwehrspieler bei Eintracht Braunschweig)*

Ich hoffe, dass die gegnerischen Stürmer das Alter ehren. *(mit 36 Jahren)*

## Paul **Merson**

*(englischer Spieler und Trainer)*

Dieser Freistoß flog so weit, dass er fast mein Auto getroffen hat.

Ich könnte Viduka den ganzen Tag spielen lassen. Auch wenn es nur für 45 Minuten wäre.

## Dries **Mertens**

Über mir wohnt eine Dame, ich glaube, sie ist 75 Jahre alt. Jeden Morgen sagt sie zu mir: »Du hast gut gespielt, guter Junge.« Aber wenn ich mal schlecht spiele, wird sie mir eine Ohrfeige geben und sagen, ich hätte es besser machen können. Fußball in Italien ist wie eine wunderbare Krankheit, denn mit dieser Liebe zum Sport sind die Menschen von der Kindheit an bis ins Alter infiziert.

## Per **Mertesacker**

Wir haben erstmals keine englische Woche. Ich weiß gar nicht, was ich da machen soll.

Jetzt lege ich mich erst mal drei Tage in die Eistonne – dann analysieren wir das Spiel. *(nach dem WM-Achtelfinalsieg 2014 gegen Algerien)*

Wat woll'n se denn eigentlich? *(zu Kommentator Boris Büchler nach dem mühsamen WM-Achtelfinalsieg gegen Algerien 2014)*

Die Bayern waren nicht eine Klasse besser als wir. In den entscheidenden Situationen waren wir eine Klasse schlechter als die Bayern.

## Lionel **Messi**

Lionel Messi kratzt am perfekten Fußballer. Nur in Sachen Härte könnte ich ihm einen Kurs geben. *(Didi Kühbauer)*

Ich habe versucht, ihn anzurufen. Aber es ist leichter, Obama an die Strippe zu bekommen als »Leo«. *(Nationaltrainer Diego Maradona versuchte seinen Star Lionel Messi zu erreichen)*

Glaubt bloß nicht, dass es irgendetwas Schlimmeres im Fußball gibt als ein Eins-gegen-eins mit Messi im Rückwärtslaufen. *(Robert Huth)*

Ich bin davon überzeugt, dass alle UFO-Meldungen eigentlich vom aufsteigenden Messi kommen – er ist ein Alien. *(AZ-Alkmaar-Stürmer Jozy Altidore ist offensichtlich ein Fan des argentinischen Superstars)*

## Jürgen **Messmer**

*(Schiedsrichter)*

Er pfeift immer noch wie auf dem Rangierbahnhof: zu lang, zu viel und zu oft. *(»kicker«)*

## Bruno **Metsu**

*(Nationaltrainer Senegals)*

Ich bin ein Weißer mit einem schwarzen Herzen. *(über sein Leben in Afrika)*

## Christoph **Metzelder**

Jetzt ist es schon so weit, dass Metzelder unser Hoffnungsträger ist. *(Felix Magath auf Schalke)*

Metzelder, der Jogger. Wie gewohnt, weiß er genau, wo er stehen muss, um nicht ins Spiel einzugreifen. *(»Frankfurter Rundschau«)*

Das Plus unserer Mannschaft war ihre Geschlossenheit. Deshalb ist sie jetzt auch geschlossen im Urlaub. *(nachdem er als einziger Spieler vom Vizeweltmeister Deutschland bei der Ehrung zur Mannschaft des Jahres dabei war)*

Das liegt daran, dass wir in den letzten Spielen ein Defensiv-Feuerwerk abgebrannt haben. *(über seine Wandlung vom Ersatzmann zum Abwehrstammspieler)*

Metzelder könnte einer sein, der, wenn Jürgen Kohler in 20, 30 Jahren abtritt, die Lücke schließen kann. *(ZDF-Kommentator Aris Donzelli)*

## Hans **Meyer**

Ich bin heute noch nicht darüber weg, dass wir damals das Europacup-Finale in Düsseldorf verloren haben. Aber zum Glück reißen sie ja das Rheinstadion jetzt ab. *(über das Finale 1981 Carl Zeiss Jena – Dinamo Tiflis)*

Ihr wisst ja, beim Geschlechtsverkehr dürft ihr mich immer stören, aber bei der Fresserei ist es einfach scheiße! *(als Fans ihn beim Mittagessen ansprachen)*

Die Rückkehr in den Schoß des jungen Familienglücks. Da weiß man nicht, ob sein Töchterchen ihn letzte Nacht hat schlafen lassen, von seiner Frau ganz zu schweigen. *(über seinen Spieler und frischgebackenen Vater Igor Demo)*

Vor dem Spiel habe ich gehört, dass uns neun Stammspieler fehlen. Da muss auch der Hausmeister und seine Frau dabei gewesen sein.

Ich glaube, er hat ein Rudel gebildet. *(nach einer roten Karte)*

Vierzig Jahre keine Südfrüchte – und jetzt das! *(während eines Trainingslagers in Portugal vor einem Apfelsinenbaum)*

Ich habe versucht, sechs Spieler-Ehen zu retten. Eine gibt es noch. Die anderen fünf wollten mich töten, weil ich das Elend verlängert habe.

Ich habe die Sorge, dass, wenn wir Weltmeister werden, Achtjährige anfangen, über Gummiringe zu springen. *(über Klinsmanns Trainingsmethoden)*

Ich habe einen Albtraum: Ich sitze in der Kabine und komme nicht in die Schuhe. Draußen wird schon gespielt, wir liegen 0:3 zurück – ein Horror!

Komm vorbei und bring die drei Psychologen vom DSF noch mit – und dann machen wir das gemeinsam. *(der Trainer des 1. FC Nürnberg zu DSF-Moderator Frank Buschmann auf die Frage, wie man den Club retten könnte)*

Wir haben sie erst sehr spät in den Griff bekommen, aber da war die Krähe schon tot.

Die Presse sieht einen normalen Anpfiff unter Fußballern gleich als Angriff auf die Menschenrechte.

Es ist das neuntwichtigste Spiel meiner Karriere.

Ich fordere nicht, dass der Verein Millionen in die Infrastruktur investiert, wo wir das Geld doch für Verstärkungen in der Winterpause und meine Nichtabstiegsprämie brauchen.

Meine Mutter hat früher immer gesagt, sie wünsche sich artige Kinder, ein Albtraum für mich. Ich wünsche mir artige Spieler. *(zu seinem Geburtstagswunsch)*

Im Inneren habe ich schon seit Wochen daran geglaubt, dass wir gegen Bayern 2:2 spielen.

Keiner liebt mich, da können Sie meine Frau fragen.

Ich bin geduldig. Ich kann auf Siege warten. Mit meinem Geduldsfaden kann man Tauziehen veranstalten.

Ich kehre nur dann noch einmal auf die Trainerbank zurück, wenn der FC Barcelona anruft und mich Otto Rehhagel vorlässt. *(im Jahr 2011)*

Es gibt eine Tendenz zu 1-Spieltag-Trainern. Ab April werde ich sicher nicht mehr in Urlaub fahren. *(nachdem Jörg Berger für den letzten Spieltag bei Arminia Bielefeld auf der Bank saß)*

Ich habe einen Zahnarzttermin, bekomme ein neues Gebiss. Ich werde nicht beim Training sein. Schreibt deshalb nicht, ich wäre gefeuert.

Wir werden herausfinden, wie das Ausgleichstor zustande kam, und wenn wir den finden, der es verschuldet hat, werden wir ihn erschießen.

Natürlich sind die Spieler nicht glücklich, die auf der Bank sitzen. Was glauben Sie denn? Denken Sie, die kommen früh morgens vorbei und bringen mir ein Körbchen Eier, oder was?

Wenn Sie mir einen Heiligenschein aufsetzen, würde ich ihn gleich wieder runterreißen.

Der Korb reicht für meine große Schnauze doch nicht aus. *(als dem Trainer des 1. FC Nürnberg vom Gladbacher Karnevals-Verband der närrische Maulkorb verliehen wurde)*

Roth hat das von mir, nicht von den Bayern. Ich wollte meine Verhandlungsposition verbessern. Ich kann mir nicht vorstellen, dass sich die Bayern für einen Sachsen, einen Ex-Kommunisten interessieren. *(der ehemalige Trainer des 1. FC Nürnberg spricht über den FCN-Präsidenten Roth, der in der letzten Saison eine Anfrage des FC Bayern München für Trainer Meyer der Presse gegenüber bestätigt hatte)*

Wenn du Fußball machst, dann lässt dich der Beruf nicht mehr frei. Man entwurzelt sozial ein bisschen. Geh mal abends ins Theater, wenn du dreimal verloren hast. Da bist du ein Laune-Schreck.

Wenn kein Gegner mehr da ist, ist Fußball richtig schön.

In schöner Regelmäßigkeit ist Fußball doch immer das Gleiche.

Die Spieler kommen morgens um neun, trinken Kaffee, halten ein Schwätzchen, danach eine kleine Mannschaftsbesprechung, 90 Minuten Training, eine Stunde Nachbereitung. Und nachmittags gehen sie dann mit der Mutti auf die Kö nach Düsseldorf. Die können einkaufen, während andere noch an der Maschine stehen. Als Fußballprofi hat man eine herrliche Zeit.

Reiner Calmund und ich wären super Partner, um schön essen zu gehen und über Fußball zu quatschen. *(zu den Gerüchten, er würde Sportdirektor bei Bayer Leverkusen)*

Danke für die Glückwünsche beim Unternehmen Aufstieg. Sie werden sich noch schwarz ärgern, wenn wir es wirklich schaffen, dann guckt nämlich keine Sau mehr Ihre Sendung. *(zu Gladbacher Zweitliga-Zeiten zu einem DSF-Reporter)*

Torwart Jörg Stiel sagte mal, ich wäre sein bester Trainer gewesen. Später erfuhr ich, dass er nur zwei hatte.

Weil ich so geldgeil bin. *(auf die Frage, warum er seinen Vertrag noch einmal verlängert habe)*

Nein, es finden montags wirklich keine Parteiversammlungen statt. *(in einem Interview auf die Frage: »Merken Ihre Spieler, dass da ein Trainer aus einer anderen Welt kommt?«)*

Vielleicht erledigen sie ihre ehelichen Pflichten. Das wäre nicht das Schlimmste. *(über das Programm seiner Profis in der Mittagspause)*

Das Profigeschäft ist hart, und die Umwandlung des DDR-Sports geschieht wie in der Wirtschaft. Aber zum Glück haben wir keine Treufußanstalt!

Wenn ich eine ganze Flasche Rotkäppchen getrunken habe, wurde meine Frau danach regelmäßig schwanger.

Wenn es gar nicht mehr läuft, können wir ja immer noch den Trainer entlassen. *(als Trainer von Borussia Mönchengladbach nach einer Niederlage)*

Ich weiß, wie schnell man Denkmäler aufbaut und wie schnell man sie anpinkelt. *(nach zwei Siegen in Folge im Abstiegskampf)*

Wir haben in der einen oder anderen Situation unsere Impotenz bewiesen.

Jetzt gehe ich erst einmal nach Hause und mache ein Fläschchen von dem Sechs-Mark-Sekt auf. Wir sind nämlich arme Leute und kaufen bei Aldi. *(nach dem Auftaktsieg der Gladbacher gegen die Bayern)*

Nein, der ist mir zu teuer geworden. Die haben den Preis um einen halben Euro erhöht. *(der Hertha-Trainer auf die Frage, ob er wie bei Borussia Mönchengladbach für den Siegfall gegen Bayern eine Flasche Rotkäppchen-Sekt im Kühlschrank hätte)*

Es ist in Berlin angekommen. Aber noch nicht in meinem Schlafzimmer. *(auf die Frage, ob er das Abstiegsgespenst schon durch sein Haus habe geistern sehen)*

Ganz Deutschland zittert und wartet, was da rauskommt am Montag. Möglicherweise sogar geht das über Deutschlands Grenzen hinaus. *(auf die Frage, ob er noch eine Saison in Berlin bleibe)*

In jedem Kader gibt es fünf richtig blöde Spieler. Von denen würde einer auf jeden Fall unter der Brücke landen, wenn er nicht Fußball spielen würde. *(über den Bildungsstand der deutschen Profis)*

Das wird eine schöne Heimfahrt. Einen Punkt geholt und zudem waren die Jungs eine Woche nicht bei der Mutti. *(nach Gladbachs 1:1 in Stuttgart)*

Ja, sicher. Wir im Trainerstab benoten allerdings nach »holländischen Noten«. Das heißt, eine 1 ist die schlechteste Note und eine 10 die beste. Allerdings werden die 1 und 2 nie vergeben. Eine 3 erhält z. B. ein Spieler, den ich einwechsle und der sich dann so anstellt, dass ich ihn eigentlich sofort wieder rausnehmen müsste. Eine 5 ist die Durchschnittsnote und eine 8 gibt es immer nur für den Trainer. Die 9 und 10 gibt's auch nicht – die sind für die Götter. *(auf die Frage, ob er seine Spieler nach den Spielen benote)*

Nur 20 Prozent der Spieler halten sich im Urlaub an die Vorgaben des Trainers. Mindestens 50 Prozent erholen sich nach dem Motto: Wer sich bewegt, der wird erschossen.

Ich habe Möhlmann vorher gesagt, dass wir uns auf eine Punkteteilung einigen können. Aber das hat der Schweinehund nicht mitgemacht. *(nach einer 0:1-Heimniederlage gegen Arminia Bielefeld)*

Dass ich bei Twente später eine Vertragsverlängerung bekam, war dann kein Zufall mehr. Offensichtlich waren sie von meiner Schönheit so begeistert.

Das Trainingsgelände war hier mein Heiligtum. Platzwart Erich Hage hat mit der Gartenschere das Unkraut gerupft. Wenn sich ein Rabe auf dem Rasen niedergelassen hatte, wurde der erschossen. *(über alte Jenaer Zeiten)*

Überall in Mitteleuropa fehlen die Bedingungen für den Straßenfußball – deshalb müssen wir ihn im Training simulieren.

Seit drei, vier Wochen haben die Spieler keine Angst mehr vor mir. *(auf die Frage, warum es bei Borussia Mönchengladbach so gut läuft)*

... und ihr Fans habt es am allermeisten verdient, dass die Mannschaft demnächst nicht mehr in dieser Scheiß-2.-Liga spielen muss! *(beim Empfang der Aufstiegsmannschaft auf dem Alten Markt in Mönchengladbach)*

Dann werde ich sagen: »86 Prozent.« *(auf die Frage, ob man ihn im Falle eines Heimsiegs über Nürnberg auf den Aufstieg ansprechen dürfe)*

Bemerkenswert finde ich die Tatsache, dass 3.000 unserer Fans in St. Pauli waren und davon waren höchstens 2.000 wegen der Reeperbahn da.

Ich gehe in keine Spielbank, kaufe keine Schweinefarm, wo mir die Schweinepest später alles kaputtmacht. Ich mache keine Weltreisen, gebe keine Party für 50.000. Ich gehe alle vier Jahre mal für 5.000 Mark Klamotten einkaufen, das war's. *(auf die Frage, wie er privat sei)*

Ich kann saufen ohne Ende.

Wir mussten das Training abbrechen, weil einige Spieler vor Freude in Tränen ausgebrochen sind. *(nach einer Vertragsverlängerung)*

Wenn ich mit dem System Weihnachten im gesicherten Mittelfeld bin, dann können wir drüber reden. Aber nach einem Spieltag werde ich mich hüten, meinen Kopf so weit aus dem Fenster zu halten. Doch wenn Sie schreiben, Hans Meyer hat ganz alleine gewonnen, dann haben Sie natürlich recht. *(nach einem 1:0 gegen Bayern München im ersten Saisonspiel)*

Bisher wird nur jeder Mist von oben kopiert: Die haben noch keine Muskeln zum Stretchen, da dehnen die schon.

In meinem grenzenlosen Optimismus habe ich damals nach der Wende geglaubt, dass morgen oder spätestens übermorgen die Bayern bei mir anrufen.

Wir sind völlig unverständlich auf den Pfad der Verunsicherung geraten.

Vor zwei Jahren gab es hier auf der Pressekonferenz noch Brötchen.
Ich denke, das sind die ersten Auswirkungen der Kirch-Krise.

Der Butterkuchen hier ist wirklich ausgezeichnet, den hat bestimmt Frau Demuth gebacken. *(über den Kuchen im Presseraum des FC St. Pauli)*

Das kann ich jetzt nicht sagen. Sonst bekomme ich Probleme, wenn meine Frau an Heiligabend mit dem Päckchen mit der Feinripp-Unterwäsche ankommt. *(auf die Frage, ob der Punkt bei den Bayern das schönste Weihnachtsgeschenk sei)*

Danke. Das sagen zu mir sonst nur 60-Jährige. *(bei einer Talkshow zu Box-Schönheit Daisy Lang, die ihm das Kompliment gemacht hatte, er sei ein charmanter Mann)*

Ich musste lesen, dass sich der Meyer für klassische Musik interessiert. Da lachen sich ja alle, die mich kennen, halbkrank! Fürs Kulturelle ist eher meine Frau zuständig.

Ich werde nicht vorher bekannt geben, wer spielt, sonst hat Bayern-Trainer Ottmar Hitzfeld noch eine schlaflose Nacht. *(Borussia Mönchengladbachs Trainer vor einem Spiel des Aufsteigers gegen Rekordmeister München)*

Ich verspreche euch: Wir verlieren nie wieder! *(am Ende der Saison 2005/06 zu den Fans)*

Meine Frau lässt mich nicht in den Garten, weil ich die Rosen nicht vom Blumenkohl unterscheiden kann.

Hier hat dreieinhalb Jahre ein fantastischer Trainer gearbeitet, der unter anderen politischen Umständen heute Trainer bei Bayern München oder Borussia Dortmund sein könnte. *(Ewald Lienen über seinen Vorgänger)*

## Rinus **Michels**

Sag mir, wenn du Geburtstag hast, damit ich dir rechtzeitig einen eigenen Ball schenken kann. *(der niederländische Trainer zu Pierre Littbarski, nachdem dieser das Fummeln etwas übertrieben hatte)*

Wenn Holland gegen Deutschland spielt, muss ich keine Spielersitzung machen, sondern nur eins: meine Jungs beruhigen, beruhigen, beruhigen.

Drückt man erst einmal ein Auge zu, kommt man aus dem Blinzeln nicht mehr heraus.

Er setzte sich für alle anderen ein. Aber er vergaß auch nie sich selbst. Und dann setzte er alle anderen für sich ein. *(Frank Rijkaard)*

Wenn Sie zu dem Koch in die Küche gehen, meinen Sie, er würde Ihnen seine Rezepte auf die Nase binden? *(auf die Frage nach seiner Taktik)*

## Johan **Micoud**

Micoud will immer gewinnen. Wenn es dann nicht so läuft, wird er ein anderer Mensch. Aber das muss er wohl sein, um so genial zu sein. *(Ivica Banovic)*

## Ernst **Middendorp**

Mein Name ist Middendorp! M-i-d-d-e-n-d-o-r-p! Ich sage dies ausdrücklich, weil es bereits dreimal Schwierigkeiten gab. *(zu Journalisten)*

Das ist wie VW Beetle gegen Porsche. Wir sind aber nicht auf der Autobahn, sondern im Stadtgebiet unterwegs und müssen gucken, ob der Beetle nicht hier und da einen Vorteil hat. *(Bielefelds Trainer vor einem Spiel gegen den FC Bayern München)*

Hauen Sie ab, Sie Arschloch, Sie Schwein, nehmen Sie das Mikro weg. *(der Bielefelder Trainer zu einem Reporter)*

Knien Sie nieder, Sie Bratwurst. *(zu einem Lokalreporter)*

Ich habe rechts einen gebrochenen Mittelfußknochen mit einem Tumor und was weiß ich noch alles.

## Neil **Midgley**

Dann begann mein Augenlicht zu verschwinden, und ich wurde Schiedsrichter.

## **Miesbacher** Anzeiger

Der ETV Miesbach will heute, Freitag, den Heimomnibus gegen den EV Pfronten verteidigen.

## Frank **Mill**

Ich wasche meine Hände in Unschuld! *(Standardantwort zu den Schiedsrichtern nach einem Foul)*

Ich habe so dicke Waden, dass ich die Schienbeinschoner nicht unter den Stutzen tragen kann. Der Hersteller ist seit Jahren nicht in der Lage, größere Stutzen anzufertigen. In die vorhandenen Dinger passen nur Fußballer rein, die ihre Beine in Fanta-Flaschen baden können.

Mein Sohn wünschte sich: »Papa, spiel noch ein bisschen Bundesliga!« *(einfache Erklärung dafür, warum er auch mit 37 Jahren noch in Düsseldorf spielte)*

Pierre Littbarski hat mal gesagt: »Jetzt erlebt der Fränkie seinen fünften Frühling.« Das ist jetzt aber auch schon wieder fünf Jahre her. *(als er mit 37 Jahren noch für Düsseldorf in der Bundesliga spielte)*

Der Linienrichter hatte wohl einen Holzarm. *(nach einem Spiel, in dem ständig Abseits gegeben wurde)*

Auf ewig verewigt, was bedeutet das schon? *(nachdem er das 25.000 Tor der Bundesliga-Geschichte erzielt hatte)*

Ich bin zwar ein alter Hase, aber noch lange kein alter Gaul.

Der ist mit allen Abwassern gewaschen. *(Norbert Dickel)*

Der Mill verarscht uns schon seit Jahren. *(Otto Rehhagel, nachdem dieser schon wieder gegen Werder getroffen hatte)*

## Roger **Milla**

Uns Schwachen bleibt doch oft kein anderer Ausweg, als tapfer zu sein.

## **Millwall** FC

Um 6:45 Uhr wurden die Millwall-Anhänger in Begleitung zum Stadion gebracht. Als sie an einem öffentlichen Gebäude vorbeigingen, kam eine Gruppe von 30 bis 40 Männern heraus, Flaschen wurden geschmissen und die Fenster von einem Pub eingeschlagen. Nach einer Weile wurde ersichtlich, dass beide Gruppen Anhänger von Millwall waren und beide geglaubt haben, die andere Gruppe wären Anhänger von Bristol City. *(Bericht von der National Criminal Intelligence Unit)*

An John Hutley von seiner Frau! Alles Gute zum 30. Hochzeitstag! Genieß das Spiel, denn du wirst später dafür bezahlen! In Liebe, Jane. *(Nachricht an einen Millwall-Fan auf der elektronischen Anzeigetafel im Stadion)*

## Velibor »Bora« **Milutinović**

*(Nationaltrainer Chinas)*

Ich habe meinem Dolmetscher gesagt, mir nur die angenehmen Sachen zu übersetzen. Das gibt weniger Probleme.

## Bernhard **Minetti**

*(Schauspieler-Legende)*

Am Fußball fasziniert mich die Absicht, gemeinsam mit einem Ball umzugehen.

Im Anfang war der Ball – Symbol für Sonne und Erde –, und irgendwann muss ihn jemand mit dem Fuß getreten haben.

## Ralf **Minge**

Vielleicht hat niemand gewusst, dass wir gegen Bayern München das letzte Heimspiel absolvieren. Aber es war ja auch ein spannendes Pferderennen in Dresden. *(süffisant ob der Feststellung, dass beim letzten Bundesligaspiel des Absteigers das komplette Vereinspräsidium fehlte)*

Ich kann mir keine Äußerung zur Leistung des Schiedsrichters erlauben, sonst müsste ich einen Kredit aufnehmen.

## Oliver **Mintzlaff**

Es kann nicht sein, dass da jemand mit viel Geld kommt und alles durcheinanderwirbelt. *(der Geschäftsführer von RB Leipzig über die 50+1-Regel)*

Wer dagegen verstößt, sollte gar nicht mehr am europäischen Wettbewerb teilnehmen. Das wäre eine Strafe, die zu einem Umdenken führen könnte. *(über Financial Fairplay)*

## **Mirandinha**

Trainer: »Wie geht es dir?« Mirandinha: »Mir geht es sehr gut. Danke. Wie geht es Ihnen?« *(der brasilianische Stürmer, als er während eines Spiels für Newcastle verletzt ausgewechselt wurde)*

## Vasile **Miriuta**

Das ist noch nicht so schlimm, dass wir 3:1 gegen Bremen und 4:1 gegen Dortmund verloren haben. Wir müssen halt gegen die Mannschaften, die unten stehen gewinnen: Frankfurt, Gladbach und so! *(der Cottbusser nach zwei Niederlagen in Serie, Gladbach spielte aber in der 2. Liga)*

## Zvjezdan **Misimović**

Lass mich schießen, du triffst im Moment eh nichts. *(zum Wolfsburger Teamkollegen Marcel Schäfer; er hat den Freistoß tatsächlich im Tor versenkt)*

Wer hat dem Dicken den Ball gegeben? *(Hermann Gerland, als er eigentlich das Kommando an Zwetschge ausgegeben hatte, Runden zu drehen)*

## Sven **Mislintat**

*(Sportdirektor beim VfB Stuttgart)*

Gras gab es hier nur auf der Tribüne. *(bei einem Auswärtsspiel unter schlechten Platzverhältnissen beim FC St. Pauli)*

## Ricardo **Moar**

Sollte ich gehen, will ich kein Mitleid. Ich bin kein armer Mann. *(Sportdirektor, der beim Fußball-Bundesligisten Hannover 96 nach dessen Verpflichtung von Manager Ilja Kaenzig vor dem Abschied stand)*

## Christian **Möckel**

Es waren einige dabei, die haben gespielt wie Frauen. *(über seine Mitspieler nach einer 0:5-Pleite)*

Wenn jemand schon zehnmal durch die Fahrprüfung gefallen ist, dann fällt er beim elften Mal normalerweise auch durch. *(noch einmal über seine Mitspieler nach eben dieser 0:5-Pleite)*

## Luka **Modrić**

Luka Modrić macht Dinge mit dem Ball, da fängt mancher Trainer vor Freude an zu onanieren. *(Hans Meyer)*

## Benno **Möhlmann**

Die Basis im Abstiegskampf ist der Kampf.

Bayern München verdient Respekt und hat als Aushängeschild des deutschen Fußballs viel erreicht. Wir werden dieser Tatsache beim Frühstück zehn Minuten gedenken und dann unsere eigenen Möglichkeiten ausloten. *(vor einem Spiel gegen die Bayern)*

Er hat gesagt: »Geh mal einen Schritt weiter raus, damit ich auch was zu tun bekomme.« *(über den vierten Schiedsrichter)*

## Wilfried **Mohren**

*(Sportreporter)*

... und auch die Schiedsrichter-Assistenten an der Linie haben heute ganz ordentlich gepfiffen.

Heinrich verletzt den Platz.

Was Sie hier sehen, ist möglicherweise die Antizipierung für das, was später kommt.

Wie auch immer es ausgehen mag, es war ein schwer erkämpfter Sieg für die Bayern.

Das klingt doch sehr zuversichtlich aus den Mundwinkeln von Holger Gehrke.

Thuram und Lizarazu sind zurückgeblieben.

Das ist Taifun, der ja für den sich selbst verletzenden Ümit hereingenommen wurde.

Da wird Handspiel repariert!

Wir nähern uns jetzt dem Punkt im Spiel, der der Dreh- und Angelpunkt sein kann, muss aber wohlgemerkt nicht der Kulminationspunkt sein.

## Karl **Moik**

*(Moderator)*

Wenn es dazu kommt, wird jeder verlieren, auch Thomas Gottschalk. Fußball hat einen unschlagbaren Stellenwert. *(zu den Plänen von Sat.1, samstags ab 20.15 Uhr eine Bundesliga-Show auszustrahlen)*

## **Moldawien**

Man muss es sagen: Die Moldawier – sie sind nicht das Grüne vom Ei. *(Edi Finger jun. während des Länderspiels Moldawien gegen Österreich)*

## Jürgen **Möllemann**

Ich komme 2002 als Bundeskanzler einer Minderheitsregierung zur Meisterfeier nach Schalke.

Der DFB kann die Alarmglocken abschalten. Jürgen ist nicht ante portas. Mölli bleibt hier. *(nach Zurücknahme seiner Ankündigung, er wolle DFB-Präsident werden)*

## Andreas **Möller**

Ich bin vorsichtig geworden mit hochfliegenden Plänen – sie verschwinden leicht in den Wolken.

Wenn du in Italien eine gute Aktion gehabt hast, reden die Fans eine Viertelstunde davon – du kannst dich gemütlich zurücklehnen. Das kommt meiner Spielweise sehr entgegen.

Ich denke, dass man stolz sein kann auf die Leistung von Schalke 04, wegen der Leistung.

Letztes Jahr haben wir in Bremen 3:6 im Pokal verloren. Ein Profi von Werder hat Möller am Anfang gekniffen und gesagt: »Heute bringe ich dich um.« Den Andreas habe ich in der ersten Halbzeit nicht gesehen. *(Dragoslav Stepanović)*

Der muss doch erst einmal in seine Lügenfibel schauen. *(Axel Kruse)*

Der Bengel ist so empfindlich, der holt sich sogar einen Schnupfen, wenn er zu nah an der Drehtür steht. *(Max Merkel)*

Dich kriegen wir auch noch. *(Anfang der Saison 1989/90 hing in der Kabine über dem Platz von Andreas Möller ein Messer mit diesem Spruch seines Dortmunder Mannschaftskollegen Michael Schulz)*

Verlieren ist wie gewinnen, nur umgekehrt.

Das war eine Schutzschwalbe. Ich dachte, dass Dirk Schuster mich voll umhauen würde.

Ich hatte vom Feeling her ein gutes Gefühl.

Ich habe mit Erich Ribbeck telefoniert, und er hat zu mir gesagt, ich stehe für die Malta-Reise nicht zur Verfügung.

Ich denke, dass ich auch jemand bin, den man sehr gut anfassen kann.

Das kommt noch. *(auf die Frage, warum er es trotz vieler Erfolge nie zum Weltstar gebracht habe)*

Wir bleiben weiterhin in Lauerstellung. *(zur Rolle der Schalker als Tabellenführer)*

Das ist eine Deprimierung.

Wer sein böses Image weg hat, kann strampeln wie ein Maikäfer auf dem Rücken. Keiner hilft einem auf die Beine. Dabei bin ich doch ein ganz normaler Junge.

Mailand oder Madrid – Hauptsache Italien!

Mein Problem ist, dass ich immer sehr selbstkritisch bin, auch mir selbst gegenüber.

Jetzt sehe ich mein Leben anders. *(nach einer Grubenfahrt auf Zeche Auguste Victoria, wo er von der harten Unter-Tage-Arbeit der Bergleute mächtig beeindruckt wurde)*

Nein, das machen wir nicht. Das machen wir wieder rückgängig. *(schmunzelnd verkündete Reaktion von Schalkes Routinier Olaf Thon auf die Verpflichtung von Andreas Möller)*

Die Fans sind absolut unversöhnlich und wollen lieber in die 2. Liga absteigen als mit Möller Erfolg haben. *(Rudi Assauer)*

Möller hat mit seinem Berater bei uns um mehr Geld gepokert, gleichzeitig gesagt, er stünde bei einem anderen Klub im Wort. Dann hat er offenbart, dass er nach Schalke gehen will. Wir haben ihm nicht gesagt, dass er bekloppt ist. Aber gedacht haben wir es schon. *(Michael Meier)*

Einige haben von einem recht guten Spiel gesprochen. Da frage ich mich, ob ich zum Augen- oder Ohrenarzt muss.

Das ist Andy Möller, der bald eine Tochter erwartet. *(Jörg Dahlmann)*

Nenn sie doch Berta – nach deinem Freund Berti! *(deutsche Nationalspieler auf die Nachricht von Möller, dass seine Frau bald eine Tochter erwarte)*

Andere können sich ja gerne vor dem Spiel die Eier hart kochen. *(zum Vorwurf, ein Weichei zu sein)*

## Richard **Möller-Nielsen**

*(Nationaltrainer Finnlands)*

Vielleicht spielen wir 4711. *(zu seiner Taktik)*

## Peter **Mölm**

*(Schiedsrichter)*

Sonst schießt der mir noch ein Tor! *(Begründung, warum er den Trainer Winfried Schäfer lieber auf die Tribüne verbannte)*

## AS **Monaco**

In Marseille kennt jeder Fan die Spieler mit Namen, in Monaco kennt jeder Spieler die Fans mit Namen. *(französischer Spott über den Unterschied zwischen Olympique Marseille und dem Champions-League-Finalisten AS Monaco)*

## Borussia **Mönchengladbach**

Gegen Schweden habt ihr keine Chance! *(riefen die Zuschauer 1995, als Schalke durch Tore von Dahlin und Petterson mit 4:1 geschlagen wurde)*

Ich bin ja schon müde, wenn ich einmal über dieses Spielfeld gehe. *(Ewald Lienen über die schwierigen Platzverhältnisse am Gladbacher Bökelberg)*

Borussia ist ein multimorbider Risiko-Patient. Krank ist das Herz, das Hirn und der Bewegungsapparat. Zudem leidet sie an Immunschwäche. *(So beschrieb Wilfried Jacobs, Gladbachs Präsident und zudem Vorstandsvorsitzender der AOK Rheinland, seinen eigenen Verein)*

Ende der 60er-, Anfang der 70er-Jahre waren wir Mönchengladbacher in der Bundesliga das Real Madrid. Die Bayern waren wie immer die Bayern. *(Günter Netzer)*

Wer für sein Geld volle 90 Minuten Fußball sehen will, sollte am besten schon einen Tag vorher anreisen. *(Bernd Müllender in der »Financial Times Deutschland« zu der Verkehrsanbindung des neuen Gladbacher Borussia-Parks)*

Man sollte jeden einladen über den Platz zu gehen. Hier kann man sowieso nichts mehr kaputtmachen. *(Thomas Schaaf zum Zustand des Rasens auf dem Bökelberg)*

Von 100 Gladbachern kennen 80 Netzer und nur 20 mich. *(Mönchengladbachs Oberbürgermeister Wachtendonk schätzt die Lage in seiner Stadt realistisch ein)*

Den schönsten Fußball spielen sie seit eh und je am Bökelberg. Da haben sich die Philharmoniker Fußballtrikots übergezogen. *(Max Merkel)*

## Faryd **Mondragón**

Ich fühle mich, als hätte ich ein Messer im Rücken. Auch Jesus Christus wurde hinterhältig behandelt und verraten. *(nach seiner Suspendierung in Köln)*

## David **Montero**

Was willst du denn hier? Ist doch erst sieben Uhr. *(als er Rainer Falkenhain, dem Leiter der Lizenzspielerabteilung von Eintracht Frankfurt die Tür öffnete. Um elf Uhr nach dem Vormittagstraining. Er wurde daraufhin mit sofortiger Wirkung suspendiert)*

Bisher war es bei mir üblich, mir nach dem Spiel mit meinen Kumpels ordentlich die Birne zuzuschütten.

## Brian **Moore**

*(englischer Fußballkommentator)*

Rosenborg hat 66 Spiele gewonnen, und sie haben in jedem getroffen!

Newcastle, na klar, ungeschlagen bei seinen letzten fünf Siegen.

## Walter **Morath**

*(Basler Kabarettist)*

Zwei Dinge haben die Deutschen nie bewältigt: das Dritte Reich und das dritte Tor! *(musste 1966 wegen dieses Zitats eine Deutschland-Tournee abbrechen)*

## Massimo **Moratti**

Es war wie bei einem Mann, der seine Frau betrügt, aber aus Rücksichtnahme nicht den Mut hatte, es zuzugeben. Er kletterte einfach aus dem Fenster. *(Präsident von Inter Mailand über José Mourinhos Abschied)*

Natürlich, wir haben jahrelang alles dermaßen raffiniert gedreht, um ständig als Verlierer dazustehen. *(zum Bestechungsskandal 2006)*

## Uwe **Morawe**

*(Sportkommentator)*

Simak hat einen Vertrag bis 2005. Wenn ihn da jemand herauskaufen will, kostet er eine Menge Stange Geld.

Der geht mir auf den Sack, der Jovic, das ist ein Scheißspieler.

Durch den Tunnel wird der 1. FC Saarbrücken nach Hause geschickt. *(gemeint war: beim entscheidenden Gegentor ging der Ball Torhüter Eich durch die Beine)*

## Eric **Morecambe**

*(englischer Komiker)*

Als junger Mann habe ich Fußball gespielt, bis sich plötzlich meine Augen verschlechterten. Deshalb bin ich dann Schiedsrichter geworden.

## Lolita **Morena**

*(zweite Ehefrau von Lothar Matthäus)*

Fußballer sind ideale Väter, weil sie viel Zeit haben: morgens vier Stunden Training, am Wochenende ein Spiel. Sonst nichts.

## Byron **Moreno**

*(Schiedsrichter)*

Sechs Kilo Drogen? Meines Erachtens hatte er diese schon 2002, aber nicht in der Unterwäsche, sondern im Körper. *(Gianluigi Buffon über Moreno, der die WM-Partie Südkorea gegen Italien 2002 pfiff)*

## Ramiro Funes **Mori**

Manchmal lasse ich zu, dass man mich für meinen Bruder hält. Aber ich mache es nur, damit die Leute kein schlechtes Gewissen bekommen und weil sie mir ohnehin nicht glauben, wenn ich es leugne. Aber mit Mädchen haben wir das noch nie gemacht, das schwöre ich! *(ein Reservespieler von River Plate, über seinen berühmten Zwillingsbruder und Teamkollegen Rogelio)*

## Max **Morlock**

Wenn eine von ihnen ein Junge geworden wäre und nicht gut Fußball gespielt hätte, wäre ich bestimmt sauer gewesen.

Max Morlock in Nürnberg – das ist ein Begriff wie einst Marilyn Monroe in Hollywood. *(»kicker«)*

## Clinton **Morrison**

*(irischer Fußballer)*

Ich war krank und habe eine Woche lang nicht trainieren können. Davor war ich auch schon drei Wochen nicht in Form. Ich bin einfach in keiner guten Verfassung gewesen. Schließlich habe ich dann auch noch direkt vor der Halbzeit Krämpfe bekommen. Aber ich bin, weiß Gott, niemand, der nach Entschuldigungen sucht.

## John **Motson**

*(BBC Kommentator)*

Die Weltmeisterschaft ist wirklich ein internationales Turnier.

Das Spiel ist zu Arsenals Gunsten ausgeglichen.

Beinahe alle brasilianischen Fans tragen gelbe Kleidung. Das ist eine einzigartige Farbenvielfalt.

Wir werden dafür bezahlt, dass wir zuschauen. Ansonsten würden wir uns auch wegdrehen. *(zum Elfmeterschießen Englands gegen Portugal)*

Für die Zuschauer, die das Spiel auf einem Schwarz-Weiß-Fernseher verfolgen: Die Spurs spielen in den gelben Trikots.

Das ist der größte Sieg über Deutschland seit dem Krieg, denke ich. *(als er das 5:1 von England 2001 in München kommentierte)*

## José **Mourinho**

Wahrscheinlich wollten Sie Trainer werden, aber dann hat es nur zum Journalisten gereicht. *(zu einem Reporter)*

Die Moral von der Geschichte ist, dass man den Leuten, die einem erzählen, dass man nicht die Violine spielen, sondern bei dem Tamburin bleiben soll, einfach nicht zuhört.

Ist das so überraschend, dass Mourinho seinen Hals nicht vollkriegt? Weißt du, warum der Fisch in einem Restaurant auf dem Tisch liegt? Weil er seinen Hals einfach nicht vollkriegen konnte. *(Avram Grant)*

Wie wir in Portugal sagen würden: Die Spurs haben einen Bus mitgebracht und ihn direkt vor ihrem Tor abgestellt.

Es sind Eier, die eine Mutter, in diesem Fall einen Vater, brauchen, der auf sie aufpasst, sie im Winter warm hält und daran arbeitet, sie besser zu machen. Eines Tages wird der Moment kommen, wenn das Wetter sich ändert, die Sonne aufgeht, die Schalen brechen und die Eier bereit sind für ein Leben auf dem Top-Level.

Es geht um Omeletts und Eier. Keine Eier, kein Omelett. Alles hängt von der Qualität der Eier ab. Im Supermarkt gibt es Eier der Klasse A, B oder C und manche sind teurer als andere und machen ein besseres Omelett. Also wenn es die A-Klasse-Eier im Supermarkt gibt und man dort nicht hingehen kann, hat man ein Problem.

José Mourinho: Vielleicht sollten Sie das Team zusammenstellen? Reporter: Wenn Sie mir etwas von Ihrem 9-Mio.-Euro-Gehalt abgeben, würde ich es machen. Mourinho: Es sind nicht 9, es sind 11, und mit den Sponsoren sind es 14 Mio. *(Gespräch bei einer Pressekonferenz von Inter Mailand)*

Denk dran, dass deine Frau und Kinder zuschauen. *(in der Halbzeitpause zum Schiedsrichter)*

Für meinen Hund und meine Kinder tue ich alles. *(auch in der Reihenfolge)*

Dass wir jetzt Gruppenzweiter sind, ist Pech für den Gruppenersten, der uns im Achtelfinale bekommt.

Wenn ich einen einfachen Job gewollt hätte, dann wäre ich in Portugal geblieben – wunderschöne blaue Stühle, den UEFA-Champions-League-Pokal, Gott und, direkt hinter Gott, ich.

Delneri soll mein Angstgegner sein? Na klar, ich zittere vor ihm, weil ich mit Porto die Champions League gewann und er als mein Nachfolger schon nach 15 Tagen entlassen wurde. Ich kenne nur eine schwarze Bestie: meinen Assistenten José Morais. Der ist mal schwarz wie die Nacht und ein unglaublicher Schrank.

Eines Tages wird irgendein armes Team für unsere heute vergebenen Chancen bezahlen. Die Tore werden fallen.

Bezeichnen Sie mich nicht als arrogant, aber ich bin ein europäischer Champion, und ich denke, ich bin ein ganz besonderer.

Früher war ich mit Mourinho befreundet. Doch seit ich anfing, gegen ihn zu gewinnen, redet er nicht mehr mit mir. *(Liverpools Trainer Rafael Benitez)*

Er hat mich »Boss« und »Großer Mann« genannt, als wir nach dem Hinspiel unseren Drink nahmen. Es würde aber helfen, wenn seine Huldigungen von einem guten Glas Wein begleitet werden würden. Was er mir gab, war Lack-Entferner. *(Sir Alex Ferguson)*

Ich bin ein Trainer, nicht Harry Potter. Im wirklichen Leben gibt es aber keine Zauberei. Magie ist Fiktion, Fußball ist Realität.

Junge Spieler sind wie Melonen. Nur wenn du sie probierst, bist du dir 100 Prozent sicher, ob die Melone gut ist. Manchmal hat man wunderschöne Melonen, aber sie schmecken nicht gut, und andere sind ein bisschen hässlich, aber sie schmecken fantastisch.

Ein gefeuerter Trainer hat den besten Job. Du stehst um halb elf auf, frühstückst und surfst in aller Ruhe auf den Sportseiten im Internet. Nach dem Mittagessen besuchst du die Bank, um zu sehen, ob das Gehalt, das dein Klub dir noch zahlt, auf dem Konto ist. Da bleibt genug Zeit, Leute zu kritisieren, die du nicht kennst. *(als erwiderte Kritik in Richtung Hitzfeld)*

Er ist ein Feind des Fußballs. *(Schiedsrichter-Obmann Volker Roth)*

Die Geschichte von ZSKA in der Champions League ist sehr positiv. *(in Anspielung auf zwei Dopingfälle im Team der Russen)*

Wenn man mein Niveau erreicht hat, ist es schwierig, von anderen zu lernen, man muss von sich selbst lernen.

Ich will keinen Spieler, der ein perfekter Mann ist und einen fantastischen Charakter hat. Das ist der Typ, den ich für meine Tochter als Mann will.

Gott denkt bestimmt, dass ich ein geiler Typ bin, deswegen hat er mir so viel gegeben.

Auch Jesus wurde nicht von allen geliebt. *(auf die Frage, warum er bei vielen Menschen so unbeliebt sei)*

Er spielt, weil ich keinen anderen habe. Wenn man keinen Hund zum Jagen hat, muss man eine Katze nehmen. *(über Karim Benzema)*

Ich habe mehr Angst vor der Vogelgrippe als vor Fußball. Was ist denn schon Fußball verglichen mit dem Leben?

Die gelbe Karte war fair, weil ich unhöflich war. Aber ich war unhöflich gegenüber einem Idioten. *(Kommentar zum Schiedsrichter)*

Du würdest im nächsten Spiel nicht mal dann spielen, wenn das Flugzeug von Real Madrid abstürzen würde und du als Einziger zu Hause säßest. *(als Real-Trainer zum Spieler Pedro Leon)*

## Tony **Mowbray**

Pressesprecher: »Meine Damen und Herren, hier ist der Trainer von West Brom.« Tony Mowbray: »Sie kennen meinen Namen nicht, oder?« Pressesprecher: »Nein.« *(Nach einem Pokalspiel von Burnley gegen Westbromwich Albion FC)*

## David **Moyes**

Ich habe ihm gesagt, dass Spieler in England keine Spiele wegen einer Grippe verpassen. Er kommt ja aus Los Angeles, vielleicht weiß er gar nicht, was eine Grippe ist. Als wir vor dem Anpfiff das Mannschaftshotel verließen, sah er in seinem Anzug schon wieder besser aus, deswegen entschied ich mich, ihn spielen zu lassen. *(Evertons Trainer über seinen amerikanischen Nationalspieler Landon Donovan)*

## Emile **Mpenza**

Emile ist ein kleiner Luftikus, der erst noch zum Kerl werden muss. Er ist noch kein Mann, aber ich denke, das wird er auf Schalke. *(Rudi Assauer)*

Der wird nicht älter. Das Problem ist nur, er wird auch nicht jünger. *(Werner Hansch)*

## Karl-Heinz »Charly« **Mrosko**

Nur der Halbzeitpfiff war keine Fehlentscheidung.

Ich glaube, die sollten den Rasen im Stadion mähen, man sieht den Trainer gar nicht mehr. *(über Diethelm Ferner)*

## Youri **Mulder**

Wir sind heute mit aufgehobenen Köpfen wieder rausgegangen.

Ich habe noch zu wenig Kraft in den Beinen. Deswegen musste ich mit den Armen Schwung holen. Dabei habe ich ihn unabsichtlich getroffen. *(nachdem er einem Bochumer im Luftkampf die Nase gebrochen hatte)*

Fußball ist für mich: Wer kann am härtesten schießen!

## Andreas **Müller**

Wenn wir alle am Tisch sitzen und essen eine große Suppe und einer spuckt rein, dann schmeckt die allen nicht mehr.

Vielleicht müssen wir in die Backstube gehen und uns einen backen. *(als Manager zur Trainerfrage auf Schalke)*

Erst macht er Fehler und dann ledert er gegen Assauer – da kannste dich auch gleich in Gelsenkirchen nackt auf die Straße stellen und »Hier regiert der BVB« rufen. *(Mario Basler)*

Andy, lass dich nicht unterkriegen. Schon gar nicht von einer Zeitung, von der die Hälfte der Redakteure mit Rudi Assauer im Bett liegt. *(Uli Hoeneß)*

Du musst das Spiel totmachen. *(Schalkes Manager zur mangelhaften Chancenverwertung seiner Mannschaft)*

Ich trinke auf den HSV. *(voreiliger Dankesgruß nach Hamburg von Schalkes Team-Manager bei der Vier-Minuten-Blitzmeisterschaft)*

Es gibt ja Optiker in Deutschland. *(zur Schiedsrichter-Kritik von HSV-Trainer Huub Stevens)*

## Dieter **Müller**

Es war schon immer mein Ziel, den Verein zu verschulden. *(der Präsident zu einem Entschuldungsmodell des Offenbacher FC)*

## Gerd **Müller**

Wenn man sieht, wer heute die Stürmer in der Fußball-Nationalmannschaft sind – die hätten früher nicht mal am Ball riechen dürfen.

Gerd war schon als Junge geradezu versessen aufs Spielen. Wenn er von der Schule nach Hause kam, hörte man das mitunter schon an der Blechbüchse, die er vor sich hertrieb. *(sein Jugendtrainer Ottenweiler)*

Vielleicht wären wir ohne Gerd Müller und seine Tore noch immer in unserer alten Holzhütte an der Säbener Straße. *(Franz Beckenbauer)*

Ich glaube nicht, dass dieser Sport genauso populär wird wie unser traditioneller Fußball. Warum sollen auch Frauen hinter dem Ball herlaufen? Sie gehören doch hinter den Kochtopf. Meiner Frau würde ich nicht erlauben, Fußball zu spielen. *(im Jahr 1980)*

Trainer? Ich will einen anderen Tod als Herzinfarkt.

Marmorkuchen, den ich sehr gerne esse, bäckt meine Frau, sooft ich Appetit darauf habe. *(in seiner Autobiografie)*

Wenn's denkst, ist eh zu spät.

Ich habe nicht die Figur wie Gerd Müller. Zum Glück! *(die Frauen-Nationalspielerin Claudia Müller zu ihrem Ruf als Bomberin der Nation)*

Es gibt keinen größeren als ihn im Weltfußball. Er steht unter Naturschutz. *(Franz »Bulle« Roth)*

Was soll ich mit diesem Kugelstoßer? *(Tschik Cajkovski, als der junge Gerd Müller zu Bayern München kam)*

Ihn zu stoppen, das ist etwa so, als wolle man einen fahrenden Bus mit bloßen Händen stoppen. *(»L'Équipe«)*

Der Gerd hat im Spiel pausenlos gequatscht, damit hat er sich in Stimmung und die Gegner um ihre Konzentration gebracht. Ich aber habe niemals während der neunzig Minuten auch nur ein einziges Wort zu ihm gesagt, niemals in seine Augen gesehen. Das hat ihn so aufgeregt, dass er gegen mich nie Land sah. *(Detlef Pirsig)*

## Hansi **Müller**

Es ist besser, mit einem Stuhl als mit Hansi Müller zu spielen. Denn bei einem Stuhl kommt der Ball wenigstens wieder zu dir zurück, wenn du ihn anschießt. *(Evaristo Beccalossi)*

Ich weiß gar nicht, warum die nicht alle die neue Traction-Sohle von adidas haben wie Klinsmann, der fällt wenigstens nicht um. *(als Co-Moderator und adidas-Repräsentant bei einem Spiel)*

Es stört mich nicht, dass in Deutschland ein paar hunderttausend Wellensittiche »Hansi« heißen.

## Peter **Müller**

*(Journalist)*

Tim Wiese bleibt aussortiert. Er wird sich trotzdem nicht vorkommen wie der dicke Junge auf dem Schulhof. Der durfte wenigstens mitspielen. *(zu Tim Wieses Situation bei der TSG Hoffenheim)*

## Thomas **Müller**

Traurige Gesichter bei schlechtem Wetter – und kein Grillfleisch. *(auf die Frage, wie er sich die Stimmung in Deutschland während der grandiosen WM 2010 vorstellt)*

Gegen Barcelona spielt niemand gern, außer Masochisten.

Ich bin der Müller ohne Wohlfahrt. Ich kenne mich da nicht aus. *(auf die Frage, wann Ribéry und Schweinsteiger wieder fit seien)*

Wir gehen ein bisschen auf dem Zahnfleisch. Das Zahnfleisch ist aber gesund.

Gut, dass jetzt Länderspielpause ist. Da kann sich die Liga von dem Schock erholen, dass ich getroffen habe.

Sie ist ja keine Handtasche. *(auf die Frage, warum er seine Frau nicht mit zur WM genommen habe)*

Es macht Spaß, uns zuzuschauen, auch wenn ich selbst nicht zugeschaut habe.

Das ist so, wie wenn man in der Kreisklasse aufsteigt, nur vielleicht etwas gedämpfter. *(zur sechsten Meisterschaft in Folge)*

Er hat nicht dem Schiedsrichter, sondern der Handregel den Vogel gezeigt.

Langsam habe ich das Gefühl, dass ich mit meinem linken Fuß mehr anfangen kann, als nur Bier zu holen.

Hm. Tja, was bin ich? Raumdeuter? Ja, ich bin ein Raumdeuter.

Den Antrag habe ich letztes Jahr an Weihnachten gemacht. Aber auf die Knie musste ich nicht. Auf die Knie geht man nur beim Torjubel. *(zur bevorstehenden Hochzeit mit Freundin Lisa)*

Das Mikrofon verbiegt sich auch schon, weil ich so stinke.

Die haben Leute dabei, die mehr Haare am Rücken haben als auf dem Kopf. Da ist natürlich mehr Erfahrung da. *(als Erklärung für das Ausscheiden in der Champions League gegen Inter Mailand)*

Wir spielen Louis van Löw. *(zu den Auswirkungen des Bayern-Blocks auf die Spielweise der deutschen Fußball-Nationalmannschaft)*

»Wenn er einen Millimeter nachlässt, stehe ich hinter ihm und beiß ihm in die Wadln. Wenn ich ihn erwische.« *(über seinen jungen Teamkollegen Alphonso Davies)*

## Katrin **Müller-Hohenstein**

Und für Miroslav Klose: ein innerer Reichsparteitag, jetzt mal ganz im Ernst, dass der heute hier trifft.

## Hans-Wilhelm **Müller-Wohlfahrt**

Fußball ist die spannendste Vorschule für das Welttheater Leben.

Wer Fußball spielt, vereinsamt nicht.

## Willi »Fischken« **Multhaup**

Wenn wir einen Punkt holen, dann sind wir im Soll. Sollten wir aber zwei holen, dann können wir einen auf den Kamin legen, für ganz schlechte Zeiten.

## FC Bayern **München**

Was scheiß ich mir um Frau und Kind, die Hauptsache ist, dass Bayern gewinnt!

Die Statuten des DFB verbieten es nicht, die eigene Mannschaft anzufeuern. *(Lautsprecherdurchsage von Günther Weiß, Sprecher im Münchner Olympiastadion, während eines Bundesligaspiels)*

Warum kommt denn da kein Verkäufer? In München würde man dieses Problem mit Hubschraubern lösen! *(Bayern-Fan, als der Bierverkauf beim Pokalfinale 1971 in Stuttgart stockte)*

Lieber vier Minuten Meister als eine Minute Bayern-Fan! *(Schalke-T-Shirt)*

In der Tiefgarage ist mehr los. *(Mitglieder auf einer Jahreshauptversammlung des FC Bayern)*

Mit dem Sektglas in der Hand gibt es halt keine La Ola. *(Mitglieder auf einer JHV des FC Bayern)*

Eure Scheißstimmung! Da seid ihr doch dafür verantwortlich und nicht wir. *(Uli Hoeneß zu Fans des FC Bayern)*

Neuer im Tor ist für uns wie Trainer Daum + Manager Lemke für dich! *(Transparent von Bayern-Fans in der Fankurve des FC Bayern am 2.4.2011)*

Mia brauchan koan Neuer Torwart, mir ham scho Kraft. *(Fanplakate und Facebook-Seite von Bayern-Fans)*

Wenn Arschlöcher fliegen könnten, wäre ganz Bayern ein Flughafen. *(Plakat auf Schalke)*

Es gibt Mannschaften, die wollen das Beste – Bayern aber will einfach alles. *(Gustl Bayrhammer, Volksschauspieler)*

Normal ist es ein ganz einfacher Job beim FC Bayern. Du musst nur alle Spiele gewinnen. *(Franz Beckenbauer)*

Geldadel, eine Ansammlung von Neureichen! *(Paul Breitner 1974 nach seinem Wechsel vom FC Bayern zu Real Madrid nach Spanien)*

Beim FC Bayern kennen wir keinen Bio-Rhythmus. Wir kennen aber einen Weißbier-Rhythmus. *(Hansi Pflügler)*

Ich kann dat nich mehr hörn! Mann, die Bayern müssen beim Kacken doch auch die Arschbacken auseinandermachen. *(Hermann Gerland)*

Spieler des FC Bayern können keine Gehirnerschütterung kriegen. Wo nichts ist, kann nichts erschüttert werden. *(Hans-Dieter Schmidt, Manager bei Hannover 96)*

Da staunst du, Mark, das ist die Einwohnerzahl von Holland. *(FCB-Präsident Franz Beckenbauer auf der Jahreshauptversammlung zum Kapitän Mark van Bommel mit Blick auf die 176.976 Fanklub-Mitglieder des FC Bayern)*

Die Bayern sind wie deutsche Ehemänner: auswärts stark – zu Hause mäßig. *(Sepp Maier)*

Sind die immer so blasiert. Wie die Lackgrafen! *(enttäuschte Dresdener, die im Herbst 1973 vergebens auf Autogramme vor dem Spiel der Bayern bei Dynamo vor dem Hotel der Bayern warteten)*

Bei den Bayern ist es wie vor dem Gang auf die Toilette: Ist der Druck so richtig groß, dann läuft es am besten. *(Mario Basler)*

Das wäre eine teure Schmiere für Bayern München, wenn einer dem anderen immer nur Honig ums Maul schmiert. *(Klaus Augenthaler)*

In diesem Scheißverein kann man nicht mal richtig feiern. *(Paul Breitner)*

Ohne Bayern ist die Bundesliga so uninteressant wie die portugiesische, holländische oder belgische Liga. *(Willy Sagnol)*

Man kann mit Bayern München nur ordentlich als Feind umgehen, wenn man unsachlich bleibt. Sobald man sich an Fakten hält, wird es schwierig. *(Campino)*

Der FC Bayern? Von denen halte ich das Gleiche wie von München: Die ganze Stadt ist Schrott! *(Campino)*

Obwohl wir die beste Mannschaft haben, die besten Zuschauerzahlen, das beste Bankkonto, werden wir permanent angegiftet. Sollen wir jetzt noch nackt durchs Stadion laufen, um die Leute zu begeistern? *(Uli Hoeneß leicht frustriert im Jahr 1989)*

Ein Eisberg wie der Björn Borg ist der beste Spieler für die Bayern. *(Reinhold Mathy)*

Der UEFA-Cup wäre für den FC Bayern so, als wenn Sie immer über Ferrari schreiben und plötzlich über den FIAT-Punto-Clio-Cup berichten müssen. *(Mark van Bommel)*

Frieden gibt es beim FC Bayern nur, wenn man Erfolg hat. *(Christian Nerlinger)*

Wenn ich an die Säbener Straße komme, fühle ich mich wie zu Hause. Ich kenne die Angestellten von A bis Z und weiß, wo die Toiletten sind. *(Bastian Schweinsteiger)*

Wenn bei uns der Platzwart mit dem Rasenmäher umfällt, ist das eine Riesenschlagzeile. Größer, als wenn bei manch anderem Verein ein Spieler sich das Kreuzband reißt. *(Thomas Strunz)*

Im Hemd des Rekordmeisters hat man gleich eine breitere Brust. In einem anderen Trikot fühlt man sich vielleicht etwas schmaler. *(Stefan Effenberg)*

Wenn wir ins Münchner Olympiastadion kommen, stinkt es immer nach Scheiße – so voll haben wir die Pampers. *(Reiner Calmund)*

Die Bayern sollten besser im Leopardenstring auftreten, das würde dem Spiel der Mannschaft viel mehr Glamour verleihen. *(Bixente Lizarazu)*

Für die Bewunderung der Bayern bin ich nicht zuständig. Ich setze mich mit meiner Mannschaft auseinander und laufe nicht mit dem Autogrammblock über den Platz, um Autogramme von Klinsmann und Rizzitelli zu holen. *(Christoph Daum)*

Bei denen ist sogar die Putzfrau schon zehnmal Meister geworden. *(Christoph Daum)*

Die Bayern zu jagen ist, wie Salat in der Wüste zu pflanzen. *(Christoph Daum)*

Es gibt doch keinen Artikel im Grundgesetz, der den FC Bayern zur deutschen Meisterschaft verpflichtet. *(Oliver Kahn)*

Die Deutschen köpfen alles, was kommt, sei es nun ein Ball oder ein Sack voller Steine. *(»El Pais« in einem Vorbericht über die Spielweise von Bayern München)*

Der FC Bayern ist wirklich das Nullplusultra im deutschen Fußball. *(Friedhelm Funkel)*

Das Beste in München ist immer das Mittagessen. *(Gerhard Mayer-Vorfelder nach einer Niederlage bei den Bayern)*

Die Bayern, das ist eine Batterie mit drei Geschützen, und eines feuert immer. *(Gerhard Mayer-Vorfelder zur Kritik an ihm)*

Bayern München hat in Deutschland 10,8 Millionen echte Hardcore-Fans. *(Karl-Heinz Rummenigge)*

Die Bayern können aus Scheiße Gold machen. *(Dirk Lottner zu dem Phänomen, dass der FC Bayern 60 Minuten lang schlecht spielte und am Ende doch noch 3:0 gewann)*

Solange dort geredet wird, können sie nicht trainieren. *(Klaus Allofs zu den Verbalattacken von Verfolger Bayern München)*

Viele Klubs sind nach München gefahren, haben das Dach des Olympiastadions gesehen und schon zwei drin gehabt. Das darf uns nicht passieren. *(Klaus Augenthaler)*

Wenn ich mich bei Bayern geäußert habe, bin ich schnell zum Fernseher, und bevor ich den Satz zu Ende gesagt habe, konnte ich schon im Laufband lesen, was der Bayern-Trainer gesagt hat. *(Felix Magath)*

Es muss wieder Spaß machen, die Bayern zu sehen. Und es muss wieder Spaß machen, sie verlieren zu sehen. *(Christian Eichler zur Investitionspolitik des FC Bayern vor der Saison 2007/08)*

Bitte passen Sie auf die Spieler des FC Bayern auf, die waren teuer. *(Durchsage des Stadionsprechers des Münchener Vorortklubs FT Gern)*

Das Einzige, was flutscht bei den Bayern, ist die Weißwurstproduktion in der Fleischfabrik von Uli Hoeneß. *(Manfred Breuckmann)*

Im Februar ist Karneval, im April Ostern, im Mai holt sich der FC Bayern die Meisterschale ab. *(Oliver Welke)*

Der FC Bayern ist ein Verein von internationaler Weltbedeutung. *(Waldemar Hartmann)*

Wenn du bei Bayern einen Fünfjahresvertrag unterschreibst, wirst du automatisch dreimal Meister. *(Rudi Völler)*

In München beginnt der Vordere Orient. Da herrschen andere Gesetze. *(Peter Weiand als Präsident des 1. FC Köln)*

Die Dinge des Lebens hängen manchmal enger zusammen, als man glauben mag: Mit jedem Ortsgespräch über die Deutsche Telekom unterstützt man den FC Bayern, der für T-Com werbend kickt. Und wer mal eben seine Webwelt auf DSL umstellen lässt, zahlt dafür freche 99 Euro 95 und hat dem Bösen damit fast schon wieder einen neuen Meistertitel gekauft. *(»taz«)*

So sicher wie beim FC Bayern ist die Rente nirgends. *(Werner Hansch)*

Bei Bayern muss man wie ein Roboter funktionieren. Wenn nicht, kriegt man Ärger. *(Giovane Elber)*

## TSV 1860 **München**

Der neue Präsident von 1860 München heißt Karl Auer. Der gesamte Verein ist augenblicklich ein Kar(l)auer. *(ein Fan zu den Zuständen bei den Münchner Löwen)*

Wo kein Rivale mehr ist, gibt es auch keine Rivalität. Und 1860 ist für uns kein Rivale. *(Karl-Heinz Rummenigge, Vorstandsvorsitzender der FC Bayern München AG)*

Wenn man gegen einen besseren Gegner verliert, ist das okay, aber gegen die ... das tut schon weh. *(Pirmin Schwegler, Mittelfeldspieler von Eintracht Frankfurt, nach einer Niederlage im Auswärtsspiel beim TSV 1860 München)*

Man gibt einen Brief auf, aber nicht den TSV 1860 München. *(Werner Brugger, TSV-Geschäftsführer, beim Abstieg in die Bayernliga)*

Die Wildmosers sind keine Sechziger, sondern falsche Fuffziger. *(Kabarettist Ottfried Fischer)*

Im Laufe des Tages nimmt die Mannschaft an einer Wildfütterung teil. *(Sport-Informationsdienst)*

Wissen Sie, wann 1860 München hier erstmals urkundlich erwähnt wurde? Im Alten Testament. Da stand nämlich: Sie trugen seltsame Gewänder und irrten planlos umher. *(Karl-Heinz Rummenigge)*

Das glückliche Unentschieden hat 1860 vor einer Niederlage bewahrt. *(ARD-Videotext)*

Die Löwen werden das Münchner Derby frühestens in 100 Jahren gewinnen. *(Franz Beckenbauer kurz vor dem 1:0-Sieg der 60er gegen Bayern)*

Lieber ein ehrlicher Sechzger als ein falscher Fünfziger. *(Theo Waigel, der 1860-Fan vor dem Lokalderby gegen die Bayern)*

Ich drücke 1860 ganz fest die Daumen. Denn die Vorstellung, dass in dem neuen Stadion ein Zweitligist spielt, ist nur schwer zu akzeptieren. Wer da dann alles spielen würde ... *(Franz Beckenbauer auf die Frage nach der Zukunft von 1860 München)*

1860 München ist doch nicht die Müllhalde von Borussia Dortmund. *(Karl-Heinz Wildmoser zu den Gerüchten, dass nach Icke Häßler, der in Dortmund nicht klarkam, nun auch Victor Ikpeba zu 1860 München wechselt)*

## **Münchner Merkur**

Edling – Breitbrunn 2:0. Das Ergebnis wurde ohne Gewähr übermittelt, denn so ganz genau wussten es die Platzherren nicht.

## Preußen **Münster**

Nachtlokale und Preußen Münster haben hier eins gemeinsam: Sie können von ihren Besucherzahlen nicht leben. *(Preußen-Präsident Günter Wellerdieck über das Publikum in Münster)*

## Jim **Murray**

Beim Fußball stehen 21 Kerle herum und einer macht einen Stepptanz mit dem Ball. *(amerikanischer Sportjournalist in den Sechzigern)*

## Erik **Mykland**

*(norwegischer Fußballer)*

Wir lieben uns alle – aber nur auf dem Platz.

# n

## Norbert **Nachtweih**

Er ist es nicht wert, über ihn zu sprechen. Nur so viel: Ich sah ihn zwei-, dreimal vormittags mit roten Augen. Nachtweih hatte eine Fahne – da war ich schon vom Riechen besoffen. *(Dragoslav Stepanović)*

## Wolfgang **Nadvornik**

*(Moderator)*

Marcell Jansen, war ja kein echtes Debüt, aber über 90 Minuten, wie war das, als Sie die Hymne gehört haben, haben Sie ein bisschen die Hosen voll gehabt, ganz ehrlich? *(darauf Mertesacker)* Ich bin zwar nicht Marcell Jansen, aber ... *(darauf Nadvornik)* Ich weiß. *(nach einem Länderspiel zu Per Mertesacker)*

## Julian **Nagelsmann**

Es bleibt unten schön kuschlig in der Region, in der wir uns befinden. Kuschlig ist Gott sei Dank nicht so schlecht im Leben – vor dem Kamin. In der Tabelle eher ungünstig. *(über die Situation im Abstiegskampf)*

Ich habe mit hohen Messlatten kein großes Problem, ich war im Hochsprung schon immer recht talentiert.

Du kannst einen Spitzenspieler wie Virgil van Dijk, der 85 Millionen Euro kostet, nicht mit dem Verkauf von Bratwurst im Teigmantel aus dem Automaten bezahlen.

Ein Bauer muss sich auch mal von seinen Kühen und Schweinen trennen – auch wenn er eine gute Beziehung zu ihnen hat. *(über Spielerwechsel)*

Ich bin in ganz engem Austausch mit Ralph Hasenhüttl und Thomas Tuchel. Wir einigen uns noch, wer Co-Trainer und wer Cheftrainer wird nächstes Jahr. *(zu Spekulationen um eine zukünftige Beschäftigung beim FC Bayern München)*

In der Sinsheimer Badewelt gehe ich nicht mehr so gerne in den Nacktbereich. *(auf die Frage, ob sich sein Verhalten als Bundesligatrainer in der Öffentlichkeit geändert habe)*

Das Schönste ist in meinen Augen, dich mit Menschen abzugeben, wo du so sein kannst, wie du bist. Das war bei dieser Mannschaft so. Heute sagte ich zum Beispiel zu unserem Torhüter Alexander Stolz: »So verschwitzt sehe ich echt scheiße aus.« Seine Antwort: »Dann schwitzt du also immer.«

Es gibt den schönen Spruch: Tradition ist wie eine Laterne, den Intelligenten leuchtet sie den Weg, die Dummen klammern sich an sie. *(zu 50+1 im Fußball)*

Ich habe anscheinend schon öfter meine Frau geweckt, weil ich irgendeinen Namen gerufen habe, um zu sagen, dass er irgendwo hinsprinten soll. Da ist sie ein bisschen erschrocken, das passiert mir anscheinend häufig.

## Hidetoshi **Nakata**

Die Tomate wird den Ball in die Mitte bringen. *(Wilfried Mohren über den Japaner Nakata, der mit rotgefärbten Haaren spielte)*

## Deniz **Naki**

Ich komme aus der Gosse, da wird man entweder Zuhälter oder Fußballprofi.

Ach, das kann man nicht beschreiben, das musst du selbst erleben. *(auf die Frage, wie er sein erstes Bundesligator erlebte)*

## FC **Nantes**

Ich war schon vor zwei Jahren in Nantes, und es ist immer noch dasselbe, außer dass alles völlig anders ist. *(Kevin Keegan)*

## Ingo **Naujoks**

*(Comedian)*

Victoria Beckham ist so dünn – ich glaube, die wird erst wieder was essen, wenn ihr Mann seinen ersten Elfer versenkt hat.

## **NDR**

Herr Schröder hat das Spiel unterbrochen. Er kann das, er darf das, er muss das, denn Herr Schröder ist der Schiedsrichter.

## **NDR**-Rundfunk

Heute spielt Werder Bremen gegen den HSV. Entweder Werder gewinnt oder Hamburg verliert. Eine andere Möglichkeit gibt es nicht.

## Nick **Neave**

*(Evolutionspsychologe)*

Wie andere Tiere, die ihr heimatliches Revier bewachen und beschützen, sind Fußballspieler energiegeladener, aktiver und selbstsicherer, wenn sie von auswärtigen Gruppen bedroht werden. *(über das Sexualhormon Testosteron als Grund für den Heimvorteil)*

## Louisa **Nécib**

Wenn sie den Ball berührt, scheint die Sonne. Mir ist normalerweise kalt, aber ihre Kunst erwärmt mich und bringt die ganze Mannschaft zum Glühen. *(Frankreichs Trainer Bruno Bini über seine Spielerin)*

## Marco **Negri**

*(Stürmer von den Rangers)*

Ich habe zuerst überhaupt nicht verstanden, was das soll, als »Gazza« meinte, er würde seine Geldbörse mit aufs Feld bringen. Dann hat er mir einen Zeitungsausschnitt gezeigt, in dem meine Mutter gesagt hat, dass ich entweder Fußballprofi oder ein Dieb werden würde.

## Silvia **Neid**

Die Ähnlichkeit ist deutlich erkennbar, nur befürchte ich, dass meine Barbie-Doppelgängerin etwas beweglicher ist als ich. *(Bundestrainerin über ihre eigene Barbie-Puppe)*

Viele Männer waren nur gekommen, um den Trikottausch nach dem Spiel zu sehen. So ein Schwachsinn! *(nach einem Länderspiel der Frauen-Nationalmannschaft im Jahr 1982)*

Ich bin kein Matthäus. Dazu fehlen mir an meinem Körper die entscheidenden fünf Gramm.

Es gibt immer noch irgendwelche Fans, die nach Spielen rufen: »Trikots tauschen.«

## Karsten **Neitzel**

*(Co-Trainer beim VfL Bochum)*

Der Chef auf dem Platz ist die Spielsituation.

## Ryan **Nelsen**

*(neuseeländischer Nationalspieler)*

Wenn das die besten Schiedsrichter sind, die die FIFA zu bieten hat, will ich die schlechtesten nicht sehen. *(bei der WM 2010)*

## Jiří **Němec**

Jiří möchte eigentlich keine Tore machen, weil er es hasst, umarmt zu werden und im Mittelpunkt zu stehen. *(Rudi Assauer über die Torgefährlichkeit von Jiří Němec)*

## Klaus-Peter **Nemet**

*(FC-St.-Pauli-Trainer)*

Wir hatten von vornherein keine Chance und haben sie etwas genutzt. *(nach einer 0:3-Niederlage gegen den VfB Stuttgart)*

## Christian **Nerlinger**

Wir brauchen ab sofort Ergebnisse.

Die Angst, dass er dann vielleicht die Meisterschale mal an Hamburg, Schalke oder wen auch immer hätte übergeben müssen, die kann ich ihm nehmen: Das wäre hundertprozentig nicht passiert. *(über Uli Hoeneß als DFL-Präsident)*

Der Trainer soll uns nicht reich, sondern erfolgreich machen! *(Antwort auf Louis van Gaals Worte: »Meine Vereine haben immer viel Geld verdient.«)*

Der Nerlinger, der schießt auf 100 Meter 'ne Kuh kaputt! *(Max Merkel)*

## Günter **Netzer**

Von den Zweitrangigkeiten in meinem Leben ist das die Priorität. *(auf die Frage, wie ausführlich er sich über seinen Ex-Klub Gladbach erkundigt)*

Ich würde mir nicht zutrauen, ein Frauenfußball-Spiel zu analysieren. Ich denke, dass ich denkbar ungeeignet dafür wäre.

Ich spüre, dass es genug ist. Ich habe genug geredet. Ich kann mich selbst kaum noch sehen und hören.

Ich muss so langsam sprechen, wie die spielen. *(nach dem EM-Spiel Griechenland gegen Schweden)*

Zu Gerhard Delling: Ich sag ja, Sie hören mir nie zu! Delling: In Ihrem Alter merken Sie gar nicht mehr, ob jemand Ihnen zuhört.

Ich hoffe, dass die deutsche Mannschaft auch in der zweiten Halbzeit eine runde Leistung zeigt, das würde die Leistung abrunden!

Günter Netzer nach einem Spiel: Haben Sie sich wirklich die chinesischen Namen gemerkt? Delling: Ja, ich hatte sie auswendig gelernt, aber eigentlich hab ich mit Netzer schon genug!

Sie sind der Experte – Betonung liegt auf Ex. *(Gerhard Delling zu Günter Netzer kurz vor dessen TV-Abschied)*

Günter hat zweimal den Nikolaus bei uns gemacht! Wir haben es kein drittes Mal versucht, weil eine unserer Töchter gesagt hat: »Du Günter, schon komisch, der Nikolaus hat genauso ›Tichtuch‹ gesagt wie du!« *(Paul Breitner)*

Was ich so gehört hatte, kam es mir vor, als würde ich die Marlene Dietrich des Fußballs einkaufen. *(Karl Oberholzer, Präsident von Grasshopper Zürich)*

Niemand war da zum Empfang – bis auf das Flughafenpersonal. Und von denen mussten wir uns auch noch rüde beschimpfen lassen. *(über die Rückkehr vom Länderspiel aus Tirana, wo die deutsche Mannschaft gegen Albanien nur 0:0 gespielt und dadurch die Qualifikation zur Europameisterschaft 1968 verpasst hatte)*

Ich musste immer nur ins Tor, weil ich immer der Kleinste war.

Ich persönlich habe mir bei jedem Trainingslager überlegt, ob ich aufhöre, Fußball zu spielen.

Während ich mich bückte, hat mir der Franz Beckenbauer mal einen Freistoß gestohlen. Mensch, war ich sauer, aber leider ging der Ball rein.

Bei mir wusste man immer, woran ich war.

Da kam aus drei Metern ein Rehhagel angeflogen oder Willi Schulz mit seiner Blutgrätsche. Wir wurden vom Gegner verfolgt. Die wollten am Spiel gar nicht teilnehmen. Die haben uns die Lust am Fußball genommen. *(über das Leben eines Spielmachers zu seiner Zeit)*

Kopfball war für mich immer so etwas Ähnliches wie Handspiel.

Der Günter Netzer war nie ein Fußballer im eigentlichen Sinn. Der ist nach Las Vegas geflogen, hat seinen Nachtklub gehabt und lauter solche Sachen. Die paar Jahre, die er sich konzentriert hat, ist er schon gelaufen. Danach konnte er halt nicht mehr. In Las Vegas, da kriegst halt keine Kondition. *(Franz Beckenbauer)*

Wenn Günter Netzer wehenden Haupthaars und mächtigen Schritts aus der Tiefe des Raums kam, wurde Sport zur Kunst. *(Holger Jenrich, »Die Zeit«)*

Und dann knallt der uns mit seinem falschen Fuß dat Ding in den Giebel. Wenn der drübergegangen wäre, hätte er auf der Tribüne einen Mensch erschossen. *(der Kölner Spieler Heinz Simmet über Günter Netzers legendäres Siegtor im Pokalfinale Gladbach – Köln, nachdem Netzer sich selbst eingewechselt hatte)*

Abseits is, wenn dat lange Arschloch zu spät abspielt. *(Hennes Weisweiler)*

Wenn der Ball im Tor ist, war das immer eine gute Maßnahme.

Wenn du denkst, es geht nicht mehr, kommt von irgendwo 'ne Flanke her.

Der Kopf denkt, der Fuß versenkt.

Die meisten Spiele, die 1:0 ausgingen, wurden gewonnen.

Da sieht man, dass die Torwächter in all den Jahren mit den Feldspielern nicht mitgewachsen sind.

Die Tragik des Fußballs ist, dass Schönheit nicht immer erfolgreich ist.

Das Leben fängt an, wo Fußball aufhört.

Ich habe eher gesehen, dass sie solche Milchgesichter haben wie Sie. *(nachdem Gerd Delling ihn gefragt hatte: »Haben Sie auch die selbstbewussten Gesichter der Färinger gesehen?«)*

Ich bin kein Sanierungsfall, meine Haare bleiben so, wie sie sind. *(zu der Aktion einer Boulevardzeitung, die ihm eine neue Frisur verpassen wollte)*

Im Mittelfeld gibt es eine Konservation von Spielern.

Der beste Lehrmeister ist nicht Franz Beckenbauer oder sonstwer aus der Prominenz. Der beste Lehrmeister ist die Straßenlaterne, die man als Knirps zu umspielen sucht. Oder Passanten. Oder Bordsteinkanten.

Der Schütze sollte nie selber schießen.

Wunderschön, mit dem Außenspann, teilweise mit dem Vollspann.

Hätte ich das Sagen, ich würde auf Disziplin und Ordnung achten, sofort die Spieler aussortieren, die meine Regeln nicht beachten. Freiheiten, die sich Günter Netzer einst in Gladbach herausnahm, würde ich heute nicht gestatten. *(Netzer im Jahr 2001 über sich selbst)*

Netzers Kommentare sind wie sein Haarschnitt – langweilig. *(Stefan Effenberg)*

## Frank **Neubarth**

Der rennt, als hätten sie ihm Pampers-Windeln in die Hosen genäht – aber Tore macht er trotzdem. *(Max Merkel)*

Wenn man es sich einfach machen will, sagt man: »Es liegt am Trainer.« Aber wer glaubt denn schon tatsächlich im Ernst, dass es an mir liegt?

Da springen schon mal die Gallensteine rauf und runter. *(über die schwache Chancenauswertung seiner Stürmer)*

Diesmal haben wir nur 2:1 verloren. Dein Vorgänger war deutlich besser. *(Gladbachs Trainer Hans Meyer zu seinem Schalker Kollegen Frank Neubarth in Anspielung auf die 0:2-Niederlage in der Vorsaison)*

## Hermann **Neuberger**

*(DFB-Präsident)*

Es gibt Trainer, die machen leider aus jedem Problem gleich ein Problem.

Die Breite an der Spitze ist dichter geworden.

Es gibt Generäle, die schreiben ihre Memoiren nur, um nachträglich ihre verlorenen Schlachten zu gewinnen. So kommen mir auch die meisten Sportlerbiografien vor.

Manche Trainer sagen auf der Pressekonferenz ihre Meinung nur, weil sie zu schwach sind, sie zurückzuhalten.

## Willi **Neuberger**

Durch meinen Platzverweis hat es kein Gedränge unter der Dusche gegeben. *(der Wuppertaler Profi nach einer roten Karte 1974)*

## **Neue Osnabrücker Zeitung**

»Ein Leben mit Fußball« könnte der 77-Jährige seine Memoiren betiteln, denn er spielt seit sage und schreibe 80 Jahren Fußball.

## **Neue Rhein-Zeitung**

Auch mit Fuchs wurde Fortuna nicht schlau. *(zur Entlassung von Trainer Fuchs bei Fortuna Düsseldorf)*

## **Neue Zürcher Zeitung**

Wenn zwei Männer in den Fünfzigern sich umschlungen halten wie beim Stehblues und dann wie Kinder tanzen, muss etwas Besonderes passiert sein. *(die jubelnden Hoeneß und Magath nach einem glücklichen 2:2 durch zwei Tore in der Schlussphase)*

## Andreas »Zecke« **Neuendorf**

Ich habe den verlockenden Angeboten von Madrid und Barcelona eine Absage erteilt, weil ich mich in Berlin und bei Hertha BSC so wohl fühle. *(zu seiner Vertragsverlängerung bei Hertha BSC)*

In der Disco wäre ich nicht zu Boden gegangen. *(zu einer vermeintlichen Tätlichkeit)*

## Manuel **Neuer**

Wir schießen zu wenig Tore, vielleicht heißen wir deshalb auch die Knappen. *(auf Schalke)*

Manuel Neuer ist die Steigerung von Titan – ich weiß gar nicht, wie diese Legierung heißt. *(Karl-Heinz Rummenigge)*

Tausche Ehre gegen Geld! *(Fanplakat bei seiner Rückkehr auf Schalke nach seinem Wechsel zum FC Bayern München)*

Wir trauern um M. Neuer – gestorben zwischen 2005 und 2011 – wiederauferstanden als charakterlose Marionette. *(Fanplakat bei seinem ersten Spiel mit dem FCB auf Schalke)*

Selbst Judas hatte mehr Ehre! *(weiteres Plakat im September 2011 auf Schalke)*

Du kannst auch noch so viele Bälle parieren, wir werden dich nie in unserem Trikot akzeptieren. *(Plakat der Bayern-Fans zu Manuel Neuer)*

Die Frau an der Kasse hat nichts gesagt, die wollte nur das Geld haben. *(auf die Frage, wie bei einem Drogeriebesuch in Köln der Kontakt zum Otto Normalbürger war)*

Urin. *(auf die Reporterfrage, was bei der Dopingprobe herausgekommen sei)*

Ey, sag dem Japs mal Bescheid, er soll warten, bis ich wieder stehe! *(im Training zum Dolmetscher des Japaners Takashi Usami, als dieser zu schnell hintereinander Flanken schlug)*

Uli Hoeneß: »Wir wollen Manuel. Und wo ein Wille ist, ist auch ein Weg. Aber die Schalker dürfen jetzt bloß keine Mondpreise aufrufen.« Schalke-Aufsichtsrat Clemens Tönnies: »Wie wertvoll Manuel ist, hat er gegen Manchester United wieder mal bewiesen. Wie hoch der Mond hängt, entscheiden wir.« Karl-Heinz Rummenigge: »Ich denke, Schalke bestimmt nicht, wo der Mond steht. Das macht die Natur schon selber. Im Übrigen haben wir im Moment abnehmenden Mond.«

Wenn Clemens Tönnies hofft, dass Manuel Neuer noch einmal zurückkommt, dann muss er ihn nach der Karriere schon als Mitarbeiter in seiner Fleischfabrik anstellen. *(Olaf Thon über eine mögliche Rückkehr von Neuer zu Schalke)*

## Hans-Günter **Neues**

Seit Neues von Lautern weg ist, können die Mütter ihre Töchter wieder beruhigt durch die Stadt gehen lassen. *(Max Merkel über den ehemaligen Libero des 1. FC Kaiserslautern)*

Daraus kann man mir doch keinen Vorwurf machen. Da müsste der Schiedsrichter allenfalls meinen Eltern die gelbe Karte zeigen. *(weil er so eine imposante Gestalt war)*

Für mich wäre es am besten, ich würde mit einer Maske einlaufen, damit mich die Unparteiischen nicht erkennen.

Moment, Günter, die Dame muss sich zuerst Schienbeinschützer anziehen! *(als Neues eine Dame zum Tanz auffordert, reagiert sein Mannschaftskamerad Klaus Ackermann sofort)*

## Charly **Neumann**

Knack hat das gemacht und ich hab mir sofort ans Bein gefasst, weil ich dachte, es wäre mein Knochen gewesen. *(über einen Beinbruch von Klaus Fischer direkt vor der Trainerbank)*

Ich sehe am Himmel einen UEFA-Platz. Wenn nur unten nicht das Jammertal wäre.

Baumgart, der Ferrari unter den Hansa-Trabis.

In schlechten Zeiten müsst ihr Schalker sein – in guten haben wir genug davon.

Charly würde auch im kältesten Winter für Schalke ins Wasser springen – vorausgesetzt, es wären genügend Fotografen da. *(Autor Helmut Holz)*

Ich mache alles auf Schalke. Den Alleinunterhalter, den Fahrer, den Clown – und wenn es sein muss, putze ich den Jungs auch noch die Schuhe. Für Schalke würde ich mein letztes Hemd geben. Auch wenn ich arm wie eine Kirchenmaus wäre. Ich bin der letzte wahre Schalker.

## Claudia **Neumann**

*(Sportreporterin)*

Beim Fußball handelt es sich nun mal um des deutschen Mannes liebstes Kind. Da sind Veränderungen genauso willkommen wie eine lästige Durchfallerkrankung. *(die erste Kommentatorin eines Männer-EM-Spiels über ihren schweren Stand)*

## Herbert **Neumann**

*(Spieler und Trainer)*

Ich tue meinen Job, so gut es geht. Aber von einem guten Lehrer zum Beispiel holt sich doch auch niemand ein Autogramm.

Was willst du reiten Esel, wenn du so viel kannst, um zu reiten Pferd! *(Tschik Cajkovski)*

## Jörg **Neun**

*(Spieler von Borussia Mönchengladbach)*

Ich will Kotelett und kein Ingwer. *(als sein Trainer Wolfgang Frank den Spielern empfahl, sie sollten sich morgens die Ohrläppchen reiben und außerdem regelmäßig Ingwerwurzel kauen)*

Ich habe ihn liquidiert. Wenn er etwas will, soll er sich vorher seinen Ausweis anhängen, damit seine Mutter ihn nicht nur an der Blutgruppe erkennt. *(Toni Polster)*

## Manfred **Neuner**

*(Schiedsrichter)*

Wenn ich heute so gepfiffen hätte, wie ihr vor dem Tor Chancen vergeben habt, hätte ich mich zu Hause nicht mehr sehen lassen dürfen. *(nach einer Partie des BVB gegen Hannover 96)*

## Peter **Neururer**

Spaghetti zum Frühstück sind beschissen! *(über die frühen Anstoßzeiten in der zweiten Liga)*

Wenn Herr Neururer erst mal Chelsea trainiert, womit ja nach seiner eigenen Einschätzung täglich zu rechnen ist, wird er feststellen, dass er sogar um 12.45 Uhr spielen muss. *(der DFL-Geschäftsführer Christian Seifert über die Kritik von Peter Neururer an den frühen Anstoßzeiten)*

Wenn wir gewonnen haben, benutze ich zu Hause immer dasselbe Geschirr. Manchmal wochenlang.

Das ist wie in der Liebe. Immer nur Petting ist auf Dauer sehr frustrierend. Irgendwann muss auch mal einer rein.

Solch einen Pass spielt normalerweise nur jemand, der bedingt durch eine Krankheit im Rollstuhl sitzt.

Im Lösen von Kreuzworträtseln sind wir Deutscher Meister. *(auf die Frage, ob das intellektuelle Niveau seiner Mannschaft gegenüber der letzten Saison angestiegen sei)*

Wenn Sie den Assi nicht brauchen, schicken Sie ihn doch einfach nach Hause. *(zum Schiri; danach fand er sich auf der Tribüne wieder)*

Je mehr wir über die Vergangenheit reden, umso schlechter wird die Gegenwart. Und umso grauenhafter die Zukunft. *(über Traditionsvereine)*

Mancher Mikrofonhalter unter den Journalisten braucht einen Waffenschein.

Eine geheime Telefonnummer würde ich mir nie zulegen, auch wenn ich beim Essen 30-mal die Gabel hinlegen muss.

Sie wissen: Rauchen ist schädlich, das Kapillarsystem verengt sich. Aber ich trinke abends ein paar Bierchen, um die Äderchen wieder zu erweitern. So bleibt mein Gefäßsystem elastisch. *(vor Publizistik-Studenten als Scherz)*

Das qualifiziert ihn vielleicht für ein Oben-ohne-Poster in deinem Schlafzimmer, aber für mehr auch nicht. *(ein VfL-Bochum-Fan als Antwort auf den Kommentar eines anderen Anhängers, der den Trainer mit den Worten »Mit Peter war es echt am Schönsten beim VfL« zurückhaben wollte)*

Wir haben den Schnäuzer voll! *(Bochumer Fans auf einem Transparent, gegen Trainer Neururer gerichtet)*

Mit Neururer kommst du vielleicht noch bis zum nächsten Rotweinhändler, aber sicher nicht mehr in die Bundesliga. *(aus einem VfL-Bochum-Fanforum)*

Bin ich jetzt die Claudia Schiffer für Arme, oder was?! *(bei einem Fototermin)*

Heute bist du Denkmal, morgen bist du Grabmal.

Fettwerte interessieren mich nicht. Mich interessieren die Lederwerte! *(über Sportlerernährung)*

Abteilung Tiefschlaf. *(über seine Abwehr)*

Freunde, Sport ist Arbeit im Gewand jugendlicher Freude! *(zu Fans, mit denen er Gymnastikübungen machen sollte)*

Endlich habe ich mal wieder drei Punkte geholt. *(als er mit 143 km/h – erlaubt waren 100 – geblitzt wurde)*

Bei Maradona würde ich auch kommen. *(zum Konzert von Pop-Diva Madonna in der Hannoveraner Arena)*

Wir hatten heute ein Zweikampfverhalten wie Autogrammjäger.

Der Kostner zum Beispiel hatte fast so viele Spritzen drin wie ein Igel Stacheln. *(über seine angeschlagenen Spieler)*

Ich tippe mal auf ein langweiliges 5:5.

Der Herr Neururer ist wie ein Ferrari. Er ist äußerst rasant und manchmal ein bisschen schwer zu lenken. *(Gerhard Schwartzkopf, Vizepräsident des 1. FC Saarbrücken)*

Die fußballerische Intelligenz ist die Grundlage, um einen sportartspezifischen Intellekt aufzubauen.

Nachdem hier zwei Jahre lang Verhinderungsfußball gespielt worden ist, sind die Zuschauer für jedes unfallfreie Überschreiten der Mittellinie dankbar. *(beim 1. FC Saarbrücken)*

Wir haben nicht gewonnen – aber ein Sieg war es trotzdem. Ein Sieg gegen die Kraft des Vorurteils im Sport. *(pathetische Umschreibung für eine knappe Niederlage seiner vermeintlich chancenlosen Saarbrücker gegen die großen Bayern im Jahr 1992)*

Bei einem anderen Punktestand würden wir anders Fußball spielen. Aber wir müssen anders Fußball spielen, um den Punktestand zu verbessern.

Die Anatomie hat dem Menschen Hände gegeben. *(zu einem Handelfmeter gegen Bochum)*

Ich werfe elf Trikots hoch. Wer eins fängt, darf spielen.

Ich kann meiner Mannschaft keinen Vorwurf machen. Höchstens dem Platzwart. Der soll beim nächsten Mal die Torpfosten versetzen. *(nach einer 0:1-Heimniederlage, bei der sein Team dreimal den Pfosten getroffen hatte)*

Wenn ich auf dem Platz stehe, könnte mich sogar meine Frau verlassen.

Wenn das Telefon klingelte, hechtete ich zum Hörer wie Toni Schumacher, nur ohne Torwarthandschuhe. Meistens waren aber nur Bekannte dran. *(zu seiner Verfassung, als er bei Schalke gefeuert wurde)*

Und wenn sie mich mit Kohle zuschütten: Man kann mich bezahlen, aber man kann mich nicht kaufen.

Die Droge Bundesliga fasziniert mich – und sie finanziert mich.

Wenn zwei über Fußball reden, kommen drei Meinungen heraus.

Ich wollte eigentlich einen Eilantrag beim DFB einreichen, so dass ich in der Pause acht Spieler auswechseln kann. *(nach einem schlechten Spiel)*

Es gibt halt diese Seuchentage, an denen man lieber im Bett bleiben sollte. Aber leider hatte der DFB ein Spiel angesetzt.

Den Pass hätte sogar ich mit einem Spurt von der Bank noch abfangen können. *(zur Lethargie seiner Abwehrspieler bei einem 40-Meter-Pass)*

Ich kriege keine Probleme mit den Spielern. Ich bin ja selber ein Problemfall.

Ich bin Trainer und nicht Bewegungstherapeut der Sponsoren.

Wir wollten uns auf die Situation einstellen und haben bei 45 Grad trainiert. Das hat nicht geklappt, heute waren es 47.

Wir waren alle vorher überzeugt davon, dass wir das Spiel gewinnen. So war auch das Auftreten meiner Mannschaft – zumindest in den ersten zweieinhalb Minuten.

Wir feiern nicht, bis der Arzt kommt. Den nehmen wir gleich mit auf die Party.

Alte Statistiker können ihre alten Statistiken beiseite legen. *(nach dem ersten Bundesliga-Heimsieg gegen Kaiserslautern seit 14 Jahren)*

Die Stimmung ist eigentlich wie vor dem Spiel. Mit dem kleinen Unterschied, dass wir aus dieser äußerst großen Minimalchance, minimaler geht's gar nicht mehr, eine etwas kleinere gemacht haben, die größer geworden ist.

Wir haben Schalke die Tore geschenkt. Da spielen wir hinten 3 gegen 1 und jeder wünscht dem anderen viel Glück.

Wäre es kälter gewesen, wär' vielleicht einer von ihnen am Boden festgefroren. *(nach einer 0:3-Niederlage seines 1. FC Köln beim MSV Duisburg über seine Spieler)*

Wenn wir ein Quiz machen würden unter den Trainern in Deutschland, wer am meisten Ahnung hat von Trainingslehre, Psychologie, und der Trainer mit den besten Ergebnissen kriegt den besten Klub – dann wäre ich bald bei Real Madrid.

Das letzte Mal, dass ich so hoch verloren hab', war gegen meinen Bruder im Tipp-Kick *(nach einer 0:7-Niederlage mit Rot-Weiss Essen)*

In diesem Beruf komme ich mir nicht selten vor, als würde mir jemand dauernd mit einer Pfanne von vorn, von hinten, von oben auf den Kopf schlagen.

Auswärtsspiele sind keine Butterfahrt.

Im Gegensatz zu dem, was ich damals auf Schalke als Trainer erlebt habe, ist das in Köln ein Kururlaub und keine Krise.

Ich werde mir eine Schaf-Farm in Neuseeland kaufen und Schafswurst herstellen, um sie nach Bayern zu exportieren. Nee, mal im Ernst, was für eine blöde Frage ist das? Wie denkt man sich solche Fragen aus? Gibt man sein Hirn schon vor oder erst nach dem Journalistikstudium ab? *(auf die Frage nach seinen Plänen nach dem geschafften Wiederaufstieg in die Bundesliga)*

Ihr könnt Eimer zum Kotzen mitnehmen. *(bei der Ankündigung eines Trainingslagers)*

Besonders sexy bin ich ja bestimmt nicht, aber seit ich als Trainer arbeite, beherrsche ich zumindest die Verbalerotik.

Ich habe früher auch die großen Philosophen gelesen. Doch dann habe ich gemerkt, dass die von meinem normalen Denken absolut abweichen. Jetzt lese ich nur noch Fußballfachbücher.

Ich bin Idealist. Wenn das Leben nicht so teuer wäre, würde ich alles umsonst machen.

Wenn ich darauf reagieren würde, müsste ich wie ein Zitteraal durch die Gegend laufen. *(auf die Frage, wie er mit Spekulationen über seine Entlassung umgehe)*

Sowohl als auch. Einer, der auf Abseits gespielt hat, hat gepennt. *(auf die Frage: »Haben die da auf Abseits gespielt oder gepennt?«)*

Wynalda und daneben Sawitschew – das ist gewissermaßen mein Blauhelm-Sturm.

Zu Hause bin ich die absolute Weichbirne.

Wir fahren hin, hau'n die weg und fahren wieder zurück.

Der Genuss von Zuckerlimonade beeinträchtigt die Trainingsadaption.

Eine richtig schlaue Analyse fällt mir schwer. Ich bräuchte eine Stunde, um auf den Punkt zu kommen, aber mein Abendessen steht um acht auf dem Tisch.

Rassismus ist bei uns nicht mal denkbar, nicht mal im Spaß. Wenn so was in meiner Gegenwart fallen würde, dann gäbe es nur eins: Der wird direkt gefeuert. Ob das ein Leistungsträger ist oder irgendein Abspritzer im siebten Glied.

Meine Frau hat irgendwann einen hässlichen Vogel kennen- und lieben gelernt und sogar geheiratet. Meine Kinder lachen mich zwar aus, aber sie kann damit leben. Mir ist egal, wie ich aussehe. Ich bin kein Dressman für Zwischengrößen, sondern Trainer vom VfL Bochum.

Bei meiner versteckten Hasenscharte und den ganzen Sprachfehlern bleibe ich lieber in dem Metier, in dem ich mich auskenne. *(auf die Frage nach einem späteren TV-Engagement)*

Ich gebe es zu, das sah aus wie Breakdance für Arme. *(über seine Freudentänze an der Seitenlinie)*

Einen hatte ich mal. Ein ganz wunderbarer Typ! Aber er hat sich über seine eigene Situation, über die Situation seines Gegenspielers, über die Sozialstrukturen in seiner Mannschaft so viele Gedanken gemacht, er hat mitten im Spiel alles so bilateral und multilateral behandelt – da war immer der Ball weg. *(auf die Frage, ob es Spieler gibt, die zu klug für Fußball sind)*

Um Gottes willen! Ich habe mal einen Spieler gehabt, einen Kapitän, der war so was von dumm, der war dumm wie … dumm wie … *(Einwurf des Interviewpartners: »Brot?«)* Ach, der hatte einen IQ, der so einzuordnen war wie die Temperaturen, die wir im Moment draußen haben, der war fast schon debil. Aber ein ü-ber-ra-gen-der Fußballer! Dem musste ich nichts erklären, der hat alles immer richtig gemacht. Intuitiv. Seine Fußballintelligenz war sensationell. Aber vom normalen Intellekt: katastrophal. Der hat gehupt, wenn er gegen einen Baum gefahren ist. *(auf die Frage, ob der Intellektuellste in der Mannschaft stets Kapitän sein solle)*

Nach den heutigen Regeln hätte ich damals schon beim Aufwärmen eine gelbe Karte gekriegt. *(auf die gleiche Frage)*

Okay, und wenn ich erwachsen werde, lese ich auch mal Ihre Zeitung. *(am Ende eines Interviews mit der »Zeit«)*

Warm gemacht hab ich mich wie Maradona, aber gespielt hab ich wie Katsche Schwarzenbeck. *(auf die Frage, was er für ein Fußballertyp gewesen sei)*

Wir hätten nach 14 Minuten das Ergebnis unterschreiben und nach Hause fahren sollen. *(nach einer Niederlage)*

Wer jetzt noch vom Klassenverbleib spricht, den schicke ich zum Psychiater. *(in auswegloser Situation)*

Der erste Gegner im Abstiegskampf sind wir selber. Und es ist egal, ob wir jetzt gegen Bayern München oder Vorwärts Nippes spielen.

So hoch können wir gegen Hannover 96 gar nicht verlieren, dass ich rausgeworfen werde. *(kurze Zeit danach wurde er als Absteiger entlassen)*

Wir sind 2005 noch ungeschlagen. *(nach einem 2:2 zum Rückrundenauftakt gegen Hertha BSC)*

Wenn neben mir eine Bombe einschlägt, zucke ich nicht mal zusammen. Immerhin bin ich schon eineinhalb Jahre Trainer des 1. FC Saarbrücken.

Labern ist Peter – siegen ist Gold. *(ein Transparent der Fans des VfL Bochum über ihren gesprächigen Trainer Neururer im Abstiegskampf)*

Wie ich gelesen habe, wird es sehr schwer für uns in Bochum. Mein Kollege weiß ja, wie das Spiel ausgeht. Deswegen fahren wir dahin, um die Niederlage in Grenzen zu halten. *(Bayern-Trainer Felix Magath zu Äußerungen des Bochumer Trainers)*

Es wird Zeit, dass wir Peter Neururer seine große Klappe stopfen. *(Andreas Müller)*

Ich schäme mich dafür, mit so einem Mann gearbeitet zu haben. Er hat die Chance gesehen, mich kaputtzumachen. *(Sunday Oliseh)*

Unglaublich, wie Peter der Größte den Ruhrpott-Tango o.P. *(ohne Partner)* hinlegt. Wie der im Jubel über den Platz stakst – so was kenn' ich sonst nur von liebeskranken Störchen ... *(Max Merkel über die Tanzkünste von Bochum-Coach Peter Neururer)*

## Neuseeland

Wir können Weltmeister werden. Aber nur im Fischen. *(Wynton Rufer)*

## Oliver **Neuville**

Der Oliver Neuville trifft von einem Meter das Tor nicht. Er trifft es auch nicht von 15 Zentimeter. Das ist halt so. *(Bernd Schuster)*

Was Oliver Neuville in diesen Wochen auf dem Fußballplatz leistet, hat Hand und Fuß. *(»Frankfurter Allgemeine Zeitung« über ein deutliches Handtor)*

Oliver Neuville, der europäischste Europäer, den man sich am heutigen Abend überhaupt vorstellen kann: Vater Deutscher, Mutter Italienerin und Großvater Belgier – von dem er auch den Namen hat! Sonst würde er »Neustadt« heißen! *(Heribert Faßbender)*

Der kleine Oliver Neuville. Er schaut immer so traurig drein. Man möchte ihn am liebsten an die Hand nehmen und ihm ein Eis kaufen. *(Reinhold Beckmann)*

Neuville – der reicht dem Hyypiä gerade mal bis zum Beckenknochen. *(Béla Réthy)*

## Gary **Neville**

Ich habe Beschimpfungen erwartet, aber ich habe auch einen Hamburger und 4,50 Pfund Wechselgeld erhalten. *(nachdem man ihn in Liverpool mit Sachen beschmissen hatte)*

Wenn er auch nur ein paar Zentimeter größer wäre, wäre er der beste Innenverteidiger Englands. Sein Vater ist 1,89 Meter groß – ich tippe mal auf den Milchmann. *(Sir Alex Ferguson)*

## Phil **Neville**

*(englischer Nationalspieler)*

Die Brasilianer sind südamerikanisch und die Ukrainer sind europäischer.

Ich war mir noch nie so sicher in meinem Leben. Ich will Trainer werden. Oder Manager. Ich bin mir nicht ganz sicher, was von beidem.

## **Newcastle** United

Sehr verehrte Damen und Herren, wir haben aufgehört, den Tyne zu beaufsichtigen, so dass nun Fans von Newscastle ungestört in den Fluss springen können. *(Zugführer, Fan von Sunderland, als Kevin Keegan 1997 Newcastle verlassen hat)*

Fußball ist heute wie Schach. Es geht nur noch ums Geld. *(Fan-Banner)*

## **Newsletter** von Bayern München

Am Samstag will der FC Bayern in Cottbus den nächsten Schritt auf dem Weg zur deutschen Mannschaft machen.

## **Neymar**

Ich hatte das Gefühl, ich säße in Las Vegas und schaue zwei Zauberern zu, wie sie einen Elefanten verschwinden lassen. *(der Präsident des FC Santos, Luis Álvaro Ribeiro, über ein besonders schönes Tor von Neymar)*

## Charlie **Nicholas**

*(Sky-Kommentator)*

Ich habe keine Ahnung, was Arsène Wenger für ihn bezahlt hat. Es waren mindestens vier Millionen.

## Gerd **Niebaum**

Früher haben die Spieler einen roten Kopf gekriegt, wenn sie uns bei Vertragsverhandlungen 10.000 Mark mehr an Gehalt aus dem Kreuz geleiert hatten. Am Ende hatten sie nicht einmal mehr bei einer Million einen roten Kopf.

Unser größter Gegner sitzt in der eigenen Kabine.

Heute haben die Spieler doch mehr Pressekontakte als Ballkontakte.

Wir bei der Borussia kennen kein Schwarzgeld, wir kennen nur Schwarz-Gelb.

Auch wenn die Leverkusener in den noch ausstehenden zwei Spielen Manager Calmund ins Tor stellen, holen sie noch die nötigen vier Punkte zur Meisterschaft.

Wir sind im Land der westfälischen Eichen und nicht der feingliedrigen Gewächse.

Wir haben offenbar einen zu kleinen Magen. Da passen nur drei Punkte rein. Das muss gegen Schalke anders werden.

Die Schale, die nach 32 Jahren nach Dortmund zurückgekehrt war, sollte entführt werden: Von Elefanten, von Königen und zuletzt sogar von Kaisern. Aber keiner hat es geschafft.

Wir haben in der letzten Saison auf der Intensivstation gelegen und waren in den letzten Wochen in der Reha. Danach kann man nicht gleich das Goldene Sportabzeichen machen.

## Niederlande

Die haben die beste Taktik: Gras rauchen statt Gras fressen. *(Lotto King Karl über die holländische Mannschaft während der EM 2000 in einer Fernsehreportage)*

Die Holländer kriegen das 4-3-3 quasi schon mit der Muttermilch. *(Marcel Reif )*

Mr. Martinez, der Schiedsrichter, war zu langsam, um zu begreifen, dass die Holländer die Holzschuhe erfunden haben. *(David Lacey im »Guardian« über die raue Seite von Holland)*

Hollands Käsespiel stinkt ganz Europa. *(»Bild«)*

Die Holländer sind vorne vom Feinsten bestückt. *(Oliver Kahn)*

Ich will nicht immer nur gegen Holland spielen. *(Tomas Rosicky, der in der Weltmeisterschafts-Qualifikation zum fünften Male seit der EM 2000 gegen Holland antreten musste)*

Die Einstellung der niederländischen Fans ist furchtbar. Es fehlt an Respekt. Sie nennen dich einen Hurensohn und wünschen dir, dass du Krebs bekommst. *(Nationalspieler Ruud van Nistelrooy)*

Wir haben die Ruhe in unserem Königshaus bewahren können. *(Marco van Basten nach dem 0:0 gegen Argentinien. Kronprinz Willem Alexander ist mit der in Argentinien geborenen Maxima verheiratet)*

## Florian **Niederlechner**

Ich habe am Tag fünf Latte macchiatos getrunken, am Nachmittag gab es immer einen Döner oder eine Pizza. Und wenn am Donnerstag irgendwo eine gute Party war, bin ich da auch noch weggegangen. *(in der Zeit als Amateur)*

## Kurt **Niedermayer**

Je älter ich werde, desto ruhiger spiele ich. Vielleicht schlafe ich irgendwann im Spiel mal ein!

## Peter **Niemeyer**

Sie stand ein wenig weiter weg als gedacht, ich wollte ihr einen Schulterklaps geben. Aber man muss die Zuschauer auch ein wenig unterhalten! *(der Hertha-Spieler verpasste Schiedsrichterin Bibiana Steinhaus einen Busenwischer)*

## Antonio Jesus Lopez **Nieto**

*(spanischer WM-Schiedsrichter)*

Der Nieto war eine Niete. *(Franz Beckenbauer)*

## Norbert **Nigbur**

Lauter Opas stehen vor mir! *(schimpfte der Torhüter über seine ins Alter gekommene Abwehr auf Schalke)*

Offenbach hätte 3:0 gewonnen, wenn ich nicht ein Papstbild in der Tasche gehabt hätte.

Ich verstehe mich mit dem Sepp prima. Wir haben immer zusammen in einem Zimmer geschlafen, wenn wir bei der Nationalelf waren. Ich habe von ihm viel gelernt. Von ihm habe ich auch die Liebe zum Schnupftabak übernommen. Er sagte mal zu mir: »Wenn du ein Weltklasse-Torwart werden willst, musst du regelmäßig schnupfen.« Ich tue das bis heute! *(über Sepp Maier)*

## Nigeria

Wenn ein Deutscher hört, »ich bringe dich um«, dann ist er nächste Woche tot. Bei uns in Nigeria bedeutet es, »ich bin nicht glücklich mit dir«. *(Nigerias Teamsprecher zu den Morddrohungen gegen den Spieler Sani Kaita)*

Ich habe im Vertrag stehen, dass sich alle Spieler in der Kabine hinsetzen müssen, wenn ich reinkomme. Die meisten sind trotzdem größer als ich. *(Berti Vogts, als er dort Nationaltrainer war)*

Einige Spieler sind armselige Fußballer. *(Taribo West über Nigerias WM-Fußballer)*

## Oka **Nikolov**

Beim 0:1 sehe ich unglücklich aus, ob der Ball geflattert hat oder nicht – aber er flattert natürlich.

## Håvard **Nordtveit**

»Brauchte ich nicht, ich bin einfach dumm.« *(im »kicker«-Interview auf die Frage, wie er die lange Verletzungspause verarbeitet habe)*

## **Norwegen**

Die haben viereckige Füße. Das sind Robocops. *(Diego Maradona)*

Branco tanzt und ich grätsche. Das ist der Unterschied zwischen Kamerun und Norwegen. *(Jan Åge Fjørtoft über den brasilianischen Weltmeister von 1994)*

## **Nottingham** Forest

Berlin hat alles. Es ist eine kosmopolitische Stadt mit Theatern, Kinos und aufgeschlossenen Leuten. Nottingham hat nahezu nichts außer Robin Hood – und der ist tot. *(Bryan Roy bei seinem Wechsel von Nottingham Forest zu Hertha BSC)*

## Alexander **Nouri**

Wer Perfektion sehen will, muss in den chinesischen Staatszirkus gehen.

## Thomas **Nowag**

*(Journalist)*

Wer sonntags alle Fußballtalks anschaut, ist mit Herrenwitzen für Monate versorgt.

Eigentlich bedeutet Derby nur die Verzehnfachung der Angst vor einer Niederlage.

## Jens **Nowotny**

Ich werde nicht unbedingt meinen Urlaub in Dortmund verbringen.

Das ist doch völlig normal. Wenn zwei international erfahrene Mannschaften aufeinandertreten, dann geht es schon einmal etwas ruppig zu. *(auf die Frage nach den Härten im Spiel Leverkusen gegen Bayern)*

Etwas Besseres kann dem deutschen Fußball gar nicht passieren, als dass eine Mannschaft nicht nur vorne ist, sondern auch erfolgreich, aber deswegen ist sie ja vorn.

Wenn man zu früh auf andere schaut, dann vergisst man, das Wichtige aus den Augen zu verlieren.

## Alexander **Nübel**

Alex war zu Beginn vor jedem Training bei den Profis so nervös, dass er die Nacht davor vor Aufregung kaum schlafen konnte. Bis ich ihn dann mal gefragt habe: »Mensch, du siehst immer so kaputt aus, was ist denn los?« Er hat sich mir geöffnet, dass er nicht schlafen kann, weil er so aufgeregt ist. Das glaubt man dann erst einmal gar nicht. *(André Breitenreiter)*

## Dieter **Nuhr**

Unsere Fußballer sagen jetzt, wir werden 2006 Weltmeister, wir üben noch ein Jahr, und dann holen wir den Titel. Hoffentlich hören das nicht die anderen, sonst üben die auch.

Am Ende ist es der klassische Placeboeffekt: Wer glaubt, dass er zu Hause unschlagbar ist, gewinnt am Ende auch.

Heute wälzen sich die Fußballer nach Fouls durch das ganze Stadion: Die wollen natürlich in die beste Kameraposition kommen.

Im Prinzip haben wir bereits mit der Teilnahme an der WM die grundsätzlichen Ziele eines anständigen Deutschen erreicht: Wir sind weiter gekommen als Österreich und Holland.

Mit verbundenen Augen haben wir solche Gegner früher geschlagen – im Sitzen. Gar nicht ins Stadion sind wir gefahren, telefonisch haben wir sie besiegt, und als es noch kein Telefon gab, haben wir unsere Spielzüge per Brieftaube geschickt – und zweistellig gewonnen. *(über die gute, alte Fußballzeit)*

Es gibt nicht mehr die kleinen Gegner, wo man sagt: Zieh ich gar nicht erst die Fußballschuhe an, die schießen wir in Aldiletten aus dem Stadion.

Männer haben 100 Gramm mehr Gehirn als Frauen. Da ist unter anderem die Abseitsregel drin.

## 1. FC **Nürnberg**

Die sollen aufpassen, dass sie nicht bald der FC Bayern der Regionalliga werden. *(Lübecks Trainer Michael Lorkowski auf die Worte von Hermann Gerland, dass der 1. FCN der »FC Bayern der zweiten Liga« sei)*

Nein, nein! Ihr Abwehrflaschen! Vergrabt euch! Ganz tief! Ich will euch nie wieder sehen! *(Klaus Klump, Reporter für »Antenne Bayern«, über seinen 1. FC Nürnberg)*

Der Club war noch nie ein Depp, allenfalls waren das ein paar verantwortliche Personen. *(Horst Leupold)*

## Alexander **Nyarko**

Ich glaub', der hat sich mal von mir eine Video-Kassette gekauft und was abgeschaut. *(Thomas Häßler über die technischen Qualitäten des Karlsruher Neuzugangs)*

# O

## Rot-Weiß **Oberhausen**

Mittwochs 17:30h? Is der Bergmann fleißig! *(Banner-Protest gegen die frühen Anstoßzeiten)*

## **Oberhessische Zeitung**

In der 58. Minute hatte Krumnay die Gästeführung erneut auf dem Fuß, doch sein Kopfball strich am Kasten vorbei.

## Holger **Obermann**

*(Sportjournalist)*

Und wieder ein Konter – wieder Cha Bum – was macht er? – wieder drüber! *(kommentiert eine Wiederholung, ohne es zu merken)*

Zwei Minuten gespielt, noch immer hohes Tempo.

Es kann schon sein, dass die größten Abenteuer in aller Stille stattfinden. Aber doch nicht beim Fußball!

## Arkoc **Öczan**

*(Spieler vom HSV)*

Volkert hatte eine Leistungszerrung.

## Massimo **Oddo**

In Italien würden sie uns Waschbecken an den Kopf werfen. *(er wunderte sich, dass man sich in deutschen Stadien auch direkt vor der Fankurve der Gastgeber warm machen kann)*

## David **Odonkor**

Ein Odonkor hätte bei Helmut Schön nicht einmal den Medizinkoffer tragen dürfen. *(Buffy Ettmayer)*

## Michael **Oenning**

Wir werden gut aussehen. Wenn wir dann noch gut spielen, wäre es umso besser. *(auf die Frage, wann er zufrieden ist)*

## Kickers **Offenbach**

Sprung in der Schüssel, Loch im Dach – das ist Kickers Offenbach. *(Fan-Gesang der Frankfurter in den siebziger Jahren)*

In Offenbach ist alles sehr emotional. Das ist der Grund, warum es kein Trainer lange aushält. *(Trainer Hans-Jürgen Boysen)*

In Offenbach brauchst du eher einen Wohnwagen als eine Wohnung, so schnell bist du wieder weg. *(Peter Neururer)*

Es wird keinem gelingen mit dem Argument durchzukommen, die Toilette habe zuerst zugeschlagen. *(Vizepräsident Thomas Kalt auf die Frage, wie der Verein reagieren werde, nachdem OFC-Fans die Gästetoiletten in Siegen demolierten und Sachschaden in Höhe von 2.500 Euro anrichteten)*

Der Trainerstuhl in Offenbach ist ein Nagelbrett, und nicht jeder Trainer ist in der Lage, als Fakir zu arbeiten. *(Wilfried Kohls, Vizepräsident des OFC)*

## Klaus **Ohmsen**

Otto, das kostet aber drei Bier und drei Korn. *(zu Otto Rehhagel, als er ihn einmal glimpflich davonkommen ließ)*

## Jay-Jay **Okocha**

Am besten, man kommt gar nicht erst in seine Nähe. *(Frank Mill über die Kunststücke des Frankfurters)*

## Berkant **Öktan**

*(Spieler von Bayern München)*

Berkant Öktan ist erst 17. Wenn er Glück hat, wird er nächsten Monat 18. *(Franz Beckenbauer)*

## David **O'Leary**

*(Leeds-Trainer)*

Die Zeitungen behaupten, dass wir letzte Woche schlecht gespielt haben. Ich habe gedacht, wir wären großartig gewesen. Da kann man mal wieder sehen, wie wenig Ahnung ich habe.

## Ivica **Olić**

Mein Sohn hat zu mir gesagt: »Papa, du hast die Nummer 11, und du hast 11 Tore gemacht.« Ich antwortete: »Okay, nächste Saison tausche ich die Nummer mit Danijel Pranjić. Der hat die 23.«

Reporter: »Herr Olić, wie viel Wodka tranken Sie in Moskau?« Ivica Olić: »Nur einen einzigen. Ich hatte zwei Tage vor einem Spiel 40 Grad Fieber, ging zum Teamarzt. Der verschrieb mir einen Wodka mit Pfeffer. Mir ging's bald besser, ich konnte spielen. Ein gutes Rezept.«

## Sunday **Oliseh**

Fußballer sind wie große Kinder und wollen immer mit dem Ball spielen.

Männer, lasst uns einfach spielen und nicht den Maradona probieren! *(vor der Saison zu seinen Mitspielern)*

## Hans Werner **Olm**
*(Comedian)*

Wissen Sie, dass viermal so viele Männer Selbstmord begehen wie Frauen? Kein Wunder, es gibt ja auch keine 2. Liga im Frauenfußball.

## Morten **Olsen**

Liebe ist gut für Fußballer, solange es nicht während der Halbzeitpause passiert.

Wir hätten den Afrikanern niemals das Fußballspielen beibringen dürfen. Sie haben eine genetische Veranlagung zu hartem Spiel.

Herrn Olsen scheint die Hitze zu Kopf gestiegen zu sein. Er sollte sich für den Unsinn, den er da gesagt hat, entschuldigen. *(die dänische Politikerin Pernille Rosenkrantz-Theil über Olsens ebendiese in Dänemark als rassistisch verurteilte Aussage)*

## Noel **O'Mahony**

Wir werden glücklich sein, auch wenn wir verlieren. Das Spiel ist zur gleichen Zeit wie das Oktoberfest. *(Trainer von Cork City, vor einem Spiel gegen Bayern München im Jahr 1991)*

## Manfred **Ommer**
*(Präsident des FC Homburg)*

Laumänner brauchen was auf die Fresse.

## Martin **O'Neill**
*(Trainer von Celtic Glasgow)*

Das Beste, was man machen kann, ist das 0:0 halten, bis man ein Tor erzielt.

Reporter: Martin, haben Sie irgendwelche Neujahrsvorsätze? Martin O'Neill: Ja, hab ich, und die meisten betreffen euch. *(der Trainer von Aston Villa bei einer Pressekonferenz)*

Ich habe Cloughie gefragt, warum ich in der zweiten Mannschaft spiele? Er hat geantwortet: »Weil du für die dritte Mannschaft zu gut bist.«

Niemand hat uns eine Überlebenschance in der ersten Liga gegeben, außer einer Zeitung aus Bulgarien. Ich werde ihnen schreiben und mich herzlich bei ihnen bedanken.

## Matthias **Opdenhövel**
*(Moderator)*

Die meisten Sportler, die sich im Stern nackig machen, kennt man gar nicht. Wenn das Schule macht: »Ich kann zwar nix, aber ich zieh mich ein bisschen aus« – dann sehen wir Mittwoch beim Länderspiel an der Seitenlinie Jürgen Klinsmann im G-String!

Unser Otto Rehhagel mit der olympischen Flamme – als ich das gesehen habe, musste ich vor Stolz weinen. Und als ich dann beim Umschalten den Klinsmann als Nationaltrainer sah, musste ich noch viel mehr weinen.

## **ORB**-Videotext

Es blieb bei einem an das Osterfest erinnernden 0:0.

## Frank **Ordenewitz**

Natürlich kann man in ein paar Nächten beim Roulett Millionär werden. Wenn man vorher Milliardär war.

Bald kann Franz Beckenbauer von mir Autogramme haben. *(als kleiner Junge hatte er sich mit Unterschriften seiner geliebten Bayern-Idole eingedeckt)*

## Willie **Ormond**

Denen fällt es schwer, aus zehn Metern Entfernung eine Pyramide zu treffen. *(Schottlands Altinternationaler über den WM-Teilnehmer Zaire 1974)*

## Holger **Osieck**
*(ehemaliger Bundestrainer des DFB)*

Ich gehe als Coach stets davon aus, dass Nichtwissen durch Wissen besser zu heilen ist als durch Besserwisserei.

Das geht bei Amnesty International als Folter durch. *(über das Video eines Spiels Bochum – Karlsruhe)*

## Hans-Joachim **Osmers**

*(Schiedsrichter)*

Vorsichtig mit den einfachen Wahrheiten! Es gibt eigentlich auch über Fußballspiele nur eine einzige einfache Wahrheit: Die Wahrheit ist kompliziert.

Torwart Wolfgang Kneib: »Man kennt das ja. Freitagabends vom gastgebenden Verein gut betreut, und am Samstag dürfen die Gäste dann nicht husten, während dem Heimverein fast alles nachgesehen wird.« Osmers: »Mich wundert, dass Sie bei solchen Äußerungen kein schlechtes Gewissen haben!« Kneib: »Mich wundert, dass Sie keins haben.« Osmers: »Gehen Sie davon aus, dass ich dem DFB Meldung mache.« Kneib: »Machen Sie nur. Das ist die typische Reaktion: Stollen prüfen und Meldung machen!«

## Österreich

Wennst in Österreich als Fußballtrainer zwei Sätze unfallfrei beenden kannst, giltst ja schon als Intellektueller. *(Josef Hickersberger)*

Ich bin an der Grenze aufgewachsen. Gegen Österreicher verliert man ungern. *(Bastian Schweinsteiger vor einem Champions-League-Spiel in Wien)*

Beim Skifahren haben wir Vorteile, ansonsten fällt mir nicht mehr viel ein. *(Österreichs Mannschaftskapitän Marc Janko vor dem EM-Qualifikationsspiel gegen die deutsche Nationalmannschaft)*

Die Fußball-EM in Österreich ist wie Skispringen in Namibia. *(Alfred Dorfer in »Ottis Schlachthof«)*

Wir Österreicher werden ja noch immer als Nichtschwimmer angesehen. Du musst doppelte Leistung bringen, um anerkannt zu werden. *(Didi Kühbauer über den Ruf als österreichischer Legionär)*

Wir haben nichts gegen Österreich. Wir haben was gegen Rassisten. *(Anzeige der Eintracht-Fans in der »Kronen-Zeitung« wegen rassistischer Ausfälle gegen Yeboah in Salzburg)*

Der österreichische Fußball ist sukzessive in eine schwierige Situation geschlittert, weil sehr viele durchschnittliche Ausländer gekauft worden sind. Da fahren Vereinspräsidenten an den Plattensee auf Urlaub und bringen sich dann vier Kellner mit. *(Christoph Daum)*

Lieber arbeitslos als Österreicher. *(Claus Reitmaier 1991 beim Wiener SC vor die Wahl gestellt zwischen Vertragsverlängerung mit österreichischem Pass oder Entlassung)*

Bei der Fußball-WM habe ich mir Österreich gegen Kamerun angeschaut. Warum? Auf der einen Seite Exoten, fremde Kultur, wilde Riten – und auf der anderen Seite Kamerun! *(Dieter Nuhr)*

Das hätte Österreich auch haben können. *(der Erfolgstrainer der griechischen Nationalelf Otto Rehhagel, der 1992 beim österreichischen Verband im Gespräch war, zu einem österreichischen Journalisten)*

Wir kennen jeden italienischen Fußballer. Aber von österreichischen Stars haben wir noch nichts gehört. *(der irische Nationaltrainer Paul McGrath vor einem Länderspiel Irland – Österreich)*

Ich werde alles dransetzen, dass man im Fußball vor Österreich wieder Angst bekommt. Wir machen noch einmal eine Revolution. *(Ernst Happel)*

Der Österreicher glaubt mit 18, er sei Pelé. Mit 20 glaubt er, er sei Beckenbauer. Und mit 24 merkt er, dass er Österreicher ist. *(Max Merkel)*

In Österreich krankt's nicht am Können, das Haupttübel sind die Zuschauer. Zuletzt hab' ich mir eine Übertragung aus der Wiener Südstadt angeschaut. Als der Kameramann bei Admira-Sturm auf die Besucher geschwenkt ist, hab' ich nur die Toilettentürl gesehen. Anders ist's bei Länderspielen. Da sitzen alle auf der Tribüne. Der Herr Geheimrat, der Herr Hofrat, der Herr Sexualrat ... *(Max Merkel)*

Das scheint ja inzwischen Österreichs berühmteste Stadt zu sein. *(Franz Beckenbauer über Cordoba)*

Der Heimvorteil kann Berge versetzen. Und Berge haben sie ja genug ... *(Franz Beckenbauer)*

## Markus **Osthoff**

*(Fußballer, u. a. MSV Duisburg)*

Daran sind nur die Schiedsrichter schuld, da bin ich ganz selbstkritisch. *(zu seinen vielen gelben Karten)*

## Rolf-Jürgen **Otto**

*(Präsident Dynamo Dresden)*

Ob wir die Lizenz kriegen? Wie gefährdet ist man, wenn einen der Blitz trifft und die Sonne stand am Himmel?

Ein Spieler ohne Trainer bleibt ein guter Spieler. Aber ein Trainer ohne Spieler sieht nicht gut aus.

Wenn ich als Katholik mal beichte, dann nur mir selber. *(Dynamo Dresdens Präsident musste später dann auch vor Gericht beichten)*

## Niels **Oude Kamphuis**

Ich weiß gar nicht, wie eine Schwalbe geht. *(nachdem er mit einer Schauspieleinlage einen Elfmeter provoziert hatte)*

## Wolfgang **Overath**

Wir wollen uns nicht mehr über Spielberichte ärgern, nicht mehr die Wochenenden versauen! *(mit diesen Worten begründete Wolfgang Overath seinen Rücktritt als Präsident des 1. FC Köln)*

Ich kann mir nichts Schlimmeres vorstellen als schreiende Fußballbräute auf den Tribünen. Gottlob ist meine Frau genau das Gegenteil. Sie hat wirklich keine Ahnung von Fußball.

Man muss cool sein, wenn's in Richtung Tor geht. Ein Herz, das schnell den Hals hochhüpft, rutscht nämlich noch fixer in die Hosen.

Dem Overath müssten sie heute so lange mit Geldscheinen aufs Hirn schlagen, bis er bewusstlos ist. So viel Geld hätte der damals verdienen müssen. *(Buffy Ettmayer, Spieler vom VfB Stuttgart)*

Wolfgang Overath würde sich in der Bundesliga immer noch wohltuend hervorheben, wenn Fußball nicht mit Laufen verbunden wäre. *(Hans Meyer in Anspielung auf den lauffaulen Toni Polster)*

Bei zwei Weltmeisterschaften haben wir das Zimmer geteilt. Wir haben zusammen länger das Bett geteilt als mit unseren Ehefrauen – es ist aber nichts passiert. *(Franz Beckenbauer)*

Wer hier reingrätscht, ist beinahe ein Selbstmörder! *(bei der Begutachtung eines ramponierten Platzes)*

## Michael **Owen**

Owen: Ich habe mir den Arsch aufgerissen, um wieder gesund zu werden. Reporter: Wie fühlen Sie sich jetzt? Owen: Meine Leiste schmerzt ein wenig. *(in einem Fernsehinterview)*

## Patrick **Owomoyela**

Lass die Finger von O-wo-moyela! *(Bielefelder Fans auf die Melodie von »Lass die Finger von E-ma-nuela« von »Fettes Brot«)*

## Mesut **Özil**

Er muss irgendetwas Besonderes gegessen haben, damit er so schießen kann. Vielleicht sollten wir das alle essen. *(Diego)*

# P

## Peter **Pacult**

Wenn Pacult kommt, wünsch ich euch viel Glück. Der Mann hat ein Brett vor dem Kopf und kennt Kommunikation nur vom Hörensagen. *(Ansgar Brinkmann zu den Fans von RB Leipzig)*

Ich freue mich auf mehr Zuschauer, denn in Österreich kenne ich fast alle Zuseher bereits persönlich. *(vor seinem Wechsel zu 1860 München)*

Ja, der FC Tirol hat eine Obduktion auf mich.

Nein danke. Ich habe am Montag eine Psychologieprüfung. *(zur Einladung seines Kollegen Thomas Schaaf zum Werder-Vereinsvergnügen)*

Wir sind ja nicht in Deutschland, wo sich zwei Volldepperte um den Posten streiten. *(nach einem Fehler seines Torhüters auf die Frage des Reporters, ob es jetzt eine Torhüterdiskussion gäbe)*

Ich bin kein Streichler. Nur bei meiner Frau, sporadisch.

Meine Spieler haben alle einen Zipfel. *(nachdem Präsident Wildmoser gezweifelt hatte, ob die Münchner Spieler »echte Männer« sind)*

Für den Peter ist es doch ein Geschenk, dass er in der 1. Liga Trainer ist. *(Karl-Heinz Wildmoser auf die Frage, ob sein Trainer zum einjährigen Dienstjubiläum ein Geschenk bekommen habe)*

## Frank **Pagelsdorf**

Trainer Pagelsdorf hat mir in einem Gespräch versichert, dass wir nicht absteigen. *(Udo Bandow, Vorsitzender des Aufsichtsrats beim Hamburger SV, vertraut blind)*

Die einzigen Techniker beim HSV vor der Ära von Trainer Pagelsdorf waren die Stadion-Elektriker. *(Uwe Bahn, NDR)*

Das Verhältnis von Wirtschaftlichkeit und Verletzungsgefahr stimmt einfach nicht. *(über Hallenfußball)*

Ich glaube nicht, dass meine Person einen Schatten wirft. Vielleicht von der Figur her, aber sonst nicht. *(zu der angeblichen Bürde für seinen Nachfolger Ewald Lienen in Rostock)*

Es ist uns gelungen, unsere Torgefährlichkeit im Vergleich zum letzten Jahr auszumerzen.

Schicksalsspiele haben wir 34 am Stück in der Saison. *(über die Bedeutung des nächsten Heimspiels)*

Ich weiß nicht, ob er hier Verwandte hat. Ich habe ihn seit einem Jahr nicht mehr gesehen. *(Reiner Calmund zu den Gerüchten, Frank Pagelsdorf sei zu Verhandlungen in Leverkusen gewesen)*

## Jürgen **Pahl**

*(Torhüter)*

Ein Trainer macht sich hier doch eher in die Hose, als den Torwart auszuwechseln.

## Bob **Paisley**

Wenn man sich an früher erinnert, muss man sagen: Ich hatte auch schlechte Zeiten damals in Liverpool. In einem Jahr sind wir nur Zweiter geworden.

## Orhan **Pamuk**

*(türkischer Schriftsteller)*

Fußball ist schneller als Worte.

## Christan **Pander**

Vielleicht ähnelt mein Körper ein bisschen einem Auto mit Ferrari-Motor und Golf-Chassis. *(versucht, seine Verletzungsanfälligkeit zu erklären)*

## Peter **Pander**

*(Manager des VfL Wolfsburg)*

Ich hätte sogar von der Tribüne runterlaufen können, um Franca noch zu decken. *(zu einem riesigen Abwehrfehler, der zum Gegentor durch Franca beim Spiel gegen Bayer Leverkusen geführt hatte)*

Wir machen hier keinen Bezirksklassen-Fußball, wo wir hinterher grillen und Bier trinken. *(auf die Frage, ob Stefan Effenberg überhaupt zum VfL passe)*

*Über Tomislav Maric, mit dem er häufiger Meinungsverschiedenheiten hat:* Wenn er solche Tore schießt, bin ich sein bester Freund. *Marics Konter:* Dann müsste ich seit zweieinhalb Jahren sein bester Freund sein.

## Kyriakos **Papadopoulos**

*(griechischer Innenverteidiger)*

Außer Bruce Lee fürchte ich niemanden.

## **Papst** Benedikt XVI.

Fußball ist das Heraustreten aus dem versklavten Ernst des Alltags in den freien Ernst dessen, was nicht sein muss und deshalb schön ist.

Ich freue mich über den WM-Titel für Italien. Schließlich bin ich in dem Land Gastarbeiter.

## **Papst** Johannes Paul II.

Johannes Paul II. hat eine große Sympathie für die Torhüter der beiden Endspielteilnehmer, denn er war in seiner Jugend ebenfalls Schlussmann. *(sein Sprecher bei der WM 1998)*

Das Fußballspiel ist die wichtigste unwichtige Sache der Welt.

## Richard **Park**

*(Radioreporter)*

Einmal war Celtic neun Punkte im Vorsprung. Aber irgendwann sind sie auf der Strecke geblieben.

## **Parkstadion**

Der Weg über den Zaun führt ins Krankenhaus. *(Schild am Außenzaun des alten Schalker Stadions)*

## Carlos Alberto **Parreira**

Wir haben ein schwergewichtiges Sturmduo. *(Brasiliens Trainer über Ronaldo und Adriano)*

Das ist wie bei einem Lastwagen. Am Anfang muss man ihn aus seiner Trägheit herausholen. Später bewegt er sich, wenn man ihn nur mit dem Finger antippt. *(über die Anlaufprobleme der brasilianischen Nationalmannschaft)*

## **Passauer** Neue Presse

Wolfgang Dietrich ist der erste Mensch, der über WLAN stolpert. *(Alexander Augustin über den Präsidenten des VfB Stuttgart, der im Anschluss an die wegen einer technischen Panne abgebrochene Mitgliederversammlung zurücktrat)*

## Gaetano **Patella**

Wenn ich Bernd Ehinger das nächste Mal begegne, hat er nur eine Wahl, nämlich, ob ich ihm zuerst in das rechte oder das linke Auge spucke. *(über seine Absetzung als Schatzmeister bei der Frankfurter Eintracht)*

## Bert **Paton**

*(Trainer von Dunfermline/Schottland)*

Irgendwelche Fragen, bevor ich gehe und mich aufhänge? *(auf einer Pressekonferenz nach einer 0:7-Niederlage)*

## Nico **Patschinski**

Dass wir uns nun nicht auf die Schenkel hauen im Bus und uns alle 'nen Porno angucken, ist auch klar. *(nach einem 0:0 Ahlens in Aue)*

Der an der Linie hat, glaub ich, 'ne Curry gegessen während des Spiels. *(zur Leistung des Schiedsrichtergespanns)*

Mein Vater wird sicherlich besoffen sein. Ich hoffe, dass ich ihn Sonntagmorgen erreichen kann. *(der Doppeltorschütze nach St. Paulis 4:0 gegen Cottbus)*

Wenn ich mein Sportwissenschaftsstudium nicht abgebrochen hätte, bekäme ich wenigstens im Kino Ermäßigung. *(über seine geringen Einkünfte klagend)*

## FC St. **Pauli**

Das Stadion vom FC St. Pauli ist ein großer Abenteuerspielplatz für die Stiftung Warentest! *(Reinhold Beckmann)*

Wer bei Pauli unterschreibt, dem ist klar, dass er dem Klassenkampf gewachsen ist. *(Helmut Schulte)*

Nee, im Nieselregen. *(»Tatort«-Kommissar Thiel auf die Frage einer Zeugin, ob sein Lieblingsklub St. Pauli international spielt)*

Ich hatte das Gefühl, die Hamburger hätten für den Sieg sogar einen umgebracht. *(Mehmet Scholl)*

Auf meiner Sympathie-Skala rangiert der Klub gleich hinter Bochum. *(Yves Eigenrauch über den FC St. Pauli)*

Nicht alle im Verein müssen einander mögen. Der FC St. Pauli ist schließlich kein Swingerklub. *(Präsident Corny Littmann)*

Eure Mütter gehen zum HSV! *(Spottgesang gegnerischer Fans)*

Wir kommen aus dem Norden, wir rauben und wir morden, wir waschen uns nie: Sankt Pauli! *(Fangesang)*

Thomforde für Helgoland! *(riefen 1995 die Zuschauer begeistert ihrem Torwart zu)*

Montags is schlecht! *(Fan-Plakat als Kritik an den Anstoßzeiten der DFL)*

FC St. Pauli on top of world. *(Plakat 1995, als man Tabellenführer in der Bundesliga war)*

So untreu ich meinen Sexualpartnern manchmal bin, so treu bin ich dem FC St. Pauli. *(Corny Littmann nach seiner Wahl zum Präsidenten des Kiezklubs)*

Die Hamburger sehen wieder Licht am Ende der Liga. *(Jörg Wontorra über den Aufwind beim FC St. Pauli)*

St. Pauli hat uns unsere Grenzen aufgezeigt. *(Karl-Heinz Rummenigge)*

St. Pauli war für mich das Haiti Deutschlands ... *(Sepp Piontek)*

## Dieter **Pauly**

*(Schiedsrichter)*

Ich pfeife live, nicht Zeitlupe.

Es gibt einige ganz Schlaue, die den Schiri dauernd loben, um ihn gewogen zu machen. Der Charly Körbel von Frankfurt ist so einer. Wir sind schließlich auch nur Menschen.

Ich bin Aufpasser, Polizist und Staatsanwalt in einem.

Bei Dieter Pauly bekommst du auswärts wie zu Hause Schüttelfrost. Es ist schon fast in ganz Norddeutschland so: Bei einer fehlerhaften Entscheidung rufen die Leute »Pauly, Pauly«. *(Willi Lemke)*

Wenn hier einer schreit, dann bin ich das, Herr Toni. Sie gehen sofort zurück in Ihr Tor, und die gelbe Karte nehmen Sie gleich mit! *(nachdem ihn Toni Schumacher angeschrien hatte: »Pfeif nicht so einen Scheiß!«)*

## Stuart **Pearce**

*(englischer Spieler und Trainer)*

Ich kann die Karotte am Ende des Tunnels sehen.

Als ich für Forest in Derby gespielt habe, hat man mich mit Münzen beschmissen und bespuckt, als ich die Einwürfe gemacht habe. Und das waren nur die alten Frauen.

Immerhin haben wir die Entscheidung bis zum 32. Elfmeter hinausgezögert, das ist ja ein Schritt in die richtige Richtung. *(nach einem 12:13 im Elfmeterschießen seiner U21 gegen die Niederlande)*

Ich schaue immer nach einer Frau, aber am Ende lande ich dann doch immer auf dem gleichen alten Kerl. *(über das Ins-Publikum-Springen, um ein Tor zu feiern)*

Ich bin an einem äußerst ungemütlichen Abend zu Yeovil gegangen, um Stuart Pearce für Wealdstone spielen zu sehen. Nach zehn Minuten attackierte er einen gegnerischen Spieler an der Außenlinie so ruppig, dass dieser auf dem Schoß meiner Frau landete. Da sagte ich zu ihr: »Das reicht. Ich habe genug gesehen. Wir können nach Hause gehen.« *(Bobby Gould über die Verpflichtung von Pearce für Coventry)*

## **Pelé**

Hier hast du ihn, du Rindvieh. *(zu seinem Gegenspieler, der brutal versuchte, an das Spielgerät zu kommen)*

Wenn ein guter Fußballer zu einem ganz großen, überdurchschnittlichen Spieler werden will, dann muss er mit Freude und Enthusiasmus dabei sein und vor allem immer wissen, was er mit dem Ball macht, noch bevor er ihn zugespielt bekommt.

Der Fußballsport kann nicht verschwinden, höchstens dann, wenn die ganze Welt verschwindet.

Tore – ein anderes Wort für Erlösung!

Wenn Spieler heutzutage über ein Tor jubeln, schauen sie zuerst die Bandenwerbung an und entscheiden dann, vor welchem Schriftzug sie in die Knie gehen.

Elfmeter sind eine feige Art, Tore zu erzielen!

Der Junge spielt mit Augen auf den Füßen. *(über den 17-jährigen Diego vom FC Santos)*

Ich denke, dass Deutschland, Frankreich, Spanien, Holland und England im Halbfinale auf Brasilien treffen werden.

Es wird nur einen Pelé geben, wie es auch nur einen Frank Sinatra oder nur einen Michelangelo gegeben hat. Ich war der Beste. *(zu den Behauptungen von Ronaldo, besser zu sein als er)*

In der Musik gibt es Beethoven und die anderen. Im Fußball gibt es Pelé und die anderen. *(nach seiner Ehrung zum Fußballer des Jahrhunderts)*

Bevor Maradona sich mit mir vergleicht, muss er andere Brasilianer wie Socrates, Tostao, Rivelino, Zico und Romario höflich um Vortritt bitten. *(nachdem Maradona behauptet hatte, er sei der beste Fußballer aller Zeiten)*

Ich habe mehr als 1.000 Tore in meinem Leben geschossen. Aber das eine Ding, das ich nicht gemacht habe, bleibt euch in Erinnerung. *(Pelé über eine berühmte Parade des englischen Torwarts Gordon Banks während der WM 1970 in Mexiko)*

## Luís **Pereira**

Es wurde uns verboten, ins Trainingslager Frauen mitzubringen. Diese Richtlinie soll uns zu Weltmeistern machen. Von was? Masturbation? *(brasilianischer Spieler bei der WM 1974)*

## Tom **Persich**

*(Spieler von Union Berlin)*

Und wo soll Beckham dann spielen? *(auf die Frage eines Fans, ob er ein Angebot von Real Madrid habe)*

Meiner Verletzung geht's scheiße, weil sie nämlich fast weg ist.

## José Donato **Pes Pérez**

*(Schiedsrichter)*

Kalle, der stellt dich vom Platz, sobald du nur schielst. *(Paul Breitner zu Karl-Heinz Rummenigge bei einem Spiel in Südamerika)*

## Babett **Peter**

Ich finde es schön, dass wir ein eigenes Maskottchen haben, aber ob das jetzt schön ist, lass ich mal dahingestellt. *(über Karla Kick, das Maskottchen der WM 2011)*

## Gary **Peters**

Beim 0:2-Rückstand hätte ich meinen rechten Arm für ein Unentschieden gegeben. Im Nachhinein bin ich aber froh, dass ich das nicht gemacht habe. Ich hätte den Fans nach dem Spiel ansonsten nicht applaudieren können. *(Trainer von Shrewsbury Town)*

## Nils **Petersen**

Vorne Banane, hinten Banane.

Salopp gesprochen, verblöde ich seit zehn Jahren, halte mich aber über Wasser, weil ich ganz gut kicken kann.

## Sven Åge **Petersen**

Ruhig bleiben. Die haben alle Bikinis drunter. *(Dänemarks Frauen-Trainer, als männliche Fans bei der WM 1970 die Trikots der Spielerinnen ergattern wollten)*

## Emmanuel **Petit**

Er ist groß, er ist schnell, sein Name ist ein Pornofilm: Emmanuel, Emmanuel. *(Schlachtruf von Arsenal-Fans für ihren Spieler)*

Wir leben in Frankreich, da ist es normal, dass Köpfe rollen! *(forderte den Rauswurf seines Trainers Raymond Domenech)*

## Dan **Petrescu**

Eine seiner Töchter heißt sogar Chelsea, da kann sie froh sein, dass er nicht bei Fulham gespielt hat. *(Kommentator Michael Leopold über den Trainer von Champions-League-Teilnehmer Unirea Urziceni)*

## Mladen **Petrić**

!ch habe mich gefühlt wie ein Kronleuchter. Ich hing in der Luft.

## Martin **Petrov**

Ich glaube, wenn der heute aus seinem Auto aufs Tor geschossen hätte, dann wäre der auch irgendwie reingegangen. *(der Mainzer Torhüter Dimo Wache über den Wolfsburger Petrov, der in einem Spiel vier Tore gegen ihn geschossen hatte)*

## Slavko **Petrović**

*(Trainer von Waldhof Mannheim)*

Ich muss mir jetzt wohl wieder etwas ausdenken, um die Spieler auf dem Boden zu halten. Vielleicht muss ich einmal einen Spieler schlagen.

## Karsten **Petrzika**

*(Kommentator)*

Standards sind eine Thüringer Spezialität, hier ist nicht nur Bratwurst angesagt.

Das Leben verläuft nun mal in Gleisen, die dauernd ausgebessert werden müssen.

## Michael **Pfad**

*(RTL-Sportkommentator)*

Ich habe den Pfosten gehört. *(zu seinem Field-Reporter während der Live-Übertragung des Nebelspiels Hertha – FC Barcelona)* Stefan Kuntz: »Ich glaube, das war eher ein Alustollen.«

## Alfred **Pfaff**

Ungarisches Gulasch. *(auf die Frage des DFB-Kochs am Tag nach der 3:8-Niederlage gegen Ungarn bei der WM 1954, was er kochen solle)*

## Jean-Marie **Pfaff**

Wir wurden dann in Cabrios bis auf die Grand Place im Herzen von Brüssel eskortiert, wo wir von einer riesigen Menschenmenge in Schwarz, Gelb und Rot gefeiert wurden. Ich glaube sogar, ein Autogramm auf der Brust einer Frau gegeben zu haben, die genauso wie wir alle etwas euphorisch war! *(über die Rückkehr der Belgier nach dem Erreichen des Halbfinales bei der WM 1986 in Mexiko)*

Der soll ruhig sein, Bälle fangen und sich schön die Haare föhnen, damit er immer schön lächeln kann. *(Toni Schumacher)*

Auch wenn man ein großer Fußballer geworden ist, kann man immer noch ein freundlicher Mensch bleiben.

Irgendwie hatte der Pfaff heute die Arme falsch eingerenkt! *(Stefan Kuntz nach drei Toren von ihm im Spiel seines VfL Bochum gegen die Bayern)*

## Holger **Pfandt**

*(Kommentator)*

Die Pariser halten dicht! *(bei einem Spiel von Paris Saint-Germain)*

Das ist kein Pass von Messi auf Abidal, das ist ein exklusives Reisedokument, auf feinstem Leinen geschrieben.

An guten Tagen ist dieser Ben Zolinski wie ein Stück Seife in der Badewanne: Einfach nicht zu packen.

## Toni **Pfeffer**

Hoch werden wir nicht mehr gewinnen. *(Österreichs Libero in der Halbzeit des 0:9-Debakels in Spanien)*

Ja, essen! *(auf die Frage, ob er Französisch könne)*

## Frieder **Pfeiffer**

*(Sportreporter)*

Monica Lierhaus würde uns fehlen, das weibliche Gesicht des Moderatoren-Triumvirats, deren sportjournalistische Kompetenz ihre modische deutlich übersteigt – was sie im Vergleich zu Kollege Beckmann ehrt, bei dem sich dieses Verhältnis umkehrt.

## Otto **Pfister**

In Frankfurt ist die Brieftasche schließlich auch schnell weg. *(in 40 Jahren bei acht afrikanischen Nationalteams und fünf Vereinsmannschaften beschäftigt, zur Sicherheit in Südafrika bei der WM 2010)*

## Norbert **Pflippen**

*(Spielerberater, Manager)*

Es gibt keinen Gips-Lothar, es gibt nur den Tor-Lothar. *(über das Verbot, den verletzten Lothar Matthäus zu fotografieren)*

Im Übrigen vermarkte ich lieber Frauen. Die haben zwei Vorteile: Sie wissen, was Geld ist, und sie können keine Spielerfrauen heiraten.

Ich bin in den nächsten Laden und habe mir eine Perücke und einen Lippenstift gekauft. *(als Reiner Calmund nach Verhandlungen mit Gabi Schuster meinte, jeder Profi sollte eine Frau als Managerin haben)*

Dann werde ich meine Hörgeräte abgeben und eine Taubstummenschule eröffnen. *(als von mehreren Bundesliga-Managern gefordert wurde, alle Honorare für Spieler-Agenten sollten die Profis selbst tragen)*

Ich muss mich um das Geschäftliche kümmern, nicht um das Geschlechtliche! *(der Spielerberater über außereheliche Abenteuer seiner Spieler)*

## Karlheinz **Pflipsen**

Beim Pflipsen muss man damit rechnen, dass er Dinge macht, mit denen man nicht rechnet. *(Christian Beeck, Energie Cottbus)*

## Hans **Pflügler**

Das ist die Tragik unseres Berufes, dass wir andauernd ausgewechselt werden. Aber das Gute dabei: Wir werden weiter bezahlt.

Lieber neun Minuten Maradona beim Autowaschen zuschauen als 90 Minuten Hansi Pflügler beim Fußball! *(Max Merkel)*

## SC **Pfullendorf**

Die größte Gefahr, die von der Truppe ausgeht, ist ihr Understatement. Das sie auch hegen und pflegen. Mit guten Argumenten. Das ist legitim. Das fängt an mit dem Vereinsnamen. Das Wort Dorf ist schon im Vereinsnamen integriert. *(Trainer Ramon Berndroth)*

## Joachim **Philipkowski**

Wenn wir das Problem nicht in den Griff kriegen, haben wir ein Problem.

## Martin **Pieckenhagen**

Ich habe immer noch Rückenschmerzen vom vielen Bücken. *(Torwart von Hansa Rostock nach einem 1:6 gegen den FC Bayern München)*

Das ist schon so lange her, da muss ich noch Dauerwelle gehabt haben. *(auf die Frage, wann Hansa Rostock das letzte Mal zu null gespielt habe)*

Wenn die Leute meinen, wir seien unter Druck, dann müssen wir wohl die nächsten fünf Spieltage auf dem Klo verbringen.

Wir müssen endlich den Arsch hoch kriegen und Eier zeigen.

## Markus **Pieth**

Die Reformierung der FIFA ist wie die Reform des Vatikan, auch wenn die derzeit vor uns sind. *(der Vorsitzende der FIFA-Reformkommission über die eigenen Fortschritte)*

## Hans-Uwe **Pilz**

*(Spieler von Dynamo Dresden)*

Alle wollten der Häuptling sein, keiner wollte den Indianer spielen.

Arroganz von Typen, die selbst nichts in der Hose haben! *(auf die Frage, was ihn anöde)*

## Adi **Pinter**

*(österreichischer Fußballtrainer und Politiker)*

Es gibt zwei Prozent Genies und 98 Prozent Naturdeppen.

## Sergio **Pinto**

Der gehört nach Los Angeles zur Oscar-Verleihung *(Uli Hoeneß über den seiner Einschätzung nach schauspielernden Hannoveraner)*

## Sepp **Piontek**

Komm raus, du Feigling! Von dir lass ich mir den Platz nicht kaputt machen! *(rief der Trainer mit einer angespitzten Eckfahne vor einem Maulwurfshügel)*

Das stimmt, ich bekomme kein Geld. Ich darf dafür aber in Grönland Seehunde und Rentiere jagen, darf mit meiner Familie, was ja sonst sehr teuer ist, jederzeit dorthin reisen. Und ich werde mit Fisch bezahlt, hin und wieder kommt ein Laster von der Firma »Royal Greenland«, liefert Lachs und Hummer und die seltenen Schneekrabben – die erhält sonst nur die dänische Königin. *(zu der Tatsache, dass er für seine Trainerarbeit in Grönland kein Geld bekommt)*

## Tomislav **Piplica**

Ich spiele keine Glücksspiele, weder Lotto noch Toto. Nicht einmal Karten. *(Torhüter des Fußball-Zweitligisten Energie Cottbus, als seine Wohnung von der Staatsanwaltschaft durchsucht wurde)*

## Robert **Pires**

*(französischer Nationalspieler)*

Ich wundere mich immer, wie schnell mein Mann laufen kann. Zu Hause geht ihm schon beim Treppensteigen zu uns in den dritten Stock die Luft aus. *(Nathalie Pires über ihren Ehemann)*

Du alter Araber hättest auch etwas früher wach werden können. *(zu seinem algerisch-stämmigen Mannschaftskapitän Zinédine Zidane, der im Spiel gegen England bei der EM 2004 erst in der Nachspielzeit beide Treffer zum 2:1 erzielte)*

## Volker **Pispers**

*(Kabarettist)*

Der Fußballer ist der Beweis, dass man es ohne ein Gramm Hirn zu einem Ferrari bringen kann.

## Jonathan **Pitroipa**

Pitroipa. Was ein Ding! Wenn mir letzte Saison einer gesagt hätte: »Der kann schießen.« Da hätte ich gesagt: »Sein Bruder vielleicht.« *(Marcel Reif)*

Jonathan Pitroipa ist wie ein Schulabbrecher – beide haben keinen Abschluss. *(Holger Pfandt, Kommentator)*

## Claudio **Pizarro**

Wenn einer plötzlich glaubt, er sei Schewtschenko, dann muss er auch so spielen wie Schewtschenko. *(Karl-Heinz Rummenigge)*

Wenn ich die Karriere von Claudio Pizarro mit meiner vergleiche, dann hatte ich keine. *(Ansgar Brinkmann)*

Nein! Was ist das? *(auf die Frage, ob er die Laufwege von Elber schon kenne)*

Er ist wirklich eine große Legende hier. Wenn wir trainieren und er schon früher reingeht, gehen die Fans einfach weg. Keiner schaut dann noch dem Rest des Teams zu. *(Werder-Teamkollege Davy Klaassen)*

## **Plakat** beim VfL Jesteburg

Wegen kurzfristiger Absage von Uwe Seeler erniedrigt sich der Eintrittspreis um 50 Pfennige. *(vor dem Spiel gegen die Alten Herren des Hamburger SV)*

## Michel **Platini**

Ich vergleiche den Fußball gerne mit der Formel 1 – mit Pilot und Auto. Ich hatte eben ein gutes Auto.

Ich habe keine Lust mehr zum Spielen. Wenn man bis in alle Kleinigkeit weiß, wie der Hase läuft, macht die Hasenjagd immer weniger Spaß.

*Wolf-Dieter Poschmann:* Und hier sehen wir Platini ... *Karl-Heinz Rummenigge:* Wir sehen vor allem, dass er dringend einen Friseur braucht ...

Sex kurz vor dem Spiel? Nein. In der Halbzeit müssen sie es selbst wissen.

Fußball ist wie Musik. Man muss nicht Klavier spielen können, um den Pianisten zu verstehen.

Der Profi, der den entscheidenden Elfmeter verschießt, ist doch für sein Leben traumatisiert. Ihm wird eine Verantwortung aufgebürdet, als habe er seine Kollegen, seine Eltern, die ganze Welt getötet.

Ich glaube an die Spieler, nicht an den Trainer.

Meine Spieler machten technische Fehler wie eine Knabenmannschaft, taktische Fehler wie eine Schülermannschaft und kämpferische Fehler wie eine Damenmannschaft.

Streichhölzer und Stürmer brauchen ihre Reibung.

Ich habe eine ganze Menge erreicht. Aber ich weiß inzwischen, dass der beschwerlichste Weg der Weg zu sich selbst ist.

Es spielen die Franzosen im Ausland gegen die Ausländer in Frankreich. *(vor dem Eröffnungsspiel der WM 2002 Frankreich – Senegal)*

Die wichtigste Aufgabe ist es, den Fußball zu verteidigen. Er hat die Tendenz, ein Produkt zu werden, dabei müsste er ein Spiel bleiben.

Wir sind Kinder der Leidenschaft für den Fußball, und davon möchte ich einiges zurückgeben, denn das ist verloren gegangen. *(zu seinen Beweggründen, als Präsident der Europäischen Fußballunion zu kandidieren)*

## **Playboy**

Deutschlands vier kasernierte Kicker, die nachts über den Zaun des WM-Quartiers setzten, taten es für alle Kameraden, die mit ihrer Latte nur das Deckenlicht im Zimmer löschen durften. *(bei der WM 1974)*

## David **Pleat**

*(englischer Spieler und Trainer)*

Ein Spiel ist nicht gewonnen, bis es verloren ist.

Unsere zentralen Verteidiger, Gary Doherty und Anthony Gardner, waren heute einfach überragend. Ich habe ihnen gesagt, dass sie aneinander denken sollen, wenn sie am Abend ins Bett gehen.

## Harry **Pleß**

*(Trainer von RW Essen)*

Morgen kann ich erst sagen, wer Kapitän wird, und dann könnt ihr euch mit Sachsi unterhalten. *(vertraulich zur »Lüneburger Zeitung«)*

Wie wir spielen wollten, stand ja im Grunde genommen heute in der Zeitung.

Ich lobe viel, aber ich kitzle die Jungs auch unter die Gürtellinie.

## Günter-Peter **Ploog**

*(Sportjournalist)*

Bei Stollen tu ich mir schwer mit der Vorstellung einer möglichen Aids-Übertragung.

Wer heute noch einen vermeintlichen Zwerg auf die leichte Schulter nimmt, der verhebt sich.

Keiner ist mehr zu halten, keiner setzt sich mehr von den Stehplatzbesuchern.

## Lukas **Podolski**

Der Trainer hat sagt, wir sollen den Fokus höher legen.

Das Gute an England ist: wir haben viele englische Wochen.

Ich denke, Frauenfußball ist genauso wie Männerfußball. Nur da spielen halt Frauen und da Männer. Für mich gibt's da fußballerisch keinen Unterschied.

Die Liebe zum Fußball ist wie zu Familie und Frau. Die ist immer da.

In der Mannschaft ist das kein Thema. Ich denke 80 Prozent von euch und ich kraulen sich auch mal an den Eiern. *(zu TV-Bildern, die Jogi Löw in unglücklichen Situationen zeigten)*

Ich überlege, mir die Zahl zu tätowieren. *(über seine Torflaute, die er nach 1.425 Minuten beendete)*

Ich denke nicht vor dem Tor – das mache ich nie.

Damals, als er noch mein Trainer in der A-Jugend war, hatte er auch schon am selben Tag Geburtstag. *(über seinen Trainer Frank Schaefer)*

Der Bundestrainer hat uns gut eingestellt – man hat ja gesehen, wir haben uns schwergetan.

Ich hab mit dem Miro ein ganz normales Super-Verhältnis.

Es überwiegt eigentlich beides!

Wir stehen jetzt wieder mit leeren Punkten da.

Poldi erinnert mich an Boris Becker zu seinen schlechtesten Zeiten. Becker hat sich auch immer aus dem Rhythmus gebracht, wenn er zu viel gemeckert und seinen Schläger geschmissen hat. Dann hat er auch immer verloren. *(Harald Strutz, Präsident von Mainz 05)*

... er muss nun nur aufpassen, dass sie in Köln die Stadt nicht einreißen, wobei, die Häuser stürzen bereits ein ... *(Franz Beckenbauer, nachdem in Köln das Stadtarchiv eingestürzt war)*

Wenn ich so einen linken Fuß gehabt hätte wie Lukas Podolski, hätte ich nicht 220 Bundesligatore gemacht, sondern 500. *(Jupp Heynckes)*

Lukas Podolski ist ein Muskelpaket mit einem Schuss wie ein Pferd, dazu ein lieber, gemütlicher Typ, der Harmonie und Ruhe mag. Lukas wird kein dicker Brummer, aber vielleicht so ein kleiner, gemütlicher Dicker. Die wunderbare Küche seiner schlesischen Heimat könnte da einiges beitragen. *(Reiner Calmund wagt eine Gewichtsprognose)*

Der kann doch kein Deutscher sein! Podolski verpatzt einen Elfmeter. Aber er wurde auch in Polen geboren. *(»Daily Mail«)*

Ich habe jetzt die Trainer alle gesprochen, unter denen er gearbeitet hat. Jeder Trainer hat mir bestätigt, dass er der faulste Spieler ist, den sie je hatten. *(Uli Stein)*

Doppelpass alleine? Vergiss es!

Ich kann mich an das Spiel gar nicht mehr erinnern. *(auf die Frage, was er vor dem Länderspiel Deutschland gegen Ungarn mit dem Weltmeisterschafts-Finale von 1954 verbinde)*

Wir müssen die Köpfe hochkrempeln und die Ärmel natürlich auch.

So ist Fußball. Manchmal gewinnt der Bessere.

Fußball ist einfach: Rein das Ding – und ab nach Hause.

## **Polen**

Ich komm aus Polen, die klauen alles. *(Lukas Podolski auf die fragenden Blicke, als er nach seinem letzten Spiel in München ein fast lebensgroßes Action-Foto von sich von der Wand im Kabinengang nahm und es einsteckte)*

## **Polizei**

Lieber einen Stehplatz im Stadion als einen Sitzplatz in Stadelheim. *(Infoblatt der Polizei vor dem EM-Finale 1988 in München)*

## **Polizei** Dortmund

Der Mensch fühlt sich wie verwandelt, fühlt er sich als Mensch behandelt! *(das Einsatzkonzept in der Saison 1988/89)*

## **Polizist** in Bochum

Bleiben Sie links vom Pferd, oder Sie sehen das Spiel nicht. *(Anweisung eines berittenen Polizisten an einen Gästefan)*

## **Polizist** auf Schalke

Mach doch Theater, dann kannste mitfahren. *(auf die Frage eines Fans, wie er denn zum Bahnhof komme)*

## Graham **Poll**

Wenn das ein italienischer Schiedsrichter gepfiffen hätte, wäre er schon längst auf dem Scheiterhaufen gelandet. *(Paolo Maldini vom AC Mailand über zwei nicht anerkannte Treffer)*

## Julian **Pollersbeck**

Ich habe einfach nicht nachgedacht. So wie ich immer nie nachdenke. *(nach einem Elfmeterschießen)*

Kann man da was reinschütten? Das ist wichtig, denn ein Pokal ohne Öffnung ist kein richtiger Pokal. *(nach dem Europameisterschaftsgewinn der deutschen U21)*

Wir haben Miraculix angerufen, dann haben wir einen Zaubertrank gemixt, und den hab ich dann getrunken.

## **Polnisches** Fernsehen

Ballbesitz: Polen 69 %, Ungarn 48 % *(Einblendung während eines EM-Qualifikations-Spiels)*

## Tino **Polster**

Herr Wildmoser und sein Sohn sind schon abgereist, wir grüßen sie posthum. *(Werders Mediendirektor zu Beginn der Pressekonferenz in Bremen)*

## Toni **Polster**

Ich bin leider nicht zu sprechen, weil ich im Keller meine Waffen putze. *(Anrufbeantworter des Spielers vom 1. FC Köln)*

Wie gute Ehemänner: Was wir auswärts verdienen, geben wir zu Hause ab. *(nach einem Auswärtssieg und einer Heimpleite)*

Erst neulich hat mir Uli Hoeneß gesagt: »Toni, dass wir dich nie geholt haben, war ein großer Fehler.« Das hat mir gut getan. Dafür habe ich den Bayern dann gleich zwei eingeschenkt, als sie bei uns antraten. Hat auch gut getan.

Ich werde schießen, dass seine Hände rauchen. Bodo soll vier Paar Torwarthandschuhe mitbringen. Er wird mit Brandblasen in den Händen nach Hause fliegen. *(vor dem Spiel Österreich gegen Deutschland, das 1:5 endete)*

Handkuss an die Frau Gemahlin! *(zum Schiedsrichter und seinem von ihm gefoulten Gegenspieler nach einer roten Karte)*

Das ist schon toll, dass ich das mit meinen 35 Jahren noch erleben darf. *(zum wütenden Pfeifkonzert wegen seiner Auswechselung)*

Ein Toni Polster ist noch nie abgestiegen.

Niki Laudas Zahnarzt. *(auf die Frage, wen er gerne kennenlernen würde)*

Warum habt ihr bloß nicht so gespielt, als ich noch da war? *(der nach dem Abstieg des 1. FC Köln zu Borussia Mönchengladbach wechselte und bei einem Kölner 6:1-Sieg gegen den 1. FC Nürnberg auf der Tribüne saß)*

Wenn du schon nicht gewinnen kannst, musst du wenigstens sehen, dass du nicht verlierst.

Ein Denkmal will ich nicht sein, darauf scheißen ja nur die Tauben. *(auf die Frage, ob er in Köln schon ein Denkmal sei)*

Wir lassen uns beide von unseren Frauen scheiden und ziehen zusammen. *(über sein verbessertes Verhältnis zu Trainer Peter Neururer)*

Mein Teamkollege Horst Heldt hat mich jeden Tag umarmt und gesagt: »Lass uns jede Stunde genießen.« Diesem Treiben musste ich ein Ende setzen. *(auf die Frage, warum er seinen Vertrag in Köln verlängert habe)*

Ich bin Optimist. Sogar meine Blutgruppe ist positiv.

Das, was ich schon die letzten 20 Jahre gemacht hab', mich wichtig machen und deppert reden! *(auf die Frage, was er im Gladbach-Management tun werde)*

Ich kann nicht mehr als schießen. Außerdem standen da 40 Leute auf der Linie. *(über eine vergebene Torchance)*

Ich habe es mir sehr genau überlegt und dann spontan zugesagt. *(über seinen Wechsel zu Borussia Mönchengladbach)*

Das ist Wahnsinn! Da gibt's Spieler im Team, die laufen noch weniger als ich! *(nach einer Niederlage)*

Man hetzt die Leute auf mit Tatsachen, die nicht der Wahrheit entsprechen.

Für mich gibt es nur »Entweder- oder«. Also entweder voll oder ganz!

Laufen, Toni, laufen. *(Fans des 1. FC Köln)*

In Köln haben sie vier Tage lang die Geschäftsstelle abgeschlossen und jede halbe Stunde eine Flasche Sekt entkorkt, als sie den Toni Polster für 1,8 Millionen Mark nach Gladbach verkauft hatten. *(Hans Meyer)*

Polster raucht Kette und beim FC ist Feuer unterm Dach! *(Schlagzeile in einer Kölner Tageszeitung)*

Ich fühle mich fast wie in Österreich. Es gibt viele Berge: den Bökelberg, dann war der Effenberg hier. Unser Trainingsplatz heißt Alm, unser Trainer Rausch. Also Almrausch. *(bei Borussia Mönchengladbach)*

## Oliver **Polzer**

*(ORF-Kommentator)*

Von den Brasilianern weiß man, dass sie den Ball immer haben wollen und ihn meist erst nach dem Finale wieder hergeben.

75 Minuten sind geschafft! Entschuldigung, gespielt. *(bei der WM-Partie 2010 Paraguay – Japan)*

Die gute Nachricht: In neun Minuten ist Schluss. Die schlechte: Danach geht es wahrscheinlich weiter ... *(bei der gleichen Begegnung)*

Es ist unvorstellbar, dass ein 1,69 m großer Spieler wie Messi einen derart großen Schatten wirft, der alle anderen 19 Spieler bedeckt. *(beim WM-Spiel 2010 Argentinien – Nigeria)*

Was haben sich die Beteiligten nur gedacht! Wenn ihr kein Tor schießt, schießen wir es auch nicht! *(beim WM-Spiel 2010 Griechenland – Nigeria)*

Dieser Pass stand gestern auch schon in der Zeitung.

Die Nordkoreaner machen keine Anstalten, etwas im System zu ändern. *(nach einem Rückstand gegen Brasilien bei der WM 2010)*

## Danilo **Popivoda**

An Fußball ist gar nicht zu denken. Ich wüsste doch nicht einmal, welchen der beiden Bälle, die ich immer auf mich zukommen sehe, ich nehmen müsste! *(als ein Sehnerv entzündet war)*

## Alexandra **Popp**

Ich bin eine typische Fritz-Walter-Spielerin. Ich liebe es, bei Regen zu spielen.

## **Portugal**

Der Biss in den Haaren unterstreicht ihren rassigen Charakter. *(Gerhard Meir, Münchner Prominentenfriseur, über die portugiesischen Spieler)*

In Brasilien sagt man, die portugiesische Nationalmannschaft hat keine Laster: Sie raucht nicht, sie trinkt nicht, und sie spielt nicht. *(der Schriftsteller Francisco José Viegas in einer Kolumne der Zeitung »Jornal de Notícias« aus Porto)*

## Wolf-Dieter **Poschmann**

Schalten wir rüber zum SV Schalke.

Lieber vom Tätowierer gemalt als vom Spiel gezeichnet. *(über die auffällige Körperbemalung von Zlatan Ibrahimović)*

Sagnol auf Pizarro. Die Südamerikaner unter sich.

Wenn Bremen so weiter wechseln muss, ist der Busfahrer auch bald dran.

Julian Draxler macht sich bereit. 17 Jahre. Der jüngste Schalker aller Zeiten, der in der Bundesliga gespielt hat, der Rüdiger Abramowitsch abgewechselt hat. *(meinte wohl eher die Legende Abramczik)*

Die deutsche Nationalmannschaft erlebte bisher ein Jahr mit Hochs und Ups.

Da ist der Rudi Völler gut bestückt. *(bespricht die Aufstellung der deutschen Mannschaft)*

Von Jürgen Kohler, den sie alle nur »Kokser« nennen, zurück zum heutigen Gegner Kolumbien – eine gelungene Überleitung wie ich finde.

Und wie sieht's in Brasilien aus, dem Mutterland des Fußballs?

Wir erinnern uns: Gegen Portugal gab es schon mühevolle Unentschieden- und Remis-Spiele.

Sie merken schon, liebe Zuschauer, die Erde ist eine Scheibe und der Kopf des Fußballreporters ein Ball.

Herr Lehmann, wir schießen gleich auf die Torwand, machen Sie sich doch schon mal heiß, aber verletzen Sie dann niemand.

Das war schon Stärke 9 auf der nach oben offenen Kahn-Skala. *(zum Foul des türkischen Torhüters Rüstü im EM-Qualifikationsspiel gegen England)*

## Gerhard **Poschner**

Lang und ohne Schlafanzug. *(auf die Frage, wie er vor seiner Rückkehr in die Bundesliga geschlafen habe)*

Ich habe die Schnauze voll! Wenn du dich heutzutage durch die gegnerische Verteidigung quälst, siehst du hinterher aus, als hättest du eine Privataudienz bei Mike Tyson gehabt.

## Ulli **Potofski**

*(Sportreporter)*

So nah waren wir als Schalker lange nicht an der Schale. Uns trennen 36 Kilometer. *(als der BVB 2011 Meister wurde)*

Eine gelbe Karte mit Folgen. Nein, er ist nicht schwanger, aber er wird ein Spiel aussetzen müssen.

Prima, das Duisburger Publikum, es unterstützt die eigene Mannschaft.

Sein Goldkettchen hat gewackelt, aber das Tor hat er nicht getroffen. *(über Roland Grahammer)*

Sie sehen oben den, der wehgetan hat, unten den, der Aua hat – und links den, der den Freistoß treten wird. *(zu der Dreiteilung des Bildschirms bei einem Foul)*

Rex Gildo für Arme. *(Max Merkel)*

Zu Potofskis größten Leistungen zählt sicher, Günter Netzer vor laufenden Kameras zum Lächeln gebracht zu haben – ohne Gewaltanwendung. *(»Bild am Sonntag«)*

## Flemming **Povlsen**

Wir haben jetzt schon Luft für 90 Minuten – für 30 in jedem unserer drei Vorrundenspiele. *(bei der EM 1992)*

## Roy **Präger**

Mehr Horst Hrubesch war nicht drin. *(nach seinem Kopfballtor gegen Juventus Turin)*

Auffe Bank sitzen is scheiße, da tut dir der Arsch weh.

Nach der Pause haben wir den Rhythmus verloren, den wir vorher nicht gefunden hatten.

70 Prozent ist bei mir nur Glück. *(über die Art und Weise, wie er Tore schießt)*

Kriegt er jetzt einen Orden? *(Wolfsburgs Manager Peter Pander zum Jubiläums-Platzverweis von Präger, dem 1000. der Liga)*

## Bojan **Prašnikar**

*(Trainer von Energie Cottbus)*

Das Wort Abstiegskampf ist nicht richtig. Denn um abzusteigen, brauchst du nicht zu kämpfen.

## Ian **Preedy**

Ich habe meiner Freundin gesagt, dass unser nächstes Kind Dimitar heißt – auch wenn es ein Mädchen wird. *(Fan von Tottenham Hotspur, der beim Managerspiel der britischen Zeitung »The Sun« dank Dimitar Berbatovs Toren 185.000 Euro gewonnen hat)*

## Michael **Preetz**

Da war dann jeder Treffer ein Tor.

## Adi **Preißler**

Grau is' im Leben alle Theorie – aber entscheidend is' auf'm Platz.

Der Präsident will jetzt seinen Rücken stärken, in dessen verlängerten Teil er ihn am Samstag getreten hat. *(Neunkirchens Spieler Hans-Günther Müller über Trainer Adi Preißler)*

Ich bin dreimal um die Erde gelaufen, aber immer hinter dem Ball her.

Dat Unterbewusstsein ist dort, wo der Mensch nix dafür kann.

Wenn wir damals 100.000 Mark wert waren, müssten wir heute noch 20.000 Mark davon kriegen. *(über den 100.000-Mark-Sturm von Preußen Münster in den 1950er Jahren)*

Sepp Herberger hat zu mir gesagt, ich solle nicht so viel fummeln. Da habe ich ihm einfach geantwortet: »Ohne Fummeln kann ich ja gleich aufhören.«

Ein Fußballer ohne große Nasenlöcher kann nichts werden. Sonst kriegt die Lunge nicht genug Luft.

## **Presseinformation** des BFC Dynamo Berlin

Neuer Dauerkarten-Rekord beim BFC Dynamo: Der BFC konnte den Verkauf von Dauerkarten in der neuen Saison verdoppeln!!! *(über den Sprung von 17 auf 36 Tickets)*

## **Pressemitteilung** des VfB Stuttgart

Für das nächste Bundesliga-Heimspiel des VfB Stuttgart gegen Schalke 04 sind nur noch 1.500 teilweise sichtbehinderte Eintrittskarten in der Nähe des Baustellenbereiches erhältlich.

## **Pressemitteilung** der Polizei

Sachbeschädigung an Pkw – Beckham, Rooney und Owen festgenommen. *(Überschrift einer Pressemitteilung der Dresdner Polizei, die in der Nacht zum 21. Juni drei neuseeländische Randalierer aufgriff, die Trikots ihrer englischen Idole Beckham, Rooney und Owen trugen)*

## Kevin **Pressman**

*(Torwart von Sheffield Wednesday)*

Einer von denen, die aufs Spielfeld gelaufen waren, sagte zu mir, dass ich Millwall nicht lebend verlassen werde. Dann sagte er noch, dass ich fett wäre. Ich habe ihm geantwortet: »Hast du dich schon einmal selber im Spiegel angeschaut?«

## Dieter **Prestin**

Wenn jetzt auch noch die Karpfen beißen, ist die Woche gerettet! *(nach einem Sieg mit seinen Kölnern gegen Schalke)*

## Christoph **Preuß**

Das war großes Kino, ein Hollywood-Tor! *(Präsident Peter Fischer über ein Fallrückzieher-Tor gegen die Bayern)*

## Birgit **Prinz**

Das ist meine erste Barbie. Das sagt ja wohl schon eine Menge aus. *(bei der WM 2011)*

Birgit Prinz sieht gut aus, hat einen tollen Körper, und als Fußballerin ist sie sehr tüchtig. *(Luciano Gaucci als Präsident des AC Perugia)*

Wir diskutieren nicht ewig über Schiedsrichterentscheidungen oder machen lange Schwalben und wälzen uns auf dem Boden rum. *(über den Unterschied zwischen Frauen- und Männerfußball)*

Niemand wird sagen, dass Zinedine Zidane der männliche Birgit Prinz sei. *(bei der Sportlerwahl 2003)*

## Giuseppe »Peppino« **Prisco**

*(legendärer Vize-Präsident von Inter)*

Wenn mir ein Milanista die Hand gibt, gehe ich sie sofort waschen. Gibt mir ein Juventino die Hand, zähle ich zur Sicherheit meine Finger nach.

Was ist denn schlimm daran, wenn die Spieler ab und zu nächtliche Partys mit einigen Mädels feiern? In deren Alter hätte ich doch dasselbe gemacht, wenn ich nicht zufällig zum Russland-Feldzug eingezogen worden wäre. *Einige Monate später:* Was ich von den Sex-Partys einiger Spieler halte? Dazu kann ich nichts sagen. Wenn sie die organisieren, rufen mich die Lumpen ja nie an.

## Sebastian **Prödl**

München ist wie ein Zahnarztbesuch. Muss jeder mal hin. Kann ziemlich weh tun. Kann aber auch glimpflich ausgehen.

## Herbert **Prohaska**

Die Chancen stehen bei 50:50. Für beide.

Der Roland Linz hat sich schon viel bewegt. Aber in einem Tempo, wo man ihn nicht anspielen kann.

Seine ersten Prämien hat der »Schneckerl« alle zum Friseur getragen. Er wollte immer glatte Haare. Aber da hat ihm kein Friseur helfen können. *(Rudolf Sabetzer, Trainer vom 15-jährigen Prohaska)*

Das Spiel war ausgeglichen, darum ist die Führung der Engländer verdient. *(in der Halbzeit-Analyse des Spiels Frankreich – England)*

## Adolf **Prokop**

*(Schiedsrichter)*

Warum kann es nicht auch mal für den Unparteiischen Beifall geben, wenn er in einer Situation auf Vorteil entscheidet und daraus ein Tor fällt.

## Markus **Pröll**

Ich habe Lincoln gefragt, ob er wieder in dieselbe Ecke schießt. Er hat nicht geantwortet. Das habe ich als Ja interpretiert. *(der zwei Elfer nacheinander von Lincoln hielt)*

Erst mal ein Schluck aus der Flasche, dann die Pulle ordentlich im Netz vertäuen, dann sich langsam auf die Linie stellen und die Hose hochziehen. *(zur Vorbereitung auf einen gehaltenen Elfmeter)*

## Ferenc **Puskás**

Mein Vater war mein strengster Kritiker. Er sagte mir niemals, dass ich gut gespielt habe. Ich vergesse nie den Tag meines ersten Länderspiels. Bei dem 5:2 gegen Österreich schoss ich das erste Tor. Später ließ ich eine gute Chance aus. Als ich abends nach Hause kam, empfing mich mein Vater mit vorwurfsvoller Miene. »Du lässt hundertprozentige Chancen aus und besitzt die Frechheit, in der Nationalmannschaft zu spielen«, stauchte er mich zusammen.

Ferenc Puskás' linker Fuß war so gut, er konnte mit ihm sogar die Seife in der Dusche jonglieren. *(Francisco Gento, Teamkollege bei Real Madrid)*

## Anton **Putsila**

Das war irgendwie eine Durcheinander-Version und falsch. Aber es war schon überall so draufgeschrieben, da habe ich nichts gesagt. *(der in seiner Zeit beim Hamburger SV immer Putsilo geschrieben wurde)*

## Carles **Puyol**

@carlespuyol hat weniger in seinem Kühlschrank, als ein Affe Haare an seinem Arsch hat. *(Gerard Piqué twittert humorvoll Geheimnisse in die Welt hinaus)*

# q

## Mick **Quinn**

*(englischer Fußballspieler)*

Wenn ich an Sheffield Wednesday denke, ist der erste Name, der mir immer ins Gedächtnis kommt, Lee Hurst. Entschuldigung, David Hirst.

# r

## Stefan **Raab**

Oliver Kahn hat gesagt, bei Bayern fehlen die Eier. Das ist übrigens auch das größte Problem beim Frauenfußball.

Wir hatten eine hundertprozentige Chancenauswertung: null Chancen, null Tore!

Bundesliga um 12 Uhr, wie heißt das denn dann: Werder am Mittag? Für die Bayern-Spieler ist Bundesliga um 12 sehr praktisch: Die können dann direkt aus dem P1 zum Spiel gehen.

Natürlich hat Netzer früher Standfußball gespielt: Laufen hätte doch die Frisur kaputtgemacht!

Kamerun ist eine so musikalische Mannschaft. Ich glaube, die haben Winni Schäfer verpflichtet, weil sie dachten, das sei Bernhard Brink.

Bei Senegal gegen Türkei habe ich gedacht, das schaue ich mir gar nicht an, ich setze mich hin und warte, bis gehupt wird.

Fastenzeit heißt für Reiner Calmund: Mehrere Wochen werden die Knochen nicht mitgegessen …

Gegen Liechtenstein nicht zu treffen ist so, als würde man im Puff keine Frau abbekommen.

Mittlerweile sind die deutschen Frauen im Fußball genauso gut wie im Kochen und Putzen!

Französisch heißt ab sofort: Es mit der Hand machen! *(nachdem Thierry Henry im entscheidenden WM-Qualifikationsspiel die Hand für ein Tor benutzt hatte)*

Wenn das mit Birgit Prinz in Perugia etwas wird, wäre das die zweite deutsche Frau, die in Italien Fußball spielt – nach Andreas Möller!

## Petar **Radenković**

Münchens Oberbürgermeister Hans-Jochen Vogel zu Radenković: Besonders beeindruckt war ich, als Sie den Ball erst mit der Faust abwehrten und dann im Fallen noch einmal mit dem Fuß klärten. Radenković: Ja, ja, Herr Oberbürgermeister, müssen wir Gastarbeiter eben arbeiten mit Händen und Füßen …

Ball ist nämlich nicht gleich Ball.

Bin i Radi, bin i König …

## **Radio** 90elf.de

Die Koblenzer Abwehr deckt sich selber.

## **Radioreporter** auf B-5-Aktuell

Abschlag Barcelona, an der Mittellinie befinden sich jetzt zwei bis drei Spanier, und da irgendwo vermute ich auch den Ball. *(beim Nebelspiel Hertha – Barcelona)*

## Nando **Rafael**

So wie er heute aufgetreten ist, hätte ich ihn auch gerne mal bei der Hertha gesehen. *(sein ehemaliger Mannschaftskamerad Christian Fiedler nach zwei Toren von Rafael)*

## Babak **Rafati**

*(Schiedsrichter)*

Man musste farbenblind sein, um sie nicht unterscheiden zu können. *(der Mainzer Manager Christian Heidel war nicht begeistert, dass Rafati orangefarbene und rot-weiße Trikots nicht voneinander unterscheiden konnte)*

Der Arm ist Viertel vor neun über die Schulter und dieser ganze Mist. Diese Regeln wurden von Opas gemacht, die von Tuten und Blasen keine Ahnung haben. *(über die Handregel)*

## Christian **Rahn**

Das verstehe ich gar nicht, wir sind uns doch erst vor zwei Tagen in der Sauna näher gekommen. *(Oliver Kahn auf die Bemerkung von Rahn, er wisse gar nicht, wie er sich solchen Topstars wie Kahn nähern solle)*

## Helmut **Rahn**

Also, hier steht der Hans und hier steh' ich. Der Hans flankt, ich zieh' los, die Ungarn denken, ich schieß' – aber ich schieß' natürlich nicht. Ich geh' rechts an den Ungarn vorbei, leg' mir das Ding auf den linken Schluffen und hau' drauf. Der Grosics macht sich ganz schön lang, aber an das Ding kommt er nicht mehr dran. Man, war der sauer. Prost, allerseits! *(Helmut Rahn am Tresen des Essener Lokals »Friesenstube« über das entscheidende 3:2 im Endspiel gegen Ungarn)*

Er ist die Greta Garbo des deutschen Fußballs. *(Jörg Wontorra)*

Ich weiß heute ganz genau, dass ich älter geworden bin als wie vor zehn Jahren!

Ich will sagen, dass ich nicht überhaupt kein Bier mehr trinke oder nur noch Buttermilch!

## Uwe **Rahn**

Seitdem Uwe Rahn aus Gladbach weg ist, spielt er wie ein arbeitsloser Lehrer. Er hat keine Klasse mehr. *(Norbert Pflippen)*

An dem Tag, an dem sie mich im Fernsehen nicht mehr mit Bruns oder anderen Blonden verwechseln. *(Uwe Rahn weiß ganz genau, wann er den Durchbruch endgültig geschafft hat)*

Uwe Rahn kann derzeit machen, was er will – ihm gelingt alles. Er könnte die Eckfahne anvisieren, der Ball würde im Torwinkel landen. *(»Deggendorfer Zeitung«)*

## Helmut **Rahner**

Wir stehen auf Platz 18, wo wir hingehören.

## Carsten **Ramelow**

Intimhygiene ist für mich kein Tabu-Thema. *(in einer Werbung für ein Dusch-WC)*

Wir sind gut gestartet, okay. Aber wir dürfen jetzt nicht nachlässig werden. Und wer sich im momentanen Erfolg sonnt, der hat schon fast verloren. Das ist eine gefährliche Gratwanderung. Jetzt klopfen uns wieder viele auf die Schulter. Aber es ist längst nicht alles Gold, was glänzt … *(drescht Phrasen)*

Ich habe mich hingelegt. Schon ist es passiert. Ich bin eingeschlafen. *(zu seiner Freizeitbeschäftigung bei der WM)*

Gerade zu Hause liegt unsere Heimstärke.

Der krempelt die Arme hoch. *(Reiner Calmund)*

Der trägt seit 29 Jahren und 9 Tagen seine Hacke durch die Welt und weiß erst heute, was sie wert ist. *(Johannes B. Kerner über Carsten Ramelows Tor mit der Hacke im Länderspiel gegen Litauen)*

Du musst halt nur die Punkte reinholen. *(einfaches Rezept, um Deutscher Meister zu werden)*

## Sir Alf **Ramsey**

Die meisten Briefe, die ich erhalte, fangen mit »Sehr geehrter Vollidiot« oder »Sehr geehrter aufgeblasener Ego« an. Einer fing mit »Sehr geehrter Alfie Boy« an. *(Englands Nationaltrainer, 1968)*

## **ran**

In der letzten Saison hat der VfL Bochum von 5 Elfmetern 6 verschossen.

## **ran** online

Um den Leverkusener Spielaufbau machte sich vor allem das Trio Emerson und Beinlich verdient.

## Ralf **Rangnick**

Sein Tor war der Dosenöffner dieses Spiels. *(über einen wichtigen Treffer von Eichner)*

Ich habe Sachen gesehen von meinen Spielern, da muss ich mich fragen, ob sie ihr Double geschickt haben. Was anderes fällt mir dazu nicht ein.

Um da Sicherungen einzubauen, müsste man Tretminen in den Strafraum legen. *(der Trainer des FC Schalke 04 nach einem katastrophalen Fehlpass von Altintop)*

Wenn schon vier Leute so viele Fehler machen, ist es vielleicht richtig, dass man auf eine Dreierkette umstellen sollte.

Rangnick ist ja ein Professor, der wird sich schon etwas einfallen lassen. *(Felix Magath auf die Kritik seines Nachfolgers am Zustand der Mannschaft)*

Gut. Man muss unterscheiden zwischen sehr gut und gut. *(Rudi Assauer auf die Frage nach seinem Verhältnis zum Trainer)*

Wenn wir am Ende der Saison vor den Bayern stehen, steigen wir zu 100 Prozent nicht ab.

Uns haben teilweise Zentimeter gefehlt, teilweise aber auch die Präzision.

Ich habe einmal drei Spieler auf einen Schlag ausgewechselt. Das wurde mir anschließend als Völkerwanderung ausgelegt. *(auf die Frage, warum er nur zwei statt drei Profis in der Halbzeit neu ins Spiel gebracht habe)*

Wenn Sie flotte Sprüche hören wollen, müssen Sie nach München fahren. Wenn Sie flotten Fußball sehen wollen, dann sind Sie bei uns richtig.

Von der B-Note haben wir klar gewonnen, aber wir sind in Schönheit gestorben. *(über die fehlende Entschlossenheit seiner Profis)*

Sie dürfen heute feiern, aber im nicht-exzessiven Bereich.

Ich glaube, das Team hat sich im Trainingsplan in der Spalte geirrt. »Tag der offenen Tür« ist erst am Sonntag. *(nach einem 0:4 in Freiburg)*

In der Arena ist es so laut, da machen wir eben Flaschenpost. *(nachdem er Lewan Kobiaschwili während des Spiels einen Zettel mit veränderter taktischer Ausrichtung gegeben hatte)*

In den Sommerferien habe ich mit meiner Familie vier Wochen Urlaub in Florida gemacht und am Ende sogar einen Hurrikan erlebt. Ich bin also sturmerprobt. *(bei seiner Vorstellung als Trainer auf Schalke)*

Zumindest sprechen wir beide die gleiche Fremdsprache. Wie der Slogan: »Wir können alles, außer Hochdeutsch.« *(auf die Frage nach einer möglichen Zusammenarbeit mit seinem schwäbischen Landsmann Jürgen Klinsmann)*

Es gibt so viele Trainer, die kommen und gehen. Irgendwann vergisst du mal die Vornamen. *(Rudi Assauer auf den Hinweis, er hätte den neuen Schalke-Trainer bei dessen Präsentation konsequent Rolf genannt)*

## Claudio **Ranieri**

Die »Rettet Ranieri«-Kampagne im »Evening Standard« ist einerseits natürlich klasse. Andererseits: Sie können doch nicht ein Foto von mir mit Brille nehmen. Gladiatoren tragen keine Brille im Colosseum! *(kurz bevor er Chelsea verlassen musste)*

## Uwe **Rapolder**

Wir müssen ein bisschen sehr zufrieden sein.

Ich habe kaum drei echte Abwehrspieler, da kann ich ja nicht mit einer Viererkette spielen.

Uwe Rapolder bleibt einer meiner Lieblingskollegen, aber nicht wegen der schönen Ergebnisse. *(Peter Neururer nach einem Sieg gegen seinen Kollegen)*

## Oliver **Rasche**

Schlechter Fußball, schönes Wetter und eine dauerhaft wackelige Regierung. Es ist so weit: Wir sind Italien! *(Journalist im WM-Jahr 2018)*

## Marcel **Rath**

Wir spielen in Braun-Weiß. Zumindestens hören wir so auf.

Im Training geht er stundenlang raus, knallt aufs Tor, trifft irgendwo hinten in den Weiher oder schießt Vögel ab. Dass das heute besser geklappt hat, muss am schlechten Rasen gelegen haben, von dem ihm die Kugel glücklich auf den rechten Fuß gesprungen ist. *(Holger Stanislawski über seinen Mitspieler)*

## **Ratinho**

Vielleicht mit einem Holzbein! *(auf die Frage, ob er ähnlich mutig dazwischengeprescht wäre)*

Ich habe gedacht, Pascal ist Deutscher. Er hätte sich nur die Haare färben müssen. *(über den von Trainer Rehhagel regelwidrig eingewechselten Nigerianer Ojigwe)*

## Antonio **Rattin**

*(argentinischer Nationaltrainer)*

Wenn der Ball über der Torlinie war, dann war es ein Tor.

## Johannes **Rau**

Wie soll das denn dann heißen? Ernst-Kuzorra-seine-Frau-ihr-Stadion? *(zum Vorschlag, Fußballstadien nach Frauen zu benennen)*

Was ein Bundespräsident macht, wissen viele Menschen nicht. Was ein Bundestrainer zu machen hat, wissen fast alle. *(als Festredner beim 100. Geburtstag des DFB über das Phänomen Fußball)*

## Tobias **Rau**

Ich habe bei Bayern jedenfalls einiges mehr gerissen als Kahn und Ballack zusammen. *(Bayern Münchens Dauerverletzter)*

Wir werden Sie optisch, vor allem aber sportlich, im Auge behalten. *(Michael Steinbrecher)*

## Reinhard **Rauball**

Es kann sicher nicht von Schaden sein, wenn ein Bundesligapräsident einen Doppelpass nicht für eine doppelte Staatsangehörigkeit hält.

Unsere ganz jungen Spieler haben sich zu Weihnachten ein Extra-Spielzeug verdient. *(über die Leistungen der jungen Dortmunder Spieler)*

Einen Bundesliga-Verein aufzubauen, dauert sehr lange. Ihn zu ruinieren geht von heute auf morgen.

Beim Schlusspfiff bin ich vor Freude höher gesprungen als bei den Bundesjugendspielen! *(nach einem 1:0-Sieg gegen Leverkusen)*

## Tim **Raue**

*(Sternekoch für die VIPs bei Hertha BSC)*

Es gibt dieses Lamentieren über Edel- und Kaviar-Fans, aber das ist Bullshit. Es gibt nirgendwo auf der Welt, außer in Kalifornien, ein so hohes Bewusstsein für biologisch-organisch angebaute Lebensmittel wie in Deutschland und nirgendwo so viele Discounter. Das ist die gleiche Diskrepanz wie im Stadion. Es gibt genug Leute, die jahrelang mit der S-Klasse ins Stadion gefahren sind und sich dann eine schmierige Currywurst reingeboxt haben.

## **Raúl**

Wenn du ihm den Ball gibst, ist das so, als würdest du dein Geld der Schweizer Bank anvertrauen. *(Ivan Rakitić)*

## Friedel **Rausch**

Ich sehe Licht am Himmel.

Wir backen kleine Brötchen. Aber viele machen auch satt.

Die Bayern laufen Gefahr, sich zu überfressen. *(als die Münchner auf einen Schlag Sforza, Strunz und Herzog verpflichteten)*

Heute war hinten nichts, in der Mitte nichts und vorne nichts.

Danach bin ich nass geschwitzt und möchte am liebsten gleich mitspielen, so intensiv redet er auf die Spieler ein. *(Rolf Rüssmann über des Trainers Kabinenansprachen)*

Da hätte ich früher zu meiner Zeit einen ganzen Schrank voller Karten gehabt. *(Gladbachs Trainer zu einem umstrittenen Platzverweis seines Stürmers Markus Feldhoff)*

Es gibt nichts Schöneres als eine grüne Wiese mit zwei Toren.

Was nützt der schönste Teller, wenn nichts zum Essen darauf ist. *(trotz gutem Spiel keine Punkte)*

Der Abstieg trifft sicher eine Mannschaft, die noch gar nicht damit rechnet. *(kurz bevor er mit Nürnberg abstieg)*

Melken sie doch mal 'ne Kuh, die keinen Euter hat. *(über seine Mannschaft)*

Gut, dass ich nicht so pessimistisch bin, sonst hätte ich mir schon das Leben genommen. *(nach einem schlechten Saisonstart)*

Es gibt Leute, die mit 70 noch in der Politik sind, die jeden Tag was um die Ohren gehauen bekommen, aber die brauchen das. Und ich brauch das im Fußball auch. *(auf die Frage, warum er sich den Job als Manager von Eintracht Frankfurt in der 2. Liga antun will)*

Ich will jetzt nicht noch zusätzlich Feuer ins Öl gießen.

Ich war es leid, nur noch mit dem Hund spazieren zu gehen, Golf und Tennis zu spielen. *(nach einer neuen Anstellung als Manager)*

Der Rausch, das ist ein erfahrener Cowboy. Dem kann man nicht in die Satteltasche pinkeln. *(Stefan Kuntz)*

Dann hätte der Köter seine Zähne verloren! *(auf die Frage seiner Mannschaftskameraden: »Friedel, überleg doch mal, der Hund hätte dich vorne rum gebissen ...?«; 1969 hatte ihn beim Spiel BVB gegen Schalke in der Roten Erde der Schäferhund Rex gebissen)*

## Hans-Joachim **Rauschenbach**

*(legendärer Sportreporter)*

Warum soll ich sagen: »Er war schlecht?« Viel besser klingt doch: »Er fiel dadurch auf, dass er neue Schnürsenkel in den Schuhen hatte.«

Je dicker der Kopf, desto kleiner der Heiligenschein, der darauf passt. *(über Diego Maradona)*

Er schaut so freundlich wie ein Grizzly-Bär, der Zahnschmerzen hat. *(über Franz Beckenbauer)*

Spielen Sie ein bisschen Doppelpass mit Ihrer Frau. Dabei kann man auch wichtige Pluspunkte gewinnen. *(zu Manni Burgsmüller)*

Bei der Eintracht kriselts im Vorstand. Und wie jeder weiß: Wenn der oberste Knopf falsch geknöpft ist, sitzt der ganze Anzug schief.

Jetzt also Warschauer Würstchen gegen Couscous. *(Ankündigung des WM-Spiels Polen – Marokko)*

Die bittere Nuss der Niederlage ist allzu schwer zu kauen.

## **rbb** Inforadio

Die Flanken, die Stein schlägt, sind kniestrumpfhoch.

Das Einzige, was ins Auge springt, ist der Ball.

## Rüştü **Reçber**

Lasst mal, Leute! Ich spiele ja eh alleine gegen Leverkusen. *(der Torwart von Fenerbahce Istanbul zu seinen Mitspielern, die bei der 1:2- Niederlage gegen Bayer Leverkusen in der Champions League eine Freistoß-Mauer aufbauen wollten)*

## Oliver **Reck**

Wenn Sie einen Schuldigen suchen, nehme ich die Schuld auf mich. Ich bin aber nicht schuld.

Werders Antwort auf Charly Chaplin. *(Max Merkel über Bremens früheren Torwart)*

Eigentlich sollte ich heute im Sturm auflaufen, aber nachdem der Rost nicht durfte, musste ich ins Tor.

Druck verspüre ich nur, wenn ich morgens auf die Toilette gehe.

Die Zuschauer haben Eintrittsgeld bezahlt, sie dürfen schreien, was sie wollen. Ob sie uns damit helfen, ist eine ganz andere Sache.

Zu meiner Frau habe ich ein Vater-Sohn-Verhältnis.

Ich dachte auch, der spinnt. Als der Reck kam, konnten wir gar nicht mehr jeden decken. *(Eduard Geyer zu Schalkes Torwart, der ab der 77. Minute bei Standardsituationen in den gegnerischen Strafraum stürmte)*

## Harry **Redknapp**

Journalist: Haben Sie Morddrohungen erhalten? Harry Redknapp: Nur von meiner Frau, als ich nicht abgewaschen habe.

Ich habe gerade eine Videokassette von unserem Spiel bekommen. Klasse, dann kann darauf »Neighbours« im TV aufnehmen.

## Ralf **Regenbogen**

Geschmeidig wie eine Litfaßsäule. *(Max Merkel über Schalkes Stürmer)*

## Laurentiu **Reghecampf**

*(Spieler von Energie Cottbus)*

Mehr als ein paar Arschwackler und ein paar Flanken kamen dabei nicht rum. *(Trainer Eduard Geyer zur Leistung von Reghecampf)*

Den hätte ich auch mit Winterstiefeln nicht schlechter schießen können. *(Eduard Geyer über einen verschossenen Elfmeter)*

Wer so doof ist, gehört nicht in die Bundesliga. *(Eduard Geyer)*

## Beate **Rehhagel**

Beate Rehhagel gelüstet es nach Männerschweiß. *(Jörg Wontorra wegen der Kabinenausflüge der Trainergattin)*

Beate ist die einzige Frau, die nach Spielen in unsere Kabine darf. Sie holt mich dann ab, und es interessiert überhaupt keinen, wenn die Jungs da nackt rumstehen – sie gehört einfach dazu. *(Otto Rehhagel)*

In Bremen duze ich nur meine Frau. *(Otto Rehhagel)*

Meine Frau will sich immer mit mir streiten. Dann sage ich: »Beate, alles unwichtig, der Ball muss ins Tor!« *(Otto Rehhagel)*

Trainer. *(so redet Frau Rehhagel ihren Mann Otto an)*

## Otto **Rehhagel**

Stellen Sie sich vor, Boris Becker wirft den Ball hoch, und noch bevor er den Ball trifft, kommt jemand und schlägt ihm einen Ellenbogen in die Seite. *(über den Unterschied zwischen Tennisprofis und Bundesligastars)*

Vor 17 Jahren haben sie mich mal bei Fortuna Düsseldorf entlassen. Und wo steht die Fortuna heute? Es hat überhaupt nichts genutzt! *(allgemein über das Thema Trainer-Entlassungen in der Bundesliga)*

Der hat immer zu den Spielern gesagt: »Jungs, wenn ihr Tabellenführer seid, gibt's nur eins: rauf aufs Sofa, Bier auf, Fernseher an, ARD-Videotext Tafel 253, die Tabelle angucken und den ganzen Abend anlassen – und dann nur noch genießen.« *(Klaus Allofs)*

Ich bin mit Fußball geboren, und ich will mit Fußball sterben.

Golf ist mir zu langweilig. Zu Franz Beckenbauer habe ich mal gesagt: »Da stehen 6.000 Leute am Abschlag. Dann haut einer den Ball weg. Nach siebzig Metern sehen sie ihn nicht mehr. Also laufen 6.000 Leute hinter dem Ball her und suchen ihn drei Stunden lang, bis sie dann feststellen: Der Ball liegt oben im Baum.«

Ich biete mich nirgendwo an – außer bei meiner Frau. *(auf Fragen von Journalisten, ob er sich für Trainerjobs ins Gespräch bringe)*

Ich habe ein Gedicht für dich, und ich rufe dir zu, Erich: Nach trüben, widerwärtigen Tagen eilen des sanften Glücks frohere Stunden wieder herbei! *(bei einer »ran«-Leitung zu seinem Trainerkollegen Erich Ribbeck, nachdem Werder Bremen knapp vor den Bayern Meister wurde)*

Herr Rehhagel, mit welcher Farbe muss ich zu Hause bei mir die Wände streichen? *(ein Journalist auf einer Pressekonferenz, als der Trainer und gelernte Maler Rehhagel gemeint hatte, er beantworte ab sofort nur noch Fachfragen)*

Kunst für den Trainer besteht darin, Präsidenten und Vorstandsleute mitzutrainieren – sie dürfen es aber nicht merken.

Unsere Mannschaft spielt am besten, wenn der Gegner nicht dabei ist.

Besser die nennen dich »Otto II.« als »Heinrich, den Achten« – der hat seine ganzen Weiber umgebracht!

Ansonsten habe ich eine Vision: Der Trainer wird abgeschafft, er macht nur noch die Konditionsarbeit. Auf der Bank sitzt er nicht mehr, sondern der Manager, der Präsident, ein Psychologe, ein Journalist und ein Fan.

Für den wichtigsten Posten in der Mannschaft brauchte ich gestandene Leute, die verantwortungsbewusst und verheiratet sind. Junggesellen sind da oft leichtsinnig und kicken manches Mal dahinten nur herum, deshalb habe ich Pezzey und Fichtel sowie Bratseth geholt.

Ich habe etwas bei Rilke gelesen, da denke ich an meine Spieler: »Die so dich finden, binden dich an Bild und Gebärde.

Ich aber will dich begreifen, wie dich Erde begreift; mit meinem Reifen reift dein Reich.« Das gibt mir Motivation.

Wenn du die Schule schleifen lässt, musst du Fußballtrainer werden.

Nach Fußball finde ich auch Schach einen faszinierenden Sport. Und wegen der verschiedenen Figuren ist es auch ein Teamsport.

Wissen Sie, von wem Boris Jelzin operiert wurde? Der Mann ist 82 Jahre alt! *(auf die Bemerkung eines Journalisten, er gebe jungen Spielern keine Chance)*

Meine Herren, Sie können nach Ihrer Karriere nicht den ganzen Tag um Ihre Immobilien laufen, sie anschauen und sagen: »Ach, Gott, sind die schön!« *(zu seinen Spielern in der Kabine)*

Gehen Sie erst mal auf die Knie, bevor Sie mir eine Frage stellen. *(zu einem Journalisten)*

Ich trainiere immer so, dass ich selbst nicht weiß, wer samstags spielt.

Ich rede viel und sage wenig.

Rehhagel – der Erste, der sich eine Zerrung in der Zunge zuzieht. *(»Welt am Sonntag«)*

Jeder denkt, ich gehe wegen Otto Rehhagel nach Kaiserslautern – aber eigentlich ist es wegen seiner Frau. *(Wynton Rufer)*

Otto Wehklagel ist mal wieder auf dem Leberwurst-Level – keiner kann so toll beleidigt sein wie er. *(»Welt am Sonntag«)*

Ich wäre auch nicht überrascht gewesen, wenn Frau Rehhagel diese Position übernommen hätte. *(Hans-Peter Briegel, zurückgetretener Manager des 1. FC Kaiserslautern, in Anspielung auf die Machtbefugnisse von Trainer Otto Rehhagel)*

Früher hatte er Mühe, Omelett von Hamlet zu unterscheiden. *(Max Merkel über Griechenlands Nationaltrainer)*

Er ein Anstreicher aus Essen, ich ein Bäcker aus Gelsenkirchen – da kann es doch eigentlich keine Probleme geben. *(Ulli Potofski)*

Otto sagt immer, Goethe hätte bei ihm einen Stammplatz. Schade, dass der Mann keine Tore schießt. *(Udo Lattek)*

Leichte Bälle zu halten ist einfach. Schwierige Bälle zu halten ist immer schwierig.

Mal verliert man und mal gewinnen die anderen.

Mit Sprüchen wurde noch nie ein Spiel gewonnen.

Fußball ist eine harmlose Sportart. Wie viel Tote hat es denn schon bei Autorennen und beim Boxen gegeben! Wie viel Pferde bekamen bei der Military den Gnadenschuss! Bei uns sind im schlimmsten Falle mal einem die Bänder gerissen.

Die Wahrheit liegt auf dem Platz.

Heute ist es leider so, dass die Berater ihren Jungs sagen: Ich mach' aus dir einen Millionär. Sie sagen leider nicht: Ich mach' aus dir einen guten Fußballer.

Der beste Fußball wird da gespielt, wo das meiste Geld ist.

Geld, Geld, Geld? Geld schießt keine Tore! Fußball ist so einfach geblieben, wie er immer war: Es spielen elf gegen elf auf sechzig mal hundert Metern.

In diesem Geschäft gibt es nur eine Wahrheit: Der Ball muss ins Tor.

Ein Fußballspiel ist wie eine Rechenaufgabe, zwei plus zwei ist gleich vier, wenn man sagt: zwei plus zwei sei fünf, dann verliert man.

Es bringt nichts, wenn ein Spieler zu seiner Frau sagt, ich habe klasse gespielt, aber wir haben 1:8 verloren. *(nach einem 6:2-Sieg in Karlsruhe)*

Frauen sind das beste Trainingslager.

Ein Spiel ist doch keine Modenschau! Deshalb trage ich auch jeden Sonnabend zur TV-Zeit einen Trainings-, also einen Arbeitsanzug.

Wenn ich heute fünf Talente einbaue und mehrere Spiele hintereinander verliere, dann lassen die Leute an den Blumen, die sie mir zuwerfen, plötzlich die Töpfe dran.

Mein Freund Jürgen Flimm wohnt in Hamburg-Blankenese, und dann schauen wir raus und träumen davon, dass noch einmal ein Schiff kommt und uns mitnimmt.

Wer Erster ist, hat immer recht. Ich habe also recht. Und wenn ich Fünfter bin, können Sie wieder mit mir reden.

Am Anfang war ich ein Vulkan, jetzt bin ich ein Diplomat. So enden alle Karrieren, in denen es um viel Geld geht.

Ich brauche Spieler, die am Ball besser sind als am Mikro.

Wer mit links nicht schießen kann, trifft den Ball auch nicht, wenn er 100 Tabletten schluckt.

Ich lasse mich nicht als Fußmatte benutzen. Wenn Manager und Präsident rumtanzen, und ich darf die Gymnastik vormachen – das ist nicht meine Welt.

Jeder kann sagen, was ich will.

Als wir heute aus der Sackgasse rauswollten, war der Sack leider schon zu.

Das war nichts Außergewöhnliches ... Ein Straftrainingslager mit fünf Sternen. *(auf die Frage, was in der Klausur nach einem schlechten Bundesligastart geschehen sei)*

Ich entscheide als Trainer so, wie ich denke. Und dann setzt ein großes Geschrei ein. Das bewegt mich kaum.

Aber ich muss sagen, ins Gewissen reden mir oft diejenigen am wirksamsten, die einfach schweigen.

Die tägliche Umgangssprache im Sport ist hart, abgehackt und unvollkommen. Da ist es für mich geradezu wohltuend, die einzigartige Sprache und die wohlgestalteten Formulierungen dieses großen deutschen Dichters zu lesen. Einen Gedichtband von ihm trage ich häufig bei mir. *(in einer Umfrage zu Goethe)*

Ich bleibe Optimist. Ich hänge mich wirklich erst auf, wenn alle Stricke reißen.

Der Wahrheit die Ehre zu geben – das heißt noch lange nicht, sie auch zu sagen ...

Außerdem darf ich schon mal über die Busspur mit meinem Auto fahren. *(über seine Popularität in Griechenland)*

Im Fußball gibt es längst keine Geheimnisse mehr: Heute kann der Trainer dem Verteidiger sagen, welches Rasierwasser der gegnerische Stürmer verwendet.

Alle, die nicht mit links schießen konnten, können jetzt mit links schießen. Alle, die zuvor 12,3 gelaufen sind, laufen nun 10,1. *(zu den Auswirkungen des Trainerwechsels in Rostock)*

Die sollen sich nicht so anstellen, bei mir zählen nur glatte Brüche als Verletzungen.

Bei Werder habe ich sechs Jahre um ein eigenes Klo gekämpft. Bei Real würden sie mich fragen: Welche von den zehn Toiletten möchten Sie benutzen?

Ich bin ein Kind der Bundesliga. Das gibt sogar meine Mutter zu.

Wozu braucht meine Mannschaft Doping? Sie hat ja mich.

Ich muss von jedem Spieler in Europa wissen, was für ein Duftwasser er benutzt.

Mich haben noch nie so viele Menschen geküsst wie am Samstag. Es waren aber leider nur Männer. *(Rehhagel, der mit Griechenland sensationell die EM-Endrunde erreichte, bei einem Regierungsempfang in Athen)*

Alles, was Sie im Kopf haben, weiß ich, bevor Sie es ausgesprochen haben. *(auf einer Pressekonferrenz zu Journalisten)*

Die Akropolis steht seit 3000 Jahren, und wenn wir in 200 Jahren nicht mehr da sind, dann steht sie immer noch. *(relativiert das frühe EM-Aus der Griechen)*

Mit 50 bist du als Fußballtrainer reif für die Klapsmühle. Wenn du genug Geld verdient hast, kannst du wenigstens erster Klasse liegen.

Notfalls werden wir Sie am Dach des Olympiastadions festbinden, damit Sie nicht weggehen. *(Griechenlands stellvertretende Kulturministerin Fani Palli-Petralia in Athen zum umworbenen griechischen Nationaltrainer)*

Wenn es geregnet hat, sind wir schon mal frühstücken gegangen statt auf den Trainingsplatz. Und es hat oft geregnet in Bremen. *(Rudi Völler über seinen Ex-Trainer, dessen Trainingsmethodik er sehr schätzt)*

Rehhagel geht mit Goethe ins Bett, ich mit meiner Frau. *(Friedel Rausch)*

Der Otto ist nun mal kein Thekentrainer. *(Willi Lemke)*

Ich habe mich genüsslich zurückgelehnt. *(Klaus Hilpert über Otto Rehhagels Wechselfehler)*

100.000 sind im Stadion, und der Einzige, der keine Ahnung hat, das ist der Trainer.

Du bist erst ein richtiger Trainer, wenn du nur noch als Feldherr auf dem Platz stehst.

Ich bin der erfolgreichste Trainer dieses Jahrzehnts. Wenn ein Theaterdirektor 95 Prozent Auslastung melden kann, fragt ihn auch keiner nach der Qualität der Proben. Ich wäre mit der Mannschaft Deutscher Meister und UEFA-Pokalsieger geworden. *(nach seiner Entlassung bei den Bayern kurz vor Schluss der Spielzeit 1995/96)*

Wenn alles läuft, dann sagt man, es geht ohne Trainer. Wenn es nicht läuft, dann ist der Trainer schuld.

Hannibal hat auch nicht gesagt, dass er mit Elefanten über die Alpen kommt. *(erklärt, warum er vor dem Spiel weder seine Aufstellung noch die Taktik verraten möchte)*

## Marco **Rehmer**

Wir sind hierher gefahren und haben gesagt: »Okay, wenn wir verlieren, fahren wir wieder nach Hause.«

## Marco **Reich**

Früher war ich ein großer Fan von Mönchengladbach. Doch da hatte ich noch keine Ahnung vom Fußball.

Ich bin wohl der Einzige, der sich über den Euro freut: Jetzt bin ich nur noch der 3-Millionen-Euro-Fehleinkauf!

## Thomas **Reichenberger**

Sollten wir uns vier Stunden in den Bus setzen und heulen? Wir haben eben zwei Stunden geheult und dann zwei Stunden Karten gespielt! *(zu Vorwürfen, er und andere Spieler hätten auf der Rückfahrt vom Spiel in Wolfsburg, nachdem der Abstieg feststand, Karten gespielt)*

## Lars **Reichow**

*(Kabarettist)*

Viele Männer glauben immer noch, dass sie ihre Frau entlasten, wenn sie das ganze Wochenende auf dem Fußballplatz sind.

## Marcel **Reif**

Freistoßchance für Argentinien, und der Ball geht an die Latte. Das war genau so eingeübt.

Bajramović trabt da hinterher, das ist ja schon fast Nordic Walking.

Also wenn die was nehmen, von der Pille hätte ich auch gern eine. Oder liegt es am Ebbelwoi? *(wundert sich über die gute Stimmung der Frankfurter Fans beim Spielstand von 0:4 gegen Bayern München)*

Das sind Pässe wie mit der Nähmaschine.

Sag mal, wir arbeiten hier. Schleich dich, lass mich gucken. Arsch! *(als bei einem Spiel jemand durch sein Blickfeld lief)*

Sogar die Fehlpässe der Bayern kommen zum eigenen Mann.

Du säufst zu viel! *(zu einem Zuschauer)*

Jetzt Ochs, aber Wortspiele mit Namen verbieten sich.

Herr Schaaf, nehmen Sie doch bitte das Kind vom Platz. *(über Marko Marin)*

Viel passiert ist ebenso wenig.

Und was ist das für eine Kaderplanung, wenn die Indianer beim Husten des Häuptlings die Schweinegrippe bekommen? *(als beim FC Bayern München Franck Ribéry verletzt ausfiel)*

Auch ohne Matthias Sammer hat die deutsche Mannschaft bewiesen, dass sie in der Lage ist, ihn zu ersetzen.

Wenn ein holländisches Kind geboren wird, ist im ersten Fläschchen Milch und im zweiten Fläschchen schon 4-3-3 drin.

Die Gastarbeiter haben ja eine lange Tradition im Ruhrgebiet. Heutzutage muss man für einen guten Polen richtig viel auf den Tisch legen.

Je länger das Spiel dauert, desto weniger Zeit bleibt.

Fußball ist kein Menschenrecht, aber ein Grundnahrungsmittel.

Eine Mannschaft braucht zu bestimmten Zeiten mehr als nur Artisten.

Die Stars von heute benehmen sich wie die Schauspieler: Von dem Wort »Engagement« mögen die nur das Mittelstück: Gage.

Das ist der Mann mit dem typisch afrikanischen Vornamen Manfred.

Manche Dinge müssen einfach raus. *(über Roque Santa Cruz, dem während des Spiels etwas aus der Hose hing)*

In acht Minuten drei Tore, was können wir als Kassenpatienten mehr verlangen.

Es gibt ja ein paar Teile am Körper, die möchte man ja noch mal verwenden können.

Das war eine halbe dicke Chance.

Er spielt besser, als er aussieht.

Und dieser öffnende Pass brachte wieder 57 Zentimeter Raumgewinn!

Klemmt der Dödel? *(im Glauben, gerade nicht auf Sendung zu sein)*

Das ist eine Crux des Sportjournalismus. Wir waren alle früher selbst glänzende Kicker und sind nur durch Pech und Schicksal keine Stars geworden. Und weil wir alle notorisch jung bleiben wollen, erliegt man leicht der Versuchung, sich durch Duzerei mit den Sportlern gemein machen zu wollen.

Die Stille hier ist mit Händen zu greifen.

Da nutzen sie geschickt die ganze Höhe des Raumes aus. *(zu einer Kerze)*

Wenn die Hamburger jetzt in der Abwehr gut stehen und kein Tor mehr zulassen, werden sie auf jeden Fall nicht mehr verlieren. *(beim Stand von 1:0 für den HSV)*

Wenn Sie dieses Spiel atemberaubend finden, dann haben Sie's an den Bronchien.

Ich darf als Reporter ja nicht parteiisch sein ... ich will auch nicht parteiisch sein – aber ... lauft, meine kleinen schwarzen Freunde, lauft!!! *(beim WM-Spiel Kamerun – Argentinien beim Stand von 1:0)*

Meine Damen und Herren, ich kann Sie beruhigen. Am Spielstand hat sich in der Pause nichts geändert.

Das muss doch ein Ansporn für Jugendspieler sein, wenn man beidfüßig schießen kann, dann hat man 50 Prozent mehr Möglichkeiten ... oder sind es gar 100?

## Willi **Reimann**

Als Aufsteiger hast du immer die Arschkarte beim Schiedsrichter!

Flach spielen – hoch gewinnen. *(über seine Fußball-Philosophie)*

Es kann im Fußball noch so viel passieren: Der eine fällt aus dem Bett und verletzt sich und der andere sieht einen Blitz, obwohl er nur einen Donner gehört hat.

Was hilft ein Kracher, wenn drum herum zehn Pflaumen spielen? *(zur Transferpolitik)*

Zuerst kommt Gott und an zweiter Stelle kommt Willi Reimann. *(Jean Tsoumou-Madza erklärt, wer dafür gesorgt hat, dass es bei ihm läuft)*

Einige müssen ihre Bauchmuskeln trainieren, obwohl sie nicht mal wissen, was das ist. Wenn wir die trainieren, kommen sie am nächsten Tag an und meinen, sie haben was mit dem Blinddarm. *(über den Trainingseifer seiner Spieler)*

Haben Sie genug Zeit? *(auf die Frage, was er beim HSV alles verbessern müsse)*

Ich müsste als Hellseher auch Geld bekommen. Ich habe gewusst, wenn wir in Rückstand geraten, verlieren wir das Spiel.

Demnächst werden Ungeborene unter Vertrag genommen. *(über das Verhalten von Bayer Leverkusen und Jermaine Jones: Der Stürmer hatte über ein Jahr vor Vertragsende in Leverkusen unterschrieben)*

Ich könnte mir auch einen Trainerwechsel vorstellen. *(auf die Frage, ob er sich nach einem schweren Patzer einen Torwartwechsel vorstellen könne)*

Einige meinen, dass sie Fieber haben, wenn sie schwitzen ... *(Kritik an Pawel Kryszalowicz und den jungen Spielern)*

Früher hat die Eintracht für den Betrag, um den es hier geht, Toilettenpapier bestellt und heute spielen sich einige als Retter des Vereinsvermögens auf. Und das alles wegen 3.000 Euro. *(zur sich hinziehenden Verpflichtung von Jean Tsoumou-Madza)*

Wir bräuchten einen, der hinten den Ball raushaut, im Mittelfeld den entscheidenden Pass spielt und ihn vorne ins Tor schießt. *(auf die Frage, welcher Spieler helfen würde)*

Dann werde ich wohl meinen Pass wieder rauskramen müssen. *(zur Stürmernot)*

Wenn ein Ochse schreit, schreien die anderen mit. *(zu »Reimann raus!«-Rufen nach der Niederlage in Bremen)*

Da macht sich die Gehaltserhöhung bezahlt. *(über seinen Anzug beim Bundesligaauftakt, den er gegen den Trainingsanzug aus vergangenen Zweitligajahren getauscht hatte)*

Schlecht eingekauft. *(zu den Neuzugängen Hertzsch und Amanatidis, die die Siegtreffer beim 2:1-Sieg bei ihrem Debüt erzielten)*

Reimann ist stil- und respektlos. Er hat nicht die Größe, einen Topmann an seiner Seite zu haben, er duldet keine Götter neben sich. *(Klaus Gerster)*

## Uwe **Reinders**

Man kann nicht bei jedem Heimspiel erwarten, dass wir 90 Minuten sensationellen Fußball spielen. Wobei auch das Problem da war, dass der eine oder andere auch körperlich erkältet war.

Ich sage meinen Spielern immer, sie sollen aufpassen, wenn die Journalisten kommen. Denn mit leerem Kopf spricht man nicht.

Ihr habt euch zuletzt in den Zweikämpfen wie Mädchen verhalten. Diesmal will ich Hass in euren Augen sehen.

Wenn früher einer den Ball abgewehrt hatte, war für den der Fall erledigt. Der hat dann nur noch in der Nase gebohrt. *(als Trainer in Rostock)*

Mit dem Ball ist er Weltklasse – ohne Ball Kreisklasse. *(Otto Rehhagel)*

Ein Computer kann Augen und Gehirn einiger Schiedsrichter garantiert nicht ersetzen. Engstirnigkeit kann unmöglich simuliert werden.

Charaktere werden weniger im Profifußball. Wer am meisten verdient, ist mitunter nur eine Gehaltsstufe höher arschgekrochen.

Natürlich habe ich auch für den Bundeskanzler einen guten Trainertipp: Der soll seiner Mannschaft mal tüchtig in den Arsch treten!

Ich sage meinen Spielern immer: Ihr spielt für den Mann im Stadion. Jedes Tor, das ihr mehr schießt, bringt euch mehr Freunde.

Natürlich haben einige Spieler Freiheit mit Freizeit verwechselt, aber das habe ich ihnen bald ausgetrieben.

Irgendwann höre ich als Trainer auf und werde Manager – und das nur, weil ich keine Lust habe, auch noch mit 50 durch die Scheiße zu waten.

Fußball kann offenbar auch der interessante Test sein, wie es elf Mann innerhalb 90 Minuten gelingt, zu gleicher Zeit und gleich tief ein kräftiges Nickerchen zu machen. Aber dazu brauchen meine Jungs doch nicht einen wie mich zum Trainer!

Trainer sind für dreimal Halten zuständig: Handtuchhalten, Wasserhalten, Mundhalten.

Wenn einer erzählt, der Reinders hat in der Kneipe 1 Bier getrunken, macht der nächste 17 daraus, und in der Zeitung steht, er war voll wie ein Eimer. Das ist meine Erfahrung mit der Wahrheit.

Ich werde Hornhaut am Hintern bekommen von den vielen Busreisen. *(zum Mammutprogramm in der 2. Liga 1992/93)*

Entweder man schafft es nach oben, oder man fällt ins Nichts. So ist das Leben, und ich finde das in Ordnung. Solange ich selber oben bin.

Erst haben meine Spieler im Bus immer »Micky Maus« gelesen, jetzt lesen sie »Wie spare ich Steuern?«.

Wie ich zu Frauen stehe? Na ja, um ehrlich zu sein: Sie liegen mir.

Was heißt, nur wer warten kann, kommt ans Ziel. Loslaufen muss er schon!

Der ist am Ende noch stolz auf die Erfahrungen, die wir mit ihm machen mussten. *(Hansa-Manager Gerd Kische)*

Unser Verhältnis? Liebe vielleicht auf den ersten Blick, Ehe auf den zweiten, Scheidung auf den dritten. *(Gerd Kische)*

Bis zu meinem 20. Lebensjahr habe ich keinen Tropfen Alkohol angerührt. Dann musste ich wegen Schlafstörungen zum Arzt. Der stellte fest, dass ich wegen der großen Mengen Cola, die ich in mich hineinschüttete, nachts immer aufwachte. Der Arzt empfahl mir Bier als Schlafmittel.

Zwei Campari-Soda wären das Beste für mein Bein. *(als er sich vor der WM 1982 verletzte)*

Wenn man schon auf solche Spieler wie den Reinders zurückgreifen muss, sieht man, dass mit den anderen etwas nicht stimmt. *(Bundestrainer Jupp Derwall über seinen Spieler bei der WM 1982)*

Wer beim Tanzen im Frack hinfällt, muss auch wieder aufstehen.

## Bastian **Reinhardt**

Das war heute nicht mein Tag. Erst die Nase und dann Doping. *(nachdem er sich erst das Nasenbein brach und dann zur Dopingkontrolle musste)*

Wir taufen Bastian um und nennen ihn jetzt Bastinho, und schon haben wir den ersten Brasilianer. *(Klaus Toppmöller nach dem dritten Saisontor des Abwehrspielers)*

## Christine **Reinhardt**

*(Moderatorin)*

Na, Herr Chapuisat, hat denn Berti Vogts schon bei Ihnen angeklopft? *(zum Schweizer Nationalspieler)*

## Knut **Reinhardt**

Deshalb bitte ich Sie recht herzlich: Gebt Dortmund Ihre Stimme. *(bei der Abschlusspräsentation des Bewerbers Dortmund um das Deutsche Fußball-Museum)*

Ich spiele im Süden, ich liebe den Süden – von Dortmund.

## Thomas **Reis**

Wenn der Trainer in der Halbzeit alle Fehler aus der ersten Hälfte analysiert hätte, hätten wir auch die zweite verschlafen.

## **Reiseführer**

Darf ich mein Zelt in Ihrem Vorgarten aufschlagen? *(aus dem Kapitel »Wichtige Redewendungen« in einem Reiseführer des britischen Außenministeriums für englische Fußballfans in Portugal bei der EM 2004)*

## Claus **Reitmaier**

Wir waren in der 1. Halbzeit über 90 Minuten die überlegene Mannschaft.

Was man nicht sieht, kann man nicht halten.

Ich will dem Verein mal Angst einjagen. Ich spiele so lange, bis wir einen Titel holen. *(kurz vor seinem 40. Geburtstag)*

Er ist mein Vorbild, weil er immer noch spielt. Der Claus ist 40. Das ist schon noch ein Ziel. *(Oliver Kahn)*

## Loïc **Rémy**

Da hätte er seinem Namen alle Ehren machen können. *(Jörg Dahlmann in der Champions League, als Rémy fast zum 1:1-Ausgleich traf)*

## Michael **Rensing**

Barça hat Messi, Bayern hat Schweini, wir haben Poldi. *(der FC-Torwart über die Idole der Klubs)*

Wir sind felsenfest davon überzeugt, dass Michael Rensing der legendäre Nachfolger von Oliver Kahn wird. *(Uli Hoeneß über den damals 18-jährigen Nachwuchstorhüter)*

## Béla **Réthy**

Nein, der spielt kein Halma, der macht Taktik! *(als bei einem Spiel kurz vor der Pause der Trainer eine Magnet-Tafel auspackte)*

Maradona sieht so gesettelt aus mit seinem Anzug, wie ein Rinderbaron.

Platini sitzt auf der Tribüne und sieht richtig guten Fußball – seitdem die Franzosen weg sind.

Auch in dieser Szene beweist der Schalker seine Schusskraft, nutzt die gesamte Höhe des Platzes.

Es fehlt ihnen manchmal an einer gewissen russischen Kälte. Da ist zu viel Seele dabei. *(bei der EM 2008)*

Pinto fordert den Ball, aber Soldo entschließt sich zu einem Fehlpass.

Libero, das ist ein ausgestorbener Beruf, wie Postkutscher oder Alchemist.

Auf dem Platz bisher nur Kleingehacktes.

Das können sie wirklich gut: diese Flügelwechsel auf Höhe der Mittellinie!

Demichelis klärt vor seinem Frisurenpartner. *(bei der WM-Partie 2010 Griechenland – Argentinien)*

Das ist Sylvie van der Vaart. Auch bei ihr steht es 0:0. *(während der EM 2008 beim Schwenk über die Tribüne)*

Das ist hier alles keine Zeitlupe, das sind reale Bilder. *(beim WM-Spiel 2018 der DFB-Elf gegen Südkorea)*

Chance vertan. Mit einer Einreisesperre gegen Béla Réthy hätte Putin wirklich Punkte in Deutschland sammeln können. *(Kevin Kühnert zur Einreisesperre für Journalist Hajo Seppelt nach Russland)*

Die griechische Abwehr steht fest und vielbeinig wie die Akropolis.

Und jetzt kommt die Sanitär-Abteilung. *(kommentiert Deutschland – Island, Sanitäter laufen aufs Feld)*

Natürlich kommen die Angriffe der Spanier nicht mehr so flüssig daher – zu hoch der Flüssigkeitsverlust.

Zum ersten Mal wird ein Europameister auch Weltmeister, das hat zuletzt Deutschland geschafft.

Nowotny – für mich einer von vier, die gesetzt sind. Außer ihm noch Kahn, Bierhoff, Kirsten und Matthäus.

Die höchste Niederlage seit 50 Jahren – und Sie können sagen, dass Sie dabei waren. *(bei der 1:5-Niederlage Deutschlands in Rumänien)*

Da liegt der Ball auf dem Dach der BayArena. Aber der DFB, so wie ich ihn kenne, hat sicher noch einen zweiten dabei.

Jetzt kommt einer, der in der Lage ist, im Eins-gegen-eins Überzahl zu schaffen.

Der eingewechselte Spieler Folha heißt auf Deutsch Blatt, das es ja jetzt auch zu wenden gilt.

Ziege ist da umgeknickt … Scheint sich um eine Schulterverletzung zu handeln.

Portugal spielt heute mit sechs Ausländern.

Der Oberarm gehört zur Hand.

Im Gegensatz zu Stoiber war Pelé dreimal Weltmeister.

## Andreas **Rettig**

Nicht mehr als Spieler. *(Kölns Manager auf die Frage, wie Legende Wolfgang Overath dem letztplatzierten 1. FC Köln denn helfen könne)*

Ich sitze bei den Spielen neben meiner Frau, um dort meinen ehelichen Pflichten nachzukommen. *(auf die Frage, ob er in neuer Doppelfunktion als Geschäftsführer und Sportchef von St. Pauli die Spiele auf der Bank verfolgen wird)*

Wir werden unseren Trainer nicht scheibchenweise enteiern. *(über die Trainerdiskussion beim Tabellenschlusslicht der Fußball-Bundesliga)*

Wir haben drei Tore auf Cottbus gutgemacht. *(nach einem 0:3 in Schalke und gleichzeitigem 0:6 der Cottbusser Konkurrenten im Abstiegskampf in München)*

Das war ja nicht der erste Kuss von ihm. Das ist schon das eine oder andere Mal passiert. *(Friedhelm Funkel nach einem Wangenkuss vom Manager)*

Das ist ein typischer Rettig. Er macht das, was er gerne tut: Er gibt ein bisschen Schweinchen schlau. *(Rudi Völler)*

## Marco **Reus**

Früher dachte ich, ich hätte einen modischen Haarschnitt. Ein paar Jahre später siehst du ein Bild von dir und denkst: »Was habe ich getan?!«

Wie du siehst: Man muss es nicht. *(schmunzelnd bei einer Kinderpressekonferenz auf die Frage, ob man als Fußballer schlau sein müsse)*

## Stefan **Reuter**

Zur Schiedsrichterleistung will ich gar nichts sagen, aber das war eine Frechheit, was da gepfiffen wurde!

Zwei Blinde sehen auch nicht blinder als einer. *(über den Vorschlag, zwei Schiedsrichter einzusetzen)*

Das ist da ein ganz komisches Pflaster. Die kommen mit 'ner Blaskapelle! Wenn du die Musik hörst, meinst du, es wäre ein Freundschaftsspiel – und dann kloppen die richtig rein. *(zum Auswärtsspiel in Unterhaching)*

Beim Vergleich mit mir selber komme ich in den Kritiken immer am schlechtesten weg. Irgendwas stimmt da nicht.

Ich sage immer, was ich denke. Aber dazu berufe ich keine Pressekonferenzen ein. Aber so ganz ehrlich werde ich erst sein, wenn ich nach meiner Karriere ein Buch schreibe.

Die meisten verkrampfen beim Laufen, aber ich schalte nach zehn Metern meinen Turbo ein. Ein tolles Gefühl, wenn du weißt: Keiner kann dich halten.

Deutschlands schnellster Geldschrank. *(Trainer Heinz Höher)*

## **Rheinpfalz**

Mit Sicherheit führen die schrecklichen Bratwürste auf dem Betzenberg an einem Spieltag zu mehr Lebensmittelvergiftungen als die Rauchbomben aller Vereine zusammen über eine ganze Saison verteilt. *(Leserbrief im Oktober 2001)*

## Erich **Ribbeck**

Muss ich das jetzt als Frage verstehen oder die Antwort so beantworten, wie Sie sie in Ihre Frage reingelegt haben?

Sie haben Ihre Frage so gestellt, dass ich das Gefühl haben muss, als wenn ich das, was Sie gerade gesagt haben, vorher schon gesagt hätte. Das habe ich aber nicht gesagt. Dem, was ich gesagt habe, möchte ich nichts hinzufügen.

Ich hätte ein Buch schreiben können. Es gab genug Stoff. Hatte ich aber keinen Bock drauf. *(auf die Frage, warum er nie eine Abrechnung mit den Kritikern aus seiner Zeit als Bundestrainer gemacht habe)*

Wenn ich mal das Ergebnis weglasse, dann ist die Bilanz sehr positiv.

Ich stelle die Mannschaft auf, nicht die Presse. Wenigstens das darf ich. *(kurz vor seiner Entlassung 1993 bei den Bayern)*

Die Breite in der Spitze verdrängt die Skepsis keineswegs.

Wenn man mit über 50 Jahren morgens aufwacht und nichts wehtut, dann ist man tot.

Setz dich hin und halt die Schnauze! *(zu einem Kind beim Bayer-Training)*

Es gibt Trainer, die machen alles richtig und haben nie Erfolg. Und dann gibt es Trainer, die machen alles falsch und werden zweimal Deutscher Meister.

Wo ich bin, klappt nichts – aber ich kann nicht überall sein.

Die Herbstmeisterschaft nehme ich als wichtiges Zwischenergebnis. Wie sagt der Dichter: »Nichts halb zu tun, ist edler Geister Art!«

Ich arbeite doch nicht für Pfefferminzkes.

Als der liebe Gott die Talente verteilte, hat der Erich bei »Schönheit« hier gerufen, ich bei »Erfolg«. *(Udo Lattek über sich und Freund Ribbeck)*

Trainer, Sie sind der Einzige hier im Verein, der von Fußball nichts versteht. *(Jan Wouters zu seinem Trainer)*

Wenn man in Form ist, sollte man nicht gackern, sondern Eier legen.

Wenn ein Tor fällt, können noch mehr fallen. Aber es muss erst mal eins fallen.

Konzepte sind Kokolores.

Bei uns wird auf dem Platz zu wenig gesprochen. Das könnte an der Kommunikation liegen.

Dies kann ein Nachteil oder ein Vorteil sein, sowohl für uns als auch für die gegnerische Mannschaft. *(über die aufgeladene Atmosphäre vor einem Länderspiel)*

Die Tür zum Bad stand offen. Da sind überall Kacheln – deshalb dröhnt es, auch wenn man leise redet. *(nach einer lautstarken Halbzeit-Predigt)*

Die perfekteste Fälscherin aller Spielkonzepte ist die Wirklichkeit.

Wer anderen auf unfaire Weise ein Bein stellt, macht sich dabei immer auch die Hände schmutzig.

Wen ich in ein Spiel mitnehme, von dem verlange ich, dass er nach diesem Spiel mitgenommen aussieht.

Grundsätzlich werde ich versuchen zu erkennen, ob die subjektiv geäußerten Meinungen subjektiv sind oder objektiv. Wenn sie subjektiv sind, werde ich an meinen objektiven festhalten. Wenn sie objektiv sind, werde ich überlegen und vielleicht die objektiven subjektiv geäußerten Meinungen der Spieler mit in meine objektiven einfließen lassen.

Nein, ein Denker bin ich bestimmt nicht. Ich kann im entscheidenden Moment dann doch nicht schweigen.

Im »Kicker« stand über mich, der hatte soundsoviele Oberligaspiele. Damit kann ja keiner mehr etwas anfangen. Da sagen die Leute: »Oje, noch so'n Amateur.«

Wenn man das Spiel heute sieht, hat man einiges gesehen.

Große Ansprüche müssen nicht unbedingt mit großen Aussprüchen groß gehalten werden.

Ich muss mich laufend entscheiden, ob ich die richtigen oder die falschen Spieler mit zur EM nehmen soll.

Manchmal ist es ja so: Je mehr Prügel man kriegt, desto enger rückt man im Familienkreis zusammen.

Diese Frage ist selbst auf Deutsch schwer zu beantworten. *(auf die Frage einer englischen Journalistin, wie man den deutschen Fußball bis zur Euro 2000 verbessern könne)*

Es ist egal, ob ein Spieler bei Bayern München spielt oder sonstwo im Ausland.

Wenn ich »Ja« sagen würde, dann müsste ich mich selbst entlassen. Das wäre auch mal eine Idee. *(auf die Frage, ob die Nominierung des Wolfsburgers Zoltan Sebescen nicht zu früh sei)*

Ich wusste gar nicht, dass es 14 sind, ich hatte aber schon gedacht, dass es mehr als zehn sind. *(zur Absageflut bei der deutschen Fußball-Nationalmannschaft)*

Jetzt weiß man, dass Erich Ribbeck wirklich keine Ahnung hat. *(Mario Basler nach dem Aus der deutschen Nationalmannschaft bei der EM 2000)*

Erich Ribbeck ist vom Fußball so weit weg wie die Erde vom Mars. *(Werner Lorant)*

Vergiss den Trainer. Der spielt doch bei so einem Turnier nicht die wichtigste Rolle. *(Franz Beckenbauer)*

Das braucht man nicht zu kommentieren, da fällt mir nichts mehr ein. *(Paul Breitner zur Berufung von Erich Ribbeck als DFB-Teamchef)*

Ihre Zeit ist seit zwei Jahren vorbei. *(TV-Kommentator Michael Palme)*

## Franck **Ribéry**

Wenn er alleine spielen will, muss er Tennis spielen gehen. *(Trainer Louis van Gaal über seinen Spieler, der mehr Freiheiten auf dem Spielfeld haben wollte)*

Vielleicht holt er damit noch ein paar Zehntel raus. *(Thomas Müller über den neuen Kurzhaarschnitt des Franzosen)*

Man stelle sich vor, der zieht jetzt auch noch richtige Fußballschuhe an. *(Franz Beckenbauer über seine pinkfarbenen Schuhe)*

Es war lustig, weil so ein kleiner Zwerg an so einem großen Trainer hing. *(Bastian Schweinsteiger zum Jubelsprung Ribérys in die Arme von Trainer Louis van Gaal)*

Ribéry? Da hat jemand irgendwann einmal Mist gemacht und behauptet, dass er das Hirn des Teams sei. Und er hat es geglaubt. *(Just Fontaine)*

Franck ist nur ein einziger Muskel, ich hatte keine Chance. *(Christian Lell)*

Ihr könnt euch da ja mal hinstellen, und wenn dann Ribéry mit 180 km/h an einem vorbeigelaufen kommt, gibt's wenige, die den stoppen können. *(Manuel Friedrich)*

## Graham **Richards**

Brian Deane ist genau wie die Twin Towers zusammengebrochen – nur nicht ganz so spektakulär. *(Radiokommentator, drei Tage nach der Tragödie des 11. September)*

## **Richter**

Sind Sie BVB-Fan? *(Frage eines Bochumer Richters, bei dem ein Angeklagter erzählt hatte, er habe viele Feinde in Bochum)*

## Lou **Richter**

*(Comedian)*

Russland ist raus, Bulgarien ist raus, die Türkei gar nicht dabei, so eine EM ganz ohne Türsteher, das ist nix für mich. *(bei der EM 2004)*

Bobic, Klose und Brdaric verhalten sich zu Wayne Rooney wie die Teletubbies zu Godzilla.

Viele Frauen haben gesagt, ist doch nicht so schlimm, wenn wir nicht Weltmeister werden, dann werden wir es eben nächstes Jahr.

## Marco **Richter**

Als ich im Internet nach meinem Fehlschuss gegoogelt habe, habe ich ein Video von Cristiano Ronaldo gefunden, der nach einer Vorlage von Ryan Giggs gegen Sheffield aus vier Metern drübergeschossen hat. Da war er ungefähr so alt wie ich. Es war irgendwie beruhigend, dass das selbst den Allerbesten schon mal passiert.

## Lars **Ricken**

Den Lars, das Milchgesicht, den möchte man am liebsten noch an die Brust nehmen. *(Werner Hansch im Jahre 1993)*

Ich sehe Vereine, die teure Profis kaufen, ohne den Nachwuchs zu fördern. Ich sehe Typen in Nadelstreifen, ich sehe Geschäftemacherei ohne Ende. *(in einer berühmten Nike-Werbung Mitte der neunziger Jahre)*

Ich sehe Spieler, die sprechen mehr mit der Presse als mit ihrem eigenen Trainer. *(Jürgen Kohler als Konter auf Rickens legendäre Nike-Werbung)*

Schwankungen? Wir haben in dieser Saison konstant gespielt – mit drei, vier Ausbrechern.

Vor Schalke! *(auf die Frage, auf welchem Platz Dortmund am Saisonende stehen werde)*

Er hatte plötzlich Sehstörungen. Vielleicht hat er deshalb das Tor getroffen. *(Matthias Sammer über Lars Ricken, der trotz einer eiergroßen Beule am Kopf ein Tor schoss)*

Lars Ricken spielt nie gut. *(Wladimir But über die Leistung seines ehemaligen Mitspielers und Konkurrenten)*

Bei den Mädchen ist er sehr beliebt. Das erinnert mich manchmal an »Take That« für Kleine. *(Michael Zorc)*

## Jens-Jörg **Rieck**

*(Sportreporter)*

Sie haben ja ein paar bärenlange Jungs da vorne. *(kommentiert einen Eckball des VfB Stuttgart)*

Und der Grieche schießt flach aufs Tor, aber der Ball geht drüber.

Manager Meier sieht eine Partie auf dem Niveau der BVB-Aktie: Langeweile knapp über null.

## Thomas **Riedl**

Meinem Vater habe ich gesagt, dass ich bei meiner Freundin übernachte. Ich ging aber ins Trainingslager. Vater kam ins Stadion und war total überrascht, dass ich spielte. *(sein Vater Johannes hat selbst 441 Bundesligaspiele gemacht)*

Heute Abend werde ich eine Flasche Rotwein von Aldi trinken, weil ich letzte Woche keine Prämie bekommen habe. *(nach einer guten Leistung als Joker zu den seiner Ansicht nach zu geringen Einsatzzeiten)*

## Karl-Heinz **Riedle**

Es war eine lange, kraftraubende Saison und ich werde mich erst mal regen ..., regener ... – ich fahr erst mal in Urlaub.

Riedle muss man nur füttern. Dann kommt irgendetwas dabei raus. *(Karl-Heinz Rummenigge)*

Junge, so kommst du nicht weiter. Ab und zu musst du auch mal den Ball treffen! *(Karl-Heinz Riedle zu dem Waldhöfer Debütanten Frank Ockert)*

## Hermann **Rieger**

Hermann war mein bester Transfer! *(Günter Netzer)*

Wenn der dich massiert, bist du ein ganz neuer Mensch! *(Gerd Müller)*

## Jimmy **Rimmer**

Das hat mich auf die Idee gebracht, mir eine Münzsammlung zuzulegen. Ich kann nur hoffen, dass mich die Fußballfans jetzt mit möglichst seltenen Stücken bewerfen. In meiner Sammlung gibt es noch viele Lücken. *(der Keeper von Aston Villa geht äußerst cool und kreativ mit den Münzwürfen auf ihn um)*

## Joachim **Ringelnatz**

*(Dichter)*

Ich warne euch, ihr Brüder Jahns, vor dem Gebrauch des Fußballwahns.

## Paulo **Rink**

Ich plane nicht mehr mit ihm, es sei denn, 100 Mann haben Grippe. *(Eduard Geyer)*

## Marcel **Risse**

Meine Frau trägt einen kleinen Ball in sich. *(Kölns werdender Vater zu seinem Torjubel mit dem angedeuteten Schnuller und der Armwiege)*

## Aleksandar **Ristić**

Seid ihr schlechte Mannschaft, aber habt Glück: Habt ihr jetzt guten Trainer.

Wollen Sie Interview machen oder Fragen stellen?

Willst du spielen Samstag? Gut. Dann müssen wir anrufen DFB und fragen, ob wir dürfen spielen mit zwölf Mann! *(zu einem etwas zu ambitionierten Nachwuchsspieler)*

Lieber spreche ich mit den Bildern im Vereinsheim als mit dem. *(über einen Vizepräsidenten in Düsseldorf)*

Wenn wir kein Tor machen, können wir nicht einmal in Kaiserslautern gewinnen.

Wenn du gehen kannst, kannst du auch spielen. Wenn du nicht gehen kannst, kannst du gehen.

Wenn man ein 0:2 kassiert, dann ist ein 1:1 nicht mehr möglich.

Man kann nicht gewinnen, wenn man keine Tore schießt.

Weisweiler und Happel sind tot, Hitzfeld ist bei den Bayern. RWO hat den besten Trainer, den man kriegen kann. *(zur Diskussion um seine Person)*

Bei manchen Spielern fehlt etwas, deshalb spielen sie auch bei mir und nicht in Barcelona.

Spieler haben scheiße gespielt! Tut mir leid, kann ich nichts für, würde ich auch gerne anders sagen, aber Spieler haben scheiße gespielt! Absolute Scheiße!

Ich habe zu meiner Mannschaft gesagt: Stürmen. Sie haben wohl türmen verstanden.

Wir sind genauso gut wie Osnabrück oder genauso schlecht, aber heute haben wir gezeigt, dass wir besser sind. *(zu einem Sieg seiner Mannschaft beim Tabellennachbarn)*

Alle Chancen ausgelassen! Dabei haben wir das im Training überhaupt nicht geübt.

Musst du trinken, wirst du Meister. *(Aleksandar Ristić, als Schalke-Trainer, schiebt auf einer Pressekonferenz einen Becher Müller-Milch, damals Sponsor der Schalker, zu Dragoslav Stepanovic)*

Ich bin wie ein harter Hund. Aber von gesunder Härte ist noch keiner gestorben.

Ich hasse Pressekonferenzen: Zum Schweigen fehlen mir immer die richtigen Worte.

Ich habe absichtlich falsch ausgewechselt, damit wir nicht zu hoch gewinnen.

Er ist in Düsseldorf nicht mehr König Aleks, sondern abgesetzt worden. Wie alle Könige. *(sein Nachfolger, der Österreicher Josef Hickersberger)*

## John **Ritchie**

Natürlich bin ich gegen Fußball am Sonntag. Das würde meine Samstagabende ruinieren. *(Mittelstürmer bei Stoke in den 60ern und 70ern)*

## **Rivaldo**

Ich bin 30 Jahre alt und habe noch viel Holz zu verbrennen. Es gibt sehr viele junge und talentierte Spieler in Brasilien, aber auch ich bin noch nicht tot. *(über die Fortsetzung seiner Nationalmannschaftskarriere)*

Wir werden unsere Herzen in die Schuhspitzen stecken. *(vor dem WM-Viertelfinale 2002 gegen England)*

Wie stoppt man Rivaldo? Man versucht, ihn am Tag, bevor man gegen ihn spielt, zu kaufen. *(Arsène Wenger)*

## Ruggiero **Rizzitelli**

*(italienischer Stürmer)*

Vielleicht wäre das Spiel anders gelaufen, wenn der Pfosten reingegangen wäre.

## Arjen **Robben**

Der Robben fällt öfter aus als die Winter-Flüge der Lufthansa. *(Mario Basler)*

Ruhe herrscht in den Aquarien, singt der Robben seine Arjen. *(»Der tödliche Pass«)*

Robben ist halt ein bisschen empfindlich – aber er ist ein Holländer, die sind alle ein bisschen empfindlich. *(Franz Beckenbauer)*

## Jürgen **Röber**

Wir sind der Sympathieträger der Stadt. Wir geben sympathisch die Punkte her.

Nach dem 1:3 gingen bei uns die Jalousien runter.

Wir haben zurzeit einen Lauf, wo es nicht so läuft.

Früher habe ich Sprints im Hotelzimmer gemacht, so beknackt war ich!

Wir müssen jetzt mit dem Boden auf den Füßen bleiben.

Der muss sich nach so einem Spiel sowieso 14 Tage erholen. *(zur Gelbsperre einer seiner Spieler)*

Es steht gar nicht zur Debatte, dass wir unentschieden spielen. Wie wir im Deutschen sagen: We'll be going for the sausages. *(der Trainer von Hertha BSC vor dem Spiel gegen Chelsea)*

Ich wollte mich schon schämen, so schlecht hatte ich den Ball getroffen, da segelte er plötzlich ins Tor. *(nach einem Pokaltreffer für Werder im November 1977)*

## Gary **Roberts**

Ich will eine neue Rückennummer. Die Nummer 33 macht mich fett. *(Spieler bei Ipswich Town)*

## Graham **Roberts**

*(Spieler von Tottenham Hotspurs)*

Fußball ist eine Frage des Geschicks. Wir traten sie ein bisschen und sie traten uns ein bisschen.

## John **Robertson**

Das Spiel ist nicht vorbei, bis der fette Stürmer sein Tor schießt. *(nachdem er ein spätes Ausgleichstor für die Hearts geschossen hat)*

## **Robinho**

Robinho: »Chelsea hat mir ein gutes Angebot gemacht, und ich habe akzeptiert.« Reporter: »Sie meinen Manchester City, richtig?« Robinho: »Yeah, Manchester. Sorry!« *(Gespräch bei der Pressekonferenz, auf der der 32,5 Mio. Pfund teure Brasilianer vorgestellt wurde)*

Sie behandeln mich hier wie Maradona. Ich hoffe, dass ich die ganze Liebe auf dem Platz zurückgeben kann. Ich kann allerdings keine Tore mit der Hand erzielen.

## Bobby **Robson**

Wenn mir die Aussicht auf den speziellen Druck Angst gemacht hätte, dann hätte ich mein super Leben in Ipswich einfach behalten können. Ich wäre jeden Tag zehn Kilometer mit meinem Jaguar zur Arbeit gefahren und hätte mich an den Samstagabenden zusammen mit dem Präsidenten schön betrunken. *(als Nationaltrainer von England)*

Es wird ein Spiel geben, bei dem jemand mehr Tore schießt als Brasilien, und das wird dann das Spiel sein, das sie verlieren werden.

Ich wurde gefragt, was ich wählen würde, Viana oder Viagra? Das ist einfach. Samstagnachmittag: Viana. Samstagabend: Viagra. *(nachdem er Hugo Viana auf die Insel geholt hatte)*

Nein, ich werde Ihnen meine Mannschaftsaufstellung nicht sagen. Hitler hat uns doch auch nicht gesagt, dass er diese Fliegerbomber zu uns schicken wird, oder? *(bei einer Pressekonferenz)*

Wir haben sie nicht unterschätzt. Sie waren nur besser, als wir gedacht haben.

Wenn du deine Hühner zählst, bevor sie geschlüpft sind, werden sie keine Eier legen.

Ich bin mit dem Fußball verheiratet und gehe mit meiner Frau fremd.

Der Heimvorteil gibt dir einen Vorteil.

Die ersten 90 Minuten sind die schwersten.

Er ist wirklich sehr schnell und wenn er auch an sich selber vorbeikommt, fängt ihn keiner mehr ab.

Wir haben neun Tore geschossen – mehr kann auch der Gegner nicht treffen.

Auf meinem Weg zum Stadion bin ich einem Auto mit dem Kennzeichen SOS1 gefolgt. Vielleicht wollte mir ja damit irgendjemand etwas sagen. *(an seinem ersten Tag als Trainer von Newcastle)*

Im Bus schrie Kieron Dyer plötzlich: »Haltet den Bus an! Ich habe meinen Ohrring in der Umkleidekabine vergessen.« Können Sie sich vorstellen, wie ein Spieler zu Bill Shankly gesagt hätte: »Halte den Bus an, Bill, ich habe meinen Ohrring verloren.«

George hat in seinem Leben mehr Fotografen getroffen als Frank Sinatra. *(über die Neigung seines englischen Abwehrspielers George Cohen, gerne einmal die eine oder andere Flanke zu versemmeln)*

## Bryan **Robson**

*(englischer Nationalspieler)*

Würden wir jede Woche so spielen, wären unsere Leistungen nicht so schwankend.

Ravanelli, Juninho ... Bryan Robson hat sicherlich große Namen nach Middlesbrough gebracht. Aber es ist so, als ob man in einen Klub geht und mit einer Blondine nach Hause kommt. Die Jungs werden sagen: »Wow!« Aber wird man sie behalten können? *(Bernie Slaven, irischer Nationalspieler)*

## Nereo **Rocco**

*(Milan-Coach der sechziger Jahre)*

Tretet gegen alles, was sich auf Höhe der Grasnarbe befindet. Wenn es der Ball ist, umso besser!

## Lody **Roembiak**

*(Spieler von Werder Bremen)*

Das ist eine blöde Quatschfrage, die ich nicht mehr beantworte. Wenn sie jemand stellt, laufe ich weg. *(auf die Frage, ob die Bremer in einer Krise stecken)*

## Gernot **Rohr**

Von mir werden Sie Treueschwüre nicht hören. Ich spreche da aus Erfahrung, denn Treueschwüre werden ja auch fürs Leben gegeben. Meine Frau und ich sind schließlich geschieden.

## Thomas **Rohrbach**

Sie schleifen uns die ganze Woche die Eier, und am Samstag erwarten Sie ganze Kerle auf dem Platz. *(Kritik am Frankfurter Trainer)*

Ich hab nur gesagt, dass ich mir einen runterhole, wenn ich Überdruck habe. Da waren die alle sauer, und ich musste wieder zu dieser komischen Sitzung. Der eine wollte mich gleich zum Psychiater schicken. *(nach einem »Playboy«-Interview)*

## Wolfgang **Rolff**

Kreuzer hätte mir um ein Haar die Hoden abgetreten. *(über einen robusten Zweikampf mit Oliver Kreuzer)*

Ich mache mir keine Sorgen. Warum soll ich mir die machen? Ich habe doch schon genug.

## Jürgen **Rollmann**

*(Profifußballer und Diplom-Journalist)*

Wenn aus der Reihe der besten Torsteher mal der beste vortreten soll, es käme Rollmann nach vorn. *(Otto Rehhagel)*

Ich bin der einzige Trainer der Welt, der einen Journalisten ins Tor stellt. Und da heißt es, ich hätte was gegen die Presse. *(Otto Rehhagel)*

## **Romario**

Ich würde alles dafür geben, dich bei mir zu haben. Weil das aber nicht möglich ist, bitte ich dich um einen Farbfernseher, damit du immer in meiner Nähe bist. *(Fanbrief an den brasilianischen Weltmeister)*

Sex vor dem Spiel, ja oder nein. Wenn es ginge, würde ich direkt aus dem Bett zum Spiel.

Das ist der größte Unsinn. Die Spieler denken nur an das eine, aber im Doppelzimmer liegt anstelle einer schönen Senorita nur ein Mitspieler. Die Trainer sollten da umdenken.

Gute Stürmer können nur Tore schießen, wenn sie am Abend vor dem Spiel guten Sex hatten. Dafür war ich das beste Beispiel.

## Bernardo **Romeo**

Romeo. Der wirkte auf mich bisher wie ein Bahnhof ohne Gleisanschluss. *(Werner Hansch)*

## Manfred **Rommel**

*(Oberbürgermeister von Stuttgart)*

Der Fußball ist ein unter hohem Druck stehender, mit einer dicken Haut umschlossener Leerraum, der ständig mit Füßen getreten wird und der breite Volksschichten davon abhält, ihre Leidenschaft auf die Politik zu richten.

## **Ronaldinho**

Ronaldinho ist größer als ich. Vier Zentimeter. *(Pelé)*

Ich bin hässlich, aber sympathisch.

Er liebte es, wenn meine Brüste sein Gesicht berührten. Ich konnte fühlen, wie sein brasilianischer Atem sie anhauchte. *(Lisa Collins, Striptease-Tänzerin, die behauptete, dass sie in einer Nacht achtmal Sex mit Ronaldinho hatte)*

Wenn Ronaldinho vor dem Training zu einem Mitspieler sagte: »Dich tunnel ich heute mehrmals« – hat er das auch wirklich gemacht. Und einen hat er damit ganz besonders zur Weißglut gebracht: Gennaro Gattuso war das beliebteste »Tunnel-Opfer«. *(Ex-Mitspieler Alexander Merkel)*

## **Ronaldo**

Es ist genauso eine Lüge, dass ich dick bin, wie es eine Lüge sein wird, dass er trinkt. *(süffisant über Staatschef Lula)*

Wir haben häufig bei McDonald's gegessen, wo es ja den Ronald McDonald gibt. Deshalb haben wir unseren Sohn auch Ronald genannt.

Gut für mich! Es weiß doch jeder, dass alles anders kommt, als Pelé es immer sagt. *(der verletzte Ronaldo zu Pelés Prognose, er würde nie wieder seine alte Klasse erreichen)*

Ich bin nicht dick. Lediglich mein Biotyp hat sich geändert.

Tore machen schlank. Jedenfalls was mich angeht.

Ich habe in Brasilien verfolgt, was über mich geschrieben worden ist. Deswegen will ich jetzt nur »Hallo« sagen. *(nach dem Wechsel zu Inter Mailand bei einer Pressekonferenz)*

Ronaldo ist nicht zu fett, er hat nur zu viele Kilos. *(»El Pais«)*

Ronaldo ist kein Mensch, sondern eine Herde. *(Jorge Valdano)*

Der Mann hat mehr Tricks drauf als ein Fass voller Zirkusaffen. *(»The Guardian«)*

Ein WM-Sieg ist besser als Sex. Eine Weltmeisterschaft ist nur alle vier Jahre, Sex nicht.

Wir haben verloren, weil wir nicht gewonnen haben.

## Cristiano **Ronaldo**

Es kommt auf Kleinigkeiten an, um noch schneller zu werden. Da ist jede Körperbehaarung, auch am Po, störend.

Mittlerweile trauen sich die Verteidiger nicht mehr, ihn zu decken, weil er andauernd irgendwie äh … frei ist. *(Oliver Kahn)*

Es gibt drei Dinge, die so in der Luft stehen: Hubschrauber, Kolibri und Ronaldo. *(Mehmet Scholl)*

Me, you, fuck, fuck! *(durch diesen Anmachspruch wurde er zum Vater eines Sohnes)*

Die Leute beneiden mich, weil ich reich, schön und ein großer Fußballer bin.

Sein Bett ist mit schwarzem Samt bezogen, daneben steht ein riesiger Spiegel, und überall liegen Pornofilme. *(seine Ex-Freundin Nereida Gallardo plaudert ein bisschen aus dem Nähkästchen)*

Die einzige Sache, die Ronaldo hat, ist Tempo, schnelle Füße und ein gutes Auge für Tore. *(Chris Waddle)*

Cristiano Ronaldo würde ich mit dem unvergleichlichen George Best vergleichen. *(David Pleat, englischer Kommentator)*

Wenn alle mein Level hätten, wären wir Spitzenreiter.

Tore sind wie Ketchup. Erst kommen gar keine, dann kommen ganz viele auf einmal.

Einen Ball muss man streicheln wie seine eigene Frau.

Ich bin der erst-, zweit- und drittbeste Fußballspieler der Welt.

Es mag im Moment nicht so aussehen, aber in ein paar Tagen werde ich wieder wunderschön sein. *(als er ein blaues Auge hatte)*

Ein schöner Mann, mit einem viel zu großen Ego und dumm wie das Pferd von Jesus. Und das war ein Esel. *(Nereida Gallardo, die Ex-Geliebte des Superstars)*

Moderator: Sie haben Ihren Kopf gesenkt, als Pelé Ihren Namen genannt hat. War das ein Zeichen der Erleichterung?
Ronaldo: Nein, ich habe nur noch einmal meinen Hosenschlitz überprüft. *(bei der Wahl zum »Spieler des Jahres«)*

## Markus M. **Ronner**

*(Schweizer Theologe)*

Alice Schwarzer behauptet, die Männer könnten nicht mal richtig küssen. Die Emanzipation scheint noch nie ein 1:0 auf dem Fußballplatz miterlebt zu haben.

## Wayne **Rooney**

In der Premier League sagt Wayne zu den Schiedsrichtern viel schlimmere Sachen. *(Englands verletzter Kapitän Rio Ferdinand über das »F... you!« seines Teamkollegen in Richtung eines Schiedsrichters vor der WM 2010)*

Ich werde nicht über einzelne Spieler reden – aber Rooney spielte nicht wie Rooney. *(Englands Teammanager Fabio Capello)*

Mit Wayne Rooney möchte ich mich nicht auf Mallorca um eine Strandliege streiten müssen. *(Florian König)*

Es ist einfach zu kompliziert und macht meinen Kopf kaputt. *(auf die Frage, warum er keine Gitarrenstunden mehr nehme)*

Wenn ich Ronaldo das nächste Mal sehe, breche ich ihn in zwei Teile! *(nachdem sein Mitspieler aus Manchester, Cristiano Ronaldo, eine rote Karte für ihn gefordert hatte)*

Ich ziele nie. Denn wenn ich nicht weiß, wohin ich schieße, woher soll es dann der Torwart wissen?

Frühstück, Training, Mittag, Bett, Abendbrot, Bett. *(über einen typischen WM-Tag)*

Wenn ich mir den Rooney so ansehe, würde ich mir an Paul Gascoignes Stelle mal ganz genau meine Frauenbekanntschaften vor 19 Jahren anschauen. *(Hans Meyer)*

Rooney ist das Anti-Phantom. Wenn er den Ball nicht gerade am Fuß hat, hetzt er ohne Rücksicht auf Grasnarbe und Gegnerschienbein über den Platz, fliegt wie eine Abrissbirne durch die Abwehr *(»Telegraph«)* und versucht vor Übermut, schon mal an der Mittellinie den Kopf eines Verteidigers abzuschießen. *(»Süddeutsche Zeitung«)*

Für Charlotte. Ich habe dich am 28. Dezember gevögelt. In Liebe. Wayne Rooney. *(Widmung auf einer Autogrammkarte für eine seiner Affären)*

An diesem Samstag heiratet Wayne Rooney seine Lebensgefährtin Coleen McLaughlin. Böse Zungen sagen, dass auf die Bordelle in Manchester nun magere Zeiten zukommen, wozu noch bösere Zungen fragen: Warum? *(Christian Zaschke, SZ)*

## Axel **Roos**

Also, wenn ich Berti Vogts wäre und wählen müsste zwischen Jürgen Klinsmann und Ulf Kirsten, würde ich Olaf nehmen. *(über die Leistung seines Mitspielers Olaf Marschall)*

## Nico **Rosberg**

Man schaut doch auch Paralympics – Menschen, die nicht ganz so große Leistungen bringen können, aber unter sich ist es trotzdem spannend. *(der Formel-1-Fahrer über Frauenfußball)*

## Alexander **Rosen**

Ich nehme nur Glückwünsche zum attraktivsten Manager der Liga an. *(Hoffenheims Sportchef auf die Frage, ob er schon vor der rechnerischen Qualifikation Glückwünsche für die Europacup-Teilnahme annehme)*

Ich könnte auf diese Frage auch einfach ins Mikrofon jodeln. *(Hoffenheims Sportdirektor zu den nervigen Fragen nach der Personalie Julian Nagelsmann)*

## Tomas **Rosicky**

Fredi heute drei Tore geschissen.

Mit mir spielt die Mannschaft ja schon schrecklich, aber ohne mich spielt sie gespenstisch.

Ich wundere mich, dass Tomas Rosicky einen Muskelfaserriss hat. Wenn man ihn so anschaut, glaubt man kaum, dass er überhaupt Muskeln hat. *(Franz Beckenbauer)*

Wenn ein Tomas Rosicky in deiner Mannschaft steht, hast du als Stürmer einen Vertrag zum Toreschießen. *(Marcio Amoroso)*

## Uwe **Rösler**

Grüß Gott. Hier spricht der Anrufbeantworter von Uwe Rösler. Leider bin ich zurzeit für sämtliche Punkt- und Pokalspiele sowie für Anrufe aller Art gesperrt. Bitte hinterlassen Sie eine Nachricht und Ihre Telefonnummer. Ich rufe Sie nach Ablauf meiner Sperre zurück.

Manchmal habe ich den Ehrgeiz, vor mir aufkreuzende Bälle bis auf den Mond zu schießen. Daraus entstehen die besten Abspiele zum Nebenmann.

Wir müssen offensiv spielen – mal mehr, mal weniger, mal gar nicht. Aber alles offensiv!

## Tom **Ross**

*(Radio-Kommentator)*

Seit »Brokeback Mountain« habe ich nicht mehr so viele erwachsende Männer gesehen, die sich umarmen und küssen. *(auf brmb, Aston Villa gegen Portsmouth)*

## Paolo **Rossi**

Keine Sorge, Simonetta, ich habe schon öfters ohne Training hervorragend gespielt. *(der italienische Nationalspieler zu seiner Braut, als der Geistliche nicht zur Probe der Trauungszeremonie erschienen war)*

## Frank **Rost**

Wenn man nur die Boulevard-Presse liest, vergisst man das eine oder andere Gedicht. *(der Torwart erklärte einem Reporter einen »Zauberlehrling«-Vergleich eine Woche zuvor)*

Das ist der schlimmste Tag, seit ich auf Schalke bin. Die haben mit uns Jojo gespielt. Wir waren so gefährlich wie eine Kobra im Kühlschrank. *(nach einer 0:6-Niederlage)*

Es hat ja schon vor dem Spiel eine Harmoniestrategie gegeben. Es hat nur noch gefehlt, dass wir in rosa Röckchen aufgelaufen wären. *(nach einem Derby beim FC St. Pauli)*

Heute hätten wir keinen Hering vom Teller gezogen.

Wegschubsen und jemanden auf die Glocke hauen, gehört sich auf dem Platz nicht. Das tut man in einem Kindergarten. *(Dieter Eilts zum Ausraster des Torwarts)*

0:3 hinten liegen geht ja gar nicht mehr schlimmer. Außer 0:4 oder 0:5 ...

Ja gut, wenn man dreimal hintereinander verliert, dann hat man dreimal verloren und null Punkte.

So einen Torwart wie den Rost habe ich noch nie gesehen, ich dachte, da würde die chinesische Mauer stehen. *(Bielefelds Fatmir Vata)*

Soll ich mir jetzt die Klamotten vom Leib reißen und »Schalke, Schalke« brüllen? ... Stellt euch doch selber in den Kasten, da kann man leichtes Geld verdienen und dummes Gelaber von Journalisten hören ... Verlieren wir, sind wir die überbezahlten Volldeppen. Alle prügeln auf uns ein, wir sind Idioten und Vollpenner ... Wenn das meine Schuld ist und wir wegen mir verloren haben, ist mir das wurscht. Fußball ist schließlich ein Mannschaftssport. *(nach der 0:3-Niederlage in Wolfsburg auf seine Fehler angesprochen)*

Die Bremer kommen nicht auf der Wurstbrühe dahergeschwommen. *(zur Qualität des Tabellenführers Werder Bremen)*

Es kann nicht unser Ziel sein, um den 18. Tabellenplatz zu spielen.

Fans sind keine Kunden, sondern diejenigen, ohne die es die »Faszination Fußball« gar nicht geben würde.

## Timo **Rost**

Wir dürfen den Kopf jetzt nicht stecken lassen.

## Hansa **Rostock**

Mutti, wir sind in München und dein Auto auch. *(Fans von Hansa Rostock auf einem Plakat im Olympiastadion)*

Workless Class – Hansa Rostock und Hartz-IV – Ostdeutschland, wir stehen zu dir. *(Stadionplakat)*

Viele glauben noch immer, dass wir hier auf Bäumen leben. *(Rainer Jarohs, der Vorstand von Hansa Rostock über Probleme, Spieler aus dem Westen zu verpflichten)*

Wir hatten heute 13.000 Zuschauer mehr als am Dienstag gegen Real Madrid. Das muss am Gegner gelegen haben. *(Josef Schneck, der Pressesprecher von Borussia Dortmund, nach einem Spiel gegen Rostock. In der Champions League darf Dortmund wegen der Bestuhlungsvorschriften der UEFA weniger Zuschauer in das Westfalenstadion lassen)*

Aber im Rostocker Ostseestadion mit einem Full-House an Stürmer-Assen herumzuwedeln, das ist zurzeit so, als würde man in die Eckkneipe gehen und vor einem abgewrackten Fuseltrinker auf Entzug alle Moet-Flaschen des Lokals auf Ex killen. *(»Süddeutsche Zeitung« zu der Sturmschwäche der Rostocker)*

Das Wasser in Rostock soll nicht mehr nach Chlor schmecken. Das ist wichtiger, als Hansa Rostock das Geld zu geben. *(Sprecher der Rostocker Wasserwerke)*

## Michael A. **Roth**

*(Präsident des 1. FC Nürnberg)*

Ich muss wohl nachts mit 100 Stundenkilometern durch Nürnbergs Altstadt fahren, um überhaupt mal zu Punkten zu kommen. *(nach einer Niederlagenserie)*

Dann gehe ich nach Fürth. *(auf die Frage, was er tun werde, wenn der Club absteigt und gleichzeitig Lokalrivale SpVgg Greuther Fürth in die Bundesliga aufsteigen sollte)*

Ich habe eine Pistole samt Waffenschein und würde einigen am liebsten das Hirn durchpusten. *(nach einer Heimniederlage)*

Das ist ein bisschen zu viel des Guten. *(zur Tabellenführung nach dem 1. Spieltag)*

## Volker **Roth**

*(Schiedsrichter)*

Die begnadeten Schauspieler überwiegen längst die begnadeten Fußballspieler.

Die Trainer, die uns Probleme gemacht haben, sind entweder beurlaubt oder in der Türkei. *(der Vorsitzende des DFB-Schiedsrichter-Ausschusses im Januar 2002)*

Das muss sein. Sonst nennen uns die Fans wieder Locke! *(als er sich vor der Partie mit Haarspray die Haare stylte)*

Als Junge hörte ich einmal eine Fußballreportage im Rundfunk. Es wurde berichtet, wie ein Schiedsrichter vor aufgebrachten Fans flüchten musste. Da dachte ich mir, das muss doch eine interessante Sache sein. Und so wurde ich mit 16 Jahren Schiedsrichter.

## Silke **Rottenberg**

Da dreht sich die Nordkoreanerin weg wie ein Mädchen. *(bei einer Spielanalyse zur Frauen-WM 2011)*

Die Südkoreaner spielen eher wie im Frauenfußball.

## Sparta **Rotterdam**

Der Eigentümer des blauen Opel Corsa, der in der Nähe des Haupteingangs geparkt wurde, möchte bitte zu seinem Auto kommen. Sie haben das Schiebedach aufgelassen, und die Vögel könnten sich auf die Sitze erleichtern. *(Stadiondurchsage)*

## Sir Stanley **Rous**

Wenn man hinterher fragt, wer eigentlich gepfiffen hat, dann war er gut. *(Schiedsrichter und Ex-FIFA-Präsident)*

## Joe **Royle**

*(englischer Fußballtrainer)*

Ihr werdet mich nie dazu kriegen, Fußball im Radio anzuhören. Das sind Plattformen für Idioten. Ich würde eher einem Schachspiel im Radio zuhören.

Ich beschuldige keinen Einzelnen. Ich gebe mir die Schuld.

## Altin **Rrakli**

*(Spieler vom SC Freiburg)*

Altin Rrakli, der Mann aus Schwalbanien. *(DSF-Kommentator Markus Höhner)*

## **RTL**-Kommentator

Der Ball noch abgefälscht von einem Schweizer, dem Kameruner Atouba. *(beim Champions-League-Spiel Manchester United gegen FC Basel)*

## **Ruanda**

Nach allem, was ich über das Team weiß, werde ich wohl den Meidericher Riegel wieder einführen. *(Rudi Gutendorf, früher Bundesliga-Trainer und jetzt neuer Nationaltrainer von Ruanda)*

## Gerd **Rubenbauer**

Wenn der Rauch aufsteigt, weiß man, es ist ein Papst gewählt, oder ein Fußballspiel wird angepfiffen. *(aus einem italienischen Stadion)*

Was bisher bei den Deutschen läuft, ist der Schweiß – bei den Brasilianern ist es der Ball.

Der spielt mit so viel Hingabe – da würde ich das Wort Libero am liebsten mit »ie« schreiben.

Gott sei Dank hat er sich die Nägel nicht geschnitten. *(nach einer Glanzparade von Andreas Köpke)*

So einen harten Ellenbogen hat der in ganz Kolumbien noch nicht gesehen. Aber genau genommen war es das Knie.

Die Fans stehen jetzt im wahrsten Sinne des Wortes voll hinter der deutschen Mannschaft.

Jedes Bein eines tschechoslowakischen Spielers haben die Österreicher schon getroffen, nur noch nicht ins Tor.

Beckenbauer ist hier Vater geworden – sein Sohn heißt Häßler. *(bei der WM 1990)*

Die Paraguayer foulen wie Leprakranke!

Der Schweiß von Milla ist das Einzige, was in diesem Spiel läuft.

Ribbeck wünscht sich heute seine Mannschaft – im taktischen Sinne – als eine Ansammlung von Flachmännern. *(über die Kopfballstärke der Engländer)*

Die beiden liefern sich im wahrsten Sinn des Worts ein Entkleidungsduell.

Direkt vor den Augen des Kaisers, der zudem mit der Brille da ist.

Früher hieß es immer, sie könnten nur im eigenen Land enthusiasmiert Fußball spielen.

Wenn er von hinten kommt, ist er nicht zu halten!

Die »Rudi«-Rufe hat es vorher nur für Uwe Seeler gegeben.

Denken Sie daran, dass die intelligentesten Menschen oft auf dem linken Verteidigerposten zu finden sind.

Die Mannschaft hat ihren Libero aufgelöst – jetzt hat sie einen Mann mehr auf dem Platz.

## Claude-Oliver **Rudolph**

*(Schauspieler und Regisseur)*

Für den Sport fehlt ihnen der Killerinstinkt. Als Bundesligaprofi erwarte ich ein testosteronwandelndes Monster, aber bei Schwulen gibt es eine biochemische Verschiebung.

## Sascha **Ruefer**

*(Schweizer Sportreporter)*

Die italienische Abwehr bröckelt wie das Kolosseum in Rom!

## Sascha **Rufer**

Bei diesem Spiel erkennt man den Unterschied zwischen guten und schlechten Herzschrittmachern.

Die Stimmung auf den Rängen kommt mir vor wie bei der Einweihung einer Kläranlage.

Als ich das mal versuchte, trug ich danach drei Wochen eine Halskrause. *(nach einem Fallrückzieher-Tor)*

## Wynton **Rufer**

Ich würde es nicht unbedingt Arbeit nennen. Sie will versuchen, ein Baby zu bekommen. *(auf die Frage, ob seine Frau in Japan auch arbeiten gehen wird)*

Früher war mein Vorbild Pelé. Heute ist es Jesus.

Eines Tages dachte ich, als Christ mit dem Fußballspielen aufhören zu müssen. Da zeigte mir ein Freund den Vers in der Bibel, der da lautet: »Jeder von Euch, Brüder, soll an dem Platz bleiben, an dem er war, als Gott ihn rief, und er soll diesen Platz so ausfüllen, wie Gott es gefällt« *(1. Korinther 7,24)*.

## Richard **Rufus**

Es sah so aus, als ob der Schiedsrichter eine neue gelbe Karte hatte und sehen wollte, ob sie funktioniert.

## **Ruhr** Nachrichten

Eigenes Knie pfeift Stürmer zurück.

## Santiago Canizares **Ruiz**

*(Spaniens Nationaltorwart)*

Ein Profi muss sich kontrollieren können und umsichtig mit dem Ejakulat umgehen. *(auf die Frage, wie Fußballer mit der sexuellen Abstinenz während eines WM-Turniers umgehen)*

## **Rumänien**

Die Rumänen sind portugiesischer als die Deutschen. *(Barry Venison)*

Es ist ein unerhörter Zustand, dass ich im Dorf Corbu nahe der Hafenstadt Constanta am Schwarzen Meer keinen einzigen Fußballplatz gefunden habe, um darauf mit meinem Hubschrauber landen zu können. *(Ion Tiriac über Probleme seines Heimatlandes)*

## Karl-Heinz **Rummenigge**

Wir sollten uns an die eigene Nase fassen – und diese Nase läuft etwas.

Wir müssen zusehen, dass wir uns bis Weihnachten Punkt für Punkt nach oben hangeln. Damit die Gegner sich bei der Weihnachtsgans zumindest überlegen müssen, dass jedes Gramm, das sie zu viel essen, in der Rückrunde problematisch werden könnte.

Ich ziehe meinen Hut und sage Champs-Élysées. *(nach Franck Ribérys 100. Pflichtspiel-Tor für den FC Bayern)*

Als auch noch Martina mit den fehlenden Toren anfing, da hatte ich genug. Ich sagte mir: Jetzt arbeitest du am Abschluss wie ein Berserker! *(nachdem seine Frau Martina gefragt hatte: »Du, Karl-Heinz, sag mal, warum kannst du denn kein Tor schießen?«)*

Politik und Kommerz dürfen im Fußball nicht zur exklusiven Priorität werden.

Wir haben zwar in sechs Tagen wieder ein Finale, aber ich glaube, mit 1,8 Promille haben wir trotzdem noch eine Chance! *(nach dem CL Sieg)*

Ich habe heute gelernt, dass es Jupp gelungen ist, Hund und Katze zu befrieden. Und wer Hund und Katze befriedet – das weiß ich aus eigener Erfahrung – der ist auch in der Lage, den FC Bayern zu trainieren und das auch mit dementsprechend Erfolg am Ende des Tages. *(bei der Vorstellungs-PK von Jupp Heynckes)*

Ich sag' immer: Jetzt muss der Bauer die Kartoffeln einfahren und jetzt ist die Kartoffel heiß. Und die müssen wir dann eben hoffentlich am letzten Spieltag in Form der Schale gemeinsam essen.

Ich mache alles und nichts. Am meisten mache ich gar nichts. *(im Jahre 1989)*

Dazu kann ich nur sagen: Manche Gerüchte entwickeln sich langsam zu Gerüchen. *(in der Transferphase)*

Wir wollten in den Hafen der Meisterschaft einlaufen, aber freilich nicht in einem Rettungsboot.

Die WM 2006 wirkt wie ein großer Mantel, der alles bedeckt. Da passt selbst Reiner Calmund drunter.

Ich habe Wolfgang Holzhäuser gefragt, ob er bei der Gelegenheit nicht auch noch Ribéry für vier Millionen kaufen will. *(der Bayern-Präsident reagiert ungewohnt ironisch auf ein Angebot für Toni Kroos)*

Die Schalker haben ja gar keinen Balkon und müssten erst mal einen bauen. Bei der Finanzlage der Kommunen wollen wir ihnen das aber doch lieber ersparen. *(kurz vor dem Meisterschaftsfinale)*

Bei der Weltmeisterschaft 1990: »Ich hoffe, wir sehen diesen Schiedsrichter nicht mehr bei dieser WM.« Heribert Faßbender: »Höchstens als Kartenabreißer.«

Sein bestes Dribbling zeigte Rummenigge auf dem Weg von den Umkleidekabinen zum Bus. Wie er da Dutzende von Journalisten aussteigen ließ, indem er die ganze Breite des Flures nutzte und, ohne einen Ton gesagt zu haben, den Bus erreichte, das war gekonnt. *(»L'Équipe« bei der EM 1984)*

Es gäbe für mich nur einen denkbaren Fall, wo ich Rummenigge auf der Bank sitzen ließe: wenn er Grippe hätte! *(Inter Mailands Trainer Ilario Castagner)*

Zwölf meiner zehn Tore habe ich im Vorjahr aus der Linksaußenposition geschossen.

Fußball ist barfuß möglich, aber nicht ohne Ball.

Es ist beim Fußball wie im wirklichen Leben: Liebe, was du tust, und tu, was du liebst. Wenn du Lust auf etwas hast, kannst du es auch zehn Stunden lang tun, und du wirst Erfolg haben.

Ihr drei kleinen Schweine habt uns den Sieg geklaut! Das könnt ihr ruhig dem DFB melden. *(im Kabinengang zum Schiedsrichtergespann)*

Dann schnitzen wir uns eben einen in Oberammergau. *(zur Diskussion über fehlende Führungsspieler beim deutschen Rekordmeister)*

Jedes Team braucht bunte Vögel. Aber auch Leute, die sie zu rupfen versuchen.

Ich hätte im Moment der Meisterschaft auch den Bockwurstverkäufer umarmt.

Eine gefährliche Parabole aufs Tor.

Viele können nicht unterscheiden zwischen Viererkette und Fahrradkette.

Das Spiel war nicht vergnügungssteuerpflichtig.

Nachdem mich die Leute schon seit Jahren auf den Punkt festnageln, habe ich kürzlich meine Mutter danach gefragt. Sie meint, es könne daher kommen, weil sie mir als Kind immer den »Rotbäckchen«-Saft zu trinken gegeben hat. Aber Spaß beiseite: das ist eben Veranlagung. *(über seine roten Wangen)*

Wissen Sie, was 0,5 Promille sind? Die hat doch hier im Stadion jeder. *(zum Fahrverbot von Stürmer Giovane Elber)*

Wir wollen unseren Aufwärtstrend positiv gestalten ... nach oben!

Ob wir die Besten waren, weiß ich nicht. Auf jeden Fall sind wir Tabellenerste.

Ich bin enttäuscht, nur 4:1, eigentlich muss man hier ja 5:1 spielen.

In der 1. Halbzeit hatte ich meine Brille nicht auf. In der 2. habe ich sie aufgesetzt, aber das Spiel war noch genauso schlecht.

## Kosta **Runjaic**

Ab und zu ein Buch lesen, das gehört auch dazu. Gut – man kauft die Bücher, die stapeln sich dann und die Frau liest sie.

## Boris **Rupert**

Lars Ricken treibt den Ball über die Mittellinie, halblinke Position. Christoph Metzelder ist mitgelaufen, der steht jetzt siebzehn Meter vor dem Tor, spielt auf Ewerthon – und DER STEHT NICHT IM ABSEITS! Du blinder Linienrichter! Du Blindmann! Verdammt noch mal! Das geht doch auf keine grüne Kuhhaut mehr, was dieser Erpel, Greipel, oder wie der auch immer heißt, sich dahinten zusammenpfeift! *(BVB-Internetradio)*

## Ian **Rush**

Es war, als würde ich im Ausland spielen. *(der walisische Fußballspieler über seine Zeit bei Juventus Turin)*

## Marco **Russ**

Ich bin ein ... äh ... ein Unglückspilz.

Ich habe in meinem Leben bisher ein einziges Buch zu Ende gelesen.

## Kevin **Russell**

*(Wrexham)*

Frage: »Welche Frage wird Ihnen am meisten von den Fans gestellt?« Antwort: »Warum sind Sie glatzköpfig?« *(Antwort in einem Fragebogen der »Sun«)*

## **Russland**

Die Russen laufen schneller rückwärts als meine Spieler vorwärts. *(Berti Vogts, Trainer von Aserbaidschan)*

Wir mahnen unsere Fans an, viel walisischen Whiskey als eine Art Desinfektion zu trinken. Das sollte der Infektionsgefahr vorbeugen. *(der Chef der russischen Fan-Vereinigung, Alexander Schprygin, vor dem Länderspiel gegen Wales, als die Schweinegrippe kursierte)*

## Rolf **Rüssmann**

Abschlusstraining ist wie Schwangerschaftsgymnastik.

Wenn wir hier nicht gewinnen, dann treten wir ihnen wenigstens den Rasen kaputt.

Sie haben einen Fuß wie ein Bügeleisen. *(Rudi Gutendorf)*

Mein fairster Gegenspieler war Rolf Rüssmann von Schalke 04. Der hat sich bei mir immer schon vor dem Foul entschuldigt. *(Gerd Müller)*

Wie die Heuschrecken sind die Spielervermittler eingefallen. Die verhageln uns die ganze Ernte. *(über das Interesse an den Nachwuchsspielern des VfB Stuttgart)*

Früher gab es kein Ozon, eher mal einen Tritt in den Arsch. *(zum Thema Hitzefrei beim VfB Stuttgart)*

Bei solchen Anlässen kein Bier, das ist ja eine Katastrophe. *(im Presseraum des Daimlerstadions, nachdem die Stuttgarter den Klassenerhalt geschafft hatten)*

Glaubst du, im Abstiegskampf kannst du mit diesen Pantinen gewinnen? *(Frage an einen Stuttgarter Spieler, der Noppenschuhe anzog)*

Was dabei herauskommt, wenn einer mit Krückstock im Tor steht, haben wir bei der WM in Frankreich gesehen. *(Mönchengladbachs Manager zum angeblichen Interesse der Borussia am 36-jährigen Andreas Köpke)*

Das können Sie Drecksau doch nicht machen! *(soll er zu Schiedsrichter Walter Eschweiler gesagt haben und kassierte eine rote Karte)*

Das war doch keine Deckungsarbeit. Das war Schweizer Käse!

## Erich **Rutemöller**

Hinterher müssen meine Spieler auf dem OP-Tisch liegen und nach einem Luftröhrenschnitt röcheln.

Wir haben ein Tor kassiert, bevor wir wussten, wie viel Luft im Ball ist.

Die Kicker sind ihm derart ans Herz gewachsen, dass der Trainer von den Herren Pierre Littbarski, Frank Ordenewitz und Maurice Banach spricht wie ein Hobbyzüchter über seine besten Stallhasen: »Der Litti, der Otze und der Mucki.« *(der »Spiegel« über den Trainer)*

Wenn ich nach einer Begegnung die Spieler einschätze, gibt es immer zwei Gruppen: die einen haben das Spiel erlebt, die anderen waren nur dabei.

Man kann einen Spieler ganz schnell zum Aufwachen zwingen, man muss ihn bloß auf die Transferliste setzen.

Mach et, Otze! *(Ordenewitz hatte im Pokal-Halbfinale die zweite gelbe Karte im laufenden Wettbewerb gesehen und wäre für das Finale gesperrt gewesen; nicht so aber bei einer gelb-roten Karte, die er sich jetzt »holen« durfte)*

Beim Weg vom Training zum Punktspiel stelle ich immer wieder fest: Am schnellsten vergessen die Spieler jene Taten, die sie hätten tun müssen.

Erst haben die Fans gerufen »Erich, wir danken dir!«. Jetzt rufen sie »Rute, wir danken dir!« Das ist mir lieber, der alte Spruch hat mich doch irgendwie an Erich Honecker erinnert. *(als Trainer von Hansa Rostock)*

## Stefan **Ruthenbeck**

Für die Ablöse, die Fürth für mich bezahlt hat, holt man in Leipzig morgens Brötchen. *(Fürths Trainer, den die SpVgg angeblich für 60.000 Euro verpflichtete)*

Das ist ein Spiel mit finalem Charakter. Aber selbst bei einer Niederlage geht es noch weiter.

## René **Rydlewicz**

Ich hab mir überlegt, in Bochum vorm Tor habe ich zu lange überlegt, und ich habe mir heute überlegt, nicht zu überlegen. Reporter: Also demnächst weniger nachdenken bei Rostock, sondern mehr Tore? Rydlewicz: Ja, so ist das. Wenn man was im Kopf hätte, wäre man schließlich nicht Fußballer geworden.

## Marc **Rzatkowski**

*(Bochumer Nachwuchsspieler)*

Mein Tor werde ich heute mit Sprite statt Wasser feiern.

# S

## 1. FC **Saarbrücken**

Ecken kann ich nicht üben lassen. Wo der Eckenschütze anlaufen müsste, beginnt die Baumgrenze. *(Peter Neururer über den Übungsplatz der Saarbrücker Bundesligaprofis)*

## Arrigo **Sacchi**

*(italienischer Nationaltrainer)*

Fußball beginnt nicht in den Beinen, sondern im Kopf.

Fußball ist Theater, mal großes Drama, mal Schmierenkomödie. Immer mehr neigt alles zu zweiterem.

Die erste Fußballregel lautet: Alles ist übertrieben – sowohl im Guten wie im Schlechten. Und diese Exzessivität bringt Stress. Daher wird bei uns mehr bezahlt als anderswo.

Fußball soll ein Spektakel sein, mit viel Tempo, mit viel Bewegung. Dann gibt Fußball dem Leben, wie die Religion, eine neue Dimension.

Intelligenz ist bei Fußballern keine Sonderausstattung, auf die man verzichten kann.

Der Sieg ist wichtig, aber wichtiger ist die Art des Spiels. Fußball ist Theater.

Für mich sind Fußballprofis wie Schauspieler. Dabei ist es wichtig, dass die Spieler nicht egoistisch, sondern für die zehn Kollegen denken und handeln. Das Publikum will den Star sehen, nur darf er die Mitspieler nicht in ihrer Entfaltung behindern. Im Theater würde man sagen: Er darf die anderen nicht an die Wand spielen. Jeder Fußballer hat im taktischen Konzept eine Rolle, aber wie er das Drehbuch interpretiert, liegt an ihm. Es ist wie bei einer Jazz-Session: Einer, der Trainer, gibt das Motiv vor, und alle spielen drauflos.

## Reinhard **Saftig**

Auf die Einstellung kommt es an, nicht auf die Aufstellung.

Verglichen mit Köppel, ist Saftig ein Rambo. *(Horst Franz)*

Mit der Zunge darf man schon mal ins Fettnäpfchen treten. Nur nicht allzu oft mit dem Fuß.

Als Redner gefällt er mir am besten, weil er einer derjenigen ist, die drei Sätze unfallfrei geradeaus reden können. *(Jörg Wontorra)*

## Willy **Sagnol**

Der hat ja gar nicht geschwitzt. *(Uli Hoeneß, als er nach einem Spiel ein Autogramm auf das Trikot des Profis gab)*

## Olcay **Şahan**

Das Tor ist ein Geschenk für meine Mutter, die ist krass Dortmund-Fan. Jetzt habe ich Hausverbot zu Hause. *(nach einem Tor des Lauterers gegen den BVB)*

## Nuri **Sahin**

Bei Nuri glaube ich nicht, dass Geld ein wesentlicher Antrieb war. Wir bewerfen ja unsere Spieler auch nicht mit Erdnüssen, statt sie zu bezahlen. *(Jürgen Klopp über Sahins Wechsel zu Real Madrid)*

## Toni **Sailer**

Ganz rein? *(zu Wolfgang Wolf, der ihn einwechseln wollte)*

## Nicky **Salapa**

*(Samoas Torwart)*

Die haben wir in einem australischen Supermarkt gekauft. *(auf die Bemerkung eines Reporters, sein Team habe noch nicht einmal Schuhe und Trikots dabeigehabt)*

Wir mussten gegen die Australier mit einer Jugendmannschaft antreten, weil die Älteren keine richtigen Pässe hatten. *(zur 0:31-Niederlage)*

## Hasan **Salihamidžić**

Ich bin einfach heiß auf alles. Heiß auf die Champions League, heiß auf die Bundesliga – und meine Frau wartet daheim auch schon.

Er muss erst einmal die Sprache lernen, damit er sich in Italien mit seiner Quasselei verständigen kann. *(Uli Hoeneß)*

Der Hasan Salihamidžić hat es am liebsten, wenn er von hinten kommen kann. *(Marcel Reif)*

Zupfgeigenhansel-Brazzo. *(Werner Hansch über Salihamidžić, der wegen Trikotziehens die gelbe Karte sah)*

Wir müssen uns um ein paar hundert Prozent steigern.

119 Jahre FC Bayern – ich bin stolz, bereits so lange ein Teil dieses großen Vereins zu sein.

Für die meisten ist ein halb volles Glas halb voll, für Hasan ist es aber immer halb voll. *(Karl-Heinz Rummenigge über den neuen Sportdirektor)*

Helene Fischer hat 15 Konzerte abgesagt, unser Trainer nur ein Spiel. *(Bayern Münchens Sportdirektor zum Fehlen des erkrankten Jupp Heynckes)*

Top Abend. Top. Wir haben die Mannschaft hergespielt. Das war ... gut – ohne Ironie geht es heute nicht. Das heute Abend kann man nicht analysieren. Werden wir auch nicht. Abhaken. *(nach einem knappen 2:1-Sieg im DFB-Pokal beim VfL Bochum)*

## PAOK **Saloniki**

Paok schlägt sich, Paok verträgt sich. *(»Kicker« über den griechischen Verein)*

## Bachirou **Salou**

85 Kilo reine Muskeln, nicht aufzuhalten, wenn die einmal in Bewegung sind, das ist wie 'n Kampfhund, den kriegst du nicht mehr weg, da hast du keine Chance mehr, Baschi ging ab wie Schmidts Katze, definitiv. *(Joachim Hopp)*

## Klaus **Sammer**

*(Vater von Matthias Sammer)*

Der beste Mathematiker muss Fehler machen, um das Rechnen nicht zu verlernen. So halte ich es auch als Trainer.

Der Knoten ist geplatzt – so laut, dass ich glatt erschrecke!

Nur über diese Art Kassenerhalt lösen wir nicht das Problem des Klassenerhalts. *(als seine Mannschaft aufgrund einer Sonderprämie gewann)*

Mein Gott, bei der Orientierungsschwäche: Hoffentlich hält er das untere Drittel der Tabelle nicht für einen Spitzenplatz! *(Dresdens Uwe Pilz, als sich sein Trainer in den Katakomben des Münchner Olympiastadions verirrte)*

In die Mannschaft zieht ein neuer Geist ein. Aber so ein Umzug dauert eben seine Zeit.

Ist es Ihnen denn noch nie passiert, dass Sie neunmal klug und einmal dumm waren? *(bei einem Presseinterview)*

## Matthias **Sammer**

Am Ende gewinnt der, der das dreckigere Hemd hat. Und die Rostocker waren am Ende schmutziger als wir.

Van Buyten steht sieben Meter in der Luft, da kannst du nichts machen. Normalerweise geht da das Flutlicht aus.

Zu den Schiedsrichtern sag ich gar nichts mehr. Das sind alles meine Freunde.

Bei unserer Meisterschaftsfeier 1989 musste ich Stasi-Boss Erich Mielke die Hand geben. Bis jetzt ist sie mir Gott sei Dank nicht abgefault!

Wir wussten, dass er da ist. Er hätte sich nicht auch noch extra bemerkbar machen müssen. *(über den Schiedsrichter, der Cacau mit einer gelbroten Karte vom Platz schickte)*

Wenn der da draußen an der Linie zehn Sekunden braucht, um die Fahne zu heben, erbost mich das schon.

Kleine Kinder machen immer so viel, wie sie dürfen. *(Kritik von VfB Stuttgarts Trainer an der Leistung des niederländischen Schiedsrichters Peter Vink, der die raue Gangart der Budapester Spieler nicht unterbunden habe)*

Ich will kein guter Verlierer sein. Nichts ist ärgerlicher als Niederlagen. Sie machen mich rasend.

Der Gegenspieler schmeißt sich in der Szene hin, als hätte er einen Goldbarren gefunden. *(über einen seiner Ansicht nach unberechtigten Pfiff)*

Ein Säugling kann auch keinen Mercedes fahren. *(über den verstärkten Einsatz von Regionalliga-Spielern)*

Kritik bedeutet nicht automatisch Erschießung.

Es fragt morgen keiner nach dem Wie. Maximal wird im »Doppelpass« irgendein Käse erzählt.

Man kommt in die Kabine und muss sich erst orientieren, ob man überhaupt alle kennt – das ist Wahnsinn. *(zur Personalmisere, die ihn zum verstärkten Einsatz von Regionalliga-Spielern zwingt)*

Wenn so viele Menschen kommen, verdrücke ich mich gern. Aber beim Bankett am Abend werde ich die Polonaise anführen. *(Dortmunds Meistertrainer, der sich nach dem Abpfiff der Partie gegen Werder Bremen ohne Jubel zunächst zurückzog)*

Unser Stadion mitnehmen. *(auf die Frage, was er vor dem UEFA-Cup-Auswärtsspiel in Wien machen könne)*

Wenn wir heute nicht gewonnen hätten? Hätte ich jemanden erschießen müssen, damit es weitergeht. *(nach Dortmunds 4:2-Sieg in Wolfsburg)*

Die Spieler wollten heute schon für mich sammeln, weil ich nichts bekommen habe. Aber das Konto läuft auf den Namen meiner Frau. Ich darf mir ab und an was nehmen. *(zur Veröffentlichung von Gehältern der Dortmunder Spieler in der »Sport-Bild«)*

Kein Problem. Das nächste Mal darfst du auf die Bank. *(auf die Frage eines Journalisten, warum er nicht ausgewechselt habe)*

Den Ball halte ich in dieser Situation so lange in der Ecke, bis keine Luft mehr drin ist. *(über seinen Spieler Dede, der sich in der 92. Minute noch auf ein Dribbling eingelassen hatte)*

Weil drei Verteidiger ausgefallen sind. *(auf die Frage, warum Stürmer Jan Koller auf der Bank saß)*

Grundsätzlich haben Frauen mehr Tiefe als Männer.

Ich habe gestern wieder Ergebnisse getippt. Wenn Sie die hören würden, glauben Sie, ich habe gar keine Ahnung.

Ich habe vergessen, dass ich Trainer bin. *(auf die Frage, was er bei der Rangelei von Borussia- und St.-Pauli-Spielern auf dem Platz zu suchen hatte)*

Mir ist ein geschmackloser Sieg lieber als eine rauschende Niederlage.

Sicherlich haben wir im Moment einen kleinen Lauf, aber Lauf heißt ja bekanntlich Lauf, weil's von laufen kommt.

Ich wusste selbst nicht, dass ich noch in der Lage bin, so hart zu schießen. *(zu seinem Schuss in Richtung eines gegnerischen Spielers, für den er auf die Tribüne verbannt wurde)*

Wir haben einen Stand erreicht, wo man die Keule rausholen und eine Drecksau sein muss, damit die Mannschaft richtig erschrickt.

Ganz ehrlich, Platz zwei wäre mir viel, viel lieber. *(nachdem sein Team am vierten Spieltag die Tabellenspitze erobert hat)*

Ich brauche Spieler, die auf dem Platz die Rute rausholen.

Ich habe heute erstmals einen Brasilianer mit Wadenkrampf gesehen. Das sagt doch alles. *(über den Kräfteverschleiß seiner Mannschaft in den »englischen« Wochen)*

Wenn ich am Ende vorn stehe, können mich die Leute auch »Arschloch« nennen. Das ist mir egal. *(über seinen Spitznamen »Motzki«)*

Der Matthias ist noch ein junger Mann. Er wird auch noch aufhören, euch alles zu erklären. *(Hans Meyer)*

Ab und zu schon, glaub ich. Kann ich mich jetzt nicht dran erinnern. *(Jens Lehmann auf die Frage, ob Sammer die Borussen wenigstens intern mal lobt)*

Ich habe nichts gegen Elfmeterschießen, solange ich nicht antreten muss. Ich kann mich nämlich nicht entscheiden, ich mag beide Ecken.

Fußball ist ein Tagesgeschäft. Heute ist man der Depp, morgen kann man wieder der Held sein. Entsprechend werden wir arbeiten, um das Deppen-Image wieder abzulegen. *(nach einem 2:6 in Berlin)*

Die Einstellung ist wichtiger als die Aufstellung.

Wenn wir alle Spiele gewinnen, wird es langen. Wenn wir alle verlieren, nicht. *(zu den Chancen für die Titelverteidigung)*

Das nächste Spiel ist immer das nächste.

Wenn du heute bei drei nicht schnell genug auf dem Baum bist, wirst du Sportdirektor.

In England heißt der Trainer Boss. In Italien ist es der Meister, in Brasilien der Professor – in Deutschland teilweise der Buhmann. *(der DFB-Sportdirektor über das Ansehen der Fußballtrainer)*

Aber wenn immer alles gut ist, neigt man natürlich auch ein bisschen dazu, und jetzt ist es eben mal nicht gut, und das ist gut, wenn es auch mal nicht gut ist.

## Hugo **Sanchez**

Hugo Sanchez ist ein sehr gefährlicher Mann, er ist genauso beliebt wie ein Piranha in einem Bidet. *(Jesús Gil y Gil, Präsident von Atletico Madrid, über den mexikanischen Stürmer von Real Madrid)*

Was der in unseren zwei UEFA-Cup-Endspielen gegen Real Madrid mit mir angestellt hat, verschlug mir geradezu die Sprache. Der Mexikaner tritt, spuckt und kratzt. *(Paul Steiner)*

## Ebbe **Sand**

Wir waren vier Minuten Meister. Das war so schön.

Ich habe gehört, der Trainer hat schon angerufen und gratuliert. Er ist stolz auf uns und hat uns einige Tage frei gegeben. Wir treffen uns erst am Samstag in Cottbus wieder. *(zur vermeintlichen Reaktion von Trainer Huub Stevens, der aus privaten Gründen nicht beim Spiel war)*

Der Sandsturm des Vorjahrs ist verebbt. *(Jörg Wontorra über die Torflaute von Ebbe Sand)*

Er ist der beste Stürmer, den Schalke in den letzten 20 Jahren hatte. *(Klaus Fischer über seinen aktuellen Nachfolger)*

## Petrik **Sander**

Ich bin doch kein Schlagersänger. *(wollte bei einer Pressekonferenz das Mikrofon nicht in die Hand nehmen)*

Ich sage dasselbe, was ich vor einer Woche gesagt hätte.

## Helmut **Sandrock**

Wir sind freundlich begrüßt worden – von Menschen, Frauen und Kindern. *(nach der Ankunft 2014 in Brasilien)*

## Souleymane **Sané**

Wenn Sané nur die Hälfte seiner Chancen nutzen würde, wäre er bald Torschützenkönig. Aber nicht mehr beim Club, sondern in Mailand. *(Heinz Höher)*

Nix Neger raus, der HSV ist raus! *(nach einem DFB-Pokal-Spiel gegen den HSV im Volksparkstadion, bei dem Sané 90 Minuten lang mit »Neger raus!«-Rufen beschimpft worden war und Wattenscheid 2:1 gewann)*

Na ja, ganz in Schwarz. *(auf die Frage, wie er denn so als Wattenscheider Bundesliga-Rekord-Torschütze durch Bochum gehen würde)*

Ich war mal Nationaltrainer Sansibars. Aber nur bei Auswärtsspielen in Europa. Allerdings haben die nie hier gespielt. Deshalb war es der beste Job, den ich je hatte.

Es ist derzeit wohl Mode, dass die Frauen einen verlassen. Ich muss mich jetzt auf den Fußball konzentrieren. *(nach der Trennung von seiner Ehefrau Daniela)*

Wir hätten gewinnen können – wenn wir nicht verloren hätten!

Ja zur Völkerverständigung. VfL-Fans grüßen Wattenscheids Souleyman Sané! *(Plakat im Bochumer Ruhrstadion bei der Partie Wattenscheid 09 gegen den VfL Bochum in der Saison 1990/91)*

Schwarzer Tag für Sané. *(Überschrift im »kicker«)*

## Boubacar **Sanogo**

Scheiße auf der Lampenschale gibt gedämpftes Licht im Saale. This was gut, oder? *(präsentiert stolz seine Deutschkenntnisse)*

## Wilfried **Sanou**

Ich habe 15 Jahre Gymnastik in Burkina Faso gemacht. *(Kölns Torschütze über seinen Flickflack-Jubel)*

## Roque **Santa Cruz**

Ich weiß, dass ich ein großer Spieler bin.

Der Jüngste auf dem Platz, der ist ja gerade erst 19 geworden. Das hat ja ewig gedauert, der war ja ewig 18. *(Fritz von Thurn und Taxis)*

## Mario **Santi**

*(Schweizer TV-Kommentator)*

Die Ola geht durch die Welle.

Ich weiß, dass diese Frage nicht gut ist, aber ich stelle sie trotzdem.

## Jacques **Santini**

*(Coach der französischen Nationalelf)*

Nach diesem Spiel erhalten meine Spieler die Erlaubnis, ihre Ehefrauen und Partnerinnen zu treffen. Es ist besser, ihnen mit der erreichten Qualifikation gegenüberzutreten, denn sie sind die Ersten, die uns ansonsten kritisieren. *(nach der Qualifikation für das EM-Viertelfinale 2004)*

## Nílton **Santos**

*(brasilianischer Fußballspieler)*

Wenn der Ball meine Geliebte war, dann war sie mir von allen die liebste.

## Vlado **Šarić**

*(Spieler von Rot-Weiss Essen)*

Ich fair Foul gespielt. Ich nicht getreten.

## Hans **Sarpei**

Wenn ich der Schwarze Chuck Norris bin, dann ist Peter Neururer der Weiße Hans Sarpei.

Hoffenheim feiert den Klassenerhalt. Nach Angaben der Polizei wurden die Fans dabei beobachtet, wie sie zusammen ein Sixpack gekauft haben.

Ganz England freut sich auf das Champions-League-Finale: Für viele ist es das erste Mal, dass sie eine deutsche Mannschaft in Wembley verlieren sehen.

Gibt es in Hoffenheim eigentlich Sunpoint? *(zur Verpflichtung von Tim Wiese)*

Zu Risiken und Nebenwirkungen fragen Sie Ihren Arzt oder Hans Sarpei.

Hans Sarpei hat schon zweimal bis unendlich gezählt.

Hans Sarpei kann seine eigenen Elfmeter halten.

Hans Sarpei fährt mit dem NRW-Ticket bis nach Bremen.

Hans Sarpei darf während der Fahrt mit dem Busfahrer reden.

Hans Sarpei bringt Zwiebeln zum Weinen.

Chuck Norris kann alles. Hans Sarpei kann mehr.

Hans Sarpei trinkt aus dem Wasserhahn auf Ex.

Wie viele Liegestütze schafft Hans Sarpei? Richtig: Alle!

Zuerst erschuf Hans Sarpei Gott.

## June **Sarpong**

*(englischer TV-Moderator)*

Ich mag Fußballspiele, aber ich habe das Toresystem noch nicht verstanden.

## Maurizio **Sarri**

Ich weiß nicht, ob Juventus mich verändert hat. Meine Frau sagt, ich wäre immer noch das gleiche Arschloch!

## Jean-Paul **Sartre**

Bei einem Fußballspiel verkompliziert sich allerdings alles durch die Anwesenheit der gegnerischen Mannschaft.

## Célia **Šašić**

Ich war kurz im Supermarkt, falls das noch keiner weiß. *(die Nationalspielerin zum Medieninteresse während der WM 2011)*

## Milan **Šašić**

Die Schule, die Šašić pflegt, die gibt es gar nicht. Er ist ein ganz mieser Kollege, der auf eine ganz schlimme Art und Weise versucht, sich zu profilieren. *(Peter Neururer auf die Frage, ob Šašić ein Trainer der alten Schule sei)*

## **Sat.1**

Frage: Wer ist aktuell Tabellenführer in der 1. Bundesliga? a) BVB? b) Bayer Leverkusen? Die Reporterin fragt den anwesenden Rudi Völler: Können Sie uns einen Tipp geben? Rudi Völler: Leverkusen ist es nicht ... Reporterin zu den Zuschauern: Das muss genügen!

Wer ist Portugals Meister? a) FC Porto b) SC Versandkostenfrei *(Gewinnspielfrage)*

## Gerald **Saubach**

*(ORF-Reporter)*

Eins zeigt die Statistik ganz deutlich: Wenn Tirol kein Tor erzielt, haben sie immer entweder unentschieden gespielt oder verloren.

## **Saudi-Arabien**

Auch in Saudi-Arabien wird Fußball gespielt. Die Königsdisziplin dort heißt Köpfen. *(Harald Schmidt)*

Für die Saudis ist das sicher ein schwarzer Tag. Da werden zu Hause Köpfe rollen. *(Günter Netzer)*

## Ron **Saunders**

Ron Saunders: Erzählst du den Presseleuten wieder den alten Mist, Ron? Ron Atkinson: Ja, Ron. Ich habe ihnen gerade erzählt, was für ein guter Trainer du bist. *(Gespräch nach einem Spiel in den Achtzigern)*

## Robbie **Savage**

Wenn das Gehirn aus Schokolade wäre, dann hätte Robbie Savage noch nicht mal genug davon, um einen einzigen Smartie zu füllen. *(der englische Erstligaspieler Alan Birchenall über seinen Kollegen)*

## Juri **Sawitschew**

Elfmeterschießen, das ist irgendwie wie mit Frauen und Autos – reine Glückssache!

## Nevio **Scala**

Nevio Scala ist ein fantastischer Trainer und er hat eine tolle Mannschaft. Dortmund wird ganz sicher Weltmeister! *(Giovanni Trapattoni)*

Das Tor ist ein Problem, das jede Mannschaft hat.

## Héctor **Scarone**

Héctor Scarone spielte seine Pässe wunderschön wie Geschenke. *(der Schriftsteller Eduardo Galeano)*

## Thomas **Schaaf**

Reporter: »Geben Sie mir bitte eine Antwort auf die nächste Frage, in der nicht ›egal‹ vorkommt. Wer soll Ihr Finalgegner werden? Bayern oder Schalke?« Bremens Trainer Thomas Schaf: »Is' mir wurscht!«

Er sieht ja richtig alt aus. Der braucht fast schon einen Co-Trainer, der ihm die Tränensäcke trägt. *(Mario Basler)*

Ich glaube, ich habe keinen erkennbaren Sprachfehler. *(nach wiederholten Fragen von Medienvertretern, ob er seinen bis Ende kommender Saison laufenden Vertrag mit Werder erfüllen wird)*

Mit dem Toreschießen kann man in so einem Spiel gar nicht früh genug anfangen, sonst passiert es manchmal, dass die Partie vorbei ist und man hat das Toreschießen vergessen.

Da müssen wir uns um 1.000 Grad drehen. *(über die Chancen Werders, den UEFA-Cup noch zu erreichen)*

Von 30 Millionen Mark für Einkäufe in der Winterpause wie bei Bayer kann ich nur träumen. Und wenn, dann wache ich schweißgebadet auf.

Ich hätte mir die wenigen Haare auf meinem Kopf ausreißen können. *(nach dem Auslassen zahlreicher Torchancen seiner Mannschaft)*

Dass ich den Richtigen eingewechselt habe, haben ja alle mitgekriegt. *(zur Einwechslung von Miroslav Klose, der in der 2. Halbzeit Werder mit drei Toren und einer Vorlage zum 4:1-Sieg in Bochum schoss)*

Wir haben zumindest die Zweikämpfe nicht verloren. Aber nur, weil wir nicht in sie hineingekommen sind.

Gut, dass ich nicht so viele Hemden habe, sonst würde mir der Kragen platzen.

Hier gab es heute Licht und Schatten. *(zur Strompanne beim Spiel gegen Schalke 04, das wegen Flutlichtausfalls mit über einer Stunde Verspätung begann)*

Prinzipiell ist es egal, ob es der Posemuckelpokal ist oder die Champions League: Wir wollen uns überall beweisen und überall bestehen. *(über Bremens Ambitionen in der europäischen Königsklasse)*

In der 1. Halbzeit waren wir beim Feiern, nach dem Wechsel sind wir kurz aus dem Tanzsaal raus. Dann hat uns jemand wieder reingezogen. *(zur kurzzeitigen Leistungssteigerung bei der 2:6-Niederlage gegen Leverkusen)*

Ich hätte ihn von der ersten Minute an vollgetextet und so in seiner Konzentration versucht zu stören. *(auf die Frage, wie er als gelernter Verteidiger früher gegen einen Spieler wie Ailton agiert hätte)*

Es ist ja bekannt, dass unser Trainer auf junge Spieler steht. *(Frank Rost über seinen Trainer)*

Ein Vorbild, nicht nur, was den Haarwuchs betrifft ... *(Edmund Becker)*

Ob Dreierkette, Viererkette oder Perlenkette – ganz egal, Hauptsache erfolgreich!

## Walter »Schoko« **Schachner**

Schau'n Sie, es gibt, ähh, drei Wörter hab' ich vor der Rückrunde gesagt: »Wir wollen, wir können, aber müssen nicht«.

Ich blickte kurz auf und banante den Ball zur Mitte.

Wie's halt so ist. Jede Statistik geht einmal zu Ende.

Der Spielverlauf wäre ganz anders verlaufen. Das war eine Spielverzerrung. *(über Entscheidungen des Schiris)*

## Hans **Schäfer**

Meinem 1. FC Köln will ich nahe sein, bis ich 100 werde und dann bei einem Glas Kölsch tot an der Theke umfallen. *(der Weltmeister von 1954 anlässlich seines 75. Geburtstags)*

## Hubert H. **Schäfer**

*(Präsidiumsmitglied des VfB Stuttgart)*

Eine Elefantenrunde – alle lassen den Rüssel hängen. *(nach einer Pleite)*

## Winfried **Schäfer**

Aber nur reinsetzen. Um fahren zu dürfen, hast du zwei Tore zu wenig geschossen. *(zu Sergej Kirjakow, dem er nach einem Sieg den Schlüssel zu seinem Porsche gab)*

Ich würde gerne mal unter mir als Trainer arbeiten.

Ich kannte den Thom schon, als der Calmund noch das Bayer-Kreuz in die Aspirin-Tabletten drehte.

Ihre Jahresbilanz wird nicht nur Ihren Steuerberater zum Jubeln verführen! *(vor einer Saison als Prophezeiung zu seinen Spielern)*

Der Karajan der Tartanbahn. *(Jörg Dahlmann)*

Es können ja nicht alle zu 100 Prozent auf den Trainer fliegen. *(zu »Schäfer-raus«-Rufen)*

Ich lasse die Spieler mitarbeiten und mitdenken. Einmal im Trainingslager habe ich meinen Spielern Papier und Bleistift gegeben und gesagt: »Jetzt macht euch mal Gedanken darüber, wie ich eine Abseitsfalle aushebeln kann.«

Ich falle wohl wegen meiner langen Haare mehr auf. Der Jupp Heynckes konnte einem Ordner in den Hintern treten und bekam keine Anklage. *(über das DFB-Sportgericht)*

Ein guter Eckball ist wie eine Traumfrau: Starke Kurve und unheimlich scharf.

Ich habe auch einen Präsidenten, mit dem ich über Fußball reden kann. Aber nachts lasse ich ihn schlafen.

Du musst denen immer wieder zeigen, dass es nur über Maloche geht. Das zu erreichen, das Umdenken im Kopf herbeizuführen, war das Härteste. Deshalb turne ich immer noch an der Seitenlinie rum. Das ist vor allem ein Signal an die Leute.

Das Einzige, was jetzt klar ist, ist, dass es draußen jetzt dunkel ist.

Ich sage meinen Spielern immer: Wollt ihr im Flugzeug zu Europa-Cup-Spielen oder mit dem Bus nach Uerdingen? So steht doch die Frage.

Vier Jahre lang hat mir dieser Trainer in Karlsruhe nur auf die Fresse gegeben und hat sich dabei ständig hingestellt, als hätte er den Fußball erfunden. *(Claus Reitmaier über Winnie Schäfer von TB Berlin)*

Durch ihn wurde aus einer grauen eine weiße Maus. *(KSC-Präsident Roland Schmider)*

Wenn ich im Fernsehen sehe, wie er an der Linie herumrennt und herumhüpft, wenn der KSC ein Tor geschossen hat, dann erschrecke ich. *(Angelika Schäfer)*

Das ist zwar Gequatsche, aber es bewahrheitet sich immer wieder: Es gibt einen Gott im Fußball!

Als Trainer arbeitslos zu sein, ist so wie Liebesentzug von deiner Frau.

Es braucht eine gewisse Intelligenz, um die Zusammenhänge in der Bundesliga zu begreifen.

Ich brauche das Spiel, sonst kriege ich einen Herzinfarkt.

## Wolfgang **Schäfer**

Wolfgang Schäfer ist schon wieder fit. Bei Zerrungen braucht er immer drei Tage, um wieder auf die Beine zu kommen. Kopfverletzungen kuriert er in zwei Minuten aus. *(Gerd Schwickert)*

Ich bin richtig besoffen, aber wer will mir das verübeln? Ich bin zwar nur ein Allerweltsfußballer mit einem Allerweltsnamen, aber heute spricht ganz Deutschland von mir. *(nach seinem Tor für Bayer Uerdingen zum 2:1 im DFB-Pokalendspiel gegen den FC Bayern München)*

## Rolf **Schafstall**

Hier bist du jeden Tag verzweifelt. Weil so viele Antifußballer dabei sind. Wenn ich das manchmal sehe, was wir hier für schwache Fußballer haben. Mann, Mann, Mann! *(während seiner Zeit beim VfL Bochum in die Kameras eines TV-Teams)*

Wir haben 2:1 verloren. *(auf der Pressekonferenz nach einer Niederlage)*
*Auf den Hinweis, dass das Spiel 3:1 endete:* Ach so? Ich bin schon mit 2:1 in die Kabine gegangen.

Richtigen Druck spüre ich nur beim Stau auf der B1.

Wir Trainer sind nun mal gerade auf Pressekonferenzen von ganz unterschiedlicher Natur. Der eine trägt sein Herz auf der Zunge, der andere nimmt lediglich den Mund voll.

Dreck, wo du hinguckst. Denen hab' ich erst mal den Marsch geblasen: Besen in die Hand nehmen, auskehren, Hygiene herbeibringen. Dem Zeugwart muss man in den Arsch treten, dass er seinen Job macht und nicht in den Tag reinquasselt und von alten Zeiten erzählt. Das sind lauter Spinner hier. Da stehen die Galoschen im Regal, voller Mist. Da hab' ich gesagt: »Jetzt kauft euch zwei Behälter mit Wasser drin und zehn Wurzelbürsten und macht die Schuhe draußen sauber, ja?« Die sehen keinen Dreck hier. Das haben die früher nicht sehen müssen. Die sind nicht zur Arbeit, nicht zur Ordnung, zu nichts erzogen worden hier. Das stinkt zum Himmel … Vor Wochen komm' ich vor dem Training in die Umkleide, da sitzen die da und knobeln. Ich sag': »Morgen«, die sagen: »Morgen.« Da steht keiner auf, da hört keiner zu – kein Anstand. Lauter Ossis. Soll ich dafür Sorge tragen, dass die im richtigen Moment nicht den Tritt in den Arsch bekommen haben? Ich weiß: Das ist befristet. Und dann mache ich den Abflug hier. *(bei Dynamo Dresden; kurze Zeit später wurde er entlassen)*

Ich war überrascht, dass die Coaching-Zone bis zum Spielfeld geht. Ich dachte, die wäre kleiner. *(bei seinem Comeback in Bochum zu den Veränderungen in der Bundesliga)*

Ein Handschlag ist gut, aber ein Vertrag ist immer besser.

Ja. Das kann sein. *(auf die Frage, ob er manchmal Journalisten anlügt)*

Der über Kinowelt als Feuerwehrmann installierte Rolf Schafstall war nur 57 Tage im Amt, 56 davon waren schon zu viel, so krass muss man das sagen. Sportlich hat er nichts bewegt, aber in der Mannschaft, im ganzen Klub und im Umfeld für helle Empörung gesorgt mit einer Folge an schlimmsten Beleidigungen. Er hat den Super-Besserwessi gespielt, alles und jeden niedergemacht. Dabei sorgte er für alle Eskapaden, die seinem Ruf vorausgingen, bis hin zum Alkoholmissbrauch. *(Dieter Riedel, Ex-Präsident von Dynamo Dresden)*

Das unterscheidet mich von Ihnen, Trainer. Sie haben nie eine große Zeit gehabt! *(Torsten Gütschow auf Rolf Schafstalls Äußerung zu ihm: »Ihre große Zeit ist vorbei!«)*

Ich höre mir den Kollegen Schafstall ganz ruhig an. Wer wenig zu sagen hat, redet eben besonders viel. *(Karl-Heinz Feldkamp)*

Der Schafstall war ja auch nicht besonders groß, aber wenn der ein bisschen was getrunken hatte ... Mein lieber Mann, dann war der plötzlich nicht mehr ein Meter fünfundsechzig, sondern über zwei Meter. *(Konditionstrainer Erich Klamma)*

## FC Schalke 04

Gammelfleisch aus Gelsenkirchen? Ich kannte das bisher nur als Schalke 04! *(Manuel Andrack, Köln-Fan und Assistent von Harald Schmidt)*

Dat die auch noch dafür kriegen, wenn se für Schalke kloppen dürfen. *(Ernst Kuzorra)*

Schalke versteht mich nicht. *(Ailton)*

Wenn wir an Schalke denken, bekommen wir Blut in die Augen. *(Iván Zamorano, der mit Inter Mailand 1997 das Finale verlor)*

Ich hab dort noch nie einen Punkt geholt. Vielleicht wäre es besser, ich melde mich krank. *(Hans Meyer mit Blick auf ein Spiel beim FC Schalke 04)*

Selbst in Alaska, bei geschlossener Schneedecke, hätten wir ein Heimspiel gehabt. *(Peter Neururer zum Schalker Spiel gegen Fortuna Köln, das in Hannover ausgetragen werden musste)*

Schalke hat die größte Familie Deutschlands! *(»kicker«, 1974)*

Die sind mein Feindbild Nr. 1. Ich hasse Schalke wie die Pest! *(Kevin Großkreutz)*

Auf Schalke gehen schon die Feuerwerke los, wenn sie die Seitenwahl gewinnen. *(Alfred Draxler)*

Schalke, das ist ja wie im Kaufhof mit der Mutti. *(BVB-Profi Burkhard Segler kann sich irgendwie nicht an die Rolltreppe gewöhnen, die im Parkstadion aus den Katakomben aufs Spielfeld führt)*

Wenn mein Sohn Schalke-Fan wird, dann – kommt er ins Heim! *(Kevin Großkreutz)*

Dieser Verein wird nie grau und normal sein. *(Rudi Assauer)*

Ich habe keine Ahnung, aber egal, wo auf der ganzen Welt du auch »Scheiß Schalke« schreist – es steht immer irgendjemand auf und haut dir aufs Maul. *(Comedian Bernhard Hoëcker auf die Frage, wie viele Schalker es gibt)*

Unser neues Stadion wird kein Champagner-Tempel, sondern ein Bier- und Würstchen-Palast. *(Huub Stevens über die neue Arena)*

Schalke ist wie eine schöne Krankheit. Wenn du sie einmal hast, wirst du sie Gott sei Dank nicht mehr los. *(Schalke-Fan Hubert Tecker)*

Kaiser und Könige sind gestorben, aber beim FC Schalke wird immer noch Fußball gespielt. *(Clemens Tönnies)*

Eine Nationalmannschaft ohne Schalker ist wie ein Gebiss ohne Zähne. *(Max Merkel)*

Seit meiner frühesten Jugend war ich Fan von Schalke 04. Um Szepan und Kuzorra spielen zu sehen, bin ich sogar auf Bäume geklettert. *(Fritz Walter)*

I am the Maskottchen of Schalke. *(Charly Neumann)*

Dat is 'ne Hundehütte mit 'nem bisken Auslauf. Von Glückskauf kannste hier nicht reden. *(Ernst Kuzzora über das Schalker Parkstadion)*

Charly würde auch im kältesten Winter für Schalke ins Wasser springen – vorausgesetzt, es wären genügend Fotografen da. *(Autor Helmut Holz über Charly Neumann)*

Ich würde auch in einem Trikot spielen, auf dem »Scheiße« statt »Schalke« steht – Hauptsache, meine Kohlen stimmen. *(Jürgen Wittkamp)*

Schon das war für mich Ausland ... *(Toni Schumacher über den S04 nach seinem Wechsel von Köln über Schalke in die Türkei)*

Wer Schalke kennt, weiß, dass man nicht so schnell dorthin zieht. *(Jörg Berger als neuer Trainer 1994)*

Keine Schale in der Hand und der Torwart weggerannt, scheißegal, wir haben Raúúúúl. *(Fangesang)*

Du sitzt auf dem Klo und hast kein Papier, dann nimmst du die Fahne von Schalke 04! *(Fangesang gegnerischer Fans)*

Wir hören rein in die Choreografie der Schalke-Fans. *(Gerhard Delling schaute in die Schalke-Kurve)*

Das ist für mich wie das Tor zur Hölle. Und ich muss da täglich durch, wenn ich meinen Passat aus der Garage hole! *(Schalke-Fan Manni Buß, der nach einer verlorenen Wette sein Garagentor schwarz-gelb streichen musste)*

Hier baut Arminia Bielefeld. *(Schild eines Fans nach dem Bundesligaskandal in einer Wohngegend in Gelsenkirchen, in der die halbe Schalker Mannschaft gebaut hatte)*

Ohne Vorstand war's am besten. *(Fan-Plakat 1994)*

Im August 2004 wurden erstmals Kinder eingeschult, die noch niemals eine Niederlage gegen den BVB erleben mussten! *(T-Shirts, die zur Saisoneröffnung in Gelsenkirchen kursierten)*

Nur gucken. Nicht anfassen. *(BVB-Fans zeigen gegen Schalke die Meisterschale mit einem passenden Spruch drauf)*

Ein Leben lang, dieselbe Unterhose an. *(Fangesang gegnerischer Fans)*

Schalke ist mein Mount Everest. Diesen Gipfel will ich noch erklimmen. *(Andreas Möller)*

Ich danke alle Ärzte, die uns für morgen krankgeschrieben haben. *(Schalke-Fan im TV nach dem UEFA-Cup-Gewinn 1997)*

Entweder ich schaffe Schalke oder Schalke schafft mich. *(Rudi Assauer)*

Schalke scheint in den Köpfen der Fans einen Pfeifreiz auszulösen. *(Klaus Allofs zu den Pfiffen bei der Verabschiedung von Kapitän Fabian Ernst, der zu Schalke 04 wechselt)*

Schalke 05. *(Moderatorin Carmen Thomas)*

Ich musste lernen, was Olympique Marseille auf Deutsch heißt: Schalke 04. *(Soziologe Alfred Grosser)*

Schalke hat ein schönes Stadion, doch unser Stadion ist schöner – und unsere Fans sind es auch. *(HSV-Trainer Thomas Doll)*

1.000 Frauen, 1.000 Bier, aber nur eine Liebe, S04. *(Fans von Schalke 04)*

Wenn ich auf Schalke bin, weiß ich, was es heißt: Ich bin weg – weggerissen aus meinen Sorgen und Nöten, Verpflichtungen und Terminen. *(Kardinal Franz Hengsbach)*

Das ist ja Europas modernste Großraumsauna. *(Heiko Herrlich zur Arena Auf Schalke)*

Ich dachte, es sei ein American-Football-Stadion. *(Lionel Richie zur Arena Auf Schalke nach seinem Auftritt dort)*

Da kann man Reit- und Springturniere veranstalten. Mit Fußball hat das nichts zu tun. *(Lothar Emmerich zur Arena Auf Schalke)*

Sogar ich kann hier sitzen. *(Reiner Calmund über die Sitze in der Arena Auf Schalke)*

Dieses Stadion ist das Nonplusultra, dagegen ist das Maracanã in Rio ein Friedhof. *(Reiner Calmund über die Arena Auf Schalke)*

In dieser Sauna kriegen die Schalker weiche Knie. *(Udo Lattek zur Arena Auf Schalke)*

Nein, nicht der Bessere soll gewinnen, sondern Schalke. *(SPD-Politiker Klaus Lohmann)*

Wir Schalker sind wie Spatzen. Überall auf der Welt zu Hause. *(Ex-Präsident Günter Siebert)*

Auf Schalke läuft das Blut in blau. *(Kevin Kuranyi)*

Wenn sogar Eier eine Schale haben, wollen wir auch eine. *(Plakat beim Spiel gegen Mönchengladbach)*

## **Schalke-Fan**

Bei uns muss der Matellan erst das »Vaterunser« auf Deutsch können, bevor er eine Minute spielen darf. Die Dortmunder holen einen vom Zuckerhut, und der macht sofort ein Tor. *(zu den Südamerikanern Anibal Matellan bei Schalke 04 und Ewerthon bei Borussia Dortmund)*

## Dieter **Schatzschneider**

Das wissen nur der liebe Gott und der Trainer. Und mit beiden spreche ich nicht momentan. *(auf die Frage, ob er von Trainer Ernst Happel im nächsten Spiel eingesetzt werde)*

Ich mache jetzt erst einmal einen Leber-Ausdauertest. *(auf die Frage eines Reporters, wie er sich denn fit halte)*

Sechsmal Ekstase hintereinander – hatte ich zuletzt mit 18. *(zum 0:6 von Rivale Eintracht Braunschweig gegen Bielefeld, das Hannover 96 durch den eigenen Sieg zudem den Aufstieg (fast) sicherte)*

Eigentlich ist mein eigener Antrieb gar nicht so stark. Ich muss Autorität spüren. Am besten ist, wenn mir der halbe Schuh von jemandem im Arsch steckt.

## Wolfgang **Schaupensteiner**

Was mich wundert, ist die neue deutsche Bescheidenheit. Ein Prozent Schmiergeld ist wirklich wenig, normal sind bis zu drei Prozent. *(der Frankfurter Oberstaatsanwalt und Korruptionsexperte über die Schmiergeldzahlungen, die beim Neubau der Allianz-Arena an die Wildmosers geflossen sind)*

## Nico **Scheepmaker**

*(niederländischer Dichter)*

Fußball ist eine sportliche Form des Gruppensexes.

## Uwe **Scherr**

Wenn's nach mir geht, würden wir den familieninternen Rekord brechen. Ich weiß nur nicht, ob meine Frau Elke da mitmacht. *(nach der Geburt seines ersten Sohnes; Scherr hat dreizehn Geschwister)*

Bei Ablösesummen will ich kein Häppchen, sondern so viel, dass ein Happyend draus wird.

## Matthias **Scherz**

Ich habe versucht, ihn rauszuköpfen. Ich habe ihn reingemacht, ich bin jetzt der Depp. *(über sein Eigentor)*

## Totò **Schillaci**

*(italienischer Fußballspieler)*

Mein Tor möchte ich vor allem jedem widmen.

Früher war ich nach schlechten Spielen eine Woche lang schlecht drauf. Das ist heute nicht mehr so, weil ich nur noch schlechte Spiele habe.

## Otto **Schily**

Leider gibt es kein Gesetz, das solche Spiele verbietet. *(der Minister nach dem 0:3-Debakel gegen die zweite Mannschaft Portugals bei der EURO 2000)*

Das sinnliche Vergnügen an dem runden Gegenstand, das ist immer noch da.

## Jan **Schindelmeiser**

*(Manager der TSG Hoffenheim)*

Wir werden keinen weiteren Spieler verpflichten. Unser Boarding ist completed.

Von einem Schattendasein kann keine Rede sein. Wenn überhaupt, dann von Windschatten. *(auf die Frage, ob Hoffenheim im Vergleich zur Vorsaison ein Schattendasein führt)*

## Frenk **Schinkels**

*(niederländisch-österreichischer Spieler und Trainer)*

Jedes Kasperltheater wird ernsthafter betrieben als unsere Liga. Wir müssen aufpassen, dass wir nicht zur totalen Lachnummer werden. *(über einen Skandal in Österreich)*

## Stephan **Schippers**

*(Geschäftsführer Borussia Mönchengladbach)*

Wir müssen den Cent nicht nur umdrehen, wir müssen ihn auch noch röntgen, ehe wir ihn ausgeben.

## Sven **Schipplock**

Wenn du an Gott glaubst, warum lässt er dich dann zwei Jahre lang kein Tor schießen?

## Michael **Schjønberg**

Die haben sich im Training aufgehängt. *(Hannovers Interimstrainer wollte wohl eher »reingehängt« sagen)*

## Klaus **Schlappner**

Es gibt hier schon T-Shirts mit meiner Birne. *(über seine Erfolge als Nationaltrainer Chinas)*

Der Zweck heiligt zwar manchmal die Mittel, aber nicht die Mittelmäßigkeit.

Ich komme kaum noch zum Lesen. Aber das liegt daran, dass auch die Literatur an einer typischen Zeitkrankheit leidet: Die Bücher sind alle viel zu dickleibig.

Mich wundert überhaupt nicht, dass die Frauen so wenig Zeit haben. Man muss sich ja nur ihre kleinen Uhren angucken.

Geld allein macht nicht glücklich. Aber glücklich allein macht eben auch nicht Geld.

Ab und zu muss man schon mit zwei Zungen reden – damit man sich die eine nicht verbrennt.

## Robert **Schlienz**

Der beste Mann auf dem Platz war der Einarmige. Was ich von dem gesehen habe, war für mich bis jetzt unvorstellbar. *(Alfredo Di Stéfano)*

## Günter **Schlipper**

Für sechs Mille hätte ich den Pass auch nicht gespielt. *(zu seinem Mitspieler Yves Eigenrauch, der eigensinnig den Ball vertändelte, aber auch deutlich weniger Gehalt bekam als Schlipper)*

## Juri **Schlünz**

Eher friert die Ostsee zu, als dass wir Juri Schlünz entlassen. *(Horst Klinkmann, Aufsichtsratsvorsitzender von Hansa Rostock)*

Der Juri Schlünz war früher ein begnadeter Fußballspieler. Aber auch eine lahme Ente. *(Hans Meyer)*

Oh, das ist ein guter Trainer. *(Alexander Hleb, nachdem Rostocks Trainer ihn als besten Mann auf dem Platz bezeichnet hatte)*

## Jörg **Schmadtke**

Die Freiburger hatten einen erstklassigen Mann im Tor. *(über sich selbst)*

Der Schmadtke kann nie Nationaltorwart werden. Der trägt viel zu bunte Trikots und Hosen. *(Bodo Illgner)*

Ich habe den Schiedsrichter Eierkopp genannt. Im Rheinland, wo ich herkomme, ist das keine Beleidigung.

Willst du jetzt von mir eine Bewertung der Saison haben, am dritten Spieltag? Die Saison ist scheiße!

Wenn ein Stürmer zwei Tore macht, kann er immer zufrieden nach Hause gehen. Aber der Mensch will immer mehr. Er will ein halbes Schwein für 50 Euro – und artgerecht gehalten soll es auch noch sein.

## Waleri **Schmarow**

*(Spieler vom Karlsruher SC)*

Deutschland scheenes Land, sauber Land. Vieles gute Mensch.

## Peter **Schmeichel**

Deutsche Spieler sind prinzipiell unbegabt.

Wir brüllen beide so laut, dass wir uns übers Spielfeld unterhalten können. *(Oliver Kahn)*

## Bernd **Schmelzer**

*(ARD Sportschau)*

82 Minuten vorbei, dann ging Glieder, von Assauer fast krankenhausreif getätschelt.

Da lässt sie ihre Gegnerin stehen wie eine Peking-Ente. *(bei einem 8:0-Sieg der deutschen Frauenfußball-Olympia-Auswahl gegen China)*

Luder, Lappen, Litauen. *(eigenwillige Betitelung eines Beitrags über Oliver Kahn im Vorfeld des Länderspiels Deutschland-Litauen)*

## Marcel **Schmelzer**

Ich finde, so langsam müssen die Köpfe aus dem Hintern gezogen werden.

## Frank **Schmettau**

Gelb-Rot gegen den gelb-roten Braun, der die Braunen gefoult hatte. *(beim Spiel St. Pauli [braun] gegen Karlsruhe [gelb-rot])*

## Roland **Schmider**

*(Manager des Karlsruher SC)*

Für uns war die Trainerfrage nie eine Trainerfrage.

## Aaron **Schmidhuber**

Schlimmer ist es, wenn du bei einem Kreisligaspiel genau hörst, was dir ein Zuschauer zuruft, und wenn du den vielleicht gar noch kennst. *(über Schmähungen von 60.000 Zuschauern)*

Was heißt, die Spieler bewegen sich zu wenig? Und das dauernde Umgehen der fairen Spielregeln?

Wer der Welt oder mir etwas nachzuschreien hat, der sage es bitte deutlich, aber leise.

## Harald **Schmidt**

Unsere Spieler haben Abi und Fernstudium, aber wer braucht vor dem Tor einen Konjunktiv?

In der CSU gibt es so einen Krach um die Nachfolge von Stoiber, dass man schon gesagt hat: Liebe Freunde, wenn es wirklich eng wird – mein Gott, dann macht es halt eine Weile der Franz.

Warum gibt es in der deutschen Fernsehunterhaltung keinen Mario Götze? Ich sehe überall nur Ballacks und Frings.

Beckenbauer sagt in »Bild«: »Wir haben keinen Führungsspieler, keinen richtigen Schreier.« Das letzte Mal, als sein Wunsch nach einem Schreier in Erfüllung ging, war neun Monate nach der Weihnachtsfeier.

Ein Trainerstab ist kein Vibrator.

Es wird Zeit, dass die WM beginnt, denn die Reservespieler des FC Bayern brauchen Praxis.

Senegal schlägt den noch amtierenden Weltmeister Frankreich 1:0. Mich hat es ein bisschen erinnert, auch die Verbindung Senegal und Frankreich, an unser Spiel damals 1974 gegen die Zone.

Bayern München hilft Borussia Dortmund, denn Borussia Dortmund ist unverschuldet in Not geraten. Durch eine große Katastrophe – man nennt es Management.

Klaus Toppmöller tritt in die Fußstapfen von Rudi Völler. Er hat auch schon dessen alte Haare auf.

Rudi Völler konnte nicht mit seiner Wunschelf spielen, denn die eine Hälfte der Wunschelf ist verletzt und die andere hat keinen deutschen Pass!

Ausgeschieden! Die schlimmste Demütigung für Argentinien, seit damals Madonna Evita Peron gesungen hat.

Nicht alle Argentinier sind enttäuscht: Vielen älteren Mitbürgern ist es egal, weil sie drücken immer noch für Deutschland die Daumen.

Leverkusen hat die Bewerbung zurückgezogen, das Stadion ist zu klein. Beim nächsten Mal bewirbt sich Leverkusen dann mit dem Esszimmer von Reiner Calmund!

Ihr könnt stolz sein in Hannover: WM, das ist so was wie EXPO, nur mit Besuchern.

Die deutsche Nationalmannschaft macht einen Nachmittag für Kinder. Die Hauptattraktion ist Calmund als Hüpfburg.

Ich hatte schon letzte Saison den Eindruck: Effe ist auswärts spritziger als zu Hause. *(zu Effenbergs Affäre mit der Frau von Thomas Strunz)*

Das haben die Bayern von Franz gelernt: kurz vor Schluss noch einen reintun!

Viertelfinale Senegal gegen Türkei. Das ist zum Beispiel ein Spiel, wo ein Mann wie Le Pen den Fernseher aus dem Fenster wirft.

Auf dem Flughafen wurde Daum mit einer etwa 80 Zentimeter großen Bauchrednerpuppe auf dem Arm gesehen: Das war Berti Vogts, der hat ihn abgeholt.

Das Spiel gegen Frankreich war eine Premiere auf Schalke: Zum ersten Mal standen dort elf deutsche Spieler auf dem Rasen!

Erst Häßler, dann Wosz, jetzt Thon ... was soll das werden? Eine neue U 1,70?

Deutschland besiegt die Amerikaner auf französischem Boden. Viele ältere Zuschauer hatten Tränen in den Augen! *(während der WM 1998)*

Reiner Calmund hat gesagt: Wir sind doch hier nicht Disneyland. Und er hat recht: Wenn Leverkusen Disneyland wäre, hätte er einen Rüssel und könnte fliegen.

Viele sagen, es müsse doch möglich sein, auch in Deutschland eine spielerische Qualität wie bei den Brasilianern zu schaffen. Aber ich frage Sie: Geht das nicht ein bisschen zu weit? Slums in Deutschland?

Der Fußballer des Jahres heißt Matthias Sammer! Zwei tolle Ergebnisse für Borussia Dortmund, denn die Fußballerin des Jahres ist Andy Möller geworden.

Ich denke, dass unsere amerikanischen Freunde jetzt ein bisschen so denken wie Sepp Herberger: Nach dem Krieg ist vor dem Krieg.

Die Spieler haben geraucht, die Spieler haben gesoffen. Willkommen in der Ära Mayer-Vorfelder.

Es ist so heiß, dass man sich auch beim Sport so wenig wie möglich bewegen soll. Das heißt: Was wir fußballerisch jetzt haben, ist das sogenannte Mario-Basler-Wetter.

Die meisten Bundesliga-Profis fühlen sich doch bei diesen afrikanischen Temperaturen wie zu Hause.

Die geplante Verlegung der Bundesliga-Spiele auf den späten Abend geht nicht, denn Olli Kahn muss in die Disco, und die meisten ARD-Reporter sind dann schon im Puff.

Golden Goal ist scheiße. Man weiß nie, ob man sich noch ein Bier holen soll.

Heißt es bei der Frauenfußballmannschaft auch Kapitän oder Chefstewardess?

Der neue Superstar Miroslav Klose, aufgewachsen in Polen und spricht jetzt schon besser Deutsch als Andy Brehme.

Die Sache mit Christoph Daum hinterlässt auch bei Reiner Calmund Spuren: Er ist über das Wochenende auf 200 Kilo abgemagert.

## Martin **Schmidt**

Einmal ist man der Baum, einmal ist man der Hund. *(relativierend über zwei Video-Aufreger)*

Ich sage präzise, seit wann ich Fan von Jürgen Klinsmann bin: seit er Sepp Maier rausgeschmissen hat.

## Oliver **Schmidt**

*(Kommentator)*

Die linke Außenbahn der Löw-Elf ist so etwas wie die DFB-Forschungsstation.

## Stephan **Schmidt**

Die Tabelle ist kalt und hässlich! *(der Cottbuser Trainer, der mit seinem Team am Tabellenende stand)*

## Edgar **Schmitt**

Ich stehe morgens dafür auf, Tore zu schießen.

Wahrscheinlich muss ich mit 60 noch alle zwei Wochen zu Ehrungen ins Badische kommen. *(über seine Popularität nach den UEFA-Cup-Spielen mit dem KSC)*

Ich bin ein Mann für den Strafraum. Nur muss mich der Trainer erst mal aufs Spielfeld lassen.

## Rico **Schmitt**

*(Trainer von Aue)*

Im Spiel nach vorne war Aue ein Personenzug, 1860 dagegen ein ICE-Express.

## Volker G. **Schmitz**

*(Comedian)*

Der Mensch stammt nicht vom Effe ab.

Was bedeutet eigentlich die 51 auf dem Tattoo von Effe und Claudia? Ist das seine Penislänge oder ihr gemeinsamer IQ?

Ich verstehe nicht, was da im Irak wirklich vor sich geht: Mir fehlt einfach die Zusammenfassung von Delling und Netzer.

Nächste Woche beginnt die WM. Für unsere Spieler bedeutet das Hektik: Sie haben nur noch sieben Tage Zeit, um sich rechtzeitig zu verletzen.

Jetzt gibt es eine DVD mit allen Highlights der letzten Bundesligasaison von Bayer Leverkusen mit nicht weniger als 30 Sekunden Dauer.

## Bernd **Schneider**

Schalke war heute eine Nummer zu groß für uns, nicht nur von der Größe her.

Solange noch kein Gegenspieler rückwärts an mir vorbeiläuft, möchte ich spielen.

Schneider war früher ein Rumpel-Fußballer, aber ich habe ihm ja in Jena das Fußballspielen beigebracht. *(Hans Meyer)*

Wenn man sich ansieht, was bei Oliver Neuville und dir immer auf dem Zimmer los war und welche Leistungen ihr danach gebracht habt, müsste man Weizenbier mit Cola und Marlboro ganz nach oben auf die Top-Ernährungsliste für Sportler setzen. *(Reiner Calmund bei Schneiders Abschiedsspiel)*

Vor der Playstation ist mehr Stimmung. *(nach dem deutschen 8:0 WM-Sieg gegen Saudi-Arabien zur Atmosphäre im Sapporo Dome)*

Es bereitet mir am meisten Kopfzerbrechen, dass es für meine Playstation keinen Anschluss gibt. *(über seine ersten Eindrücke vom WM-Quartier in Miyazaki)*

Früher habe ich zu Lothar Matthäus aufgeschaut. Heute steht er neben mir und holt sich das gleiche Mittagessen. *(nach seinem Länderspieldebüt)*

In dieser Gruppe hatten wir doch von vorneherein gar keine Chance. Ich glaube, die haben wir ganz gut genutzt.

## Dieter **Schneider**

Das stimmt. Wir standen kurz vor der Unterschrift. Als wir aber dann erfuhren, dass Louis van Gaal zu haben sein würde, waren wir uns nicht mehr sicher. Wieso nicht van Gaal? *(der Präsident von 1860 München mit viel Ironie zum Gerücht, dass Lothar Matthäus der neue Löwen-Trainer werden würde)*

## Martin **Schneider**

Wenn ich den Martin Schneider weiter aufstelle, glauben die Leute am Ende wirklich noch, ich sei schwul. *(Friedel Rausch)*

## René **Schneider**

Darauf war ich gar nicht eingerichtet. Ich bleibe lieber zu Hause. *(auf die Ankündigung von BVB-Trainer Nevio Scala, ihn für das Bielefeld-Spiel zu nominieren)*

## Thomas **Schneider**

Es könnte ja Aua machen, es könnte ja einer mit Watte werfen. Wenn er Angst hat, soll er sich hinter die Mauer stellen. *(Ralf Rangnick über das Abwehrverhalten von Verteidiger Thomas Schneider bei einem Freistoßtor)*

## Werner **Schneider**

Uns haben nur noch die Pappnasen gefehlt. Das wäre die richtige Verkleidung für dieses Karnevalsspiel gewesen. *(der Dortmunder Mittelfeldspieler nach einem kuriosen Pokalspiel im Jahr 1980)*

Mit einem Schädel wie ein Rathaus bin ich aufgewacht. Ein paar Bierchen müssen es wohl gewesen sein. *(nach der langen Busfahrt und einem Sieg in Stuttgart)*

## Karl-Heinz **Schnellinger**

Noch wenn ich ins Grab sinke, wird mir der Pfarrer nachrufen: »Das war doch der mit dem Ausgleich gegen Italien!« *(der in der 92. Minute für den 1:1-Treffer im legendären Halbfinale gegen Italien bei der WM 1970 sorgte)*

## Werner **Schneyder**

*(Kommentator, Schauspieler, Kabarettist …)*

Zu spielen noch eine halbe Stunde, sogar noch etwas drüber, also noch 15 Minuten.

Fußball ist heute kein Proletensport mehr – sagte anerkennend ein Unternehmer, als er hörte, dass Ergebnisse geschoben wurden.

## Josef **Schnusenberg**

Da ist zum Teil sicher auch ein ideeller Wert enthalten. *(Schalkes Finanzvorstand versucht zu erklären, warum das für 1 Euro erworbene Parkstadion mit 15 Millionen Euro in der Bilanz steht)*

Ich schätze Herrn Schnusenberg, den ich persönlich sehr gut kenne, die tragen bei Schalke das Herz auf der Zunge. Die kommen ja auch aus der Fleischbranche. *(Uli Hoeneß)*

Deutschland hat 80 Millionen Einwohner. 40 Millionen wollen unsere Arena kennenlernen, und pro Jahr gehen 1 Million Zuschauer rein. Wir sind also auf 40 Jahre ausverkauft.

## Mathias **Schober**

Ich habe zwar Abitur und hatte sogar Mathe-Leistungskurs, aber bei Wahrscheinlichkeitsrechnung habe ich nicht aufgepasst. *(auf die Frage, wie hoch die Wahrscheinlichkeit des Klassenerhalts für Rostock ist)*

Meine ganze Familie ist für Schalke. Ich mache Schalke zum Meister. *(vor dem letzten Saisonspiel 2001, in dem ein Fehler von ihm zum entscheidenden Treffer der Bayern führte)*

## Gerd-Volker **Schock**

*(Trainer vom Hamburger SV)*

Die Mannschaft braucht eine starke Hand. Noch besser, wenn's ein Fuß wäre.

Eine Profimannschaft ist kein Parlament. Ich kann einfach nicht zulassen, dass in der Elf genauso blöd und durcheinander gequakt wird.

## Mehmet **Scholl**

Pass auf, was du sagst. Ich Lell dir gleich eine. *(Spaß auf Kosten des ehemaligen Kollegen, der seine Freundin geschlagen haben sollte)*

Man gilt als graue Maus – aber drei Tore machen einen Tiger draus! *(nach einer Klatsche gegen Wattenscheid)*

Er muss verletzungsfrei bleiben – und dann auch die richtige Frau finden. *(über Jungstar Mario Götze)*

Ich kenn das auch. Ich arbeite beim Fernsehen, da riechen alle so. *(als der Trainer Milan Šašić nach einer Bierdusche ins Studio kam)*

Ich kann alle beruhigen, der Vater ist wohlauf, hat die Geburt gut überstanden. *(kurz nach der Geburt seiner Tochter)*

Der Uli hat geweint, der Brazzo hat geweint, und jetzt weine ich heute Abend auch noch. *(über seinen Abschied)*

Die Brisanz dieses Spiels hat man daran erkannt, dass sich Franz Beckenbauer über unsere Tore gefreut hat. *(nach einem Derby gegen 1860 München)*

Wenn in zwei Jahren die WM ist, bin ich auch wieder anderthalb Jahre älter.

Wetklo ist auch so ein Mann. Der hat seine Zukunft schon hinter sich.

Wir werden was trinken und dann heulen wir alle. Dann tauschen wir die Frauen und dann gehts weiter... *(über die unmittelbaren Pläne nach seinem Bundesliga-Abschiedsspiel)*

Ich hatte zwischendurch Angst, dass er sich wundliegt und mal gewendet werden muss. *(über Mario Gomez)*

Die Momente, in denen es sich wirklich lohnt, Fußball-Profi zu sein, sind, wenn man Oli Kahn beim Einseifen zusieht.

Die Fußball-Euphorie nach der WM wird weitergehen, weil jetzt auch Frauen schauen, ohne wirklich zu wissen, worum es geht.

Algorithmus – das sage ich jetzt nicht, um mit einem Fremdwort zu imprägnieren.

Ich habe eine Gänsehautentzündung bekommen. *(nach dem WM-Achtelfinale 2014 Brasilien-Chile, das im Elfmeterschießen entschieden wurde)*

25 Jahre alt und schon keine Ziele mehr. *(nach dem gewonnen EM-Finale 1996)*

Die schönsten Tore sind diejenigen, bei denen der Ball schön flach oben reingeht.

Mit der Nationalmannschaft ist es wie mit dem Geld: Jeder muss für sich das herausholen, was drin ist.

Meine Unbekümmertheit wandelte sich in kontrollierte Spontanität.

Wenn ich niese, hacke ich mir ins Knie. *(angesprochen auf seine markanten Zähne)*

Mein Sohn ist wegen dem Rennen hier, ich nur wegen den Boxenludern. *(auf die Frage, warum er beim Großen Preis in Hockenheim sei)*

Oliver Kahn wollte sich gerade ertränken. Da konnte ich ihn so eben noch von abhalten. Und der Rest der Mannschaft hat sich auf der Toilette eingeschlossen. *(auf die Frage nach der Stimmung in der Mannschaft des FC Bayern)*

Wie war noch die zweite Frage? Das ist nicht so einfach, ich bin schließlich Fußballer … *(bei einer Pressekonferenz, nachdem ihm zwei Fragen auf einmal gestellt wurden)*

Spielerfrau. *(auf die Frage nach seinem Lieblingsberuf)*

Vor Krieg und Oliver Kahn. *(auf die Frage, vor was er Angst habe)*

Lieber ewiges Talent als gar kein Talent.

Kameradschaft ist, wenn der Kamerad schafft.

Mein Körper besteht aus 68 Kilogramm stahlharter Erotik.

Hängt die Grünen, solange es noch Bäume gibt! *(auf die Frage nach seinem Lebensmotto)*

Ich kann nicht sagen, dass ich es nicht gesagt habe, weil ich es gesagt habe.

Ich werde nie Golf spielen. Erstens ist das für mich kein Sport, und zweitens habe ich noch regelmäßig Sex.

Was mich in den letzten Tagen am meisten beschäftigt hat, ist meine Frisur. Und die ist scheiße.

»Prinzessin Fergie möchte an einem Kamelrennen teilnehmen. Nicht entschieden ist, wer sie reitet.« – Das ist Harald Schmidt, das sind Meilensteine guten Humors.

Man muss schon mit dem Arsch zur Wand schlafen … *(über Trainingslager)*

Meine Besonderheit ist, dass ich das Gleiche wie alle anderen Männer auch tue mit Frauen, nur 20 Minuten kürzer.

Meine Frau und ich, wir sind jetzt seit zwei Jahren verheiratet und bei uns läuft alles gut. *(ausweichend auf die Frage, wann ihm Rehhagel denn mitgeteilt habe, dass er wieder nur Ersatzspieler sein werde)*

Ich sehe mich eher als Spieler in einer Position, die es gar nicht gibt.

Ich fliege irgendwo in den Süden – vielleicht nach Kanada oder so.

Es ist mir völlig egal, was es wird. Hauptsache, er ist gesund. *(als werdender Vater)*

Ich hatte noch nie Streit mit meiner Frau. Bis auf das eine Mal, als sie mit aufs Hochzeitsfoto wollte.

Das ist wie ein Auto, das sechs Monate in der Garage gestanden hat und dann direkt auf die Autobahn fährt. *(zu seiner körperlichen Verfassung nach dem Comeback)*

Der hat sogar Haarschnitt-Freiheit. *(Karl-Heinz Rummenigge über Mehmet Scholl, der mit einem Irokesenschnitt auflief)*

Bis sein Vertrag ausläuft im Jahr 2002, braucht er nicht zu warten. Dann ist er doch auch schon um die 42. *(Didi Hamann auf die Frage, ob sein ehemaliger Bayern-München-Kollege [27] ins Ausland wechseln solle)*

Ich kenne da einen zwölfjährigen Jungen, der ist auf dem Geschwister-Scholl-Gymnasium. Und der hat ernsthaft geglaubt, das seien die Geschwister von Mehmet Scholl. *(WDR-Moderator Manni Breuckmann)*

## Heiko **Scholz**

Ich kann doch nur zwei Sprachen, Deutsch und Sächsisch. Wie soll ich da mit unserem Koreaner reden?

Hoffentlich denkt der Saftig jetzt nicht: Was hab' ich denn da für eine Blaubeere gekauft! *(als er verletzt von Dresden nach Leverkusen wechselte)*

Ich kriege etwa so viel Geld im Monat, wie Rudi Völler und Lothar Matthäus monatlich vertelefonieren.

## Jürgen **Scholz**

Ich war mal in Südamerika. Ich habe ihn so voll gequatscht, dass er den Fußball vergaß. *(der Oberligaspieler von Arminia Hannover nach einem 2:1-Pokalsieg gegen den FC Homburg über seinen Gegenspieler Sergio Silvano Maciel)*

## Udo **Scholz**

*(Stadionsprecher des 1. FC Kaiserslautern)*

Die Aufstellung des FC Bayern entnehmen Sie bitte der Tagespresse.

Da müssen aber Dietz, Lorant, Drexler, Janzon und Abel wegen ihrer Silbernen Hochzeit heute gefehlt haben. *(als in der »Sportschau« die Schalker Mannschaft als »jung« bezeichnet wird)*

## Frieder **Schömezler**

*(Trainer der Stuttgarter Kickers)*

Ich hätte auch acht Wochen lang Sackhüpfen machen können, weniger wäre dabei auch nicht herausgekommen.

## Helmut **Schön**

Das ist eine ganz nüchterne Angelegenheit. *(der Fußball-Bundestrainer über Reiner Geye, der aus der Nationalmannschaft flog, weil er betrunken Auto gefahren war)*

Ich habe nichts für Verhältnisse übrig. Vor allem nicht mit Männern. *(zur Bemerkungen von Paul Breitner, er habe kein Verhältnis zu Schön)*

Frage: Sind Sie der Meinung, dass Manfred Burgsmüller seinen schweizerischen Gegenspieler bei dessen Eigentor behindert hat? Antwort: Warum hätte er ihn stören sollen?

Wenn man sich die Autogramme der Spieler ansieht, dann fühlt man sich wie auf einem Apothekerkongress.

Da gehe ich mit Ihnen ganz chloroform.

Ein Volk, das gute Fußballer hat, kann auf schlechte Politiker verzichten.

Von der Höhe der Ideale zum Tal des Möglichen führt der Pfad der Erfahrung.

Wenn man einem Sportler einhämmert, er solle immer schön brav sein, dann erzieht man ihn zur Lüge.

## Birgit **Schönau**

*(Sportjournalistin)*

Der kulturelle Niedergang des calcio zeigt sich auch darin, dass nur wenige Seria-A-Spieler noch wissen, wie man Wein, Weib und Gesang buchstabiert.

## Dmitri **Schostakowitsch**

*(russischer Komponist)*

Fußball ist Ballett für die Massen.

Das Stadion ist in diesem Land der einzige Ort, wo man laut die Wahrheit über das sagen kann, was man sieht.

## **Schottland**

Wir haben die besten Fans der Welt, aber ich habe noch nie gesehen, dass ein Fan ein Tor geschossen hat. *(Jock Stein, schottischer Nationaltrainer)*

Kommunismus gegen Alkoholismus. *(schottisches Fanplakat bei der WM 1982 während des Spiels gegen die Sowjetunion)*

Schottland muss heute nicht unbedingt ein Tor erzielen, aber sie sollten gewinnen. *(Trainer Billy Mc Neill)*

Die Schotten feiern richtig schön, ohne Ausschreitungen. Die trinken so viel, da können sie gar nicht mehr zuhauen. *(Gerd Delling)*

Die Schotten sind meistens eher zu Hause als ihre Postkarten. *(Wilfried Mohren zu den WM-Leistungen der Kilt-Träger)*

Wenn MacLeod jetzt sagt, die schottische Mannschaft habe erst gegen Holland ihr wahres Gesicht gezeigt, dann ist das so, als habe man einen Weltkrieg verloren und dann die Atombombe erfunden. *(»Daily Mirror« nach der WM 1978)*

## Alexander **Schprygin**

Wir mahnen unsere Fans an, viel walisischen Whiskey als eine Art Desinfektion zu trinken. Das sollte der Infektionsgefahr vorbeugen. *(der Chef der russischen Fan-Vereinigung vor dem Länderspiel in Wales, als die Schweinegrippe kursierte)*

## Olaf **Schreiber**

Ich habe gehofft, der Schiedsrichter würde es sich noch einmal überlegen. *(auf die Frage, warum er vor seiner gelb-roten Karte vor dem Schiedsrichter weggelaufen sei)*

## Atze **Schröder**

Wenn man sich zwischen Kahn und Lehmann entscheiden muss, ist das ungefähr so, wie wenn man sich von den Jacob Sisters die beste raussuchen soll.

Früher, da gab es noch einen wie Katsche Schwarzenbeck. 460 Bundesligaspiele, kein Ballkontakt. Der dachte 20 Jahre lang, so'n Bein wächst nach.

Machen wir uns mit Lahm nicht unnötig klein? *(als Lahm neuer Kapitän der DFB-Elf wurde)*

## Bernd **Schröder**

*(Trainer von Turbine Potsdam)*

Einige der Männerprofis sind doch schon am Quengeln, wenn zweimal am Tag Training angesagt ist. Die sollten besser in den Kindergarten gehen. Da gibt es Mittagsschlaf und heiße Milch.

## Gerhard **Schröder**

Jetzt hör mal zu: Du kannst nicht immer nur nach Dortmund gehen. Du wirst jetzt erst mal bei uns Mitglied. Ich schick dir die Unterlagen zu. *(Charly Neumann zum Bundeskanzler)*

Bitte, Otto, übertreib es nicht. *(der Bundeskanzler per Handy zu Innenminister Otto Schily beim Stand von 4:0 im WM-Qualifikationsrückspiel Deutschland – Ukraine)*

Ich habe es mir wirklich überlegt. Ich mache es im Nebenberuf – Bundestrainer. Aber nur am Wochenende.

Seht zu, dass ihr Bundesligaspieler und nicht Bundeskanzler werdet. Denn dann verdient ihr mehr. *(zu Jugendfußballern des 1. FC Kaiserslautern)*

Die hat doch der Willi Lemke geschrieben. *(Rudi Völler auf die Frage, wie ihm denn die Rede von Bundeskanzler Schröder anlässlich der 100-Jahr-Feier des SV Werder Bremen gefallen habe)*

## Rayk **Schröder**

*(Spieler von Energie Cottbus)*

Die Gegentore waren nicht unbedingt glücklich.

## Markus **Schroth**

Er sieht damit deutlich besser aus als sonst. *(Hans Meyer über seinen Stürmer, der nach einem Nasenbeinbruch mit einer Maske spielte)*

## André **Schubert**

Ich habe noch nie in Dortmund verloren, ich habe dort aber auch noch nie gespielt.

## Almuth **Schult**

Wenn man sich dann den Männerfußball ansieht, sieht er eher nach Mädchenfußball aus als beim Frauenfußball. Bei uns liegen nicht so viele auf dem Boden rum und versuchen zu schauspielern.

Viele Ultras sagen, sie wollen keine Theatralik und sie wollen nicht diesen Kommerz, es soll nicht immer nur um Geld gehen, sondern um den Fußball – dann sind sie beim Frauenfußball richtig.

Ich würde mich darüber freuen, wenn es bei den Begrifflichkeiten eine Veränderung gibt. Bei uns heißt es FIFA Womens World Cup. Eigentlich müsste es dann doch auch der FIFA Mens World Cup sein. Es geht um Gleichberechtigung.

## Helmut **Schulte**

Dieser Sieg war H und V – herrlich und verdient.

Wir spielen hinten zu null. Und vorne wird uns Asa einen reintrampeln.

Wer hinten steht, hat das Pech des Glücklosen.

Es ist nur ein Spiel verschoben worden: HSV gegen FC St. Pauli. Und das wegen Unbespielbarkeit des Platzes! *(als es in Hamburg regnete und Spieler im Wettskandal feststeckten)*

Ein guter Start ist nicht schlecht. Aber am Ende kommt es auf eine gute Landung an. *(auf die Frage, ob ein guter Saisonstart viel hilft)*

Ernst Happel ist ein großer Trainer. Der kann den Charakter eines Spielers am Arsch erkennen. Das kann ich noch nicht.

Auf diesem Acker leben mehr als eine Milliarde Regenwürmer. Wenn nicht bald etwas passiert, werde ich sie alle höchstpersönlich erschießen.

0:0 ist auswärts ein schönes Ergebnis. Aber am 1.000. Spieltag der Bundesliga hat ein 0:0 zu viele Nullen.

Wir haben wieder zu null gespielt, allerdings auf der falschen Seite.

Mach's gut, Helmut. Den Unschuldigsten trifft die Schuld. *(Spruchband von Schalke-Fans nach dem Rauswurf 1993)*

Ich war Vorstopper, das sagt alles: kein Mensch, kein Tier, die Nummer vier.

Das größte Problem beim Fußball sind die Spieler. Wenn wir die abschaffen könnten, wäre alles gut.

Ball rund muss in Tor eckig!

Vor der Saison haben alle gedacht, dass wir gegen Bayern kleine Brötchen kochen müssen. Aber wie man sieht, backen die auch nur mit Wasser.

Bananen muss man besonders nach verlorenen Spielen essen, denn sie machen wieder glücklich.

Als dann der Helmut Schulte kam, wusste ich schon beim ersten Training: Deine Zeit ist hier vorbei, der Mann kann nicht dein Freund werden. Vor dem Lattek hatte man ja noch Respekt, aber wenn ich diese Gurke vor mir gesehen habe, konnte ich nur den Kopf schütteln. *(Günter Schlipper)*

Ach wissen Sie, das ist 'ne richtige Scheißfrage. *(auf die Frage, ob er am Montag noch Trainer des FC St. Pauli sei)*

## Axel **Schulz**

Die Spieler werden mit dem Kühlwagen zum Training abgeholt und danach wieder nach Hause gefahren. *(Hansa Rostocks Pressesprecher zur Diskussion um die mögliche Gesundheitsgefahr von Hitze für Leistungssportler)*

## Michael **Schulz**

So, und jetzt haue ich dir einen in die Schnauze! *(zu Gerhard Paulus. Dabei stellte sich Schulz mit beiden Stollenschuhen und vollem Gewicht auf einen von Paulus' Füßen)*

Wieso, kommt hier noch ein LKW durch? *(als ihn nach einem Spiel in Leverkusen ein Ordner zurechtwies: »Bitte verlassen Sie den Gang, Herr Schulz. Oder ich muss Sie rausschmeißen. Sie stehen hier im Weg.«)*

Frage: »Wie verwöhnen Sie sich?«
Schulz: »Ich lasse mich von meiner Freundin Petra verwöhnen.«

Wir haben keine Chance, aber wir werden sie nutzen. *(vor einem Europapokalspiel)*

## Willi **Schulz**

Ich klette im Mittelfeld, und der Franz kann hinten den dicken Otto machen – is' nich!

Ein auswärts erzielter Punkt zählt immer.

Ehe ich von Schalke weggehe, lasse ich mir beide Beine abhacken. *(und wechselte schließlich doch zum HSV)*

Ich stand vor meinem 35. Geburtstag, und wenn ich morgens nach einem Spiel aufstand, knackten die Knochen so laut, dass ich dachte, da läuft einer neben mir her.

Weisse, im Pott gehse inne ordinäre Kneipe. Anne Theke stehnse sich die Füße platt und saufen Pils und Korn. Hier abba sitzte schön auffe Wildledersofa und trinks Tschinn und Tonnick. *(als er von Wattenscheid nach Hamburg kam)*

## Ludger **Schulze**

*(»Süddeutsche Zeitung«)*

Wenn Fußballer keine Erklärung haben für das Absurde, das dem Fußball bisweilen eigen ist, sagen sie: »So ist Fußball.«

## Peter **Schulze**

Meine Weihnachtseinkäufe haben die gleichen Auswirkungen auf die Wirtschaftskonjunktur der Bundesrepublik wie meine Meinung zur Verbesserung des Amateur-Fußballs auf den Bereich des Deutschen Fußball-Bundes. *(Offenbachs Präsident auf Reporterfragen zu Verbesserungsvorschlägen)*

## Dietrich **Schulze-Marmeling**

*(Autor)*

Der Fußball hat seine subversive Kraft verloren.

## Harald **Schumacher**

Wir sind nun mal keine Eunuchen. Warum nicht käufliche Schönheiten einladen, die unter medizinischer Kontrolle stehen. Lieber organisierte Liebe als zusehen, wie sich die Jungs in die nächstgelegene Stadt flüchten und in irgendeinem üblen Puff Tripper, Maul- und Klauenseuche holen. *(in seinem Buch »Anpfiff«)*

Mit mir kriegt man keine Probleme. Man muss nur machen, was ich will.

Mir ist das egal, solange wir nicht die Spielersitzungen über Walkie-Talkie aus dem Knast machen müssen. *(nachdem Trainer Sören Lerby zu sechs Monaten auf Bewährung verurteilt wurde)*

Wenn ich mal sterbe, könnt ihr auf meinem Grab keine Blumen pflanzen, denn die wachsen nicht. *(wegen der Einnahme von illegalen Mittelchen während seiner Karriere)*

Co-Kommentator – das liegt mir. Der Kalle Rummenigge macht das auch gut, aber der ist mehr was für die vornehmen Leute.

Schuster, Derwall und noch einer sollen sich mal unter drei Augen zusammensetzen.

Ich stand mit Kreuzbandrissen und selbst mit Nierenbluten im Tor.

Schmerz ist Einbildung! *(sein ganz persönliches Motto)*

Ich spiel doch nicht in Meppen. *(nach Schalkes Abstieg)*

Das liegt natürlich an seinen Knien, die sind nämlich jungfräulich. Heute Mittag hat er noch zu meiner Frau gesagt, er bräuchte ihre Knie, dann könnte er noch fünf Jahre weiterspielen. *(Karl-Heinz Rummenigge beim Abschiedsspiel von Toni Schumacher, nachdem der Torhüter das 1:0 kassiert hatte)*

Man darf über ihn jetzt nicht das Knie brechen. *(Rudi Völler)*

Liebchen, mach mal den Herkenrath. *(seine Eltern in Erinnerung an Fritz Herkenrath)*

Was man mit dem Mund macht, das braucht man nicht zu laufen.

In deinem Alter reicht zum Warmmachen eine heiße Dusche. *(zu Wolfgang Rolff, 35 Jahre)*

Doppelte Moral im Fußballgeschäft? Natürlich gibt es die. Doppelt hält immer besser.

Dann zahl' ich ihm seine Jacketkronen. *(in Bezug auf das Foul an Battiston)*

Seither bemühe ich mich, bei jeder leichten Berührung, bei jedem Zusammenstoß, bei jedem Foul im Gegner zuerst den Menschen zu sehen. *(in Bezug auf das Foul an Battiston)*

Das hätte in der Türkei passieren dürfen, aber nicht in der zivilisierten Welt. *(zum Flutlichtausfall während seines Abschiedsspiels in Köln)*

Ich bin Angestellter des 1. FC Köln und würde auch trainieren, wenn der Trainer Willy Millowitsch hieße.

Wenn man seine Laufbahn beendet, stellt sich endgültig raus: Der Rest des Lebens – das ist der längere Teil.

Wenn du immer verlierst, ist jede Ästhetik im Eimer.

Mir ist doch völlig gleichgültig, wer unter mir Bundestrainer ist. *(1987)*

Es gibt Berichte, die sehen aus wie ihre Autoren.

Wenn ich Trainer wäre und der Torjäger müsste immer bei seiner Frau schlafen, um im Spiel zu treffen, ja lieber Gott, dann soll er doch.

Trainer müssen glücklich sein. Kein anderer Schmutzlappen verdient so viel Geld.

Meine Mutter hat immer gesagt: Immer schick ist nimmer schick. Soll heißen: Wer immer gut aussieht, bei dem fällt es irgendwann nicht mehr auf.

Meine Maxime heißt: den Ball halten.

Lieber ein Ende mit Schrecken als ein Schrecken mit Ende. *(Pierre Littbarski über die Entlassung von Toni Schumacher bei Fortuna Köln)*

Wir stecken zurzeit in einer Ergebniskrise. *(als Trainer von Fortuna Köln)*

Du hast hier nichts mehr zu sagen, du Wichser! *(Fortuna Kölns Präsident Jean Löring bei der Entlassung von Toni Schumacher während der Halbzeitpause)*

Der Schiedsrichter ist auf dem Rasen einfach der Allmächtige.

## Marcel **Schuon**

Er hätte lebenslänglich bekommen müssen. Das Strafmaß von 33 Monaten ist nicht genug. Er hat das Schlimmste getan, was ein Spieler tun kann. Das ist nicht entschuldbar. Solche Spieler gehören für mich ins Gefängnis. *(Wollitz über den Mann, der Spiele manipulierte)*

## Alexander **Schur**

Unsere Fans müssen fünf Bier getrunken haben, um unser Gekicke auswärts zu ertragen.

Die Schalker machen Picknick in Bremen und wir kämpfen um unsere Existenz. Die Dortmunder haben nicht mal gegrätscht. Für mich ist das alles Mafia. *(der Frankfurter beklagt sich über die Einstellung der Gegner der Abstiegskampfkonkurrenten)*

Wenn ich ihn geschlagen hätte, hätte er das Training nicht verfolgen können. *(auf die Beschuldigungen Serge Brancos, er habe ihn in der Kabine geschlagen)*

## Bernd **Schuster**

Ich habe gehört, dass Bernd Schuster neun Kilometer gelaufen ist. Dann braucht er kein Auto mehr, dann kann er auch von zu Hause ins Stadion laufen. *(Dragoslav Stepanović)*

Wenn man Trainer ist und keinen Job hat, ist der HSV immer interessant.

Man muss ab und zu das Land wechseln. Deshalb will ich nicht ständig Bundesliga spielen. Denn im Fass sind die Gurken zwar endlich unter sich, aber sauer.

Artikel über mich lese ich nicht. Das macht meine Frau.

Er hat die Intelligenz eines ostfriesischen Teebeutels. *(Karl-Heinz Rummenigge)*

Lieber Berndi, was ich von dir weiß, weiß ich aus den Zeitungen. Ich habe nicht einmal deine Telefonnummer. Willst du nur deine Ruhe haben? Hat dich der Trubel so verändert? Ich habe mit dir gezittert und gebangt, ich habe mit dir gejubelt und um dich geweint. Herzliche Grüße und alles Gute, deine Mutti. *(Gisela Schuster in einem offenen Brief in der Illustrierten »Bunte«)*

Bernd Schuster ist kein Schwalbenkönig. Aber er ist in einem Alter, wo er leicht hinfällt. *(Oliver Kreuzer)*

Der Trainer Schuster zählt bis zehn, der Spieler hat immer nur bis zwei gezählt.

Ich glaube, dass Bernd Schuster der ruhigste Trainer der Vereinsgeschichte war. *(Hannes Linßen)*

Eine Meisterschaft ist wie eine Geburt. Sie dauert neun Monate – am Ende wird sie immer schmerzhafter.

Keiner muss so super spielen wie ich früher.

Bernd Schuster ist die Liz Taylor des deutschen Fußballs. *(Sportjournalist Helmut Schümann)*

Bernd Schuster wird noch als 50-Jähriger bessere Pässe spielen als andere, die 20 Jahre ins Trainingslager gehen. *(Reiner Calmund)*

Sportlich Franz Beckenbauer, persönlich meine Frau Gaby. *(auf die Frage nach seinem größten Vorbild)*

## Dirk **Schuster**

Frage: Welche taktische Zuordnung hat Ihr Trainer vor dem Spiel für die Abwehr vorgenommen? Antwort: Blau gegen weiß.

Wir können nicht mit der Pistole durchs Land fahren und sagen: Du musst jetzt unbedingt für Darmstadt 98 spielen.

Frage: Was hat Sie in der letzten Saison am meisten berührt? Antwort Schuster: Meine Frau!

In der ersten Halbzeit hätten wir die Bayern-Hälfte auch als Parkplatz vermieten können.

## Gaby **Schuster**

*(Frau von Nationalspieler Bernd Schuster)*

Wir beraten und fällen Entscheidungen zusammen. Sogar die Kinder bekommen wir gemeinsam.

## **Schwäbische** Post

Da wurde geschossen, dass es den Torleuten nur so um die Ohren ballerte – 146 Tote in 30 Partien sprechen für sich und totalen Angriffsfußball.

## Manfred **Schwabl**

Schön, dieser Tag der offenen Tür. Da sehe ich Sachen, die ich sonst nicht sehe: zum Beispiel den Strafraum.

Inzwischen homma fünf Sprochn. Des müss' ma' in den Griff kriegn. Aber auf dem Plotz wird weiter bayrisch gsprochn. Dafür sorg i scho!

Ich habe immer gewusst, dass ich spiele. Ob es der Trainer gewusst hat, weiß ich nicht.

Wenn's lafft, dann lafft's. Wenn net, dann net. Aber bei uns lafft's.

## Robert **Schwan**

Ich kenne nur zwei intelligente Menschen: Schwan am Vormittag und Schwan am Nachmittag.

Franz Beckenbauer und die verleumdete Dame, die sogenannte Mutter, die es gar nicht gibt, werden das beide dementieren. *(Beckenbauers Manager über des Kaisers Weihnachtsfeier-Affäre)*

Ich finde leichter zweitausend Rechtsanwälte für einen Prozess als einen Linksaußen für die Bundesliga.

Früher hast du die Spieler ganz anders anscheißen können.

Da wollte ich einem Spieler das Gehalt um ein Viertel erhöhen, doch er sagte, das kommt gar nicht in die Tüte. Er wollte mindestens ein Fünftel haben. *(Bayerns Manager über Vertragsverhandlungen in den 1960er Jahren)*

## Danny **Schwarz**

*(Spieler vom Karlsruher SC)*

In den entscheidenden Momenten hat uns einfach das Pech gefehlt!

## Klaus **Schwarze**

*(Sportreporter)*

Beide Mannschaften hatten in den vergangenen Wochen ein dentales Problem – ihnen fehlte der nötige Biss.

Die deutsche Mannschaft spielt, wie von Bundestrainer Jupp Derwall angekündigt, mit Karl-Heinz Vorstopper als Förster. *(ARD-Kommentator bei der WM 1982)*

## »Katsche« **Schwarzenbeck**

Erst hob i den kaltg'stellt und dann hot er gfrogt, ob i ned zu seim Verein möchte. *(über ein Spiel gegen den Schotten Dennis Law)*

Schwarzenbeck als Libero – das ist so, als ob Willy Millowitsch versucht, den Hamlet zu spielen. *(»Kölner Stadt-Anzeiger«)*

## **Schweden**

Galt das schwedische Angriffsspiel bis vor kurzem als zu dünn besetzt, so funktionierte es beim ersten EM-Spiel unkomplizierter als die Montage eines Billy-Regals. *(»Frankfurter Allgemeine Zeitung«)*

Dass die gewieften Schweden aus Angst vor den Helden der Serie A auseinanderklappen wie ein Ikea-Regal nach Ablauf der Garantiefrist, ist nicht anzunehmen. *(»Frankfurter Rundschau« vor dem Spiel bei der EM 2004 gegen Italien)*

Die Schweden sind keine Holländer – das hat man ganz genau gesehen. *(Franz Beckenbauer)*

Ihr seid nur ein Möbellieferant. Wir drehen euch die Schrauben aus dem Schrank. *(Fangesang beim WM-Spiel 2006 zwischen Deutschland und Schweden auf die Melodie von »Yellow Submarine«)*

## Pirmin **Schwegler**

Der Lamborghini war vollgetankt, und unser Trabbi war ein bisschen leer. *(nach einem 0:4 gegen Bayern München)*

## Til **Schweiger**

Was ist denn das für eine Scheiße mit dem Abseits? Das müssen wir abschaffen!

## Esther **Schweins**

*(Comedian)*

Deutscher Meister wird Brasilien.

## Bastian **Schweinsteiger**

Der Linienrichter hat mit der Fahne gewedelt, als wenn er einen Stromschlag gekriegt hätte.

Das sind Profis, und da geht es Gott sei Dank nur um Geld. *(Uli Hoeneß über Schweinsteigers Vertragsverlängerung)*

Auf dem Weg dahin habe ich kurz meine Eier verloren. Rechtzeitig zum Anlauf habe ich sie wieder gefunden. *(über einen entscheidenden Elfmeter im CL-Halbfinale bei Real Madrid)*

Die Dreifachbelastung kann er nicht mehr schaffen – er ist ja jetzt verheiratet. *(Uwe Seeler zu Bastian Schweinsteigers Rücktritt aus der Nationalmannschaft)*

Der Name Schweinsteiger wurde aus Rücksicht auf den Islam verbannt – er wird jetzt Nutztierkletterer genannt. *(Karneval im ZDF)*

Shanghai hat 22 Mio. Einwohner, so viele gibt es ja in Europa fast nicht.

Dann bauen wir erst mal einen Damm. *(zur Nachricht, dass das deutsche WM-Quartier 2010 in einem Hochwassergebiet liegt)*

Als wir einmal gegen Argentinien gespielt haben, kam sie einfach rein. Wir müssen aber auch duschen. Dann stehst du da halb nackt neben der Bundeskanzlerin. Das ist schon immer komisch. Sie hat dann noch ein Bier in der Hand und stößt mit dir an. Dann denkst du dir schon: Bin ich hier richtig? *(über sein erhabenes Treffen mit Angela Merkel)*

Dem Schweini wurde zu viel Puderzucker in den Hintern geblasen. Den klopfe ich nun wieder raus. *(Uli Hoeneß)*

Ein Junge, der so heißt wie eine Whiskey-Marke. Swines Tiger. *(Pelé)*

Nur sollte ihm irgendjemand mal diese bekloppten Handschuhe wegnehmen, die er oft im Spiel trägt. Die muss er seiner Sarah geklaut haben. *(Mario Basler findet Schweinsteigers Handwärmer im Winter nicht so richtig klasse)*

Er ist ein sehr nachdenklicher junger Mann geworden, der alle Flausen aus dem Kopf hat: der nicht mehr morgens darüber nachdenkt, mit welcher Frisur er abends in welche Disco geht. *(Uli Hoeneß)*

Wenn man eine neue Freundin hat, klappt auch nicht immer gleich alles perfekt. *(zur Eingewöhnungszeit zwischen der Mannschaft und Trainer Louis van Gaal)*

Wir haben leider kein Tor gemacht, sonst wäre das Spiel auch anders ausgegangen.

Wenn du das sagst, dann machen wir das halt so. *(zu Oliver Kahn, der ihm in der Pause einen Treffer prophezeit hatte)*

Den Pokal hatte ich schon mal in der Hand. Der stand bei uns zum Putzen im Aufenthaltsraum, da haben wir ihn hochgehoben.

Damals kannte mich kein Spieler. Oder gerade so viel, dass mir keiner ein Autogramm geben und mich wieder wegschicken wollte. *(der Nachwuchsspieler von Bayern München über sein erstes Training mit der Profimannschaft)*

## Otto **Schweisfurth**

Ich seziere Dr. Fenne. *(er meinte auf einer JHV von Schalke wohl eher »zitiere«)*

## **Schweiz**

Ich weiß gar nicht, ob wir euch mit nach Hause nehmen sollen. *(ein Swissair-Pilot zur Schweizer Nationalmannschaft nach einer 0:3-Niederlage in Tschechien)*

## **Schwester** Theodolinde

Wir müssen sogar die Gebetszeiten wegen der Fußball-Übertragungen verlegen. *(über die Fußball-Begeisterung beim Münchner Orden der Barmherzigen Schwestern)*

## Hans-Hermann **Schwick**

Immer wenn Schnee fällt, muss ein Favorit dran glauben. Ich habe mir schon überlegt, vor unserem nächsten Heimspiel Schneekanonen aus dem Sauerland aufzustellen. *(Bielefelds Präsident nach einem 2:1 über den Tabellenführer Bayer Leverkusen)*

## Jörn **Schwinkendorf**

Bevor der Elber den Ball reinmacht, mach ich ihn lieber selber rein. *(zu seinem Eigentor beim Spiel Freiburg – Bayern.)*

## Luiz Felipe **Scolari**

Egal, ob wir Deutschland schlagen oder nicht. Ich werde euch für sieben Tage verlassen. Ich muss mit meiner Frau schlafen. *(Trainer von Brasilien zu der Presse vor dem Finale der WM 2002)*

Es ist mehr als ein Radio nötig, damit ich umfalle. *(nachdem er von gegnerischen Fans mit einem Radio beworfen und am Hinterkopf getroffen worden war)*

Wir entschuldigen uns bei der portugiesischen Öffentlichkeit. Das hat sie nicht verdient. *(der brasilianische Nationaltrainer der Portugiesen nach der 1:2-Pleite gegen Griechenland bei der EM 2004)*

Wir haben uns heute verheiratet. Wir haben die Ringe getauscht und ich habe »Ja« gesagt. *(Portugals Nationaltrainer zur Einigung mit Verbandschef Gilberto Madail über die Vertragsverlängerung bis 2006)*

Wir müssen einfach mehr Fouls als der Gegner machen, dann sind wir besser.

Einer wird sterben, einer wird töten. Einer fährt nach Hause, einer darf bleiben. *(Portugals Coach vor dem Spiel gegen Nachbar Spanien bei der EM 2004)*

Wenn die Journalisten aus Brasilien mit mir einzeln sprechen, gibt es Blumen und freundliche Gesichter, aber von hinten hauen sie voll rein. *(über das Verhältnis zu den Medienvertretern seines Landes)*

In meinem Team gibt es einen Spieler, der ist taktisch undiszipliniert. Ich hätte von dieser Sorte gern noch zwei weitere.

## **Scunthorpe** United

Wer braucht schon Mourinho, wir haben unseren Physiotherapeuten. *(Lied der Scunthorpe-Anhänger, nachdem der Physiotherapeut Nigel Adkins Trainer wurde und auf Anhieb erfolgreich war)*

## David **Seaman**

Wenn er der Beste im Lande ist, dann wird er berufen. Egal, ob er 38 oder 48 ist. *(Sven-Göran Eriksson)*

Seaman – der macht ja vogelwilde Dinge da! *(Gerd Rubenbauer)*

So serviert ein Oberkellner das Essen. *(Gerd Rubenbauer über eine missglückte Faustabwehr des englischen Torhüters)*

Den hätten nicht viele gehalten. David Seaman jedenfalls nicht. *(Franz Beckenbauer über eine Glanzparade von Oliver Kahn)*

Ich werde mein erstes Spiel für England nie vergessen. Es war gegen die Türkei. Oder, nee ... gegen Tunesien!

Zu verkaufen, Nationaltorwart-Handschuhe, ein Paar, kaum benutzt. Grund für den Verkauf: unmittelbar bevorstehender Rücktritt. *(Anzeigentext im »Daily Mirror« in Anspielung auf den viel kritisierten Nationaltorhüter)*

## Jesus **Seba**

Jesus ist ein Wiganer! *(Fan-Banner, nachdem Seba aus Saragossa bei Wigan Athletic unterschrieben hatte)*

## Günter **Sebert**

Der Günter spielt bei mir, solange er will. Ich werde mich hüten, ihm den Nagel in die Wand zu hauen, an den er einmal seine Schuhe hängt. Er soll kicken, bis sein Sohn das Kind zur Taufe bringt. *(Waldhofs Trainer Klaus Schlappner über seinen Spieler Günter Sebert. Dessen Sohn war damals 12 Jahre jung)*

## Zoltan **Sebescen**

Uns kann keiner mehr schlagen, außer wir selbst. Und daran arbeiten wir.

## Roman **Sedláček**

*(tschechischer Fußballer)*

Wenn ich 15 Saisontore mache, hat der Trainer mir einen Trabbi mit Katalysator versprochen.

## Robert **Seeger**

*(ORF-Kommentator)*

Nein, tut's uns das nicht auch noch an. *(als beim 0:9-Debakel der Österreicher in Spanien eine Nachspielzeit von vier Minuten angezeigt wird)*

Savic spielte schon bei Rijeka und in Spanien – bei Sporting Lissabon.

Die Bulgaren wärmen bereits einen Spieler auf.

Er hat deutlich nur den Fuß gespielt. *(kommentiert ein Foul im Grazer Lokalderby)*

Das ist ein absolutes Novikum.

Der Ball geht ins Seitenaus – und es gibt Eckball.

Jetzt brauchen die Italiener ein Riesenquäntchen Glück, wenn sie noch aufsteigen wollen. *(nach Bulgariens 1:0-Führung gegen Italien bei der EM 2004)*

Es gibt Elfmeter-Alarm im Strafraum.

56 Prozent Ballbesitz für Ajax, also sechs Prozent mehr als der GAK.

Es wird geschätzt, dass zwei Billionen Menschen dieses Spiel sehen werden.

Für den Trommelwirbel sorgen die Geiger.

Würde mich nicht wundern, wenn er im nächsten Spiel in der Anfangsformation sogar beginnen könnte.

Wenn der Tormann dort steht, wo der Ball hingeht, kann er ihn halten!

Manchmal führt das Schicksal so Regie, dass man es kaum vorhersehen kann.

Der Braten ist noch nicht gegessen. Schon gar nicht gekocht.

## Gerhard **Seehase**

*(Journalist und Altherrenfußballer)*

Wir spielen halbhoch, weil wir den Ball unterhalb der Gürtellinie nicht mehr sehen.

## Uwe **Seeler**

Der beste Fußballer in der ganzen Familie war im Grunde meine Schwester Purzel.

Der Uwe ist ein Schatz. Ich weiß nicht, ob es einen perfekten Menschen gibt. Den Papst vielleicht. Aber dann kommt gleich Uwe Seeler. *(Franz Beckenbauer)*

Die höchste Position in unserem Leben ist immer Gott. Dicker, für die Stadt Hamburg bist du ein Gott. *(Franz Beckenbauer fände Seeler als HSV-Präsidenten klasse)*

Ich tippe schon lange nicht mehr. Ich habe immer verkehrt getippt. Immer auf Sieg des HSV.

Das Angebot von Inter Mailand war so gut, dass meine Mannschaftskameraden gesagt haben: »Das musst du annehmen. Wir bringen dich mit Blumen zum Flughafen.«

Ich absolvierte kürzlich einmal ein Prominentenspiel in Hannover, da waren von 4.000 wohl 3.000 nur gekommen, um Uwe zu erleben. Zunächst dachte ich: Der mit seinem Bäuchlein geht doch gar nicht mehr. *(Dieter Schatzschneider über die HSV-Legende)*

Wenn sich der Gegner hinten etwas entblößt, ist es einfacher für unsere schnellen Jungs.

Keine Angst, im Himmel wird auch Fußball gespielt.

Tennis kann man länger spielen als Fußball. Diese Sportart hat den Vorzug, dass hinter einem niemand steht, der einen foult.

Also, ein normales Foul ist für mich nicht unfair.

Bierhoff, Jancker, das ist natürlich für 'ne Brechstange ... Kopfball ... ich meine, sie haben's oft bewiesen.

Mein Motto war immer: Wer sein Glück nicht richtig genießt, der kriegt garantiert Verdauungsschwierigkeiten.

Die Werte hab ich von meinen Eltern mitbekommen. Besonders von meinem Vater und meiner Mutter.

Das ist keine leichte Frage! Da müssen Sie meine Frau fragen – das ist allein Sache des Bundestrainers! *(auf die Frage, welche Taktik er Helmut Schön für die 2. Halbzeit des WM-Finales gegen die Niederlande empfehlen würde)*

Ein Mittelstürmer verbringt die meiste Zeit seines Lebens im Strafraum.

Das Geheimnis des Fußballs ist ja der Ball.

Es ist dieses Ich, Ich, Mehr, Mehr, es ist diese verdammte Gier, die alles kaputt macht. *(zum Manipulationsskandal im deutschen Fußball)*

Erst wenn der Schiedsrichter abpfeift, ist das Spiel zu Ende oder gewonnen!

## Haris **Seferovic**

Der rechte Fuß ist nur dafür da, um in den Bus einzusteigen.

## Oliver **Seidler**

Das ist schon wirklich weit entfernt von feine Sahne Fußballfest.

## Christian **Seifert**

Der große Unterschied zwischen der Sportschau und der Mopsfledermaus ist, die Sportschau steht nicht unter Naturschutz.

## **SEITENWAHL.de**

Christian Fuchs ist der lebende Beweis. Egal wohin man wechselt – wirklich überall ist es wahrscheinlicher, Meister zu werden, als mit Schalke. *(zur Überraschungsmeisterschaft von Leicester City)*

## Jochen **Seitz**

Wir geben Vollgas, egal ob Weißwürste kommen. Ich hoffe, es werden einige kommen, denn wir haben großen Hunger. *(zur Bayern-Prämie für einen Sieg der Unterhachinger gegen Leverkusen)*

Uns hat heute die sogenannte Torgeilheit gefehlt.

## Davie **Selke**

Ich weiß, was ich hier habe. Das war eine Herzensangelegenheit. Ich habe Werder noch viel zurückzugeben. *(zur Vertragsverlängerung bei Werder Bremen im September 2014, bevor im April 2015 sein Wechsel zum Zweitligisten RB Leipzig bekannt wurde)*

## Philipp **Selldorf**

*(»Süddeutsche Zeitung«)*

Der tollste Titelkampf seit Ben Hurs Wagenrennen! *(zur Situation in der Bundesliga vor dem 33. Spieltag)*

## Niko **Semlitsch**

An der Sporthochschule haben wir so manches Bier, so manche Zigarette und manchmal auch eine Freundin geteilt. *(Peter Neururer)*

## Marcos **Senna**

Ich spiele Playstation, schaue Filme an und telefoniere mit meinen Frauen ... äh ... mit meiner Frau natürlich. Dann noch mit meiner Mutter und meinen Schwestern. Das hab ich damit gemeint.

## Karl **Senne**

*(Moderator)*

Auf die Frage, wer deutscher Fußballmeister wird, hat mir Karl-Heinz Rummenigge vor einiger Zeit geantwortet: Kaiserslautern nicht! Das wäre so, als wenn Michael Stich Wimbledon gewinnen würde. *(beide siegten 1991)*

## **Serbien**

Der Serbe an sich ist leichtsinnig im Umgang mit Chancen. *(Lothar Matthäus)*

## Paulo **Sergio**

Ich war noch mit den Haarspitzen dran. Ich wollte vor dem Spiel noch zum Frisör gehen, aber das hat zum Glück nicht geklappt. *(zu einem Tor, bei dem er einen Freistoß noch leicht berührte)*

Der Ball muss gut behandelt werden, sonst behandelt er dich schlecht.

Als ich zuletzt Sergio in Eurosport gesehen habe, dachte ich mir auch nur: Das kann er nicht sein, da muss sich einer maskiert haben. *(Reiner Calmund)*

Ein deutscher Spieler hätte wahrscheinlich einen Hüftschaden. *(Matthias Sammer über eine akrobatische Glanzleistung)*

Den Paulo Sergio haben wir für die wichtigen Tore gekauft. Das gibt er uns jetzt zurück. Er ist ja kein Sozialarbeiter bei uns. *(Uli Hoeneß nach Sergios Treffer kurz vor Schluss zum 1:1 gegen Manchester United)*

## Quique **Setién**

Gestern war ich noch bei den Kühen in meinem Dorf spazieren, heute trainiere ich die besten Spieler der Welt. *(bei seiner Vorstellung als Trainer des FC Barcelona)*

## Ciriaco **Sforza**

Als wir uns für die WM qualifiziert haben, ging ein Ruck durch meine ganze Person.

Ich wünsch mir, dass das Publikum hinter der Mannschaft steht, und zwar von der 1. Sekunde bis zur 90.

Ich glaube, wir haben zwei unkonzentrierte Fehler gemacht.

Der Ciri ist ein ruhiger Pol. *(Andreas Brehme)*

*Der Vorstandsvorsitzende Kaiserslauterns, René C. Jäggi, über die Leistung seines Schweizer Landsmanns Ciriaco Sforza:* Heute bin ich zum ersten Mal stolz, dass wir den gleichen Pass haben. *(Sforza darauf: »Ich habe zwei Pässe, er nicht«)*

Ciriaco Sforza ist am Ende, aber am Anfang war er heute auch noch nicht. *(Marcel Reif)*

## Bill **Shankly**

Natürlich habe ich meiner Frau nicht als Hochzeitstagsgeschenk das Spiel in Rochdale geschenkt. Es war ihr Geburtstag. Meinen Sie, ich habe während der Fußballsaison geheiratet? Und außerdem war es nicht Rochdale, sondern nur die Reserve von Rochdale.

Das Problem mit Schiedsrichtern ist, dass sie zwar die Regeln kennen, aber nicht das Spiel.

Es gibt nur zwei gute Mannschaften in England: unsere erste Mannschaft und unsere Reserve! *(als Trainer von Liverpool)*

Fußball ist nicht das Wichtigste auf der Welt. Es ist das Einzige.

Manche Leute sagen, beim Fußball gehe es um Leben und Tod. Ich mag diese Einstellung nicht. Ich kann Ihnen versichern, dass es viel ernster ist.

Der FC Liverpool wurde für mich geschaffen und ich wurde für den FC Liverpool geschaffen.

Als Letztes geht Bill abends immer noch mit dem Hund über die Trainingsplätze von Everton Gassi. Das arme Tier darf nicht zurückkommen, bis es sein Geschäft gemacht hat. (Ehefrau Nessie Shankly)

Ich war der beste Trainer von allen und hätte noch mehr Erfolge verdient. Ich habe nichts Unaufrichtiges gemacht. Ich würde mit Zähnen und Klauen kämpfen und ihr sogar das Bein brechen, wenn ich gegen meine Frau spielen würde, aber ich würde sie nicht betrügen.

Wenn du Erster bist, dann bist du Erster. Wenn du Zweiter bist, dann bist du nichts.

Wenn man für Schottland spielt, schaut man auf sein dunkelblaues Shirt und der kleine Löwe guckt dich an und sagt: »Geh raus und jag die englischen Bastarde.«

Wenn du drei Schotten in deiner Mannschaft hast, kannst du was gewinnen. Wenn es mehr sind, gibt es garantiert Ärger.

## Xherdan **Shaqiri**

Was rundherum beim FC Bayern läuft, ist schon etwas Gewalttätiges.

Ich hoffe, dass Puma keine Pariser macht. *(nachdem zahlreiche der Schweizer Trikots zerrissen waren)*

## Alan **Shearer**

Ich möchte den Verein nie verlassen. Ich möchte bis zu meinem Lebensende hier bleiben und am liebsten noch darüber hinaus.

Sie sind noch alle da, ich habe nachgezählt. *(der Newcastle-Stürmer nach einem Tritt Robert Huths in den Unterleib)*

Das Einzige, was sie mir vorwerfen können, ist, dass ich immer mein Bestes getan habe.

## **Sheffield** United

Orte wie dieser sind die Seele des englischen Fußballs. Es ist einfach großartig, wenn die Massen »Fuck off, Mourinho« singen. *(José Mourinho)*

## Peter **Shilton**

Was soll ich über Peter Shilton sagen! Peter Shilton ist Peter Shilton, und er war immer schon Peter Shilton. *(Bobby Robson)*

Ich denke, diesmal gewinnt Brasilien. *(auf die Frage eines Kommentators: Spanien gegen Dänemark. Was tippen Sie?)*

Man muss daran glauben, dass man gewinnt. Ich habe daran geglaubt, dass wir Weltmeister werden, bis zum Schlusspfiff, als wir ausgeschieden waren.

## **Shoot**

*(englische Zeitschrift)*

Was ist der Unterschied zwischen einem Taxifahrer und Nottinghams Torwart Mark Crossley? Der Taxifahrer lässt höchstens vier auf einmal rein.

## Bastian **Sick**

*(Autor & Journalist)*

Fußball hat uns viel zu geben: Er hinterlässt zertretenen Rasen, Berge von leeren Bierdosen und vollgekotzte Zugabteile.

## Wolfgang **Sidka**

Wir wohnen in 5-Sterne-Hotels und die Mannschaft läuft durch die Hotelhalle wie ein Kegelklub am Ballermann 6. *(auf die Frage, warum er seiner Mannschaft eine Anzugspflicht verordnete)*

Franz Böhmert hat versucht, Wolfgang Sidka den Abgang so schön wie möglich zu machen. *(Felix Magath)*

## Günter **Siebert**

Erst hatten wir James Bond, jetzt kommt Professor Brinkmann. *(über den Präsidenten Günter Eichberg und seinen Vorgänger Michael Zylka)*

Wir brauchen auf Schalke nur einen Flutlichtmasten einzuweihen – schon kommen 3.000 Leute.

Zwei Piccolo, und ich rede jeden in Grund und Boden.

Die Leute sagen: Wenn ich ins Gefängnis muss, ist der Gefängnisdirektor noch am gleichen Tag Schalke-Mitglied.

Es ist ein Verein wie ein Gemälde, das von Generation zu Generation im Wohnzimmer weitergereicht wird. *(über »sein« Schalke)*

Was willst du von denen denn noch verlangen? Mit dem Kettchen am Hals und dem Clip am Ohr kommen die nicht mal mehr zum Kopfball hoch.

Da sieht man einmal, wie jung unsere Mannschaft ist. Wir haben noch Spieler, die kriegen Krankheiten, die normalerweise nur kleine Kinder bekommen. *(als sich Verteidiger Hartmut Huhse Windpocken eingefangen hat)*

Wenn früher zu einem Spiel das Fernsehen kam, sind wir alle zum Friseur gegangen.

Schalke-Präsident Günter Siebert fragt in die Runde: Wo wohnt Günter Siebert? Antwort der Fans: Im Herzen aller Schalker!

## Urs **Siegenthaler**

Die Partien werden vor dem Spiel entschieden. *(über Scouting)*

## Markus **Siegler**

Das ist ein bisschen viel. *(der FIFA-Mediendirektor zu den drei gelben Karten, die der englische Schiedsrichter Graham Poll dem Kroaten Josip Simunic zeigte)*

## John **Sillett**

*(englischer Trainer)*

Es gibt Spiele, die enden 0:0 oder 0:0. Dies war ein 0:0.

## Jan **Simak**

Wenn Jan wirklich denkt, er kann seine Karriere trotz bestehender Verträge einfach so beenden und in Prag ein Bistro eröffnen, dann stellt sich wirklich die Frage, ob er noch in dieser Welt lebt. *(Ralf Rangnick über die angebliche Aussage des verschollenen Spielers)*

Erst war es der Trainer, dann war es das Geld, dann war es die sportliche Perspektive, dann war es die öde und hässliche Stadt und nächste Woche sind es wahrscheinlich die Frauen, die besser poppen können. *(Ralf Rangnick über Simaks immer neue Gründe für einen Vereinswechsel)*

Da sollte er sehr vorsichtig sein. Mit Fußball kann man mehr Geld verdienen als mit Gläserwaschen und mit Tischeabputzen. *(Reiner Calmund zu den Plänen von Jan Simak, ein Bistro in Prag zu eröffnen)*

## Heinz **Simmet**

Ich kenn den doch. Der steht zu Haus unterm Pantoffel und muss sich abreagieren. *(Josef Kapellmann)*

Wenn du nicht brav bist, dann hole ich den Simmet! *(Wolfgang Overath drohte seinem Sohn Marco mit seinem eigenen Putzer und Wasserträger Heinz Simmet)*

## Steffen **Simon**

Hier werden Spatzen zu Moorhühnern. *(bei der 1:9-Niederlage der Ulmer »Spatzen« gegen Bayer Leverkusen)*

Spanien unverändert in die zweiten 40 Minuten startend. 45 Minuten Zittern für Portugal.

Für die Schalker hat sich die Fahrt gelohnt. Auswärtssieg und sie haben mal eine richtig schöne Stadt zu sehen gekriegt. *(nach Schalkes 1:0 im UEFA-Cup bei Hearts of Midlothian)*

Sie haben unsere Telefon-Hotline gesehen. Wenn Sie einen Franzosen sehen, der sich bewegt, rufen Sie mich an! *(kommentiert Frankreich-Griechenland bei der EM 2004)*

Brügge ist ein wunderschönes, aber sehr, sehr kleines Städtchen mit 120.000 Einwohnern.

Werkzeugtasche auf, Vorschlaghammer raus und mitten rein, da wo es Spaß macht. *(zum Tor von Marcelinho im Liga-Cup gegen Bayern)*

## Jan **Šimůnek**

Kaum hatte ich beim VfL unterschrieben, da habe ich den größten Karpfen meiner Angler-Karriere gefangen. 86 Zentimeter lang und 10,7 Kilogramm schwer – wenn das kein gutes Omen ist. *(Neuzugang des VfL Bochum)*

## Josip **Simunić**

Alle Österreicher gemeinsam haben technisch nicht so viel drauf wie ich.

## Moshe **Sinai**

Für englischen Fußball. *(der ehemalige israelische Nationalspieler und heutige Trainer auf die Frage, für was er sich – außer Fußball – noch interessiere)*

## Trevor **Sinclair**

*(englischer Nationalspieler)*

Das war eine professionelle, fast eine deutsche Vorstellung. *(über den Auftritt seines Teams beim 0:0 gegen Nigeria)*

## Lothar **Sippel**

Ich wurde geboren, um Tore zu schießen.

## Peter **Sippel**

*(Schiedsrichter)*

Kommt raus! Oder habt ihr schon die Hosen voll? *(zu den Spielern von Kaiserslautern, als diese etwas verspätet aus den Kabinen auf Schalke kamen)*

## Ervin **Skela**

Wir hatten uns fest vorgenommen, kein Tor zu schießen. *(Lauterns Mittelfeldspieler nach einem 0:0 in Bielefeld)*

## Michael **Skibbe**

Ich bin nicht ratlos. Ich bitte zu entschuldigen, wenn ich so wirken sollte.

Wir werden uns bemühen, zur Weltmeisterschaft zu wollen.

Ich bin immer offen für Kritik, nur sie muss konstruktivistisch sein.

Skibbe zieht auf dem Podium die ganze Zeit die Stirn so kraus, dass dort mindestens drei Viererketten aus der Haut wachsen. *(Handelsblatt)*

## Zlatko **Škorić**

Ein Fußballspieler sollte nicht vergessen, dass er auch einen Kopf besitzt, zum Denken. *(meinte der Stuttgarter Torwart und notierte sich alle Eigenarten der Bundesligaschützen in einem Notizbuch)*

## Viktor **Skripnik**

Solche Kopfschmerzen würde ich auch gerne haben. *(zur Diskussion, ob Schweinsteiger und Xabi Alonso bei den Bayern zusammenpassen würden)*

Wenn du spielst halbe Herz, du kriegst sofort voll Sack.

## **Sky**-Kommentator

Ich hoffe, dass die Pfeife jetzt nicht zu sehr nach Gras schmeckt. *(nachdem dem Schiedrichter die Pfeife auf den Rasen gefallen war)*

## Vera **Slepoj**

*(italienische Psychologin)*

Fußballer leben wie Hühner in einer Legebatterie.

## Mirko **Slomka**

Wenn Sie zu Hause einen Nagel in die Wand schlagen, voller Überzeugung, und stellen dann fest, das Bild passt nicht. Dann können Sie den Nagel rausziehen, aber das Loch bleibt.

Ich möchte mich entschuldigen, dass die Pressekonferenz so spät anfängt. Aber da seine Spieler kein Wort mehr sprechen, quatscht jetzt der Slomka ohne Ende. *(Nürnbergs Trainer Hans Meyer nach einem 0:0 gegen Schalke 04, das sich im Presseboykott befand)*

Dortmund – das ginge zum jetzigen Zeitpunkt emotional nicht. Mit meinem dreijährigen Sohn Luk muss ich immer noch fast jeden Tag »Blau und Weiß, wie lieb ich dich« singen. Was soll ich dem denn sagen: Gelb und schwarz, wie lieb ich dich?

## **Slowenien**

Da spielt man am Samstagnachmittag gegen einen, der vormittags noch beim Bärenjagen war. *(Sebastijan Cimirotic, slowenischer Nationalspieler, über seine Heimatliga)*

## Alan **Smith**

Ich wusste, dass ich ein Problem habe, als ich nach unten schaute und das Bein in die eine Richtung zeigte, während der Knöchel nach Hongkong schaute. *(über seinen Beinbruch beim Spiel Manchester United gegen Liverpool)*

## Jim **Smith**

Bei Derby konnte Stefano Eranio den Ball mit seinem großen Zeh stoppen. In der Halbzeit sagte er eines Tages zu unserem großen, wenig filigranen Mittelfeldspieler Spencer Prior: »Warum haust du den Ball immer auf die Tribüne? Nicht ein einziger Spieler steht auf der Tribüne!«

Dass Gullit geht, ist nicht wirklich schlimm. Aber dass Vialli übernimmt, das ist schlimm. Sie scheinen wohl auf Kontinuität setzen zu wollen, da fast alle Chelsea-Spieler auch nur gebrochen Englisch sprechen.

## Tommy **Smith**

Die Menschen fragen, wie hart Tommy Smith damals war, als er für Liverpool spielte. Nun, das Einzige, was ich sagen kann, ist, dass er am 5. April 1945 geboren wurde und nur wenige Wochen später Deutschland kapitulierte.

Ich schreibe auch über die Everton-Spiele. Aber wenn Krieg wäre, wüsste ich, auf welcher Seite ich stünde. *(Ex-Liverpool Spieler über seine Arbeit)*

## Walter **Smith**

Ich habe Walter nicht gekannt. Aber ich wusste, dass er Schotte sein muss, als ich gesehen habe, wie er große Kästen mit Lager-Bier aus dem Discount-Supermarkt geschleppt hat. *(Paul Gascoigne über seinen ersten Eindruck von seinem zukünftigen Trainer bei den Rangers)*

Er ist der Kapitän der Rangers und das ist einer der Gründe, warum er Kapitän ist.

Er versucht immer, eine gute Beziehung zu dir als Trainer aufzubauen. Und wenn du gehen musstest, dann schmiss er dich fast schon freundschaftlich raus. *(über Sir David Murray, den Präsidenten der Glasgow Rangers)*

## Ebi **Smolarek**

Wetten tun in Deutschland nur die Schiedsrichter. *(Polens Nationalstürmer auf die Frage, ob er mit seinen Dortmunder Teamkollegen auf einen Sieg gegen Deutschland gewettet habe)*

Da gibt es ja auch noch den Künstler Smolarek. An guten Tagen kann der Pole einen Eckball treten und ihn danach höchstpersönlich gleich ins Tor köpfen. Wehe aber, es läuft nicht! Smolarek ist ein Sensibelchen. Wenn ihm morgens beim Frühstück ein weichgekochtes Ei auf den Fuß fällt, rennt er zum Arzt und redet von Mittelfußbruch. *(Max Merkel)*

## Wesley **Sneijder**

Bei Real Madrid haben sie, wenn du verspannt oder müde warst, oft gesagt: Komm, trink dir erst einmal ein schönes Glas Rotwein.

## Bernd **Sobeck**

Buchstabier mal Acapulco! *(der Berliner zu Gegenspielern, die er verwirren wollte)*

## Jürgen **Sobieray**

Das war überhaupt der Beste, den wir hatten. Der hat nur 50 Prozent aus dem gemacht, was der konnte. Der hatte leider nicht den Drive, der kloppte lieber Skat! *(Hannes Bongartz)*

## Ståle **Solbakken**

Dieses Spiel war nicht gut für einen Trainer mit Herzschrittmacher. *(nach einem turbulenten 4:3 beim HSV)*

Ja, um 10, 12, 15 und 17 Uhr. *(nach einer 1:5-Niederlage des 1. FC Köln auf die Frage, ob er am Sonntag trainieren lassen wolle)*

Er hat mich an Frank Rost erinnert – ohne Haare. *(Christian Eichner über seinen Trainer)*

Oh, das ist meine Frau. Die will fragen, ob ich morgen noch eine Arbeit habe. *(als sein Handy während der PK klingelt)*

## Zvonimir **Soldo**

Als Trainer muss dein Koffer immer gepackt sein.

Ein verdient glücklicher Sieg.

## Ole Gunnar **Solskjær**

United-Fans sind zu mir gekommen und haben mir gesagt: »Vielen Dank für die beste Nacht meines Lebens!« Meistens haben sie dann auch noch hinzugefügt: »Aber bitte sagen Sie das nicht meiner Frau!« *(nach seinem Siegtor im Champions-League-Finale 1999)*

## Georg **Solti**

*(Dirigent)*

Es kann passieren, dass er schneller dirigiert, wenn ein wichtiges Fußballmatch kommt. *(Lady Valerie Solti über ihren Mann)*

## Rigobert **Song**

Ein Song, wir haben nur einen Song. *(Lied von den Liverpool-Fans, als Rigobert Song in Liverpool gespielt hat)*

Herr Merk, wir haben einen Mörder verpflichtet. Da müssen Sie etwas Fingerspitzengefühl zeigen. *(Marco Reich zum Schiedsrichter über seinen neu verpflichteten Mitspieler aus Kamerun, der wegen seines bösen Blicks gefürchtet war)*

## Jomo **Sono**

*(Nationaltrainer Südafrikas)*

Sie wären auf der Stelle gestorben. *(über seine Spieler, denen er wenige Minuten vor dem Spielende verschwiegen hatte, dass sie noch ein Tor brauchen, um ins Achtelfinale zu gelangen)*

Ich bin sicher, dass die Spieler gerade dann heiß werden würden, wenn es nicht erlaubt wäre. *(zum Grund, warum ein Sexverbot für seine Spieler während der Fußball-WM keinen Sinn machen würde)*

## Graeme **Souness**

*(schottischer Spieler und Trainer)*

Le Tissier war ein genialer Stürmer, aber er hat nie bei einem großen Klub gespielt. Wenn er das getan hätte, würden wir heute über ihn sagen, dass er ein genialer Stürmer war.

Jeder, der bei mir spielt, sollte ein schlechter Verlierer sein.

Ich war so aufgeregt, dass ich mir überhaupt nicht mehr sicher war, ob meine Pillen überhaupt noch richtig funktionieren. *(bei einem spannenden Spiel nach seiner Herz-OP)*

Ich besitze zwar eine Kiste mit Medaillen und Trophäen, aber nirgendwo Freunde. Nicht auf den Zuschauerrängen und nicht in unserem Umkleideraum.

Müsste ich den härtesten und rücksichtslosesten Spieler nennen, dem ich in 15 Jahren auf den Fußballplätzen begegnet bin, brauchte ich keine Sekunde lang zu zögern; es wäre Graeme Souness. *(Frank Worthington)*

## Neville **Southall**

*(walisischer Torhüter vom FC Everton)*

Wenn du nicht glaubst, dass du gewinnen kannst, gibt es am Ende des Tages keinen Grund, das Bett verlassen zu haben.

## Gareth **Southgate**

Warum hast du den Ball nicht einfach draufgehauen? *(Barbara Southgate zu ihrem Sohn nach seinem Elfmeter-Fehlschuss, wodurch England bei der Euro '96 rausflog)*

## Çağlar **Söyüncü**

Er ist verdammt aggressiv. Wenn er dir morgens die Hand gibt, hört man, wie deine Knöchel knacken. Dann lässt er dich nicht los, weil es ihm Spaß macht, anderen Menschen wehzutun. *(Ben Chilwell)*

## Nigel **Spackman**

Ich habe ein Diplom in BWL, aber das wird mir nicht mehr helfen. Ich habe seit dem Abschluss viel zu viele Kopfbälle gemacht. *(als er Manager von Sheffield United wurde)*

## **Spanien**

Ein spanischer Journalist erzählte mir, dass die Bräuche in Spanien sehr hart sind. Ich müsste wahrscheinlich meine langen Haare stutzen lassen und ständig eine Krawatte tragen, sagte er. Aber das kommt überhaupt nicht infrage. Mit der Krawatte bin ich ja noch einverstanden, aber zum Friseur kriegt mich dort niemand. Da werde ich ganz konsequent sein! *(Günter Netzer, als er 1973 zu Real Madrid wechselte)*

Wenn sie begriffen haben, dass zum Fußball auch Arbeit gehört, ist es zu spät. Dann werden sie Trainer. *(Trainer Luis Arragones über spanische Fußballer)*

## Martin **Spanring**

*(Spieler vom SC Freiburg)*

Ohne meinen Kopf würde ich in der Verbandsliga spielen.

## Volker **Sparmann**

*(Aufsichtsratschef von Eintracht Frankfurt)*

Das ist so, als ob man ständig mit sechs Bällen jonglieren muss. Und dauernd werden die Bälle heißer. *(zu den Lizenzproblemen)*

Eintracht Frankfurt war lange genug wie ein Durchlauferhitzer. Erst ein riesiges Feuerwerk und dann ist der Ofen aus … *(zu ebendiesem Thema)*

## Jürgen **Sparwasser**

Wenn man auf meinen Grabstein eines Tages nur »Hamburg '74« schreibt, weiß jeder, wer da drunter liegt.

Die haben jetzt zwar Bananen, können nach Spanien fahren, haben die Reisefreiheit. Aber sie haben im jugendlichen Alter kein Durchsetzungsvermögen. *(über die Mentalität der ostdeutschen Fußballspieler)*

Als Sparwasser das 1:0 erzielte, konnte man glauben, Kain habe Abel erschlagen. *(»Daily Mail«, 1974)*

## Gary **Speed**

*(Mittelfeldspieler von Bolton)*

Schiedsrichter sind wie Ehefrauen. Sobald du akzeptierst, dass sie immer recht haben, ist dein Leben viel besser.

## Giovanni **Speranza**

*(Spieler von Eintracht Frankfurt)*

Ach Quatsch, eher schon wegen den Zähnen … *(auf die Frage, ob Ronaldo wegen seiner Haare sein Vorbild sei)*

## Christian **Spiller**

*(Journalist)*

Wenn das Abbrennen von etwa einem Dutzend pyrotechnischer Erzeugnisse schon »Ausschreitungen« sind, was ist dann eigentlich Silvester? Armageddon?

Luka Modrić wurde also wegen Steuerhinterziehung verurteilt. Das war der letzte nötige Schritt, um endlich auch Weltfußballer zu werden.

## Harald **Spörl**

*(Spieler vom Hamburger SV)*

Das war ein typisches 0:0-Spiel. *(nach einer 1:2-Niederlage)*

Es wäre optimal gewesen, wenn er reingegangen wäre. So ging's völlig in die Hose.

## **Sport1**

Litauen ist neben Estland und Lettland die größte der drei Baltenrepubliken.

Die Abwehr von Wolfsburg hat etwas von Swinger-Klubs. Man weiß nie, welches Pärchen randarf!

Was für ein Brett! Offenbachs Yildirim zieht aus 30 Metern ab, Schober reißt die Fäuste hoch und wehrt das Geschiss ab. *(im Liveticker zum Spiel Offenbach gegen Rostock)*

Zuvor jedoch mussten die BVB-Fans zittern, als Köln den Angriffsdruck erhöhte und Anthony Lurling wenige Sekunden vor seiner Einwechslung *(72.)* nur den Innenpfosten traf.

## **Sport-Informations-Dienst**

Irgendwo lauert immer ein Roggensack. *(1995 zu Trainerentlassungen in der Bundesliga)*

## **Sportkurier**

Horst Sattler und Norbert Wodarzik, die beiden bekannten Stürmer des SSV Reutlingen, haben sich dieser Tage verlobt.

## **Sports**

Eher tritt der Papst aus der Kirche aus, als dass ein Münchener vom überzeugten »Bayer« zum »Sechziger« wird.

## **Spox**

Wenn du eine Szene mit Mkhitaryan, Koscielny und Szczesny beschreiben musst, da kannst du auch in die Tastatur beißen.

## Roger **Spry**

Die letzten Prozent musst du dir nicht nur auf dem Platz, sondern auch im Schlafzimmer oder im Bad oder sonstwo holen. *(Fitnesscoach der österreichischen Nationalmannschaft)*

## Matthias **Stach**

*(Kommentator)*

Das war ein furioses Finish hinten raus.

Und der passte ganz genau wie ein 6er-Dübel in eine solide Wand.

Wie wir hören, hören wir nichts, aber immerhin sehen wir's.

## **Stadiondurchsage**

Liebe Fans von Bayern München. Stehen ist unsozial. Bitte setzen Sie sich hin. *(während des Champions-League-Spiels zwischen Chelsea und dem FC Bayern, bei dem die Bayern-Fans während der gesamten 90 Minuten auf ihren Sitzplätzen standen)*

Bitte verlassen Sie das Fußballfeld. *(Lauter)* Bitte entfernen Sie sich von dem Fußballfeld. *(Lauter)* Springen Sie nicht auf den Torwart, Sie Idiot! *(Durchsage im Stadion von Sheffield United, als Fans den Play-off-Sieg über Preston auf dem Spielfeld feierten)*

Hömma Kollege, ich weiß nicht, was mit dir los ist. Der Motor läuft, der Schlüssel steckt. Meld dich mal bei uns! *(Schalkes Stadionsprecher Dirk Oberschulte-Beckmann)*

## Stadionsprecher

Es wird euch einen Scheißdreck interessieren, aber der FC Bayern München ist Deutscher Meister. *(beim TSV 1860 München)*

Die U17 von Arminia hat heute in der Regionalliga gegen Fortuna Düsseldorf trotz eines 0:1-Rückstands mit 4:0 gewonnen. *(in Bielefeld)*

Manuel, du alte Trine. Komm sofort nach Hause, deine Eltern warten. Um 16 Uhr geht euer Flieger in den Urlaub! *(Christian Günther in Bremen)*

Stellt euch vor, wir wären aufgestiegen und Bayern München hätte sich in unseren Kabinen umziehen müssen. *(in Freiburg)*

... und ich bedanke mich bei den 11.500 Paderborner Fußballfans, die heute nicht mit ihren Autos die Hermann-Löns-Straße verstopft haben ... *(in Paderborn nach dem Spiel gegen die Polizeinationalmannschaft, welches nur ca. 50-60 Personen sahen)*

Bitte steigt nicht auf die Flutlichtmasten. Bei diesem feuchten Wetter könnt ihr einen Schlag bekommen, und dann seid ihr lange tot. *(Rot-Weiss Essen)*

## Jiří **Štajner**

Wie immer – leicht behaart am Kopf. *(Hannovers Trainer Dieter Hecking auf die Frage, wie er seinen Profi gesehen hat)*

## Bernd **Stange**

Wir haben heute den Journalistenwunsch nach offensivem Fußball erfüllt und prompt vier Kontertore gefressen.

Ich freue mich auf eine sinnvolle Tätigkeit außerhalb meines Gartens in Jena. Außerdem ist es schön, nicht länger dem Staat auf der Tasche zu liegen. *(zu seinem neuen Job beim zypriotischen Fußball-Erstligisten Apollon Limassol)*

## Saša **Stanišić**

*(Schriftsteller)*

Beim HSV kann ich die Sportschau nicht mal dann entspannt gucken, nachdem sie gewonnen haben. Es könnte immer noch schiefgehen.

## Holger **Stanislawski**

Ich gehe nicht ins Stadion. Ich habe mir das Elend jetzt einmal gegen Holstein Kiel angeguckt. Ich pöbele lieber von zu Hause aus. *(über den FC St. Pauli)*

Der Rasen brannte, als hätte Stani Flammen geweint zum Abschied. *(Gerhard von der Gegengerade beim Abschied von Holger Stanislawski auf St. Pauli)*

Ich will ja nicht kritisieren. Aber der vierte Mann hatte offensichtlich eine Menge Gesprächsbedarf. Dauernd wollte er mit mir diskutieren. Dazu bin ich aber nicht da, dann kann ich mir das Spiel auch im TV angucken.

Wenn du jetzt noch die Farbe meiner Unterhose weißt, dann mache ich mir Gedanken. *(zu einem Journalisten mit Insiderwissen)*

Normalerweise hätte man dafür jeden aus dem Stadion prügeln müssen. *(der Trainer des FC St. Pauli nach einem 1:8 gegen den FC Bayern München)*

Mit unserer Leistung ist es wie mit den Lottozahlen – sie ist immer wieder neu.

Wir brauchen keinen Schweinsteiger. Der ist zu gut. Der würde sich bei uns nur verschlechtern.

Wir haben Gevatter Angst im Rucksack mitgetragen. *(nach einem knappen Sieg mit vielen Chancen für den Gegner)*

Da sind Stücke rausgeflogen, die waren so groß wie Australien. *(der Trainer war überhaupt nicht zufrieden mit dem Rasen in Hoffenheim)*

Wir sind hier nicht bei der rhythmischen Sportgymnastik, wo wir uns nicht berühren. *(zu einer umstrittenen Elfmeter-Entscheidung)*

Jetzt sind wir eine kleine Gang. Die Jungs werden 90 Minuten marschieren, bis sie die Augen nach hinten klappen.

Wir haben eine vernünftige Hinrunde gespielt, sind nicht enttäuscht, laufen aber auch keine Polonaise über die Haupttribüne.

Die Bayern können im nächsten Spiel auf Oliver Kahn verzichten, denn der Pablo Thiam ist doch prima zum Ball gehechtet. *(der St. Paulianer zu einem nicht gepfiffenen Handelfmeter)*

Ein guter Fußballer spielt auch barfuß auf Rollsplitt.

Ich will die beste Elf, nicht die besten elf.

## Eberhard **Stanjek**

Der wusste nicht einmal, wer wir sind. Der sprach immer nur von den Bayern und den Weißen. *(KSC-Trainer Winfried Schäfer über den Kommentator vom Bayerischen Rundfunk)*

## Gustl **Starek**

Wenn ich wieder spiele, dann nur mit Hosenträgern. *(nachdem er zweimal vom Platz gestellt worden war, weil er sich vor den Linienrichtern die Hose heruntergezogen hatte)*

## Marco **Stark**

*(Spieler von Wacker Burghausen)*

Uns hat heute leider das Pech gefehlt. *(nach einem 0:1 in Köln)*

## Wolfgang **Stark**

Du Arschloch! Wolfgang Stark, fahr nach Hause, Mensch! Nicht zu glauben, was sich dieser Mann zusammenpfeifen darf. Dieser Korinthenkacker vor dem Herrn! Jetzt hat er aber alles gegeben, dass wir hier nicht gewinnen. Geh nach Hause nach Bayern und verschone uns mit deinen blöden Pfiffen. *(Boris Rupert im BVB-Netradio bei einem Unentschieden in Leverkusen)*

Da kriegt einer Husten im Schwarzwald und der pfeift für Kaiserslautern. *(Eduard Geyer zur Leistung des Schiedsrichters)*

Ein Schiri, der Stark heißt, sollte auch mal so handeln. *(Andreas Neuendorf)*

## Aleksandrs **Starkovs**

*(Nationaltrainer Lettlands)*

Das ist ein historischer Sieg – ich meine natürlich Unentschieden ... *(nach dem 0:0 gegen Deutschland bei der EM 2004)*

## Erwin **Staudt**

*(Präsident des VfB Stuttgart)*

Jetzt holen wir halt aus den letzten zwei Spielen noch sieben Punkte.

Ich danke jeden Abend in meinem Nachtgebet, dass Matthias Sammer bei uns auf der Bank sitzt und nicht Jürgen Kohler.

## Erich **Steer**

Spieler, die im Porsche vorfahren, nehmen wir nicht. *(der Manager nach dem Bundesligaaufstieg des SSV Ulm)*

## Renato **Steffen**

Das kann schon einen Schub geben. Aber ich kann ja jetzt nicht jede Woche ein Kind bekommen. Ich muss probieren, das irgendwie anders zu kompensieren. *(über sein erstes Bundesliga-Tor kurz nach der Geburt seines ersten Kindes)*

## Uli **Stein**

Man schlägt sich so durch. *(über die viele Freizeit nach der Karriere)*

Beim Uli Stein waren in Mexikos Höhenluft wohl nicht alle Gehirnzellen eingeschaltet. *(Frank Beckenbauer über Stein, der ihn damals »Suppenkasper« nannte)*

Er hält alles, nur nicht seine Schnauze. *(»Frankfurter Rundschau«)*

Es entwickeln sich aus den Duellen richtige Zweikämpfe!

Ich bin Einzelkämpfer, nach mir ist nichts mehr. Ich bin der Letzte, bin verantwortlich, mir kann keiner helfen.

Das finde ich an den Journalisten so heimtückisch: Die sagen sich, wenn man zum Interview schon keinen Dummen findet, einen Dümmeren findet man allemal.

Stimmt es, dass sie dich als Tormann angekauft haben? Na, dann lass uns mal auf dem Nebenplatz trainieren. Es muss ja nicht sein, dass du dich vor versammelter Mannschaft blamierst. *(Bielefelds Trainer Kalli Feldkamp zu Torwartneuling Stein)*

Lieber mal die Klappe aufreißen als mit einer Scheuklappe durchs Leben gehen.

Ich gebe nicht gern Exklusiv-Interviews. Ich habe da immer das Gefühl, ich störe.

Eigentlich ist es nur die Angst des Tormanns vor dem Elfmeterpfiff.

## Peer **Steinbrück**

VfL? Bedeutet das nicht »Verein für Ligawechsel«? *(so machte sich der Politiker bei einem Auftritt in Bochum selbstverständlich viele Freunde)*

## Paul **Steiner**

Ich weiß nicht. Das ist doch meist am Mittwochabend. Da habe ich Kegeln. *(auf die Frage, ob er gerne in der Nationalelf spielen wolle)*

## Bibiana **Steinhaus**

Die Zustimmungsrate für das, was ich tue, ist berechenbar: Elf sind dafür und elf sind dagegen.

## Rico **Steinmann**

*(Nationalspieler der DDR)*

Wenn wir früher in den Westen kamen, hatten wir Minderwertigkeitskomplexe. Die Auslagen in den Schaufenstern haben uns so beeindruckt, dass wir anschließend verloren haben.

Ich fühle mich durch Littbarski an der Entfaltung meines wahren Könnens gehindert.

## Jeff **Stelling**

*(englischer TV-Moderator)*

Ich habe die Begebenheit mit Eduardo nicht gesehen, also habe ich keine Ahnung, wie schlimm es war. Aber es war offensichtlich absolut abscheulich.

## Dragoslav **Stepanović**

Daheim passen die Frauen besser auf, als es jeder Trainer kann.

Ich spiele nicht mit Worten. Die Worte spielen mit mir.

Die Mannschaft habe ich im Griff. Die Golfspieler im Präsidium nicht. *(kurz vor seiner Entlassung bei Eintracht Frankfurt)*

Mehr Tore bedeuten meistens mehr Punkte.

Ich glaube, er ist DIN A4. *(auf die Frage, wie sein neuer Trainer-Vertrag in Frankfurt aussehe)*

Wir haben gerade den Marcio von Mainz geholt. Der ist Stürmer. Der ist doch Stürmer, oder?

Aber meine Herren, warum kritisieren Sie mich so? Auch das Chaos will schließlich komponiert sein. *(nach einer Niederlage)*

Ich habe die Erlaubnis meiner Frau. *(über seine Vorteile als Völler-Nachfolger)*

Wenn einer Tore schießt, bin ich bereit, ihn vom Platz zu tragen.

Hatte merr am Schluss
Niederlaach errunge.

Montag, Dienstag, Mittwoch, Donnerstag … *(auf die Frage eines Reporters, was die kommende Woche bringe)*

Seit sie wissen, dass man bei schlechten Laktatwerten müde sein muss, sind sie auch müde.

Lebbe geht weider. *(nach der hauchdünn verpassten Meisterschaft 1992)*

Erste Pass, gleich scheiße! *(beim ersten Training nach seinem Comeback in Frankfurt)*

Stepi ist ein sensibler Mensch, dem nicht die Herzlichkeit entgegengebracht wird, die er liebt. Er hatte das Image des Bierzapfers. Bei Niederlagen wird das schnell wieder aus der Schublade herausgezogen. Das nimmt ihn mit. *(Wolfgang Steubing, Sponsor von Eintracht Frankfurt)*

Sein Wortschatz ist klein, aber große Worte findet er immer. *(Aleksandar Ristic)*

Der sieht beim Spiel immer so aus, als würde er sich freuen, dass er keinen Eintritt zahlen muss. *(Jörg Wontorra)*

Der Mann hat Stallgeruch. *(Reiner Calmund)*

Der ganze Fußball, wir alle leben von den Schiedsrichtern. Ohne sie gäbe es keine Fußballspiele.

## **STERN**

Und in der Kabine wäre es Rudi Völler beinahe gelungen, Herrn Kohl, der in der Pause zweimal vom Platzlautsprecher gebeten worden war, sich zusammen mit Frau Weber wieder auf der Ehrentribüne einzufinden, mit einer gezielten Champagnerfontäne zur Strecke zu bringen.

## Michael **Sternkopf**

Ich wollte nur Platz machen. *(zu seiner gelb-roten Karte)*

## Huub **Stevens**

Ich habe ihnen gesagt, dass sie heute nichts zu essen bekommen. *(nach einer Niederlage seiner Schalker im Revierderby bei Borussia Dortmund)*

Das Spiel heute war ein wichtiges Spiel. Die elf Spiele zuvor waren wichtige Spiele, das Spiel am Freitag gegen Mönchengladbach wird ein wichtiges Spiel, und die folgenden 21 Spiele werden auch wichtige Spiele. Alle Spiele sind wichtig.

Die Mannschaft ist ein großes Rad, das muss drehen.

Ich bin jetzt nicht ratlos, aber ich bin auch nicht der Messias. Oder habe ich etwa Sandalen an?

Ich haue sie zusammen und jage sie die Treppe hoch. Ich tue alles, um es hinzukriegen. *(scherzend im Sky-Interview zu seinen Maßnahmen, wie er die Schalker Elf wieder auf Kurs bringen will)*

Dass Ihre Wunschspieler nicht spielen, dafür entschuldige ich mich. *(auf die Frage eines Journalisten, warum Kapitän Dick van Burik nicht in der Startelf stand)*

Die Fans können ja nicht jeden Spieler beim Namen nennen, das sind zu viele. *(zu den Fan-Rufen »Stevens raus«)*

Weil sie so toll gespielt haben. *(über die Gründe der Auswechslungen von Marko Rehmer und Pal Dardai)*

Wenn ein Schiedsrichter vor dem Spiel in die Kabine kommt und fragt, ob wir in Gelb spielen, dann frage ich mich, wo er hingegangen ist, welches Spiel er pfeifen wollte.

Ich werde bei den Trainingseinheiten nicht selber mitmachen. Schließlich will ich nicht noch mehr Verletzte haben.

Es sind Worte gefallen.
Jetzt werden Taten fallen.

Wer nicht reich ist, muss schlau sein.

Wir werden wegen Stevens keine Holzschuhe tragen. *(Dieter Hoeneß)*

Er hat ja Alternativen – er kann aufhören! *(Hans Meyer über die Lage des Hertha-Trainers)*

Was willst du jetzt machen, Huub? Wenn du weiter so gut arbeitest, steigen wir nächstes Jahr ab. *(ein Fan von Schalke 04 zu Trainer Huub Stevens, dem vom Vorstand sehr gute Arbeit bescheinigt wurde)*

Zwischen den Ohren muss es stimmen.

## Miroslav **Stević**

Als der Rauch kam, dachte ich, jetzt landet ein Ufo. *(als bei einem Spiel eine Rauchbombe gezündet wurde)*

Meine Nase wird der von Steffi Graf immer ähnlicher. *(nachdem er einen Nasenbeinbruch erlitten hatte und eine Woche später erneut einen Schlag auf die Nase bekam)*

Ich bin vollblutiger Profi.

## Rod **Stewart**

Junge, Junge, dass ich 50 Jahre alt werden musste, ehe ich auf die Idee mit dem eigenen Fußballplatz kam!

Ich rufe jeden Tag von Los Angeles an und frage, wie es meinem Platz geht. Lächerlich. Es ist ja nicht so, dass irgendeiner meinen Platz einfach so über Nacht wegtragen kann. Oder?

In meinem Leben spielen drei Dinge eine wichtige Rolle: Fußball, Bier und Frauen. Und zwar genau in dieser Reihenfolge!

Denn du hast nur zwei Möglichkeiten, von der Straße wegzukommen: Fußball und Rock'n'Roll.

Meine Mutter jammert immer, dass Fußball mehr Unglück und Tränen über die Stewarts gebracht habe als alle Weltkriege und Naturkatastrophen.

## Friedrich **Stickler**

*(Präsident des ÖFB)*

Dieses Jahr geht noch bis Ende des nächsten Jahres. *(nach einem 2:2 Österreichs gegen England)*

## Mario **Stieglmair**

*(Spieler der SpVgg Unterhaching)*

Wir sind ein bisschen überglücklich.

## Jörg **Stiel**

Du weißt nicht, was ich gesagt habe. *(nachdem ihn der Moderator als guten Übersetzer gelobt hatte)*

Hören Sie mal zu: Es ist einfach so, auswärts haben wir dieses Jahr scheinbar ein Problem. Ich habe ca. 97 Prozent meines Gehirns abgesucht, wo das Problem liegt. Es fehlen nur noch drei Prozent. Geben Sie mir noch eine Woche, dann habe ich die drei Prozent auch noch abgesucht und dann sage ich Ihnen, woran das liegt. *(auf die Frage, warum sein Team nur zu Hause gewinnt)*

Ein Schuljahr hat mir so toll gefallen, dass ich es gleich noch einmal genossen habe. *(auf die Frage, wie er in der Schule gewesen sei)*

Hoffentlich kommt jetzt keiner auf die Idee, dass wir das jede Woche machen. *(zum fünftägigen Trainingslager vor einem Sieg in Wolfsburg)*

Wir haben Dienstag ein wichtiges Spiel. Da brauche ich meine Handschuhe. *(zu einem Fan auf Trophäenjagd)*

Wir dürfen uns jetzt nicht selber Salz in die Augen streuen! *(Gladbachs Keeper nach einem glücklichen Pokalsieg)*

Wie soll ich die Szene beurteilen? Ich kann doch keine zwei Meter weit sehen. *(der Kontaktlinsenträger befragt zum Handspiel von Leverkusens Keeper Butt)*

Jörg Stiel ist in letzter Zeit ein gefragter Interviewpartner. Er verdient dabei mehr Geld als bei uns. *(Hans Meyer)*

Ich schmunzele immer beim Fußball, denn Fußball macht Spaß.

## Uli **Stielike**

Muss man jemandem mit Engelszungen zureden, hat ihn meist schon der Teufel an den Hammelbeinen.

Schade, dass die Afrikaner fehlen. *(beim Blick auf die EM-Auslosung)*

Mal ist die Suppe dick, mal ist sie dünn … nur wenn nix Flüssiges drin ist, gibt es einen ätzenden Geruch.

Ein Spiel gewinnt man am besten mit dem Konzept des Gegners.

Schuld ist der Mangel der Quantität an Qualität.

Im Wort »verdienen« ist auch »dienen« mitinbegriffen. Und ich weiß noch, was das bedeutet. Auch wenn ich damit in der heutigen Zeit vielleicht eine Ausnahme bin.

Allein wegen seiner Sakkos müsste man ihn entlassen. *(Hans Krankl zu Uli Stielikes Geschmack in Sachen Bekleidung)*

Als er das Sakko kaufte, hat sogar der Blindenhund geknurrt. *(Sepp Maier)*

Der Fußball ist doch nur ein bisschen Leder und viel Luft. Luft freilich, die wir Fußballer zum Leben brauchen.

Fußball war schon immer ein Dschungel, in dem man mit Affen herumturnen muss.

## Nobby **Stiles**

Peter Schmeichel glaubt, dass die derzeitige Mannschaft die Europapokal-Sieger von 1968 schlagen könnte. Wahrscheinlich hat er sogar recht – wir alle sind nun auch schon über 50. *(die Manchester United Legende im Jahre 1999)*

## Achim **Stocker**

Ich werde immer älter, immer dümmer und damit immer geeigneter für den Staatsdienst. *(der Präsident des SC Freiburg ist auch Oberfinanzdirektor)*

Die Entscheidung, ob ich mich wieder wählen lasse oder mich in Zukunft auf meinen Hund konzentriere, ist noch nicht gefallen.

Dass ich wohl eine größere Macke weg habe, steht außer Frage. *(in der Stadionzeitung »Heimspiel« zu seinem großen Engagement als Präsident des SC Freiburg)*

## Peter **Stöger**

Ich habe dem Linienrichter meine Brille angeboten. Aber auch das hat er nicht gesehen.

Nicht mal mir wird es gelingen, dass diese Mannschaft unattraktiven Fußball spielt. *(aufgrund der Spielfreude seinen BVB-Teams)*

Für kölsche Verhältnisse bin ich doch sowieso schon der Wenger. *(nach vier Jahren beim FC)*

Ich hab' in den letzten Tagen ein wenig mit mir gehadert, weil ich so das Gefühl hab', dass ich der einzige Mitteleuropäer bin, der keine Angebote aus China oder Japan bekommen hat.

Wir werden die Saison nicht mit einem Punkt beenden, auch wenn ich mich damit weit aus dem Fenster lehne.

## Edmund **Stoiber**

Unterhaching ist von der gesamttechnischen Perfektion sehr kompakt.

Wer ein Trio vorne hat wie Ronaldo, Ronaldinho und ehm ehm ehm und die anderen Brasilianer, Roberto Carlos, das ist ehm, das ist ehm Rivaldo dazu noch, Rivaldo ehm ehm ehm Rivaldo und Ronaldinho und Ronaldo, also das dann verloren zu haben, das ist zwar bitter, aber nicht so bitter.

## Karin **Storch**

*(Leiterin des ZDF-Studios in Rom)*

Und das war für viele Italiener hier doch ein Elfmeter und nicht nur ein Strafstoß.

## Gordon **Strachan**

Reporter: Glauben Sie, dass Sie der richtige Mann für eine Kehrtwendung sind? Strachan: Nein. Ich wurde gefragt, ob ich denke, dass ich der richtige Mann sei, und ich habe geantwortet: »Nein. Sie hätten George Graham holen sollen, weil ich nutzlos bin.« *(Gespräch bei der Präsentation von Strachan als Trainer von Southampton)*

Ihr Leute seid wie diese Serienmörder, die man in den Filmen sieht, die Buchstaben ausschneiden und sich Sachen wie »Deine Frau ist die Nächste« ausdenken. *(zu der Presse bei Celtic)*

Wenn man zur Anfield Road oder nach Old Trafford kommt, ist es besser, wenn man kein farbiges Hemd trägt. Ich habe immer ein weißes an, so dass niemand die Schweißränder sieht, wenn es spannend wird.

Reporter: »Gordon, Sie müssen von diesem Ergebnis entzückt sein.« Gordon Strachan: »Scheinwerfer an. Ich bin anscheinend ein offenes Buch.« *(Gespräch nach einem Sieg von Southampton)*

Wir kriegen einfach keinen Elfmeter bei Coventry. Wenn ein gegnerischer Verteidiger den Kopf von einem meiner Spieler mit einer Machete abschneiden, ein Loch graben und ihn darin vergraben würde, dann vielleicht. Andernfalls wird das nichts mehr werden.

Marians Pahars schnappt alle Viren auf, die es gibt – außer Computerviren. Aber das kriegt er irgendwann auch noch hin.

Spiele niemals Tennis mit George Boateng. Er schummelt. Jedes Mal, wenn er dich geschlagen hat, dankt er Gott. Du spielst also eigentlich immer zwei gegen einen.

Barthez saß während der zweiten Hälfte bei mir im Büro und hat geraucht. Er hat nicht gespielt, weil er krank war – aber steckt sich dennoch eine Zigarette an. Und zu guter Letzt: Das war auch noch ein Nichtraucherbereich.

## František **Straka**

Wir haben am Wochenende das nächste Heimspiel, wieder zu Hause.

Wenn du zu František Straka sagst, friss den Gegner auf – dann schluckt der 'ne Portion Knoblauch und frisst den Gegner auf! *(Trainer Uwe Reinders über den tschechischen Nationalspieler)*

## Hartmut **Strampe**

Ich könnte noch mehr sagen und voll reinlangen. Dann würde der Amerell zu Hause aber vom Stuhl fallen. *(Fredi Bobic über den Referee)*

## Sandy **Strang**

Die Glasgower Definition von einem Atheisten ist ein Kerl, der zu einem Rangers-Celtic-Spiel geht, um ein Fußballspiel zu schauen. *(der Rangers-Fan in einer TV-Doku)*

## Jeff **Strasser**

Ich werde mir Mühe geben und ab jetzt versuchen, nur noch sympathisch zu grätschen.

Wer die Tore schießt, gewinnt. Das ist brutal und kriminell.

## Torsten **Sträter**

*(Comedian)*

Es herrscht beim Fußball eine schöne Friedfertigkeit.

Ich sagte »Tschüss Mutti«, öffnete die Wohnungstür und hörte ein leises »Fump«. Die dann mit mindestens 200km/h heranrasende Lederpocke traf mich genau in die Fresse. Ich kippte um. Der Täter flüchtete unerkannt. Ich habe seitdem etwas neben dem Mund, was Leute für ein Muttermal halten, so wie bei Robert DeNiro – aber das ist der Abdruck vom Ballventil. Danach war Fußball für mich gestorben. *(als er als kleiner Junge das erste Mal Fußballspielen gehen wollte)*

## Alexander **Strehmel**

*(Spieler vom VfB Stuttgart)*

So ein Tor am Samstag und ich zieh dir die Hose aus. *(im Training nach einem genialen Heber von Altin Rrakli)*

Gerade in einem Spiel, in dem die Nerven blankliegen, muss man sein wahres Gesicht zeigen und die Hosen runterlassen.

Wir wussten, dass Bochum mit dem neuen Trainer ganz anders auftritt – mit Ruhrpott-Mentalität und Kampf um jeden Grashalm.

Unsere ganz große Stärke ist es, dass wir wissen, was wir nicht können.

## Christian **Streich**

Der Abstiegskampf ist die neue Meisterschaft.

Ich jubele oft nicht, wenn Tore fallen. Weil: Nachher jubelst du und verlierst doch noch.

Mit 54 kannst du schon mal von so einem jungen Büffel umgerannt werden. Da kannst du dich dann nicht mehr halten. *(über einen Bodycheck von SGE-Profi David Abraham)*

Sterben müssen wir, gewinnen müssen wir nicht.

Man verändert sich immer, weil man ja Stoffwechsel hat. Man ist ja nicht tot. *(auf die Frage, ob er sich in der neuen Rolle als Cheftrainer wirklich nicht verändert habe)*

Der eine holt Kraft aus dem Gebet und der andere holt Kraft aus der Badewanne.

Wenn der Nils von Anfang an spielt, kann er nicht eingewechselt werden. Das ist Fakt.

Wenn du ins Zelt gehst und es regnet, ist es laut. Wenn du aber im Haus bist mit Ziegeln und einer dicken Wand, ist es leiser. *(auf die Frage, ob ihn seine Medienpräsenz stört)*

Der Gott des Geldes wird immer größer, und irgendwann verschlingt er alles.

Wir sind eine von zehn Mannschaften, die am Saisonende unter den ersten zehn Mannschaften sein könnte.

## Frank **Stronach**

Je höher der Affe den Baum raufklettert, desto besser sieht man seinen Arsch. *(nach seinem Rücktritt als Präsident von Austria Wien)*

Wenn man wie ein Adler greifen will, darf man nicht wie ein Huhn am Boden picken.

## Peter **Struck**

Wir schlagen die Schwarzen auch am 22. September. *(der SPD-Fraktionschef, der den deutschen Sieg über Kamerun mit Parteifreunden im Fraktionssaal verfolgte)*

## Claudia **Strunz**

Erst schmeißt sie sich dem verheirateten Thomas Strunz an den Hals. Als dann das Geld ein bisschen weniger wird, geht sie zu Stefan. *(Uli Hoeneß über die Spielerfrau)*

## Thomas **Strunz**

Alle meine Kinder wurden im März gezeugt. Da bin ich wohl besonders aktiv und gefährlich. Da müssen sich die Frauen vor mir in Acht nehmen.

Alles andere als die Nicht-Meisterschaft wäre ja eine Katastrophe gewesen.

Das Schönste an Stuttgart ist die Autobahn nach München.

Auf Wiedersehen von der Hochzeitsinsel, ich werde mich jetzt mal nach einer Scheidungsinsel umsehen.

Jedes Spiel hat so seine zwei Seiten, und dann noch 1.000 andere.

Es ist ein Sehnenabriss am Schambeinknochen. Hört sich lustig an – ist aber trotzdem beim Fußball passiert.

Jeder hat so seine Probleme. Auch die blonde Nummer 17 der Deutschen. Der müsste sich die Haare anders färben. *(Lawrie Mc Menemy, Nationaltrainer Nordirlands)*

Wahrscheinlich wache ich eines Morgens auf und sage zu meiner Frau Beate: »Jetzt weiß ich, was wir machen.« *(als er sich einmal nicht zwischen mehreren Vereinsangeboten entscheiden konnte)*

Früher habe ich gerne Cola getrunken – heute sind meine Familie und mein Ehrgeiz meine Kraftquelle.

## Harald **Strutz**

*(Präsident von Mainz 05)*

Das war so aufregend, dass ich nicht mehr wusste, ob ich Männlein oder Weiblein bin. *(nach einem spannenden Spiel)*

Herr Strutz soll sich um seine Spieler kümmern. Es kann sich ja nicht jeder so vorbildlich wie Bancé verhalten. *(Lukas Podolski über den Mainzer Präsidenten, der Podolski für sein Verhalten kritisiert hatte, obwohl sich der Mainzer Stürmer Bancé gerade nach einer Schlägerei vor Gericht verantworten musste)*

Zum Glück für uns alle ist er nicht Bundestrainer. *(Jürgen Klopp über seinen Präsidenten, der Manuel Friedrich für die Nationalmannschaft empfohlen hatte)*

## Christian **Stumpf**

*(österreichischer Nationalspieler)*

Normal musst a Trottel werden, wennst 2.000-mal in der Woche köpfelst. Er ist aber total in Ordnung, angenehm und ruhig. *(Didi Kühbauer)*

## Reinhard **Stumpf**

*(Spieler vom 1. FC Kaiserslautern)*

Die Trainer können sich am Spielfeldrand noch so produzieren: Nicht wer den Bogen schnitzt, entscheidet alles, sondern der, der ihn spannt.

## Edward **Sturing**

Ich schrie Blankenstein an: »Du kannst echt nicht pfeifen, man!« Da erwiderte er: »Dann bin ich ja hier beim richtigen Spiel, denn du kannst nicht Fußball spielen!« *(zum Schiedsrichter John Blankenstein)*

## Rudi **Sturz**

*(Spieler vom 1. FC Nürnberg)*

Rudi Sturz, gerade ausgewechselt, schießt in der 90. Minute das 2:0. *(Sportjournalist Sammy Drechsel)*

## VfB **Stuttgart**

Auf unserer Baustelle ist immer noch mehr Stimmung als beim FC Bayern. *(Horst Heldt während des Umbaus des Stuttgarter Stadions)*

Der VfB ist jetzt auch ein echter VehFB, mit einer Mannschaft voller Held*(t)*en. *(Norbert Haug, Mercedes-Motorsportchef)*

Ihr seid nicht der Nikolaus – hört auf, Geschenke zu verteilen. *(VfB-Fan-Banner im Dezember 2015)*

Wundermann, geh du voran! *(Fan-Plakat 1995, als Jürgen Sundermann kurzfristig als Trainer verpflichtet wurde)*

Gottes dümmste Gabe ist der Schwabe. *(Fans des SC Freiburg bei einem Spiel gegen den VfB Stuttgart)*

Wir singen für unsere Farben, unsere Ehre, nicht mehr für euch Fußballmillionäre! *(Fanbanner)*

Die Stadt wird alles für den VfB Stuttgart tun. Vorausgesetzt, es kostet kein Geld. *(Oberbürgermeister Manfred Rommel)*

## **Stuttgarter** Zeitung

Fußballstars leben nicht wie Hunde, aber ungefähr ebenso lange. Zwölf bis fünfzehn Jahre kann eine Karriere dauern, manchmal auch ein bisschen länger.

## Luis **Suárez**

Am Ende ist die Hand Gottes jetzt meine. *(Uruguays Nationalspieler nach einem Handspiel bei der WM 2010, mit dem er Uruguays Niederlage gegen Ghana in der 120. Spielminute verhindert hatte)*

## Neven **Subotić**

Neven Subotić, einer, der alle Titel geholt hat, gewinnt im Lotto und hört mit dem Fußball auf. *(auf die Frage, welche Schlagzeile er gerne über sich lesen würde)*

Er muss ja nicht unbedingt dahin laufen, wo ich hingrätsche. *(nach einem Foul)*

Ich würde auch bezahlen, um Fußball spielen zu können.

Ich hatte Schmetterlinge im Bauch. Es war, wie in eine alte Wohnung zurückzukehren. Man kennt alles und fühlt sich wohl. *(über sein erstes Saisonspiel vor heimischer Kulisse)*

Ohne Fans ist der Fußball ein ganz anderer Sport. Wenn du ein Tor vor 80.000 Leuten schießt, ist das einfach bombastisch. Es fühlt sich nicht so an, als hättest du ein Tor geschossen, sondern auch noch für Weltfrieden gesorgt.

## **Südafrika**

Da ist es saukalt und um fünf Uhr dunkel. Man muss sich von der Vorstellung verabschieden, dass es da warm ist und an jeder Ecke ein Leopard sitzt. *(Franz Beckenbauer)*

## **Süddeutsche** Westpresse

Im gemütlichen Einvernehmen hat sich Fußball-Zweitligist Fortuna Köln von Trainer Rudi Gutendorf getrennt.

## **Süddeutsche** Zeitung

Er trainierte tagsüber ein wenig in München und verzichtete bis zum Redaktionsschluss auf erneute Kritik an van Gaal. Vorbildlich. *(über Luca Toni)*

In der ersten Halbzeit hat die Mannschaft den Faden verloren, als Buchwald genäht werden musste.

Riedle, der für seine Größe ziemlich hoch springen konnte, hieß »Air Riedle«, Möller, der für sein Alter ziemlich wehleidig war, hieß »Aua Möller«.

Die größte Hamburger Blamage seit Ronald Schills Versuch einer Rede vor dem Bundestag. *(zum Ausscheiden des HSV in der 1. Runde des UEFA-Pokals gegen Dnjepopetrowsk)*

Das Verhältnis zwischen Ude und Wildmoser umschreibt ein Beteiligter als »nicht ganz herzlich«, aber »gepflegt mitteleuropäisch«.

Hartz IV ist angekommen bei den Fußball-Profis. *(Klaus Hoeltzenbein, stellv. Ressortleiter SZ-Sport, zu den Wochenend-Straftrainings von 1860 München und dem 1. FC Köln, nachdem beide Teams am Tag zuvor desolat spielten und verloren)*

## **Süddeutscher** Rundfunk

Der VfB Stuttgart hat drei Trainer-Kandidaten. Die Namen werden geheim gehalten; es besteht Fluchtgefahr. *(böser Radio-Kommentator)*

## **Südkorea**

Die Südkoreaner essen Knoblauchzehen wie andere Pralinen. Dagegen müssen die Belgier heute anstinken. *(Wolfgang Ley)*

Die Südkoreaner rennen von der ersten Minute an wie die Teufel. Und da sie alle gleich aussehen, können sie in der Halbzeitpause ihre komplette Elf austauschen, und niemand würde etwas davon merken. *(Spaniens Nationaltrainer Luis Aragonés über den möglichen Achtelfinalgegner)*

Die Mannschaft Südkoreas, die gleich auf den Platz geht, ist im Schnitt 1,82 m groß. Das sind sechs Zentimeter mehr, als ich es bin. Und ich bin schon ein Riesenkerl. *(Mehmet Scholl in der ARD-Vorberichterstattung vor dem Spiel Südkorea gegen Griechenland bei der WM 2010)*

Die Koreaner sausen wie chinesische Radfahrer. *(Giovanni Trapattoni)*

Die Südkoreaner rennen wie die Verrückten. Ich weiß nicht, was man denen zu essen gibt, aber es muss wohl der Knoblauch sein, den man hier überall sieht. *(Alessandro Del Piero über den WM 2002 Achtelfinalgegner)*

Ich soll doch wohl nicht ehrlich sein, oder? *(Christian Vieri auf die Frage, wie es ihm in Südkorea gefalle)*

Sie sind auch nur Menschen. *(Oliver Kahn zu den offensichtlich nachlassenden Kräften der südkoreanischen Mannschaft)*

Die Koreaner stinken zwar nach Knoblauch, das ist aber noch lange kein Grund, sie nicht zu decken! *(Wolfgang Ley, Eurosport-Kommentator, WM 1994, beim Spiel Südkorea – Spanien)*

Die Südkoreaner werden ein schwieriger Gegner sein. Zeitweise hatte man vor vier Jahren ja das Gefühl, da sei ein Ameisenhaufen auf dem Feld. *(Köbi Kuhn)*

## **Südkurier**

FC Tasmania Zimmern – FC Hochemmingen 0:2 *(0:1)*. Tore: 0:1 *(36.)* Löffler per Foulelfmeter, 0:2 *(72.)* Hodic – Zuschauer: Sepp, Eugen, Brigitte.

## Davor **Šuker**

Frage eines britischen Journalisten an den kroatischen Fußball-Nationalspieler: Ist das Leben in Kroatien nicht viel zu gefährlich? Antwort: Bei euch ist alles viel gefährlicher; ihr habt Linksverkehr.

Der Suker ist natürlich ein Stehgeiger, der rumsteht. *(Franz Beckenbauer)*

## Hakan **Sükür**

Gegen England würde ich auch mit nur einem Fuß auflaufen. *(vor dem entscheidenden WM-Qualifikationsspiel Türkei gegen England zu seiner Verletzung)*

## Richard **Sukuta-Pasu**

Er lief, lief und lief und das Spiel lief völlig an ihm vorbei. *(Radioreporter Günter Pohl)*

## Niklas **Süle**

Das war ein Riesenereignis. Ich bin froh, dass ich da mitgemacht habe. Vor allem auch, weil es im olympischen Dorf McDonald's umsonst gab. *(über seine Olympia-Teilnahme)*

Wir hatten ein kleines Holztor im Garten. Wir haben dann immer den Rasensprenger angemacht und uns auf der nassen Wiese gegenseitig ordentlich umgenietet. Deswegen kann ich heute ganz gut grätschen.

## Kevin **Summerfield**

Der Boss hat mich nach Liverpool geschickt, um zu schauen, ob es dort eine Schwachstelle gibt. Und tatsächlich, ich habe eine gefunden. Im Pausentee ist viel zu viel Milch drin. *(Spielertrainer von Shrewsbury, über den nächsten Gegner beim FA Cup)*

## The **Sun**

Die beste Gruppe seit den Beatles. *(nach einer WM-Auslosung)*

In der Hallenliga der Müllmänner wird besserer Fußball gespielt. *(über ein Spiel England gegen Andorra)*

## **Sunday** Times

Über dieses fürchterliche Leck werden die Yankees sich nicht beschweren. *(nach dem Torwartfehler von Robert Green im Spiel USA – England bei der WM 2010 angesichts der BP-Öl-Katastrophe im Golf von Mexiko)*

## **Sunderland** AFC

Zuerst hat Margaret Thatcher ihr Bestes gegeben, um die Stadt zu zerstören. Nun versucht Ben Thatcher bösartig, unseren besten Mann zu verdrängen, um das Team zu zerstören. Was haben sie nur gegen Sunderland? *(Brief an das »Sunderland Echo«)*

## Jürgen **Sundermann**

Vorne fallen die Tore.

Wenn der Trainer Erfolg hat, kann er die Spieler auch zwei Stunden lang Kopfstände machen lassen.

Solange ich mir nicht jeden Abend eine Flasche Rotwein reinhauen muss, um einschlafen zu könnnen, solange macht's noch Spaß, Trainer zu sein.

## Alain **Sutter**

Sutter hat in den Füßen mehr Gefühl als andere in den Händen. Bei ihm möchte man Ball sein. *(Thomas Klementz)*

*Uli Hoeneß:* Der Alain Sutter muss nur mal ab und zu auf sein Müsli verzichten und sich einen ordentlichen Schweinebraten einverleiben. *Die Antwort von Sutter:* »Wie man aussieht, wenn man zu viel Schweinebraten isst, sieht man ja an Herrn Hoeneß.«

## Eyjólfur **Sverrisson**

Ich habe zu Hause den Kühlschrank aufgemacht. Und da saß er. Der Mann, der aus der Kälte kam. *(Christoph Daum über den Isländer)*

## **SWR**

In der zweiten Halbzeit bewegte sich der Mainzer Spieler Bopp mehr. Wahrscheinlich fror er und wollte sich dadurch ein wenig aufwärmen.

Was so ein richtiger Fußballbomber ist, hat mehrere Gegner, aber auch mehrere Bälle. *(bei einem Frauenfußball-Spiel im Jahr 1962)*

Die Fachwelt sagt: Diese Frauen seien Prima-Ballerinnen. Prima Ballerinen sind mir lieber. *(ebenfalls im Jahr 1962)*

## Adam **Szalai**

Szalai ist 3,50 Meter groß, wiegt 2000 Kilo. Man berührt ihn leicht, dann fällt er um. So ist das halt. *(Jan-Ingwer Callsen-Bracker)*

## Horst **Szymaniak**

Ein Drittel? Nee, ich will mindestens ein Viertel mehr. *(der deutsche Nationalspieler bei Gehaltsverhandlungen)*

# t

## Oscar **Tabárez**

*(Uruguays Nationaltrainer)*

Fußball ist wie das Leben. Nur die Sieger schreiben die Kapitel der Geschichte. Für die Verlierer ist kein Platz.

## Miro **Tanjga**

Miro Tanjga hat mich immer geschnitten. Ich glaube, wir haben 400 Spiele zusammen gemacht, und er hat mich siebenmal angespielt. *(Jürgen Klopp über Mitspieler Tanjga)*

## Ernst **Tanner**

*(Manager der TSG Hoffenheim)*

Da war schon vom Pressesprecher und Teammanager, sogar von der Putzfrau die Rede. *(über die Gerüchte, wen der künftige Trainer Holger Stanislawski alles vom FC St. Pauli nach Hoffenheim mitbringen würde)*

Reingefressen ins Spiel, auch mal mit Fouls reingewichst.

## Bernard **Tapie**

Ich hatte keine Lust, in den ersten Wochen Spanisch zu lernen, nur um Xavier Clemente zu verstehen, wie er gedenkt, Marseille vor dem Abstieg zu retten. *(über seine erste Amtshandlung als Präsident von Olympique Marseille: die Trainerentlassung)*

## Michael **Tarnat**

Ein Hund der Familie Tarnat. *(auf die Frage, was er im nächsten Leben gern wäre)*

Ich muss mit einer 10-Euro-Karte auskommen. Mehr erlaubt meine Frau nicht. *(auf die Frage, wie hoch seine monatliche Telefonrechnung sei)*

Kein Problem. Ich lasse mich aushalten. *(auf die Frage, wie er sich mit 5 Euro einen tollen Abend mache)*

Ich will an meinem rechten Fuß feilen.

## Klaus **Täuber**

Heute knall ich mir die Birne voll, bis mir das Bier zu den Ohren rausläuft!

Es wird langsam Zeit, dass wir Köpfe mit Nägeln machen.

Gegen den Täuber war mein Stammplatz auf der Aschenbahn! *(Fritz Walter)*

## Graham **Taylor**

*(englischer Trainer)*

Im Fußball sind Zeit und Raum das Gleiche.

Agbonlahor ist nicht schnell von Begriff. Aber er ist schnell, sehr schnell. *(über seinen Stürmer Gabriel Agbonlahor bei Aston Villa)*

## Martin **Taylor**

Solche Dinge passieren, wenn ein 95 Kilo schwerer Einbaukasten, der mehr breit als hoch ist, einen filigranen Techniker umhaut. *(Didi Kühbauer über das Foul von Martin Taylor an Arsenals Eduardo)*

## **taz**

Ein gelungenes Debüt hatte der bekannte Schriftsteller Toni Schumacher. Obwohl er beim 9:0-Sieg seiner Mannschaft gegen die Sportfreunde Schwalbach faktisch nichts zu halten hatte, gelang es ihm, einem gegnerischen Stürmer die Nase blutig zu hauen.

## Domenico **Tedesco**

Es ist nicht wie bei einer Mathearbeit, sondern wie bei einem Deutschaufsatz. Es liegt im Auge des Betrachters. *(Schalkes Trainer zum großen Ermessensspielraum beim Einsatz des Videobeweises)*

An die Wende habe ich nicht geglaubt und den Vierten Offiziellen bereits nach 25 Minuten gefragt, ob wir heute nur 70 Minuten spielen dürfen. *(nach dem 4:4 in Dortmund, bei dem sein Team bereits nach 25 Minuten mit 0:4 hinten lag.)*

Uns hatte am Ende auch etwas die Kraft gefehlt. Wir hatten gewichst. *(Versprecher nach einem Heimsieg gegen Mainz 05)*

Der Druck am Ball determiniert das kollektive Verhalten.

Wenn wir die Bälle mit Brötchen substituieren, wären die Stürmer verhungert.

Dann werde ich ihn auch von Anfang an auf der Bank bringen. *(über Bentaleb)*

## Jupp **Tenhagen**

Tenhagen ist der erste Mensch, der die Ecken schießen und auch noch selbst reinköpfen muss. *(Trainer Heinz Höher über den Bochumer)*

Als Jupp Tenhagen einmal einen furchtbaren grippalen Infekt hatte, da haben die ihn in Eiswasser getaucht, in der Badewanne, um den wenigstens fürs Spiel fit zu kriegen. Und der Jupp hat das mit sich machen lassen. *(Journalist Heinz Formann)*

Der hätte zwei Spiele nacheinander machen können – unter härtesten Bedingungen! *(Hans Werner Olm)*

Man nannte ihn »die Lunge«. Jupp hätte nach dem Spiel woanders noch einmal ein Spiel machen können. Und anschließend nach Hause laufen ...! *(Heinz-Werner Eggeling)*

## Marc-André **ter Stegen**

Ich bin nie in Köln und will da auch nicht hin. Das kann man mir so schmackhaft machen, wie man will. Da fahr' ich noch nicht mal für einen kurzen Städtetrip hin. Das schafft Köln nicht.

## Fatih **Terim**

Wir haben vermutet, dass der Rasen rutschig wird, wenn es regnet.

Fatih Terim war damals Verteidiger und trat auf alles hin, was sich bewegte. Gut, da hatte ich nichts zu befürchten. *(Toni Polster)*

## Chong **Tese**

Ich bin sehr lustig, in Bochum zu sein.

Ja, unsere Fans gehen streng mit der Mannschaft um. Aber Strenge ist auch Liebe.

## Erwin **Teufel**

Ich beglückwünsche den VfB Stuttgart zur ersten gesamtdeutschen Fußball-Weltmeisterschaft. *(als Ministerpräsident von Baden-Württemberg)*

## Carlos **Tévez**

Du bist einfach nur ein fetter Maradona. *(Fans von Stoke City zu Carlos Tévez)*

## **The National**

Sie werden diese Sache 1994 in die Staaten bringen, und sie werden Eintritt dafür verlangen. Wenn das eine Broadway-Show wäre, hätte man es nach einer Nacht geschlossen. *(Frank Depford in der amerikanischen Zeitung nach der WM 1990)*

## **The Observer**

Napoleon hat sich damals mit kaum weniger Würde aus Moskau zurückgezogen, als es Arsenal bei seiner Rückkehr von Manchester nach London getan hat.

## Amand **Theis**

Wollen Sie ihn tot oder lebendig? *(der Vorstopper zu seinem Trainer Udo Lattek, der ihn beauftragt hatte, seinen Gegenspieler Ronnie Worm intensiv zu bewachen)*

Der Peter Stocker ist noch viel schlimmer reingegangen als ich. Der trat schon zu, wenn der Ball noch zwei Meter entfernt war.

## Tattoo-**Theo**

Dass der Otto Paulick vorbestraft ist, macht überhaupt nichts. Das bin ich doch auch. *(der Fanklub-Vorsitzende über den Präsidenten vom FC St. Pauli)*

## Karl-Heinz **Thielen**

Einige von unseren Spielern können kaum ihre Namen schreiben. Aber Sie sollten sie mal addieren sehen. *(Manager des 1. FC Köln)*

Erstes Ziel ist es, die größten Flaschen zu verkaufen. Gibt es noch Pfand dafür – super. Gibt es nichts – auch gut.

Wenn hier nicht bald was geschieht, passiert was!

## Norbert **Thines**

*(Präsident vom 1. FC Kaiserslautern)*

Das Problem der Freiheit ist bei uns optimal.

## Wim **Thoelke**

Nach einem Anfangsinteresse schläft das dann bald ein, und dann stehen nur noch die Freunde da und die Väter vielleicht und die Mütter und sagen: Ach guck mal, unsere Else, läuft die nicht hübsch? *(der ZDF-Sportmoderator über Frauenfußball)*

## Andreas **Thom**

Zieht die Schuhe aus, wenn ihr den Rasen betretet. *(im Wembley-Stadion zu seinen Mitspielern)*

Thom gilt als glänzender zweiter Mann, er ist der Harry. Für ein paar Spiele muss er nun den Derrick geben. *(»Berliner Zeitung« über Herthas Interimstrainer)*

Wir sind keine Beamtenfußballer oder Pillendreher und auch kein Plastikklub – wenn jemand versteht, was ich damit sagen will.

Im Alter von fünf Jahren wurden in der DDR die Kinder vermessen und Sportarten zugeteilt. Mich wundert, dass Thom statt Sprinter überhaupt Fußballer werden durfte. *(Reinhard Saftig)*

## Hans-Georg **Thomale**

*(Coach von Rot-Weiß Erfurt)*

Wir brauchen Zugpferde, keine Paradehengste.

## Mickey **Thomas**

Es macht mir nichts aus, dass Roy Keane 60.000 Pfund in der Woche bekommt. Ich hab auch so viel gehabt. Der Unterschied war nur, dass ich die Kohle selbst gedruckt habe. *(der walisische Nationalspieler, nachdem er wegen Banknotenfälschung verhaftet wurde)*

## Klaus **Thomforde**

*(Spieler vom FC St. Pauli)*

In der 1. Liga die Bälle zu halten find ich total geil. Da geht mir voll einer ab!

## Claus **Thomsen**

*(Spieler vom VfL Wolfsburg)*

...holen wir aus den nächsten zwei Spielen mindestens sechs Punkte.

## Craig **Thomson**

Also, das Einzige, was hier läuft, ist der Schweiß von Schiedsrichter Thomson. *(Gerd Rubenbauer)*

## Olaf **Thon**

So, Leute, der Asa ist heute beim Rudern leider nicht dabei. Ich habe dem extra ein Paar Schwimmflügel gekauft, der kann nämlich nicht schwimmen. *(der Trainer des TSV Marl-Hüls, als Asamoah mittrainierte)*

Olaf Thon: »Eine Taube macht noch keinen Sommer.« Pressesprecher VfB Hüls: »Das heißt Schwalbe.« Olaf Thon: »Hier im Ruhrgebiet hat man Tauben, da gibt es keine Schwalben.« *(nach einem Spiel in der Pressekonferenz)*

Natürlich werden wir irgendwann mal wieder Meister. Denn es gibt Dinge in der Bundesliga, die waren schon immer in Zukunft so. *(beim FC Bayern München)*

Der Beckenbauer soll ja mal spektakuläre Eigentore gemacht haben. Also, so weit bin ich noch lange nicht ...

Wir haben unheimlich viel Tempo gespielt. Ich glaube, sogar der Schiedsrichter hat sich eine Zerrung geholt.

Wir lassen uns nicht nervös machen, und das geben wir auch nicht zu!

Um den UEFA-Cup 1997 zu erringen, sind fünf Spieler von uns Sportinvaliden geworden. Alle haben damals bis zum letzten Knorpel gekämpft.

Wenn Olaf Schalke verlässt, können wir gleich das Stadion abreißen. *(Günter Siebert)*

Ich bin für das Wachstum nicht zuständig. Ich bin ausgewachsen. *(auf die Frage, ob auf Schalke etwas heranwächst)*

Ich bleibe lieber im Lande und ernähre mich redlich.

Als Libero kann man meckern, ruhig sein und dirigieren. Ich bin also so eine Art Karajan.

Ja gut, ich sag mal so: Woran hat's gelegen? Das ist natürlich die Frage und ich sag einfach mal: Das fragt man sich nachher natürlich immer! *(auf die Frage nach dem Grund einer Niederlage)*

Wir sprechen hier von '88. Das ist 13 Jahre her. *(in der DSF-Viererkette vom 21.02.2003)*

Man darf das Spiel doch nicht so schlechtreden, wie es wirklich war.

Wir spielen hinten Mann gegen Mann, und ich spiel gegen den Mann.

Mensch, mir ist aber kalt jetzt! Ehrlich! Boah! *(ausweichend auf die Frage, warum das Spiel denn so schlecht gelaufen sei)*

Man soll auch die anderen Mannschaften nicht unter dem Teppich kehren lassen.

Ich bin schon vor vier Jahren fest an die Angel gegangen, bei meiner Andrea. *(kurzer Blick zur Seite; dann leise)* Das musste ich eben sagen, weil die Andrea neben mir stand! *(zu Angeboten von anderen Frauen)*

In erster Linie stehe ich voll hinter dem Trainer, in zweiter Linie hat er recht.

Ich habe ihn nur ganz leicht retuschiert.

Wenn ihr so weiterspielt, werdet ihr am Ende Meister. *(nach der 0:3-Niederlage von Schalke 04 am 1. Spieltag der Saison 1998/99 gegen den späteren Absteiger Borussia Mönchengladbach zu deren Trainer Friedel Rausch)*

Ich sehe einen positiven Trend: Tiefer kann es nicht mehr gehen.

Thon ist eine Wurst. *(Stefan Effenberg)*

## Michael **Thurk**

Mein Vater hat italienische Wurzeln, und meine Frau ist Serbin. Wie für Löw gilt auch für die anderen Nationaltrainer, dass sie mich immer erreichen können. *(wollte unbedingt zur WM 2010)*

Thurk ist ein Straßenköter. *(Walther Seinsch, Vorstandsvorsitzender des FC Augsburg, über den suspendierten Thurk)*

Es war unglaublich schön! Ich hab' das Tor nur für ihn geschossen, er hat so eine Scheiße gepfiffen, also unglaublich, was er gemacht hat, so einen Rotz kann man gar nicht zusammenpfeifen in einem Spiel, aber er hat's geschafft, unglaublich! *(auf die Frage, warum er nach seinem Tor zum Schiedsrichter gelaufen sei; diese Äußerung kostete Thurk 2.000 Euro.)*

Wir werden spontan eine Kneipe plündern, alles wegsaufen und dann in die nächste ziehen. *(nach einem vorzeitig gesicherten Klassenverbleib)*

## Beni **Thurnheer**

Adriano gibt als seine Vorbilder Kaká und Jesus an. Kaká von Milan und Jesus von Nazareth. *(kommentiert bei der Champions-League-Partie Thun gegen Amsterdam die Einwechslung von Adriano)*

Hätte er Tiefstrasser geheißen, wäre es wohl noch gefährlich geworden! *(nach einem Freistoß von Xavier Hochstrasser)*

Der Rasen sieht alt und gebraucht aus, irgendwie erinnert er mich an die Kleider der Kelly Family.

Der Ball geht drüber, die Höhe jedoch war optimal!

In einer Herde von schwarzen Schafen ist das weiße Schaf das schwarze Schaf. *(über den ersten weißen Spieler von Trinidad & Tobago seit 40 Jahren)*

## Christian **Tiffert**

Ich bin seit vier Wochen hier. Wenn ich mich jetzt noch um die Historie kümmere, verpasse ich am Freitag das Spiel. *(auf die Frage, welche legendären Duelle zwischen dem 1. FC Kaiserslautern und dem FC Bayern ihm noch präsent sind)*

Ich muss wohl mehr Kinder machen. *(nachdem er seine letzten beiden Treffer jeweils an den Geburtstagen seiner Tochter und seiner Frau erzielte)*

## Hans **Tilkowski**

Ein Torwart ähnelt immer einem Artisten, der ohne Netz arbeiten muss. Greift er daneben, ist es passiert!

## Christian **Timm**

Weil die Torhüter immer besser werden. *(auf die Frage, warum er seit der Vertragsverlängerung beim 1. FC Köln kein Tor mehr geschossen habe)*

Von meiner Mutter – direkt nach meiner Geburt. *(über seinen ersten Kuss)*

Vielleicht finden wir für die Kollegen von der Boulevard-Presse ein neues Thema, über das sie die nächsten 1080 Minuten schreiben können. *(Ewald Lienen, nachdem Christian Timm nach 1166 Minuten wieder ein Tor erzielte)*

## Henk **Timman**

*(Verwaltungsratsmitglied bei Ajax Amsterdam)*

Die Spieler durften bei Trainer Rinus Michels nicht rauchen. Cruyff und Keizer taten es aber dennoch. Nur, dass es Keizer dabei nicht beließ. Er fragte Michels sogar nach Feuer.

## **Tinga**

*(Borussia Dortmund)*

Ich mache donnerstags Sex, wenn ich samstags spiele. Freitags nicht.

## FC Wacker **Tirol**

Mönchengladbach ist uns schnuppe, Wacker heißt das Salz der Suppe. Denn der Deutschen Monopol bricht Brankos Truppe aus Tirol. *(Fanplakat am Bökelberg im Jahre 1975; Trainer der Österreicher war damals Branko Elsner)*

## Razundara **Tjikuzu**

Ich grüße meine kleine Tochter und meine Ex-Freundin. *(Rostocks Siegtorschütze auf Schalke)*

## **tm3**-Kommentar

Es ist mucksmäuschenstill im Bernabéu-Stadion. Es singen nur die Bayernfans.

## Colin **Todd**

*(Trainer von Derby County FC)*

Ich suche regelmäßig neue Spieler, nur rede ich nie darüber. Zurzeit suche ich einen Stürmer und einen Mittelfeldspieler.

## Jens **Todt**

Wenn ich mich immer fair verhalten würde, wäre ich in ein paar Monaten kein Bundesligaspieler mehr.

Das Tor war wie vernagelt. Du darfst jetzt aber nicht eine Woche rumheulen, sondern Mund abwischen, weiter geht's.

Die einzig authentische Antwort wäre manchmal ein gepflegter Leberhaken. *(über die Frage der Reporter nach Spielschluss: »Wie fühlen Sie sich?«)*

## Stig **Tøfting**

Die dänischen Leute lieben den geradlinigen Stil von Stig Tøfting. Mit ihm gibt es kein Kino und keine Fürze. *(Jan Molby, dänischer Spieler und Trainer)*

Wenn wir hier Punkte mitgenommen hätten, wäre das Diebstahl gewesen.

## Farat **Toku**

Das Schiedsrichtergespann war zusammen vielleicht 25 Jahre alt. *(Trainer des Landesligisten WSV Bochum 06 über die seiner Meinung nach deutlich zu jungen und unerfahrenen Unparteiischen)*

## Luca **Toni**

Es ist nicht schön, den Gegner betrügen zu wollen. Aber es ist schön, alles dafür zu tun, dass die eigene Mannschaft gewinnt.

Si. *(Bayerns Stürmer auf die Frage, ob es stimme, dass es beim gemeinsamen Deutsch-Unterricht mit den Kollegen Sosa und Ribéry zwar lustig, aber wenig effektiv zugeht)*

Immer wenn ich sage, ich bin hundertprozentig fit, schieße ich keine Tore. Deshalb sage ich, dass ich noch nicht fit bin.

Er kann auch schon »Tschüs«, nicht nur »Hallo«. *(Bayerns Miroslav Klose über die sprachlichen Fortschritte seines italienischen Sturmpartners)*

Liebe machen und Tore schießen sind die schönsten Dinge, die Gott uns gegeben hat.

## **t-online.de**

Jetzt liegt das Geld auf dem Behandlungstisch. *(über den verletzten Franck Ribéry)*

Foul von Gündoğan an Frankfurts Maik Franz, und der fällt, als ob er vom Auto angefahren wurde. *(im Liveticker)*

## Clemens **Tönnies**

Clemens, du Wurst. *(Aufdruck auf einem T-Shirt, das angeblich ein Schalke-Mitarbeiter kurz vor dem Rauswurf von Felix Magath hat drucken lassen)*

Die Qualität der Gewalt hat sich ins Negative verändert. *(über Gewalt im Stadion)*

## Michael **Tönnies**

Marc, hör endlich mal auf, Kakao ins Aquarium zu schütten. *(während eines Interviews zu seinem vierjährigen Sohn)*

Pommes und Pils, so konnte ich prima leben. Aber man wird reifer, lassen wir also die Pommes ...

## **Tontechniker**

Eins, zwo, drei, eins, zwo, drei, Medizinball! *(auf der ersten Pressekonferenz von Felix Magath in Wolfsburg beim Mikrofontest)*

## Rolf **Töpperwien**

Dass Bayern München mal absteigt! *(im St.-Pauli-Stadionheft auf die Frage nach seiner sportlich größten Hoffnung)*

Ich bin doch kein Marathonmann! *(Antwort auf eine, seiner Meinung nach, überzogene Rechnung eines Bordells)*

Udo Lattek mag Otto Rehhagel nicht, also mag ich Lattek nicht.

Wer ist Töpperwien, hat der schon mal eine Mannschaft trainiert? Als ich noch Trainer war, ist der bei mir doch früher überall reingekrochen, wo eine Öffnung war. *(Udo Lattek)*

Der schläft doch in Bremer Bettwäsche, den haben sie grün-weiß eingewickelt. *(Erich Ribbeck)*

Rote Karte! Das war ein rüdes Foul von vorne und von der Seite.

Wir sollten alle den Calli mal umarmen… oder es zumindest versuchen.

Dies ist überlebensnotwichtig für den Verein.

Jonathan Akpoborie: dicker Hals, dicke Lippe. *(kommentiert eine Auswechslung)*

Jetzt! Jetzt betritt Otto Rehhagel deutschen Boden! *(bei der Rückkehr von Werder Bremen nach dem Europapokalsieg 1992)*

Rolf Töpperwien kennt jeder. Weniger, weil er wunderbare Fragen stellt, sondern weil er mal eine Puff-Rechnung nicht begleichen wollte und weil er sich einmal im Rausch selbst angezündet hat. Also deshalb, weil er wie kein Zweiter dem überwiegenden Teil der Fußballfans das Gefühl gibt, einer von ihnen zu sein, ein Fan, dem irgendjemand ein Mikro und einen ZDF-Ausweis gegeben hat, weshalb er jetzt halt manchmal ein bisschen durchdreht. *(»Süddeutsche Zeitung«)*

## Sabine **Töpperwien**

In der ersten Halbzeit hatten die Gladbacher Blei im Kopf.

Gute Frau, schicken Sie mir Ihren Bruder, mit dem rede ich. *(Otto Rehhagel zur Reporterin)*

Er wird nun ausgewechselt, da er sehr stark platzverdächtig gefährdet war.

… wie Statisten ausgerechnet haben…

Und da stehen sie rum, die Abwehrspieler von Bayer Leverkusen, wie Pik-Sieben, wie von der Tarantel gestochen.

Da ärgert er sich wie ein Schneekönig. *(über eine vergebene Großchance)*

Die Stuttgarter massieren sich in der eigenen Hälfte.

## Klaus **Toppmöller**

Ich schwöre als Zeuge Yeboahs Stein und Bein, dass Borowka Roth sieht, dass Herzog als einsamer Rufer in der Wüste Waldstadion herumhobscht und Olli sich vergebens nach den Bällen reckt.

Einer hält sich die Backe, einer hält sich den Fuß, einer liegt immer flach. *(über die Wehleidigkeit seiner Profis)*

Wenn ich so Fußball gespielt hätte wie Berti Vogts, so als reiner Wadenbeißer, dann hätte ich mit 18 Jahren meine Fußballschuhe verbrannt.

Wir werden uns später Gedanken über das Finale machen. Jetzt ist die Zeit für Wein und Zigaretten! *(Trainer von Bayer Leverkusen, als er nach einem Sieg über Manchester United das Finale der Champions League erreichte)*

Meine Traumvorstellung waren 68:0 Punkte. Aber 11:1 sind auch riesig. *(in der Saison 1993/94)*

Ich sehe alles, ich weiß alles, ich erkenne alles, ich kann jedem sagen, was er falsch macht.

Trainer – das ist kein Job für Clowns. Toppmöller glaubte, er sei der Nabel der Welt. Der Mann steckt voller Minderwertigkeitskomplexe. Anders kann ich mir dessen Überheblichkeit und Profilierungssucht nicht erklären. *(Winfried Schäfer im Jahr 1994)*

Das ist für mich die Abteilung Sandkasten, fünftes bis sechstes Lebensjahr. *(Erich Ribbeck, als Toppmöller in seiner Aufstellung zwei Spieler verschwieg; Toppmöllers Konter, der früher selbst unter Ribbeck spielte: »So etwas hat Trainer Ribbeck mir in Lautern vorgemacht!«)*

Erfolg tut nur der haben,
der hart arbeiten tut.

Aus der Ferne betrachtet, ist es alles nur eine Frage der Distanz.

Ich habe viel in Bochum gearbeitet. Da konnte ich mir nur einen Anzug leisten. *(auf die Frage, warum er seit elf Spielen immer den gleichen Anzug trägt)*

Ich hab hier unterschrieben, weil ich den Traum vom Titel in mir trage ...

Andere Leute haben rote und weiße Blutkörperchen, ich habe lauter kleine Fußbällchen im Blut.

Durch unsere Reihen konnte man locker mit einem Lkw fahren und bequem drehen. *(über das Abwehrverhalten von Bayer Leverkusen)*

Ich wäre als aktiver Spieler sogar mit einem Holzbein aufgelaufen. *(zur Motivation von Fußballern)*

Nach dem 0:2 sind wir aufgewacht, haben frech nach vorn gespielt und hinten einen Mann aufgelöst.

Ich will nicht noch 50 Jahre warten, um den ersten Sieg gegen die Bayern zu landen. *(einen Tag vor seinem 50. Geburtstag)*

Meine Jungs sitzen noch in der Kabine. Sie wollen alle hier bleiben und nächste Woche wieder hier spielen. *(nach zwei kurz aufeinanderfolgenden Auswärtssiegen – Pokal- und Punktspiel – mit dem VfL Bochum beim 1. FC Kaiserslautern)*

Wenn das so weitergeht, dann können wir mit zwei Pkw zum VfB Stuttgart fahren. *(über die Verletzungssorgen beim HSV)*

Ich habe mich als kleiner Spieler bis in die Nationalelf gekämpft und als kleiner Trainer von Salmrohr bis in die Bundesliga. *(zu seiner Kämpfernatur nach einer Pokalpleite in Paderborn)*

Ich musste meine Jungs ins
kalte Feuer werfen.

Ein Frühling macht noch keinen Sommer.

Glauben Sie, ich würde Fahnen schwenkend durchs Land ziehen, wenn wir Meister werden? Ich brauche keine Schlagzeilen und trinke mein Bier auch viel lieber allein in der Ecke. Mir persönlich ist der Titel wirklich egal. *(auf die Frage, was ihm die Meisterschaft persönlich bedeute)*

Ich kann nicht viel falsch machen. Ich hole den Würfelbecher raus und ermittele so die Spieler, die ich in der Abwehr aufbiete. *(angesichts der Verletzungsprobleme bei Bayer Leverkusen)*

Wir sind zu stark, um da unten wieder rauszukommen.

Wenn ein deutscher gegen einen englischen Klub spielt, ist das immer was Besonderes. Da sitzt man doch mit dem Nationaltrikot vor dem Fernseher.

Ich kann nur mit den Mädchen tanzen, die auf der Kirmes sind. *(als er in der neuen Saison ohne Michael Ballack und Ze Roberto auskommen musste)*

»Ich will, dass ihr geil seid.« Untertitel: »Der neue Heilsbringer bläst seinen Profis die Köpfe frei.« *(»Hamburger Morgenpost« über den neuen HSV-Trainer)*

Toppmöller kommt gut an. Bei den Schlauen und bei den Doofen. *(Reiner Calmund)*

Er ist mal Kumpel und mal Schweinehund. *(Reiner Calmund)*

Er ist clever und routiniert, aber kein Schweinepriester. *(Reiner Calmund)*

## Ömer **Toprak**

Seit dem Trainerwechsel wissen wir, dass es wichtig ist, Punkte zu holen.

## Fernando **Torres**

Junge! Du bist so stark. Was geben sie dir denn in England zu essen? *(Spaniens König Juan Carlos)*

Torres hat dreimal getroffen, aber abgesehen davon, hatte ich ihn voll im Griff. *(Michael Duberry, Verteidiger von Reading)*

## John **Toshack**

Reporter: Machen Sie sich Sorgen wegen Tschernobyl? John Toshack: Wer ist er – Linksaußen bei Dynamo? *(Gespräch vor dem Spiel Kiew gegen Real Madrid)*

Man wird eher erleben, dass ein Schwein über das Bernabéu-Stadion fliegt, als dass ich mich ändere.

Reporter: »Haben Sie gemerkt, dass dies die schlechteste Heimniederlage von Wales in den letzten 98 Jahren war?« John Toshack: »Habe ich nicht. Aber ich habe mein Leben lang Rekorde geschlagen. Das ist ein weiterer.« *(Interview mit dem Trainer von Wales nach einer 5:1-Niederlage gegen die Slowakei)*

Am Montag nehme ich mir vor, zur nächsten Partie zehn Spieler auszuwechseln. Am Dienstag sind es sieben oder acht, am Donnerstag noch vier Spieler. Wenn es dann Samstag wird, stelle ich fest, dass ich doch wieder dieselben elf Scheißkerle einsetzen muss wie in der Vorwoche.

Die ganze Zeit zu gewinnen ist nicht unbedingt gut für die Mannschaft.

Das würde mich auch interessieren. *(auf die Frage, wie lange er noch Trainer von Real Madrid sei)*

Jeder Trainer wird eines Tages gefeuert. Aber es ist natürlich besser, von Real Madrid gefeuert zu werden als von einem anderen Verein.

Zu welchem spanischen Verein wechselte John Toshack, nachdem er Sporting Lesbian verlassen hat? *(Quiz-Frage im englischen TV)*

## Faton **Toski**

*(VfL Bochum)*

Ich wusste nicht, dass es so eilig war. *(wurde nach dem Ignorieren des Bundeswehrbescheids mit den Feldjägern aus dem Trainingslager geholt)*

## Francesco **Totti**

Was soll der Scheiß, ich kann kein Englisch. *(auf die Frage, was er von dem Motto »Carpe diem« halte)*

Ich soll ein Mama-Söhnchen sein? Ich umgebe mich eben gerne mit Menschen, die sich um mich kümmern. Und die Mama bleibt eben immer die Mama!

Vielleicht sollte er sich in der Halbzeit mal diese Mädchenfrisur wegmachen und anfangen wie ein Kerl zu spielen. *(Steffen Simon)*

Der Totti, der hat doch bei fast jedem Turnier die rote Karte bekommen. Wenn du ihm das sagst, spuckt er sofort zurück. *(Andrij Woronin)*

## Andy **Townsend**

*(ehemaliger irischer Fußballspieler)*

Die Belgier werden wie ihre skandinavischen Artgenossen Dänemark und Schweden spielen.

## Giovanni **Trapattoni**

Jeder Teamtrainer ist zum Tode verurteilt, er weiß aber nicht, wann er sterben wird.

Wenn ich mit dem Druck nicht fertig werden würde, wäre ich Lokführer geworden.

Spannen wir den Karren nicht vor die Ochsen, sondern lassen wir die Ochsen hinter dem Karren.

Aus dieser Mannschaft ist noch reichlich Erdöl zu fördern.

Wenn du dich an Zucker gewöhnt hast, willst du kein Salz mehr.

Sag niemals »Katze«, wenn du sie nicht im Sack hast.

The cat is in the sack, but the sack is not closed. The cat is it in, but it's open. It's a wild cat. *(als Nationaltrainer Irlands nach einem 4:0-Erfolg in der EM-Qualifikation in Estland)*

Ein Trainer ist nicht ein Idiot! Ein Trainer sehen, was passieren in Platz. In diese Spiel waren zwei, drei oder vier Spieler, die waren schwach wie eine Flasche leer.

Wenn ich jemanden von Image reden höre, denke ich unmittelbar an schöne Zitronen, die beim Öffnen komplett ohne Saft sind.

Es wäre falsch, wenn man einige Dinge auf der einen und nicht auf der anderen Seite betont. Denn so entstehen uniforme Ideen anstatt einer äquivalenten generellen Form. Also sage ich: Wir haben heute sehr gut gespielt.

Wer hier ist, ist hier. Wer nicht hier ist, ist eine andere Sache woanders.

Ganz ehrlich, Giovanni, du bist so gut, dafür verpasse ich gerne meinen Flug. Ich bleibe bis zur letzten Minute. *(der unter Zeitdruck stehende Hertha-Trainer Falko Götz zu seinem unterhaltsamen Kollegen vom VfB Stuttgart)*

Besser fliegen mit Flugzeug voll, als spielen wie Flasche leer. *(im März 1998 schaltete eine Fluggesellschaft Anzeigen mit diesem Spruch)*

Ich glaube, Trainer sind wie Fisch. Wenn sie frisch sind, sind sie gut, aber nach einer Weile fangen sie an zu stinken.

Wer Mozart hört, kann auch besser Fußball spielen. Man lernt viel über Spannungen, Tempo, Rhythmus, den Aufbau und die Strukturen. Man lernt die Logik, ein Spiel zu lesen.

Der Ball ist nicht immer rund – manchmal befindet sich in ihm ein Hase.

Es gibt nur einen Ball. Wenn der Gegner ihn hat, muss man sich fragen: Warum!? Ja, warum? Und was muss man tun? Ihn sich wiederholen!

Fußball ist Ding, Dang, Dong. Es gibt nicht nur Ding.

Ein Trainer ist nicht ein Idiot.

Manchmal löse ich ganz gerne ein Erdbeben aus.

Ich kann meine Frau nicht alleine lassen mit meinen Kindern. Die sind sehr temperamentvoll. Am Ende komme ich nach Hause, und meine Frau ist gestorben.

So viel Wärme freut mich natürlich, aber ich bin weder Marilyn Monroe noch Sophia Loren. *(nach der Vorstellung des neuen Trainers der italienischen Nationalelf, dem der Enthusiasmus seiner Landsleute um seine Person zu viel wird)*

Ich bin sicher, überall haben sie Probleme. Ich lege meine Hand ins Feuer: Bumm, bumm, bumm.

Ich fürchte keine Tomaten. *(vor der Rückkehr mit seinen schon im WM-Achtelfinale gescheiterten Spielern nach Italien)*

Ich glaube, ich habe heute zwei Spiele gesehen. Eines in der ersten Hälfte, das andere in der zweiten.

Ich habe fertig.

Der Trapattoni spricht mittlerweile besser deutsch als der Augenthaler bei der Brotzeit. *(Max Merkel)*

Als ich in den 60er Jahren erfahren habe, dass ich mein Debüt in der Serie A für den AC Mailand gegen SPAL *(Ferrara)* geben würde, bekam ich Fieber. Aber ich habe niemandem etwas gesagt. Ich wollte meinen Zug nicht verpassen. Ich wusste ja nicht, ob der Zug noch mal vorbeikommt!

## Wolfgang **Trapp**

Wir haben in Bremen 0:4 verloren. Sie werden Verständnis dafür haben, dass ich nicht zu sprechen bin. *(der KSC-Profi auf seinem AB)*

## Gert **Trinklein**

Jetzt weiß ich endlich, wozu ich meinen Kopf habe. *(nach einem intensiven Kopfballtraining unter dem neuen Trainer Gyula Lorant)*

## Karl-Heinz **Tritschler**

Der pfeift so, wie Eddie »The Eagle« Edwards fliegt! *(ein Fan über die Künste des Schiedsrichters)*

## Dragan **Trkulja**

Wir müssen weiterleben und so. *(nach dem Abstieg des SSV Ulm)*

## Philippe **Troussier**

Man schmeißt nur mit Steinen auf Bäume, die Früchte tragen. *(zu verbalen Angriffen von den Medien)*

## Harry S. **Truman**

Es ist leichter, Präsident der Vereinigten Staaten zu sein als Fußballtrainer. Sehen Sie, ich wurde für vier Jahre gewählt – und die schützen mich. Ein Fußballtrainer aber wird, wenn er verliert, von heute auf morgen in die Wüste geschickt.

## Thomas **Tuchel**

Ich kenne leider keine schönen Wörter auf Deutsch. Nur Schimpfwörter wie Scheiße. Mein Trainer ist Deutscher – und der sagt das ständig. *(Kylian Mbappe)*

Im Moment fühlt es sich so an, dass wir dreimal durchs Dorf laufen, ehe wir in die Kirche gehen. *(in einer Niederlagenserie trotz vieler Torchancen)*

Wir werden niemanden überholen, wenn wir nur in die Fußstapfen anderer treten.

Scheiß-Ball, Lewis, das ist ein Schalke-04-Pass. *(zu Lewis Holtby, den die Mainzer von Schalke 04 ausgeliehen haben)*

Wir Trainer geben das »Was« vor, und die Mannschaft liefert den Klebstoff, damit das Gebilde hält.

Was ist Abstiegskampf? Muss man das kennen, um ihn zu können? Zieht man da Helme auf?

Wir haben ein bisschen um den heißen Brei gespielt.

Helfen würde uns ein schnelles Tor und ein schneller Abpfiff und vielleicht können wir ja den Mannschaftbus vor unserem Tor parken.

Tuchel könnte sogar seine schwangere Frau aufstellen und die würde zwei Tore machen. *(Max Eberl)*

Nach dem Spiel habe ich die Spritze in die Arschbacke gesteckt. *(der Coach saß grippegeschwächt nur auf der Tribüne)*

Ich bin heilfroh, dass Kloppo sich endlich entschieden hat. So weiß auch ich, wo es mich als Nächstes hinverschlägt. *(nachdem Jürgen Klopp beim FC Liverpool unterschrieben hat)*

Wir fahren mit einem VW Käfer gegen einen Formel-1-Wagen und ihr fragt, warum wir nicht vor Vettel ins Ziel gekommen sind. *(nach einer Niederlage in München)*

Das Gras wächst nicht schneller, wenn man daran zieht. *(über den Umgang mit den Jungprofis)*

Marc selber würde am liebsten am Samstag spielen, mit Ganzarmgips. Das ist nicht möglich, hauptsächlich deshalb, weil er dann nicht auf Abseits reklamieren kann. *(nach dem Anschlag auf den BVB-Mannschaftsbus)*

Wenn konsequent, dann konsequent konsequent.

Er kam mal mit 'ner Bitte zu mir und sagte: Thomas, so viel Krafttraining ist für mich nicht gut. Ich will nicht ausschauen wie Bordon – dann verliere ich meine Stärke. Da habe ich mir nur gedacht: Hey Junge, du hast eine Figur wie eine Salzlette. Egal, wie viele Hanteln du in die Hand nimmst, du wirst niemals aussehen wie Bordon von Schalke 04. *(über seinen Spieler Niko Bungert)*

## Toni **Turek**

Toni, du bist ein Fußballgott. *(Herbert Zimmermann über Toni Tureks Glanzparade Sekunden vor dem Ende des WM-Endspiel 1954)*

Ein Gott sind Sie nicht, aber offenbar ein netter Mensch. *(Bundespräsident Theodor Heuss)*

## Juventus **Turin**

Ich habe den Spielern in Turin im Bus gesagt, sie sollen einmal rausschauen, sollen sich dieses hässliche Stadion einmal anschauen. Wer jetzt noch freiwillig nach Turin geht, dem ist auch nicht zu helfen. *(Bayerns Vorstandschef Karl-Heinz Rummenigge)*

Wir von Juve sind die Könige von Europa, und bald erobern wir die Welt. *(Präsident Giovanni Agnelli)*

## **Türkei**

Gegen die Türkei darfst du erst aufhören zu spielen, wenn deren Spieler schon im Bus sitzen. *(Reiner Calmund bei der EM 2008)*

Drei Jahre Türkei sind schon fast Friedensnobelpreis-verdächtig. *(Christoph Daum)*

Die Türken haben gezeigt, dass man, egal bei welchem Spielstand, immer mit ihnen rechnen kann. Das macht sie natürlich unberechenbar. *(Jogi Löw)*

Als ich das Rauchverbot im Mannschaftsbus durchsetzen wollte, haben sie mir erklärt, dass es in der ganzen Türkei keinen Busfahrer gäbe, der sich das Rauchen verbieten ließe. *(Jürgen Sundermann als Sportdirektor bei Trabzonspor)*

Du änderst die Türken eh nicht. Wenn also unser Mannschaftsbus um vier abfahren sollte, kam ich um halb fünf. Gefahren sind wir dann um fünf. *(Toni Schumacher über seine Zeit bei Fenerbahçe Istanbul)*

Im Vergleich zu den Artikeln, die sie schreiben, sind die Märchen aus Tausendundeiner Nacht empirische Untersuchungen. *(Christoph Daum über türkische Sportjournalisten)*

## Chris **Turner**

Die Leute sagen, dass wir Tottenham zu einem guten Zeitpunkt erwischt haben. Das stimmt. Aber wir selbst haben dennoch nicht mehr gewonnen, seit Hitler in Polen einmarschiert ist. *(der Trainer von Peterborough United, nach einem Unentschieden gegen die Spurs)*

## Tom **Tyrall**

*(englischer Reporter)*

Nach dem Abpfiff ist das Spiel vorbei.

# U

## Bayer 05 **Uerdingen**

Ihr werdet uns nicht los. Immer wieder aufsteigbar! *(Uerdinger Fan-Plakat 1994)*

Eine Straßenbahn hat mehr Anhänger als Uerdingen. *(Max Merkel)*

## Sven **Ulreich**

Jung und erfahren gibt es im Fußball nicht. Das gibt es nur auf dem Straßenstrich. *(in Anlehnung an einen Spruch aus »Stromberg«, nachdem er von Trainer Labbadia aus Mangel an Erfahrung vorübergehend aussortiert wurde)*

## Ron **Ulrich**

*(Journalist)*

Rainer Wendt legt Olaf Scholz öffentlich den Rücktritt nahe. Wann rät Boris Becker dem TSV 1860 München, endlich mal solide zu wirtschaften?

## **Ungarn**

Der ungarische Nachwuchs ist zweifellos begabt. Spielerisch treten die Jungs wie Südamerikaner auf – aber leider nur 30 Minuten. Sie wollen sich nicht quälen. Sie sagen vieldeutig: »Der Ball soll schwitzen!« *(Trainer Gyula Lorant im Frühjahr 1973)*

Das Niveau des ungarischen Fußballs liegt tiefer als der Hintern eines Frosches. *(Lajos Garamvölgyi, ungarischer Fußballtrainer)*

## Lars **Unnerstall**

Wer noch ein Feuerzeug braucht – im Tor liegen genug. *(Schalkes Torhüter, dem in der Schlussphase des Derbys in Dortmund zahlreiche Wurfgeschosse um die Ohren flogen)*

## SpVgg **Unterhaching**

Die Kirchenmaus im Petersdom. *(die Münchener »Abendzeitung« zum Aufstieg in die 2. Bundesliga)*

Mir ist es lieber, für einen Verein zu spielen, bei dem es auch mal Theater gibt, als für einen Klub wie Unterhaching zu kicken, für den sich keine Sau interessiert. *(Jens Keller, als er zu Eintracht Frankfurt wechselte)*

Hurra, wir haben's gefunden! *(Fans von Schalke 04 mit einem Plakat im Sportpark Unterhaching)*

## **USA**

Die Amerikaner hatten keine Ahnung von Fußball! Als ich damals bei Cosmos New York war, hatten wir teilweise Spiele, da haben die Zuschauer applaudiert, wenn einer über das Tor geschossen hat. Weil beim American Football musst du ja über die Stange schießen! *(Franz Beckenbauer)*

Unser Fußball ist wie amerikanischer Käse: fade und ohne Bestand. *(New York Times)*

## **USA Today**

Der Rest der Welt will uns allen Ernstes einreden, dass Fußball das Größte sei. Haben uns die Russen das Gleiche nicht immer über den Kommunismus erzählt?

## Peter **Ustinov**

*(Schauspieler)*

Fußball beherrscht den Teil im Hirn des Mannes, der sich weigert, erwachsen zu werden.

# V

## Jorge **Valdano**

Gegen einen Gegner zu spielen, der sich nur verteidigt, ist so, als ob man mit einem Baum Liebe macht.

## Carlos **Valderrama**

Ein Tag ohne Valderrama – das ist wie ein Tag ohne Sonne. *(Francisco Maturana, Nationaltrainer Kolumbiens)*

Das da vorn, was aussieht wie eine Klobürste, ist Valderrama. *(Béla Réthy)*

## Victor **Valdes**

Der letzte Sieg Reals gegen Barcelona? War das noch schwarz-weiß oder schon in Farbe? *(Barças Keeper frotzelt gegen Real)*

## Adolfo **Valencia**

*(kolumbianischer Fußballspieler)*

Fußball ist wie Lotto. Mal spielt man gut, mal schlecht.

## Harry **Valérien**

*(Sportjournalist und Moderator)*

Und den Zuschauern, die schon eingeschlafen sind, wünsche ich eine recht gute Nacht. *(im »aktuellen sportstudio«)*

## Raf **Vallone**

*(italienischer Schauspieler)*

Ein Fußballstadion ist der einzige Ort, an dem man brüllen kann, ohne gleich für einen Sänger gehalten zu werden.

## Marco **van Basten**

Es kommen ja nicht nur die Freundinnen, sondern auch die Ehefrauen. *(über den bevorstehenden Frauenbesuch im Mannschaftsquartier)*

Ein gutes Pferd wird nicht automatisch ein guter Reiter. *(Co Adriaanse über die Trainerpläne von Marco van Basten)*

## Mark **van Bommel**

Garantien kriegt man nur auf Waschmaschinen. *(auf die Frage, wie sicher er sei, dass Bayern in der Champions League weiterkommt)*

Der Platz war sehr schlecht, es gab sehr viele Löcher, aber gut, wir haben es versucht, vor allem in der ersten Hälfte haben wir versucht, die Löcher zu finden.

Dann dürfte ich den ja gar nicht aufstellen, denn der ist ja immer gefährdet. *(Ottmar Hitzfeld auf die Frage, ob man ihn – rotgefährdet – nicht hätte auswechseln müssen)*

Da muss man sich ja schon fast Sorgen machen, wenn ich immer noch schneller bin als Mark van Bommel. *(Karl-Heinz Rummenigge entkam durch einen Sprint der üblichen Meister-Bierdusche)*

So schlimm wie du war ich nie, Mark! Schließlich habe ich ja auch mal den Ball gespielt. *(Stefan Effenberg)*

Hier in Italien hast du immer mehrere Klubs, die die Champions League gewinnen können. In Deutschland mit dem FC Bayern nur einen. Schalke schafft das höchstens auf der Playstation.

Jede gute Mannschaft hat fünf, sechs, sieben Jungs, die die Kabine bewachen. Jetzt holen wir noch einen ohne Bommel. *(Rudi Assauer zu den Gerüchten um eine Verpflichtung des Niederländers Mark van Bommel)*

Ich habe mit Ajax oft gegen PSV Eindhoven und ihn gespielt, und er musste jedes Mal eigentlich drei rote Karten bekommen. Doch er hat immer mit dem Schiri geredet und am Ende blieb er auf dem Platz. Van Bommel ist das größte Arschloch, wenn der nicht in deiner Mannschaft spielt. Wenn du mit ihm spielst, ist es das Beste überhaupt! *(Rafael van der Vaart)*

## Hans **van Breukelen**

*(niederländischer Torwart)*

Torhüter sind einfach tragische Figuren. Die Menschen kommen ins Stadion, um Tore zu sehen, und Torhüter sind da, um genau die zu verhindern.

## Dick **van Burik**

Trainer im Profibereich zu sein ist ziemlich schwer. Du hast 25 Spieler und alle wollen spielen. Und wenn du Pech hast, dann hast du ein paar Holländer im Kader. Die wissen eh' immer alles besser. *(der Niederländer als Begründung, warum er lieber Manager als Trainer werden will)*

## Daniel **van Buyten**

Es ist ja ein Mannschaftssport. Wir helfen hinten ein bisschen aus, also kann er ab und zu auch mal vorne treffen. *(Miroslav Klose zum Doppelpack des Verteidigers)*

Ich spreche im Schlaf und manchmal schreie ich auch. Die Nacht könnte für den Teamkollegen zum Albtraum werden. *(der belgische Abwehrhüne über den Grund, warum er als einziger Nationalspieler im Quartier in Japan ein Einzelzimmer zugeteilt bekommen hat)*

## Joey **van den Berg**

*(Spieler bei PEC Zwolle)*

Von einem Monat Autowaschen wirst du ein besserer Fußballer. Zu 100 Prozent.

## Mario **van den Ende**

*(niederländischer Schiedsrichter)*

Der beste Schiedsrichter hat gute Augen und schlechte Ohren.

## Rafael **van der Vaart**

Auf einem alten Fahrrad lernt man das Radeln. *(über seine fünf Jahre ältere Frau Sylvie)*

Das möchte ich am liebsten auch. *(im »Sportstudio« zum Fan-Plakat: »Geh! Aber lass Sylvie hier«)*

Was er macht, ist unglaublich. Ich genieße es von hinten. *(Khalid Boulahrouz zu seiner Zeit beim HSV über seinen Mitspieler)*

Ich hoffe, da steht gar keiner. *(auf die Frage, welchen Verteidiger er gegen Deutschland auf seiner Seite erwartet)*

Ich zahle gar nichts *(zur Geldstrafe wegen seines Wechseltheaters 2007)*. Die Anwort von HSV-Sportchef Didi Beiersdorfer: Wir haben den Vorteil, dass wir das Gehalt überweisen ...

## Henk **van Dorp**

*(niederländischer Reporter)*

»Ihr sitzt da in der Kabine, habt gerade 2:2 gegen Polen gespielt, es ist still, und was sagt ihr dann so?« Antwort von Rob Witschge *(niederländischer Nationalspieler)*: »Wenn es still ist, sagen wir eigentlich gar nix!« *(Interview in einer TV-Sendung)*

## Rein **van Duijnhoven**

Ich habe überhaupt kein Talent dazu. Zumindest nicht für die weiten Schläge. Da brauchen wir eigentlich einen Suchhund. *(über seine Versuche als Golf-Spieler)*

Wenn wir jetzt noch absteigen, gebe ich meinen Vertrag zurück und höre auf zu spielen. *(nachdem der VfL Bochum am 20. Spieltag 33 Punkte auf dem Konto hatte und auf Platz fünf stand)*

## Louis **van Gaal**

Es geschieht nicht häufig, dass jemand, der noch lebt, eine Autobiografie schreibt.

Okay, zuerst. Ich habe gesehen, viele Frauen sind hier. So, auch, viele Mutti. Ein dicke Kuss von den Trainer von der Meister. Und, wer hat die beste Verteidigung? FC Bayern. FC Bayern. Wer hat die beste Angriff? FC Bayern. Und deswegen sind wir Meister. Und nicht nur von München, nicht nur von München, auch von Gel-sen-kir-chen, auch von Bremen und auch in Hamburg. Wir sind die Beste von Deutschland! Und, vielleicht, Europas, jaaaaaa! *(legendäre Bayern-Meisterrede 2010 an einem Muttertag auf dem Rathaus-Balkon in München)*

Man bekommt immer mehr den Eindruck, Louis van Gaal hat seine Trainerausbildung an der Uni Bayreuth absolviert. *(Stefan Raab)*

Wenn er Postbote wäre, würde er meinen Hund beißen oder gleich aufessen. *(Mehmet Scholl)*

Ich bin ein intelligenter Trainer. Ich trainiere mehr fürs Köpfchen als für die Beine. Das ist schwierig für manche Spieler.

Ich würde bei Bayern München bleiben, weil sie einen guten Trainer haben. *(auf die Frage, ob er an Ribérys Stelle zu Real gehen würde)*

Ich bin der Beste. *(nach dem Gewinn der holländischen Meisterschaft in den Niederlanden mit AZ Alkmaar)*

Ich finde es schön, wenn ich mit Rudi Carrell verglichen werde! Es ist das erste Mal, dass ich von den Medien so positiv bewertet werde. Das war in Holland und Spanien nicht so. *(als er mit Bayern Meister geworden war)*

Zwei Tage ohne van Gaal ist besser für die Spieler und besser für mich. *(der weise Trainer gab seinen Spielern zwei Tage frei)*

Ich bin kein Disziplinfanatiker. Ich bin ein Freund von Normen und Werten. Meine Frau nennt mich einen Softie.

Ich bin ein Feierbiest!

In der ersten Halbzeit war Nürnberg nicht Nürnberg. In der zweiten Halbzeit war Nürnberg Nürnberg.

Ich bin wie Gott, ich werde nie krank, und ich habe immer recht.

Ich hoffe, dass das Verlangen größer ist als die Müdigkeit, aber wir haben auch Weicheier. *(über die Belastung im Titelkampf)*

Wir haben in dieser Saison nicht oft geduselt, aber heute schon.

Ich habe einen Körper wie ein Gott, aber nicht wie Mario Gomez.

Louis van Gaal hat ausgelernt. *(die Antwort des Trainers, als man ihn 2001 fragte, was er von den Engländern lernen könne)*

Sie wissen, dass sie einem Papagei erst vorsprechen müssen. Sie sagen »Lore«, dann sagt er »Lore«. Wenn sie dann sagen: »Van Gaal ist ein Schwanz.« Dann ruft er auch: »Van Gaal ist ein Schwanz.« *(zur Kritik von Scholl und Kahn an ihm)*

Ruht euch jetzt aus. Geht nicht shoppen. Keine Party. Einfach Ruhe. Und wenn euch langweilig ist, spielt ein bisschen mit eurer Frau.

Ich spiele besser als er, trotzdem schreit er immer Ratschläge über den Platz, so dass alle uns anstarren. Am Ende ist es mir dann egal, ich lasse ihn einfach gewinnen. Sonst ist er sauer. *(Truus van Gaal über ihren Mann Louis beim Tennis)*

Louis, du bist unser Feierbiest. Und als Feierbiest hat man die Verantwortung, dass auch im nächsten Jahr die Feiern gefeiert werden. Dementsprechend: Leg los! *(Karl-Heinz Rummenigge auf der Jahreshauptversammlung 2010)*

Van Gaal erinnert mich an mich! *(Uli Hoeneß)*

Er fragt: »Haben wir Salz?« Dann sage ich: »Ja, natürlich haben wir Salz.« Er fragt mich dann: »Wo haben wir das Salz?« Dann sage ich: »In der Tiefgarage ...« Natürlich haben wir es dort nicht. Das ist in der Küche. Aber er weiß es halt nicht. *(seine Ehefrau Truus über den Meistertrainer)*

Es hat bei uns keinen Sinn, dem Trainer reinzureden – dann macht er genau das Gegenteil. *(Bayern-Präsident Uli Hoeneß über seinen Trainer)*

Im Sommer machte er den Alleinunterhalter bei Bayern, ist ein bisschen geschwebt, wie der liebe Gott. Aber das Feierbiest kann auch ein Ekelpaket sein. *(Reiner Calmund)*

Der Trainer wollte uns klarmachen, dass er jeden Spieler auswechseln kann – egal, wie er heißt, weil er Eier hat. Um das zu demonstrieren, ließ er die Hosen runter. So etwas habe ich noch nie erlebt, das war total verrückt. Ich habe aber nicht viel gesehen, da ich nicht in der ersten Reihe saß! *(Luca Toni)*

Es ist zum Totlachen, wenn ich Louis van Gaal, den Trainer vom FC Barcelona, sehe. Der hat tolle Spieler um sich herum und schreibt während eines Spiels einen Roman. Erfolg hat er nicht. Warum? Er sieht vom Spiel nichts. *(Aleksandar Ristić)*

Er erklärte mir mit dem Bleistift, wann ich wohin laufen sollte. Ich habe ihm gesagt: Hör mal, Meister, du hast mir gar nichts zu sagen – geh in dein Büro und schreib Briefe! *(Zlatan Ibrahimovic)*

## Arie **van Gemert**

Ich weiß nicht, ob der holländische Schiedsrichter Arie van Gemert das immer richtig sieht. Ich sah ihn gestern im Hotel, da trug er eine Brille – heute hat er keine auf. *(Fritz Klein, Journalist)*

## Fred **van Halen**

*(Bauchredner)*

Wie heißen die Fußballschuhe von Jesus? Christstollen!

## Willem **van Hanegem**

*(niederländischer Nationalspieler)*

Eine wirklich richtig gute Partie habe ich meiner Meinung nach nie gespielt. Das Abschiedsspiel sollte die beste Partie werden, aber dann ist das auch wieder nicht so gekommen wie gedacht.

Rauchen ist schlecht. Vor allem für die Gardinen.

Schnell sein bedeutet nichts. Du musst rechzeitig loslaufen.

## Marco **van Hoogdalem**

In Kaiserslautern hab' ich gedacht, es wird ein Roter Teufel, jetzt bin ich froh, dass es kein Frankfurter Würstchen wird. *(in Erwartung der Entbindung seines Kindes)*

## Arie **van Lent**

Ich habe keine Spielerfrau, ich habe eine richtige Frau. *(auf die Frage nach der perfekten Spielerfrau)*

Mein Schatten war heute schneller als ich.

## Bert **van Marwijk**

Die haben mir keins gegeben. *(auf die Frage, warum er im Anschluss an ein Spiel auf sein obligatorisches Bier verzichtet habe)*

Der muss völlig angst- und schmerzfrei sein. *(Max Merkel)*

Van Marwijk schadet Mannschaft und Verein, weil er mich nicht aufstellt. *(Lars Ricken)*

## Ruud **van Nistelrooy**

Fußball ist das Wichtigste, Schönste für mich. Jeden Tag zu trainieren, das ist etwas Besonderes. Ich ziehe jeden Morgen meine Fußballschuhe an und denke: »Ich habe Glück!«

Van Nistelrooy ist schon ein geiler Spieler. Der trifft vermutlich selbst dann, wenn er furzt. *(Alessandro del Piero)*

Wir haben uns den Elfmeterpunkt im Training ganz genau angeschaut. *(über die Vorbereitung auf das Elfmeterschießen vor dem Spiel gegen Schweden bei der EM 2004)*

Seine einzige Schwäche ist die Kopfballstärke. *(Werner Hansch)*

## Robin **van Persie**

Van Persie ist der richtige Spieler für Arsenal – er kann eine Dose voller Würmer aufmachen. *(Paul Merson)*

## Gerald **Vanenburg**

Viel Sex. *(der Niederländer auf die Frage, was er nach seiner aktiven Karriere gemacht habe)*

## Gustavo **Varela**

Mir kommen die Tränen, wenn ich lese, dass Gustavo Varela seine Knochen im Stadion gelassen hat. *(Leserbrief von Herrn Neumann, »Sport-Bild«)*

## Aleksandar **Vasoski**

Ich versuche immer, den Ball zu spielen, aber wenn mir jemand dazwischenkommt, dann hat er Pech.

## Fatmir **Vata**

Das war kein Rot, das war Knast! *(Arminia Bielefelds Spieler zu seinem Teamkollegen Klodian Duro, der für ein übles Foul nur Gelb sah)*

Es ist O.K. Wie hat es Olli Kahn gesagt? Wir brauchen Eier. *(über Ronald Mauls Griff in Vatas Weichteile)*

So'n Mädchen! Also, ich hab ihn wirklich net arg getroffen und dann so fünf Saltos drehen. *(Christian Wörns über Fatmir Vata, der nach einem eher harmlosen Foul theatralisch zu Boden ging)*

## Armin **Veh**

Außerdem wäre mir es lieber, wenn ich jetzt nicht so viele Fragen beantworten müsste, weil ich so nach Bier stinke. Ich kann mich selbst nicht mehr riechen. *(bei der Pressekonferenz nach der Übergabe der Meisterschale)*

Boah, das ist aber eine fiese Frage. Die kann ich doch nicht beantworten. Nimm die sofort wieder zurück, Mensch. *(auf die Frage, ob er den Trainer Veh entlassen würde)*

Erst die späte Anreise, dann die weißen Trikots, in denen wir noch nicht gewonnen haben. Eigentlich konnte das nur schiefgehen.

Zé fehlt mir im Mittelfeld. Wir müssen sehen, dass wir zwei aus ihm machen.

Fußball könnte so schön sein, wenn nicht dauernd was Blödes passieren würde.

Wenn man kein Tor erzielt, kann man nicht unentschieden spielen, wenn der Gegner eins macht, und schon gar nicht gewinnen.

Ein guter Fußballer grätscht nicht.

Ich möchte nicht wissen, was die Journalisten berichten, wenn wir jetzt die Flasche Sekt köpfen und dann doch noch absteigen. *(über den nur noch theoretisch möglichen Abstieg von Hansa Rostock)*

Es ist niemand gestorben. Es ist immer noch nur Fußball. *(als er den Meistererfolg in der Saison danach nicht konservieren konnte)*

## Luciano **Velardi**

Herr Trainer, für mich ist schon an diesem Samstag Weihnachten. *(VfL Bochums Amateurspieler, den Trainer Peter Neururer in den Profi-Kader für das Heimspiel gegen 1860 München berief)*

## Klaus **Veltmann**

Viertelstunde rum. Ausgeglichene Partie mit klaren Vorteilen für die Heimmannschaft.

## Terry **Venables**

An diesem Ergebnis war nichts zu machen. Der Schiedsrichter hatte dieses Spiel auf seinem Totoschein als Unentschieden getippt.

Entweder du gewinnst oder du verlierst. Dazwischen gibt es nichts.

Die Chancen stehen fifty-fifty, die letzten zwei hängen nicht vom Fußball ab.

Ich denke, wenn die Geschichte sich wiederholt, können wir noch mal das Gleiche erwarten.

Bestimmte Leute sind für mich und andere stehen auf meiner Seite.

Es gibt zwei Wege, um an den Ball zu kommen. Der eine ist von deinem eigenen Teamkollegen und das ist der einzige Weg.

Bei Barça läuft es im Moment nicht so gut. Trotzdem kann ich immer noch ausgehen. Gut, solange es nach Mitternacht ist, das Restaurant schwach beleuchtet wird und ich eine Sonnenbrille mit dunklen Gläsern trage.

Man sollte denken, wenn jemand eine ordentliche Mauer aufstellen kann, dann müssten es die Chinesen sein.

## Barry **Veninson**

*(englischer Fußballer)*

Ich ziehe immer zuerst meinen rechten Schuh an, dann den rechten Socken.

Es hat nichts mit seiner Fähigkeit zu tun. Es liegt vielmehr an seinem Können.

Wie so viele bei Chelsea ist Zola einmalig. *(über den italienischen Chelsea-Spieler Gianfraco Zola)*

## Giampiero **Ventura**

Das hat er richtig gut gemacht. In den letzten Wochen beklagten wir im Schnitt drei Verletzte pro Partie – zu jenem Zeitpunkt hatten wir erst zwei. *(Trainer des AS Bari über seinen Stürmer Francesco Caputo, der beim Jubel über seinen ersten Treffer in der Serie A den Teamkollegen Nicola Belmonte zu Boden geschickt hatte)*

## Gertjan **Verbeek**

Wir haben kein Schwarzgeld! *(die Antwort des Trainers von AZ Alkmaar auf die Frage, warum niederländische Vereine keine Europapokale mehr gewinnen)*

Wenn man etwas erschaffen will, muss man offensiv denken, beim Defensivdenken wird man nicht kreativ.

Ich hoffe, dass ich 90 Jahre alt werde. Dann kann ich sagen, ich hätte 100 werden können. Aber ich habe in Nürnberg gearbeitet.

Die Spieler von Bayern München müssen auch auf die Toilette – und es kommt bei ihnen dasselbe raus wie bei uns.

Rechnerisch ist es auch noch möglich, dass ich Milliardär werde. *(auf den Hinweis, dass der VfL Bochum rechnerisch noch absteigen könnte)*

## Frank **Verlaat**

Verlaat ist der Pilot in unserem Flugzeug, ohne den es nicht fliegt. Da können die Stewardessen noch so schön sein. *(Rolf Fringer)*

## Johan **Vermeersch**

*(Präsident des FC Brüssel)*

Ich schmeiß nach der Saison beim FC Brüssel alle raus – bis auf die Waschmaschine. Sie war die Einzige, die das gemacht hat, wofür wir sie bezahlt haben.

## Dieter **Versen**

*(VfL Bochum)*

Wir fahren nicht mit der Illusion nach München, dass die Bayern mit 2,2 Promille auflaufen. *(vor dem Spiel gegen die Bayern, nachdem sie zuvor den Europapokal gewonnen haben)*

## Karlheinz **Vest**

*(ARD)*

Das Köpfen ist des Müllers Lust. *(über Andreas Müller)*

Da crienst er sich eins. *(über den Torschützen Hans-Jörg Criens)*

## Mark **Viduka**

*(australischer Nationalspieler)*

Mich würde es nicht stören, alle Spiele zu verlieren, wenn wir die Meisterschaft gewinnen.

## Christian **Vieri**

Ich hätte niemals 90 Milliarden Lire für mich bezahlt.

## Angel Maria **Villar Llona**

Es gibt die 18. Spielregel, das ist der Menschenverstand. Den dürfen die Schiedsrichter auch anwenden. *(der Vorsitzende der FIFA-Schiedsrichter-Kommission, zu den Vorgaben des Weltverbandes für die Unparteiischen)*

## André **Villas-Boas**

Ich bin kein Klon von Mourinho, ich bin ganz anders. Ich bin Bobby Robson viel ähnlicher, habe eine große Nase und mag Wein.

## Brief an das **VIZ Magazin**

Es wird immer behauptet, dass Fußball ein Spiel mit zwei Hälften ist. Nicht für mich. Normalerweise trinke ich acht oder neun Pints, während ich ein Spiel auf Sky TV in meiner Kneipe schaue.

## Gerhard **Voack**

Wir können nur hoffen, dass sich Voack eines Tages aus Versehen selbst verkauft. *(Nürnberger Fans im Winter 1993 über ihren Präsidenten)*

Wir haben keine Schulden. Nur Verbindlichkeiten.

## Eberhard **Vogel**

*(Trainer von Carl Zeiss Jena)*

Vor allen Dingen nach vorne hatten wir wenig Chancen.

## Heiko **Vogel**

Ich versuche halt manchmal, vom Fußball loszukommen – er kommt ja wieder.

Ausgerechnet, wenn auf dem Platz Windstille ist, werden die meisten Warnungen in den Wind geschlagen.

## Kevin **Vogt**

Da muss man auch mal die Eier auf den Tisch legen.

## Berti **Vogts**

Natürlich gibt es das schon einmal bei einem Amateurspiel, dass ein Spieler einen anderen als »Türkenschwein« beschimpft. Aber das hat nichts mit Rassismus zu tun.

Wenn wir Deutschen tanzen, und nebenan tanzen Brasilianer, dann sieht das bei uns eben aus wie bei Kühlschränken.

Der lebende Rasenmäher Vogts schaffte das Unmögliche und brachte Cruyff aus dem Gleichgewicht. *(das schwedische »Aftonbladet« bei der WM 1974)*

Das ist ein schneller, gefährlicher Mann – ein typischer Jugoslawe eben! *(in der Teambesprechung bei der WM 1994 über den Bulgaren Christo Stoitschkow)*

Auf so einen Platz kriegen Sie keinen deutschen Fußballer. Da würde ein Deutscher nicht einmal seine Kuh draufstellen. *(zu den Trainingsbedingungen in Nigeria, als er dort Nationaltrainer war)*

Die Realität ist anders als die Wirklichkeit.

Geht doch zum Schiedsrichter und lasst euch von dem ein Autogramm geben. Der hat mehr Grund zum Jubel! *(1971 zu Autogrammsammlern nach einer Partie, bei der er mit der Leistung von Schiedsrichter Karl Riegg nicht zufrieden war)*

Ich fresse seit Monaten so vieles in mich hinein, aber ich werde immer dünner.

Der schlaue Berti verschlüsselt seine vielen Notizen in Ziffern, Zeichen und Privatkürzeln. Der Mann ist raffinierter als sein Image. *(»Focus«)*

Einer wie Berti kann dem einzelnen Spieler noch etwas Neues beibringen, weil er's ja einst selbst hat lernen müssen – im Gegensatz zum Franz. *(Toni Schumacher über den Bundestrainer)*

Berti Vogts war mein liebster Gegner. Der hatte zu kurze Beine. Wenn ich den Ball mit dem Hintern abdeckte, stocherte er ins Leere. *(Willi Lippens)*

Beim Berti lernen sogar friedliche Schildkröten schnell, was eine Beinschere ist. *(Max Merkel)*

Ich habe ihn gleich umgetreten. Deswegen habe ich einen Vertrag bekommen. *(Lothar Matthäus über seinen Einstand bei Borussia Mönchengladbach)*

An sich bin ich gegen Damenfußball. Es gibt so schöne Sportarten, warum ausgerechnet Fußball für die Dame. *(Mitte der Siebziger)*

Manche Profis knipsen doch heute schon vor der Ampel ihr Lächeln an, weil sie es für das Rotlicht einer Fernsehkamera halten.

Wenn ich das gewusst hätte, hätte ich die Aufstellung geändert. *(zu der Feststellung, er hätte mit der Wunschelf von Paul Breitner gespielt)*

Nach dem dritten Pils sagt man sich in der Mannschaft vielleicht auch mal die Wahrheit. Aber ich kann doch keine Fete anordnen.

Ich habe den Fehler gemacht, sieben Spielern zu sagen, ihre Verträge werden nicht verlängert. Der Einzige, der ging, war ich. *(über sein kurzes Trainerengagement bei Bayer Leverkusen)*

Wohlstandsjünglinge! Fußballer müssen wieder lernen, dass Qualität von Qual kommt.

Wir standen wie vom Donner gerührt, als uns Dänemark abblitzen ließ. *(nach der EM-Niederlage 1992)*

Wie der Afrikaner lebt, so spielt er auch Fußball.

Das war ein Jahrhundertspiel, in dem der Ball viele Liebhaber hatte.

Wir haben in den Bergen des Urwaldes Gorillas gesehen, haben uns flach auf den Boden gelegt, um sie nicht zu provozieren. Wenn ich so was vor der Presse erzähle, da sagen doch alle: Hoffentlich geht er bald zurück zu den Affen.

Bei einem Sieg werden sie von der Wolke der Euphorie getragen, ja.

Der Mörder bin ich nicht. Und mit Fußball hat meine Rolle auch nichts zu tun – das können andere ja besser. *(über seine Rolle in einem Kriminalfilm)*

Es ist schwer, Jürgen Kohler zu verkraften. *(gemeint: Jürgen Kohlers Ausfall zu verkraften)*

Diese Siegermentalität wollen wir auch mental rüberbringen.

Da wir nicht voll auf Niederlage spielen, spielen wir voll auf Sieg.

Sex vor einem Spiel? Das können meine Jungs halten, wie sie wollen. Nur in der Halbzeit, da geht nichts.

Wir haben ein Abstimmungsproblem – das müssen wir automatisieren.

Wirklich, glauben Sie mir: Ich kann weiter als nur bis zur Nasenspitze denken.

Ich bin eigentlich ganz anders. Nur habe ich leider überhaupt keine Zeit dazu.

Wenn ich übers Wasser laufe, dann sagen meine Kritiker: »Nicht mal schwimmen kann er.«

Ich bringe eine Voraussetzung mit, die in Schottland besonders geschätzt wird: Wo auch immer ich als Nationaltrainer tätig war, wurden meine Teams nie von England bezwungen.

Hinten spielt die deutsche Mannschaft Mann gegen Mann. *(bei der Frauen-WM in den USA)*

Meine Kritiker mögen ja alle recht haben; ich glaube trotzdem, dass ich etwas rechter habe.

Bitte nennt mich Berti McVogts, wenn wir gegen Deutschland spielen.

Das Spielfeld war zu lang für Doppelpässe.

Hass gehört nicht ins Stadion. Solche Gefühle soll man gemeinsam mit seiner Frau daheim im Wohnzimmer ausleben.

Ein Spieler wie Michael Ballack sollte sich mal selbstkritisch selber hinterfragen.

Du musst positiv denken. Und der positivste Gedanke: Dem nehme ich jetzt den Ball weg! *(zu Thomas Berthold)*

Ich glaube, dass der Tabellenerste jederzeit den Spitzenreiter schlagen kann.

Bei Umfragen schneide ich besser ab als der Kanzler.

Wenn ich einmal ein Buch schreibe, dann schreibt das meine Frau.

Lieber eine Nase voll Koks als Berti Vogts. *(Fans von Bayer Leverkusen)*

Die rechte Außenbahn: die Problemzone von Berti Vogts. *(Béla Réthy)*

Mama, sag Papa nicht, wie sehr ich mich auf Paris gefreut habe. *(Justin Vogts, WM 1998)*

Er hat für die UEFA vor 50 europäischen Trainern die EM analysiert. Das machst du nicht, bloß weil du früher ein paar Gegner abgegrätscht hast. *(Reiner Calmund)*

Früher passten seine Freunde in einen Eisenbahnwaggon, heute in ein Goggomobil. *(Reiner Calmund)*

Freundschaften zählen für mich sehr, aber nicht in diesem Geschäft. Ich habe Jürgen Gelsdorf vor die Tür gesetzt, und der war sogar mein Trauzeuge. *(Reiner Calmund über die Zukunft von Vogts)*

Der Vogts hat wohl zu lange auf einem Kamel geritten. *(Carsten Ramelow auf die Kritik von Kuwaits Nationalcoach Berti Vogts)*

Vogts, du Arschloch! *(Carsten Jancker nach einem Tor gegen Leverkusen zu deren damaligem Trainer)*

Ich habe Berti Vogts viel Glück gewünscht für seine Arbeit in Leverkusen und ihm gewünscht, dass er diesmal wieder Zweiter wird. *(Stefan Effenberg auf die Frage, worüber er sich mit dem ehemaligen Bundestrainer beim Spitzenspiel zwischen Bayern und Bayer Leverkusen unterhalten hatte)*

Er ist die Korrektheit in Person. Ich glaube, der bügelt sogar jeden Morgen seine Sorgenfalten glatt. *(Bernd Schuster)*

Die Macht des Geldes ist groß, aber das Geld wird nicht der Genickschuss für den Sport Fußball sein.

Wenn jeder Spieler 10 Prozent von seinem Ego an das Team abgibt, haben wir einen Spieler mehr auf dem Feld.

Ich bin mir sicher, unserer Mannschaft wird nichts passieren. *(als Mannschaftskapitän bei der WM 1978 in Argentinien zur Folterpraxis des dortigen Militärregimes)*

Meine nächste und schwierigste Aufgabe wird sein, dass ich Berti beibringe, sich in das Kombinationsspiel einzuschalten. *(Hennes Weisweiler)*

Wenn mich der Konopka zu sehr geärgert hat, ist der Berti über die Mittellinie gekommen und hat mich gerächt. Das war zwar gegen meine pazifistische Grundeinstellung, aber tief drinnen habe ich eine leichte Genugtuung gespürt. *(Ewald Lienen über die früheren Derbys zwischen Gladbach und Köln)*

Vogts ist doch nur ein Weltklasseverteidiger geworden, weil er wie ein Berserker ausgeteilt hat. *(Friedhelm Funkel)*

Der glaubt, durch sein Geschrei zur Persönlichkeit zu werden. *(Bernd Cullmann bei der WM in Argentinien 1978)*

Ich halte Vogts für einen Pflichtklopper. Wenn der nur ein Bein hätte, würde er weiterlaufen. *(TV-Moderator Erich Böhme)*

Berti Vogts hatte vor jedem Spiel gegen mich Dünnschiss. *(Willi »Ente« Lippens)*

Ich kann den Ball keine dreimal hochhalten, aber ich bin Weltmeister. *(nach dem WM-Gewinn von 1974)*

## Uli **Voigt**

*(Reporter)*

Köln spielt wie ein Mitglied der Initiative »Rettet den MSV«. *(im Frühjahr 1995)*

Es wäre schön, wenn sich nicht alle um den Tisch von Thomas Brdaric drängen, sondern der eine oder andere auch bei Michael Ballack vorbeischaut. *(vor dem Medientag mit 23 Nationalspielern)*

## Markus **Völker**

*(»taz«-Journalist)*

Stünden nicht noch die Scharmützel um Podestplätze an, über die letzten zwei Spieltage der Bundesliga legte sich die Spannung eines nordkoreanischen Wahlabends.

## Georg **Volkert**

Seine Frau braucht keine Bedenken zu haben: Auswärts ist der Schorsch schwächer als zu Hause. *(Trainer Lothar Buchmann über seinen Spieler)*

## Kevin **Volland**

Dann nehme ich erst einmal jedes Bierzelt in ganz Bayern mit. *(über die Zeit nach seiner Karriere)*

## Rüdiger **Vollborn**

Mit einer Frau im Haus spielt jeder Fußballer besser!

Als ich das hörte, dachte ich: Mensch, die kennen dich hier sogar. Das hat mich hervorragend stimuliert! *(nach Fangesängen: »Ja, ja, der Vollborn im Tor, der ist der Dümmste.«)*

## Rudi **Völler**

Wir sitzen alle in einem Boot. Zusammen müssen wir die Karre aus dem Dreck ziehen.

Ich bin ein fauler Mensch, neige zu Wutausbrüchen, bin geschieden und habe Kinder aus erster Ehe. Vielleicht mögen sie mich deshalb. *(als DFB-Teamchef über die Ursachen seiner enormen Sympathiewerte)*

Wenn ein Brasilianer mit Namen Mozart in Moskau spielt, dann können unsere Jungs nicht sagen, dass es dort zu kalt ist. *(Leverkusens Sportdirektor vor dem UEFA-Cup-Spiel bei Spartak Moskau, wo der Brasilianer mit Namen Mozart spielt)*

Das haben mich die Hamburger Passanten auf dem Weg hierher auch schon gefragt. Denen habe ich gesagt, dass ich sozusagen das Bayer-Kreuz eintätowiert habe. *(auf die Frage, ob er nicht Sportchef beim Hamburger SV werden möchte)*

Beim Fußball spricht sich sehr schnell herum: Strauchle ein Mal, das zweite Mal hast du eine Philosophie des Strauchelns.

Nicht jeder, der einen Führerschein hat, kann Auto fahren. *(auf die Frage nach seinem fehlenden Trainerschein)*

Das mit dem Jetlag ist nicht so einfach. Ich war heute früh um kurz nach vier Uhr wach. Da habe ich mir zum ersten Mal im Leben den Schlager-Grand-Prix angeschaut. Da bin ich zwischendurch wieder eingenickt. *(über die Zeitumstellung)*

Bis zum 1:0 haben wir gut gespielt. Leider fiel das Tor schon in der 6. Minute.

Es macht Spaß, unserer Mannschaft zuzuschauen, auch wenn es wehtut.

Die haben so viel Geld ausgegeben für das Stadion. Kleiner Tipp: das nächste Mal richtige Netze kaufen. *(über das Phantom-Tor in Hoffenheim)*

Dafür sagen sie heute: Ich hatte den falschen Reisbrei heut' Mittag und habe Laktose-Intoleranz. *( über die neuen Ausreden der Spieler)*

Zu 50 Prozent stehen wir im Viertelfinale, aber die halbe Miete ist das noch lange nicht!

Ich werde kratzen und beißen. *(zur Medienkritik nach dem 0:0 gegen Finnland)*

Grundsätzlich muss man sich überlegen, ob man dann weitermacht. Aber ich lasse mir da Zeit, ich denke da kurzfristig. *(nach dem 1:5 gegen England)*

In der Nacht vor dem Spiel träume ich bestimmt nicht von Claudia Schiffer oder Linda Evangelista. Da sehe ich eher Jens Nowotny oder Marko Rehmer vor mir. *(vor dem Spiel gegen England)*

Danke an das hannoveranische Publikum.

Zum Leid der Ehefrauen wird man wieder mehr vor dem Fernseher sitzen. Das ist doch super für die Männer. *(vor der EM 2004)*

Wie immer, wenn man Koffer packt, ist das alles nicht so spaßig, Hemden zusammenlegen oder Hosen. Vor allem, wenn die eigene Frau nicht dabei ist. *(zum Auszug aus dem WM-Quartier)*

Wenn Kritik aus England kommt, dann freut uns das. Dann weiß man, dass man alles richtig gemacht hat. *(zu den Kommentaren der englischen Presse nach dem Spiel gegen Paraguay bei der WM 2002)*

Es ist wichtig, dass wir nach diesem hohen Sieg den Ball flach halten.

Was meine Frisur betrifft, da bin ich Realist.

Man erschreckt ja manchmal selbst, wenn man sich nochmal im Fernsehen sieht, wie man die Gesichtszüge verändert. *(über seine erkennbare Anspannung während des Spiels)*

Wir spielen besseren Fußball als 1986. Da war ich bei einigen Krückenspielen selbst dabei.

Es gibt jetzt gerade überall auf anderen Pressekonferenzen Trainer, die denselben Käse erzählen wie ich. *(nach dem Spiel gegen die Färöer-Inseln)*

Das ist meine Hausstrecke. Auf der A3 von Leverkusen nach Frankfurt kenne ich jede Ausfahrt, jede Gaststätte, jedes Schnitzel und jede Currywurst.

Ich hatte das Gefühl, dass durch die WM im eigenen Land es nur jemand machen kann, der unbefleckt ist. *(Begründung seines Rücktritts als Teamchef der Deutschen Nationalmannschaft)*

Wie so oft liegt auch hier die Mitte in der Wahrheit.

Man darf über ihn jetzt nicht das Knie brechen.

Ich kriege viel, aber ich habe auch eine große Familie. Zwei Frauen müssen ernährt werden und vier Kinder.

Dieses Spiel hat überhaupt keine Rückschlüsse gezogen. *(über ein 2:0 gegen die Schweiz)*

Wir spielen hier doch kein Schach. Es kann doch nicht sein, dass alle fünf Minuten einer umfällt. *(über die zunehmenden Schwalben und Schauspieleinlagen in der Bundesliga)*

Alle vier! *(angesichts des Titelkampfs zwischen Bremen, Bayern München, Leverkusen und Stuttgart auf die Frage, wer deutscher Meister werde)*

Ich habe versucht, den Spielern das Gefühl zu geben, dass sie Fehler machen dürfen. Das haben sie bis auf wenige Ausnahmen gut gemacht. *(nach dem 4:2-Sieg in Griechenland)*

Er hatte blonde Haare und trug den sogenannten Rudi-Völler-Schnitt. *(Aktenzeichen XY ungelöst bei der Beschreibung eines gesuchten Verbrechers)*

Frankie Heyduk hat die Zeit genützt, über seine Frisur nachzudenken, bei Rudi Völler hat das keinen Sinn mehr. *(Marcel Reif)*

Völler ist menschlich großartig. Als Trainer haben wir ihn aber noch nicht verstanden. *(Simone Perrotta, AS Rom, vor dem Saisonstart über den Roma-Trainer)*

Tante Käthe, die Trümmerfrau! *(»Neue Westfälische Zeitung«)*

Muss jeder, der früher fünfmal den Ball hochgehalten hat, automatisch auch gleich ein guter Trainer sein? *(Peter Neururer zur Qualifikation von Bundestrainer Rudi Völler)*

Rudi Völler wird weiterhin unsere Infrastruktur samt Sekretärin nutzen können. *(Reiner Calmund)*

Ach, Leverkusen! Dass Völler auch dort ein Angebot hat, wissen sie in Rom. Aber Leverkusen! Völlers Frau Sabrina ist Römerin. Und in einer Stadt, in der es gute Sitte ist, der Ehefrau erst nach Vollendung des 70. Lebensjahres zu widersprechen, haben sie zwei und zwei zusammengezählt. *(die »Süddeutsche Zeitung« rechnete mit einem Engagement Rudi Völlers in Rom)*

Jetzt darf er in seiner Heimatstadt umsonst Bus fahren und umsonst ins Freibad gehen. *(SAT-1-Sportnachrichtensprecher Klaus Gronewald zur Verleihung der Ehrenbürgerschaft der Stadt Hanau an DFB-Teamchef Rudi Völler)*

Ich wollte kein Bodybuilder werden und kein Carl Lewis. Ich wollte mit dem Ball am Fuß zum nächsten Tor flitzen.

Fußballprofi sein ist doch wie Kino: Guckst einen Film an, schön mit Popcorn und Cola – aber irgendwann ist der Film zu Ende, und du musst raus in die Wirklichkeit.

Als Stürmer darf man keine Nerven zeigen. Aber keine Nerven zu haben, das kostet ganz schön Nerven.

Wenn von hinten nichts kommt, sind wir die einsamsten Leute auf dem Platz.

Mich hat noch niemand ohne Ball zum Laufen gebracht.

Ich kann ihm Brücken bauen. Aber die Angst vorm anderen Ufer, vorm gegnerischen Sturm also – die muss er allein abbauen. *(Hermann Nuber)*

Er ist ein Typ wie Beckenbauer. Der kann irgendeiner Frau ein Kind machen – und es wird ihm in der Öffentlichkeit verziehen! *(1860-Torwart Michael Hofmann über den Teamchef)*

Irgendwie ist Rudi ein Unglücksmensch. Seine Achillesferse reicht sogar bis hoch zum Ellenbogen. *(Andreas Brehme über Völlers Verletzungspech)*

Von 34 Spieltagen frierst du doch gefühlt an 20. *(plädiert für eine Änderung des Spielplans)*

In Leverkusen wird jeder eingesperrt, der eine Vuvuzela ins Stadion mitbringt. *(Leverkusens Sportchef nach der WM 2010)*

Ich kann ja nicht mein ganzes Leben lang sagen: »Ich bin Weltmeister, sonst kann ich nix, aber das kann ich gut!«

Dann gibt es halt ein Foul, wenn die Zuschauer schreien. Dann können wir auch ohne Schiri spielen, dann pfeift der Platzwart.

## Gerd **vom Bruch**

Mein Trost, wenn ich Sportsendungen im Fernsehen gucke: Jeder Redefluss verläuft im Sande.

Dass wir vielleicht in einer Sackgasse sind, ist doch nicht das Problem. Aber die nimmt einfach kein Ende!

## Jürgen **von der Lippe**

Im Alter lässt der Sex doch etwas nach. Lassen Sie es mich in der Fußballersprache sagen: Wenn der Ball auf mich zukommt, dann stoppe ich ihn und verwandle, aber ich gehe keine langen Wege mehr …

## Thomas **von Heesen**

Wir wollen ja auch Meister werden, wir wissen nur noch nicht, in welchem Jahrhundert. *(als Trainer von Arminia Bielefeld)*

## Fritz **von Thurn und Taxis**

Jetzt brauch ich erst mal ein Zigarettchen, um das zu verstehen! *(nach einem 5:2-Sieg des FC Schalke 04 bei Inter Mailand)*

Vieri läuft den ganzen kleinen Blutsaugern davon. *(beim Spiel Italien – Südkorea)*

Spieler gibt's, die haben im Brustmuskel mehr Gefühl als manch einer im Fuß.

Naldo – ganz das Gegenteil eines Ailton: ruhig, sachlich, klug.

Man braucht erfahrene Kämpfer und aufstrebende, junge Spritzer.

Oh mein Gott, da ist ja einer umgekippt … *(während ein Spieler Dehnübungen im Liegen macht)*

Arjen Robben wird jetzt nicht mehr gedoppelt, mittlerweile wird er sogar schon gedrittelt.

Hmmm. Wenn sie in diese blauen Augen schauen. Zum Dahinschmelzen ist das, meine Damen und Herren. *(über Diego Forlan)*

Ich hatte das Gefühl, dass Sie ein gutes Gefühl hatten, Jürgen Röber?

Silva ist wieder auf dem Platz, aber er humpelt. Man möchte ihm gern einen Stock reichen, damit er sich besser fortbewegen kann.

## Martina **Voss-Tecklenburg**

Die Fußballlehrerinnen sind für die Jobs im Männerbereich bereit. Die Männerwelt aber noch nicht.

## Mirko **Votava**

Mit elf Votavas verlierst du kein Spiel!

## Desmond **Vowden**

*(Richter)*

Es ist schon schlimm genug, wenn man sich Bristol City anschauen muss – auch wenn man nicht bestohlen worden ist. *(als er einen Mann verurteilte, der das Auto eines City-Fans geklaut hatte)*

## Dušan **Vrťo**

Als Dušan Vrťo zu uns kam, konnte er nicht mehr als »ja«, »nein« und »guten Morgen« sagen. Eine Woche später kam »Danke schön« und »ein Budweiser, bitte« hinzu. *(Jim Duffy, Trainer von Dundee, über den tschechischen Verteidiger)*

# W

## Otto **Waalkes**

Der Ball heute mal wieder ganz in Leder.

Der Beckenbauer sagt zu
seinem Schwanzl beim Vorspiel
Kaiser, später Franzl.

## Herbert **Waas**

Vielleicht schreibt er ja schon seine Memoiren. Titelvorschlag: Das waa's! *(Werner Hansch, als der Stürmer bei Bayer Leverkusen nur auf der Tribüne saß)*

Wer nie zuerst an sich denkt, muss noch lange nicht alles für andere tun.

## Stefan **Wächter**

Ohne das 2:1 wäre es niemals zum Ausgleich gekommen. *(der Torwart des HSV nach einem 2:2 gegen Schalke über deren Anschlusstor)*

So, ich trink jetzt noch 2 bis 20 Caipi und dann kotz ich später noch in die Elbe!

## Franz-Xaver **Wack**

Ich hätte ihm auch Rot zeigen können, aber er hatte am nächsten Tag Geburtstag, da wollte ich nicht so hart sein. *(über ein Gelb-Rot für Bochums Martin Meichelbeck)*

Es wäre viel schlimmer gewesen, wenn ich meinen Patienten den falschen Zahn gezogen hätte. *(der Zahnarzt und Schiedsrichter, der Düsseldorf gegen Schalke einen Handelfmeter zugesprochen hatte, obwohl ein Düsseldorfer Spieler handgespielt hatte und nicht der Schalker)*

Ich hätte meinen Weisheitszahn und meine Schwiegermutter verwettet, dass der Schalker Kurz das Handspiel begangen hat. *(zur selben Szene)*

Mach dich doch gleich zum Volkshelden! *(Fredi Bobic, nachdem ihm Schiedsrichter Dr. Wack Gelb wegen Meckerns gezeigt hatte, was das Publikum mit Beifall bedachte. Dr. Wack zeigte ihm daraufhin Rot)*

## Chris **Waddle**

Arsenals Art und Bewegung sind unglaublich. Ich hoffe, die Zuhörer sehen das. *(auf Radio 5 Live)*

## David **Wagner**

Einige von euch sind scheiße alt geworden. *(bei seiner Rückkehr zum S04 als Trainer zu den Journalisten)*

## Franz Josef **Wagner**

Fußball ist größer als Himbeereis, größer als Käsekuchen, fast größer als der Führerschein.

## Lea **Wagner**

*(Moderatorin)*

Wenn der Videoschiri laut Tim Walter gestern Pausenbrot essen war, war er heute zum 5-Gang-Menü verabredet.

## Lutz **Wagner**

Zum Saisonende ist für uns beide ja in der Bundesliga Schluss. Dann möchte ich Herrn Klimowicz gerne zu mir nach Hause einladen. Bei einem Glas Wein kann man bestimmt alte Spannungen lösen. *(nachdem er Diego Klimowicz viermal vom Platz gestellt hatte)*

Man könnte meinen, dass Diego ihm mal die Frau ausgespannt hat. *(Marcel Maltritz, nachdem Diego Klimowicz alle vier rote Karten seiner Karriere von Wagner bekommen hatte)*

## Sandro **Wagner**

Ich jubel gegen jedes Team, egal, ob ich da ein Jahr war oder meine Mama oder mein Papa diese Mannschaft trainieren.

Das ist keine Explosion, das ist meine Qualität.

Ich bin in meinen Augen seit einiger Zeit der mit Abstand beste deutsche Stürmer.

Es ist schade, aber vielleicht haben die Leute gedacht, dass ich nicht spiele. *(nachdem nur 15.000 Zuschauer zum Europa-League-Debüt der TSG Hoffenheim kamen)*

Auf dem Platz ist er ein großes Arschloch, aber abseits super nett. *(Javi Martinez)*

## Hans **Wahmann**

Nehmen Sie die Hände weg, Sie alter Drecksspatz! *(sagt der Linienrichter zum Frankfurter Jürgen Grabowski. Und nach einer Beschwerde der Eintracht wird der Mann in Schwarz tatsächlich gesperrt)*

## Theo **Walcott**

Ich habe so schlecht gespielt, dass mich sogar meine Eltern ausgebuht haben, als ich ausgewechselt worden bin.

## Tomasz **Waldoch**

Es kann doch niemand behaupten, dass Sex am richtigen Ort zur richtigen Zeit Schaden anrichtet. *(zur Entscheidung von Trainer Engel, bei der WM den Besuch der Spielerfrauen zu gestatten)*

## Hans **Walitza**

Der bleibt im Stall! *(Ottokar Wüst, Präsident des VfL Bochum, als Walitza 1973 gerne wechseln wollte)*

## Alexander **Walke**

Für Deutschland wird der Torwart wohl nicht mehr spielen. So viel Gras kann darüber so schnell gar nicht wachsen. *(Uli Stielike zum Rauswurf des wegen Cannabis-Konsums überführten Bremer Torhüters aus der U20-Nationalmannschaft)*

## Fritz **Walter**
*(VfB Stuttgart)*

Ich bin zuvorkommend, ja. Ich will im Strafraum allen zuvorkommen.

Ich lebe in einem ständigen schwebenden Verfahren – zwischen Lob und Tadel.

Wenn sich der Ball ins Netz senkt, ist das für mich ein Wahnsinnsgefühl. Das sind Momente, da glaube ich, die Welt ist gut und schön.

Na, Fritz, hast du denn auch schon die Spülmaschine ausgeräumt? *(seine Mannschaftskollegen zu Fritz Walter, nachdem er im »kicker« erwähnt hatte, dass er ein wenig im Haushalt helfe)*

Wo isch mei Kanohn? *(vor der Ehrung als Torschützenkönig)*

Ha, auch Walter! *(auf die Frage, wie denn seine Frau heiße)*

Der Jürgen Klinsmann und ich, wir sind ein gutes Trio. *(etwas später dann)* Ich meinte: ein Quartett.

Die Sanitäter haben mir sofort eine Invasion gelegt.

Natürlich, Fritz, du kriegst einen Bungalow mit goldenen Wasserhähnen und einen Butler aus Nigeria. Und außerdem kannst du mich jetzt langsam mal am Arsch lecken! *(danach brach Hannovers Vizepräsident Werner Bock die Vertragsverhandlungen mit Walter ab)*

## Fritz **Walter**

*(Weltmeister)*

Je leichter der Schuh, desto enger der Kontakt zum Ball. Und umso deutlicher der Unterschied zwischen Ball und Ball. Der Chef hatte ein besonders feines Gespür dafür. Er hörte schon am Klang eines aufspringenden Balles, ob er gut war oder schlecht. Klang es dumpf und hohl, dann schüttelte er den Kopf: Der hat keine Seele, der ist leblos. Wie recht er hatte, spürten wir später. Der Ball spielte nicht mit, er sang nicht, er ließ sich nicht streicheln, er war nicht Kamerad und Freund des Spielers, sondern ein Fremder.

Männer, die Tore sind geschossen. *(nach der WM 1954)*

In der Türkei hängt in jeder Kneipe ein Bild von Atatürk. Hier in Kaiserslautern hängt fast überall Fritz Walter. *(Friedel Rausch)*

Fritz, mit dir gewinnt Gott jedes Spiel gegen das Böse! *(»taz« im Nachruf auf Fritz Walter)*

Mit dem Kopf kommst du nur selten durch die gegnerische Verteidigung. Versuch's mal mit Köpfchen. *(Sepp Herberger zu seinem Schützling)*

## Ottmar **Walter**

Ich habe keinen Fehlgriff gemacht. *(der ehemalige Fußball-Weltmeister an seinem 80. Geburtstag zu seiner 57 Jahre währenden Ehe mit seiner Anneliese)*

Willst du unserem Ottmar danken, musst du fleißig bei ihm tanken. *(Slogan der Tankstelle, die Ottmar Walter betrieb)*

Der Fritz brauchte nur zu gucken, wo ich bin. Dann wusste ich auch schon, was er machen wird, und bin in die richtige Position gestartet!

## Wolfgang **Walz**

Der hat nur dreimal gut gepfiffen: Anstoß, Halbzeit, Schluss. *(Kurt Jara)*

## Abby **Wambach**

Ich hätte mir heute ein Tor kaufen können und es nicht getroffen. *(die US-Nationalspielerin zu ihren zahlreichen vergebenen Chancen in einem Spiel)*

## Ashley **Ward**

Als ich für Norwich gespielt habe, hat meine Frau Dawn ein Baby bekommen, und wir haben es Darby genannt. Einen Monat später bin ich zu Derby gewechselt. Die Jungs von Norwich versuchen nun alle, ein Baby zu bekommen, und sie werden es Lazio oder Barcelona nennen.

## Thomas **Wark**

*(ZDF-Sportkommentator)*

Auch vor der Verlängerung kein Wechsel, vor allem bei Schalke nicht.

## Neil **Warnock**

*(Trainer, u. a. Sheffield United)*

Als ich mitbekommen habe, wie Barbara Streisand einen Zwischenrufer angeschrien hat, hab ich mir gedacht: »Immerhin bin ich nicht der Einzige, der auf der Arbeit wütend wird.«

Paddy Kenny war einfach am falschen Ort zur falschen Zeit. Und dem Foto nach zu urteilen, war er wohl auch mit jemandem zusammen, der hungriger war als er. *(nachdem der Torhüter von Sheffield United ein Stück von seiner Augenbraue bei einer Kneipenschlägerei abgebissen bekommen hatte)*

## SG **Wattenscheid 09**

Schon komisch, wenn einer aus Wattenscheid sagt: Willkommen im Mittelmaß. Ich meine, wo ist denn eigentlich Wattenscheid? *(Moderator Rudi Brückner)*

## Herbert **Watterott**

*(Journalist)*

Ernst Höfner – wie früher Franz Beckenbauer fährt er über das Eis.

## Hans-Joachim **Watzke**

Wenn man im Vorraum der Pathologie liegt, hat man wenig Alternativen. *(über den finanziell unausweichlichen Verkauf der Stadionrechte)*

Ich bin auch nicht bereit, ein Drittel potenzieller Sponsoren auszuschließen, nur weil sie die Farbe Blau im Emblem tragen.

Wir haben die Schale nach NRW geholt – das schafft hier ja sonst niemand. *(süffisant nach dem Gewinn der Meisterschaft 2011)*

Wolfsburg oder Hoffenheim müssen das große Geld auspacken, um sexy zu sein. Der BVB ist von Natur aus sexy!

Ich war extrem angerührt.

## George **Weah**

Reporter: Haben Sie schon mal öffentliche Verkehrsmittel benutzt? George Weah: Ja, ich bin Taxi gefahren. *(Zeitungsinterview mit dem ehemaligen Stürmer von Chelsea)*

Wenn ich morgen nach Liberia zurückgehe, könnte ich sofort als Sportminister oder Nationaltrainer anfangen. Das wäre kein Problem für mich.

Fußballspiele sind wie Wochentage. Es kann nicht immer Sonntag sein. Es gibt auch Montage und Dienstage.

## Howard Melton **Webb**

Er kann ja nicht mal seine Kinder kontrollieren. Ich weiß nicht, wie er das auf einem Fußballplatz hinkriegt. *(Frau des Final-Schiedsrichters bei der WM 2010)*

## Achim **Weber**

Es sollte sich jeder mal bewusst werden, was die Fans für Möglichkeiten haben. Und sie sollten die nicht nutzen, das Team oder einzelne Spieler niederzumachen. Die Macht der Zuschauer ist riesengroß, sie wissen es nur nicht!

## Hans-Jürgen **Weber**

Einmal habe ich den Yeboah gleich in den ersten Spielminuten vom Platz gestellt. Da wusste ich, du musst 70 Minuten gegen das ganze Stadion pfeifen. Wenn du drei solche Spiele hast, dann bist du reif für die Schwarzwaldklinik.

## Ralf **Weber**

Halt's Maul, du Penner! *(zu einem Eintracht-Fan)*

Gegen Rostock war es unsere letzte, in Freiburg wird es unsere allerletzte Chance sein.

Typisch Betzenberg, typisch DFB, der Schiedsrichter war ein Blindfisch.

## Stefan **Weber**

*(Schiedsrichter)*

Ich wollte dem Spiel meinen Stempel aufdrücken. *(nach neun gelben Karten und drei gelb-roten Karten)*

## Marcus **Wedau**

Jetzt kommt der Mann, dessen Name hervorragend zum Wedau-Stadion passt: Marcus Wedau. *(Béla Réthy)*

## Jürgen **Wegmann**

Ich werde ein Buch schreiben. Ich weiß noch nicht, was drin steht, aber es wird 19,90 Mark kosten.

Ich bin giftiger als die giftigste Kobra.

Zuerst hatten wir kein Glück, und dann kam auch noch Pech dazu.

Das muss man verstehen, dass er Schwierigkeiten hat, sich einzugewöhnen. Er ist die deutsche Sprache noch nicht mächtig.

Nee, Renault! *(auf die Frage, ob er sich einen Wagen mit oder ohne Katalysator gekauft hat)*

Ich habe immer gesagt, dass ich niemals nach Österreich wechseln würde. *(auf die Frage, ob er zum FC Basel wechsele)*

Du musst nur wollen. Du musst fest dran glauben, dass die Kugel reinfährt. Dann fährt sie auch rein.

Meine Sprache sollen Tore sein. Ich bin hungrig auf Tore. Ich könnte jeden Tag spielen. Sieben Tage hat die Woche. Ich könnte jeden Tag spielen!

Ich bin heiß für 180 Minuten.

## Carsten **Wehlmann**

Na, dann brauchst du deiner Freundin ja nicht mehr erzählen, du hättest wieder Kopfschmerzen. *(zu seinem Torwart-Kollegen Simon Henzler, der sich einen Hodeneinriss zugezogen hatte)*

## Herbert **Wehner**

Sie Absteiger Sie! *(Zwischenruf im Deutschen Bundestag während einer Rede des CSU-Haushaltsexperten und Präsidenten des hoch verschuldeten TSV 1860 München, Erich Riedl)*

## Roman **Weidenfeller**

Journalist: Sie treffen auf Manuel Neuer. Der steht in dem Tor, in dem Sie auch gerne stehen würden. Roman Weidenfeller: Im Schalker Tor? Möchte ich nicht stehen.

We have a grandios Saison gespielt.

Vielleicht sollte ich mir einfach die Haare schneiden. Oder etwas zierlicher werden. *(Reaktion auf die Nichtnominierung durch Jogi Löw)*

Den Roman Weidenfeller müssen wir uns schon ab und zu schönsaufen. *(Jürgen Klopp über seinen Torwart im Spaß-Interview mit Arnd Zeigler)*

## Horst **Weigang**

*(DDR-Nationalspieler)*

Von Frauenfußball halte ich nichts. Er passt höchstens in die gerade abgelaufene Karnevalszeit.

## Gerhard **Weigel**

*(Journalist)*

Wer mit solchen Spielern und solchen Mannschaften Profi-Fußball einführen will, der kann auch in Alaska eine Ananasfarm gründen. *(zum Spiel Jena gegen Erfurt im Dezember 1989)*

## Michael **Weiner**

Es war ein sehr intensives Spiel. Aber ein Mann konnte in diesem intensiven Spiel nicht mitlaufen: Das war der Schiedsrichter. *(Kölns Trainer Ståle Solbakken)*

Das ist einer der blindesten Schiedsrichter, die wir je hatten. *(Jens Lehmann)*

## Jens **Weinreich**

*(Sportjournalist)*

Das System Blatter läuft wie geschmiert.

## Markus **Weinzierl**

Ich habe bei der Wohnungssuche schon eine Absage bekommen, weil der Vermieter einen langfristigen Mieter wollte. *(bei seiner Vorstellung als Schalke-Trainer)*

Wir waren die ersten sieben Minuten gut im Spiel.

Weinzierl soll zwischen 3-5 Mio. Ablöse kosten. Macht es da nicht Sinn, wir leihen ihn für ein Jahr aus??? *(in einem Schalker Forum)*

## Tobias **Weis**

Ich glaub, die drei, vier Chancen, die wir hatten in der 1. Halbzeit, die haben uns so a bissl das Knie gebrochen.

## Dietrich **Weise**

Früher beim DFB hat er Milch gepredigt und war der Erfinder des sauberen Fußballs – und heute haben die so reingewichst! *(Udo Lattek)*

## Gottfried **Weise**

*(Eurosport-Kommentator)*

Ein Tor mehr erzielen, als man selbst bekommt, ist immer noch besser als ein 1:0.

Eine afrikanische Mannschaft zu trainieren, ist für jeden europäischen Trainer wie einen Haufen Termiten zu trainieren.

Unter Statistikern wird man sagen: Es hat schon torreichere Spiele gegeben. *(nach einem 0:0 zwischen Südafrika und Burkina Faso)*

Österreich verliert einen Punkt, man kann sogar sagen, verliert zwei Punkte.

Die Alarmglocken läuten leise.

Ein international beleckter Spieler.

## Patrick **Weiser**

Patrick Weiser, höre ich, ist glücklich, dass er in der Bundesliga aufläuft und eine hübsche Frau hat. Der merkt wohl nicht, dass wir vorm Abstieg stehen. *(sein Trainer beim 1. FC Köln, Wolfgang Jerat, im Jahr 1993)*

Er hat Probleme mit der Pünktlichkeit. Also habe ich zu einem Trick gegriffen: Bei wirklich wichtigen Themen bestelle ich ihn eine halbe Stunde früher. *(Jörg Berger)*

## Markus **Weissenberger**

Was mich an ihm am besten gefällt ist, dass er auch ein bisschen Deutsch kann. *(über den chinesischen Neuzugang Shao bei 1860 München)*

Wir wollten nicht, dass unsere Kinder und Enkelkinder in den Geschichtsbüchern von dem Rekord lesen und dann sagen: Ihr seid damals dabei gewesen. *(nach Bielefelds erstem Sieg nach zehn Niederlagen)*

## Hennes **Weisweiler**

Letzten Endes sind wir doch beide Suchende. *(Widmung für seinen Trainerkollegen Dettmar Cramer in einem Buch)*

Kölns Trainer Hennes Weisweiler zeigt in den Katakomben des Olympiastadions das zufriedene Gesicht eines satten Katers. *(»kicker«)*

'ne Roote will isch han! *(daraufhin verpflichtete Gladbach Winnie Schäfer)*

Gibt sich einer zu bunt, wird er gar zu früh grau.

Eine Mannschaft braucht drei Jahre, um zu wachsen, spielt drei Jahre stark und zerfällt in den folgenden zwei Jahren.

Das Leben ist ja manchmal komisch. Ich habe schon Bekannte auf der Straße nicht gegrüßt, weil ich sie nicht erkannte; dafür grüßte ich Unbekannte, von denen ich annahm, ich müsse sie kennen. Ich hoffe nur, die Leute tauschen sich untereinander mal aus.

Zeige mir einen zufriedenen Zweiten, und ich zeige dir den ewigen Verlierer.

Ein vollkommenes Fragment – das ist das Größte, was ein Trainer aus einer Mannschaft machen kann.

Manchem Journalisten möchte man mitunter zwar für seine Erscheinung, nicht aber unbedingt für sein Erscheinen danken.

Wir dürfen es im Fußball nicht so weit kommen lassen, dass die Praktiker aussterben. Mit einer Eins in Mathematik und einer weiteren Eins in Chemie, aber mit einer Fünf in Sport kann niemand Sportler ausbilden.

Rückgrat haben ist eine Gesamtheit. Einzelne Wirbel nützen gar nichts.

Ein plötzlicher Umschlag des Wetters bedingt oft einen Wechsel in den taktischen Plänen.

Der beherrscht zwar bestimmt die deutsche Sprache, aber ich bin der bessere Taktiker. Auch wenn ich Training mit »e« schreibe. *(Gyula Lorant)*

Wer sich in dieses Geschäft begibt, muss aufhören zu träumen. Selbstverständlich muss der Mensch träumen. Aber das soll er bitte nachts tun. Das gilt auch für Fußballprofis. Wobei ich allerdings hinzufügen muss: Die sollen nachts lieber schlafen!

## Oliver **Welke**

Olli, was glaubst du, macht der belgische Torwart eigentlich so beruflich? *(Frage an Oliver Bierhoff bei einem Champions-League-Spiel)*

Heute ist eine der häufigsten Spielerverletzungen: Spliss.

## Elton **Welsby**

*(englischer TV-Kommentator)*

Es folgen die Tore vom Spiel an der Carrow Road, das 0:0 endete.

## **welt.de**

Beim ersten öffentlichen Auftritt nach dem Rücktritt teilt Karl-Theodor zu Guttenberg gegen seine Ex-Kollegen aus. Dabei wirkt er wie ein dicklicher Lothar Matthäus.

## **weltfussball.de**

Eto'o bezieht die Zuschauer auf der Tribüne mit ins Geschehen ein, indem er einen Ball aus 18 m auf die Tribüne befördert.

## Gerd **Weiz**

Nur die drei Balken will ich um mich spüren, dann ginge es mir schon wesentlich besser. *(der FC-Torwart nach einem Nierenriss)*

Wenn man zu lange sitzt, bekommt man einen Buckel. *(als Ersatztorwart)*

## Arsène **Wenger**

Ich erlaube den Spielern eine bestimmte Anzahl von Wahlmöglichkeiten, was sie mit dem Ball machen können. Dann entscheiden sie selbst, ob sie ihn zu dem oder zu dem passen. Und wenn der Empfänger nichts daraus macht, spielen sie das nächste Mal woanders hin. So wird das Spiel zum Lehrer.

Der neue Trainer hat uns einen unglaublichen Glauben gegeben. *(Paul Merson)*

Das sind doch gute Nachrichten für England. *(zu einem verschossenen Elfmeter von Mesut Özil)*

Vertraue niemals deiner Frau! *(als Kolo Touré eine zweijährige Dopingsperre drohte, weil er Diätpillen seiner Frau eingenommen hatte)*

Reporter: »Warum haben Sie Jack Wilshere vom Platz genommen?« Arsène Wenger: »Es war 21.25 Uhr. Nach seiner Schlafenszeit.« *(Gespräch, nachdem Wilshere, 16, für Arsenal gespielt hat)*

Wir haben *(Cesc)* Fàbregas sogar beim Training in Barcelona zugeschaut. Wie ich das gemacht habe? Mit einem Hut und einem Schnäuzer.

Ich denke, dass er einer dieser Gaffer ist. Er mag es, anderen Menschen zuzuschauen. Da gib es einige Menschen, die, wenn sie zu Hause sind, durch große Teleskope schauen, um zu sehen, was andere Familien so machen. Er redet und redet und redet über Chelsea. *(José Mourinho)*

Bisher war noch jede Mannschaft, die ich habe spielen sehen, das Spiegelbild der Persönlichkeit ihres Trainers.

Wenn Sie ihre Spieler etwa aufgrund wissenschaftlicher Erkenntnisse dazu anhalten, am Vorabend des Spiels ein Steak zu essen, und der Gegner hat Lionel Messi in seiner Elf, dann werden Sie auch mit zwei Steaks geringere Siegchancen haben als der Gegner.

Zu Real Madrid ginge ich nur, wenn ich als Penner auf der Straße leben würde.

Als ich in die Premier League kam, war ich erstaunt, dass die Spieler am Vorabend der Partien ausgingen. Manche gingen fröhlich tanzen. In Frankreich und Deutschland hätte man gesagt: So können die unmöglich spielen. Sie konnten es aber doch.

Als Arsène zu Arsenal kam, haben wir ihn erst mal Clouseau genannt und anschließend Windows, wegen seiner Professorenbrille. *(Tony Adams über Trainer Arsène Wenger)*

Wir wollen unsere Schokolade zurück. *(Lied der Spieler im Mannschaftsbus, nachdem Arsène Wenger Zucker verboten hatte)*

## Timo **Wenzel**

Timo Wenzel, der seinen Kasten fast sauber gehalten hat, war einer der Garanten für die drei Punkte. *(Felix Magath nach einem 2:1-Sieg seines VfB Stuttgart, bei dem Timo Hildebrand im Tor stand)*

Ich habe zu Michael Preetz »Halt's Maul!« gesagt. Der Schiedsrichter-Assistent hat's aber auf sich bezogen und verstanden: »Halt die Fresse, du Penner!«

## Timo **Werner**

Wenn ich einen freien Tag habe, möchte ich nicht auch an diesem Tag Dinkelnudeln essen. Dann gehe ich auch mal einen Döner essen.

## Wolf **Werner**

Ich finde es gemein, Wolf Werner mit Thomas Berthold zu vergleichen! Das ist wie Äpfel mit Birnen oder besser: Pfirsiche mit Trockenpflaumen. Das eine macht Freude, das andere fördert die Verdauung. *(Dieter Nuhr über die zwei Manager der Düsseldorfer Fortuna)*

Ich weiß nicht, ob schon irgendjemand eine Kreissäge gekauft hat. *(auf die Frage, ob er noch fest auf dem Trainerstuhl sitze)*

Gottes Mühlen mahlen langsam – und irgendwann einmal kommt der Junge auch auf meine Toilette – und hat kein Papier dabei! *(auf die Frage, was er machen würde, wenn einer seiner Stars nicht spurt)*

## **Wesley**

Er hat nur zu kleine Hände, sonst könnte man ihn auch als Torwart gebrauchen. *(Thomas Schaaf)*

## Dirk **Weßel**

Ich wünsche Ihnen noch guten Sex. *(Trainer des FC Kray auf einer Pressekonferenz nach einer 0:1-Niederlage beim VfB Hüls zum Ende seines Statements)*

## Andreas **Wessels**

Wir müssen endlich mal anfangen, uns keine Torchancen zu erspielen.

## Stefan **Wessels**

Es ist nicht immer alles wahr, was stimmt.

## Tom **Westerholt**

*(WDR-Eins-Live-Reporter)*

Die Bayern haben schon vier von zwölf Spielen verloren – also ein Viertel.

## Heiko **Westermann**

Vielleicht haben wir extra noch ein paar Schafe vorher rumwühlen lassen. *(über den schlechten Rasen in der Schalker Arena)*

Ich glaube, ich hatte noch nie einen Mitspieler, der so viele Tore verschuldet hat wie er und trotzdem immer gesetzt war. *(Paul Scharner über seinen ehemaligen Teamkollegen beim HSV)*

## Sander **Westerveld**

*(niederländischer Nationalspieler)*

Ich habe davon geträumt, für einen Klub wie Manchester United zu spielen – und jetzt bin ich da, in Liverpool.

## Guido **Westerwelle**

Ich habe die Hoffnung, dass Bundeskanzler Gerhard Schröder sein Wort von der uneingeschränkten Solidarität mit den USA wenigstens an dieser Stelle relativiert. *(vor dem Viertelfinalspiel gegen die USA bei der WM 2002)*

## Hans-Joachim **Weyland**

Pfeifen begeistert und macht mich glücklich.

Schiedsrichter Weyland pfeift am Wochenende in Moskau das Spiel Sowjetunion gegen UdSSR. *(Kurt Emmerich)*

## David **Wheater**

*(Verteidiger von Middlesbrough)*

Man kann in ein feines Restaurant gehen, aber nichts ist besser als Fish & Chips, oder? Meine Freundin Stacey denkt genauso. Natürlich mag sie teure Klamotten, aber sie ist niemand, der gerne in vornehme Restaurants geht. Sie geht dahin, wohin ich gehe – ich bin der Chef.

## Franz **Wichelhaus**

Sehen Sie, das ist der Unterschied: Overath hätte den Ball erst noch mal gestreichelt, Netzer hat ihn reingehauen! *(der Ex-Kölner nach Netzers Tor im Pokalfinale 1973)*

## Artur **Wichniarek**

Er ist torgeil, und das ist auch gut so. *(Benno Möhlmann)*

## Thomas **Wiebe**

Wir können ja froh sein, dass bei unseren Freistößen noch kein Zuschauer verletzt wurde. *(das Vorstandsmitglied des Lüneburger SK zur Stärke seines Teams bei Standards)*

## Felix **Wiedwald**

Der sieht aus, als ob ihm seine Omma eine Milchschnitte eingepackt hat. *(Tim Wiese)*

## Robert **Wieschemann**

*(Aufsichtsratsvorsitzender des 1. FC Kaiserslautern)*

Man muss hier die notwendige Delikatess wahren. *(im DSF-»Doppelpass«)*

Für uns sind Nicht-Europäer genauso Menschen wie Europäer. *(auf die Frage, ob ihm aufgefallen sei, dass sein Verein gegen Bochum zeitweise mit vier Nicht-Europäern gespielt hat)*

Wir haben Defizite im Durchblick – alle! *(über die Vereinsführung des 1. FC Kaiserslautern)*

Wir haben eine abnormale Satzung, die ich selbst ausgearbeitet habe.

## Michael **Wiese**

*(Premiere-Sportkommentator)*

Wolfsburg hat die letzten drei Heimspiele verloren zu Hause.

Der Ball, das unbekannte Wesen.

## Tim **Wiese**

SVW – Schön Verdaddelt Wiese *(Plakat von HSV-Fans)*

Es gibt eben diese Profis, die spielen nur als Arschlöcher gut. *(Lotto King Karl)*

Ich hab' doch ein schönes Leben – im Gegensatz zu euch. *(Hoffenheims degradierter Torwart zu Journalisten)*

Ich gebe jede Woche eine Visitenkarte ab, aber ich habe keine Lobby in diesem Land. Trotzdem werde ich weiter kämpfen, bis mir das Blut aus den Ohren tropft.

Ich freue mich riesig, dass ich als dritter Torwart dabei sein darf. *(über seine Nicht-Nominierung durch Bundestrainer Joachim Löw)*

Ich wollte ihn nicht verletzen. Mir war aber schon beim Herauslaufen klar: Entweder ich treffe den Ball oder ich fliege vom Platz.

Ich glaube, dass Wrestling gut zu Tim Wiese passt. Er muss sich relativ wenig bewegen und fliegt durch die Luft. *(Frank Baumann)*

Ein in Fitness-Studios grotesk aufgeblasener und solariumverbrannter Vollprolet, der hin und wieder gut hält und sich ansonsten darauf konzentriert, seinen Gegenspielern die Knochen zu polieren. *(»Frankfurter Rundschau«)*

Und da liegt er wieder, der Wiese, wie ein pumpender Maikäfer auf dem Rücken. *(Premiere-Kommentator Oliver Forster)*

Alle hassen Wiese, aber für mich ist er der unglaublich Derbste! *(Jan Delay)*

## Wolf-Günter **Wiesel**

*(Schiedsrichter)*

Mein Name ist Wiesel, ich kann schnell laufen! *(auf die Frage, ob er Angst vor Fans habe)*

Da haben wir einen Besenstiel zersägt, ein gelbes Trikot zerschnitten, und in drei Minuten war alles behoben. Schließlich sind wir noch handwerklich geschickt. *(er und seine Assistenten bauten 1995 Fähnchen zum Winken nach, weil diese vergessen worden waren)*

## Oscar **Wilde**

Fußball mag ein durchaus passendes Spiel für harte Mädchen sein, als Spiel für feinsinnige Knaben ist er wohl kaum geeignet.

## Karl-Heinz **Wildmoser sen.**

Der Uli Hoeneß saß nicht weit von mir entfernt und hat einen richtig roten Kopf gekriegt. Für mich war das ein seelisches Fußbad. *(als jemand behauptete, ohne 1860 München würden die Bayern immer noch im Olympiastadion spielen)*

In der Kabine ist es eng. Da kann's passieren, dass ich einen Spieler anstecke. Das wäre schlecht. Bei Journalisten ist es nicht so schlimm. Wenn ich da einen anstecke, kommt der nächste.

Wenn ich nicht Präsident wäre, wäre Sechzig jetzt in der Landesliga und würde heute gegen Türk Gücü spielen.

Wir hatten ein bisserl Pech. Das kommt, wenn man kein Glück hat.

Unsere Siegchance gegen Dortmund ist etwa genauso groß wie die Chance, dass ich eine Frau auf einer Insel finde, auf der es nur Männer gibt.

Da sieht man mal wieder, wie schnell 100 Jahre um sind. *(zur Prophezeiung von Franz Beckenbauer, dass die Löwen noch 100 Jahre auf einen Sieg gegen den FC Bayern warten müssten)*

Eine Katastrophe, eine einzige Peinlichkeit. Alle verstecken sich, keiner setzt ein Zeichen, tritt mal die Kabinentür ein. Am liebsten würde ich die Spieler würgen, aber wir brauchen sie ja noch. *(nach einem 0:6 von 1860)*

Aber es schadet ihm ja nichts, wenn er noch ein paar Tage drinbleibt. *(der nach der Stadion-Affäre wieder aus der Haft entlassene Präsident von 1860 München über seinen weiter inhaftierten Sohn Karl-Heinz jr.)*

Wenn du die nicht besitzt, bist du nur ein Nasenbohrer oder Haubentaucher. *(zum Mangel an Sieger-Mentalität in der Bundesligamannschaft der Löwen)*

So etwas kann in jeder Familie passieren. *(Paul Breitner zur Bestechungsaffäre um Vater und Sohn)*

Ich hoffe, dass wir auch in Zukunft in Ihrem Sinne über Sie im Sportstudio berichten können und nicht bei Aktenzeichen XY. *(Rudi Cerne beendet im »Aktuellen Sportstudio« sein Gespräch mit Karl-Heinz Wildmoser)*

Er will Zweiter werden, ich will Erster werden – das ist der Unterschied. *(Werner Lorant)*

## Ray **Wilkins**

*(englischer Nationalspieler)*

Eines Nachts wird der Tag des Ray Wilkins kommen. *(sein Trainer Bobby Robson)*

## Howard **Wilkinson**

Er hat den Job in Saudi-Arabien abgelehnt, weil sie ihm nicht garantieren konnten, dass es dort Hügel gibt, über die er die Spieler rauf und runter jagen konnte. *(Mike Lyons)*

Wenn Howard Wilkinson mit seiner Teamansprache durch war, haben wir alle immer nur gedacht: Häh? *(David Batty über das Leben bei Leeds)*

Wenn die nicht getroffen hätten, hätten wir gewonnen.

Ich glaube fest daran, dass, wenn der Gegner das erste Tor schießt, wir selber zwei schießen müssen, um zu gewinnen.

## Tobias **Willi**

Willi kann man ja auch gut rufen. Das ist besser, als wenn er Egon heißen würde. *(Duisburgs Trainer Norbert Meier zu den Sprechchören für Willi)*

## Robbie **Williams**

Scheiße 04. *(der Musiker in »Wetten dass«, als er die Bundesligaergebnisse auf Deutsch vortragen musste)*

## Fritz **Willig**

*(Präsident von Hannover 96)*

Amateurmannschaften sind gefährlicher als der Gerichtsvollzieher.

## Marc **Wilmots**

Der Unterschied zwischen Deutschland und Belgien? In Deutschland laufen die Spieler wie Bekloppte durch die Gegend, auch wenn kein Trainer da ist.

Ich freue mich, dass ich nach 33 Jahren und elf Operationen noch so ein Tempo spiele.

Marc Wilmots, der Held vom Borsigplatz. *(Jörg Wontorra)*

Marc handelt immer nach dem Motto: Heute operiert, morgen spielen. Am liebsten würde er noch mit einem offenen Wadenbeinbruch auf den Platz rennen. *(Rudi Assauer zu den Stammplatz-Forderungen des lange verletzten Belgiers)*

## Danny **Wilson**

Da war kein großer Unterschied zwischen uns und United – außer den sieben Toren. *(nachdem Barnsley 7:0 in Old Trafford verloren hatte)*

## Markus **Wingenbach**

*(Schiedsrichter)*

Es ist sein erstes Spiel, okay. Aber man muss überlegen, ob er hier überhaupt sein erstes Spiel pfeifen soll. *(Guy Demel)*

## Jeff **Winter**

Sir Alex Ferguson hat mir mal ein Kompliment zu meiner Spielleitung gemacht. Drei Wochen später hat er mich, nachdem ich wieder bei einem United-Spiel Schiedsrichter gewesen bin, zur Seite genommen und gesagt: »Gut, Jeff, zurück zur Normalität. Fucking business as usual.«

## Dennis **Wise**

Er könnte in einem leeren Haus einen Streit anfangen. *(Sir Alex Ferguson)*

## Peter **Withe**

*(Nationaltrainer Indonesiens)*

Beide Mannschaften haben viele Tore erzielt – und beide Mannschaften haben viele Tore kassiert.

## Uwe **Witt**

*(früherer Profi von Hertha BSC Berlin)*

Wenn meine Frau spielt: Scheidung!

## Roger **Wittmann**

*(Spielerberater)*

Früher wurden diese Spieler fast noch in Kartoffeln bezahlt. Heute würden sie für ihre Leistungen ganze Äcker kassieren. *(über die Diskrepanz der Gehälter aus den 50er bis 70er Jahren und heute)*

## Lothar **Woelk**

An ein Ding mit dem Bochumer Lothar Woelk erinnere ich mich ganz gut. Wir haben uns beharkt, ich kriegte schön auf die Socken und nahm mir vor, ihm den Ellbogen richtig in den Magen zu rammen, dass er sich krümmte und ich erst mal Ruhe hatte. Lothar kommt, ich haue zu, volle Lotte. Und der Kerl bleibt stehen, atmet nicht einmal durch! Da habe ich Muffe bekommen. *(Dieter Schatzschneider)*

Die Fans wollen gute Spiele und Siege sehen, aber wenn du alles gibst und in der letzten Minute unglücklich verlierst, dann verzeihen sie dir das auch. Denn Fußball ist ja keine Verarsche, sondern Wahrheit.

Der Woelk dürfte den Rasen normalerweise nur mit einem Waffenschein betreten. Der tritt auf alles, was sich bewegt. *(Horst Hrubesch)*

Der hat dich doof und duselig gequakt. Auch die Schiedsrichter. Der war nur am Quaken! *(Jupp Kaczor)*

## Horst **Wohlers**

Der hat doch die Trainingslager nur nach Golfplätzen ausgesucht! *(Timo Konietzka)*

Ich habe es nicht gerne, wenn mir jemand ins Gesicht schlägt. Und schon gar nicht, wenn das ein Magath tut!

## Franz **Wohlfahrt**

Ich denke, Cola dürfen wir schon trinken – aber ohne Jack Daniels.

Mit mir in absoluter Hochform hätte es ein 0:8 gegeben. *(zu einer 0:9-Pleite Österreichs gegen Spanien)*

Wenn es nur nach dem Glück des Tüchtigen gehen würde, dann dürfte ich nie ein Gegentor kassieren.

## Roland **Wohlfarth**

Der Roland kann von mir aus vier Zentner wiegen, wenn er in jedem Spiel zwei Tore macht. *(Udo Lattek über die Gewichtsprobleme seines Stürmers)*

Zwei Chancen, ein Tor – das nenne ich hundertprozentige Chancenauswertung.

Obwohl bei mir sogar Mineralwasser Kalorien bekommt, bin ich überzeugt, dass Bayern nie einen findet, der mehr Tore schießt als ich.

Ich nenne ihn oft den »Killer mit dem Engelsgesicht«, weil er mir im Strafraum noch zu brav und zu wenig clever ist. Man hört und sieht ihn fast nie, nur dann, wenn er Tore macht. *(Udo Lattek)*

Die Renate hat doch recht wenig von mir. Wenn ich auch noch in der Nationalelf spielte, dann bräuchte ich keine Wohnung mehr!

## Rudi **Wojtowicz**

Nun bitte ich Rudi um seinen letzten Kommentar. *(Stadionsprecher bei Fortuna Düsseldorf auf der Pressekonferenz zu Trainer Rudi Wojtowicz)*

## Andreas **Wolf**

Ich war unwahrscheinlich sauer auf Andi Wolf. Er hat von mir in der Halbzeit fast schon Prügel bekommen. *(Wolfgang Wolf zum Platzverweis seines Abwehrspielers)*

## Frank **Wolf**

Der schlägt keine Flanken, der legt Brandbomben. *(Paulis Coach Helmut Schulte über seinen Spieler)*

## Hans **Wolf**

*(Schiedsrichter)*

Ich habe Thorsten Fink nicht beleidigt. Ich habe ihm nur gesagt, dass er die Fresse halten und auf seinen Platz zurückgehen soll. *(nachdem Fink von ihm auf die Tribüne verwiesen worden war)*

## Raphael **Wolf**

Den hab ich mit dem Penis gehalten. *(zu einer Parade)*

## Uwe **Wolf**

Bei der dritten Einwechslung hab ich dem Linienrichter meine Hand auf die Schulter gelegt und gesagt: »Herr Linienrichter, Sie haben heut' 'nen Scheißdreck gewunken.« Dann hat er gesagt: »Herr Wolf, jetzt muss ich Sie auf die Tribüne schicken.« Sag ich: »Ich geh schon.«

## Wolfgang **Wolf**

Tommy ging gestern Abend im Trainingslager auf die Toilette und kam erst heute Morgen wieder runter. *(über seinen Spieler Tommy Larsen)*

Ich war als Gegner schon immer dagegen.

Wir haben unsere Fans heute endlich einmal mit Toren verdient.

Gegen Schiedsrichter, Journalisten und deine Frau hast du eh keine Chance. Da verlierst du immer. *(zu einer vergeblichen Schiedsrichter-Kritik)*

Bei uns springen vorne ja schon genug kleine Leute herum, was nützt mir da noch ein weiterer, dem du eine Leiter hinstellen musst, wenn er köpfen will?

Acht Spiele mit drei Punkten – da wäre ich noch blasser geworden, als ich ohnehin schon bin. *(nach dem ersten Saisonsieg)*

Bei solch einem Spiel steckt das Messer im Schienbeinschützer.

Es ist immer schön, wenn man in seinem Wohnzimmer gewinnt. *(nach einem 3:1-Sieg beim 1. FC Kaiserslautern, für den er von 1978 bis 1988 248 Bundesligaspiele bestritt)*

## Hans **Wolff**

*(Chefeinkäufer bei Werder Bremen)*

Ich kann jeden Spieler der Welt holen. Egal, ob Indianer, Eskimo oder Chinese. *(er verpflichtete nach dem Zweiten Weltkrieg bis 1975 die Werder-Spieler)*

## VfL **Wolfsburg**

Dass der VfL Wolfsburg in drei Jahren in der Champions League spielen will, ist ungefähr so realistisch, als wenn ich 2006 für Brasilien auflaufen wollte. *(Stefan Effenberg in Katar über die Ziele seines letzten Bundesliga-Vereins)*

Beim VfL war so viel Sand im Getriebe, da könnte man Beachvolleyball spielen. *(Marc Hindelang)*

## Claus-Dieter **Wollitz**

Heute hat naiv gegen einfallslos gespielt – und einfallslos schießt drei Tore. *(nach einem 3:3 zwischen Cottbus und Frankfurt)*

Ich kann mir doch nicht in jeder Halbzeit das Leben nehmen. *(bei einem Spiel seiner Cottbusser, die gegen Dynamo Dresden die Partie noch drehten)*

Peeeele, Peeeele, ab sofort heißt du wieder Claus-Dieter. *(Trainer Schafstall nach einem Spiel, bei dem Wollitz leichtfertig einen Sieg vertändelte)*

Grundsätzlich ist es so, dass andere Mannschaften von den Möglichkeiten her mehr Möglichkeiten haben. *(über die Chancen seines Klubs in der Regionalliga)*

Was ist denn mehr? *(auf die Frage, ob er sein Gehalt brutto oder netto haben wolle)*

## Carsten **Wolters**

Als er auf der Seite vor der Trainerbank spielte, ging's ganz ordentlich. Später war dann Dr. Oetker zu Besuch. *(Hannes Bongartz)*

## Jörg **Wontorra**

Das Abseits ist das letzte Geheimnis der Männer.

Das Resultat hat ja auch überzeugt, vom Ergebnis her jedenfalls.

Eigentlich hatten wir auch Lothar Matthäus zum Interview gebeten. Der muss aber noch eine Autogrammstunde geben. Matthäus braucht das Geld, er muss schließlich seine Scheidung bezahlen.

Wenn Sie jemandem einen Streich spielen wollen, schenken Sie ihm eine Dauerkarte fürs Weser-Stadion. *(nach einem 0:0)*

Lars Ricken: erst 22 und hat schon eine eigene Meinung.

Da ist selbst Karneval manchmal lustiger. *(bei einem Spiel Frankfurt gegen Uerdingen im Frühjahr 1996)*

Aber dennoch hat der VfB Leipzig 0:0 gewonnen.

Demichelis spricht sich »De-mit-schelis«, meine Damen und Herren, also mit scharfem »tsch« wie in Schule.

Man sagt: Bevor Fritz Walter den Ball zu Ihnen spielt, lässt er lieber die Luft raus. Stimmt das? *(zu Jürgen Klinsmann)*

Die Pille für den Mann.

Das ist fast wie bei Lady Di! *(KSC-Fans hatten nach der Schäfer-Entlassung Blumen vor dem Stadion niedergelegt)*

Telefonieren Sie mit uns oder rufen Sie uns an!

Ich drücke Ihnen alles Gute.

Schuld am schlechten Spiel der Hamburger ist die fehlende Präzisität.

Dortmund weiter nach vorn, der BVB stellt sich erst mal hinten rein. *(zur taktischen Lage im Spiel Dortmund gegen Stuttgart)*

## Tony **Woodcock**

*(Manager bei Eintracht Frankfurt)*

Damit ich nichts Falsches sage, denn bei der Eintracht habe ich mir angewöhnt, immer alles nachzuschauen, weil es durchaus passieren kann, dass ein Zettel aus der Akte fällt und der Spieler dann doch gehen darf, weil er blond ist. *(auf die Frage, warum er den Vertrag Pawel Kryszalowiczs genauestens untersuchte, als dessen Berater einen vorzeitigen Wechsel prüfte)*

## Jonathan **Woodgate**

Leeds ist ein großer Verein und es war jahrelang mein Zuhause, obwohl ich in Middlesbrough wohne.

## Phil **Woosnam**

*(walisischer Fußballer und Trainer)*

Die Regeln für Fußball sind sehr einfach. Im Grunde gilt: Wenn es sich bewegt, tritt es. Wenn es sich nicht bewegt, tritt es, bis es sich bewegt.

## Christian **Wörns**

Als die Zuschauer mir den Mittelfinger gezeigt haben, wusste ich: Es ist wie immer. *(über das Spiel auf Schalke kurz nach den Terroranschlägen vom 11. September)*

Ich kann versprechen, dass wir bis an die Kotzgrenze gehen. *(vor dem Spiel gegen Tschechien bei der EM 2004)*

Bei so vielen Super-Technikern können sogar Grob-Techniker wie Kohler, Reuter und ich gut mitspielen!

Wenn man früh ein Tor macht, fällt natürlich vieles schwerer.

## Andrij **Woronin**

Natürlich geiles Gefühl, wenn Bayern-Millionäre gehen Kopf runter vom Platz.

## Dariusz **Wosz**

Alles hat gestimmt: Das Wetter war gut, die Stimmung war gut, der Platz war gut – nur wir waren schlecht.

Auf dem Platz war es totenstill. Denn Schreien kostet Kraft.

## Heinrich **Wotruba**

*(Wiener Arzt)*

Der Sport ist eine ungemein völkerverbindende Sache. Nach einem internationalen Fußballspiel habe ich einmal fünf Spieler verbunden.

## Jan **Wouters**

*(niederländischer Nationalspieler)*

Ich will nicht unbedingt zu einem Klub mit Traditionen, sondern zu einem mit Geld.

## Klaus **Wowereit**

Ich würde mich auf dem Rathaus-Balkon gerne auspfeifen lassen, wenn eine Berliner Mannschaft einmal Deutscher Meister werden würde. *(Berlins Regierender Bürgermeister zu seinem Münchner Amtskollegen Christian Ude. Der bekennende Anhänger des TSV 1860 München war bei der Meisterehrung von den Bayern-Fans ausgepfiffen worden)*

## Brian **Wright**

*(Londoner Schiedsrichter)*

Eine stumme Mannschaft ist eine dumme Mannschaft. *(über Beschwerden von Kollegen, Fußballspiele würden immer lautstärker)*

## Ian **Wright**

*(englischer Fußballspieler)*

Als ich die Anhänger von Coventry eine Gruppe von Flachwichsern genannt habe, waren es die besten 15.000 Riesen, die ich jemals ausgegeben habe.

Der Schiedsrichter hat jeden verwarnt – ich habe schon gedacht, dass er die Lottozahlen ausfüllt.

Ich brauche noch fünf Tore, um den Arsenal-Rekord zu brechen – aber nicht, dass ich jetzt zählen würde.

Bald werden sie alle mit Satellitenschüsseln im Arsch auf den Platz gehen. *(über den übergroßen Einfluss des Fernsehens)*

Ich kann mich kein Stück mehr an mein allererstes Tor erinnern. Es war gegen Oldham. Andy Goram stand zwischen den Pfosten. Alan Irvine hat mir den Ball zugepasst und wir haben 3:2 gewonnen.

## Waldemar **Wrobel**

Wir sollten lieber ganz entspannt durch die Unterhose atmen. *(bremst nach einem Pokaltriumph seines Klubs Rot-Weiss Essen die Euphorie)*

## Imke **Wübbenhorst**

Ich bin Profi. Ich stelle nach Schwanzlänge auf. *(die erste Trainerin einer Oberligamannschaft der Männer, auf die Frage, ob sie eine Sirene auf dem Kopf tragen werde, damit ihre Spieler schnell noch eine Hose anziehen könnten, bevor sie in die Kabine komme)*

## Christian **Wück**

Vielleicht ist durch die Hitze das Tor geschrumpft? *(nach einem 0:0 im Hochsommer)*

## Roland **Wulff**

*(HSV-Präsident)*

Greifen Sie zu. Seit die Bilanz gut ist, ist weniger Brot in den Frikadellen. *(in einer Pressekonferenz zu den Journalisten)*

## Ottokar **Wüst**

*(langjähriger Präsident des VfL Bochum)*

Das sind die beiden Punkte, die ich am liebsten habe. *(auf den legendären Winterbällen des VfL Bochum mit Blick auf den Busen der Frauen)*

Freunde sprechen miteinander, nicht übereinander.

Westerland ist schon ein heißes Pflaster. Da ist es besser, wenn die Herren unter der Obhut ihrer Damen stehen! *(als er die Ehefrauen und Kinder der Spieler mit ins Trainingslager nahm)*

## Wolfram **Wuttke**

Jetzt scheiß dir mal nicht vor dir selber in die Hose, Mann! *(zu einem Linienrichter)*

Weißkrautsalat. *(auf die beliebte Frage nach dem »Was macht eigentlich ...?« am Telefon)*

Das Positivste an dem Spiel war, dass ich hier viele alte Bekannte getroffen habe. Leider aber nicht den Ball.

Ich bin keiner, der Fremdwörter gebraucht und dann eine Dreiviertelstunde lang vor dem Lexikon hockt und nachschaut, was sie bedeuten.

Ich rauche gelegentlich 'ne Zigarette. So nach dem Spiel kann das nicht schaden, das mindert die Leistung überhaupt nicht. Man muss ja nicht gleich hundert Stück paffen.

Ich bin ganz zufrieden mit meiner Figur, auch wenn manchmal ein Pfund zu viel drauf ist. Das macht mir nichts aus. Im Gegenteil, das stabilisiert ...

Das liegt meistens an den Fotografen, die machen immer so grimmige Fotos von mir. *(auf die Frage, warum er immer so ernst gucke)*

Zwischen Genie und Weinfass. *(Überschrift in der »Süddeutschen Zeitung«)*

Ich kann doch nicht vor jedem Spiel einen Rhetorik-Kurs besuchen.

Immer, wenn ich breit bin, werde ich spitz.

Das Schlimme für mich sind nicht die Spiele, sondern die Zeit, die ich inzwischen brauche, um mich von diesen Spielen zu erholen.

Ein Stürmer ohne Fantasie ist wie ein Tier ohne Instinkt.

Es kommt wieder die Zeit, da kriegen meine Kritiker keinen Tropfen Tinte mehr in ihren Füller.

Gar nicht so unübel, was der Ernst Happel über mich gesagt hat: »Zauberer am Ball, Gassenjunge im Kopf«.

Dann Wolfram Wuttke. Schuhgröße 38. Aber in diesen krummen Zwergenfüßen steckt so viel Gefühl. *(Jörg Dahlmann)*

Ich muss erst abwarten, wie er drauf ist. Vielleicht hat er sich eine Gehirnzerrung zugezogen. *(Peter Neururer)*

Der Wuttke ist heute Genie und morgen Wurschtl. *(Ernst Happel)*

## Dani **Wyler**

*(Schweizer Kommentator)*

Eine Riesenchance. Das Tor war leer, bis auf den Torhüter.

## Eric **Wynalda**

Gute Organisation, gutes Essen, gute deutsche Mark – die Bundesliga gefällt mir.

Du bist also hier der Indianerhäuptling. Wo ist deine Feder? *(zum SPD-Landtagschef Klimmt)*

Ikk bin ein Käskopp. *(über seine niederländische Abstammung)*

Der Trainer soll mal ganz ruhig sein – ich habe schließlich bisher mein Übergewicht immer gehalten.

Er spricht zwar kein Wort Deutsch, unterhält aber die ganze Mannschaft. *(Peter Neururer)*

# Y

## Hakan **Yakin**

Mir ist am Wochenende was über den Weg gelaufen. *(Felix Magath, zur geplanten Verpflichtung des Schweizer Nationalspielers)*

## Kaya **Yanar**

Kopfbälle machen blöde. Deshalb haben die Spieler ihren aktuellen IQ immer hinten auf dem Trikot.

## Chen **Yang**

Noch mal. Vielen Dank. *(Frankfurts Deutsch lernender Stürmer aus China auf die Bitte eines Reporters nach einem deutschen Satz)*

Sagen wir es mal so: Wenn ich einen Sohn hätte, würde ich ihn nicht von Felix Magath erziehen lassen. *(der chinesische Stürmer während seiner Zeit in Frankfurt)*

## Anthony **Yebaoh**

Yeboah ist nicht auszurechnen, nicht zu halten. Die Fallen, die man ihm stellt, erkennt er alle schon sehr früh. Da ist kein Kraut gewachsen. *(Friedel Rausch)*

Ich wollte den Ball treffen, aber der Ball war nicht da. *(er hatte gegen Michael Schulz nachgetreten)*

Soll ich etwa ein Lagerfeuer im Wohnzimmer machen? *(auf die Feststellung des »Kicker«, er wohne »wie ein deutscher Musterbürger«)*

Wäre ich kein Star, müsste ich mich auch verprügeln lassen. Ich möchte in Deutschland nicht um Asyl bitten müssen.

Ach was, man kann uns doch gar nicht vergleichen. Der Tony hat doch eine viel andere Frisur wie ich! *(Rainer Rauffmann auf die Frage, wie er es finde, dass er dauernd mit Yeboah verglichen werde)*

Blöd an meinem Job: Ich muss arbeiten, wenn auf NDR 2 Fußball läuft.

Gegen Ausländerfeindlichkeit hilft wohl nur, dass jedes Team einen erstklassigen Afrikaner hätte. Wer dann »Nigger, raus!« brüllt, schadet automatisch auch seiner Mannschaft.

Anthony hat innerhalb der Woche auch andere Termine, wo er längere Zeit sitzt. *(Frank Pagelsdorf auf die Frage, warum Torjäger Yeboah nur auf der Bank saß, in Anspielung auf dessen Gerichtsverhandlung)*

Yeboah blieb heute sehr blass. *(Henry Vogt)*

Da hilft nur: Bein aufsägen und Jahresringe zählen. *(Otto Pfister, deutscher Trainer in Afrika, über das Alter von Anthony Yeboah)*

Fußball gut, alles gut.

Für Yeboahs starken Oberarm mussten wir eine neue Kapitänsbinde herstellen lassen. *(Charly Körbel)*

## Macchambes **Younga-Mouhani**

Das ist ein Verbrecher! Man sollte Strafanzeige gegen ihn erstatten. Wenn Younga-Mouhani zu alt und zu langsam ist und deshalb in Zweikämpfen zu spät kommt, soll er ins Altenheim gehen, statt Leuten die Beine zu brechen! *(Mahir Saglik, nachdem Younga-Mouhani dem Bochumer Matías Concha im Zweikampf das Bein gebrochen hatte)*

# Z

## Klaus **Zaczyk**

Ich war nie ein Typ, der lange liegen geblieben ist nach einem Foul. Das wäre mir peinlich gewesen.

## Thomas **Zampach**

Auch ein blinder Affe findet mal eine Banane, aber wir finden momentan weder eine Banane noch ein Korn.

Es ist unfassbar, was wir hier erleben dürfen. Außerdem: Schönen Gruß an Thomas Strunz! Bayern und Nürnberg haben in die Hose geschissen.

Im Moment klebt bei uns die Scheiße an de Hacke und an de Köpp.

Ich würde barfuß nach Bethlehem laufen, um den Klassenerhalt zu schaffen.

Ich habe einen Sohn, der ist, glaube ich, sieben Wochen alt. Dem habe ich das Tor gewidmet.

## Mauro **Zárate**

*(argentinischer Stürmer)*

Ich denke nicht, dass sich meine Spielweise geändert hat. Es stimmt, früher habe ich den Ball niemals abgegeben, aber heute mache ich das auch nicht.

## Sergio **Zárate**

*(argentinischer Stürmer)*

Was nützt ein Geigenspieler in einem Blasorchester. Der Zárate trifft deswegen nicht den richtigen Ton. *(Werner Hansch)*

## **ZDF**

Welche Mädchen und Frauen zieht es überhaupt zum Fußball? Sie? Um einige Energien, ein paar Pfunde loszuwerden, in heißen Höschen, die manchem schon zu heiß sind? Sie? Vielleicht in der Hoffnung, die weite Welt des Fußballs verbreite angenehmere Düfte als die des Kochtopfs. *(über Frauenfußball, 1971)*

## David **Zdrilic**

Gegen Tonga habe ich nur 15 Minuten gespielt. *(auf die Frage, warum er bei Australiens 31:0 gegen Samoa 8, beim 22:0 gegen Tonga aber nur 2 Tore geschossen habe)*

## **Zé** Roberto

Nach außen ist er introvertiert. *(Mladen Petrić über seinen Mitspieler)*

## Branko **Zebec**

Gegen Amateure muss man zu Hause gewinnen. Egal ob um Mitternacht oder nur auf einem Bein. *(nach einer Pokalschlappe seiner Braunschweiger Eintracht 1975 gegen Viktoria Köln)*

Verloren, macht nichts. Nächstes Spiel gewinnen! *(beim Halbzeitstand von 0:2)*

Ist wie bei Flasche. Wenn Spieler in Nähe von Tor kommen, wird Raum immer enger – wie bei Hals von Flasche. *(über Raumdeckung)*

Wenn wir jedes Mal nicht trainiert hätten, wenn Herr Zebec gerade mal voll war, dann wären wir im letzten Jahr so gut wie nie zur Arbeit gekommen. *(Manfred Kaltz, 1980)*

Der Zebec hat an den Schweißtropfen bei uns im Nacken ablesen können, wie viele Bier wir am Vorabend getrunken hatten. *(Caspar Memering)*

Ich versuche, den Spielern beizubringen, dass Fußball nicht nur mit den Beinen gespielt wird. Wenn bei mir ein Spieler vom Platz geht, darf er nicht sagen, dass ihm die Beine wehtun, sondern er muss über Kopfschmerzen klagen, weil er während des Spiels so viel denken musste.

## Arnd **Zeigler**

Man ging früher mal ins Stadion, um zu sehen, wer gewinnt. Heute geht man oft nur noch hin, um als Augenzeuge dabei zu sein, wie das Erwartete eintritt.

## **zeit.de**

Fußball ohne Bier ist wie Tennis!

Hochzeit gucken ist wie Fußball-WM gucken: David Beckham sieht gut aus, sitzt aber nur auf der Bank. *(bei der Hochzeit von William und Kate)*

»Klinsmanns eiliger Rückzug wird das ohnehin strapazierte Verhältnis zwischen Berlinerinnen und Schwaben auch nicht verbessern.«

## Ned **Zelic**

*(australischer Nationalspieler)*

Ich stehe lieber auf dem Platz. Es ist anstrengend genug, den ganzen Tag mit der Familie zu verbringen. *(nach vier trainingsfreien Tagen)*

## Zdeněk **Zeman**

Ich zähle die Zigaretten nicht, die ich jeden Tag rauche. Sonst würde ich aus Nervosität noch mehr rauchen. *(Trainer und größter Kettenraucher aller Zeiten, auch auf der Bank)*

## Walter **Zenga**

Der englische Durchschnittsfußballer konnte den Unterschied zwischen einer attraktiven Frau und einer Eckfahne nicht erkennen.

## Michel **Zen-Ruffinen**

*(FIFA-Generalsekretär)*

Ein Schiedsrichter, der neun von zehn Entscheidungen richtig trifft, ist immer noch besser als der beste Mittelstürmer.

## Alexander **Zickler**

Wir haben drei erstklassige Stürmer plus Alexander Zickler! *(Ottmar Hitzfeld)*

Ich habe damals nicht auf die Signale meines Körpers gehört, weil ich nicht geglaubt habe, dass das Schienbein noch ein drittes Mal brechen könnte.

Wenn ich früher so gespielt hätte, hätte Helmut Schön vielleicht nach dem 26. Spiel angerufen und gesagt: Wenn du so weitermachst, lade ich dich demnächst auch mal ein. *(Uli Hoeneß)*

## Mohamed **Zidan**

Er sieht aus, als hätte er drei Tage lang Pferde eingeritten. *(Mainz-05-Trainer Jürgen Klopp über die Hodenprellung seines Spielers)*

Der hat gepustet wie eine alte Lokomotive. *(Jürgen Klopp nach einem Comeback des Stürmers)*

## Zinédine **Zidane**

Mir ist eines klar: Er hat keine quadratischen Füße. *(spricht über das Talent seines Sohns Enzo)*

Zinédine ist am Ball ein Tänzer. Und er konnte alles, was er sah, nachmachen. Wie ein Stimmenimitator. Er sah einen Trick, eine Finte, eine Körperbewegung, eine Schusstechnik bei anderen Spielern, und sofort machte er es nach. Natürlich noch besser. Und weil ihm das Repertoire nicht genügte, erschuf er immer neue Abläufe und Körperbewegungen. *(Rolland Courbis, Zidanes Trainer in Bordeaux)*

Duarig ist die einzige Person auf der ganzen Welt, der die Anzahl der Schamhaare auf Zidanes Kronjuwelen kennt. *(Patrice Evra meint mit »Duarig« Patrick Dugarry)*

Manchmal möchte ich mitten im Spiel aufhören, um Zizou einfach besser zugucken zu können. *(Christophe Dugarry)*

Zinédine Zidane ist wie ein Hütchenspieler aus Neapel. Du weißt nie, wo der Ball gerade ist, da hilft nur beten. *(Gennaro Gattuso)*

Steve McManaman hat Zinédine Zidane einmal als lächerlich beschrieben. Man kann kein größeres Kompliment bekommen. *(Jason McAteer, irischer Nationalspieler)*

Wenn Zidane angespielt wird, beginnt sich der Ball wohlzufühlen. Dann ist das Objekt des Fußballsports fürs Erste aus der Gefahrenzone, wird nicht mehr nur geschubst und getreten. Denn Zidane, die sensible Nummer 10 der Franzosen, behandelt den Ball liebevoll. Er streichelt ihn mehr, als er ihn tritt. *(»SPORTS«, 1998)*

Ohne Zidane werden die Franzosen menschlicher. *(Franz Beckenbauer)*

Wenn der nicht spielt, dann spiele ich auch nicht. *(Stefan Effenberg über Zidane, der trotz Knöchelverletzung gegen den FC Bayern spielen sollte)*

Zidane hat den Oberkörper eines echten Zweikämpfers, aber die Fußsohlen einer Ballerina. *(Gerd Rubenbauer)*

Wir sind es nicht gewohnt, ohne ihn zu spielen. Er war wie ein Löwe im Käfig und hat sehr darunter gelitten, uns zuzuschauen. Es wäre ein Zeichen des Schicksals, wenn er zurückkommt. *(Bixente Lizarazu über Superstar Zinedine Zidane, der in den ersten beiden WM-Spielen verletzungsbedingt pausieren musste)*

Was Zidane mit dem Ball kann, kann Maradona mit einer Orange. *(Michel Platini)*

Eine Glatze. *(Rodolfo Esteban Cardoso auf die Frage, was Zinédine Zidane habe, das er nicht hat)*

## Christian **Ziege**

Meine Freundin Bettina und ich sind am vierten August 1976 Zigaretten holen gegangen. Wenn wir noch nicht zurück sind, sprechen Sie auf unseren Anrufbeantworter!

Wenn du liegen bleibst, dann muss schon das Bein gebrochen sein. *(über die Härte im englischen Fußball)*

Ja hallo, hier spricht Carl Lewis. *(damals Hertha Zehlendorf, als Uli Hoeneß anrief)*

Ich bin der linke, mittlere, defensive Offensivspieler.

Ich werde nicht akzeptieren, dass gesagt wird: »Die Mannschaft ist ein Scheißhaufen.« So einfach ist es nicht. Logisch sind wir ein Scheißhaufen. Aber das ist nicht der einzige Punkt.

Ich bin froh, dass ich wieder rumrumpeln darf. *(nach dem Ende des Transfer-Hickhacks zwischen Middlesbrough und seinem neuen Arbeitgeber Liverpool)*

Wer kann sich noch an Ewald Lienens aufgeschlitzten Oberschenkel erinnern? Mit ihm kann ich jetzt im Partnerlook gehen. *(nachdem ihm wegen eines Blutergusses der Oberschenkel aufgeschnitten worden war)*

Ich habe gedacht, dass mich im Urlaub nach der Europameisterschaft die Leute nicht so schnell erkennen, wenn ich blond bin. *(auf die Frage nach seiner veränderten Haarfarbe)*

Ich bin nicht nach Liverpool gekommen, um besser Englisch zu lernen. Ich will Fußball spielen. *(als er vom FC Middlesbrough zum FC Liverpool wechselte und meistens auf der Bank saß)*

Ein Teil des Muskels war verholzt. Der Doc sagte, ihm ist absolut rätselhaft, wie ich mit diesem Bein überhaupt laufen und trainieren konnte. Nun werde ich wieder 14 Tage an Krücken gehen, darf das Bein nicht belasten und meine Frau Pia kann mich im Rollstuhl durch die Gegend schieben. Super!

Alle Leute in allen Schichten müssen kämpfen, da kann ich doch wohl nach ein paar Schlägen auf die Zähne beißen. *(nachdem er trotz eines Blutergusses im Oberschenkel weitergespielt hatte)*

Jetzt sieht er aus wie ein frisch lackierter Totalschaden! *(Mario Basler über den frisch geschorenen Glatzkopf Christian Zieges)*

Über Ziege gibt's nichts zu meckern. *(Uli Hoeneß)*

## Rainer **Zietsch**

*(Abwehrspieler, u. a. Stuttgart und Nürnberg)*

Als Junggeselle finde ich das gar nicht schlecht. Da bekomme ich wenigstens was Warmes zu essen. *(über Trainingslager)*

## Herbert »Heppo« **Zimmer**

Wir waren nach den letzten Pleiten so heiß, dass selbst der Schnee unter unseren Schuhen weggeschmolzen ist!

## Werner **Zimmer**

Das bedeutet, dass der Zuschauerschnitt unterboten wurde, und zwar negativ.

Ich habe dieses Spiel mit einem Auge gesehen. Mit dem anderen war ich in Berlin.

## Gerd **Zimmermann**

Ich wollte über meinen Gegenspieler wegspringen und spürte, wie mich irgendjemand in der Luft foulte. Als ich mit dem Fuß auf die Erde kam, blieb ich hängen. Ich hörte ein Geräusch, wie wenn man mit dem Rasiermesser auf einen Lederriemen klatscht, es schmerzte ekelhaft.

## Rainer **Zobel**

Ich habe gehört, Meister wird die Mannschaft, die die beste Bank hat. *(der Trainer der Stuttgarter Kickers, als er den Nationalspieler Karel Kula nicht aufstellte)*

Das ist Schnee von gestern, ich hab die Nase voll davon. *(über die Kokainaffäre von Christoph Daum)*

Erst mal habe ich hier einen Zweijahresvertrag zu erfüllen. Möglicherweise droht der Verein mir mit Bargeld, damit ich länger bleibe.

Vor einem Spiel seiner Bayern trifft Trainer Erich Ribbeck auf den Lauterer Coach Rainer Zobel: »Warum bist du denn ganz in Schwarz gekleidet?« Antwort von Zobel: »Ich bin Bayern-Fan.«

Ich bin zu stark und zu abgebrüht, um mich überraschen zu lassen. Ich muss im Training schärfer werden. Wenn man alles zu locker nimmt, denken die Jungs an Bud Spencer und nicht an Fußball.

Ohne Ball kann man nicht spielen, also muss man ihn erst mal erkämpfen.

## Dino **Zoff**

*(italienischer Nationaltrainer)*

Es ist das Schicksal aller Trainer, früher oder später mit Tomaten beworfen zu werden.

Nur der Sportler findet zu sich selbst, der wirklich ein Publikum gesucht hat.

Erfolg macht schläfrig.

Uns verbietet der Trainer nicht das Denken, nein, er hält nichts von Diktatur. Er möchte eben bloß, dass wir alle ausnahmslos in eine ganz bestimmte Richtung denken. *(Thomas Doll)*

## Michael **Zorc**

Zorc hat bereits angekündigt, dass ich vorher verkauft werde. *(Lars Ricken, der bereits im zehnten Jahr für Borussia Dortmund spielt, auf die Frage, ob er den 20-Jahre-Rekord von BVB-Sportdirektor Michael Zorc brechen wolle)*

Ich habe in Dortmund schon »Dallas« erlebt, dagegen war die Sache »Lindenstraße«. *(zu einer Aussprache zwischen Trainer Köppel und der Mannschaft)*

Man kann unsere Fehler nicht einmal mehr amateurhaft nennen. Denn das wäre eine Beleidigung für jeden Amateur-Kicker.

Ich fühle mich wie in der »Lindenstraße« – eine Fortsetzungsgeschichte, aber ohne Inhalt. *(über eine fortgesetzte negative Berichterstattung)*

Aus der Mannschaft kann ich niemanden fragen. Die meisten sind so jung, dass sie keinen Bartwuchs haben. *(auf der Suche nach Rasierschaum vor einem Fototermin)*

Es gibt kein offizielles Angebot, weder von Real und auch nicht von Rewe.

Ich empfehle unseren Spielern, sich die 90 Minuten am Fernseher oder Laptop anzugucken. Dann müssen sie aufpassen, dass sie dabei nicht selbst pfeifen. *( zur Kritik Roman Bürkis an den Pfiffen der Zuschauer im Spiel)*

## Alexander **Zorniger**

Wir werden Gas geben, bis der Akku leer ist. Dann werden wir sehen, wie lange noch zu spielen ist.

## Ralf **Zumdick**

Nach einem verlorenen Spiel schmeiße ich meist die Handschuhe weg. An ihnen klebt eben die Niederlage!

Die Katze zieht 'ne Fratze. *(TV-Kommentator Markus Höhner)*

## Theo **Zwanziger**

Vielleicht sollte man Oliver Kahn als Richter einsetzen … *(über den Beleidigungsprozess zwischen Jens Lehmann und Tim Wiese)*

## Ben **Redelings**

wurde 1975 im Flutlichtschatten des Bochumer Ruhrstadions geboren und ist Experte für die unterhaltsamen Momente des Fußballs. Seit 2004 beweist er auf amüsante Art, dass dieser populäre Sport weit mehr ist als nur ein Spiel über 2 x 45 Minuten. Als Kolumnist schreibt Ben wöchentlich für die Seiten von n-tv.de. Seine Bücher verkaufen sich sprichwörtlich wie das gut gekühlte Stadionbier. Ben liebt die Abende mit anderen Fußballverrückten. Vielleicht auch deshalb erfreuen sich seine Veranstaltungen deutschlandweit schon seit vielen Jahren großer Beliebtheit. Mit seiner Frau und seinen beiden Söhnen lebt er noch immer in Abschlagweite zu seinem zweiten Wohnzimmer, dem wunderbaren Schmuckkästchen an der Castroper Straße.

## Oli **Hilbring**

Oli Hilbring ist in Herne groß und in Bochum dick geworden. Er zeichnet flaches, fieses und natürlich Fußball. Seine Cartoons erscheinen wöchentlich im »RevierSport« und sind auch bei Zeiglers wunderbarer Welt des Fußballs zu Gast. Er lebt im Ruhrgebiet, nicht weit weg von Ben. Luftlinie 800 Meter. Eine Distanz also, die Ingo Anderbrügge beim Freistoß direkt machen würde.

# Erfolgstitel von Ben Redelings

## Best of Bundesliga

352 S., Hardcover, viele Fotos, € 19,90

»Redelings gelingt ein liebevoller Blick auf die großen und die nicht ganz so großen, dafür schrägen Kult-Stars des deutschen Fußballs. Der Klappentext hält, was er verspricht: Ein Buch so bunt, wie die Liga selbst.« (WAZ)

## Fußball

Die Liebe meines Lebens

168 S., Hardcover, viele Fotos
mit echtem Bierdeckel auf dem Cover
€ 14,00

Ben Redelings hat für dieses Buch all seine Lieblingsstücke zusammengetragen und gute Kollegen wie Manni Breuckmann, Micky Beisenherz und Arnd Zeigler gebeten, ihre Herzensgeschichten aufzuschreiben. Immer unter dem Motto: Fußball, oh du Liebe meines Lebens!

**»Das ist kein normales Buch. Es ist mehr als das. Es ist eine Liebeserklärung an den Fußball. Großartig.«**
(Westfälische Nachrichten)

»Ein wundervoll-liebevoll gemachtes Buch darüber, wie man dem Fußball verfällt und wie sich das dann äußert, dass man so richtig verknallt ist.«
(Zeiglers wunderbare Welt des Fußballs)